금강삼매경론 하

金剛三昧經論 下

원효학 토대연구소
원효전서 번역총서 03

금강삼매경론 하
金剛三昧經論 下
-
초판 인쇄 2020년 12월 24일
초판 발행 2020년 12월 31일

-

주저자 박태원
발행인 이방원
편 집 정우경·김명희·안효희·정조연·송원빈·최선희·조상희
디자인 손경화·박혜옥·양혜진 **영업** 최성수

-

발행처 세창출판사
　　　신고번호 제300-1990-63호
　　　주소 03735 서울시 서대문구 경기대로 88 냉천빌딩 4층
　　　전화 02-723-8660 팩스 02-720-4579
　　　이메일 edit@sechangpub.co.kr 홈페이지 www.sechangpub.co.kr
　　　블로그 blog.naver.com/scpc1992 페이스북 fb.me/Sechangofficial 인스타그램 @sechang_official

-

ISBN 978-89-8411-992-5 94150
　　　978-89-8411-815-7 (세트)

_ 이 도서의 국립중앙도서관 출판예정도서목록(CIP)은 서지정보유통지원시스템 홈페이지(http://seoji.nl.go.kr)와
　국가자료공동목록시스템(http://www.nl.go.kr/kolisnet)에서 이용하실 수 있습니다. (CIP제어번호: CIP2020055392)

_ 이 저서는 2015년 정부(교육부)의 재원으로 한국연구재단의 지원을 받아 수행된 연구임.
　(NRF-2015S1A5B4A01036232)

원효학 토대연구소

원효전서 번역총서 03

금강삼매경론 하

金剛三昧經論 下

원효학 토대연구소 번역

주저자 박태원

세창출판사

❶ 본서는『한국불교전서韓國佛教全書』제1권(604b~677b)에 실린『금강삼매경론金剛三昧經論』(조선불교회본朝鮮佛教會本: 劉敬鍾校訂本)을 저본으로 삼고,『고려대장경高麗大藏經』(보유판정함補遺板庭函)을 갑본甲本으로 삼아 교감한 것에 따라 번역한 것이다. 아울러 본서에서는『대정신수대장경大正新修大藏經』에 실린『금강삼매경金剛三昧經』1권(T9, 365c~374b)과『금강삼매경론金剛三昧經論』(T34, 961a~1008a)에 실린 내용도 함께 대조하였다.

❷ 『금강삼매경』의 본문과 이에 대한 원효의 해설을 구분하기 쉽도록『금강삼매경』의 본문은 글상자 안에 넣었다.

❸ 『금강삼매경론』에 대한 원효의 과문科文은 내용별로 나누어 각 품품 말미에 각주로 소개하였다. 아울러 부록에 전체 과문표를 종합해 두었다.

❹ 모든 원문 교감은 해당 원문의 각주에서 교감의 내용 및 그 근거와 이유를 밝히는 것을 기본방식으로 하였다. 문맥에 따른 교감의 경우에는 해당 번역문의 각주에서 그 근거와 이유를 밝히기도 했다. 또한 교감할 필요는 있어도 원효의 의도를 고려하거나 당시 문헌의 판본을 보존하는 의미가 있다고 판단되는 경우라면, 문맥에 저촉되지 않는 사례에 한하여 교감하지 않은 경우도 있다.

❺ 본문의 출처표기에 나오는 'H1'은 『한국불교전서』제1권에 있는『금강

삼매경론』의 해당 내용을 가리키고, 'T34'는 『대정신수대장경』 제34권에 수록된 『금강삼매경론』의 해당 내용을 가리킨다.

❻ 학인들의 연구를 돕기 위해 각 문단마다 해당 원문의 출처를 자세히 밝혀 두었다.

❼ 원전 개념어의 뜻을 풀어 번역하는 경우, 번역문은 작은따옴표(' ')로 표시했고 해당하는 한문 개념어는 괄호 안에 제시했다. 또한 번역문에서 '[ ]'로 표시된 보조문의 내용은 단어와 문장 및 문맥에 대한 번역자의 이해를 나타낸 것이다.

❽ 원전의 개념어나 문맥의 해석을 위해 역주가 필요한 경우에는 관련된 경론經論의 문구를 제시함으로써 해석의 근거를 밝히는 것을 역주 작성의 원칙으로 삼았다. 참고한 사전과 연구서들에 관해서도 출처를 밝혔다.

❾ 『한국불교전서韓國佛教全書』는 H, 『대정신수대장경大正新修大藏經』은 T, 『만자속장경卍字續藏經』은 X로 약칭했다.

❿ 원효가 인용하고 있는 경론들의 산스크리트본이 현존하는 경우, 해당하는 산스크리트 문구들을 찾아 번역하여 역주에 반영시킴으로써 한역漢譯 내용과 대조해 볼 수 있게 하였다. 원효가 인용하고 있는 경론들의 내용과 현존하는 산스크리트본의 해당 내용을 대조할 때 사용한 참고문헌은 다음과 같다.

〈약호〉

LAS. *The Laṅkāvatāra Sūtra*, ed. by Bunyiu Nanjio, Kyoto: Otani University

Press, 1923.

MañjuSp. *Mañjuśrīparivartāparaparyāyā Saptaśatikā prajñāpāramitā* in *Mahāyānasūtrasaṃgraha Part I*, ed. by P. L. Vaidya, Darbhanga: Mithila Institute of Postgraduate Studies and Research in Sanskrit Learning, 1964.

MAV(MAVBh). *Madhyāntavibhāgabhāṣya*, ed. by Gadjin M. Nagao, Tokyo: Suzuki Research Foundation, 1964.

PvsP. I -2 *Pañcaviṃśatisāhasrikā Prajñāpāramitā I -2*, ed. by Kimura Takayasu, Tokyo: Sankibo, 2009.

PvsP. V *Pañcaviṃśatisāhasrikā Prajñāpāramitā V*, ed. by Kimura Takayasu, Tokyo: Sankibo, 1992.

RGV. *The Ratnagotra-vibhāga Mahāyānottaratantraśāstra*, ed. by Edward H. Johnston, Patna: The Bihar Research Society, 1950.

Saddhap. *Saddharmapuṇḍarīka*, ed. by H. Kern and Bunyiu Nanjio, Tokyo: Meicho-Fukyū-Kai, 1977(1st. 1908~1912).

〈기타〉

Delhey, Martin, *Samāhitā Bhūmiḥ: Das Kapite über de meditative Versenkung im Grundteil der Yogācārabhūmi Teil 1*, Wien: Arbeitskreis für Tibetische und Buddhistische Studien Universität Wien, 2009.

Lee, Youngjin, *Critical Edition of the First Abhisamaya of the Commentary on the Prajñāpāramitā Sūtra in 25,000 Lines by Ārya-Vimuktiṣeṇa, based on Two Sanskrit Manuscripts preserved in Nepal and Tibet*, Napoli: Università degli studi di Napoli L'Orientale, 2017.

안성두 번역, 『보성론寶性論』, 서울: 소명출판, 2011.

❶ 『열반종요』와 『대승기신론 소·별기』 서문에 각각 게재했던 「원효학의 철학적 과제와 전망」과 「이해와 마음 — 원효와 붓다의 대화(Ⅰ)」를

이번에는 「차이(相)들의 '상호개방'(通)과 '상호수용'(攝) ─『금강삼매경론』과 차이통섭의 철학: 원효와 붓다의 대화(Ⅱ)」라는 글로 대체하였다. 「원효전서를 번역하면서」, 「원효의 삶을 증언하는 기록들(三大傳記)」, 「원효의 생애 연보年譜」는 다시 게재하였다.

(1) 움직임에 의거하여 고요함을 밝혀 '[깨달음의] 본연[인 '사실 그대로 앎']이 지닌 이로움의 핵심'을 간략히 나타냄(因動明靜, 略標本利之宗)

(2) [깨달음의] 본연[인 '사실 그대로 앎']이 지닌 이로움의 면모를 자세하게 설명함 (廣演本利之義)

① 곧바로 자세히 설명함(直廣)

② 거듭 설명함(重演)

가. ['사실 그대로'를] 비로소 깨달아 감을 설명함(演始覺)

나. 깨달음의 본연[인 '사실 그대로 앎']이 지닌 면모를 설명함(演本覺義)

2) 게송으로써 [부처님이] 읊은 것을 찬탄함(以偈讚頌)

3) 당시의 대중들이 이익을 얻음(時衆得益)

번역어 색인

제4편

경문의 뜻을 자세히 풀어냄
(消文義)

4. '사실 그대로가 온전하게 드러나는 지평'에 들어감[을 주제로 하는] 단원(入實際品)

言"實際"者, 離虛之稱, 究竟之義, 離幻究竟, 故名"實際". 依敎修理, 理入行入, 故名爲"入". 然實際, 以無際爲際, 二入是無入之入, 故名"入實際品".

[H1, 637c2~5; T34, 982b11~14]

"사실 그대로가 온전하게 드러나는 지평"(實際)이라는 것은, ['실實'은] '허상에서 벗어난 경지'(離虛)에 대한 지칭이고 ['제際'는] '궁극의 뜻'(究竟之義) [을 담은 말]이어서 ['실제實際'는] '허상에서 벗어난 궁극의 경지'(離幻究竟)이니, 그러므로 "사실 그대로가 온전하게 드러나는 지평"(實際)이라고 불렀다. 가르침(敎)에 의거하여 이치를 닦아 '이해하여 들어가고'(理入) '수행하여 들어가므로'(行入) "들어감"(入)이라고 하였다. 그러나 '사실 그대로가 온전하게 드러나는 지평'(實際)은 [제한하는] 지평이 없음'(無際)으로써 지평(際)으로 삼는 것이고, ['이해하여 들어가기'(理入)와 '수행하여 들어가기'(行入)의] 두 가지로 들어가기'(二入)는 '[제한된 곳에] 들어감이 없는 들어감'(無入之入)이니, 그러므로 '사실 그대로가 온전하게 드러나는 지평에 들어감[을 주제로 하는] 단원'(入實際品)이라고 부른다.

於是如來, 作如是言, "諸菩薩等, 本利深入, 可度衆生.

[H1, 637c6~7; T34, 982b15~16]

이에 여래께서는 다음과 같이 말씀하셨다.

"모든 보살 등은 [깨달음의] 본연[인 '사실 그대로 앎']이 지닌 이로움'(本利)에 깊이 들어가야 중생을 제도할 수 있다.

別明觀行六分之中, 第三依本利物分竟. 此下, 第四從虛入實. 又前品明心生滅門, 今此品顯心眞如門. 就文有四, 一者略標大意, 二者廣顯道理,三者身子領解, 四者時衆得益. 初中有二, 先開令入方便, 後示所入實際.
開方便中, 摠標別開, 此文摠標, 令入大意.

[H1, 637c8~15; T34, 982b16~22]

'[진리다운] 이해와 [이해에 의거한] 수행'(觀行)을 하나씩 밝힌 '여섯 부분'(六
分)¹ 가운데 세 번째인 [「본각리품本覺利品」의] '[깨달음의] 본연[인 '사실 그대로 앎'
이 지닌 이로움]에 의거하여 중생을 이롭게 하는 부분'(依本利物分)이 끝났다.
이 아래부터는 네 번째 [「입실제품入實際品」]인 '허상으로부터 사실 그대로인
지평에 들어감'(從虛入實)[을 밝히는 부분]이다. 또 앞 단원(「본각리품本覺利品」)
은 '[근본무지에 따른 분별을 조건으로] 생멸하는 마음국면'(心生滅門)[에서의 '본연
적 깨달음'(本覺)[인 '사실 그대로 앎']의 도리를 밝힌 것이고, 지금 이 단원(「입실제
품入實際品」)은 '참 그대로인 마음국면'(心眞如門)을 드러낸 것이다.

1) 핵심내용을 간략히 제시함(略標大意)

(1) 들어가게 하는 수단과 방법을 펼침(開令入方便)

① 총괄적인 제시(摠標)

본문에는 네 가지가 있으니, 첫 번째는 '핵심내용을 간략히 제시함'(略標
大意)이고, 두 번째는 '도리를 자세하게 나타냄'(廣顯道理)이며, 세 번째는
'사리불이 핵심을 이해함'(身子²領解)이고, 네 번째는 '당시의 대중들이 이

---

1 육분六分: 『금강삼매경』의 본문에 해당하는 「무상법품無相法品」, 「무생행품無生行品」,
「본각리품本覺利品」, 「입실제품入實際品」, 「진성공품眞性空品」, 「여래장품如來藏品」
의 '여섯 단원'(六品)을 가리킨다.
2 신자身子: 석가모니 부처의 10대 제자 중의 하나인 사리불舍利弗을 가리킨다. 사리불
은 팔리어 사리풋타(Sāriputta/범어 Śāriputra)의 발음을 옮긴 것으로, 여기서 풋타
(putta)는 '아들/제자'를 의미하므로 이 말의 뜻을 옮겨 사리자舍利子라 부르기도 한
다. 따라서 사리불舍利弗, 사리자舍利子, 사리부다라奢利富多羅 등의 한역어漢譯語가

로움을 얻음'(時衆得益)이다. 처음[인 '핵심내용을 간략히 제시함'(略標大意)]에도 두 가지가 있으니, 먼저 [중생들로 하여금 '사실 그대로가 온전하게 드러나는 지평'(實際)으로] 들어가게 하는 수단과 방법'(令入方便)을 펼쳤고, 나중에는 〈들어갈 데인 '사실 그대로가 온전하게 드러나는 지평'〉(所入實際)을 드러내었다. '수단과 방법'(方便)을 펼치는 것에도 '총괄적인 제시'(摠標)와 '하나씩 펼침'(別開)이 있는데, 이 글은 '총괄적인 제시'(摠標)로서 '핵심내용'(大意)에 들어가게 하는 부분이다.

若後非時, 應如說法, 時³利不俱. 但順不順說, 非同非異, 相應如說. 引諸情智, 流入薩般若海, 無令可衆挹彼虛風, 悉令彼庶一味神孔.⁴

[H1, 637c16~19; T34, 982b23~25]

만약 후세에 [적절한] 때가 아닌데도 '사실 그대로'(如)[의 지평]에 응하여 진리(法)를 말하면 '때와 이로움'(時利)이 함께 갖추어지지 않는다. [그렇

쓰이는데, '신자身子'라는 번역어는 경론經論에서는 채택된 사례가 나타나지 않고 몇몇 후대의 주석문헌에서 등장하고 있다. 여기서 '신身'은 부처님의 신체/유골을 뜻하는 팔리어 사리라(sarīra/범어 śarīra)의 발음과 혼동한 데서 비롯된 말이 아닌가 의심스럽다. 일찍이 원측도 『반야바라밀다심경찬』에서 이 번역어가 잘못임을 지적한 바 있다. 그 내용은 다음과 같다. 『불설반야바라밀다심경찬佛說般若波羅蜜多心經贊』(H1, 4a22~b2). "云舍利弗多羅, 此翻舍利名鸚鵒. 弗多羅, 此云子. 母眼青精, 似鸚鵒眼, 故立母名, 號爲鸚鵒. 『明度經』曰, 鶖鷺子或云優婆提舍者, 從父立號, 舊翻身子者謬也."

3 한불전에서는 '時'자 뒤에 작은 글씨로 '說'자를 추가하고 있다. 대정장 『금강삼매경론』에서는 교감주의 설명 없이 '說'자를 쓰지 않았고, 대정장 『금강삼매경』에서는 '說'자로 기재하면서 교감주에서 '說'자가 없는 판본이 있다고 밝히고 있다. 여기서는 원효의 주석에서 인용하고 있는 원문에 의거하여 '說'자를 삭제하고 번역한다.

4 한불전의 교감주에 따르면 모든 판본에서 '孔'자는 '乳'자로 되어 있다고 한다. 대정장 『금강삼매경론』에서는 '孔'자로 기재하고 '乳'자일 가능성에 대한 언급이 없다. 한편 대정장 『금강삼매경』(T9, 369b5)에서는 '乳'자로 명시하고, '神孔'과 '神乳'가 동일하다고 교감하고 있다. 이와 같은 의견의 차이는 '한 맛[처럼 통하게 하는 가르침]'(一味)의 뒤에 젖(乳)과 동굴(孔)의 어느 쪽을 택하더라도 나름의 뜻이 통하기 때문일 것이다. 여기서는 원효의 주석에 따라 동굴(孔)로 교감하여 번역한다.

기 때문에] 단지 [듣는 사람의 마음에] 따라 주기도 하고 따라 주지 않기도 하면서 말하며, [전적으로] 같은 입장을 취하지도 않고 [전적으로] 다른 입장을 취하지도 않으며 서로 응하게 설해야 한다. 모든 '[근본무지에 매인] 욕망과 [잘못 분별하는] 이해'(情智)를 끌어다가 '모든 [것을 사실 그대로 만나게 하는] 지혜의 바다'(薩般若海)5로 흘러 들어가게 하여, 구제할 수 있는 중생들로 하여금 저 [분별심의 파도를 일으키는] 허공의 바람에 올라타지 않게 하며, 그들 모두로 하여금 '신선[이 쉬는] 한 맛처럼 통하는 동굴'(一味神孔)을 바라도록 해야 한다.

此是第二別開方便. 於中卽開四種方便, 一者知時方便, 二者識機方便, 三者引入方便, 四者出離方便. 知時方便者, 如經"若後非時, 應如說法, 時利不俱"故. 後有三義, 佛滅度後故, 正法滅後故, 五重五百中, 後五百歲故. 言"非時"者, 非純熟時故, 非易悟時故, 異見盛興, 相非時故. 若於如是非時, 直應眞如說法, 不當彼時, 無所利益, 時利不並, 故言"不俱". 是爲知時方便. 識機方便者, 如經"順不順說, 非同非異, 相應如說"故. "順不順說"者, 若直順彼心說, 則不動邪執, 設唯不順說者, 則不起正信, 爲欲令彼得正信心, 除本邪執故, 須或順或不順說. 又復直順理說, 不起正信, 乖彼意故, 不順理說, 豈生正解, 違道理故. 爲得信解故, 順不順說也. 若諸異見評論興時, 若同有見而說, 則異空見, 若同空執而說, 則異有執, 所同所異, 彌興其評. 又復兩同彼二, 則自內相評, 若異彼二, 則與二相評. 是故非同非異而說. "非同"者, 如言而取, 皆不許故, "非異"者, 得意而言, 無不許故. 由非異故, 不違彼情, 由非同故, 不違道理, 於情於理, 相望不違, 故言"相

---

5 여기서 살반야薩般若라는 말은 '모든 것을 깨달아 아는 지혜'를 뜻하는 산스크리트어 'sarvajña'의 발음을 옮긴 데서 비롯한다. 본 번역에서는 '모든 [것을 사실 그대로 만나게 하는] 지혜'로 번역한다. 불교에서 지혜의 궁극적 내용은 '사실대로 이해하는 것'이며, 진여眞如·여실如實·여여如如·여여如如·실제實際 등은 이러한 지혜의 내용을 반영한 용어들이기 때문이다.

應如說". 如者而也.

[H1, 637c20~638a23; T34, 982b26~c18]

② 하나씩 펼침(別開)

이 글은 ['수단과 방법'(方便)을 펼치는 두 가지 중에서] 두 번째인 '수단과 방법을 하나씩 펼친 것'(別開方便)이다. 이 가운데 곧 '네 가지 수단과 방법'(四種方便)을 펼쳤으니, 첫 번째는 '[적절한] 때를 아는 수단과 방법'(知時方便)이고, 두 번째는 '[적절한] 상황을 파악하여 아는 수단과 방법'(識機方便)이며, 세 번째는 '['사실 그대로가 온전하게 드러나는 지평'(實際)으로] 이끌어 들이는 수단과 방법'(引入方便)이고, 네 번째는 '벗어나게 하는 수단과 방법'(出離方便)이다.

'[적절한] 때를 아는 수단과 방법'(知時方便)이라는 것은, 경[의 본문]에서 "만약 후세에 [적절한] 때가 아닌데도 '사실 그대로'(如)[의 지평]에 응하여 진리(法)를 말하면 '때와 이로움'(時利)이 함께 갖추어지지 않는다"(若後非時, 應如說法, 時利不俱)라고 말한 것과 같다. 후세(後)에는 세 가지 뜻이 있는데, '부처님이 돌아가신 뒤'(佛滅度後)와 '올바른 가르침이 사라진 뒤'(正法滅後)와 다섯 번의 오백 년 중에서 '뒤의 오백 세'(後五百歲)⁶이다. "[적절한] 때가 아

---

6 후오백세後五百歲: 반야부 경전과 정토계 경전 등에서 널리 나타나고 있는 개념으로서, 석가모니 부처님이 세상을 떠난 후 그가 펼친 가르침은 5백 년 단위로 점차 사라져 버리는 말법末法의 시대가 올 것이라는 관점이 반영된 말이다. 그러나 여기에 나오는 후오백세는 '다섯 번'(五重)의 오백 년이라는 말이 첨부되어 있으므로 일반적인 정법正法/상법像法/말법末法개념과는 의미 설정이 다르다. 즉, 3단계설과는 달리 5단계의 5백 년을 설정하여, 차례대로 부처님의 진리가 사라져 가는 과정을 그리고 있는 『대방등대집경』의 설명을 인용한 것이기 때문이다. 이 5단계 설에 따르면, 부처님이 세상을 떠난 후 5백 년 단위로 그 시대의 특징을 '견고堅固'라는 이름을 붙여 자리매김하였다. 즉, 1) 지혜를 얻어 해탈을 성취하는 이들이 많은 시대(解脫堅固), 2) 선정에 드는 자가 많은 시대(禪定三昧得住堅固), 3) 불교의 가르침을 열심히 들어 배우는 자가 많은 시대(讀誦多聞得住堅固), 4) 사찰과 탑을 열심히 건립하는 자가 많은 시대

니다"(非時)라고 말한 것은, 완전히 무르익지 않은 때이고, 쉽게 깨닫지 못하는 때이며, 다른 견해들이 왕성하게 일어나 서로 비난하는 때라는 것이다. 만약 이와 같은 [적절하지 않은] 때에 오로지 '사실 그대로'(如)[의 지평]에 응하여 '진리를 말한다면'(說法), [그런 설법은] 그 시기에 맞지 않기에 이로운 것이 없어 '때와 이로움'(時利)이 함께하지 않으니, 그러므로 "함께 갖추어지지 않는다"(不俱)라고 말하였다. 이것이 '[적절한] 때를 아는 수단과 방법'(知時方便)[에 관한 것]이다.

'[적절한] 상황을 파악하여 아는 수단과 방법'(識機方便)이라는 것은, 경[의 본문]에서 "[듣는 사람의 마음에] 따라 주기도 하고 따라 주지 않기도 하면서 말하며, [전적으로] 같은 입장을 취하지도 않고 [전적으로] 다른 입장을 취하지도 않으며 서로 응하게 설해야 한다"(順不順說, 非同非異, 相應如說)라고 한 것과 같다.

"[듣는 사람의 마음에] 따라 주기도 하고 따라 주지 않기도 하면서 말한다"(順不順說)라는 것은, 만약 오로지 저 [듣는] 사람의 마음에 따라 주기만 하면서 말하면 [그는] '잘못된 집착'(邪執)을 움직이지 않고, [또] 오로지 따라 주지 않으면서 말한다 하여도 [듣는 사람이] '올바른 믿음'(正信)을 일으키지 않으니, 저 [듣는] 사람으로 하여금 '올바르게 믿는 마음'(正信心)을 얻게 하여 '지니고 있던 잘못된 집착'(本邪執)을 없애 주고자 하기 때문에 반드시 어떤 때는 [듣는 사람의 마음에] 따라 주고 어떤 때는 따라 주지 않으면서 말해야 하는 것이다. 또한 오로지 진리(理)에 따라서 말해도 '올바른 믿음'(正信)을 일으키지 않으니 저 [듣는 사람]의 뜻과 어긋나기 때문이고, 진리에 따

(多造塔寺得住堅固), 5) 자신의 교설만을 고집하여 다투는 일이 많은 시대(白法隱沒損減堅固). 이와 관련되는 경전의 내용은 다음과 같다. 『대방등대집경大方等大集經』 권55 (T13, 363a25~b5). "爾時世尊告月藏菩薩摩訶薩言, 了知淸淨士! 若我住世諸聲聞衆, 戒具足, 捨具足, 聞具足, 定具足, 慧具足, 解脫具足, 解脫知見具足. 我之正法熾然在世, 乃至一切諸天人等, 亦能顯現平等正法. 於我滅後五百年中, 諸比丘等猶於我法解脫堅固; 次五百年, 我之正法禪定三昧得住堅固; 次五百年, 讀誦多聞得住堅固; 次五百年, 於我法中多造塔寺得住堅固; 次五百年, 於我法中鬪諍言頌白法隱沒損減堅固."

르지 않고 말하면 [듣는 사람이] '올바른 이해'(正解)를 일으키지 못하니 도리에 어긋나기 때문이다. [그러므로 듣는 사람으로 하여금] '믿음과 이해'(信解)를 얻게 하려고 하기 때문에 [듣는 사람의 마음에] 따라 주기도 하고 따라 주지 않기도 하면서 말하는 것이다.

'갖가지 다른 견해의 배타적 말다툼'(諸異見諍論)이 일어날 때, 만약 '있다는 견해'(有見)에 동의하여 말하면 '없다는 견해'(空見)와 달라지고 만약 '없다는 집착'(空執)에 동의하여 말하면 '있다는 집착'(有執)과 달라지니, 동의하는 것과 달라지는 것이 더욱 그 '배타적 말다툼'(諍)을 일어나게 한다. 또 [만약] 저 ['있다는 견해'(有見)와 '없다는 견해'(空見)] 두 가지에 모두 동의하면 자기 안에서 [두 가지 견해가] '서로 배타적으로 다투게 되고'(相諍), 만약 저 두 가지 [견해]와 모두 [입장을] 달리하면 두 견해와 '서로 배타적으로 다투게 된다'(相諍). 그러므로 [전적으로] 같은 입장을 취하지도 않고 [전적으로] 다른 입장을 취하지도 않으면서 말해야 하는 것이다.

"[전적으로] 같은 입장을 취하지도 않는다"(非同)라는 것은 말한 그대로 취하면 [다른 주장들을] 모두 허용하지 못하기 때문이고, "[전적으로] 다른 입장을 취하지도 않는다"(非異)라는 것은 뜻을 파악하여 말하면 [다른 주장들을] 허용하지 못할 것이 없기 때문이다. [전적으로] 다른 입장을 취하지 않기 때문에 저 [듣는 사람의] 감정(情)과 어긋나지 않고, [전적으로] 같은 입장을 취하지 않기 때문에 도리와도 어긋나지 않아, 감정(情)에 있어서나 도리(理)에 있어서나 서로 기대면서 어긋나지 않으니, 그러므로 "서로 응하게 설해야 한다"(相應如說)라고 말하였다. [여기서] '여如'는 '이而'[의 뜻]이다.

引入方便者, 如經"引諸情智, 流入薩般若海"故. "諸情"者, 大小情欲差別故, "諸智"者, 空有知見差別故. 引接此輩, 皆順道流, 令入一覺一切智海無上菩提深廣義故. 如百川流, 同入大海, 大海深廣, 同一味故. 如是名爲引入方便. 出離方便者, 如經"無令可衆, 挹彼虛風, 悉令彼庶, 一味神孔"故. 挹者斟也, 是取納義. 言"虛風"者, 謂遊空風, 能起諸浪, 喻諸境界,

動諸識浪. 可度衆生, 挹境界風故, 從前來諸識浪轉, 今無令挹識浪靜息
也. 庶者庶幾, 是希望義. 言"神孔"者, 謂神仙[7]窟, 遠離城邑, 無事閑靜, 長
生之處, 喩大涅槃不死之宅, 圓寂平等, 故名"一味". 令彼衆生希大涅槃,
止諸識浪, 出離流轉, 如是名爲出離方便.

[H1, 638a23~b16; T34, 982c18~983a3]

'['사실 그대로가 온전하게 드러나는 지평'(實際)으로] 이끌어 들이는 수단과 방
법'(引入方便)이라는 것은 경[의 본문]에서 "모든 '[근본무지에 매인] 욕망과 [잘못
분별하는] 이해'를 끌어다가 '모든 [것을 사실 그대로 만나게 하는] 지혜의 바다'
로 흘러 들어가게 한다"(引諸情智, 流入薩般若海)라고 한 것과 같다. "모든 [근
본무지에 매인] 욕망"(諸情)이라고 한 것은 '크거나 작은 욕망들의 차이들'(大
小情欲差別) 때문이고, "모든 [잘못 분별하는] 이해"(諸智)라고 한 것은 '없다거
나 있다는 견해들의 차이들'(空有知見差別) 때문이다. [또한 '이끌어 들이는 수단
과 방법'(引入方便)이라 한 것은,] 이 무리들을 이끌어다가 모두 진리(道)[의 물길]
에 따라 흘러가게 하여 '하나처럼 통하게 하는 깨달음'(一覺)과 '모든 [것을
사실 그대로 만나게 하는] 지혜의 바다'(一切智海)와 '최고의 깨달음이 지닌 깊
고도 넓은 뜻'(無上菩提深廣義)에 들어가게 하기 때문이다. 마치 모든 강의
물길이 다 같이 큰 바다에 들어가지만 큰 바다는 깊고도 넓어 [바다에 들어
간 모든 강물이] '똑같은 한 맛'(同一味)[이 되는 것]과 같은 것이다. 이와 같은
것을 '['사실 그대로가 온전하게 드러나는 지평'(實際)으로] 이끌어 들이는 수단과
방법'(引入方便)이라고 부른다.

'벗어나게 하는 수단과 방법'(出離方便)이라는 것은, 경[의 본문]에서 "구제
할 수 있는 중생들로 하여금 저 [분별심의 파도를 일으키는] 허공의 바람에 올
라타지 않게 하며, 그들 모두로 하여금 '신선[이 쉬는] 한 맛처럼 통하는 동

---

7 한불전의 교감주에는 갑본甲本에 '仙'자 대신 '㑰'자로 나온다고 하였으나, 대정장 『금
강삼매경론』에는 아무런 언급이 없다. 뜻에는 큰 차이가 없으므로 '仙'자로 보고 번
역한다.

굴'을 바라도록 해야 한다"(無令可衆, 抱彼虛風, 悉令彼庶, 一味神孔)라고 한 것
과 같다. '읍抱'이라는 것은 '서로 반응함'(酬)이니 '취하여 받아들인다는
뜻'(取納義)이다. "허공의 바람"(虛風)이라 말한 것은 허공에 떠도는 바람이
온갖 파도를 일으킬 수 있음을 일컬으니, '모든 대상세계'(諸境界)가 '갖가
지 분별하는 마음의 파도'(諸識浪)를 움직이는 것을 비유한 것이다. 제도할
수 있는 중생이 대상(境界)이라는 바람에 올라타기 때문에 이전부터의 '온
갖 분별하는 마음의 파도'(諸識浪)에 따라 더욱 떠도는데, 지금 [중생으로 하
여금 대상이라는 바람에] 올라타지 않게 하여 '분별하는 마음의 파도'(識浪)를
고요히 그치게 하는 것이다. '서庶'라는 것은 '바람'(庶幾)이니 '희망한다'(希
望)는 뜻이다.

"신공神孔"이라고 말한 것은 '신선[이 쉬는] 동굴'(神仙窟)을 가리키니, 도
시와 마을에서 멀리 떨어져 일없이 한가하고 고요하며 '오래도록 살 만한
곳'(長生之處)으로서, '위대한 열반'(大涅槃)이라는 [근본무지에 매인] 죽음이 없
는 집'(不死之宅)을 비유한 것이며, '완전히 평온하고 한결같기'(圓寂平等) 때
문에 "한 맛"(一味)[처럼 통하는 동굴]이라고 불렀다. 저 중생들로 하여금 '위
대한 열반'(大涅槃)을 바라게 하여 '온갖 분별하는 마음의 파도'(諸識浪)를
그치고 [근본무지에 매인 채] 흘러가며 바뀌어 감'(流轉)에서 벗어나게 하니,
이와 같은 것을 '벗어나게 하는 수단과 방법'(出離方便)이라고 부른다.

(2) 들어가게 되는 [사실 그대로가 온전하게 드러나는 지평'(實際)의] 도리를 제
시함(示所入道理)

世間非世間, 住非住處, 五空出入, 無有取捨. 何以故? 諸法空相, 法
性非無,[8] 非無不無, 不無不有. 無決定性, 不住有無. 非彼有無凡聖之智

---

8 한불전의 교감주에 따르면 다른 판본에서는 "性非有無"로 나온다고 한다. 대정장『금
강삼매경론』에서는 "法性非無"로 표기하고, 다른 내용일 가능성에 대해서는 아무런
언급이 없다. 그런데『금강삼매경』원문에 대해서는 "性非有無"로 두고 교감주에서

而能測隱, 諸菩薩等, 若知是利, 卽得菩提".

[H1, 638b17~22; T34, 983a4~7]

['사실 그대로가 온전하게 드러나는 지평에 들어가면'(入實際)] 세상(世間)은 [소유할 수 있는] 세상(世間)이 아니고, 머무르는 [열반]은 '[불변·독자의 본질/실체에] 머무르는 곳'(住處)이 아니며, '다섯 가지에 불변·독자의 본질/실체가 없다'(五空)⁹는 이해]로써 ['불변·독자의 본질/실체가 있다'(有)는 생각으로부터] 나와 ['불변·독자의 본질/실체가 없다'(空)는 생각으로] 들어가지만 '취하거나 버림'(取捨)이 없다. 어째서인가? '모든 현상은 불변·독자의 본질/실체가 없는 양상'(諸法空相)이지만 '현상의 본연'(法性)이 없는 것도 아니니, '없는 것이 아니기에'(非無) '완전히 없애는 것이 아니지만'(不無) '완전히 없애는 것이 아니라고 해서'(不無) '완전히 있게 하는 것도 아니다'(不有). '결정된 불변의 본질'(決定性)이 없기 때문에 있음(有)과 없음(無)에 머무르지 않는다. 저 '있다고 하거나 없다고 하는 범부나 성인의 분별'(有無凡聖之智)로써 [본연의] '숨은 면모'(隱)를 헤아릴 수는 없으니, 모든 보살들이 만약 이러한 이로움을 알면 곧 깨달음을 얻게 된다."

是示所入道理, 於中有四. 一者略明, 二者重釋, 三者偏執不當, 四者達者勝利. 初中言"世間非世"者, 世間五法, 無所有故. "住非住處"者, 常住涅槃, 無所得故. 修觀行者, 達五空時, 出有入空, 故言"出入". 入空之時, 不

"法相非無"와 동일하다는 어중간한 입장을 취하고 있다. 여기서는 원효의 주석에 따라 "法性非無"로 보고 번역한다.

9 '다섯 가지에 불변·독자의 본질/실체가 없음'(五空)의 내용에 대해서는 이어지는 경문(H1, 639a21~23)에서 등장한다. 이에 따르면, [욕망세계(欲界)·유형세계(色界)·무형세계(無色界), 이] 세 가지 세계는 불변·독자의 본질/실체가 없음'(三有是空), '여섯 가지 미혹한 세계에서의 그림자와 같은 과보는 불변·독자의 본질/실체가 없음'(六道影是空), '현상세계의 양상은 불변·독자의 본질/실체가 없는 것임'(法相是空), '언어가 나타내는 차이는 불변·독자의 본질/실체가 없는 것임'(名相是空), '마음과 의식의 면모는 불변·독자의 본질/실체가 없음'(心識義是空)이다.

取空性, 雖不取空, 而不捨空, 以之故言"無有取捨". 旣入五空, 何故不取,
若無取者, 如何不捨? 爲答是問故, 第二釋. 諸法空相, 法性非無, 故說'入'
空, 非無不無, 不無不有, 故'無取捨'. 言"非無"者, 謂法性理, 不同兔角故.
言"不無"者, 謂觀行者而不遣故, 不遣之者, 非無理故. 言"不有"者, 謂觀行
者, 亦不存故, 不存之者, 非有理故. 法性如是非定有無, 是故達者不住二
邊, 故言"無決定性, 不住有無". 由是道理, 故"無取捨". 第三中言"非彼有
無凡聖之智"者, 凡夫存有而背於空,[10] 二乘背有而趣空寂, 如是不離有無
之智, 而能測量安隱法性者, 無有是處, 故言"非"也. 第四中言"諸菩薩"者,
地前菩薩, 若知法性不有不無者, 初發心時便成正覺. 是[11]故切言"卽得菩
提", 謂卽發心知法性時, 是時卽得無上菩提, 是義出『華嚴經』「發心功德品」
也. 上來諸文, 每言"決定性故", 何故此中乃言"無決定性"? 是不相違, 所以
然者, '無決定'[12]義, 無改定故.

[H1, 638b23~639a4; T34, 983a8~b1]

이것은 '들어가게 되는 ['사실 그대로가 온전하게 드러나는 지평'(實際)의] 도리
를 제시함'(示所入道理)이니, 여기에는 네 가지가 있다. 첫 번째는 '간략히
밝힘'(略明)이고, 두 번째는 '거듭 해석함'(重釋)이며, 세 번째는 '치우친 집
착의 부당함'(偏執不當)이고, 네 번째는 '통달한 사람이 누리는 뛰어난 이로
움'(達者勝利)이다.

① 간략히 밝힘(略明)

처음[인 '간략히 밝힘'(略明)]에서 "['사실 그대로가 온전하게 드러나는 지평에 들어

---

10 한불전의 교감주에서는 '二空'으로 되어 있는 판본이 있다고 했지만 문맥과는 맞지
   않는다. 대정장『금강삼매경론』에도 '空'으로 나온다.
11 한불전에서는 아무런 언급이 없으나, 대정장『금강삼매경론』에는 '故'자로만 보고,
   '是故'는 갑본甲本에 나온다고 따로 밝히고 있다. 여기서는 '是故'로 보고 번역한다.
12 '無決定'은 '決定'이어야 뜻이 통한다. '決定'으로 교감하여 번역한다.

가면'(入實際)] 세상은 [소유할 수 있는] 세상이 아니다"(世間非世)라고 말한 것은 '세상[사람들이 의존하는] 다섯 가지'(世間五法)[13]에는 [불변·독자의 본질/실체로 서] 소유할 것이 없기 때문이다. "머무르는 [열반은 '불변·독자의 본질/실체 에] 머무르는 곳'이 아니다"(住非住處)라는 것은 '영원히 머물러 있는 열반' (常住涅槃)[이라는 곳]을 얻을 수 없기 때문이다. '[진리다운] 이해와 [이해에 의거 한] 수행'(觀行)을 닦는 사람이 '다섯 가지에 불변·독자의 본질/실체가 없 다'(五空)[는 이해]를 통달할 때에는 [불변·독자의 본질/실체가] '있다'(有)[는 생각] 에서 나와 [불변·독자의 본질/실체가] '없다'(無)[는 생각]으로 들어가기 때문에 "나와서 들어간다"(出入)라고 말하였다. '불변·독자의 본질/실체가 없는 지평'(空)으로 들어갈 때는 〈'불변·독자의 본질/실체가 없음'이라는 본 질〉(空性)도 취하지 않는데, 비록 '불변·독자의 본질/실체가 없음'(空)[이라 는 본질]을 취하지는 않지만 '불변·독자의 본질/실체가 없음'(空)[이라는 경 험지평]을 버리지도 않으니, 그런 까닭에 "취하거나 버림이 없다"(無有取捨) 라고 말하였다.

② 거듭 해석함(重釋)

〈이미 '다섯 가지에 불변·독자의 본질/실체가 없다'(五空)[는 이해]로 들 어갔다면 어째서 '취하지 않는다'고 하며, 만약 취한 것이 없다고 한다면 어째서 '버리지 않는다'고 하는 것인가?〉[라고 의심할 수 있다.] 이러한 질문 에 답하기 위해서 두 번째인 [거듭] 해석[하는 부분을 마련한 것]이다. '모든 현 상은 불변·독자의 본질/실체가 없는 양상'(諸法空相)이지만 '현상의 본연'

---

13 세간오법世間五法: 이 개념은 앞에 나온 '다섯 가지에 불변·독자의 본질/실체가 없
    음'(五空)에 대비되는 것으로 보인다. 즉, '[욕망세계(欲界)·유형세계(色界)·무형세
    계(無色界), 이] 세 가지 세계'(三有), '여섯 가지 미혹한 세계에서의 그림자와 같은 과
    보'(六道影), '현상세계의 양상'(法相), '언어가 나타내는 차이'(名相), '마음과 의식'(心
    識)의 다섯 가지를 지칭하는 것으로 보인다.

(法性)이 없는 것도 아니므로 '불변·독자의 본질/실체가 없는 지평'(空)으로 〈들어간다(入)〉고 말하였고, '없는 것이 아니기에'(非無) '완전히 없애는 것이 아니지만'(不無) '완전히 없애는 것이 아니라고 해서'(不無) '완전히 있게 하는 것도 아니므로'(不有) 〈취하거나 버림이 없다'(無取捨)〉고 하였다. "없는 것이 아니다"(非無)라고 말한 것은 '현상 본연의 진리 면모'(法性理)는 [원래 없는] '토끼의 뿔'과는 같지 않다는 것이다. "완전히 없애는 것이 아니다"(不無)라고 말한 것은, '[진리다운] 이해와 [이해에 의거한] 수행'(觀行)을 닦는 사람은 ['현상 본연의 진리면모'(法性理)를] 버리지 않는 것이니, 그 ['현상 본연의 진리면모'(法性理)]를 버리지 않는 것은 진리면모(理)가 없는 것이 아니기 때문이다. "완전히 있게 하는 것도 아니다"(不有)라는 것은, '[진리다운] 이해와 [이해에 의거한] 수행'(觀行)을 닦는 사람은 또한 ['현상 본연의 진리면모'(法性理)를 불변·독자의 본질/실체로서] 간직하지를 않는 것이니, 간직하지 않는 것은 진리면모(理)가 [불변·독자의 본질/실체로서] 있는 것이 아니기 때문이다. '현상의 본연'(法性)은 이와 같이 '있다'(有)거나 '없다'(無)라고 확정되는 것이 아니기 때문에 ['현상의 본연'(法性)에] 통달한 사람은 '[있음(有)과 없음(無)에 대한] 두 가지 치우친 견해'(二邊)에 머무르지 않으니, 그러므로 "'결정된 불변의 본질'이 없기 때문에 있음과 없음에 머무르지 않는다"(無決定性, 不住有無)라고 말하였다. [또] 이러한 도리 때문에 "취하거나 버림이 없다"(無取捨)라고 하였다.

③ 치우친 집착의 부당함(偏執不當)

세 번째[인 '치우친 집착의 부당함'(偏執不當)을 밝히는 것] 가운데 "저 '있다고 하거나 없다고 하는 범부나 성인의 분별'로써 [본연의 안온함(隱)을 헤아릴 수는] 없다"(非彼有無凡聖之智[而能測隱])라고 말한 것은 [다음과 같은 뜻이다.] 범부는 있음(有)을 간직하여 없음(空)을 외면하고, '[성문聲聞, 연각緣覺] 두 부류의 수행자'(二乘)는 있음(有)을 외면하여 '아무것도 없음'(空寂)으로 나아가니,

이와 같이 '있음이나 없음에 치우치는 분별'(有無之智)에서 벗어나지 못하면서 [치우친 분별로부터] 평안하게 숨은 현상의 본연'(安隱法性)을 헤아릴 수 있는 경우는 있지 않으므로 "없다"(非)라고 말하였다.

④ 통달한 사람이 누리는 뛰어난 이로움(達者勝利)

네 번째[인 '통달한 사람이 누리는 뛰어난 이로움'(達者勝利)을 밝히는 것] 가운데서 말한 "모든 보살"(諸菩薩)이라는 것은 '[열 가지] 본격적인 수행경지 이전의 보살'(地前菩薩)이니, 만약 '현상의 본연은 있는 것도 아니고 없는 것도 아님'(法性不有不無)을 아는 사람이라면 '처음 깨달음을 향한 마음을 일으킬 때 곧바로 완전한 깨달음을 이룬다'(初發心時便成正覺). 이런 까닭에 단언하여 "곧 깨달음을 얻게 된다"(即得菩提)라고 말하였으니, [이것은] '깨달음을 향한 마음을 일으킴'(發心)에서 바로 '현상의 본연'(法性)을 알게 되는 때라면 이때에 곧바로 '최고의 깨달음'(無上菩提)을 증득한다는 것을 일컬은 것인데, 이 뜻은 『화엄경華嚴經』의 '깨달음을 향한 마음을 일으키는 것이 지니는 능력[을 주제로 하는] 단원'(發心功德品)[14]에 나온다.

앞에서 나온 [『금강삼매경』의] 모든 글에서 매번 "결정성決定性이기 때문이다"(決定性故)라고 말하였는데, 어째서 여기서는 "결정성決定性이 없다"

---

[14] 『화엄경華嚴經』권17 「초발심공덕품初發心功德品」제17의 직전 단원인 「범행품梵行品」제16의 말미에서는 "初發心時, 即得阿耨多羅三藐三菩提, 知一切法即心自性, 成就慧身, 不由他悟"(T10, 89a1~3)라고 하여, 본문에서 원효가 '처음 깨달음을 향한 마음을 일으킬 때 곧바로 온전한 깨달음을 이룬다'(初發心時便成正覺)라고 제시한 문장과 유사한 내용을 결론으로 삼아 단원이 마무리된다. 그리고 이어서 「초발심공덕품」제17 (T10, 89a4 이하)의 서두에서는 "爾時, 天帝釋白法慧菩薩言, 佛子, 菩薩初發菩提之心所得功德, 其量幾何?"(T10, 89a5~6)라고 하여 천제석天帝釋이 법혜보살法慧菩薩에게 초발보리지심初發菩提之心으로 얻는 공덕功德의 양이 얼마인지 묻는 질문으로 시작되고, 이후 단원 전체에 걸쳐 발심공덕發心功德의 무량함에 관해 설명하는 내용이 자세하게 전개된다.

(無決定性)라고 말하는가? 이것은 모순되는 것이 아니니, 왜냐하면 [지금 이 단원에서 말하는] '결정決定'의 뜻은 '바뀜이 없다'(無改定)[는 '불변'의 뜻]이기 때문이다.

2) 도리를 자세하게 나타냄(廣顯道理)

爾時, 衆中, 有一菩薩, 名曰大力. 卽從座起, 前白佛言, "尊者! 如如所說, 五空出入, 無有取捨, 云何五空而不取捨?"

[H1, 639a5~8; T34, 983b2~4]

그때 대중 가운데 한 보살이 있었는데 [그의] 이름은 대력大力이었다. 곧 앉아 있던 자리에서 일어나 부처님 앞에 와서 아뢰었다.

"존경받는 분이시여! 도리대로 설하신 것처럼, '다섯 가지에 불변·독자의 본질/실체가 없다'(五空)[는 이해]로써 ['불변·독자의 본질/실체가 있다'(有)는 생각으로부터 나와 ['불변·독자의 본질/실체가 없다'(空)는 생각으로] 들어가면 [이미] '취하거나 버림'(取捨)이 없는데 무슨 까닭에 〈다섯 가지에 불변·독자의 본질/실체가 없다'(五空)[는 이해]이면서도 '취하거나 버리지 않는다'(不取捨)〉라고 하신 것입니까?"

此下, 第二廣顯道理. 於中卽以四門分別, 一顯實際義, 二明趣入義, 三開入之階位, 四示入之方便. 初中亦四, 一明¹⁵五空, 二明三空, 三明空是眞, 四明眞是如. 初中有二, 先問後答. 問者名大力者, 此人得入實際法門, 遍周法界, 無所不爲, 得大自在, 故名大力, 故於是門, 開發顯揚. 言"如如"者, 佛所說言, 契當如理故, 前如是當義, 後如是道理. 先領後問, 問有¹⁶二

---

15 한불전의 교감주에는 갑본甲本에 '明'자가 '名'자로 되어 있다고 한다. 대정장『금강삼매경론』에서는 '名'자로 기재하고 교감주에서 '明'자와 동일하다고 하였다. 여기서는 '明'자가 문맥에 맞는 것으로 보고 '明'으로 번역한다.

16 한불전의 교감주에는 갑본甲本에 '有'자가 '其'자로 되어 있다고 한다. 대정장『금강삼

義. 一問五空法門, 二問無取捨義.

[H1, 639a9~20; T34, 983b4~13]

이 아래는 ['사실 그대로가 온전하게 드러나는 지평에 들어감을 주제로 하는 단원' (入實際品)의 본문을 이루는 네 부분 중의] 두 번째인 '도리를 자세하게 나타냄' (廣顯道理)이다. 이에 대해 '네 가지 방식'(四門)으로 구분하였으니, 첫 번째 는 '사실 그대로가 온전하게 드러나는 지평의 뜻을 드러냄'(顯實際義)이고, 두 번째는 ['사실 그대로가 온전하게 드러나는 지평'(實際)으로] 들어가는 뜻을 밝 힘'(明趣入義)이며, 세 번째는 ['사실 그대로가 온전하게 드러나는 지평'(實際)으로] 들어가는 [수행자의] 단계를 펼침'(開入之階位)이고, 네 번째는 ['사실 그대로가 온전하게 드러나는 지평'(實際)으로] 들어가는 수단과 방법을 제시함'(示入之方 便)이다. 처음[인 '사실 그대로가 온전하게 드러나는 지평의 뜻을 드러냄'(顯實際義)] 에도 네 가지가 있으니, 첫째는 '다섯 가지에 불변·독자의 본질/실체가 없다'(五空)[는 이해]를 밝혔고, 둘째는 '불변·독자의 본질/실체가 없는 세 가지 경지'(三空)[에 대한 이해]를 밝혔으며, 셋째는 '불변·독자의 본질/실체 가 없음이 바로 참됨이다'(空是眞)는 것을 밝혔고, 넷째는 '참됨이 바로 사 실 그대로임이다'(眞是如)는 것을 밝혔다.

(1) '사실 그대로가 온전하게 드러나는 지평의 뜻'을 드러냄(顯實際義)

① 다섯 가지에 불변·독자의 본질/실체가 없다[는 이해]를 밝힘(明五空)

처음[인 '다섯 가지에 불변·독자의 본질/실체가 없음'(五空)을 밝힘]에 두 가지가 있으니, 먼저는 질문이고 나중은 대답이다. 질문한 사람의 이름이 대력大 力이라는 것은 [다음과 같은 뜻이다.] 이 사람은 '사실 그대로가 온전하게 드

『매경론』에서는 본문에 '其'자로 기재하고 교감주에서 '有'자와 동일하다고 하였다. 여 기서는 '有'자로 보고 번역한다.

러나는 지평으로 들어가는 진리의 문'(入實際法門)을 얻어 현상세계에 두루
다니면서 [진리에 응하는 행위를] 하지 못하는 것이 없어 '크나큰 자유'(大自在)
를 얻었기 때문에 대력大力이라 부르니, 그러므로 [그가] 이 [실제實際에 들어
가는 진리의] 문門을 펼쳐서 드러낸 것이다.

"도리대로"(如如)라고 말한 것은 부처님이 설하신 말씀이 '사실 그대로
의 도리'(如理)에 들어맞기 때문이니, 앞의 '여如'는 들어맞는다(當)는 뜻이
고 뒤의 '여如'는 도리道理이다. 먼저 핵심을 이해하고 뒤에 질문하였으니,
질문에는 두 가지 뜻이 있다. 첫 번째는 '다섯 가지에 불변·독자의 본질/
실체가 없다'(五空)는 가르침에 대하여 물었고, 두 번째는 '취하거나 버림
이 없다는 뜻'(無取捨義)에 대해 물었다.

佛言, "菩薩! 五空者, 三有是空, 六道影是空, 法相是空, 名相是空, 心
識義是空. 菩薩! 如是等空, 空不住空, 空無空相, 無相之法, 有何取捨?
入無取地, 卽入三空".

[H1, 639a21~b1; T34, 983b14~17]

부처님께서 말씀하셨다.

"[대력大力]보살이여! '다섯 가지에 불변·독자의 본질/실체가 없음'(五
空)이라는 것은, '[욕망세계(欲界)·유형세계(色界)·무형세계(無色界), 이] 세 가
지 세계는 불변·독자의 본질/실체가 없음'(三有是空), '여섯 가지 미혹한
세계에서의 그림자와 같은 과보는 불변·독자의 본질/실체가 없음'(六
道影是空), '현상세계의 차이는 불변·독자의 본질/실체가 없는 것임'(法
相是空), '언어가 나타내는 차이는 불변·독자의 본질/실체가 없는 것
임'(名相是空), '마음과 의식의 면모는 불변·독자의 본질/실체가 없음'(心
識義是空)[이라는 다섯 가지]이다.

[대력大力]보살이여! 이와 같은 '불변·독자의 본질/실체가 없는 지평'
(空)은 〈불변·독자의 본질/실체가 없지만 '불변·독자의 본질/실체가
없는 곳'에도 자리 잡지 않고〉(空不住空) 〈불변·독자의 본질/실체가 없

지만 '불변·독자의 본질/실체가 없는 면모'(空相)도 [불변·독자의 본질/실체로서] 없으니〉(空無空相), [이처럼 대상과 주관에] '[불변·독자의 본질/실체로서의] 면모가 없는 현상'(無相之法)에서 무엇을 '취하거나 버림'(取捨)이 있겠는가? '[그 어떤 것도 불변·독자의 본질/실체로] 취함이 없는 경지'(無取地)에 들어가면 곧 '불변·독자의 본질/실체가 없는 세 가지 경지'(三空)에 들어간다."

如其次第, 答前二問. 五空卽顯三種眞如, 何等爲三? 一流轉眞如, 二實相眞如, 三唯識眞如, 是義具如『顯揚論』說. 此中前二空, 卽前二眞如, 後三空是第三眞如, 是義云何? 初"三有是空"者, 由三有愛, 流轉三界, 三界流轉, 無前後性, 刹那無住, 空無所得, 卽是流轉眞如門也. 第二"六道影是空"者, 由善惡業各二品故, 六道果報似本現影. 影無離本空無所得, 卽是實相眞如門也. 後三唯識眞如門者, 前二是遣所取義名, 名義互客不成實故, 後一是遣能取心識, 能所相待不獨立故. 唯識道理, 最難可入, 故開三空, 遣其能所, 能所空故, 得無分別. "菩薩"已下, 答第二問. "如是等空"者, 摠擧五空, 辨其理智. "空不住空"者, 空智無住, 與理平等故, "空無空相"者, 空理無相, 與智平等故. 理智平等, 無能所相, 何容取捨於其間哉? 所以入中, 卽入三空. "無取地"者, 謂十地也.

[H1, 639b2~23; T34, 983b17~c5]

그 차례대로 앞서의 두 가지 [대력보살의] 질문에 답한 것이다. '다섯 가지에 불변·독자의 본질/실체가 없음'(五空)은 곧 '세 가지 참 그대로임'(三種眞如)을 나타낸 것이니, 무엇이 세 가지인가? 첫 번째는 '흘러가며 바뀌어 가는 세계에서의 참 그대로임'(流轉眞如)이고, 두 번째는 〈사실 그대로인 '참 그대로'〉(實相眞如)이며, 세 번째는 '마음현상에서의 참 그대로임'(唯識眞如)이니, 이 뜻은 『현양론顯揚論』의 설명[17]에 자세히 갖추어져 있다. 이 가

---

17 원효가 거론한 『현양론』은 유식사상을 담고 있는 『현양성교론顯揚聖敎論』이다. '세

운데 앞의 '[삼유시공三有是空과 육도영시공六道影是空, 이] 두 가지 불변·독자의 본질/실체 없음'(二空)은 곧 앞에서의 '[유전진여流轉眞如와 실상진여實相眞如, 이] 두 가지 참 그대로임'(二眞如)이고 뒤의 '[법상시공法相是空·명상시공名相是空·심식의시공心識義是空, 이] 세 가지 불변·독자의 본질/실체 없음'(三空)은 '세 번째[인 유식진여唯識眞如의] 참 그대로임'(第三眞如)이니, 이 뜻은 무엇인가?

'[다섯 가지에 불변·독자의 본질/실체가 없음'(五空)의] 첫 번째인 "[욕망세계(欲界)·유형세계(色界)·무형세계(無色界), 이] 세 가지 세계는 불변·독자의 본질/실체가 없는 것이다"(三有是空)라는 것은, '[욕망세계(欲界)·유형세계(色界)·무형세계(無色界), 이] 세 가지 세계에 대한 애착(三有愛)에 따라 [욕망세계·유형세계·무형세계, 이] 세 가지 세계에 흘러가며 바뀌어 가는데'(流轉三界) '흘러가며 바뀌어 가는 세 가지 세계'(流轉三界)에는 이전[의 세계]와 이후[의 세계]에 '불변·독자의 본질'(性)이 없고 '잠깐도 머무름이 없기에'(刹那無住) '불변·독자의 본질/실체가 없어 [불변·독자의 본질/실체로서] 얻을 것이 없으니'(空無所得), 바로 이것이 〈'흘러가며 바뀌어 가는 세계에서의 참 그대로임'이라는 측면〉(流轉眞如門)이다.

'[다섯 가지에 불변·독자의 본질/실체가 없음'(五空)의] 두 번째인 "여섯 가지 미

가지 참 그대로임'(三種眞如)은 『현양성교론』의 제3단원인 「섭사품攝事品」에 나온다. 그런데 「섭사품」에는 총 7가지 진여가 거론되고 있다. 원효는 이 가운데 세 가지를 거론한 것이다. 해당 내용은 다음과 같다. 『현양성교론』 권3(T31, 493b10~28). "論曰. 眞如作意相者, 謂緣七種遍滿眞如作意, 廣說如經. 一流轉眞如作意. 謂已見諸菩薩以增上行法行善修治. 作意於染淨法時思惟諸行無始世來流轉實性, 旣思惟已, 離無因見及不平等因見. 二實相眞如作意, 謂如前說, 乃至於染淨法因思惟諸法. 衆生無我性及法無我性, 旣思惟已, 一切身見及思惟分別衆相作意不復現行. 三唯識眞如作意, 謂如前說, 乃至於染淨法所依. 思惟諸法唯識之性, 旣思惟已如實了知. 唯心染故衆生染, 唯心淨故衆生淨. 四安立眞如作意, 謂如前說, 乃至於染汚法體思惟苦諦, 旣思惟已, 欲令知故爲有情說. 五邪行眞如作意, 謂如前說, 乃至於染汚法因思惟集諦, 旣思惟已, 欲令斷故爲有情說. 六清淨眞如作意, 謂如前說, 乃至於清淨法體思惟滅諦, 旣思惟已, 欲令證故爲有情說. 七正行眞如作意, 謂如前說, 乃至於清淨行思惟道諦, 旣思惟已, 欲令修故爲有情說."

혹한 세계에서의 그림자와 같은 과보는 불변·독자의 본질/실체가 없는 것이다"(六道影是空)라는 것은, '유익한 행위'(善業)와 '해로운 행위'(惡業)는 제각각인 두 가지 속성(品)이기 때문에 '여섯 가지 미혹세계에서의 과보'(六道果報)는 바탕(本)[인 속성]과 비슷하게 그림자를 나타내는 것이다. [그런데] 그림자[인 과보]는 바탕(本)[인 속성]의 '불변·독자의 본질/실체가 없어[불변·독자의 본질/실체로서] 얻을 것이 없음'(空無所得)에서 벗어남이 없으니, 바로 이것이 〈사실 그대로인 '참 그대로'라는 측면〉(實相眞如門)이다.

마지막으로 세 번째인 〈'마음현상에서의 참 그대로임'이라는 측면〉(唯識眞如門)이라는 것은, [법상시공法相是空·명상시공名相是空·심식의시공心識義是空, 이 세 가지 가운데] 앞의 두 가지[인 법상시공法相是空과 명상시공名相是空]은 '취하는 대상의 뜻과 명칭[에 의한 차이를 불변·독자의 본질/실체로 보는 것]을 없애는 것'(遣所取義名)이니 명칭(名)과 뜻(義)은 '서로를 성립시키는 대상'(互客)이어서 '독자적 실체'(實)를 이루지 못하기 때문이고, 마지막 하나[인 심식의시공心識義是空]은 '취하는 주체인 마음과 의식을 없애는 것'(遣能取心識)이니 주관(能)과 객관(所)은 '서로를 성립조건으로 삼는 것'(相待)이어서 독자적으로 성립하지 못하기 때문이다. '오로지 분별하는 마음[에 의한 구성]일 뿐이라는 도리'(唯識道理)는 들어가기가 가장 어렵기 때문에 '불변·독자의 본질/실체가 없는 세 가지 경지'(三空)를 펼쳐 그 '주관과 객관'(能所)[을 불변·독자의 본질/실체라고 분별함]을 버리게 하였으니, 주관(能)과 객관(所)이 '불변·독자의 본질/실체가 없는 것'(空)이 되기 때문에 [주관과 객관을 불변·독자의 본질/실체로 보는 생각으로] 분별하지 않는 경지'(無分別)를 얻게 된다.

"[대력大力]보살이여!"(菩薩) 이하는 [대력보살의] 두 번째 질문에 대답한 것이다. "이와 같은 불변·독자의 본질/실체가 없는 지평"(如是等空)이라는 것은 '다섯 가지에 불변·독자의 본질/실체가 없음'(五空)을 '총괄적으로 거론'(摠擧)하여 그 도리(理)와 지혜(智)를 밝힌 것이다.

"불변·독자의 본질/실체가 없지만 '불변·독자의 본질/실체가 없는 곳'에도 자리 잡지 않는다"(空不住空)라는 것은 '불변 · 독자의 본질/실체가 없다고 아는 지혜'(空智)는 [어떤 것에도] 머무름이 없음'(無住)이니 [주관인 지혜가 '대상에는 머물 수 있는 불변 · 독자의 본질/실체가 없다'는 이치(理)와 같아졌기 때문이고, "불변 · 독자의 본질/실체가 없지만 '불변 · 독자의 본질/실체가 없는 면모'(空相)도 [불변 · 독자의 본질/실체로서] 없다"(空無空相)라는 것은 '[대상에] 불변 · 독자의 본질/실체가 없다는 이치'(空理)에도 '[불변 · 독자의 본질/실체로서의] 면모'(相)가 없어 '[대상에는 불변 · 독자의 본질/실체가 없다는 이치'(空理)가 불변 · 독자의 본질/실체가 없다고 아는] 지혜'(智)와 같아졌기 때문이다.

'[대상에는 불변 · 독자의 본질/실체가 없다는] 이치'(理)와 '[불변 · 독자의 본질/실체가 없다고 아는] 지혜'(智)가 같아져서 '[불변 · 독자의 본질/실체로 차별된] 주관과 객관의 차이'(能所相)가 없으니, 어떻게 그 [주관과 객관] 사이에서 [불변 · 독자의 본질/실체로서] '취하거나 버림'(取捨)을 허용하겠는가? 그러므로 [취하고 버림이 없는] 중도中道에 들어가 곧 '불변 · 독자의 본질/실체가 없는 세 가지 경지'(三空)로 들어가게 되는 것이다. "[그 어떤 것도 불변 · 독자의 본질/실체로] 취함이 없는 경지"(無取地)라는 것은 '열 가지 [본격적인] 수행경지'(十地)를 가리킨다.

② 불변 · 독자의 본질/실체가 없는 세 가지 경지[에 대한 이해]를 밝힘(明三空)

大力菩薩言, "云何三空?" 佛言, "三空者, 空相亦空, 空空亦空, 所空亦空. 如是等空, 不住三相, 不無眞實, 文言道斷, 不可思議."

[H1, 639b24~c3; T34, 983c6~8]

대력보살이 말하였다.
"'불변 · 독자의 본질/실체가 없는 세 가지 경지'(三空)란 무엇입니까?"
부처님께서 말씀하셨다.
"'불변 · 독자의 본질/실체가 없는 세 가지 경지'(三空)라는 것은, '불변·독자의 본질/실체가 없는 면모 또한 불변·독자의 본질/실체가 없다'(空相亦空)[는 경지], 〈'불변·독자의 본질/실체가 없는 것도 불변·독자의 본질/실체가 없다'는 것 또한 불변·독자의 본질/실체가 없다〉(空空亦空)[는 경지], '불변·독자의 본질/실체가 없어진 것 또한 불변·독자의 본질/실체가 없다'(所空亦空)[는 경지]이다. 이와 같은 '불변·독자의 본질/실체가 없는 경지'(空)들은 '세 가지 면모'(三相)에 머무르지 않지만 '참됨이 없지는 않으니'(不無眞實), [이러한 경지는] 말과 글[로 설명할 수 있는] 길이 끊어지고, 생각으로 헤아리기가 어렵다."

此一問答, 是明二[18]空. "空相亦空"者, 空相卽是遺俗顯眞平等之相, 亦空卽是融眞爲俗空空之義, 如銷眞金作莊嚴具. 如『涅槃經』言, "是有是無, 是名空空, 是是非是, 是名空空", 是明俗諦有無是非差別之相是空空義. 空於平等空, 顯俗差別故, 故此差別名爲空空. "空空亦空"者, "空空"卽是俗諦差別, "亦空"還是融俗爲眞也, 如銷嚴具, 還爲金鉼. 第三中言"所空亦空"者, 謂初空中空所顯俗, 第二空中空所顯眞, 此二無二, 故言"亦空". 是融一諦,[19] 顯一法界, 一法界者, 所謂一心. 然初空門內所遣俗者, 是所執相, 第二空[20]中所融俗者, 是依他相, 俗有二[21]種相故, 所遣所融非一也. 又初門內遣俗所顯之眞, 第二空中融俗所顯之眞, 此二門眞, 唯一無二, 眞唯一種圓成實性. 所以遣融所顯唯一. 第三空者, 非眞非俗, 非二非一. 又此三[22]空, 初空顯俗諦中道, 次空顯眞諦中道, 第三空顯非眞非俗無邊無中之

18 한불전에서는 교감주에서 '三'자가 아닌지 의심스럽다는 의견을 제시하였는데, 대정장 『금강삼매경론』에서는 '二空'으로 기재하고 '三空'일 가능성에 대해서는 아무런 언급이 없다. 여기서는 '三空'으로 보고 번역한다.

19 '一諦'는 '二諦'의 오기로 보인다. '二諦'로 교감하여 번역한다.

20 '二空'은 '二空門'이라야 앞 구절과 일관된다. '二空門'으로 교감한다.

21 한불전에서는 '二種'이 아니라 '三種'일 가능성에 대해 교감주에서 밝히고 있다. '二種'으로 보는 것이 더 적절하다고 보아 '二種'으로 번역한다. 대정장에도 '二種'으로 되어 있다.

中道義. 言"如是等空"者, 摠擧三空, 不住俗相, 不住眞相, 亦不住於無二之相, 故言"不住三相". 如是不住, 究竟顯實故, 言"不無眞實". 雖不無實而非有實, 由如是故"文言道斷", 道斷之言亦不可寄故, 亦說言"不可思議".

[H1, 639c4~640a11; T34, 983c8~984a2]

이 하나의 질문과 대답은 '불변·독자의 본질/실체가 없는 세 가지 경지'(三空)를 밝혔다.

"불변·독자의 본질/실체가 없는 면모 또한 불변·독자의 본질/실체가 없다"(空相亦空)라는 것에서 "불변·독자의 본질/실체가 없는 면모"(空相)란 것은 바로 〈[불변·독자의 본질/실체를 세우는] 세속(俗)을 없애고 [불변·독자의 본질/실체를 세우지 않는] '참 지평'(眞)을 드러내는〉(遣俗顯眞) '[불변·독자의 본질/실체로 보아 차별함이 없는] 평등한 면모'(平等之相)이고, "또한 불변·독자의 본질/실체가 없다"(亦空)라는 것은 바로 〈'참 지평'(眞)도 [불변·독자의 본질/실체로 세우지 않고] 녹여서 ['참 지평'(眞)을] 세속(俗)으로 만드는〉(融眞爲俗) '불변·독자의 본질/실체가 없는 것도 불변·독자의 본질/실체가 없다는 뜻'(空空之義)으로서 마치 '진짜 금'(眞金, 眞에 해당함)을 녹여 장신구(莊嚴具, 俗에 해당함)를 만드는 것과 같다. [이것은] 마치 『열반경涅槃經』에서 "'있는 것'(有)이기도 하고 '없는 것'(無)이기도 한 것을 '불변·독자의 본질/실체가 없는 것도 불변·독자의 본질/실체가 없다'(空空)라고 하고, '옳은 것'(是)이기도 하고 '그른 것'(非)이기도 한 것을 '불변·독자의 본질/실체가 없는 것도 불변·독자의 본질/실체가 없다'(空空)라고 한다"[23]라고 말한 것과 같으니, 이것은 '세속적 관점'(俗諦)에서의 있음(有)과 없음(無), 옳음(是)과 그름(非)이라는 '차별된 차이'(差別之相)가 바로 '불변·독자의 본질/실체가 없는 것도 불변·독자의 본질/실체가 없다는 뜻'(空空義)[이 드러난 것]임을 밝힌

---

22 한불전의 교감주에는 갑본甲本에 '三空'이 아니라 '一空'으로 되어 있다고 하였다. 문맥에 따르면 '三空'이 더 적절해 보이므로 '三空'으로 보고 번역한다.

23 『대반열반경大般涅槃經』 권15(T12, 704a24~25). "是有是無, 是名空空, 是是非是, 是名空空."

것이다. '평등하게 불변·독자의 본질/실체가 없음'(平等空)에 대해서도 [그 것을 다시] '불변·독자의 본질/실체가 없는 것'(空)이라고 하면서 '세속의 차이들'(俗差別)을 드러내는 것이니, 그러므로 이러한 [세속의] 차이(差別)들을 '불변·독자의 본질/실체가 없는 것도 불변·독자의 본질/실체가 없다'(空空)[는 뜻이 드러난 것]이라고 말하는 것이다.

"'불변·독자의 본질/실체가 없는 것도 불변·독자의 본질/실체가 없다'는 것 또한 불변·독자의 본질/실체가 없다"(空空亦空)라는 것에서 "불변·독자의 본질/실체가 없는 것도 불변·독자의 본질/실체가 없다"(空空)라는 것은 바로 '세속적 관점으로 보는 차이'(俗諦差別)[를 지칭하는 것]이고, "또한 불변·독자의 본질/실체가 없다"(亦空)라는 것은 다시 〈'세속[적 관점으로 보는 차이]'(俗[諦差別])를 녹여 '궁극[적 관점으로 보는 평등]'(眞[諦平等])으로 만드는 것〉(融俗爲眞)이니 마치 장신구를 녹여 다시 금덩이를 만드는 것과 같다.

['불변·독자의 본질/실체가 없는 세 가지 경지'(三空)의] 세 번째에서 말한 "불변·독자의 본질/실체가 없어진 것 또한 불변·독자의 본질/실체가 없다"(所空亦空)라는 것은, 〈['불변·독자의 본질/실체가 없는 면모 또한 불변·독자의 본질/실체가 없다'(空相亦空)는] 첫 번째 '불변·독자의 본질/실체가 없다'(空)는 것에서의 '불변·독자의 본질/실체 없음'(空)이 드러낸 '세속[적 관점으로 보는 차이]'(俗[諦差別])〉(初空中空所顯俗)와, 〈[('불변·독자의 본질/실체가 없는 것도 불변·독자의 본질/실체가 없다'는 것 또한 불변·독자의 본질/실체가 없다)(空空亦空)는] 두 번째 '불변·독자의 본질/실체가 없다'(空)는 것에서의 '불변·독자의 본질/실체 없음'(空)이 드러낸 '진리[적 관점으로 보는 평등]'(眞[諦平等])〉(第二空中空所顯眞), 이 둘은 '다르지 않기'(無二) 때문에 "또한 불변·독자의 본질/실체가 없다"(亦空)라고 말하였다. 이것은 '[세속적 관점'(俗諦)과 '진리적 관점'(眞諦), 이] 두 가지 관점'(二諦)을 녹여 '하나처럼 통하는 [차이들의] 현상세계'(一法界)를 드러내는 것이니, '하나처럼 통하는 [차이들의] 현상세계'(一法界)라는 것이 이른바 '하나처럼 통하는 마음'(一心)[지평]이다.[24]

그런데 〈첫 번째로 '불변·독자의 본질/실체가 없다'고 한 측면〉(初空門)에서 없앤 세속(俗)이란 것은 '[두루 분별하여] 집착하는 양상'([遍計]所執相)이고, 〈두 번째로 '불변·독자의 본질/실체가 없다'[고 한 측면]〉(第二空[門])에서 녹인 세속(俗)이란 것은 '다른 것에 의존하여 [생겨나는] 양상'(依他[起]相)이니, 세속(俗)에는 [이처럼] 두 가지 양상(相)이 있기 때문에 [초공문初空門에서] '없앤 것'(所遣)과 [이공문二空門에서] '녹인 것'(所融)은 '같은 것이 아니다'(非一). 또 〈첫 번째[로 '불변·독자의 본질/실체가 없다'고 한] 측면에서 세속을 없애어 드러낸 '참 지평'〉(初門內遣俗所顯之眞)과 〈두 번째로 '불변·독자의 본질/실체가 없다'[고 한 측면]에서 세속을 녹여 드러낸 '참 지평'〉(第二空中融俗所顯之眞), 이 '두 가지 참 지평'(二門眞)은 '오로지 같은 것이고 다름이 없으니'(唯一無二), 진정 오직 한 종류인 '참됨이 완전하게 이루어진 면모'(圓成實性)이다. 그러므로 [초공문初空門에서] 없애어 드러낸 것'과 [제이공문第二空門에서] 녹여 드러낸 것'은 '오로지 같은 것'(唯一)이다. 〈세 번째로 '불변·독자의 본질/실체가 없다'[고 한 측면]〉(第三空[門])은 '참 지평'(眞)도 아니고 세속(俗)도 아니며 '다른 것도 아니고'(非二) '같은 것도 아니다'(非一).

또 이 '불변·독자의 본질/실체가 없는 세 가지 경지'(三空)에서 '첫 번째 불변·독자의 본질/실체가 없는 경지'(初空)는 '세속적 관점에서의 중도'(俗諦中道)를 드러내었고, '두 번째 불변·독자의 본질/실체가 없는 경지'(次

---

24 『대승기신론』에서의 '一法界'는 '참 그대로의 지평과 만나는 마음국면'(心眞如)에서 대하는 현상세계(法界)를 지시하려는 용어로 보인다. 그리고 일상 인식이 마주하는 현상세계와 다른 점을 나타내는 기호가 '一'이다. '참 그대로의 지평과 만나는 마음국면'(心眞如)에서는 모든 존재와 현상을 본질적으로 격리시키는 '불변·독자의 본질이나 실체'를 설정하는 환각이 사라진 인식적 지평이다. 따라서 '一'은 수량으로서의 '하나'를 지시하는 것이 아니라, '본질/실체 환각으로 인한 격리'가 해체되어 모든 현상들이 마치 '하나처럼 서로 통하고 만나는 지평에 대한 인지적 경험'을 지시하는 것으로 보인다. 이런 이해를 반영하여 '一法界'를 '하나처럼 통하는 [차이들의] 현상세계'라고 번역하였다. 『대승기신론』에서 말하는 "心眞如者卽是一法界大總相法門體"에서의 '一法界'를 원효는 『금강삼매경론』에서 "一法界者, 所謂一心"으로 계승하고 있다.

空)에서는 '진리적 관점에서의 중도'(眞諦中道)를 드러내었으며, '세 번째 불변·독자의 본질/실체가 없는 경지'(第三空)에서는 '참 지평도 아니고 세속도 아니며 극단도 없고 중도도 없는 중도'(非眞非俗無邊無中之中道)의 뜻을 드러내었다.

"이와 같은 '불변·독자의 본질/실체가 없는 경지'(空)들"(如是等空)이라고 말한 것은 '불변·독자의 본질/실체가 없는 세 가지 경지'(三空)를 모두 거론한 것인데, '세속의 면모'(俗相)에 머무르지 않고 '참됨의 면모'(眞相)에도 머무르지 않으며 또한 [세속(俗)과 참됨(眞)이] 둘로 나뉘지 않는 면모'(無二之相)에도 머무르지 않기 때문에 "'세 가지 면모'에 머무르지 않는다"(不住三相)라고 말하였다. 이와 같이 ['세 가지 면모'(三相)에] 머무르지 않지만 궁극적으로는 참됨(實)을 드러내기 때문에 "참됨이 없지는 않다"(不無眞實)라고 말하였다. 비록 참됨(實)이 없는 것은 아니지만 참됨이 [불변·독자의 본질/실체로서] 있는 것도 아니니, 이와 같은 것이기 때문에 "[이러한 경지는] 말과 글[로 설명할 수 있는] 길이 끊어졌다"(文言道斷)라 하였고, '길이 끊어졌다는 말'(道斷之言) 또한 붙일 수 없기 때문에 "생각으로 헤아리기가 어렵다"(不可思議)라고 하였다.

③ '불변·독자의 본질/실체가 없음'이 바로 '참됨'이라는 것을 밝힘(明空是眞)

> 大力菩薩言, "不無眞實, 是相應有".
>
> [H1, 640a12; T34, 984a3]
>
> 대력보살이 말하였다.
> "참됨이 없는 것이 아니라면'(不無眞實) 이 [참된] 면모(相)는 있는 것이겠습니다."

此下, 第三明空不無眞而不有眞義, 先問後答. 問意而言, 〈凡言有無, 必也相對, 不有必無, 不無卽有. 若言不無眞實之理, 則應是有眞實之理.〉

凡諸學者, 每作是計, 爲遣彼執, 故作是問.

[H1, 640a13~18; T34, 984a4~8]

이 아래는 ['사실 그대로가 온전하게 드러나는 지평의 뜻을 드러냄'(顯實際義)의 네 가지 가운데] 세 번째[인 '불변·독자의 본질/실체가 없는 지평이 바로 참됨'(空是眞)을 밝힌 것으로서, '불변·독자의 본질/실체가 없는 지평에는 참됨이 없는 것이 아니지만 참됨이 [불변·독자의 본질/실체로서] 있는 것도 아니다'(空不無眞而不有眞)라는 뜻을 밝혔으니, 먼저 묻고 뒤에 답하였다.

질문한 뜻을 말하자면 [다음과 같다.] 〈무릇 있음(有)과 없음(無)을 말하는 것은 반드시 '서로 대응'(相對)시키는 것이어서, '있지 않다'(不有)고 하면 반드시 '없는 것'(無)이고 '없지 않다'(不無)고 하면 곧 '있는 것'(有)이다. [그러므로] 만약 '참됨이 없는 것이 아니라는 이치'(不無眞實之理)를 말한다면, 이것은 '참됨이 있다는 이치'(有眞實之理)[를 말하는 것]이어야 한다.〉 무릇 모든 배우는 이들이 이렇게 생각하니, 그런 집착을 없애 주기 위하여 이 질문을 한 것이다.

佛言, "無不住無, 不無不有.[25] 不有之法, 不卽住無, 不無之相, 不卽住有, 非以有無而詮得理. 菩薩! 無名義相, 不可思議. 何以故? 無名之名, 不無於名, 無義之義, 不無於義".

[H1, 640a19~23; T34, 984a9~12]

부처님께서 말씀하셨다.

"없음(無)은 없음(無)에 머무르지 않으니, '없는 것이 아니지만'(不無) '있는 것도 아니다'(不有). '있지 않은 것'(不有之法)이라 해서 곧 '없는 것'(無)에 머무르지를 않고, '없지 않은 면모'(不無之相)라고 해서 곧 '있는

---

25 한불전에서는 '不無不有' 아래에 "'不無不有'가 어떤 판본에는 '有不住有'라고 되어 있다"라는 각주가 달려 있다. 원효의 주석에서 '有不住有'는 거론되지 않으므로 교감하지 않고 그대로 둔다.

것'(有)에 머무르지를 않으니, 있음(有)과 없음(無)[이라는 상대적 개념]으로 써 [이] 도리(理)를 설명할 수 있는 것이 아니다. 보살이여! '명칭과 뜻[을 확정할 수] 없는 면모'(無名義相)는 생각으로 헤아리기 어렵다. 무엇 때문인가? '[확정된] 이름을 붙일 수 없는 이름'(無名之名)이라 해도 이름을 없애는 것은 아니고, '[확정된] 뜻이 없는 뜻'(無義之義)이라 해도 뜻을 없애는 것은 아니[기 때문이다.]"

答中有二, 一者正答, 二者歎深. 初中言"無不住無"者, 先言"不無眞實" 句中謂無之名, 不住無義. 是故"不無"之名, 亦不當於有義, 以之故言"不無 不有". 是明無名之名, 不當有義之義. "不有之法, 不卽住無"者, 雖融俗爲 眞而不守眞無之法故, "不無之相, 不卽住有"者, 雖融眞爲俗而不守俗有之 相故. 以眞俗不住有無故, 不無眞實無二之理, 眞俗不無二諦故, 不有眞實 無二之理. 故言"非以有無而詮得理", 是明無義之義, 不稱有名之名. "菩 薩"已下, 第二歎深. 於中有二, 直歎釋歎. "無名之名不無於名"者, 佛所說 名不當有義之義, 故爲"無名之名", 而當無義之義, 故言"不無於名"也. "無 義之義不無於義"者, 佛所體義不稱有名之名, 故爲"無義之義", 而稱無名 之名, 故言"不無於義"也. 如是不有名義而亦不無名義, 由是道理, "不可思 議"也.

[H1, 640a24~b19; T34, 984a12~29]

대답에는 두 가지가 있으니, 첫 번째는 '곧바로 대답하는 것'(正答)이고 두 번째는 '[도리의] 심오함을 찬탄하는 것'(歎深)이다.

처음에 말한 "없음은 없음에 머무르지 않는다"(無不住無)라는 것은, 앞서 [경문에서 말한] "참됨이 없는 것은 아니다"(不無眞實)라는 구절에서의 '없다' (無)라고 한 말이 '없다는 뜻'(無義)에만 머무르지 않는다는 것이다. 따라서 "없는 것은 아니다"(不無)라는 말도 또한 '있다는 뜻'(有義)에 해당하는 것이 아니니, 그러므로 "없는 것이 아니지만 있는 것도 아니다"(不無不有)라고 말하였다. 이것은 '[확정된] 이름을 붙일 수 없는 이름'(無名之名)을 밝힌 것

인데, [이 '이름 붙일 수 없는 이름'(無名之名)은] '[확정된] 뜻이 있는 뜻'(有義之義)
에 해당하지는 않는다.

"'있지 않은 것'이라 해서 곧 '없는 것'에 머무르지를 않는다"(不有之法, 不
卽住無)라는 것은 비록 '[불변·독자의 본질/실체를 세우는] 세속을 녹여 [불변·
독자의 본질/실체를 세우지 않는] 참(眞)으로 만들지만'(融俗爲眞) 〈참인 '[불변·
독자의 본질/실체가] 없다는 도리'도 [불변·독자의 본질/실체로 붙들어] 지키지 않
는 것〉(不守眞無之法)이고, "'없지 않은 면모'라고 해서 곧 '있는 것'에 머무
르지를 않는다"(不無之相, 不卽住有)라는 것은 비록 '[불변·독자의 본질/실체를
세우지 않는] 참을 녹여 [존재하는 차이현상들인] 세속으로 만들지만'(融眞爲俗)
〈세속인 '있는 면모'를 [불변·독자의 본질/실체로 붙들어] 지키지 않는 것〉(不
守俗有之相)이다. '[불변·독자의 본질/실체를 세우지 않는] 참'(眞)과 '[존재하는 차이
현상들인] 세속'(俗)이 [불변·독자의 본질/실체로서] 있음(有)과 [아무것도] 없음
(無)에 머무르지 않기 때문에 '참되고 둘[로 분리됨]이 없는 도리'(眞實無二之
理)가 없는 것이 아니고, '[불변·독자의 본질/실체를 세우지 않는] 참'(眞)과 '[존재
하는 차이현상들인] 세속'(俗)에 대해 [세속적 관점과 진리적 관점이라는] '두 가지
관점'(二諦)이 없는 것이 아니기 때문에 [궁극적 관점에서 보면] '참되고 둘[로
분리됨]이 없는 도리'(眞實無二之理)가 있지도 않은 것이다. 그러므로 "있음
과 없음[이라는 상대적 개념]으로써 [이] 도리를 설명할 수 있는 것이 아니다"
(非以有無而詮得理)라고 말하였으니, 이것은 '[확정된] 뜻이 없는 뜻'(無義之義)
을 밝힌 것인데, [이 '뜻이 없는 뜻'(無義之義)은] '[확정된] 이름을 붙일 수 있는
이름'(有名之名)에 해당하지는 않는다.

"보살이여!"(菩薩) 이하는 두 번째인 '[도리의] 심오함을 찬탄하는 것'(歎深)
이다. 여기에는 두 가지가 있으니, [첫 번째는] '곧바로 찬탄함'(直歎)이고, [두
번째는] '찬탄[한 뜻]을 해석함'(釋歎)이다.

"'[확정된] 이름을 붙일 수 없는 이름'이라 해도 이름을 없애는 것은 아니
다"(無名之名, 不無於名)라는 것은, 부처님께서 설하신 명칭은 '[확정된] 뜻이
있는 뜻'(有義之義)에 해당하지 않기 때문에 "[확정된] 이름을 붙일 수 없는

이름"(無名之名)이라 하였지만, '[확정된] 뜻이 없는 뜻'(無義之義)에는 해당하기 때문에 "이름을 없애는 것은 아니다"(不無於名)라고 말하였다.

"'[확정된] 뜻이 없는 뜻'이라 해도 뜻을 없애는 것은 아니다"(無義之義, 不無於義)라는 것은, 부처님이 체득한 뜻은 '[확정된] 이름을 붙일 수 있는 이름'(有名之名)에 해당하지 않기 때문에 '[확정된] 뜻이 없는 뜻'(無義之義)이라 하였지만, '[확정된] 이름을 붙일 수 없는 이름'(無名之名)에는 해당하기 때문에 "뜻을 없애는 것은 아니다"(不無於義)라고 말하였다.

이와 같이 '명칭이나 뜻이 있는 것이 아니지만'(不有名義) '명칭이나 뜻이 없는 것도 아니니'(不無名義), 이러한 도리 때문에 "생각으로 헤아리기 어렵다"라고 하였다.

④ '참됨'이 바로 '사실 그대로임'이라는 것을 밝힘(明眞是如)

大力菩薩言, "如是名義, 眞實如相,[26] 如來如相. 如不住如, 如無如相, 相無如故, 非不如來. 衆生心相, 相亦如來, 衆生之心, 應無別境".

[H1, 640b20~23; T34, 984b1~3]

대력보살이 말하였다.

"이와 같은 '명칭과 뜻'(名義)은 '참됨과 같아진 차이'(眞實如相)[를 드러내는 것]이며 '여래와 같아진 차이'(如來如相)[를 드러내는 것]입니다. [이] 같아짐(如)은 '머무르지 않는 같아짐'(不住如)이고, [이] 같아짐(如)은 '같아짐이 없는 차이'(無如相)이며 [그] 차이(相)에는 같아짐(如)이 없기 때문에, [명칭과 뜻이 드러내는 모든 차이는] 여래가 아닌 것이 없습니다. [그렇다면] '중생 마음에서의 차이'(衆生心相)에서 [그] 차이(相)도 여래이니, 중생의 마음에는 '[불변·독자의 본질/실체라고] 분별된 대상'(別境)이 없겠습니다."

---

[26] 대정장 『금강삼매경』(T9, 369b23)에는 '眞實如相'에서 '如相'이 누락된 판본이 있다고 교감하고 있다. 원효의 주석에서는 '眞實'과 '如相'을 하나씩 주석한 뒤 다시 '如來如相'을 주석하고 있기 때문에 '眞實如相'으로 보고 번역한다.

此下, 第四明眞不有如而無不如義. 於中有二, 先問後答. 問中亦二, 先
立道理, 後問所疑. 言"如是名義"者, 如前所說, 不可思議之名義相. 名義
相稱, 無倒無變, 故名"眞實", 如是名義, 遠離能所, 一味平等, 故名"如相".
如是名義, 平等如相, 諸佛如來所體, 故言"如來如相"."如不住如"者, 是明
無名之如名, 當於無如之如義."如無如相, 相無如故"者, 無如相之如相,
稱於無名之如名. 如是稱當, 能所平等故, 若名若義, 非不如來也."相無
如"者, 如相無如, 如相正是無相爲相. 當知"如無如相", 是明不有如之無
相, "相無如"者, 是明不有無相之如. 如之體相, 雖是不有, 而亦不無如之
體相. 如是無如相之如相, 方稱無名之如名也."衆生心相, 相亦如來"者,
謂諸衆生分別心相, 相卽非相, 無不平等, 是故彼相亦是如來. 上來正立平
等道理. 次言"衆生之心應無別境"者, 是問所疑. 衆生心相, 旣是如來, 則
衆生心, 應無別境. 無別境者, 卽無分別, 無分別故, 應無染汚, 無染汚故,
卽無三界. 有作是疑, 故作是問.

[H1, 640b24~641a1; T34, 984b4~23]

이 아래는 ['사실 그대로가 온전하게 드러나는 지평의 뜻을 드러냄'(顯實際義)의 네
가지 가운데] 네 번째인 '참됨에는 같아짐이 있지 않지만 같아지지 아니함도
없다는 뜻'(眞不有如而無不如義)[27]을 밝힌 것이다. 여기에 두 가지가 있으니,
먼저는 질문이고 나중은 대답이다. 질문에도 두 가지가 있으니, 먼저는
'도리를 세움'(立道理)이고 나중은 '의심되는 것을 질문함'(問所疑)이다.

"이와 같은 명칭과 뜻"(如是名義)이라는 것은 앞에서 말한 것과 같은 '생
각으로 헤아리기 어려운 명칭과 뜻의 면모'(不可思議之名義相)이다. 명칭(名)
과 뜻(義)이 서로 상응하여 뒤바뀜도 없고 달라짐도 없기 때문에 "참됨"(眞
實)이라 불렀고, 이와 같은 명칭과 뜻은 '주관과 객관'(能所)[을 불변·독자의
본질/실체라고 분별하여 분리하는 것]에서 멀리 벗어나 '한 맛처럼 통하여 평

---

27 앞에서는 이 '사실 그대로가 온전하게 드러나는 지평의 뜻을 드러냄'(顯實際義)의 네
   번째를 '참됨이 바로 사실 그대로임'(眞是如)이라고 하였다.

등'(一味平等)하기 때문에 "같아진 차이"(如相)라고 불렀다. [또] 이와 같은 '명칭과 뜻'(名義)은 '평등과 같아진 차이'(平等如相)이고 모든 부처님과 여래께서 체득한 것이기 때문에 "여래와 같아진 차이"(如來如相)라고 말하였다.

"[이] 같아짐은 머무르지 않는 같아짐이다"(如不住如)라는 것은 〈이름을 붙일 수 없는 '같아진 이름'〉(無名之如名)을 밝힌 것인데, '같아짐이 없는 같아짐의 뜻'(無如之如義)에 해당한다. "[이] 같아짐(如)은 '같아짐이 없는 차이'(無如相)이며 [그] 차이(相)에는 같아짐(如)이 없기 때문에"(如無如相, 相無如故)라는 것은 〈'같아짐이 없는 차이'의 '같아진 차이'〉(無如相之如相)이니, 〈이름을 붙일 수 없는 '같아진 이름'〉(無名之如名)에 해당한다. 이와 같이 [뜻과 이름이 서로] 들어맞아 '주관과 객관이 [불변·독자의 본질/실체로 분리되지 않고] 평등'(能所平等)하기 때문에, 명칭(名)[으로 나타내는 차이(相)]이든 뜻(義)[으로 나타내는 차이(相)]이든 '여래 아닌 것이 없다'(非不如來).

"[그] 차이(相)에는 같아짐(如)이 없다"(相無如)라는 것은 '같아진 차이'(如相)에는 같아짐(如)이 없다는 것이니, '같아진 차이'(如相)는 바로 '[불변·독자의 본질/실체로 차별된] 차이가 없음을 차이로 삼는 것'(無相爲相)이[기 때문이]다. "[이] 같아짐은 '같아짐이 없는 차이'이다"(如無如相)라는 것은 〈'같아짐'의 '[불변·독자의 본질/실체로 차별된] 차이가 없음'〉(如之無相)이 [불변·독자의 본질/실체로서] 있지 않다는 것을 밝혔고, "[그] 차이(相)에는 같아짐(如)이 없다"(相無如)라는 것은 '[불변·독자의 본질/실체로 차별된] 차이가 없는 같아짐'(無相之如)이 [불변·독자의 본질/실체로서] 있지 않다는 것을 밝혔다는 것을 알아야 한다. '같아짐의 본연과 차이'(如之體相)가 비록 [불변·독자의 본질/실체로서] 있는 것이 아니지만, 또한 '같아짐의 본연과 차이'(如之體相)가 없는 것도 아니다. 이와 같이 〈'같아진 차이'가 없는 '같아진 차이'〉(無如相之如相)라야 〈이름 붙일 수 없는 '같아진 이름'〉(無名之如名)이라고 부를 수 있다.

"'중생 마음에서의 차이'(衆生心相)에서 [그] 차이(相)도 여래이다"(衆生心相, 相亦如來)라는 것은, 모든 중생의 '[불변·독자의 본질/실체로 보는 생각으로] 분별하는 마음에서의 차이'(分別心相)는 [그] '차이'(相)가 곧 '[불변·독자의 본질/실체로 차별된] 차이가 아니어서'(非相) [여래와 같아진 차이들과] 평등하지 않음이 없기 때문에 저 '[중생의 분별하는 마음에서의] 차이'(相)도 여래라는 것이다. 이상으로 '평등에 관한 도리'(平等道理)를 곧바로 세웠다.

다음으로 말한 "중생의 마음에는 '[불변·독자의 본질/실체라고] 분별된 대상'이 없겠습니다"(衆生之心, 應無別境)라는 것은 의심되는 것을 질문한 것이다. 〈'중생 마음에서의 차이'(衆生心相)가 이미 여래라면 중생의 마음에는 '[불변·독자의 본질/실체라고] 분별된 대상'(別境)이 없어야 한다. [그리고] '[불변·독자의 본질/실체라고] 분별된 대상'(別境)이 없다는 것은 곧 '[불변·독자의 본질/실체로 보는 생각으로] 분별함이 없다'(無分別)는 것이고, 분별함이 없기 때문에 오염도 없을 것이며, 오염이 없으므로 곧 '[욕망세계·유형세계·무형세계, 이] 세 가지 세계'(三界)도 없을 것이다.〉 [부처님 법문을 듣는 사람들이] 이러한 의심을 짓기 때문에 [대력보살이] 이러한 질문을 한 것이다.

佛言, "如是. 衆生之心, 實無別境. 何以故? 心本淨故, 理無穢故. 以染塵故, 名爲三界, 三界之心, 名爲別境. 是境虛妄, 從心化生, 心若無妄, 即無別境".

[H1, 641a2~5; T34, 984b24~27]

부처님께서 말씀하셨다.

"그렇다. 중생의 마음에는 실로 '[불변·독자의 본질/실체라고] 분별된 대상이 없다'(無別境). 어째서인가? 마음은 본래 온전하기 때문이고, '[깨달음의 본연'(本覺)[인 '사실 그대로 앎'을 드러내는] 진리에는 [본래] 더러움이 없기 때문이다. '['사실 그대로'를] 깨닫지 못함'(不覺)이] 대상세계(塵)를 오염시켰기 때문에 '[욕망세계·유형세계·무형세계, 이] 세 가지 세계'(三界)라 부르며, [이] '세 가지 세계'(三界)에 [매여 작용하는] 마음을 '[불변·독자의 본질/실체라고] 분별된 대상'(別境)이라고 부른다. [그런데] 이 [불변·독자의 본질/실체라고 분별된] 대상(境)은 '사실이 아니고'(虛妄) 마음을 따라 나타난 것이니, 마음에 만약 [무지에 의한] 망상이 없다면 곧 '[불변·독자의 본질/실체라고] 분별된 대상'(別境)도 없다."

是答所疑, 先與後奪. 與者, 就自性淨, 本無染故, 奪者, 約隨他染, 有別境故. 自性淨者, 如『寶性論』, 引經說言, "善心, 念念滅不住, 非煩惱所染. 不善心, 念念滅不住, 非煩惱所染. 煩惱不觸心, 心不觸煩惱, 云何不觸法而能得染心?" 乃至廣說故. 卽是染而不染門也. 隨他染者, 『夫人經』言, "自性淸淨心, 難可了知, 彼心爲煩惱所染, 亦難可了知", 卽是不染而染門也. "心本淨故, 理無穢故"者, 自性淨心, 本覺之理, 非諸塵穢之所入故. "以染塵"下, 奪其所問, 於中先顯不覺染塵, 後對不覺略示始覺. 不覺中言 "以染塵故, 名爲三界"者, 住地煩惱, 略有三種, 謂欲愛住地, 色愛住地, 有愛住地, 以此住地, 起三界愛. 三界愛故, 三界心生, 由是妄心, 變作虛境, 以之故言"從心化生". 次明始覺, "心若無妄"者, 依理觀行, 妄心不生故, "卽無別境"者, 妄作境界, 隨心滅故. 上來四門, 合爲第一廣實際義.

[H1, 641a6~b3; T34, 984b27~c15]

이것은 의심되는 것에 답함이니, 먼저는 '인정해 줌'(與)이고 나중은 '인정해 주지 않음'(奪)이다. '인정해 줌'(與)은 '본연이 온전함'(自性淨)에 의거하면 '본래 오염이 없기'(本無染) 때문이고, '인정해 주지 않음'(奪)은 [본연이 아닌] 다른 것에 따르는 오염'(隨他染)에 의거하면 '[불변·독자의 본질/실체라고] 분별된 대상'(別境)이 있기 때문이다.

'본연이 온전하다'(自性淨)는 것은 『보성론寶性論』에서 경전(『승만경勝鬘經』)의 설명을 인용하여 [다음과 같이] 말한 것과 같다. "[세존이시여,] '이로운 마음'(善心)은 매 생각마다 사라져 머무르지 않아 번뇌에 오염되는 것이 아닙니다. '해로운 마음'(不善心)도 매 생각마다 사라져 머무르지 않아 번뇌에 오염되는 것이 아닙니다. 번뇌는 마음을 접촉할 수 없고 마음도 번뇌를 접촉할 수 없는데, 어떻게 [서로] 접촉할 수 없는 현상이면서 [번뇌가] 마음을 물들일 수 있겠습니까?"[28] 등으로 자세하게 설하고 있는 것이다. 이

것은 바로 '오염되면서도 오염되지 않는 측면'(染而不染門)[을 말한 것]이다.

'[본연이 아닌] 다른 것에 따르는 오염'(隨他染)이라는 것은, 『부인경夫人經』(『승만경』)에서 말한 "'본연이 온전한 마음'(自性淸淨心)은 '분명하게 알기'(了知)가 어렵고, 그 [본연이 온전한] 마음이 번뇌에 의해 오염되는 것도 '분명하게 알기'(了知)가 어렵다"[29]라는 것이니, 이것은 바로 '오염되지 않으면서도 오염되는 측면'(不染而染門)[을 말한 것]이다.

"마음은 본래 온전하기 때문이고, [깨달음의 본연'(本覺)[인 '사실 그대로 앎']을 드러내는] 진리에는 [본래] 더러움이 없기 때문이다"(心本淨故, 理無穢故)라는 것은, '본연이 온전한 마음'(自性淨心)과 '깨달음의 본연[인 '사실 그대로 앎'을 드러내는] 진리'(本覺之理)는 '모든 [번뇌에 물든] 대상세계의 더러움'(諸塵穢)이

28 원효가 인용한 부분은 다음의 경문에서 밑줄을 친 곳이다. 『구경일승보성론究竟一乘寶性論』권2(T31, 824c25~825a1). "是故聖者勝鬘經言. 世尊! 刹尼迦善心, 非煩惱所染, 刹尼迦不善心, 亦非煩惱所染, 煩惱不觸心, 心不觸煩惱, 云何不觸法而能得染心? 世尊! 然有煩惱有煩惱染心, 自性淸淨心而有染者, 難可了知. 如是等聖者勝鬘經中廣說." 〈산스크리트본의 해당 내용: *Ratnagotravibhāga Mahāyānottaratantraśāstra*, p.15. ata āha | kṣaṇikaṃ bhagavan kuśalaṃ cittam | na kleśaiḥ saṃkliśyate | kṣaṇikam akuśalaṃ cittam | asaṃkliṣṭam eva tac cittaṃ kleśaiḥ | na bhagavan kleśās tac cittaṃ spṛśanti | nāpi cittaṃ kleśān | katham atra bhagavann asparśanadharmi cittaṃ tamaḥkliṣṭaṃ bhavati |; 따라서 다음과 같이 설해진다. "세존이시여! 선한 마음은 찰나적인 것으로, 번뇌들에 의해 염오되지 않습니다. 불선한 마음은 찰나적인 것으로, 그 마음은 번뇌들에 의해 염오되지 않습니다. 세존이시여! 번뇌들은 그 마음과 접촉할 수 없으며, 또한 마음은 번뇌들과 [접촉할 수] 없습니다. 세존이시여! 여기서 어떻게 접촉하지 않는 성질을 가진 마음이 어둠에 의해 염오될 수가 있겠습니까?"(『보성론』, 안성두 번역, 소명출판, p.88).〉

29 내용의 이해를 위해서 앞의 내용까지 모두 인용하면 다음과 같다. 이 가운데 밑줄 친 내용이 원효가 인용한 부분이다. 『승만경勝鬘經』제13「자성청정장自性淸淨障」(T12, 222c2~5). "佛卽隨喜, 如是如是. 自性淸淨心而有染汚難可了知. 有二法難可了知, 謂自性淸淨心, 難可了知, 彼心爲煩惱所染, 亦難了知. 〈산스크리트본의 해당 내용: *Ratnagotravibhāga Mahāyānottaratantraśāstra*, p.15. atha ca punar bhagavan prakṛtipariśuddhasya cittasyopakleśārtho duṣprativedhyaḥ | iti vistareṇa; "세존이시여! 그렇지만 본성적으로 청정한 마음에게 수번뇌隨煩惱가 있다는 의미는 통달하기 어려운 일입니다"(『보성론』, 안성두 번역, p.260. 일부 수정).〉

들어오는 데가 아니기 때문이다.

"['사실 그대로'를] 깨닫지 못함'(不覺)이] 대상세계(塵)를 오염시켰기 때문에"(以染塵[故]) 이하는 그 질문한 것을 인정하지 않는 것이니, 그중에서 먼저는 '['사실 그대로'를] 깨닫지 못함이 대상세계를 오염시킨다'(不覺染塵)는 것을 드러내었고, 나중에는 '['사실 그대로'를] 깨닫지 못함'(不覺)에 대응시켜 '['사실 그대로'를] 비로소 깨달아 감'(始覺)을 간략하게 나타내었다.

'['사실 그대로'를] 깨닫지 못함'(不覺)[의 뜻을 나타낸 것]에서 "['깨닫지 못함'(不覺)이] 대상세계를 오염시켰기 때문에 '[욕망세계·유형세계·무형세계, 이] 세 가지 세계'라 부른다"(以染塵故, 名爲三界)라고 말한 것은 [다음과 같은 뜻이다.] '[근본무지가] 자리 잡은 단계의 번뇌'(住地煩惱)에는 대략 세 가지가 있으니, '욕망세계에 대한 애착으로 자리 잡은 단계'(欲愛住地), '유형세계에 대한 애착으로 자리 잡은 단계'(色愛住地), '무형세계에 대한 애착으로 자리 잡은 단계'(有愛住地)가 그것인데, 이 세 가지 '[근본무지가] 자리 잡은 단계[의 번뇌]'(住地[煩惱]) 때문에 '세 종류의 세계에 대한 애착'(三界愛)을 일으킨다. '세 종류의 세계에 대한 애착'(三界愛) 때문에 '세 종류의 세계[에 매여 작용하는] 마음'(三界心)이 생겨나고, 이 '[사실 그대로를] 잘못 분별하는 마음'(妄心)으로 인해 '사실과 다른 대상세계'(虛境)를 바꾸어 지어내니, 이런 까닭에 "마음을 따라 나타난 것이다"(從心化生)라고 말하였다.

다음은 '['사실 그대로'를] 비로소 깨달아 감'(始覺)을 밝힌 것이니, "마음에 만약 [무지에 의한] 망상이 없다면"(心若無妄)이라는 것은 '[깨달음의 본연'(本覺)[인 '사실 그대로 앎']을 드러내는] 진리에 의거해서 [진리답게] 이해하고 [이해에 의거하여] 수행하여'(觀行) '[사실 그대로를] 잘못 분별하는 마음'(妄心)을 일으키지 않는 것이고, "곧 ['불변·독자의 본질/실체라고] 분별된 대상'도 없다"(卽無別境)라는 것은 '사실과 다르게 지어낸 대상세계'(妄作境界)가 [망상이 없어진] 마음에 따라 사라진 것이다.

이상의 '네 가지 방식'(四門)³⁰을 합하여 첫 번째인 '사실 그대로가 온전하게 드러나는 지평의 뜻'(實際義)을 자세하게 드러낸 것이 된다.

(2) ['사실 그대로가 온전하게 드러나는 지평'(實際)으로] 들어가는 뜻을 밝힘(明趣入義)

大力菩薩言, "心若在淨, 諸境不生, 此心淨時, 應無三界". 佛言, "如是. 菩薩! 心不生境, 境不生心. 何以故? 所見諸境, 唯所見心, 心不幻化, 卽無所見.

[H1, 641b4~7; T34, 984c16~19]

대력보살이 말하였다.

"마음이 만약 온전한 경지에 있다면 '모든 [분별로 지어낸] 대상세계'(諸境)가 생겨나지 않으니, 이 마음이 온전해질 때에는 '[욕망세계·유형세계·무형세계, 이] 세 가지 세계'(三界)도 없겠습니다."

부처님께서 말씀하셨다.

"그렇다. 보살이여! 마음이 대상세계[에 대한 분별]을 일으키지 않으면, 대상세계는 [분별하는] 마음을 일으키지 않는다. 어째서인가? '보여진 모든 대상세계'(所見諸境)는 '오로지 보여진 마음일 뿐'(唯所見心)이니, 마음이 '사실과 다르게 만들어 내지 않는다면'(不幻化) 보여지는(所見) [분별한 대상]이 없다.

此下, 第二廣趣入義. 於中有四, 一者摠明趣入, 二者別顯趣入, 三者入之離過, 四者入之離邊. 初中有二, 先問後答. 問中言"此心淨時, 應無三界"者, 初地已上, 證見本淨故, 隨所應得, 三界滅無. 三界事相者, 或於初地, 或第八地, 而得滅無. 三界自性者, 等覺位中, 而得滅無, 三界習氣, 至妙覺位, 方得滅無. 此義具如二障章說. 答中摠許, 故言"如是". 三界滅無時, 心境不相生. 所以然者, 唯心妄見, 變作境界, 心無妄時, 則不作境, 境

---

30 사문四門: '사실 그대로가 온전하게 드러나는 지평의 뜻을 드러냄'(顯實際義)을 구성하는 네 가지로서, (1) '다섯 가지에 불변·독자의 본질/실체가 없다'(五空), (2) '불변·독자의 본질/실체가 없는 세 가지 경지'(三空), (3) '불변·독자의 본질/실체가 없음이 바로 참됨이다'(空是眞), (4) '참됨이 바로 사실 그대로이다'(眞是如)를 지칭한다.

界無故, 不生心也.

[H1, 641b8~20; T34, 984c19~29]

이 아래는 두 번째인 '[사실 그대로가 온전하게 드러나는 지평'(實際)으로] 들어가는 뜻을 밝힘'(廣趣入義)이다. 여기에는 네 가지가 있으니, 첫째는 '[사실 그대로가 온전하게 드러나는 지평'(實際)으로] 들어가는 뜻'(趣入)을 '총괄적으로 밝힘'(摠明)이고, 둘째는 '[사실 그대로가 온전하게 드러나는 지평'(實際)으로] 들어가는 뜻'(趣入)을 '하나씩 드러냄'(別顯)이며, 셋째는 '들어감으로써 허물에서 벗어남'(入之離過)이고, 넷째는 '들어감으로써 치우친 견해에서 벗어남'(入之離邊)이다.

① 총괄적으로 밝힘(摠明)

처음[인 '총괄적으로 밝힘'(摠明)]에는 두 가지가 있으니, 먼저는 질문이고 나중은 대답이다. 질문에서 말한 "이 마음이 온전해질 때에는 '[욕망세계·유형세계·무형세계, 이] 세 가지 세계'(三界)도 없겠습니다"(此心淨時, 應無三界)라는 것은 [다음과 같은 뜻이다.] '[열 가지 본격적인 수행경지'(十地)의] 첫 번째 경지'(初地) 이상에서는 '본연의 온전함'(本淨)을 증득하여 보기 때문에, '[본연의 온전함'(本淨)에] 응하여 증득하는 것에 따라 '세 가지 세계'(三界)가 없어진다. [구체적으로는] '세 가지 세계에서의 [분별하는] 현상'(三界事相)은 '[열 가지 본격적인 수행경지'(十地)의] 첫 번째 경지'(初地)에서, 혹은 '[열 가지 본격적인 수행경지'(十地)의] 여덟 번째 경지'(八地)에 이르러 없어진다. [또] '세 가지 세계의 속성'(三界自性)은 [차이들을] 평등하게 볼 수 있는 깨달음의 경지'(等覺位)에서 없어지고, '세 가지 세계의 누적된 경향성'(三界習氣)은 [차이들을] 사실대로 함께 만날 수 있는 깨달음의 경지'(妙覺位)에 이르러서야 없어진다. 이러한 뜻은 『이장의二障義』의 설명[31]에 자세하게 갖추어져 있다.

---

31 『이장의』의 후반부에서 "'[욕망세계·유형세계·무형세계, 이] 세 종류의 세계'(三界)

[부처님의] 대답에서는 [대력보살의 말을] '모두 인정하였기'(摠許) 때문에 "그렇다"(如是)라고 말하였다. '세 가지 세계[에 대한 분별]이 없어질'(三界滅無) 때에는 마음과 대상세계(境)가 서로를 일으키지 않는다. 왜냐하면, 오직 마음이 '사실과 다르게 보아'(妄見) '[사실과 다른] 대상세계'(境界)를 바꾸어 지어내는 것이니, 마음에 '사실과 다르게 [봄]'(妄[見])이 없을 때는 곧 '[사실과 다른] 대상세계'(境)를 지어내지 않고, '[사실과 다른] 대상세계'(境界)가 없기 때문에 '[사실과 다르게 분별하는] 마음'(心)을 생겨나게 하지 않는다.

② 하나씩 드러냄(別顯)

菩薩! 內無衆生, 三性空寂, 則無己衆, 亦無他衆, 乃至二入, 亦不生心. 得如是利 卽無三界".

[H1, 641b21~23; T34, 985a1~2]

바깥에 중생[의 본원]이 있는가, [아니면 삼계三界의 바깥에는] 중생[의 본원]이 없는가?"를 문답하면서 시작되는 장문의 설명을 가리킨다. 『이장의』(H1, 811c7~812a21). "問. 三界之外, 爲有衆生, 爲無衆生? 此何所疑? 若有若無, 違聖言故. 答. 此有二義. 若如古說, 衆生之厚, 厚在識窟, 從彼流來, 來入三界. 是同外道經所說宗, 佛法之內, 無如是義. 是故若望過去求衆生本, 無始世來, 流轉三界, 若望其後修道除障出三界者, 卽當分別. 何者? 若據現事, 有多衆生, 出三界外, 未離生死. 若說自性, 出三界外, 唯有佛也, 更無流轉. 言'據事'者, 曲有四重. 一趣寂二乘, 已出三界, 受意生身. 如經言: '出三界外, 有三種意生身'故. 二直住菩薩, 於十住中第四住位, 已出三界, 受不繫身. 如經言: '第四生貴眞佛子, 捨離生死, 出三界'故. 三者, 於七地中三地菩薩, 由願力故, 損伏煩惱, 出三界外, 受淨土身, 若不依願力, 非直出故. 例如異生伏下地惑, 受上生等, 此亦如是. 如經言: '有淸淨土, 出於三界. 三地菩薩, 由願力故, 得生於彼, 非諸異生及非異生二乘'等故. 四者, 於十地中七地菩薩, 由行勢力故, 伏斷種子, 捨此身已, 受意生身. 例如超越那含, 無漏力故, 伏斷種子, 不生欲界, 此亦如是. 如經言: '初地乃至七地, 三界業果俱伏盡無餘, 八地乃盡故.' 此等皆約現事三界, 說其不受故, 得出世, 而於自性三界, 如是四位乃至金剛, 皆未能出. 何等名爲自性三界, 謂三界內八種分別之所業薰發自性緣生. 此中俱有三界所攝煩惱業報十八界性. 彼三乘人出三界者, 永斷三界增上緣種, 由是不受三界現事. 而其自性三界悉具有, 猶未能斷其因緣故. 若就能斷因緣種子, 以明能出自性三界者, 於初地中, 始斷麤品三界因緣, 卽出麤品自性三界, 如是漸出, 乃至金剛, 斷最細品三界因緣, 出最細品自性三界. 而由未離習氣三界, 由是義故, 一切衆生在自性三界藏內, 唯佛如來獨出三界."

보살이여! 안으로 중생이 없어지고 '[변계소집성遍計所執性 · 의타기성依他 起性 · 원성실성圓成實性, 이] 세 면모에 불변 · 독자의 본질/실체가 없어지 면'(三性空寂), '자기라는 중생'(己衆)이 없어지고 '타인이라는 중생'(他衆) 도 없어지며, '[초지初地 이전과 이후의 경지] 두 가지에 들어가도'(二入) [들어 갔다는] 마음마저 일으키지 않는다. 이와 같은 이로움을 얻으면 곧 '[욕망 세계 · 유형세계 · 무형세계, 이] 세 가지 세계'(三界)가 없어진다."

此下, 第二別明趣入. 於中有二, 一者摠標擧數, 二者問答別顯, 此是初 文. "內無衆生"者, 謂十住位, 得內人空故. "三性空寂"者, 十行位中, 得內 法空故. "則無己衆, 亦無他衆"者, 十廻向位, 得平等空, 遍遣自他人法衆 故. 所言"衆"者, 衆生名衆, 五陰之法, 亦名五衆故. 是相似空, 未得眞證. "乃至二入"者, 通擧地前地上入數.

[H1, 641b24~c8; T34, 985a3~10]

이 아래는 '[들어가는 뜻을 밝힘'(廣趣入義)의 네 가지 가운데] 두 번째인 '[사실 그대로가 온전하게 드러나는 지평'(實際)으로] 들어감을 하나씩 밝힌 것'(別明趣入; 別顯趣入)이다. 여기에는 두 가지가 있으니, 첫째는 '숫자를 매겨 총괄적으 로 제시함'(摠標擧數)이고 둘째는 '질문과 대답으로 하나씩 드러냄'(問答別 顯)인데, 이 경문은 '[숫자를 매겨 총괄적으로 제시함'(摠標擧數)인] 첫 글이다.

"안으로 중생이 없어진다"(內無衆生)라는 것은 '[믿음이 이해로] 안착하는 열 가지 단계의 경지'(十住位)를 가리키니, '안의 자아에 불변 · 독자의 본질 /실체가 없다'(內人空)[는 이해]를 성취했기 때문이다. "[변계소집성遍計所執性 · 의타기성依他起性 · 원성실성圓成實性, 이] 세 면모에 불변 · 독자의 본질/실체 가 없어진다"(三性空寂)라는 것은 '[이타적] 수행의 열 가지 단계의 경지'(十行 位)에 있음이니, '안의 모든 현상에 불변 · 독자의 본질/실체가 없다'(內法 空)[는 이해]를 성취했기 때문이다.

"'자기라는 중생'이 없어지고 '타인이라는 중생'도 없어진다"(則無己衆, 亦 無他衆)라는 것은 '[수행으로 성취한 모든 것을 중생들에게] 돌리는 행위의 열 가지 단계'(十廻向位)이니, '[모든 것에] 평등하게 불변·독자의 본질/실체가 없다'(平等空)[는 이해]를 성취하여 〈자신과 타인을 '[불변·독자의 본질/실체로서의] 자아와 현상의 무리'[라고 보는 생각]〉(自他人法衆)을 모두 없앴기 때문이다. "무리"(衆)라고 말한 것은, 중생을 무리(衆)라 부르고 '자아를 이루고 있는 다섯 가지 현상들'(五陰之法)도 '다섯 가지 무리'(五衆)라고 부르기 때문이다. 이것은 '불변·독자의 본질/실체가 없는 지평과 비슷해진 것'(相似空)이고 아직 '그대로 증득함'(眞證)을 성취하지는 못한 것이다.

"[초지初地 이전과 이후의 경지] 두 가지에 들어간다"(乃至二入)라는 것은, '[열 가지] 본격적인 수행경지 이전'(地前)과 '[열 가지] 본격적인 수행경지 이상'(地上)[의 경지]에 들어가는 경우(數)를 '통틀어 거론한 것'(通擧)이다.

> 大力菩薩言, "云何二入, 不生於心, 心本不生, 云何有入?" 佛言, "二入者, 一謂理入, 二謂行入. 理入者, 深信衆生不異眞性, 不一不共, 但以客塵之所翳障, 不去不來, 凝住覺觀, 諦觀佛性不有不無, 無己無他, 凡聖不二, 金剛心地, 堅住不移, 寂靜無爲, 無有分別, 是名理入.
>
> [H1, 641c9~16; T34, 985a11~16]
>
> 대력보살이 말하였다.
>
> "어떠한 '두 가지로 들어가기'(二入)여야 [들어갔다는] 마음을 일으키지 않으며, [또] 마음은 본래 생겨나지 않는데 어떻게 들어감이 있겠습니까?"
>
> 부처님께서 말씀하셨다.
>
> "'두 가지로 들어가기'(二入)라는 것은 첫 번째는 '이해로써 들어가기'(理入)이고, 두 번째는 '수행으로써 들어가기'(行入)를 일컬은 것이다. '이해로써 들어가기'(理入)라는 것은 [다음과 같다.] 중생은 '참된 면모[인 사실 그대로]'(眞性)와 다르지 않지만 '[참된 면모[인 '사실 그대로']'(眞性)와] 같은 것도 아니고 [같음과 다름이] 공존하는 것도 아니며'(不一不共) 단지 [그 '참된 면모[인 '사실 그대로']'(眞性)가] '본연이 아닌 번뇌'(客塵)에 가려져 있다는 것을

깊이 믿고, '[불변·독자의 본질/실체로서] 가는 것도 아니고 오는 것도 아니다'(不去不來)[는 도리]에 [마음이] 굳건히 자리 잡아 [그 도리를] '사유하고 숙고하여'(覺觀), '부처 면모'(佛性)는 '[불변·독자의 본질/실체로서] 있는 것도 아니고 [완전히] 없는 것도 아님'(不有不無)을 '잘 살펴 이해하고'(諦觀), '자기도 [불변·독자의 본질/실체로서] 없고 타인도 [불변·독자의 본질/실체로서] 없으며'(無己無他) '범부와 성인이 [불변·독자의 본질/실체로서] 다르지 않아'(凡聖不二), '금강[석과 같은] 마음의 경지'(金剛心地)에 '굳게 자리 잡아 움직이지 않으며'(堅住不移), '[불변·독자의 본질/실체로 보는 분별의 동요가] 그쳐 평온하고 [불변·독자의 본질/실체로 보아 분별하는] 행위가 없어'(寂靜無爲) '[불변·독자의 본질/실체로 보는 생각으로] 분별함'(分別)이 없어지니, 이것을 '이해로써 들어가기'(理入)라고 부른다.

此下, 問答別顯. 問中有二, 先問後難. 答中亦二, 先答後通. 答中有三, 牒數列名, 次第辨相. 此中"理入"者, 順理信解, 未得證行, 故名理入, 位在地前. "行入"者, 證理修行, 入無生行, 故名行入, 位在地上. 理入文中, 有其四句. "深信"已下乃至"翳障", 是十信入. "不一"者, 謂衆生相不異眞性, 而非一故, "不共"者, 非亦一亦異故. 第二句言"不去不來, 凝住覺觀"者, 是十住入. 悟衆生空, 故不來去, 於人空門, 靜住其心, 覺察佛性無去來故. 第三句言"諦觀佛性不有不無"者, 是十行入. 已得法空, 依法空門, 諦觀佛性不有法相, 不無空性故. 第四句言"無己無他, 凡聖不二"等者, 是明十廻向位理入. 已得自他平等空故, 心如金剛堅住不退. 『梵網經』中, 名十金剛, 『仁王經』中, 名十堅心, 是十廻向之異名也.

[H1, 641c17~642a12; T34, 985a16~b3]

이 아래는 '질문과 대답으로 하나씩 드러냄'(問答別顯)이다. 질문에는 두 가지가 있으니, 먼저는 질문(問)이고 나중은 '의문 제기'(難)이다. 대답에도 두 가지가 있으니, 먼저 [질문에] 대답하고 나중에는 [의문을] 풀어 주었다(通). [질문에 대한] 대답에는 세 가지가 있으니, [첫 번째인] '숫자를 표시함'(牒

數)과 [두 번째인] '명칭의 나열'(列名), [세 번째인] '차례대로 특징을 구별함'(次第辨相)이다.

이 가운데 "이해로써 들어가기"(理入)라는 것은, '이치에 따라 믿고 이해하지만'(順理信解) 아직 '[그 이해에 따라 행하는] 수행'(行) [경지는] 체득하지 못했기 때문에 '이해로써 들어가기'(理入)라고 부르니, [그] 지위는 '[열 가지] 본격적인 수행경지 이전'(地前)에 있다. "수행으로써 들어가기"(行入)라는 것은, '이해를 체득한 수행'(證理修行)으로 '[불변·독자의 본질/실체로서] 생겨난 것이 없다는 [이해에 의거하는] 수행'(無生行)[의 경지]에 들어가기 때문에 "수행으로써 들어가기"(行入)라고 부르니, [그] 지위는 '[열 가지] 본격적인 수행경지[의 초지初地] 이상'(地上)에 있다.

"이해로써 들어가기"(理入)에 대한 [『금강삼매경』의] 문장에는 네 구절이 있다. [첫 번째 구절인] "깊이 믿는다"(深信) 이하로부터 "[단지 '본연이 아닌 번뇌'(客塵)에] 가려져 있다"(翳障)까지는 '믿음을 세우는 열 가지 단계'(十信)에 들어가는 것이다. "[참된 면모[인 '사실 그대로']](眞性)와 같은 것도 아니다"(不一)라는 것은 '중생의 면모'(衆生相)가 '참된 면모[인 '사실 그대로']'(眞性)와 다르지 않지만 같은 것도 아니기 때문이고, "[같음과 다름이] 공존하는 것도 아니다"(不共)라는 것은 '같기도 하고 다르기도 한 것'(亦一亦異)이 아니기 때문이다.

두 번째 구절에서 말한 "'[불변·독자의 본질/실체로서] 가는 것도 아니고 오는 것도 아니다'(不去不來)[라는 도리]에 [마음이] 굳건히 자리 잡아 [그 도리를] 사유하고 숙고한다"(不去不來, 凝住覺觀)라는 것은 '[믿음이 이해로] 안착하는 열 가지 단계'(十住)에 들어가는 것이다. '중생에는 불변·독자의 본질/실체가 없다는 것'(衆生空)을 깨달았으므로 [중생은] '[불변·독자의 본질/실체로서] 오는 것도 아니고 [불변·독자의 본질/실체로서] 가는 것도 아니다'(不來去)라고 한 것이며, '자아에 불변·독자의 본질/실체가 없다고 아는 지평'(人空門)에 그 마음을 고요히 머무르게 하여 '부처 면모에는 [불변·독자의 본질/실체로서] 가는 것도 없고 [불변·독자의 본질/실체로서] 오는 것도 없음'(佛性無去來)

을 '사유하고 숙고하기'(覺察) 때문[에 "[마음이] 굳건히 자리 잡아 [그 도리를] 사유하고 숙고한다"(凝住覺觀)라고 한 것]이다.

세 번째 구절에서 말한 "부처 면모는 [불변·독자의 본질/실체로서] 있는 것도 아니고 [완전히] 없는 것도 아님을 잘 살펴 이해한다"(諦觀佛性不有不無)라는 것은 '[이타적] 수행의 열 가지 단계'(十行)에 들어가는 것이다. 이미 '모든 현상에 불변·독자의 본질/실체가 없다'(法空)[는 이해]를 얻어서 '모든 현상에 불변·독자의 본질/실체가 없다고 아는 지평'(法空門)에 의거하여 '부처 면모에는 [불변·독자의 본질/실체로 차별된] 현상의 차이가 없음'(佛性不有法相)과 〈'불변·독자의 본질/실체가 없는 본연'이 없는 것은 아님〉(不無空性)을 잘 살펴 이해하기 때문이다.

네 번째 구절에서 말한 "자기도 [불변·독자의 본질/실체로서] 없고 타인도 [불변·독자의 본질/실체로서] 없으며 범부와 성인이 [불변·독자의 본질/실체로서] 다르지 않다"(無己無他, 凡聖不二) 등으로 말한 것은, '[수행으로 성취한 모든 것을 중생들에게] 돌리는 행위의 열 가지 단계'(十廻向位)에 '이해로써 들어가는 것'(理入)을 밝힌 것이다. 이미 '나와 남이 평등하게 불변·독자의 본질/실체가 없음'(自他平等空)을 성취하였기 때문에 마음은 금강석과 같이 굳게 머물러 물러나지 않는다. 『범망경梵網經』에서는 '금강석과 같은 10가지 [마음]'(十金剛)[32]이라고 부르고, 『인왕경仁王經』에서는 '견고한 10가지 마음'(十堅心)[33]이라고 부르는데, 이것은 '[수행으로 성취한 모든 것을 중생들에게]

---

32 『범망경梵網經』에서는 40법문法門이라는 이름으로 보살의 지위를 40가지로 설명한다. '금강석과 같은 10가지 [마음]'(十金剛)은 제21~30에 해당하는 단계이다. 관련 내용은 다음과 같다. 『범망경』 권상(T24, 997c22~26). "諸佛當知. 從是十長養心入堅修忍中, 十金剛心向果. 一信心, 二念心, 三廻向心, 四達心, 五直心, 六不退心, 七大乘心. 八無相心, 九慧心, 十不壞心."

33 『불설인왕반야바라밀경佛說仁王般若波羅蜜經』 권상(T8, 826c6~11). "復有十道種性地. 所謂觀色識想受行. 得戒忍知見忍定忍慧忍解脫忍, 觀三界因果, 空忍無願忍無想忍觀二諦虛實. 一切法無常名無常忍一切法空得無生忍. 是菩薩十堅心作轉輪王, 亦能化四天下, 生一切衆生善根."

돌리는 행위의 열 가지 단계'(十廻向)의 다른 이름이다.

　行入者, 心不傾倚, 影無流易, 於所有處, 靜念無求, 風鼓不動, 猶如大地. 捐離心我, 救度衆生, 無生無相, 不取不捨.

[H1, 642a13~16; T34, 985b4~6]

'수행으로써 들어가기'(行入)라는 것은, 마음이 [대상으로] 기울거나 의존하지 않고 [대상의] 모습에 움직임과 바뀜이 없으며 존재하는 것들에 대해 생각(念)을 고요히 하여 [그것들을] 추구함이 없어, [대상의] 바람이 몰아쳐도 동요하지 않음이 마치 대지와도 같다. [그리고] '마음과 자아[를 불변·독자의 본질/실체로 보는 생각]을 없애고 벗어났기에'(捐離心我), 중생을 구제하면서도 '[구제하는 것을 불변·독자의 본질/실체로 보는 생각을] 일으킴이 없고, [구제하는 자신과 구제한 중생을 불변·독자의 본질/실체로 차별하는] 차이도 없으며'(無生無相), '[열반을] 취하지도 않아 [중생을] 버리지 않는다'(不取不捨).

是明地上證入之行. "心不傾倚"者, 如理智心, 不攀緣故, 攀緣之心不生起故. "影無流易"者, 如理之境, 離三際故, 流變境像, 不復現故. 所有一切世間福樂, 乃至菩提大涅槃果, 於是一切皆無願求, 通達平等無此彼故, 故非境界風所鼓動. 是明自利行入. "捐離"已下, 令他入行, 以證二空, 離人法相故, 能普遍救度一切. 雖心無生, 亦無境相, 而不取其寂滅之性, 恒不捨於一切衆生, 以之故言"不取不捨". 如是二行, 名爲行入.

[H1, 642a17~b4; T34, 985b6~16]

이 글은 '[열 가지] 본격적인 수행경지[의 초지初地] 이상'(地上)을 증득하여 들어가는 수행(行)을 밝힌 것이다.

"마음이 [대상으로] 기울거나 의존하지 않는다"(心不傾倚)라는 것은, '사실 그대로의 도리와 같아진 지혜로운 마음'(如理智心)이 [대상에] 얽매이지 않기 때문에 '[대상에] 얽매이는 마음'(攀緣之心)을 일으키지 않는 것이다. "[대상의] 모습에 움직임과 바뀜이 없다"(影無流易)라는 것은, '사실 그대로의 도리와 같아진 대상'(如理之境)은 '[과거와 현재와 미래의] 세 시기'(三際)[에서 마음의 분별에 의해 바뀌어 가는 것]에서 벗어난 것이기 때문에 '[분별에 의해] 움직이고 바뀌는 대상의 모습'(流變境像)이 다시는 [마음에] 나타나지 않기 때문이다. '존재하는 모든 세간적 행복과 즐거움'(所有一切世間福樂)에서부터 '깨달음으로 얻는 위대한 열반의 결실'(菩提大涅槃果)에 이르기까지 이 모든 것에서 다 [불변·독자의 본질/실체를] 원함이나 구함이 없고, [불변·독자의 본질/실체가 없어] 평등함을 통달하여 '이것과 저것'[을 불변·독자의 본질/실체로 차별하는 것]이 없기 때문에, 대상세계(境界)의 바람에 동요되지 않는다. 이것은 '자신을 이롭게 하는 것'(自利)에 '수행으로써 들어감'(行入)을 밝힌 것이다.

"[마음과 자아를 불변·독자의 본질/실체로 보는 생각을] 없애고 벗어났기에"(捐離) 이하는 다른 사람들을 [이로움에] 들어가게 하는 수행이니, '[자아(我)와 현상(法), 이] 두 가지에 불변·독자의 본질/실체가 없음'(二空)을 증득하여 '사람과 현상에 대한 [불변·독자의 본질/실체로 차별된] 차이'(人法相)에서 벗어났기 때문에 모든 [중생들을] 두루 구제할 수 있는 것이다. 비록 '마음에 [불변·독자의 본질/실체로서] 생겨난 것이 없고'(心無生) '[불변·독자의 본질/실체로 차별된] 대상의 차이도 없지만'(無境相), 그 '불변·독자의 본질/실체가 없고 [불변·독자의 본질/실체로 보는 분별의] 동요가 없는 면모'(寂滅之性)도 [불변·독자의 본질/실체로서] 취하지 않아 언제나 모든 중생을 버리지 않으니, 그러므로 "[열반을] 취하지도 않아 [중생을] 버리지 않는다"(不取不捨)라고 말하였다.

[자신의 이로움'(自利)과 '타인을 이롭게 함'(利他)에 들어가게 하는] 이와 같은 '두 가지 수행'(二行)을 '수행으로써 들어가기'(行入)라고 부른다.

菩薩! 心無出入, 無出入心, 入不入故, 故名爲入.

[H1, 642b5~6; T34, 985b17~18]

보살이여! 마음에 '나가거나 들어옴'(出入)이 없으면 [예전에] 나갔거나 들어왔던 마음'(出入心)도 없어지니, '들어감이 없음'(不入)에 들어가기 때문에 '들어간다'(入)라고 부른다.

此是第二通彼所難. 證理之心, 遠離生滅, 無始無終故, "心無出入". 無出入已, 亦無昔日出入之心故, "無出入心". 去昔有出入心, 入此不出入心, 故言"入不入故, 故名爲入". 如是前難, 得善通也.

[H1, 642b7~12; T34, 985b18~22]

이 글은 ['질문과 대답으로 하나씩 드러냄'(問答別顯)에서 대답(答)의] 두 번째인 그 '[제기된] 의문'(所難)을 풀어 준 것이다.

'이해를 증득한 마음'(證理之心)은 ['불변·독자의 본질/실체로서] 생겨난다[는 생각]과 [완전히] 사라진다[는 생각]에서 멀리 벗어나'(遠離生滅) [그 마음에는] '시작됨도 없고 끝남도 없기'(無始無終) 때문에 "마음에 '나가거나 들어옴'(出入)이 없다"(心無出入)라고 말하였다.' '나가거나 들어옴'(出入)이 없어지면 '예전에 나갔거나 들어왔던 마음'(昔日出入之心)도 없기 때문에 [예전에] 나갔거나 들어왔던 마음도 없어진다"(無出入心)[라고 말하였다.] [또] '과거에 나갔거나 들어왔던 마음이 있다'(昔有出入心)[는 생각]을 없애어 이 '나가거나 들어가지 않는 마음'(不出入心)에 들어가니, 그러므로 "'들어감이 없음'에 들어가기 때문에 '들어간다'라고 부른다"(入不入故, 故名爲入)라고 말하였다. 이와 같이 앞에서 ['대력보살이 제기한] 의문'(難)이 잘 해소되었다.

③ 들어감이 허물에서 벗어나 있음(能入離過)

菩薩! 如是入法, 法相不空, 不空之法, 法不虛棄.[34] 何以故? 不無之法, 具足功德, 非心非影, 法爾清淨".

[H1, 642b13~15; T34, 985b23~25]

보살이여! 이와 같이 [나가거나 들어옴이 없이] 들어가는 현상(法)은 [그] '현상의 양상'(法相)이 없는 것이 아니니, [그] '없지 않은 현상'(不空之法)은

---

34 한불전에는 '弃'자로 된 판본이 있다고 교감하고 있다. 대정장 『금강삼매경론』과 『금강삼매경』에서는 모두 이에 대한 언급 없이 '棄'자로 기재하고 있다.

현상(法)이 헛되이 버려지지 않는다. 어째서인가? [그] '없지 않은 현상'(不無之法)은 '이로운 능력'(功德)을 모두 갖추고 [주관인] 마음도 아니고 [마음에 나타난 객관인] 영상도 아니며 '현상 그대로가 온전하기'(法爾淸淨) 때문이다."

此下, 第三能入離過. 於中有二, 略明廣釋, 此卽略明. "如是入法"者, 謂入實際無出入法, 是不無法, 能所平等, 離諸過患, 具諸功德. "非心非影"者, 心境平等, 離能所故. "法爾淸淨"者, 無始無終, 離諸相故.

[H1, 642b16~21; T34, 985b25~29]

이 아래는 [〈'사실 그대로가 온전하게 드러나는 지평'(實際)으로 들어가는 뜻을 밝힘〉(明趣入義)의] 세 번째인 '['사실 그대로가 온전하게 드러나는 지평'(實際)으로] 들어감이 허물에서 벗어나 있음'(能入離過)[을 밝힌 것]이다. 여기에는 두 가지가 있으니, '간략하게 밝힘'(略明)과 '자세하게 해석함'(廣釋)인데 이 글은 '간략하게 밝힘'(略明)이다.

"이와 같이 [나가거나 들어옴이 없이] 들어가는 현상"(如是入法)이라는 것은 〈사실 그대로가 온전하게 드러나는 지평으로 들어가는 '나가거나 들어옴이 없는 현상'〉(入實際無出入法)을 일컫는 것이니, 이 '없지 않은 현상'(不無法)은 '주관과 객관대상이 [불변·독자의 본질/실체가 아니어서] 평등'(能所平等)하고 온갖 허물(過患)에서 벗어나 온갖 '이로운 능력'(功德)을 갖추고 있다. "[주관인] 마음도 아니고 [마음에 나타난 객관인] 영상도 아니다"(非心非影)라는 것은 '마음과 대상이 [불변·독자의 본질/실체가 아니어서] 평등하고'(心境平等) '주관과 객관[을 불변·독자의 본질/실체라고 분별하는 것]에서 벗어났기'(離能所) 때문이다. "현상 그대로가 온전하다"(法爾淸淨)라는 것은, 시작도 없고 끝도 없으며 '모든 유형의 [불변·독자의 본질/실체로 차별된] 차이'(諸相)에서 벗어났기 때문이다.

大力菩薩言, "云何非心非影, 法爾淸淨?" 佛言, "空如之法, 非心識法, 非心使所有法, 非空相法, 非色相法, 非心不相應法, 非心無爲相應法.[35]

非所現影, 非所顯示, 非自性, 非差別, 非名, 非相義.³⁶ 何以故? 如故. 非
如之法, 亦無無如, 無有無如, 非無如有. 何以故? 根理之法, 非理非根,
離諸諍論, 不見其相. 菩薩, 如是淨法, 非生之所生生, 非滅之所滅滅".

[H1, 642b22~c7; T34, 985c1~8]

대력보살이 말하였다.

"어째서 [주관인] 마음도 아니고 [마음에 나타난 객관인] 영상도 아니며 현
상 그대로가 온전한 것입니까?"

부처님께서 말씀하셨다.

"'불변·독자의 본질/실체가 없는 사실 그대로인 현상'(空如之法)은 '마
음과 의식의 현상'(心識法)도 아니고, 마음작용(心使所有)³⁷[에 속하는] 현상
도 아니며, '허공 같은 현상'(空相法)도 아니고, '색깔과 모양이 있는 현
상'(色相法)도 아니며, '마음과 상응하지 않는 현상'(心不相應法)³⁸도 아니

---

35 한불전에서는 '非心有爲是相應法, 非心無爲相應法'이라고 되어 있는 판본이 있다고 교
감하였다. 그런데 대정장『금강삼매경론』에는 본문과 같이 '非心無爲相應法'으로 나
오지만, 대정장『금강삼매경』에는 '非心有爲不相應法, 非心無爲是相應法'으로 되어 있
어 혼선이 있다. 여기서는 원효의 주석에 따라 '非心無爲相應法'으로 보고 해석한다.

36 한불전에서는 '非相非義'로 되어 있는 판본이 있다고 한다. 대정장『금강삼매경』에도
'非相非義'로 기재하고 있다. 대정장『금강삼매경론』에는 '非相義'로 나온다. 여기서
는 원효의 주석에 의거하여 '非相義'로 보고 번역한다.

37 심사소유법心使所有法: '마음작용'(心所有法)을 가리키는 또 다른 이름이다. 이 명칭
에는 '사使'자가 덧붙여져 있는데, 마음작용이 주관인 마음에서 발생된 것이라는 점
을 강조하기 위해 '사역'의 의미를 추가한 것으로 보인다.

38 심불상응법心不相應法: 유식唯識의 '5위位 100법法'의 분류 체계에서 5위位의 제4번
째 항목인 심불상응행心不相應行을 가리킨다. 심불상응행은 설일체유부說一切有部
의 '5위位 75법法'의 분류 체계에서도 제4번째 항목으로 나오고 있어 양 체계에서 동
일하다. 오위五位란 모든 현상을 다섯 가지 범주로 나눈 것인데, 색色(rūpa), 심心
(citta), 심소心所(caitasika/citta-saṃprayukta-saṃskāra), 심불상응행心不相應行(citta-
viprayukta-saṃskāra), 무위無爲(asaṃskṛta)의 다섯이 여기에 해당한다. 심불상응행
의 뜻은 한자어로는 '마음과 서로 응하지 않는 현상'(心不相應行)으로 이해할 수 있지
만, 이 개념에 해당하는 산스크리트어에서 'viprayukta'의 뜻을 파악하면 좀 더 분명
하게 이해할 수 있다. 이 말은 분리를 의미하는 접두어 'vi-'가 'prayukta' 앞에 부가된

형태인데, 과거분사 'yukta'는 어근 'yuj'(결합하다)에서 기원하고, 여기에 '앞으로, 밖으로'를 의미하는 접두어 'pra-'가 붙어 있는 형태이다. 따라서 이 말의 뜻은 '마음(citta)과[의 연결고리가] 떨어져 있는(viprayukta) [것을 조건으로 만들어진] 현상(saṃskāra)'으로 풀어 볼 수 있다. 『구사론』에 따르면, 이 심불상응행心不相應行에는 득得・비득非得・동분同分・무상과無想果・무상정無想定・멸진정滅盡定・명근命根・생生・주住・이異・멸滅・명신名身・구신句身・문신文身의 14가지가 여기에 해당한다. 그런데 유식의 체계에서는, 『유가사지론』에서 설명하고 있는 것처럼, 모두 24가지가 심불상응행에 해당하는데, 득得・무상정無想定・멸진정滅盡定・무상이숙無想異熟・명근命根・중동분衆同分・이생성異生性・생生・노老・주住・무상無常・명신名身・구신句身・문신文身・유전流轉・정이定異・상응相應・세속勢速・차제次第・시時・방方・수數・화합和合・불화합不和合이 그것이다. 해당 원문은 다음과 같다. 『유가사지론瑜伽師地論』(T30, 293c7~11). "不相應行有二十四種. 謂得, 無想定, 滅盡定, 無想異熟, 命根, 衆同分, 異生性, 生, 老, 住, 無常, 名身, 句身, 文身, 流轉, 定異, 相應, 勢速, 次第, 時, 方, 數, 和合, 不和合."

39 심무위상응법心無爲相應法: 아래 원효의 주석에서는 [주관인] 마음과 [마음에 나타난 객관인] 영상의 차이'(心影差別)의 육쌍六雙 가운데 제3쌍에 해당하는 이 심무위상응법을 '행위가 없는 모든 것들'(諸無爲)이라 지칭하고, 자세하게 설명하는 대목에서는 "非心無爲相應法者, 離餘七種無爲法故. 依心所顯故, 名心無爲, 三種無爲之相相應法故, 名相應法. 亦離三種眞如法者, 入證門中無三別故"라고 하여 마음(心)에 의해 드러나는 무위법無爲法이기 때문에 '심무위心無爲'라 부르고 삼종무위지상三種無爲之相과 상응하는 현상이기 때문에 '상응법相應法'이라 부른다고 설명한다. 무위법조차도 유식唯識의 도리에 따라 벗어나야 할 대상으로 간주하면서 칠종무위법七種無爲法, 삼종진여법三種眞如法 등을 거론하고 있는데, 이들 명칭이 제시되는 경전과 논서의 문맥에 따르면, 이승의 무위법인 『아비달마구사론阿毘達磨俱舍論』 권1(T29, 1c11~12)에서는 "三無爲, 何等爲三? 虛空二滅. 二滅者何? 擇非擇滅"이라고 하면서 심무위상응법은 허공虛空・택멸擇滅・비택멸非擇滅의 삼무위三無爲만을 거론하기 때문에 여기 본문에서는 대승의 팔무위법八無爲法을 가리키는 것임을 알 수 있다. 『대승백법명문론大乘百法明門論』 권1(T31, 855c17~19)에서는 "無爲法者, 略有六種. 一虛空無爲, 二擇滅無爲, 三非擇滅無爲, 四不動滅無爲, 五想受滅無爲, 六眞如無爲"라고 하여 육무위六無爲를 제시하고, 『현양성교론顯揚聖敎論』 권1에서는 "無爲者, 此有八種, 謂虛空, 非擇滅, 擇滅, 不動, 想受滅, 善法眞如, 不善法眞如, 無記法眞如"(T31, 484b28~c1)라고 하여 팔무위八無爲를 제시하는데, 팔무위는 육무위 중에서 여섯 번째인 진여眞如를 선법진여善法眞如・불선법진여不善法眞如・무기법진여無記法眞如로 세분한 것이다. 원효의 주석에서 삼종무위지상이나 삼종진여법이라고 부른 것은 구체적으로 이 선법진

다. [또한 이 온전한 현상은] '[선정 수행을 위해] 드러낸 영상'(所現影)도 아니고, '[그 영상에 의해] 나타나게 된 것'(所顯示)도 아니며, '불변·독자의 본질'(自性)[에 속하는 것]도 아니고, 차이(差別)[에 속하는 것]도 아니며, 명칭(名)[에 속하는 것]도 아니고, '[명칭이 나타내는] 특징의 뜻'(相義)[에 속하는 것]도 아니다. 어째서인가? '[사실] 그대로'(如)이기 때문이다.

 '[사실] 그대로가 아닌 현상'(非如之法)에도 또한 '[사실] 그대로[인 면모]'(如)가 없지 않으니, 어떤 것도 '[사실] 그대로[인 면모]'(如)가 없는 것은 없고 〈'[사실] 그대로[인 면모]가 없음'(無如)이 '[불변·독자의 본질/실체로서] 존재하는 것'(有)〉(無如有)도 아니다. 어째서인가? '[나무의] 뿌리와 [나뭇가지의] 결'(根理)이라는 것은 결(理)만도 아니고 뿌리(根)만도 아니니, [어느 하나만을 선택하는] 온갖 '배타적 말다툼과 이론'(諍論)에서 벗어났기에 그 '불변·독자의 본질/실체로 차별된 차이'(相)를 보지 않는 것이다. 보살이여! 이와 같은 '온전한 현상'(淨法)들은 '[불변·독자의 본질/실체로서] 생겨남이 아니면서 생겨난 생겨남'(非生之所生生)이고 '[완전히] 사라짐이 아니면서 사라지는 사라짐'(非滅之所滅滅)이다."

여·불선법진여·무기법진여에 해당하겠다. 진여무위眞如無爲를 나머지 무위법들의 의지처로 설명하는 『성유식론成唯識論』 권2에 따르면, 원효가 칠종무위법이라고 부른 것은 팔무위 중에서 선법진여를 제외한 나머지 일곱 가지 무위법을 가리키는 것으로 보이는데, 그 설명 내용은 다음과 같다. "空無我所顯眞如, 有無俱非, 心言路絶, 與一切法非一異等. 是法眞理故名法性. 離諸障礙故名虛空. 由簡擇力滅諸雜染, 究竟證會故名擇滅. 不由擇力本性清淨, 或緣闕所顯故名非擇滅. 苦樂受滅故名不動. 想受不行名想受滅. 此五皆依眞如假立, 眞如亦是假施設名"(T31, 6c10~17). 『대승백법명문론』에서와 같이 육무위설六無爲說을 채택하는 『성유식론』의 이 설명에 따르면, 모든 장애에서 벗어난 허공무위虛空無爲, 간택력簡擇力에 의거해 모든 잡염雜染을 소멸시켜 궁극적으로 증득한 것인 택멸무위擇滅無爲, 간택력에 의거하지 않고 본성本性이 청정하거나 조건(緣)이 결여됨으로써 드러나는 비택멸무위非擇滅無爲, 고수苦受와 낙수樂受가 사라진 것인 부동무위不動無爲, 분별(想)과 느낌(受)이 작동하지 않는 것인 상수멸무위想受滅無爲, 이 다섯 가지는 공空·무아無我에 의해 드러나는 법성法性인 진여무위眞如無爲에 의거하여 가립된 것이고 이 진여 역시 임시로 시설된 명칭일 뿐이다.

此下, 第一⁴⁰廣釋離過. 先問, 次答, 三領, 四述. 答中有二, 先釋"非心非影"之句, 後釋"法爾淸淨"之句. 初中亦二, 先明入法離諸心影, 後明心影無非如理. 初中言"空如之法"者, 入實際時, 遠離諸相曰空, 能所平等曰如, 如是入法, 離諸心影. 心影差別, 略有六雙. 一者, 心及心所爲雙, 二者, 虛空與色爲雙, 三者, 不相應行及諸無爲爲雙. 四者, 影像及與本質爲雙, 五者, 自性差別爲雙, 六者, 名言及與相義爲雙. 此六雙中, 初之一雙, 能緣心類, 後五雙者, 所緣影類. 離此六雙, 故'非心影', 如其次第有六雙句. "非心識法"者, 以離八識心故, "非心使所有法"者, 以離六位心所有法故. "非空相法"者, 離無色相虛空法故, "非色相法"者, 離顯形表三種色故. "非心不相應法"者, 離二十四不相應行故, "非心無爲相應法"者, 離餘七種無爲法故. 依心所顯故, 名'心無爲', 三種無爲之相相應法故, 名'相應法'. 亦離三種眞如法者, 入證門中無三別故. "非所現影"者, 離方便觀之所顯現本法同分之影像故, "非所顯示"者, 亦離影像之所顯示本質之法骨鏁等故. "非自性"者, 離色心等之自性故, "非差別"者, 離無常等差別相故. "非名"者, 離名句文能詮相故, "非相義"者, 離名所詮相當名之義故. 何故離此六雙相者, 能所平等無差別故, 故言"如故".

[H1, 642c8~643a16; T34, 985c8~986a4]

이 아래는 두 번째인 '허물에서 벗어나 있음을 자세하게 해석함'(廣釋離過)이다. [여기에는 네 가지가 있으니,] 먼저는 [보살의] 질문이고, 다음은 [부처님의] 대답이며, 셋째는 [보살의] 이해함이고, 넷째는 [부처님의] 설명이다. 대답에는 두 가지가 있으니, 먼저는 "[주관인] 마음도 아니고 [마음에 나타난 객관인] 영상도 아니다"(非心非影)라고 한 구절[의 뜻]을 해석한 것이고, 나중은 "현상 그대로가 온전하다"(法爾淸淨)라고 한 구절[의 뜻]을 해석한 것이다.

---

40 한불전과 대정장의 『금강삼매경론』 모두 '第一'로 되어 있으나, 과문에 따르면 이 부분부터 '들어가는 사람이 허물에서 벗어나 있음'(能入離過)의 두 번째인 '자세하게 해석함'(廣釋)이 시작되고 있으므로 '第二'로 교감하여 번역한다.

처음에도 두 가지가 있으니, 먼저는 '[사실 그대로가 온전하게 드러나는 지평'(實際)으로] 들어가는 현상'(入法)이 '모든 [주관인] 마음과 [마음에 나타난 객관인] 영상에서 벗어나 있음'(離諸心影)을 밝혔고, 나중은 '[주관인] 마음과 [마음에 나타난 객관인] 영상'(心影)이 '사실 그대로의 도리'(如理)가 아닌 것이 없음을 밝혔다.

처음 [부분]에서 말한 "불변·독자의 본질/실체가 없는 사실 그대로인 현상"(空如之法)이라는 것은, '사실 그대로가 온전하게 드러나는 지평'(實際)으로 들어갈 때 '모든 유형의 [불변·독자의 본질/실체로 차별된] 차이에서 멀리 벗어남'(遠離諸相)을 '불변·독자의 본질/실체가 없음'(空)이라 하고, '주관과 객관대상이 [불변·독자의 본질/실체가 아니어서] 평등함'(能所平等)을 '사실 그대로임'(如)이라 하니, '이와 같이 '[사실 그대로가 온전하게 드러나는 지평'(實際)으로] 들어가는 현상'(如是入法)은 '모든 [주관인] 마음과 [마음에 나타난 객관인] 영상에서 벗어나 있다'(離諸心影).

'[주관인] 마음과 [마음에 나타난 객관인] 영상의 차이'(心影差別)[처럼 서로 짝이 되는 유형]에는 대략 여섯 가지 짝이 있다. 첫 번째는 마음(心)과 마음작용(心所)이 짝이 되고, 두 번째는 허공(虛空)과 '모양과 색깔이 있는 것'(色)이 짝이 되며, 세 번째는 '[마음과] 상응하지 않는 현상'(不相應行)과 '행위가 없는 모든 것들'(諸無爲)[41]이 짝이 된다. [또] 네 번째는 영상影像과 바탕(本質)이 짝이 되고, 다섯 번째는 본연(自性)과 차이(差別)가 짝이 되며, 여섯 번째는 '명칭과 언어'(名言)와 '[명칭과 언어가 나타내는] 특징의 뜻'(相義)이 짝이 된다. 이 여섯 짝 중에서 처음 한 짝은 '주관인 마음의 종류'(能緣心類)이고, 뒤의 다섯 짝은 '객관[으로 나타나는] 영상의 종류'(所緣影類)이다. 이 여섯 짝[을 불변·독자의 본질/실체로 보는 분별]에서 벗어나 있기 때문에 '[주관인] 마음과 [마음에 나타난 객관인] 영상이 아니다'(非心影)라고 한 것이니, 그 차례대로 여섯 짝의 구절을 두었다.

---

41 무위법無爲法: 앞의 '심무위상응법心無爲相應法'에 관한 각주 참조.

"마음과 의식의 현상도 아니다"(非心識法)라는 것은 '여덟 가지 의식과 마음'(八識心)에서도 [그들을 불변·독자의 본질/실체로 보는 분별에서] 벗어나기 때문이고, "마음작용[에 속하는] 현상도 아니다"(非心使所有法)라는 것은 '여섯 가지 영역[으로 구분되는] 마음작용'(六位心所有法)[42][의 현상]에서도 [그들을 불변·독자의 본질/실체로 보는 분별에서] 벗어나기 때문이다.

"허공 같은 현상도 아니다"(非空相法)라는 것은 '색깔과 모양이 없는 허공 같은 현상'(無色相虛空法)에서도 [그들을 불변·독자의 본질/실체로 보는 분별에서] 벗어나기 때문이고, "색깔과 모양이 있는 현상도 아니다"(非色相法)라는 것은 '색깔로서의 물질현상'(顯色)·'모양으로서의 물질현상'(形色)·'드러나는 물질현상'(表色), 이 '모습이 있는 세 가지'(三種色)에서도 [그들을 불변·독자의 본질/실체로 보는 분별에서] 벗어나기 때문이다.

"마음과 상응하지 않는 현상도 아니다"(非心不相應法)라는 것은 '24가지 [마음과] 상응하지 않는 현상'(二十四不相應行)에서도 [그들을 불변·독자의 본질/실체로 보는 분별에서] 벗어나기 때문이고, "'마음의 행위가 없는 것'과 상응하는 현상도 아니다"(非心無爲相應法)라는 것은 나머지 일곱 가지 '마음의 행위가 없는 현상'(無爲法)에서도 [그들을 불변·독자의 본질/실체로 보는 분별에서] 벗어나기 때문이다. [심무위상응법心無爲相應法이라는 것은] 마음에 의거하여 나타나기에 '마음의 행위가 없는 것'(心無爲)이라 부르며, '행위가 없는 세 가지 양상'(三種無爲之相)과 상응하는 현상이기 때문에 '상응하는 현상'(相應法)이라고 부른다. 또한 [무위법無爲法인] '참 그대로임의 세 가지 현상'(三種眞如法)에서도 벗어나 있다는 것은, ['참 그대로임'(眞如)의] 증득으로 들

---

42 '6가지 영역[으로 구분되는] 마음작용'(六位心所有法)에서 여섯이란 『아비달마구사론』 등에서 제시하는 '모든 영역에 속하는 것'(大地法) 10가지, '크게 유익한 것'(大善地法) 10가지, '커다란 번뇌를 일으키는 것'(大煩惱地法) 6가지, '크게 해로운 것'(大不善地法) 2가지, '작은 번뇌를 일으키는 것'(小煩惱地法) 10가지, '[유익할지 해로울지] 확정되지 않은 것'(不定地法) 8가지를 가리킨다. 이 여섯 영역으로 구분한 46가지 마음현상을 가리켜 '마음작용'(心所有法)이라 부른다.

어간 지평'(入證門)에서는 [이] 세 가지가 별개의 [불변·독자의 본질/실체인] 것으로 없기 때문이다.

"[선정 수행을 위해] 드러낸 영상도 아니다"(非所現影)라는 것은 [선정 수행을 위해] '수단과 방법에 대한 이해'(方便觀)로써 드러낸 '본바탕과 동일한 영상'(本法同分之影像)에서도 [그들을 불변·독자의 본질/실체로 보는 분별에서] 벗어나기 때문이고, "[그 영상에 의해] 나타나게 된 것도 아니다"(非所顯示)라는 것은 또한 [그] 영상에 의해 나타나게 되는 '본바탕의 것'(本質之法)인 [고골관枯骨觀의 대상인] 해골 등에서도 [그들을 불변·독자의 본질/실체로 보는 분별에서] 벗어나기 때문이다.

"[불변·독자의] 본질[에 속하는 것]도 아니다"(非自性)라는 것은 '몸과 마음 등의 [불변·독자의] 본질'(色心等之自性)에서도 벗어나기 때문이고, "차이[에 속하는 것]도 아니다"(非差別)라는 것은 '영원하지 않음'(無常) 등 '차이를 보여 주는 양상'(差別相)에서도 [그들을 불변·독자의 본질/실체로 보는 분별에서] 벗어나기 때문이다.

"명칭[에 속하는 것]도 아니다"(非名)라는 것은 '명칭과 문구가 드러내는 특징'(名句文能詮相)에서도 [그들을 불변·독자의 본질/실체로 보는 분별에서] 벗어나기 때문이고, "[명칭이 나타내는] 특징의 뜻[에 속하는 것]도 아니다"(非相義)라는 것은 '명칭에 의해 드러난 특징'(名所詮相)과 '명칭에 해당하는 뜻'(當名之義)에서도 [그들을 불변·독자의 본질/실체로 보는 분별에서] 벗어나기 때문이다.

어째서 이 여섯 쌍의 면모에서 벗어나는가 하면, '주관과 객관대상이 [불변·독자의 본질/실체가 아니어서] 평등하여 차이가 없기'(能所平等無差別) 때문이니, 그러므로 "'[사실] 그대로'이기 때문이다"(如故)라고 말하였다.

"非如之法"已下, 第二明心影法無不如理. "非如法"者, 謂前所非六雙法相, "亦無無如"者, 如理遍通故. "無有無如"者, 無一有相之法, 而無如理者故. "非無如有"者, 設有無如之法, 可得爲有, 旣非非如之法, 不得爲有故. "何以故"下, 釋非有義. "根"者樹根, 喩於種子, "理"者木理, 喩於現法, 如前菴羅果喩中說. "離諸評論, 不見其相"者, 覺慧求之, 無所得故. 上來二分, 廣"非心影",[43] "如是淨法"已下, 次廣"法爾清淨". "非生之所生生"者, 離生相故, 體非生故. 下句亦爾, 離滅相故, 體非滅故. 如是淨法, 離有爲相, 無生無滅, 無始無終. 由是義故, "法爾清淨"也.

[H1, 643a16~b7; T34, 986a4~16]

"[사실] 그대로가 아닌 현상"(非如之法) 이하는 [부처님이 대답한 내용의 두 부분에서] 두 번째인 '[주관인] 마음과 [마음에 나타난 객관인] 영상'(心影)이 '사실 그대로의 도리'(如理)가 아닌 것이 없음을 밝힌 것이다.

"[사실] 그대로가 아닌 현상"(非如法)이라는 것은 앞에서 부정된 '여섯 짝의 특징들'(六雙法相)을 가리키고, "또한 '[사실] 그대로[인 면모]'(如)가 없지 않다"(亦無無如)라는 것은 '사실 그대로의 도리'(如理)[인 면모]는 [모든 것에] 두루 통하기 때문이다. "어떤 것도 '[사실] 그대로[인 면모]'(如)가 없는 것은 없다"(無有無如)라는 것은 '특징을 지닌 그 어떤 현상'(一有相之法)이라 해도 '사실 그대로의 도리'(如理)가 없는 것은 아니기 때문이다. "'[사실] 그대로[인 면모]가 없음'(無如)이 [불변·독자의 본질/실체로서] 존재하는 것'(有)도 아니다"(非無如有)라는 것은, 만약 '[사실] 그대로[인 면모]가 없는 현상'(無如之法)이 [불변·독자의 본질/실체로서] 있다면 '존재하는 것'(爲有)일 수 있겠지만 이미 '[사실] 그대로[인 면모]가 아닌 현상'(非如之法)이 아니기에 '존재하는 것'(爲有)일 수가 없기 때문이다.

"어째서인가?"(何以故) 이하는 '[불변·독자의 본질/실체로서] 존재하는 것이 아니다'(非有)라는 [말의] 뜻을 풀이한 것이다. "뿌리"(根)라는 것은 나무의 뿌리이니 종자를 비유한 것이고, "결"(理)이라는 것은 '나뭇가지의 결'(木理)이니 '나타난 현상'(現法)을 비유한 것이니, 앞에서의 암라나무 열매 비유에서 설명한 것과 같다. "[어느 하나만을 선택하는] 온갖 '배타적 말다툼과 이론'(評論)에서 벗어났기에 그 [불변·독자의 본질/실체로 차별된] 차이'(相)를 보지

않는 것이다"(離諸評論, 不見其相)라는 것은, '분별하는 이해'(覺慧)로써 그것을 구해 보아도 '[불변·독자의 본질/실체로서] 얻을 것이 없기'(無所得) 때문이다.

위의 두 부분(分)은 [대력보살의 질문 가운데] "[주관인] 마음도 아니고 [마음에 나타난 객관인] 영상도 아니다"(非心影)[라는 말]을 자세하게 설명한 것이고, "이와 같이 온전한 현상들"(如是淨法) 이하는 다음으로 "현상 그대로가 온전하다"(法爾淸淨)[라는 말]을 자세하게 설명한 것이다.

"[불변·독자의 본질/실체로서] 생겨남이 아니면서 생겨난 생겨남"(非生之所生生)이라는 것은, '[불변·독자의 본질/실체로서] 생겨나는 양상'(生相)에서 벗어났기 때문이고 [또한] 본연(體)은 [불변·독자의 본질/실체로서] 생겨나는 것이 아니기 때문이다. 다음 구절도 마찬가지이니, '[완전히] 사라지는 양상'(滅相)에서 벗어났기 때문이고 [또한] 본연(體)은 [완전히] 사라지는 것이 아니기 때문이다. 이와 같이 '온전한 현상'(淨法)들은 '[불변·독자의 본질/실체를] 설정하는 양상'(有爲相)에서 벗어났기에, '[불변·독자의 본질/실체로서] 생겨남도 없고 [완전히] 사라짐도 없으며'(無生無滅) '[불변·독자의 본질/실체가] 시작됨도 없고 [완전히] 끝남도 없다'(無始無終). 이와 같은 뜻이기 때문에 "현상 그대로가 온전하다"(法爾淸淨)[라고 말한 것이다.]

大力菩薩言, "不可思議. 如是法相, 不合成, 不獨成, 不羈不伴, 不聚不散, 不生滅,[44] 亦無來相及以去相, 不可思議".

[H1, 643b8~11; T34, 986a17~19]

대력보살이 말하였다.

"생각으로 헤아리기 어렵습니다. 이와 같은 '[사실 그대로인] 현상의 차

---

44 한불전에서는 '生滅'의 사이에 다시 '不'자를 집어넣어 작게 표시하고 있는데, '不生不滅'로 해석될 가능성을 염두에 둔 것으로 보인다. 『금강삼매경』 원문에도 '不生不滅'로 되어 있다. 그러나 원효는 '不生滅'로 주석하고 있기 때문에 여기서는 '不生滅'로 번역한다. 대정장 『금강삼매경론』에서도 '不生滅'로 나온다.

이들'(法相)은 '[마음과 마음작용이] 합쳐서 이루어지는 것도 아니고'(不合成) '[불변·독자의 본질/실체에 의해] 단독으로 이루어지는 것도 아니며'(不獨成), '[명칭이나 뜻 가운데 어느 하나에만] 매인 것도 아니고'(不羈) '[영상(影)이나 바탕 (質) 가운데 어느 하나만] 짝하는 것도 아니며'(不伴), '[물질(色)처럼] 모여 있는 것도 아니고'(不聚) '[허공(空)처럼] 흩어져 있는 것도 아니며'(不散), '[불변· 독자의 본질/실체가] 생겨나는 것도 아니고 [완전히] 사라지는 것도 아니며' (不生滅), 또한 '[불변·독자의 본질/실체로서] 오는 양상'(來相)도 없고 '[완전히 없어지는] 가는 양상'(去相)도 없으니, 생각으로 헤아리기 어렵습니다."

此是第三領解. "不合成"者, 非心非心所, 心與心所別體相應故. "不獨 成"者, 非自性非差別, 是二義別無二體故. "不羈"者, 非名非義故, 名義互 爲客故. "不伴"者, 非影質故, 影質相類而爲伴故. "不聚散"者, 非空非色 故, 聚集爲色, 散壞爲空故. "不生滅"者, 非不相應, 非無爲故, 不相應行, 是生起故, 諸無爲法, 滅所顯故. 此領前說離六雙義. "亦無來相"者, 非生 之所生生故, "及以去相"者, 非滅之所滅滅故. 是領後說"法爾淸淨". 初言 "不可思議"者, 非如之如, 離心言故, 後言"不可思議"者, 離心之心, 亦離 二故.

[H1, 643b12~c1; T34, 986a19~b1]

이 글은 [네 부분으로 이루어진 '허물에서 벗어나 있음을 자세하게 해석함'(廣釋離 過)의] 세 번째인 '[보살의] 이해'(領解)이다.

"[마음과 마음작용이] 합쳐서 이루어지는 것이 아니다"(不合成)라는 것은 [사 실 그대로인 '현상의 차이들'(法相)은] 마음(心)[으로 이루어진 것도 아니고 마음작 용(心所)[으로 이루어진 것도 아니라는 것이니, 마음과 마음작용은 [사실 그대 로가 아닌] '다른 바탕'(別體)과 상응하는 것이기 때문이다. "[불변·독자의 본질 /실체에 의해] 단독으로 이루어지는 것도 아니다"(不獨成)라는 것은 [사실 그대 로인 '현상의 차이들'(法相)은] '[불변·독자의] 본질'(自性)도 아니고 '[불변·독자의 본질/실체들이 지닌] 차이'(差別)도 아니라는 것이니, [본질(自性)과 차이(差別)라는] 이 '두 가지 면모'(二義)에는 별개의 [불변·독자의 본질/실체인] 두 가지 바탕'(二體)이 없기 때문이다.

"[명칭이나 뜻 가운데 어느 하나에만] 매인 것도 아니다"(不羈)라는 것은 [사실 그대로인 '현상의 차이들'(法相)은] 명칭(名)[에만 속하는 것]도 아니고 [그 명칭의] 뜻(義)[에만 속하는 것]도 아니기 때문이니, 명칭과 뜻은 서로에게 [각자가 의지하는] 대상(客)이 되기 때문이다. "[영상(影)이나 바탕(質) 가운데 어느 하나만] 짝하는 것도 아니다"(不伴)라는 것은 [사실 그대로인 '현상의 차이들'(法相)은] 영상(影)[에만 속하는 것]도 아니고 바탕(質)[에만 속하는 것]도 아니기 때문이니, 영상과 바탕은 서로 비슷하면서 [서로에게] 짝이 되기 때문이다. "[물질(色)처럼] 모여 있는 것이나 [허공(空)처럼] 흩어져 있는 것이 아니다"(不聚散)라는 것은 [사실 그대로인 '현상의 차이들'(法相)은] 허공(空)[에만 속하는 것]도 아니고 물질(色)[에만 속하는 것]도 아니기 때문이니, 모여 쌓이면 물질(色)이 되고 흩어져 사라지면 허공(空)이 되기 때문이다.

"[불변·독자의 본질/실체가] 생겨나는 것도 아니고 [완전히] 사라지는 것도 아니다"(不生滅)라는 것은 [사실 그대로인 '현상의 차이들'(法相)은] '마음과 상응하지 않는 것'(不相應)도 아니고 '작용이 없는 것'(無爲)도 아니기 때문이니, '마음과 상응하지 않는 현상'(不相應行)[45]은 [불변·독자의 본질/실체가] 생겨난 것이기 때문이고 모든 '작용이 없는 현상'(無爲法)은 [완전히] 사라짐에 의해 나타나는 것이기 때문이다. 이러한 것들은 앞에서 말한 [사실 그대로인 '현상의 차이들'(法相)은] '여섯 짝[으로 이루어진] 측면에서 벗어났음'(離六雙義)을 이해한 것이다.

"또한 [불변·독자의 본질/실체로서] 오는 양상'도 없다"(亦無來相)라는 것은 [사실 그대로인 '현상의 차이들'(法相)은] [불변·독자의 본질/실체로서] 생겨남이 아니면서 생겨난 생겨남'(非生之所生生)이기 때문이고, "[완전히 없어지는] 가는 양상'[도 없다]"(及以去相)라는 것은 [사실 그대로인 '현상의 차이들'(法相)은] [완전

---

45 불상응행不相應行: 앞의 '심불상응법心不相應法' 각주 참조.

히] 사라짐이 아니면서 사라지는 사라짐'(非滅之所滅滅)이기 때문이다. 이것은 [부처님이] 뒤에 말한 "현상 그대로가 온전하다"(法爾淸淨)라는 [말의 뜻]을 [대력보살이] 이해한 것이다.

[대력보살의 말 가운데] 처음에 말한 "생각으로 헤아리기 어렵습니다"(不可思議)라는 것은 '사실 그대로가 아닌 것의 사실 그대로임'(非如之如)이 [분별하는] 마음과 언어[적 규정]에서 벗어났기 때문이고, 나중에 말한 "생각으로 헤아리기 어렵습니다"(不思議)라는 것은 '[분별하는] 마음에서 벗어난 마음'(離心之心) 또한 [분별하는 마음과 언어적 규정] 두 가지에서 벗어났기 때문이다.

> 佛言, "如是. 不可思議. 不思議心, 心亦如是. 何以故? 如不異心, 心本如故.
>
> [H1, 643c2~3; T34, 986b2~3]

부처님께서 말씀하셨다.
"그렇다. 생각으로 헤아리기 어렵다. '생각으로 헤아리기 어려운 마음'(不思議心), [그] 마음 또한 이와 같으니, 어째서인가? '사실 그대로'(如)는 마음과 다르지 않으니, 마음은 본래 '사실 그대로'(如)이기 때문이다.

此是第四述成, 如其次第, 述彼二種不思議句. 所言"心"者, 謂入證心, 無心之心, 入於不入, 故不思議. "如不異心"者, 釋前不思議, "心本如故"者, 釋後不思議也.

[H1, 643c4~8; T34, 986b3~7]

이 글은 [네 부분으로 이루어진 '허물에서 벗어나 있음을 자세하게 해석함'(廣釋離過)의] 네 번째인 '[부처님이] 설명을 마무리함'(述成)이니, 그 차례대로 저 두 가지 "생각으로 헤아리기 어렵다"(不可思議)[라고 말한] 구절을 설명한 것이다.

"마음"(心)이라고 말한 것은 '[사실 그대로가 온전하게 드러나는 지평'(實際)에] 들어가는 증득하는 마음'(入證心)을 일컫는데, '[들어간] 마음이 없는 마음'(無

心之心)이 '들어가지 않는 곳에 들어가는 것이니'(入於不入), 그러므로 '생각으로 헤아리기 어려운 것'(不思議)이다. "'사실 그대로'는 마음과 다르지 않다"(如不異心)라는 것은 앞에 [나온] "생각으로 헤아리기 어렵다"(不可思議)[라는 말]을 해석한 것이고, "마음은 본래 '사실 그대로'이기 때문이다"(心本如故)라는 것은 뒤에 [나온] "생각으로 헤아리기 어렵다"(不可思議)[라는 말]을 해석한 것이다.

④ 들어가는 것에서 치우친 견해를 벗어남(所入離邊)

眾生佛性, 不一不異, 眾生之性, 本無生滅, 生滅之性, 性本涅槃. 性相本如, 如無動故.

[H1, 643c9~11; T34, 986b8~9]

중생과 '부처 면모'(佛性)는 '같은 것도 아니고 다른 것도 아니니'(不一不異), '중생의 본연'(眾生之性)은 '본래 [불변·독자의 본질/실체로서] 생겨남과 사라짐이 없고'(本無生滅) '생겨남과 사라짐의 본연'(生滅之性)은 [그] 본연이 본래 [불변·독자의 본질/실체로서의 생멸에서 벗어난] 열반이다. 본연(性)과 '[생멸하는] 양상'(相)은 〈본래부터의 '사실 그대로'〉(本如)이니, '사실 그대로'(如)에는 동요가 없기 때문이다.

此下, 第四所入離邊. 於中有二, 先明佛性離一異邊, 後顯如如離有無邊. 初中有二, 略明廣顯. 此即略明. 此中亦二, 先離一異, 後釋離異. 離一異者, 謂眾生與佛性, 不一亦不異故. 言"佛性"者, 眞如佛性, 如『涅槃經』言, "佛性者, 名第一義空"故. 若一若異, 皆有過故. "眾生之性, 本無生滅"者, 此下, 釋離異義, 不一之義, 易可見故, 此句明人不異佛性. "生滅之性, 性本涅槃"者, 是明生死不異涅槃故. "性相本如, 如無動故"者, 眾生人性, 生滅法相, 本來是如故, 不異也.

[H1, 643c12~24; T34, 986b10~20]

이 아래는 [〈'사실 그대로가 온전하게 드러나는 지평'(實際)으로 들어가는 뜻을 밝힘〉(明趣入義)의] 네 번째인 '들어가는 것에서 치우친 견해를 벗어남'(所入離邊)[을 밝힌 것]이다. 여기에는 두 가지가 있으니, 먼저는 〈'부처 면모'(佛性)는 같음과 다름에 관한 치우친 견해에서 벗어나 있음을 밝힘〉(明佛性離一異邊)이고, 나중은 〈'사실 그대로'(如如)는 있음과 없음에 관한 치우친 견해에서 벗어나 있음을 나타냄〉(顯如如離有無邊)이다.

처음 가운데에도 두 가지가 있으니, '간략히 밝힘'(略明)과 '자세하게 나타냄'(廣顯)이다. 이 글은 '간략히 밝힘'(略明)이다. 여기에도 두 가지가 있으니, 먼저는 '같음과 다름에서 벗어나 있음'(離一異)[을 해석한 것]이고, 나중은 '다름에서 벗어나 있음을 해석한 것'(釋離異)이다. '같음과 다름에서 벗어나 있다'(離一異)라는 것은 중생과 '부처 면모'(佛性)가 '같은 것도 아니고 다른 것도 아니기'(不一不異) 때문이다.

"부처 면모"(佛性)라는 것은 '참 그대로인 부처 면모'(眞如佛性)이니 『열반경涅槃經』에서 "'부처 면모'(佛性)라는 것은 '불변·독자의 본질/실체가 없는 지평의 궁극적 경지'(第一義空)라고 부른다"[46]라고 말한 것과 같다. [중생과 불성佛性이] 같은 것이라 하거나 다른 것이라 하는 것은 모두 잘못이 있는 것이다.

"중생의 본연은 본래 [불변·독자의 본질/실체로서] 생겨남과 사라짐이 없다"(衆生之性, 本無生滅)라는 구절 이하는 [중생과 불성의 관계가] '[서로] 다르다는 것에서 벗어나 있다는 뜻을 해석한 것'(釋離異義)인데, [중생과 불성이] '같지 않다는 뜻'(不一之義)은 쉽게 알 수 있기 때문에 이 구절은 '중생이 부처 면모와 다르지 않음'(人不異佛性)을 밝힌 것이다.

"생겨남과 사라짐의 본연은 [그] 본연이 본래 [불변·독자의 본질/실체로서의 생멸에서 벗어난] 열반이다"(生滅之性, 性本涅槃)라는 것은 '삶과 죽음이 열반과

---

46 『대반열반경大般涅槃經』 권25(T12, 767c18~19). "善男子! 佛性者名第一義空, 第一義空名爲智慧."

다르지 않음'(生死不異涅槃)을 밝힌 것이다. "본연(性)과 [생멸하는] 양상'(相)은 〈본래부터의 '사실 그대로'〉(本如)이니, '사실 그대로'(如)에는 동요가 없기 때문이다"(性相本如, 如無動故)라는 것은, '중생의 본연'(衆生人性)과 '생겨나고 사라지는 현상의 양상'(生滅法相)이 본래 [모두] '사실 그대로'(如)이기 때문에 [서로] 다르지 않다는 것이다.

> 一切法相, 從緣無起, 起相性如, 如無所動. 因緣性相, 相本空無, 緣緣空空, 無有緣起. 一切緣法, 惑心妄見, 現本不生, 緣本無故. 心如法理, 自體空無, 如彼空王, 本無住處, 凡夫之心, 妄分別見.
>
> [H1, 644a1~6; T34, 986b21~25]

'모든 현상의 양상'(一切法相)은 조건(緣)에 따른 것이어서 [불변·독자의 본질/실체로서] 생겨나는 것'(起)은 없으니, '생겨나는 양상의 본연'(起相性)은 '사실 그대로'(如)이고 '사실 그대로'(如)에는 동요되는 것이 없다. '원인이 되는 조건의 본연적 양상'(因緣性相)은 [그] 양상(相)이 '본래 불변·독자의 본질/실체가 없고'(本空無), '반연이 되는 조건들'(緣緣)도 '불변·독자의 본질/실체가 없고 또 없으며'(空空), '조건을 일으키는 것'(緣起)도 [불변·독자의 본질/실체로서] 없다. 모든 '조건이 되는 현상들'(緣法)은 '미혹한 마음이 사실과 다르게 본 것'(惑心妄見)이니, 나타난 것이 '본래 [불변·독자의 본질/실체로서] 생겨나지 않은 것'(本不生)임은 조건(緣)들에 '본래 [불변·독자의 본질/실체가] 없기'(本無) 때문이다. 마음은 [이러한] '현상의 도리'(法理)와 같아서 '자신의 본연'(自體)도 '불변·독자의 본질/실체가 없으니'(空無), 마치 저 '왕과 같은 허공'(空王)은 본래 머무르는 곳이 없는데도 범부들의 마음이 '사실과 다르게 분별하여 [없는 것을 있다고] 보는 것'(妄分別見)과 같다.

此下, 第二廣顯, 此中唯廣離異邊義. 一切法相, 從緣所生, 一切果法, 從緣有故, 卽無生起, "起相性如, 如無所動"也. 下明能起諸緣亦空. "因緣性

相, 相本空無"者, 種子因緣, 無所有故. "緣緣空空, 無有緣起"者, 所緣緣
法, 非一衆多, 莫不皆空, 故曰"空空", 是故無緣之能起也. "一切緣法, 惑
心妄見"者, 謂增上緣等無間緣, 唯心妄見故亦空也. "現本不生, 緣本無故"
者, 結成二空, 緣所現果, 本來不生, 能起諸緣, 本來無故. "心如法理, 自體
空無"者, 前說因果, 是所取法, 所取法無故, 能取心亦空. 如說所取法空道
理, 能取心體亦如是故. 上來法說, 下引譬喩. 言"空王"者, 空有二. 一者空
界, 謂明暗色. 二者空王, 謂虛空法爲一切色之所依故, 如王爲諸民之所
依, 故說虛空名爲空王. 如是空王, 本無住處, 而凡夫心, 妄計分別, 此處
虛空, 彼處虛空, 唯是妄見, 無此無彼. 因果諸法, 當知亦爾, 妄心所取, 無
因無果. 是約遍計所執因果, 而作是喩, 妄見處故.

[H1, 644a7~b6; T34, 986b25~c14]

이 글 이하는 [〈'부처 면모'는 같음과 다름에 관한 치우친 견해에서 벗어나 있음을
밝힘〉(明佛性離一異邊)의 두 가지 중에서] 두 번째인 '자세하게 나타냄'(廣顯)인
데, 여기서는 오직 〈[서로] 다르다는 치우친 견해'에서 벗어나 있다는 뜻〉
(離異邊義)을 자세하게 설명한다.

'모든 현상의 양상'(一切法相)은 조건(緣)에 따라 생겨난 것이고 '결과인
모든 현상'(一切果法)도 조건에 따라 있게 된 것이므로 곧 [불변·독자의 본질
/실체로서] 생겨난 것'(生起)은 없으니, [따라서] "생겨나는 양상의 본연은 '사
실 그대로'이고 '사실 그대로'에는 동요되는 것이 없다"(起相性如, 如無所動)
라고 하였다. 그 아래에서는 '[현상을] 일으키는 모든 조건'(能起諸緣)도 '불
변·독자의 본질/실체가 없음'(空)을 밝혔다.

"'원인이 되는 조건의 본연적 양상'은 [그] 양상이 본래 불변·독자의 본
질/실체가 없다"(因緣性相, 相本空無)라는 것은, [현상을 일으키는] 종자인 '원인
이 되는 조건'(因緣)이 [불변·독자의 본질/실체로서] 있는 것이 아니기 때문이
다. [또] "'반연이 되는 조건들'(緣緣)도 '불변·독자의 본질/실체가 없고 또
없으며'(空空), '조건을 일으키는 것'(緣起)도 [불변·독자의 본질/실체로서] 없
다"(緣緣空空, 無有緣起)라는 것은, '관계 맺는 대상이 되는 조건인 것들'(所緣

緣法)이 하나가 아니고 무수히 많지만 [그] 모두가 '불변·독자의 본질/실체가 없는 것'(空)이기 때문에 "불변·독자의 본질/실체가 없고 또 없다"(空空)라고 말하였으니, 그러므로 '조건을 일으키는 것'(緣之能起)도 [그 불변·독자의 본질/실체가] 없다.

"모든 '조건이 되는 현상들'(緣法)은 '미혹한 마음이 사실과 다르게 본 것'(惑心妄見)이다"(一切緣法, 惑心妄見)라는 것은, '증폭시키는 조건들'(增上緣)과 '틈새 없이 생겨나는 조건들'(等無間緣)은 오직 마음이 사실과 다르게 본 것이기 때문에 [이 조건들] 또한 '불변·독자의 본질/실체가 없다'(空)는 것을 일컫는다.

"나타난 것이 '본래 [불변·독자의 본질/실체로서] 생겨나지 않은 것'(本不生)임은 조건(緣)들에 '본래 [불변·독자의 본질/실체가] 없기'(本無) 때문이다"(現本不生, 緣本無故)라는 것은 '두 가지가 불변·독자의 본질/실체가 없음'(二空)에 대해 결론지은 것이니, '조건들에 의해 나타난 결과'(緣所現果)는 '본래 [불변·독자의 본질/실체로서] 생겨난 것이 아니고'(本來不生) '[현상을] 일으키는 모든 조건'(能起諸緣)도 본래 [불변·독자의 본질/실체가] 없기 때문이다.

"마음은 [이러한] '현상의 도리'(法理)와 같아서 '자신의 본연'(自體)도 불변·독자의 본질/실체가 없다"(心如法理, 自體空無)라는 것은, 앞에서 말한 '원인과 결과'(因果)는 '취해진 현상'(所取法)이고 '취해진 현상'에는 [불변·독자의 본질/실체가] 없기 때문에 '취하는 주체인 마음 또한 불변·독자의 본질/실체가 없다'(能取心亦空)는 것이다. '취해진 현상에는 불변·독자의 본질/실체가 없다'(所取法空)고 말한 도리와 같이, '취하는 주체인 마음의 본연'(能取心體)도 이와 같기 때문이다.

이상은 '도리에 대한 설명'(法說)이고, 이하의 내용은 '비유를 인용함'(引譬喩)이다. "왕과 같은 허공"(空王)이라고 말한 것은 [다음과 같은 뜻이다.] 허공(空)에는 두 가지가 있다. 첫 번째는 하늘(空界)이니, 밝거나 어두운 색깔[을 지닌 것]이 그것이다. 두 번째는 '왕과 같은 허공'(空王)이니, 허공이라는 것은 모든 '형태를 지닌 것'(色)들이 의지하는 것이 되기에 마치 왕이 모든 백성들의 의지처가 되는 것과 같으므로 허공을 '왕과 같은 허공'(空王)이라 부르는 것이 그것이다. 이와 같은 '왕과 같은 허공'(空王)은 본래 머무르는 곳이 없는데도 범부들의 마음이 '사실과 다르게 헤아리고 분별하여'(妄計分別) 이곳이 허공이라거나 저곳이 허공이라 하니, 이는 '사실과 다르게 본 것'(妄見)일 뿐이어서 이곳[의 허공]도 없고 저곳[의 허공]도 없다. '원인과 결과의 모든 현상들'(因果諸法)도 또한 이와 같다고 알아야 하니, '[사실 그대로를] 잘못 분별하는 마음으로 취해진 것'(妄心所取)일 뿐 원인도 [불변·독자의 본질/실체로서는] 없고 결과도 [불변·독자의 본질/실체로서는] 없다. 이것은 '[사실과 다르게] 두루 분별하고 집착한 원인과 결과'(遍計所執因果)에 의거하여 이러한 비유를 한 것이니, '사실과 다르게 본 것'(妄見處)이기 때문이다.

如如之相, 本不有無, 有無之相, 見唯心識. 菩薩! 如心之性,[47] 不無自體, 自體不有, 不有不無. 菩薩! 無不無相, 非言說地, 何以故? 眞如之法, 虛曠無相, 非二[48]所及.

[H1, 644b7~11; T34, 986c15~18]

'사실 그대로의 양상'(如如之相)은 '본래 [불변·독자의 본질/실체로서] 있는 것도 아니고 [완전히] 없는 것도 아니니'(本不有無), '[불변·독자의 본질/실체로서] 있음이나 없음[으로 파악되는] 양상'(有無之相)은 오로지 '마음과 의

---

47 한불전에서는 '如心之性'이 '如是心法'으로 되어 있는 판본이 있다고 교감하였다. 대정장『금강삼매경』에서는 '如是心法'으로 기재하고 '如心之性'으로 된 판본이 있다고 교감하였다. 그러나 원효는 '如心之性'으로 주석하였고, 대정장의『금강삼매경론』에는 별도의 교감주 없이 '如心之性'으로 기재하고 있다. 여기서는 '如心之性'으로 보고 번역한다.

48 한불전에서는 '二' 대신에 '二乘'으로 되어 있는 판본이 있다고 교감하고 있다. 대정장『금강삼매경』에도 동일한 교감이 나타나는데 '二'로 나오는 판본도 있음을 아울러 명시하였다. 그러나 원효의 주석에서는 '二乘'이 언급되지 않는다. 대신 그는 두 가지를 '尋伺'로 분명하게 해석하고 있다. 여기서는 원효의 주석에 의거하여 '二'로 번역한다. 대정장의『금강삼매경론』에도 별도의 교감주 없이 '二'로 기재하고 있다.

식'(心識)[이 분별한 것]을 나타낸 것이다. 보살이여! '[사실 그대로의 양상'(如如之相)은 '마음의 본연'(心之性)과 같아서 '자신의 바탕'(自體)이 없는 것은 아니지만 [그] '자신의 바탕'(自體)이 [불변·독자의 본질/실체로서] 있는 것도 아니니, '[불변·독자의 본질/실체로서] 있는 것도 아니고 [완전히] 없는 것도 아닌 것'(不有不無)이다. 보살이여! '없으면서 없지 않은 양상'(無不無相)은 '언어로 규정할 수 있는 지평'(言說地)이 아니니, 어째서인가? '참 그대로인 현상'(眞如之法)은 텅 비어 있듯 '[불변·독자의 본질/실체로서의] 양상'(相)이 없어 '[불변·독자의 본질/실체를 전제로 하는 유형의 사유착수(尋)와 사유심화(伺)] 두 가지로는 도달할 수 있는 것'(二所及)이 아니[기 때문이]다.

此是第二明如如法離有無邊. 於中有四, 初句, 正明如如離邊. 次句, 反擧有⁴⁹邊是妄. 三者, 引心離邊爲例. 四者, 還明如如離言. 第三中言"如心之性"者, 猶如一心之體性也. "不無自體"者, 謂離無自體邊, 如兔角故. "自體不有"者, 謂離有自體邊, 如牛角故. 非謂他相無故不有, 故言"自體不有"而已. "不有不無"者, 不有卽是不無, 不無卽是不有, 由是義故, 更合明也. 如一心法不有不無, 如如之理, 亦同是說, 是故句首曰"如心"也. "無不無相, 非言說地"已下, 第四還明如如離言道理. "無不無相"者, 明初句中"本不有無", 非諸言談安足處故. "非二所及"者, 非尋伺二之所行故. 尋伺二法是語言足, 非此二所行故, 非言說之地也.

[H1, 644b12~c5; T34, 986c18~987a3]

이 글은 '[들어가는 것에서 치우친 견해를 벗어남'(所入離邊)의] 두 번째인 〈'사실 그대로인 현상'(如如法)은 있음과 없음에 관한 치우친 견해에서 벗어나 있음을 밝힌 것〉(明如如法離有無邊)⁵⁰이다. 여기에는 네 가지가 있으니, 첫 구

---

49 경 본문의 해당 내용과 대비해 보면 '有'는 '有無'여야 한다. '無'가 빠진 것으로 보고 '有無'로 교감한다.

50 여기서 〈'사실 그대로인 현상'은 있음과 없음에 관한 치우친 견해를 벗어나 있음을 밝힌 것〉(明如如法離有無邊)이라는 표현을 앞에서는 〈'사실 그대로'는 있음과 없음에

절은 〈'사실 그대로'(如如)는 [있음과 없음에 관한] 치우친 견해에서 벗어나 있음을 곧장 밝힌 것〉(正明如如離邊)이다. 다음 구절은 '있음과 없음에 관한 치우친 견해가 잘못임을 되돌아가서 거론한 것'(反擧有無邊是妄)이다. 셋째 [구절]은 '마음을 끌어들여 [있음과 없음에 관한] 치우친 견해에서 벗어나 있음을 예증한 것'(引心離邊爲例)이다. 넷째 [구절]은 〈'사실 그대로'(如如)는 언어적 규정에서 벗어나 있음을 다시 밝힌 것〉(還明如如離言)이다.

셋째 [구절] 가운데서 말한 "마음의 본연과 같다"(如心之性)라는 것은 '하나처럼 통하는 마음의 본연'(一心之體性)과 같다는 것이다. "자신의 바탕이 없는 것은 아니다"(不無自體)라는 것은 '자신의 바탕이 [아예] 없다는 치우친 견해에서 벗어남'(離無自體邊)을 일컫는 것이니, 마치 토끼의 뿔과 같이 [아예 없는 것은 아니라는 것이다.] "자신의 바탕이 [불변·독자의 본질/실체로서] 있는 것도 아니다"(自體不有)라는 것은 '자신의 바탕이 [불변·독자의 본질/실체로서] 있다는 치우친 견해에서 벗어남'(離有自體邊)을 일컫는 것이니, 마치 소의 뿔과 같이 [분명히 있는 것이 불변·독자의 본질/실체로서 있는 것은 아니라는 것이다.] [이것은] [자기가 아닌] '[불변·독자의 본질/실체로서의] 다른 양상'(他相)이 없기 때문에 '있는 것이 아니다'(不有)라고 말하는 것이 아니니, 그러므로 "자신의 바탕이 [불변·독자의 본질/실체로서] 있는 것도 아니다"(自體不有)라고만 말한 것이다.

"[불변·독자의 본질/실체로서] 있는 것도 아니고 [완전히] 없는 것도 아니다"(不有不無)라는 것은, '[불변·독자의 본질/실체로서] 있는 것이 아니다'(不有)라는 것이 바로 '[완전히] 없는 것이 아니다'(不無)라는 것이고 '[완전히] 없는 것이 아니다'(不無)라는 것이 바로 '[불변·독자의 본질/실체로서] 있는 것이 아니다'(不有)라는 것이니, 이러한 뜻에 의거했기 때문에 다시 [앞 구절과 뒤 구절을] 합쳐서 밝힌 것이다. 〈'하나처럼 통하는 마음'이라는 도리〉(一心法)가 '[불변·독자의 본질/실체로서] 있는 것도 아니고 [완전히] 없는 것도 아닌 것'(不有不無)

관한 치우친 견해에서 벗어나 있음을 나타냄〉(顯如如離有無邊)이라고 하였다.

과 같이, '사실 그대로에 관한 도리'(如如之理)도 이 말과 같은 것이니, 그러므로 구절의 첫머리에서 "마음[의 본연]과 같다"(如心[性])라고 말하였다.

"'없으면서 없지 않은 양상'(無不無相)은 '언어로 규정할 수 있는 지평'(言說地)이 아니다"(無不無相, 非言說地) 이하는, 넷째 [구절]인 〈'사실 그대로'(如如)는 언어적 규정에서 벗어나 있다는 도리를 거듭 밝힌 것〉(還明如如離言道理)이다. "없으면서 없지 않은 양상"(無不無相)이라는 것은 첫 구절 가운데의 "본래 [불변·독자의 본질/실체로서] 있는 것도 아니고 [완전히] 없는 것도 아니다"(本不有無)[라는 말의 뜻]을 밝혔으니, '모든 말과 이론이 발 디딜 곳'(諸言談安足處)이 아니기 때문이다. "[불변·독자의 본질/실체를 전제로 하는 유형의 사유착수(尋)와 사유심화(伺)] 두 가지로는 도달할 수 있는 것이 아니다"(非二所及)라는 것은, [불변·독자의 본질/실체를 전제로 하는 유형의] 사유착수(尋)와 사유심화(伺)[51] 두 가지가 적용되는 것이 아니기 때문이다. '[불변·독자의 본

---

51 심尋과 사伺: 니까야/아함에 등장하는 심尋(覺, vitarka)과 사伺(觀, vicāra)는 상이한 두 가지 맥락에서 모두 사용된다. 분별/망상의 맥락과 지혜/해탈의 맥락이 그것이다. 두 맥락 모두의 용법을 포괄하는 기본 의미는 '[대상으로] 주의를 기울임'(尋, vitarka)과 '[기울인] 주의를 지속해 감'(伺, vicāra)이 그것이다. 이런 의미를 반영하여 사유착수(尋)와 사유심화(伺)로 번역하였다. 여기서는 분별/망상 맥락에서의 사유착수(尋)와 사유심화(伺)이다. 현장은 '尋伺'로 진제는 '覺觀'으로 한역하였다. 심尋과 사伺는 유식불교의 육위심소六位心所(변행遍行·별경別境·선善·번뇌煩惱·수번뇌隨煩惱·부정不定) 분류 중 부정심소不定心所에 속하는 심소법心所法이다.『성유식론』권7(T31, 35c6~11)에서는 "不定有四, 其相云何? 頌曰, 不定謂悔眠, 尋伺二各二. 論曰, 悔眠尋伺, 於善染等, 皆不定故, 非如觸等定遍心故, 非如欲等定遍地故, 立不定名"이라고 하여, 회회悔·면眠·심尋·사伺의 네 가지는 선善·염染 등으로 정해지지 않고, 촉觸·작의作意 등의 변행심소遍行心所들처럼 모든 마음(心)에 두루 있는 것으로 정해진 것이 아니며, 욕欲·승해勝解 등의 별경심소別境心所들처럼 모든 경지(地)에 두루 있는 것으로 정해진 것이 아니니, 그러므로 부정심소라 부른다고 설명한다. 이어서 심과 사에 관해 "尋謂尋求, 令心怱遽, 於意言境, 麤轉爲性. 伺謂伺察, 令心怱遽, 於意言境, 細轉爲性"(T31, 35c28~36a1)이라고 설명하는데, 이에 따르면 심尋은 심구尋求로서 그 특징(性)은 마음을 분주하게(怱遽) 하여 의언意言의 대상에 대해 '거칠게 다가가는'(麤轉) 것이고, 사伺는 사찰伺察로서 그 특징(性)은 마음을 분주하게(怱遽) 하여 의언의 대상에 대해 '세밀하게 다가가는'(細轉) 것이다. 심의 범어인 vitarka는 추측

질/실체를 전제로 하는 유형의] 사유착수(尋)와 사유심화(伺)라는 두 가지 현상'(尋伺二法)은 '언어로 발 디디는 것'(語言足)이니, 이 두 가지가 적용되는 것이 아니기 때문에 '언어로 규정할 수 있는 지평'(言說地)이 아니라고 하였다.

(3) 들어가는 수준의 차이들(入之階位)

虛空境界, 內外不測, 六行之士, 乃能知⁵²之".

[H1, 644c6~7; T34, 987a4]

'허공[과도 같은 '사실 그대로'(如如)의] 경지'(虛空境界)는 [불교] 안[의 성인들]이나 [불교] 밖[의 범부들]이 헤아릴 수 없으니, '[십신十信·십주十住·십행十行·십회향十廻向·십지十地·등각等覺, 이] 여섯 단계의 수행을 하는 자'(六行之士)라야 그것을 알 수 있다."

此下大分, 第三入之階位. 於中有四, 一明所入甚深, 二擧能入位行, 三者別顯階位, 四者藪明入心. 初中言"虛空境界"者, 謂如如之法, 虛曠無相故名虛空. "內外不測"者, 謂內道中二十八聖, 及外道中九十五種, 此等凡聖不能測量也. 第二中言"六行之士, 乃能知之"者, 是擧菩薩二入階位也.

[H1, 644c8~16; T34, 987a5~11]

이 글의 아래는 큰 구분으로서 ['도리를 자세하게 나타냄'(廣顯道理)의] 세 번째인 '들어가는 수준의 차이들'(入之階位)[에 관한 내용]이다. 여기에 네 가지가 있으니, 첫째는 '들어가는 곳[인 '사실 그대로가 온전하게 드러나는 지평'(實際)]

(conjecture), 추정(guess) 등의 뜻이고, 사의 범어인 vicāra는 깊이 생각함(pondering), 숙고(deliberation) 등의 뜻이다. *Sanskrit-English Dictionary*, p.958, p.962 참조.
52 대정장 『금강삼매경』에는 이 '知'자가 '如'자로 나오는 판본이 있다고 교감하였다. 한 불전과 대정장의 『금강삼매경론』에는 '知'자로만 기재하고 있다. 원효도 주석에서 '知'자로 보고 있기 때문에 이에 따라 번역한다.

의 깊고도 깊음에 대해 밝힘'(明所入甚深)이고, 둘째는 '들어가는 사람의 수행 단계를 열거함'(擧能入位行)이며, 셋째는 '[들어가는 사람의] 수준의 차이들을 하나씩 드러냄'(別顯階位)이고, 넷째는 '들어가는 마음을 세세하게 밝힘'(覈明入心)이다.

'[들어가는 수준의 차이들'(入之階位)을 설명하는] 처음에서 말한 "허공[과도 같은 '사실 그대로'(如如)의] 경지"(虛空境界)라는 것은 '사실 그대로인 현상'(如如之法)을 가리키니, 텅 비어 '[불변·독자의 본질/실체로서의] 양상'(相)이 없기 때문에 허공이라 부르는 것이다. [또] "[불교] 안[의 성인들]이나 [불교] 밖[의 범부들]이 헤아릴 수 없다"(內外不測)라는 것은 '부처가 되는 길'(內道)[을 가는 사람들] 가운데는 28명의 성인이 있고 '[불법佛法과는] 다른 길'(外道)[을 가는 사람들] 가운데는 95유형[의 범부들]이 있는데 이와 같은 범부와 성인들은 헤아릴 수가 없다는 것이다.

'[들어가는 수준의 차이들'(入之階位)을 설명하는] 둘째에서 말한 "'[십신十信·십주十住·십행十行·십회향十廻向·십지十地·등각等覺, 이] 여섯 단계의 수행을 하는 자'(六行之士)라야 그것을 알 수 있다"(六行之士, 乃能知之)라는 것은 '보살이 [이입理入과 행입行入] 두 가지로 들어가는 수준의 차이들'(菩薩二入階位)을 거론한 것이다.

大力菩薩言, "云何六行, 願爲說之". 佛言, "一者, 十信行, 二者, 十住行, 三者, 十行行, 四者, 十廻⁵³向行, 五者, 十地行, 六者, 等覺行. 如是行者, 乃能知之".

[H1, 644c17~20; T34, 987a12~15]

대력보살이 말하였다.
"무엇이 '여섯 단계의 수행'(六行)인지를 설명해 주시기 바라옵니다."
부처님께서 말씀하셨다.

---

53 대정장 『금강삼매경』과 『금강삼매경론』에는 '迴'자로 되어 있다.

"첫 번째는 '믿음을 세우는 열 가지 단계의 수행'(十信行)이고, 두 번째는 '[믿음이 이해로] 안착하는 열 가지 단계의 수행'(十住行)이며, 세 번째는 '[이타적] 수행의 열 가지 단계의 수행'(十行行)이고, 네 번째는 '[수행으로 성취한 모든 것을 중생들에게] 돌리는 행위의 열 가지 단계의 수행'(十廻向行)이며, 다섯 번째는 '열 가지 [본격적인] 수행경지의 수행'(十地行)이고, 여섯 번째는 '[차이들을] 평등하게 볼 수 있는 깨달음의 수행'(等覺行)이다. 이와 같은 것을 행하는 사람이라야 그 [허공과도 같은 '사실 그대로'(如如)의 경지]를 알 수 있다."

此是第三別顯階位, 唯顯行位, 除其果位, 所以不取妙覺之地. 此六行中, 前四位是理入階降, 後二位者行入差別. 於中略義, 在『本業經』, 廣分別義, 出『華嚴』敎.

[H1, 644c21~645a1; T34, 987a15~18]

이것은 ['들어가는 수준의 차이들'(入之階位)을 설명하는] 셋째인 '[들어가는 사람의] 수준의 차이들을 하나씩 드러냄'(別顯階位)인데, 오직 '수행의 차이'(行位)만을 나타내고 그 '결과의 경지'(果位)는 제외하였으니, 따라서 '[차이들을] 사실대로 함께 만날 수 있는 깨달음의 경지'(妙覺之地)는 다루지 않았다. 이 '[십신十信·십주十住·십행十行·십회향十廻向·십지十地·등각等覺] 여섯 단계의 수행'(六行) 가운데서 앞의 '네 가지 지위'(四位)[인 십신十信·십주十住·십행十行·십회향十廻向]은 '이해로써 들어가는 차이들'(理入階降)이고, 뒤의 '두 가지 지위'(二位)[인 십지十地와 등각等覺]은 '수행으로써 들어가는 차이들'(行入差別)이다. 이에 대한 '간략한 뜻'(略義)은 『본업경本業經』에 있고, 자세하게 [그] 의미를 구별한 것은 『화엄경』의 교설에 나온다.

大力菩薩言, "實際覺利, 無有出入, 何等法心, 得入實際?" 佛言, "實際之法, 法無有際, 無際之心, 則入實際".

[H1, 645a2~4; T34, 987a19~21]

대력보살이 말하였다.

"'사실 그대로가 온전하게 드러나는 지평인 [본연적인] 깨달음의 이로움'(實際覺利)은 '나가거나 들어옴이 없으니'(無有出入), '어떠한 현상의 마음'(何等法心)이어야 '사실 그대로가 온전하게 드러나는 지평'(實際)으로 들어갈 수 있습니까?"

부처님께서 말씀하셨다.

"'사실 그대로가 온전하게 드러나는 지평'(實際)에서의 [모든] 현상(法)은 [그] 현상에 '[한계 짓는] 제한'(際)이 없으니, '[한계 짓는] 제한이 없는 마음'(無際之心)이면 곧 '사실 그대로가 온전하게 드러나는 지평'(實際)에 들어간다."

此是第四覈明入心. 問中言"實際覺利, 無有出入"者, 舉後二位, 得二利行與理相稱, 無出入義. "何等法心, 得入實際"者, 正問於中能入心法. 答中言"實際之法, 法無有際"者, 舉所入法, 法爾無際. 縱無前後際, 無始無終故, 離三世時故. 橫無此彼際, 無中無邊故, 離六方所故. 甚深無際, 無邊不離故. 廣大無際, 無所不遍故. 具此四義, 故言"無際". 能入之心, 亦具四義, 故於實際, 無所不入. 當知, 實際離能所邊, 心亦如是離能所際, 即無其入, 乃能得入, 是謂不可思議義也.

[H1, 645a5~18; T34, 987a21~b2]

이 글은 ['들어가는 수준의 차이들'(入之階位)을 설명하는] 넷째인 '들어가는 마음을 세세하게 밝힘'(覈明入心)이다.

[보살의] 질문에서 "사실 그대로가 온전하게 드러나는 지평인 [본연적인] 깨달음의 이로움은 나가거나 들어옴이 없다"(實際覺利, 無有出入)라고 말한 것은 [십신十信·십주十住·십행十行·십회향十廻向·십지十地·등각等覺 가운데] 뒤의 '두 가지 지위'(二位)[인 십지十地와 등각等覺]을 거론한 것이니, '[자기를 이롭게 함'(自利)과 '타인을 이롭게 해 줌'(利他), 이] 두 가지 이롭게 하는 수행'(二利行)과 진리(理)가 서로 맞아떨어져서 '[타인에게] 나가거나 [자기에게] 들어옴이 없

다'(無出入)는 뜻이다. "어떠한 현상의 마음이어야 '사실 그대로가 온전하게 드러나는 지평'으로 들어갈 수 있습니까?"(何等法心, 得入實際)라는 것은 그 가운데 '들어가는 주체로서의 마음현상'(能入心法)을 '곧바로 물은 것'(正問)이다.

[부처님의] 대답 가운데 말한 "사실 그대로가 온전하게 드러나는 지평에서의 [모든] 현상은 [그] 현상에 [한계 짓는] 제한이 없다"(實際之法, 法無有際)라는 것은, '들어간 곳에서의 현상'(所入法)에는 '현상 그대로'(法爾)에 [한계 짓는] 제한이 없음'(無際)을 거론한 것이다. 시간적으로는 이전과 이후라는 제한이 없으니, '시작됨도 없고 끝남도 없기'(無始無終) 때문이고 과거·현재·미래라는 시간에서 벗어나 있기 때문이다. [또] 공간적으로는 이곳과 저곳이라는 제한이 없으니, '가운데도 없고 가장자리도 없기'(無中無邊) 때문이고 [동서남북 및 상하의] 여섯 방향의 장소'(六方所)에서 벗어나 있기 때문이다. [또] 깊고도 깊어 제한이 없으니, 끝(邊)이 없어서 벗어남이 없기 때문이다. [또] 넓고도 커서 제한이 없으니, '두루 펼쳐지지 않은 곳이 없기'(無所不遍) 때문이다. 이 '네 가지 뜻'(四義)을 갖추고 있기 때문에 "[한계 짓는] 제한이 없다"(無際)라고 말하였다.

'들어가는 주체로서의 마음'(能入之心) 또한 [이] '네 가지 뜻'(四義)을 갖추고 있으니, 그러므로 '사실 그대로가 온전하게 드러나는 지평'(實際)으로 '들어가지 못하는 곳이 없다'(無所不入). '사실 그대로가 온전하게 드러나는 지평'(實際)은 [들어가는] 주관과 [들어가게 되는] 대상[을 불변·독자의 본질/실체라고 보는] 극단[적 견해]'(能所邊)에서 벗어나 있기에, 마음도 이와 같이 '[들어가는] 주관과 [들어가게 되는] 대상[을 불변·독자의 본질/실체라고 보는] 제한'(能所際)에서 벗어나 있어야 곧 '들어감이 없고'(無其入) 그래야 [사실 그대로가 온전하게 드러나는 지평'(實際)으로 마음이] '들어갈 수 있음'(能得入)을 알아야 하니, 이것을 '생각으로 헤아릴 수 없는 뜻'(不可思議義)이라고 부른다.

(4) 들어가는 수단과 방법(入之方便)

大力菩薩言, "無際心智, 其智無涯, 無涯⁵⁴之心, 心得自在, 自在之
智, 得入實際. 如彼凡夫, 軟心衆生, 其心多喘, 以何法御, 令得堅心,
得入實際?"

[H1, 645a19~22; T34, 987b3~6]

대력보살이 말하였다.

"[한계 짓는] 제한이 없는 마음의 지혜'(無際心智)는 그 지혜가 끝(涯)이
없고, '끝이 없는 마음'(無涯之心)은 그 마음이 자유자재할 것이며, [자유자
재한 마음의] 자유자재한 지혜이기에 '사실 그대로가 온전하게 드러나는
지평'(實際)으로 들어갈 수 있겠습니다. [그런데] 저 범부와 같이 연약한
마음을 지닌 중생은 그 마음이 심하게 헐떡거리니, 어떤 방법으로 다스
려야 [저 중생이] 굳건한 마음을 얻어 '사실 그대로가 온전하게 드러나는
지평'(實際)으로 들어갈 수 있게 하겠습니까?"

此下大分, 第四入之方便. 入方便者, 位在地前四位, 理入門內方便觀
也. 於中有二, 先明能入方便, 後顯方便勝利. 初中亦二, 先略後廣. 略中
先問, 問中亦二, 一領於前, 二問於後. 領中言"無際"者, 心體無際故, "無
涯"者, 智用無涯故.

[H1, 645a23~b5; T34, 987b6~11]

이 글의 아래는 '큰 구분'(大分)으로서 ['도리를 자세하게 나타냄'(廣顯道理)의]
네 번째인 '들어가는 수단과 방법'(入之方便)[에 관한 내용]이다. '들어가는 수
단과 방법'(入方便)이라는 것은 [그] 지위가 '[열 가지] 본격적인 수행경지 이

전[인 십신十信·십주十住·십행十行·십회향十廻向] 네 가지 지위'(地前四位)에 있는데, '이해로써 들어가는 측면'(理入門)에서의 '수단과 방법을 통한 이해'(方便觀)이다.

여기에는 두 가지가 있으니, 먼저는 '들어가는 수단과 방법을 밝힘'(明能入方便)이고, 나중은 '수단과 방법의 탁월함을 드러냄'(顯方便勝利)이다.

처음 가운데 다시 두 가지가 있으니, 먼저는 '간략히 밝힘'(略[明])이고 나중은 '자세한 해석'(廣[釋])이다. '간략히 밝힘'(略[明]) 가운데서 먼저는 [보살의] 질문인데, [이] 질문에도 두 가지가 있으니 첫째는 앞[에 나온 가르침]에 대한 이해(領)이고 둘째는 뒤[에 나올 가르침]에 대한 물음이다. [앞에 나온 가르침에 대한] 이해(領)에서 말한 "[한계 짓는] 제한이 없는 [마음]"(無際[心])이라는 것은 '마음의 본연에는 [한계 짓는] 제한이 없기'(心體無際) 때문이고, "끝이 없는 [마음]"(無涯[之心])이라는 것은 '지혜의 작용에 한계가 없기'(智用無涯) 때문이다.

佛言, "菩薩, 彼心喘者, 以內外使隨使流注, 滴瀝成海, 天[55]風鼓浪, 大龍驚駭, 驚駭之心, 故令多喘. 菩薩! 令彼衆生, 存三守一, 入如來禪, 以禪定故, 心則無喘".

[H1, 645b6~10; T34, 987b12~15]

부처님께서 말씀하셨다.

"보살이여! 저 [중생들의] 마음이 헐떡이는 것'(心喘)은 '안과 밖의 번뇌'(內外使)와 '[근원이 되는 번뇌를] 따라 일어나는 번뇌'(隨使)가 흘러들어 물방울이 떨어져 바다를 이루[는 것처럼 되]고 하늘에서 부는 바람이 파도를 일게 하여 [바다 속] 큰 용을 놀라게 하니, [이 용처럼] 놀란 마음 때문에

---

55 한불전에는 '天'자가 아니라 '大'자일 가능성에 대해 언급하고 있다. 대정장 『금강삼매경』에도 '大'자로 되어 있다. 그러나 원효의 주석에는 '天'자로 나오고, 대정장의 『금강삼매경론』에도 '天'자로 명시되어 있다. 여기서는 '天'으로 보고 번역한다.

[중생들의 마음을] 심하게 헐떡이게 한다. 보살이여! 저 중생들로 하여금 '세 가지를 간직하고 하나처럼 통함을 지키게'(存三守一) 하여 '본연과 상응하는 선'(如來禪)에 들어가게 해야 하니, [그러한] 선정禪定 때문에 마음에 곧 헐떡임이 없어진다."

答中有二, 先出所治障相, 後示能治方便. 初中言"心喘"者, 驚心不安, 其出入息急速曰"喘", 以喩六識掉動不停. "內外使"者, 末那四使, 內緣自我故, 意識六使, 外緣諸境故. "隨使流注"者, 謂忿恨等小隨煩惱, 其沉掉等大隨煩惱, 及無慚愧中隨煩惱, 隨使等流集注現識故. "滴瀝成海"者, 本使隨惑, 一切現行, 皆熏本識, 積集深廣故. "天風鼓浪"者, 業力所感六塵境界, 任運現行, 故名"天風", 鼓隨眠海, 起七識浪, 故曰"鼓浪". "大龍驚駭"者, 無明住地, 其力最大, 住在本識隨眠海底, 故名"大龍", 如是無明, 違反寂靜, 常能增長麁動之心, 故曰"驚駭". 由是諸緣, 令心多喘, 此是令知所治障相. 自下示其能治方便. "存三"者, 能遮天風方便, "守一"者, 能伏大龍方便, "入如來禪"者, 正治多喘之方便也.

[H1, 645b11~c6; T34, 987b15~c1]

대답에는 두 가지가 있으니, 먼저는 '다스려져야 할 장애의 양상을 나타낸 것'(出所治障相)이고 나중은 '다스릴 수 있는 수단과 방법을 제시한 것'(示能治方便)이다.

처음 가운데 말한 "마음이 헐떡이다"(心喘)라는 것은 놀란 마음이 안정되지 않아 그 호흡이 가빠지므로 "헐떡이다"(喘)라고 하였으니, '여섯 가지 식'(六識)이 동요하여 [마음이] 안정되지 못함을 비유한 것이다. "안과 밖의 번뇌"(內外使)라는 것은, '[제7]말나식의 네 가지 번뇌'(末那四使)[56]는 안으로

---

56 말나사末那四使: 유식唯識에서 말하는 제7말나식에 상응하는 '네 가지 근본번뇌'를 가리킨다. 말나사혹末那四惑이라고도 한다. 제7말나식에 동반되는 네 가지 번뇌를 의미한다. 네 가지는 '불변·독자의 본질/실체인 자아가 있다는 견해'(我見/我執, ātmadṛṣṭi), '아견我見으로 인한 어리석음'(我癡, ātmamoha), '아견我見으로 인한 오

'[불변·독자의 본질/실체로 간주하는] 자아'와 관계 맺기 때문이고, '[제6]의식의 여섯 가지 번뇌'(意識六使)[57]는 밖으로 '[불변·독자의 본질/실체로 간주하는] 온갖 대상'(諸境)과 관계 맺기 때문이다.

"'[근원이 되는 번뇌를] 따라 일어나는 번뇌'가 흘러든다"(隨使流注)라는 것은, '화내는 마음'(忿)과 '[화가 사라지지 않아] 원망하는 마음'(恨)과 같은 '[근원이 되는 번뇌를] 따라 일어나는 [세력의 범위가] 작은 번뇌들'(小隨煩惱), 저 '가라앉은 마음'(昏沈)과 '들떠 있는 마음'(掉擧)과 같은 '[근원이 되는 번뇌를] 따라 일어나는 [세력의 범위가] 큰 번뇌들'(大隨煩惱), '스스로 자신을 부끄러워함이

만'(我慢, ātmamāna), '아견我見으로 인한 애착'(我愛, ātmasneha)이다. 『유식삼십송唯識三十頌』의 원문을 통해 경증經證을 확인하면 다음과 같다. kleśaiś caturbhih sahitaṃ nivṛtāvyākṛtaiḥ sadā | ātmadṛṣṭy-ātmamoha-ātmamāna-ātmasneha-saṃjñitaiḥ. ||; "4가지 번뇌들을 동반하는데 '[그것은] 늘 덮여 있는 채로 굴러간다'(有覆無記). [곧] '불변·독자의 본질/실체인 자아가 있다는 견해'(我見/我執), '아견我見으로 인한 어리석음'(我癡), '아견我見으로 인한 오만'(我慢), '아견我見으로 인한 애착'(我愛)이라 불리는 것들과 함께." 또 『전식론轉識論』의 권1(T31, 62a13~16)에 나오는 "依緣此識有第二執識. 此識以執著爲體與四惑相應, 一無明, 二我見, 三我慢, 四我愛. 此識名有覆無記"라고 말한 설명 등에서도 이 말나사혹末那四惑의 내용을 확인할 수 있다. 특히 『섭대승론석攝大乘論釋』에 따르면, 무아의 경지를 완전하게 알지 못하기 때문에 네 가지 근본번뇌가 차례로 일어난다고 해석하고 있는 것을 확인할 수 있다. 『섭대승론석』 권1(T31, 159a13~15). "論曰. 恒與四惑相應. 釋曰. 不了無我義故起我執, 由我執起我愛我慢. 此四惑一切處恒起." 한편 『이장의二障義』에서는 '欲界中末那四惑'(H1, 790c8~9)이라 하면서 이 말나사혹末那四惑이 모두 유부무기有覆無記에 속한다는 점에 주목하고 있다.

57 의식육사意識六使: 여기서 의식意識은 유식사상에서 제시하고 있는 제6의식을 의미하고, 사使는 번뇌를 가리키는 개념이다. 이 사使 개념은 한역 아함에서 유식 관련 경론에 이르기까지 폭넓게 쓰이고 있는데, 산스크리트 원어는 '고통, 번민'을 의미하는 남성명사 클레사(kleśa)이다. 『유식삼십송唯識三十頌』에서는 제6의식과 상응하는 번뇌로서 탐욕(貪, rāga), 분노(瞋, pratigha), 무지(癡, mūḍhi), 아만(慢, māna), 의심(疑, vicikitsā), '삿된 견해'(惡見, dṛk) 여섯 가지를 제시하고 있다. 관련된 『유식삼심송』의 산스크리트 원문 제11송과 제12송은 다음과 같다. 밑줄 친 부분이 '[제6식과 상응하는] 여섯 가지 번뇌'(六使)이다. [11] alobhādi trayaṃ vīryaṃ praśrabdhiḥ sāpramādikā | ahiṃsā kuśalāḥ kleśā rāgapratighamūḍhayaḥ ||; [12] mānadṛgvicikitsāś ca krodhopanahane punaḥ | mrakṣaḥ pradāśa īrṣyātha mātsaryaṃ saha māyayā |.

없는 마음'(無慚)과 '타인에 대해 자신을 부끄러워함이 없는 마음'(無愧)[이 그 내용]인 '[근원이 되는 번뇌를] 따라 일어나는 [세력의 범위가] 중간인 번뇌들'(中隨煩惱) 등, '[근원이 되는 번뇌를] 따라 일어나는 번뇌'(隨使)들이 함께 흘러 들어 '[불변·독자의 본질/실체로 간주되는 대상을] 나타내는 식'(現識)⁵⁸에 모이기 때문이다.

"물방울이 떨어져 바다를 이룬다"(滴瀝成海)라는 것은 '근원이 되는 번뇌'(本使)와 '[근원이 되는 번뇌를] 따라 일어나는 번뇌'(隨惑)의 모든 '현재 작용'(現行)이 다 '[제8아뢰야식인] 근본이 되는 식'(本識)에 거듭 '영향을 끼치면서'(熏) 쌓인 것이 깊고도 넓기 때문이다. "하늘에서 부는 바람이 파도를 일게 한다"(天風鼓浪)라는 것은 '행위의 누적된 힘'(業力)에 감응된 '여섯 가지 감관의 대상들'(六塵境界)이 '제멋대로 나타나기'(任運現行) 때문에 "하늘

---

58 현식現識: 『대승기신론大乘起信論』에서 제시하는 다섯 가지 식識인 업식業識·전식轉識·현식現識·지식智識·상속식相續識 중의 하나이다. 『대승기신론』에서는 "以依阿梨耶識, 說有無明, 不覺而起, 能見, 能現, 能取境界, 起念相續, 故說爲意. 此意復有五種名. …"(T32, 577b4~6)이라고 하여 아리야식阿梨耶識에 의거하여 존재하는 근본무지(無明)의 다섯 가지 전개 양상을 서술하는데, 이 양상에 따라 제시되는 다섯 가지 식의 명칭이 각각 ① '깨닫지 못하여 일어난 것'(不覺而起)인 업식, ② '능히 보는 것'(能見)인 전식, ③ '능히 대상을 나타내는 것'(能現)인 현식, ④ '대상을 붙드는 것'(能取境界)인 지식, ⑤ '분별을 일으켜 상속하는 것'(起念相續)인 상속식이다. 현식에 관해 같은 곳에서는 "三者名爲現識, 所謂能現一切境界"(T32, 577b8~9)라고 하여 모든 대상을 나타낼 수 있는 식이라고 설명한다. 이 대목에 관해 『기신론소起信論疏』에서 원효는 "現識中言能現一切境界者, 依前轉識之見, 復起能現之用"(T44, 214a1~2)이라고 하여 전식과 현식의 연속성을 거론하는데, 앞의 전식의 '능히 보는 작용'에 의거하여 다시 '능히 대상을 나타내는 작용'을 일으킨 것이 현식이라는 것이다. 또한 『대승기신론』에서는 현식에 관해 "以一切時任運而起, 常在前故"(T32, 577b11)라고 하여 모든 대상들이 모든 때에 인연대로 일어나 항상 현식 앞에 있게 된다고 설명하는데, 원효는 같은 책에서 이 설명을 문증文證으로 삼아 "以一切時任運而起, 常在前故者, 非如第六七識有時斷滅故. 以是文證, 當知是三皆在本識之內別用也"(T44, 214a6~8)라고 하여, 제6식第六識인 상속식과 제7식第七識인 지식에서는 끊어지거나 소멸하는 때가 있는 것과는 달리 업식·전식·현식, 이 세 가지 식은 모든 때에 일어나는 식인 본식本識(第八識) 내의 개별적 작용이라고 규정한다.

에서 부는 바람"(天風)이라 불렀고, '잠재적인 번뇌의 바다'(隨眠海)를 몰아쳐 '일곱 가지 식의 파도'(七識浪)를 일으키므로 "파도를 일게 한다"(鼓浪)라고 하였다.

"큰 용을 놀라게 한다"(大龍驚駭)라는 것은 '근본무지가 자리 잡은 단계'(無明住地)[59]는 그 세력이 가장 크고 '[제8아뢰야식인] 근본이 되는 식'(本識)에

---

59 무명주지無明住地: 원효는 『이장의』의 '이종번뇌二種煩惱(주지번뇌住地煩惱와 기번뇌起煩惱)' 문단에서 주지번뇌의 내용을 설명하기 위해 『승만경』의 다음과 같은 문장을 경증으로 삼는다. "住地有四種, 何等爲四? 一見一處住地, 二欲愛住地, 三色愛住地, 四有愛住地. 此四種住地, 生一切起煩惱"(H1, 801c2~6; T12, 220a3~5). 기번뇌를 생겨나게 하는 무명주지는 네 종류가 있는데, 견일처주지見一處住地(生得住地)·욕애주지欲愛住地(欲界住地)·색애주지色愛住地(色界住地)·유애주지有愛住地(無色界住地)가 그것이라는 내용이다. 이에 따라 원효는 무명주지의 내용에 관해 "論其差別, 略開爲二. 一者生得住地, 或名見一處住地 二者作得住地, 或名有愛數住地"(H1, 801a13~15)라고 하여 생득주지生得住地(見一處住地)와 작득주지作得住地(有愛數住地)로 구분하고, 작득주지에 대해서는 "作得住地者, 謂依生得住地, 起三有心"(H1, 801a21~22)이라고 하여 생득주지에 의거하여 일으킨 삼유심三有心에 따라 작득주지를 다시 욕계주지欲界住地·색계주지色界住地·무색계주지無色界住地로 삼분한다. 그런데 원효는 무명주지를 다시 통상通相과 별상別相으로 나누어 "四種住地通名無明, 是爲通相無明住地, … 其有愛數三所不攝, 直迷一處生得住地, 還受無明住地名者, 是爲別相無明住地"(H1, 801c14~18)라고 하는데, 말하자면 통상무명通相無明은 생득주지와 작득의 삼주지三住地를 합한 사주지四住地를 통틀어 부르는 것이고, 별상무명別相無明은 작득의 삼주지와 구분하여 생득주지만을 특칭하는 것이다. 무명주지의 통상과 별상을 구분하는 까닭에 관해서는 "通相無明住地力內, 別取有愛數四住地, 比於有愛所不攝別相無明住地力者, 雖復同是心不相應, 而無明住地其力最大"(H1, 802a16~19)라고 설명한다. 통상의 사주지에 포함되는 것으로 따로 취해지는 유애수사주지有愛數四住地를, 유애수사주지에 포함되지 않는 별상무명주지인 생득주지의 힘과 비교하자면, 생득주지인 무명주지의 힘이 가장 크기 때문이라는 설명이다. 나아가 "所以然者, 其有愛數四種住地, 皆是作得, 所迷狹小, 由是小智之所能滅, 無明住地, 體是生得, 所迷一處, 廣大無邊, 一切小智所不能斷, 大圓鏡智方得除滅"(H1, 802a19~23)이라고 하여, 통상의 무명주지를 포함하는 유애수사주지는 모두 작득作得이어서 소지小智에 의해서도 사라질 수 있지만 별상의 무명주지는 생득生得이어서 대원경지大圓鏡智에 의해서만 사라질 수 있다고 설명한다. 통상의 무명주지는 작득의 삼주지三住地와 같이 소지小智에 의해서도 사라질 수 있으므로 유애수사주지에 포함되지만, 별상의 무명주지는 소지小智에 의해 사라질 수 없으므로 유애수사주지에 포함되지 않는 것이다. 본문의 무

있는 '잠재적인 번뇌'(隨眠)의 해저에 머물러 있기 때문에 "큰 용"(大龍)이라 불렸고, 이와 같은 근본무지(無明)가 [사실 그대로인] 평온'(寂靜)을 어기고 거슬러 '거칠게 동요하는 마음'(麤動之心)을 항상 더욱 키우기 때문에 "놀라게 한다"(驚駭)라고 하였다.

이러한 조건들(諸緣)로 말미암아 [중생의 연약한] 마음을 심하게 헐떡이게 하니, 이 구절은 '다스려져야 할 장애의 양상'(所治障相)을 알게 해 주는 것이다. [이 구절] 아래는 '다스릴 수 있는 수단과 방법을 제시한 것'(示能治方便)이다. "세 가지를 간직한다"(存三)라는 것은 '하늘에서 부는 바람'(天風)[에 해당하는 것]을 막을 수 있는 '수단과 방법'(方便)이고, "하나처럼 통함을 지킨다"(守一)라는 것은 '큰 용'(大龍)[에 해당하는 것]을 제압할 수 있는 '수단과 방법'(方便)이며, "'본연과 상응하는 선'에 들어가게 해야 한다"(入如來禪)라는 것은 '[마음이] 심하게 헐떡임을 곧바로 다스리는 수단과 방법'(正治多喘之方便)이다.

大力菩薩言, "何謂'存三守一, 入如來禪'?" 佛言, "存三者, 存三解脫, 守一者, 守一心如. '入如來禪'者, 理觀心如,[60] 入如是地,[61] 卽入實際".

[H1, 645c7~10; T34, 987c2~4]

대력보살이 말하였다.

"〈'세 가지를 간직하고 하나처럼 통함을 지켜'(存三守一) '본연과 상응하는 선'(如來禪)에 들어간다〉는 것은 무엇을 말하는 것입니까?"

부처님께서 말씀하셨다.

"세 가지를 간직한다는 것은 '세 가지 해탈을 간직하는 것'(存三解脫)이

명주지는 별상의 생득무명주지에 해당할 것으로 보인다.

60 대정장 『금강삼매경』에는 '心淨如'로 기재하면서 '心如'로 되어 있는 판본이 있다고 교감하였다. 한불전과 대정장의 『금강삼매경론』에는 모두 '心如'로 나온다.

61 대정장 『금강삼매경』에는 '如是心地'로 기재하면서 '如是地'로 된 판본이 있다고 교감하였다. 한불전과 대정장의 『금강삼매경론』에는 둘 다 '如是地'로 나온다.

고, '하나처럼 통함을 지킨다'(守一)는 것은 〈'하나처럼 통하는 마음으로 사실 그대로가 된 국면'을 지키는 것〉(守一心如)이다. '본연과 상응하는 선에 들어간다'(入如來禪)는 것은 '사실 그대로인 마음지평'(心如)을 '이치대로 이해하는 것'(理觀)이니, 이와 같은 경지(地)에 들어가면 곧 '사실 그대로가 온전하게 드러나는 지평'(實際)으로 들어간다."

此下, 第二廣顯方便, 有三問答. 此初番中, 舉數摠標. "守一心如"者, 一心法中有二種門, 今先守其心眞如門, 爲伏無明大龍勢故. 無明正迷一心如故. 此中"守"者, 入時靜守一如之境, 出時不失一味之心, 故言"守一". 如『本業經』十行中言, "十爲自在轉大法輪故, 所謂菩薩三寶. 菩薩, 爾時, 於第一中道智爲覺寶, 一切法無生動, 與則爲法寶, 常行六道, 與六道衆生和合名僧寶, 轉一切衆生, 流入佛海故". 案云, 三時不失中道一味, 卽是此觀守一之用, 此觀在於十行位也. 餘門後顯, 此中不論.

[H1, 645c11~24; T34, 987c4~15]

이 [구절] 아래는 [들어가는 수단과 방법을 밝힘'(明能入方便)의] 두 번째인 '수단과 방법을 자세하게 드러냄'(廣顯方便)으로 세 가지 문답이 있다. 이 첫째 [문답]에서는 '숫자를 매겨 총괄적인 내용을 제시하였다'(舉數總標).

"'하나처럼 통하는 마음으로 사실 그대로가 된 국면'을 지킨다"(守一心如)라는 것은 [다음과 같은 것이다.] 〈'하나처럼 통하는 마음'이라는 도리〉(一心法)에 '두 가지 국면'(二種門)이 있는데 지금은 먼저 그 '참 그대로인 마음 국면'(心眞如門)을 지키는 것이니, '근본무지의 큰 용과 같은 세력'(無明大龍勢)을 제압하려는 것이다. 근본무지(無明)가 '하나처럼 통하는 마음으로 사실 그대로가 된 국면'(一心如)을 곧바로 미혹하게 하기 때문이다.

이 가운데 "지킨다"(守)라는 것은 [다음과 같은 뜻이다.] [선정禪定에] 들어갈 때는 '하나처럼 통하는 사실 그대로인 경지'(一如之境)를 고요히 지키고 [선정禪定에서] 나올 때에는 '한 맛[처럼 한결같은] 마음'(一味之心)을 잃지 않으니, 그러므로 "하나처럼 통함을 지킨다"(守一)라고 하였다. 이를테면 『본업경

本業經』에서 '[이타적] 수행의 열 가지 단계'(十行)를 설명하는 가운데 [다음과 같이] 말한 것과 같다. "열 번째는 '자유자재로 위대한 진리의 수레바퀴를 굴리는 것'(自在轉大法輪)이니 이른바 '보살의 세 가지 보배'(菩薩三寶)이다. 보살은 ['위대한 진리의 수레바퀴'(大法輪)를 굴리는] 그때에 '궁극적인 중도의 지혜'(第一中道智)를 '깨달음이라는 보배'(覺寶)로 삼고, '모든 것에는 [불변·독자의 본질/실체로서] 생겨나거나 움직이는 것이 없다는 것'(一切法無生動)을 '가르침이라는 보배'(法寶)로 삼으며, 언제나 '[지옥地獄·아귀餓鬼·축생畜生· 아수라阿修羅·천상天上·인간人間, 이] 여섯 가지 미혹세계'(六道)를 다니면서 '여섯 가지 미혹세계[에서 살고 있는] 중생들'(六道衆生)과 화합하는 것을 '수행공동체라는 보배'(僧寶)로 삼으니, 모든 중생들을 움직여 '깨달음의 바다'(佛海)로 흘러 들어가게 하기 때문이다."[62]

생각건대, '과거와 현재와 미래'(三時)에서 '중도인 한 맛[처럼 통하는 것]'(中道一味)을 잃지 않는 것이 곧 이러한 이해수행(觀)의 〈'하나처럼 통함'을 지키는 작용〉(守一之用)이니, 이러한 이해수행(觀)은 '[이타적] 수행의 열 가지 단계의 경지'(十行位)에 있다. 나머지는 뒤에 나올 것이니 여기서 거론하지는 않겠다.

大力菩薩言, "三解脫法, 是何等事, 理觀三昧, 從何法入?" 佛言, "三解脫者, 虛空解脫, 金剛解脫, 般若解脫. 理觀心者, 心如理淨, 無可不心". 大力菩薩言, "云何存用, 云何觀之?" 佛言, "心事不二, 是名存用. 內行外行, 出入不二, 不住一相, 心無得失, 一不一地, 淨心流入, 是名觀之.
[H1, 646a1~8; T34, 987c16~21]

대력보살이 말하였다.

"'세 가지 해탈이라는 도리'(三解脫法)는 어떠한 것이고, '진리대로 이

---

62 『보살영락본업경菩薩瓔珞本業經』 권1(T24, 1014a2~6). "十爲自在轉大法輪故, 所謂菩薩三寶. 菩薩, 爾時, 於第一義中道智爲覺寶, 一切法無生動. 與則用爲法寶, 常行六道, 與六道衆生和合故名僧寶, 轉一切衆生, 流入佛海故."

해하는 삼매'(理觀三昧)에는 어떤 방법으로 들어갑니까?"

부처님께서 말씀하셨다.

"'세 가지 해탈'(三解脫)이라는 것은 '허공[과 같이 모양 있는 것들을 수용하는] 해탈'(虛空解脫), '[불변·독자의 본질/실체로 보는 모든 생각을] 금강[석金剛石처럼 다 깨뜨리는] 해탈'(金剛解脫), '[선정에 의해 생겨난] 지혜[로 성취한] 해탈'(般若解脫)이다. '진리대로 이해하는 마음'(理觀心)이라는 것은 '마음이 진리와 같아져 온전함'(心如理淨)이니, 옳다거나 그르다는 마음이 없는 것이다."

대력보살이 말하였다.

"무엇을 '간직해 가는 작용'(存用)이라 하고, 무엇을 '이해해 간다'(觀之)라고 합니까?"

부처님께서 말씀하셨다.

"'마음[의 경지]와 [세상의] 일이 별개의 것으로 나뉘지 않는 것'(心事不二)을 '간직해 가는 작용'(存用)이라 부른다. [그리고] '안으로 수행함'(內行)과 '밖으로 [중생을] 교화함'(外行)에 있어서 [중생 교화를 위해 '이해수행'(觀)에서] 나오거나 [번뇌 망상을 그치기 위해 '이해수행'(觀)으로] 들어감이 별개의 것으로 나뉘지 않고'(出入不二) '한 양상에 머무르지 않으며'(不住一相) 마음에 [불변·독자의 본질/실체로서] 얻었거나 잃은 것이 없어 '하나이면서 하나가 아닌 경지'(一不一地)에 '온전해진 마음'(淨心)으로 흘러 들어가는 것을 '이해해 간다'(觀之)라고 부른다.

此二問答, 別顯觀行. 初答中言"三解脫"者, 則是三慧攝八解脫, 故名"解脫". 如『本業經』十住中言, "六爲諸佛所護, 所謂八解脫觀. 聞慧, 得內假外假二相, 不可得故, 一解脫. 思慧, 內五陰法外一切法, 不可得故, 二解脫. 修慧六觀, 具足色界五陰空, 三解脫, 四空五陰及滅定, 觀皆不可得故, 五解脫如相故". 案云, 八解脫觀, 略有二門. 若就事相, 唯修慧觀, 是共二乘, 如餘處說. 若就三慧, 觀人法空, 是大乘觀, 如此文說. 初解脫者, 內有色相, 外觀色等, 謂內存色等五陰法相, 觀內我空, 外存色等, 觀衆生空.
是空易入, 聞慧所得, 故言"聞慧, 得內假外假二相, 不可得故". 不遣色等
以觀空故, 有似虛空不遣色相故, 說是爲"虛空解脫". 第二解脫者, 內無色
相外觀色等, 內遣色等五陰法相, 外觀一切山河等空, 欲界諸法無所不空.
是空難解, 思慧所觀, 故言"思慧, 內五陰法外一切法, 不可得故". 推求析
破內外諸法, 如似金剛破諸色法, 是故名爲"金剛解脫". 後六解脫, 皆是修
慧, 觀上二界一切法空故, 言"修慧六觀", 皆是修慧依定所發, 是故摠名"般
若解脫". 於中六種差別相者, 第三名淨解脫, 身作證色界五陰光潔寂靜,
觀悉空故, 名淨解脫. 自內所證名身作證故, 言"具足色界五陰空, 三解脫".
第四名空處解脫, 觀空處五陰空故. 乃至非想解脫亦爾, 觀滅定法亦不可
得, 故名滅盡解脫, 皆從所遣以立其名. 故言"四空五陰及滅定, 觀皆不可
得故, 五解脫如相故". 如是三慧, 觀人法空, 伏離二執現行二縛, 故名解
脫. 旣遣內外一切假法, 能遮諸境天風吹鼓也. 理觀中言"心如理淨, 無可
不心"者, 順理無相, 心無分別故.

[H1, 646a9~b23; T34, 987c21~988a24]

이 글의 두 가지 문답은 '[진리다운] 이해와 [이해에 의거한] 수행을 하나씩
드러낸 것'(別顯觀行)이다.

첫 번째 대답 가운데서 말한 "세 가지 해탈"(三解脫)이라는 것은 곧 이
'[들음(聞) · 사유(思) · 수행(修)으로 성취하는] 세 가지 지혜'(三慧)가 '8가지 해탈'
(八解脫)[63]을 포괄하기 때문에 "해탈"(解脫)이라고 부른 것이다. 『본업경本業

---

63 팔해탈八解脫: '색깔이나 모양 있는 것들'(色)에 대해 안과 밖에서 생겨나는 생각을
넘어서는 이해(觀)로 인한 해탈 두 가지와, '청정해지는 해탈'(淨解脫), 무형세계(無色
界)와 관련된 '네 단계의 선정'(四無色定)과 '[느낌작용(受)과 '개념적 지각작용'(想)의
속박이] 모두 사라진 선정'(滅盡定) 등 8단계의 해탈 과정이 집약되어 있다. 이 '8가지
해탈'(八解脫) 개념의 연원은 니까야/아함에서부터 찾아볼 수 있다. 아함부阿含部, 『대
반열반경大般涅槃經』 권1(T1, 192a16~21). "復次, 阿難! 有八解脫, 一者內有色想外觀
色, 二者內無色想外觀色不淨思惟, 三者淨解脫, 四者空處解脫, 五者識處解脫, 六者無所有
處解脫, 七者非想非非想處解脫, 八者滅盡定解脫, 此亦復是行者勝法. 若能究竟此等法者,

經』의 '[믿음이 이해로] 안착하는 열 가지 단계'(十住)[에 관한 설명 가운데서 다음과 같이] 말하는 것과 같다.

"여섯 번째는 모든 부처님들에 의해 보호되는 것이니, 이른바 '여덟 가지 해탈을 성취하는 이해'(八解脫觀)가 그것이다. '들어서 얻는 지혜'(聞慧)로는 '임시로 만들어진 내면의 것들'(內假)과 '임시로 만들어진 외부의 것들'(外假) [이] '두 가지 [임시로 만들어진] 양상들'(二假相)이 [불변·독자의 본질/실체로서] 얻을 수 없다는 것을 증득하기 때문에 첫 번째 해탈이 된다. '사유하여 얻는 지혜'(思慧)로는 안에 있는 '자아를 이루고 있는 [색色·수受·상想·행行·식識] 다섯 가지 현상들'(五陰法)과 밖에 있는 [대상 세계의] '모든 현상들'(一切法)이 [불변·독자의 본질/실체로서] 얻을 수 없다는 것을 증득하기 때문에 두 번째 해탈이 된다. [또] '닦아서 얻는 지혜'(修慧)의 '여섯 가지 이해'(六觀)[64]는 〈유형세계에서의 '자아를 이루고 있는 [색色·수受·상想·행行·식識] 다섯 가지 현상'에 불변·독자의 본질/실체가 없다〉(色界五陰空)[는 이해]를 모두 갖추어 세 번째 해탈이 되고, 〈[무형세계(無色界)의] 비어 있는 네 가지 경지[65]에서의 '자아를 이루고 있는 [색色·수受·상想·행行·식識]

即於諸法, 自在無礙."

64 육관六觀: 8해탈 가운데 '닦아서 얻는 지혜'(修慧)에 속하는 제3해탈에서 제8해탈까지에서 필요한 '여섯 가지 이해'(六觀)를 가리킨다. 즉, 색계色界에서 오음공五陰空에 대한 이해(觀)를 갖춤이 제3해탈, 무색계無色界에 속하는 공무변처空無邊處에서의 오음공에 대한 이해(觀)를 갖춤이 제4해탈, 식무변처識無邊處에서의 오음공에 대한 이해(觀)를 갖춤이 제5해탈, 무소유처無所有處에서의 오음공에 대한 이해(觀)를 갖춤이 제6해탈, 비상비비상처非想非非想處에서의 오음공에 대한 이해(觀)를 갖춤이 제7해탈, 마지막으로 '[느낌작용(受)과 '개념적 지각작용'(想)의 속박이 모두] 그친 선정'(滅定)이 모두 [불변·독자의 본질/실체로서] 얻을 수 없다는 것을 이해하는 것이 제8해탈이니, 제3부터 제8까지를 합하면 '여섯 가지 이해'(六觀)가 되는 것이다.

65 사공四空: 초기불교의 니까야/아함에서부터 등장하는 선정禪定의 한 방법이다. 초기불교에서 아비달마 시대를 거치면서 갖가지 선정법의 체계적 분류가 시도되는데, 그중 하나의 방법이 욕망세계(欲界)·유형세계(色界)·무형세계(無色界)의 각 영역에 갖가지 선정법을 배당하는 것이다. 곧, 유형세계(色界)에 속하는 대표적인 선정법을 사선四禪으로 삼은 것처럼, 무형세계(無色界)에 속하는 선정법으로는 사무색정四無

다섯 가지 현상'(四空五陰) 및 '[느낌작용(受)과 '개념적 지각작용'(想)의 속박이 모두] 그친 선정'(滅定)[에서의 '자아를 이루고 있는 다섯 가지 현상']이 모두 [불변·독자의 본질/실체로서] 얻을 수 없다는 것을 이해하기 때문에 다섯 가지 해탈이 같은 양상이 된다."[66]

생각건대, '여덟 가지 해탈을 성취하는 이해'(八解脫觀)에는 대략 '두 가지 측면'(二門)이 있다. 만약 '현상의 양상'(事相)에 나아가 오직 '닦아서 얻는 지혜의 이해'(修慧觀)만을 닦는다면, 이것은 [성문聲聞, 연각緣覺] 두 부류의 수행자'(二乘)[의 수행]에 공통된 것이니, 다른 곳에서 설명한 것과 같다. [또] 만약 '[들음(聞), 사유(思), 수행(修)으로 성취하는] 세 가지 지혜'(三慧觀)에 의거하여 '자아와 현상에 불변·독자의 본질/실체가 없음'(人法空)을 이해한다면, 이것은 '대승의 이해수행'(大乘觀)이니, 이 경문의 설명과 같다.

['여덟 가지 해탈'(八解脫) 가운데] '첫 번째 해탈'(初解脫)이라는 것은 안으로 '모양과 색깔을 지닌 양상'(色相)이 있다고 여기면서 밖으로 '모양과 색깔 있는 것'(色) 등을 이해(觀)하는 것이니, 말하자면 안에 '모양과 색깔 있는 것'(色) 등 '자아를 이루고 있는 다섯 가지 현상의 양상'(五陰法相)을 존립시키면서 '안의 자아에 불변·독자의 본질/실체가 없음'(內我空)을 이해(觀)하고 [또] 밖에 '모양과 색깔 있는 것들'(色) 등을 존립시키면서 '중생이 불변·독자의 본질/실체가 없는 것'(衆生空)임을 이해(觀)하는 것이다. 이와 같은 '불변·독자의 본질/실체가 없다'(空)[는 이해]에는 쉽게 들어가기 때문에 '들어서 얻는 지혜'(聞慧)로 증득되는 것이니, 그러므로 [『본업경』에서]

色定을 해당시키는 것이다. 사무색정은 '허공[처럼 한계가 없어지는 선정]'(空無邊處定]), '[허공에 한계가 없는 것처럼] 의식[의 면모 또한] 한계가 없어지는 [선정]'(識無邊處[定]), '[허공이나 의식 등 존재하는] 그 어떤 것에 의거하지 않고도 제한되지 않는 [선정]'(無所有處[定]), '지각도 아니고 지각 아닌 것도 아닌 경지[를 증득한 선정]'(非想非非想處[定])의 넷을 가리킨다.

66 『보살영락본업경』 권1(T24, 1013b7~11). "六爲諸佛所護, 所謂八解脫觀. 聞慧, 得內假外假二相, 不可得故, 一解脫. 思慧, 內五法外一切法, 不可得故, 二解脫. 修慧六觀, 具足色界五陰空, 三解脫, 四空五陰及滅定, 觀皆不可得故, 五解脫如相故."

"'들어서 얻는 지혜'(聞慧)로는 '임시로 만들어진 내면의 것들'(內假)과 '임시로 만들어진 외부의 것들'(外假) [이] '두 가지 [임시로 만들어진] 양상들'(二[假]相)이 [불변·독자의 본질/실체로서] 얻을 수 없다는 것을 증득하기 때문"(聞慧, 得內假外假二相, 不可得故)이라고 말하였다. [이러한 것은] '모양과 색깔 있는 것'(色) 등을 버리지 않고 '불변·독자의 본질/실체가 없다'(空)는 것을 이해(觀)하는 것이니, 허공이 '모양과 색깔을 지닌 양상들'(色相)을 버리지 않는 것과 비슷하기 때문에 이 [경지]를 "허공[과 같이 모양 있는 것들을 수용하는] 해탈"(虛空解脫)이라고 말한 것이다.

[8가지 해탈'(八解脫) 가운데] '두 번째 해탈'(第二解脫)이라는 것은 안으로 '모양과 색깔을 지닌 양상'(色相)을 두지 않고 밖으로 '모양과 색깔 있는 것'(色) 등을 이해(觀)하는 것이니, [곧] 안으로 '모양과 색깔 있는 것'(色) 등 '자아를 이루고 있는 다섯 가지 현상의 양상'(五陰法相)을 버리고서 밖으로 모든 산과 강 등이 '불변·독자의 본질/실체가 없는 것'(空)이고 '욕망세계의 모든 현상들'(欲界諸法)도 다 '불변·독자의 본질/실체가 없는 것'(空)이라고 이해(觀)하는 것이다. 이와 같은 '불변·독자의 본질/실체가 없음'(空)은 이해하기가 어려워 '사유하여 얻는 지혜'(思慧)로 이해되는 것이니, 그러므로 [『본업경』에서] "'사유하여 얻는 지혜'(思慧)로는 안에 있는 '자아를 이루고 있는 [색色·수受·상想·행行·식識] 다섯 가지 현상들'(五陰法)과 밖에 있는 [대상 세계의] '모든 현상들'(一切法)이 [불변·독자의 본질/실체로서] 얻을 수 없다는 것을 증득하기 때문"(思慧, 內五陰法外一切法, 不可得故)이라고 말한 것이다. '안과 밖의 모든 현상'(內外諸法)[을 불변·독자의 본질/실체로 보는 생각]을 찾아내 깨부숨이 마치 금강석이 '모든 물질'(諸色法)을 깨뜨리는 것과 같기 때문에 "금강[석金剛石처럼 모든 것을 깨뜨리는] 해탈"(金剛解脫)이라고 부른 것이다.

[8가지 해탈'(八解脫) 가운데] 뒤의 '여섯 가지 해탈'(六解脫)은 모두 '닦아서 얻는 지혜'(修慧)[에 의한 것이니 [욕망세계(欲界)] 위의 두 세계[인 유형세계(色界)와 무형세계(無色界)]'(上二界)의 모든 현상이 '불변·독자의 본질/실체가 없는 것'(空)임을 이해하기 때문에 "닦아서 얻는 지혜의 여섯 가지 이해"(修慧六

觀)라고 말하였고, 이 모든 '닦아서 얻는 지혜'(修慧)는 선정(定)에 의하여 드러나는 것이니 그러므로 통틀어 "[선정에 의해 생겨난] 지혜[로 성취한] 해탈"(般若解脫)이라고 부른 것이다.

그 ['여섯 가지 해탈'] 가운데 '여섯 가지 차이 나는 특징'(六種差別相)은 [다음과 같다.] 세 번째 [해탈]은 '청정한 해탈'(淨解脫)이라 부르는데, '유형세계에서 자아를 이루고 있는 다섯 가지 현상'(色界五陰)의 청정함과 평온함을 '몸으로 직접 증득하고'(身作證) [색계오음色界五陰의] 모든 것이 '불변·독자의 본질/실체가 없는 것'(空)이라고 이해(觀)하기 때문에 '청정한 해탈'(淨解脫)이라 부른다. 자기 안에서 증득된 것을 '몸으로 직접 증득함'(身作證)이라 부르기 때문에 "유형세계에서의 '자아를 이루고 있는 [색色·수受·상想·행行·식識] 다섯 가지 현상'에 불변·독자의 본질/실체가 없다[는 이해]를 모두 갖추어 세 번째 해탈이 된다"(具足色界五陰空, 三解脫)라고 말한 것이다.

네 번째 [해탈]은 '허공[처럼 한계가 없어지는 선정으로 성취한] 해탈'(空處解脫)이라 부르니, '허공[처럼 한계가 없어지는 선정]에서 자아를 이루고 있는 다섯 가지 현상에 불변·독자의 본질/실체가 없음'(空處五陰空)을 이해하기(觀) 때문이다. [또한 식무변처識無邊處에 의해 성취한 해탈과 무소유처無所有處에 의해 성취한 해탈 및 '지각도 아니고 [지각 아닌 것도 아닌 선정에 의해 성취한] 해탈'(非想[非非想處]解脫)에서도 마찬가지이고, '[느낌작용(受)과 '개념적 지각작용'(想)의 속박이 모두] 그친 선정에서의 [자아를 이루고 있는 다섯 가지] 현상'(滅定法) 또한 [불변·독자의 본질/실체로서] 얻을 수 없음을 이해하기 때문에 '[느낌작용(受)과 '개념적 지각작용'(想)의 속박이] 모두 그친 선정에서 ['자아를 이루고 있는 다섯 가지 현상'이 불변·독자의 본질/실체로서 얻을 수 없는 것임을 이해하여] 성취한 해탈'(滅盡解脫)이라 부르니, [이러한 해탈은] 모두 '[자아를 이루고 있는 다섯 가지 현상'이 불변·독자의 본질/실체로서 얻을 수 없는 것임을 이해하여] 버린 곳에 따라 그 명칭을 세운 것이다. 그러므로 [『본업경』에서] "〈[무형세계(無色界)의] 비어 있는 네 가지 경지에서의 '자아를 이루고 있는 [색色·수受·상想·행行·식識] 다섯 가지 현상'〉(四空五陰) 및 '[느낌작용(受)과 '개념적 지각작용'(想)의 속박이 모두] 그친 선정'(滅定)[에서의 '자아를 이루고 있는 다섯 가지 현상']이 모두 [불변·독자의 본질/실체로서] 얻을 수 없다는 것을 이해하기 때문에 다섯 가지 해탈이 같은 양상이 된다"(四空五陰及滅定, 觀皆不可得故, 五解脫如相故)라고 말하였다.

이와 같은 '[들음(聞), 사유(思), 수행(修)으로 성취하는] 세 가지 지혜'(三慧)로 '자아와 현상에 불변·독자의 본질/실체가 없음'(人法空)을 이해(觀)하여 '두 가지 집착'(二執)과 '현재 작용하는 두 가지 결박'(現行二縛)[67]을 제압하고 벗어나기 때문에 '해탈解脫'이라 부른다. [그리하여] '[불변·독자의] 실체가 없는 안과 밖의 모든 현상'(內外一切假法)을 버리게 되어 '모든 대상세계'(諸境)가 '하늘의 바람'(天風)이 몰아치듯 하는 것을 막을 수 있는 것이다. '진리대로 이해함'(理觀)[을 설명하는] 가운데 "['진리대로 이해하는 마음'(理觀心)이라는 것은] '마음이 진리와 같아져 온전함'(心如理淨)이니, 옳다거나 그르다는 마음이 없는 것이다"(心如理淨, 無可不心)라고 말한 것은, 진리에 따르게 되어 '[불변·독자의 본질/실체로 차별된] 차이가 없어진 것'(無相)이니, 마음에 '[불변·독자의 본질/실체로 보는 생각으로] 분별함'(分別)이 없기 때문이다.

後答中言, "心事不二, 是名存用"者, 是名存三之用勝能. 若人未得存三之用, 靜心觀空, 涉事失念, 取我我所, 着違順境, 天風所動, 心事各異. 若能熟修三解脫者, 出觀涉事, 觀勢猶存, 不取我他之相, 不着好惡之境. 由是不爲天風所鼓, 入出同忘, 心事不二, 如是乃名存三之用也. 是觀如[68]修在十信位, 存用得成在十住位. 如『本業經』十住位中, 立此觀故. "內行"已

67　여기서 '두 가지 결박'(二縛)이란 '[마음(心)과 '마음의 현상'(心所)이] 서로 응하면서 [번뇌에] 얽매이는 결박'(相應縛)과 '대상이 [번뇌에] 얽매이는 결박'(所緣縛)을 가리키는 것으로 보인다.

68　한불전에서는 '如'자로 기재하면서 '始'자로 된 판본이 있다고 교감하였고, 대정장『금강삼매경론』에는 이와 반대로 '始'자로 기재하면서 '如'자로 된 판본이 있다고 교감하였다. 여기서는 문맥을 고려하여 '始'자로 보고 번역한다.

下, 答第二問, 以明觀相. "內行"者, 入觀寂照行, "外行"者, 出觀化物行. 若出若入, 不失中道, 故言"不二". 如『本業經』十向中言, "十以自在慧, 化一切衆生, 所謂中道第一義諦, 般若處中而觀達一切法而無二. 其慧轉轉入聖地, 故名相似第一義諦觀, 而非眞中道第一義諦觀". 乃至廣說故. "不住一相"者, 二諦觀故, "心無得失"者, 平等觀故. 依此二種方便觀故, 進入初地法流水中, 故言"一不一地, 淨心流入". 如彼經言, "三觀者, 從假[69]入空, 名二諦觀, 從空入假, 名平等觀, 是二觀方便道. 因是二空觀, 得入中道第一義諦觀, 雙照二諦, 心心寂滅, 進入初地法流水中". 乃至廣說. 案云, 此中二諦觀者, 遣俗觀眞故, 卽是正體智之方便. 平等觀者, 融眞觀俗, 卽是後得智之方便. 觀俗如幻, 不取得失, 無適無莫, 故名平等. 言"一不一地"者, 初地之異名. 所以然者, 初地卽是十地, 一時頓入十重法界故, 十地卽是初地, 直以遍滿爲初門入故. 良由十地卽初地, 故名"一"初地卽十地, 故"不一", 是故名爲"一不一地". 依二方便, 以淨其心, 由是流入一不一地, 以之故言"淨心流入". 此中唯廣初後二觀, 中間一觀, 准可知故.

[H1, 646b24~647a15; T34, 988a24~b25]

뒤의 [부처님의] 대답에서 말한 "마음[의 경지]와 [세상의] 일이 별개의 것으로 나뉘지 않는 것을 '간직해 가는 작용'이라 부른다"(心事不二, 是名存用)라는 것은 '세 가지 [해탈]을 간직해 가는 작용'(存三之用)의 뛰어난 능력을 말하는 것이다. 만약 어떤 이가 '세 가지 [해탈]을 간직해 가는 작용'(存三之用)[의 능력]을 아직 얻지 못했다면, '마음을 고요하게 하고'(靜心) '불변·독자의 본질/실체가 없음을 이해하더라도'(觀空) [세상의] 일과 마주하면 '[이해한 그] 생각을 놓쳐'(失念) '나[라는 생각]'(我)과 '내 것[이라는 생각]'(我所)을 취하고 '해롭거나 이로운 대상'(違順境)에 집착하여 '하늘에서 부는 바람'(天風)[처럼

---

69 한불전에서는 '假'자 뒤에 '名'자가 첨가된 판본이 있다고 교감하였다. 대정장『금강삼매경론』에는 이에 대해 아무런 언급이 없지만, '假名'으로 보고 번역하는 것이 문맥상 자연스럽게 보인다. 그러나 '名'자를 부가하지 않더라도 우리말로 옮기는 데는 문제가 없다.

몰아치는 대상들]에 동요되어 '마음[의 경지]와 [세상의] 일이 각기 달라진다'(心事各異).

[그런데] 만약 '[허공虛空·금강金剛·반야般若, 이] 세 가지 해탈'(三解脫)을 익숙하게 닦을 수 있는 사람이라면 '이해수행에서 나와'(出觀) 세상의 일과 마주하더라도 '이해수행의 힘'(觀勢)을 여전히 간직하고 있어서 '[불변·독자의 본질/실체로 차별된] 나와 남의 차이'(我他之相)를 취하지 않고 '좋거나 싫은 대상'(好惡之境)에 집착하지 않는다. 이에 따라 '하늘의 바람'(天風)[처럼 몰아치는 대상들]에 휘둘리지 않게 되고 ['이해수행'(觀行)으로] 들어간다거나 ['이해수행'(觀行)에서] 나온다는 [생각을] 모두 잊어버려 마음[의 경지]와 [세상의] 일이 별개의 것으로 나뉘지 않으니, 이와 같은 것을 '세 가지 [해탈]을 간직하는 작용'(存三之用)이라고 부른다. 이러한 '이해수행'(觀)을 처음으로 닦는 것은 '믿음을 세우는 열 가지 단계'(十信位)에서이고, '간직하는 작용'(存用)이 이루어지는 것은 '[믿음이 이해로] 안착하는 열 가지 단계의 경지'(十住位)에서이다. 『본업경本業經』에서 '[믿음이 이해로] 안착하는 열 가지 단계의 경지'(十住位)[를 설명하는] 가운데 이 '이해수행'(觀[行])을 세운 것과 같은 것이다.[70]

"안으로 수행함"(內行) 이하는 [보살의] 두 번째 질문에 대한 대답으로 '이해수행을 하는 양상'(觀相)을 밝힌 것이다. "안으로 수행함"(內行)은 '이해수행으로 들어가'(入觀) '[분별의 동요를] 그쳐 [사실 그대로] 이해하는 행위'(寂照行)이고, "밖으로 [중생을] 교화함"(外行)은 '이해수행에서 나와'(出觀) '중생을 교화하는 행위'(化物行)이다. 나오거나 들어가거나 ['사실 그대로와 만나는 지평'(實際)인] 중도中道를 잃지 않기 때문에 "별개의 것으로 나뉘지 않는다"(不二)라고 말하였다. 『본업경本業經』에서 '[수행으로 성취한 모든 것을 중생들에게] 돌리는 행위의 열 가지 단계'(十向; 十廻向)[를 설명하는] 가운데 [다음과 같이] 말한 것과 같다. "열 번째는 자유자재한 지혜로써 모든 중생을 교화하는 것이니, 이른바 '중도인 궁극적인 관점'(中道第一義諦)으로 지혜가 중도中道

---

70 『보살영락본업경』 권1(T24, 1013a15~b25) 참조.

에 자리 잡아 '모든 현상이 별개의 것으로 나뉘지 않음'(一切法而無二)을 이해하여 통달한다. 그 지혜가 점점 더 '성스러운 경지'(聖地)로 들어가기 때문에 '궁극적인 관점에 가까워진 이해'(相似第一義諦觀)라고 부르지만 [아직] '참된 중도로서의 궁극적 관점에 대한 이해'(眞中道第一義諦觀)는 아니다"71라면서 자세히 설명하고 있다.

"한 양상에 머무르지 않는다"(不住一相)라는 것은 '[세속적 관점'(俗諦)과 '진리적 관점'(眞諦), 이] 두 가지 관점으로 이해함'(二諦觀)이기 때문이고, "마음에 [불변·독자의 본질/실체로서] 얻었거나 잃은 것이 없다"(心無得失)라는 것은 '[모든 것을 불변·독자의 본질/실체로 보지 않아] 평등하게 이해함'(平等觀)이기 때문이다.

이 '[사실 그대로와 만나는 지평'(實際)에 올라서는] 수단과 방법이 되는 두 가지 이해'(二種方便觀)[인 이제관二諦觀과 평등관平等觀]에 의거하여 '['열 가지 본격적인 수행경지'(十地)의] '첫 번째 경지의 현상이 흐르는 물'(初地法流水)로 들어가기 때문에 "'하나이면서 하나가 아닌 경지'에 '온전해진 마음'으로 흘러들어간다"(一不一地, 淨心流入)라고 하였다. 저 경(『본업경』)에서 "'[공空, 가假, 중中의] 세 가지 이해'(三觀)라는 것은, ⟨'임시로 성립한 것'(假)으로부터 '불변·독자의 본질/실체가 없음'(空)으로 들어감⟩(從假入空)을 '두 가지 관점으로 이해함'(二諦觀)이라 부르고, ⟨'불변·독자의 본질/실체가 없음'(空)으로부터 [다시] '임시로 성립한 것'(假)으로 들어감⟩(從空入假)을 '[모든 것을 불변·독자의 본질/실체로 보지 않아] 평등하게 이해함'(平等觀)이라고 부르니, 이 '두 가지 이해'(二觀)가 '수단과 방법이 되는 수행'(方便道)이다. 이 '불변·독자의 본질/실체가 없음에 대한 두 가지 이해'(二空觀)[인 이제관二諦觀과 평등관平等觀]으로 인해 '중도인 궁극적인 관점에 대한 이해'(中道第一義諦觀)로 들어가 '두 가지 관점'(二諦)을 양쪽 다 이해하여 '마음마다 [불변·독자의 본

---

71 『보살영락본업경』 권1의 제3 「현성학관품賢聖學觀品」(T24, 1014b16~18)에 나오는 내용이다.

질/실체로 보는 분별의] 동요가 없어져서'(心心寂滅) '[열 가지 본격적인 수행경지'(十地)의] 첫 번째 경지의 현상이 흐르는 물'(初地法流水)로 들어간다"[72]라고 하면서 자세하게 설명하는 것과 같다.

생각건대, 이 가운데 '두 가지 관점으로 이해함'(二諦觀)이라는 것은 '세속[의 오염]을 없애고 진리[의 온전함]을 이해하는 것'(遣俗觀眞)이니 바로 '본연의 온전한 지혜를 얻는 수단과 방법'(正體智之方便)이다. [또] '[모든 것을 불변·독자의 본질/실체로 보지 않아] 평등하게 이해함'(平等觀)이라는 것은 '진리를 녹여 세속을 이해하는 것'(融眞觀俗)이니 바로 '[근본적인 지혜'(根本智)에 의거하여 대상에 대해] 뒤이어 얻어지는 지혜를 얻는 수단과 방법'(後得智之方便)이다. 세속(俗)을 허깨비(幻)와 같은 것이라고 이해(觀)하여 [불변·독자의 본질/실체를] 얻었거나 잃었다[는 생각을] 붙들지 않고 [불변·독자의 본질/실체로서] '긍정하는 것도 없고 부정하는 것도 없으니'(無適無莫), 그러므로 '평등하다'고 하는 것이다.

"하나이면서 하나가 아닌 경지"(一不一地)라는 것은 '[열 가지 본격적인 수행경지'(十地)의] 첫 번째 경지'(初地)의 다른 명칭이다. 왜냐하면, '첫 번째 경지'(初地)가 바로 '열 가지 [본격적인] 수행경지'(十地)이니 일시에 '열 겹으로 얽힌 현상세계[에 관한 진리]'(十重法界)[73]로 한꺼번에 들어가기 때문이고, '열 가지 [본격적인] 수행경지'(十地)가 바로 '첫 번째 경지'(初地)이니 오로지 [십지十地 전체의 특징인] '두루 가득함'(遍滿)으로써 '첫 번째 경지'(初門)에 들어가기 때문이다. 진실로 '열 가지 [본격적인] 수행경지가 곧 첫 번째 경지'(十地卽初地)이기 때문에 "하나"(一)라고 하였고, '첫 번째 경지가 곧 열 가지 [본격적인] 수행경지'(初地卽十地)이기 때문에 "하나가 아니다"(不一)라고 하였으니, 그러므로 "하나이면서 하나가 아닌 경지"(一不一地)라고 부른 것이다.

---

72 『보살영락본업경』 권1(T24, 1014b19~22). "三觀者, 從假名入空, 二諦觀, 從空入假名平等觀, 是二觀方便道. 因是二空觀, 得入中道第一義諦觀, 雙照二諦, 心心寂滅, 進入初地法流水中."

73 십중법계十重法界: 앞의 각주 참고.

'[정체지正體智를 얻는 이제관二諦觀과 후득지後得智를 얻는 평등관平等觀, 이] 두 가지 수단과 방법'(二方便)에 의해 그 마음을 온전하게 함으로써 '하나이면서 하나가 아닌 경지'(一不一地)로 흘러 들어가니, 그렇기 때문에 "온전해진 마음으로 흘러 들어간다"(淨心流入)라고 말하였다.

여기서는 오로지 처음[인 초지初地]와 나중[인 십지十地, 이] '두 가지에 대한 이해'(二觀)에 관해서만 자세하게 말하였으니, [초지初地와 십지十地의] 중간[부분] 하나에 대한 이해(觀)는 [두 가지에 대한 이해에] 의거하면 알 수 있기 때문이다.

> 菩薩! 如是之人, 不在[74]二相, 雖不出家, 不住在家故.[75] 雖無法服, 不具[76]持波羅提木叉戒, 不入布薩, 能以自心, 無爲自恣, 而獲聖果. 不住二乘, 入菩薩道, 後當滿地, 成佛菩提".
>
> [H1, 647a16~20; T34, 988b26~29]

보살이여! 이와 같은 사람은 [출가와 재가에 대한] '[불변·독자의 본질/실체로 차별된] 두 가지 차이'(二相)에 머물러 있지 않으니, 비록 출가出家하지 않지만 재가在家[생활의 속박]에도 머무르지 않기 때문이다. [또] 비록 [출가자의] 법복이 없고 '행위단속의 근본규칙'(波羅提木叉戒)[77]을 모두 갖추어

---

74 대정장 『금강삼매경』 원문에는 '不在'가 아니라 '不住'로 되어 있는 판본이 있다고 교감하고 있다. 그러나 한불전과 대정장 『금강삼매경론』에는 '不在'로 되어 있고, 원효의 주석에도 '不在'로 나온다.

75 대정장 『금강삼매경』에는 '故'가 없고 교감에서 '故'자가 있는 판본이 있다고 말하였다. 원효의 주석에 따르면 '故'자가 있으므로 이에 따라 번역한다.

76 대정장 『금강삼매경』에는 '不具' 앞에 '而'자를 첨가하여 '而不具'로 기재하고, 교감에서 '而'자가 없는 판본이 있다고 밝혀 놓았다. 한불전과 대정장 『금강삼매경론』에는 '而'자가 없다.

77 바라제목차波羅提木叉: 팔리어 'pāṭimokha', 산스크리트어 'prātimokṣa'의 발음을 옮긴 말이다. 어원으로 뜻을 풀면 '해탈(mokha/mokṣa)로 향하게(paṭi/prāti) 하는 것으로 볼 수 있다. 그러나 한역으로는 '행위단속 규칙의 근본'(戒本) 또는 각각의 규칙을 지킴으로써 몸과 입으로 저지른 잘못을 하나씩 해탈시킨다는 뜻으로 '하나씩 해탈

지니지는 않으며 '참회 집회'(布薩)[78]에 참여하지 않아도 자신의 마음으로 [불변·독자의 본질/실체로 보는 생각으로 하는] 행위가 없는 자율적 자기 참회(無爲自恣)[79]를 하여 '성자가 되는 결과'(聖果)를 얻는다. [그는] [성문聲聞, 연각緣覺] 두 부류의 수행자'(二乘)에 머무르지 않고 '보살의 수행'(菩薩道)에 들어가 이후에 [성취해야 할] 경지를 완성하여 '부처님의 깨달음'(佛菩提)을 성취할 것이다.'"

此下大分, 第二方便勝利. 於中有四, 一者, 得果勝利, 二者, 得供勝利, 三者, 無患勝利, 四者, 無住勝利. 此卽第一得果勝利. 初中亦有四種勝利. 一者, 離邊勝利, 不墮道俗二邊相故. 如經"如是之人, 不在二相, 雖不出家, 不住在家故". 二者, 自在勝利, 不爲敎門戒律所制, 能以自心, 決判道理, 蕭然無爲而無不爲故. 如經"雖無法服, 乃至而獲聖果"故. 三者, 入道

함'(別解脫)이라는 용어로 전해진다. 한편, 대승의 보살계로서의 바라제목차는 『범망경보살계본梵網經菩薩戒本』에서 제시된다.

78 포살布薩: 팔리어 'uposatha, poṣadha'의 발음을 옮긴 말이다. 산스크리트어로는 'upavasatha'이다. 베다로 대표되는 인도의 전통에서는 소마(soma) 제사의식을 준비하는 일, 특히 전날 밤에 행하는 단식의 풍습을 'upavasatha'라고 하였다. 따라서, 포살은 불교 고유의 의식이 아니라 기존의 종교 의식을 받아들여 불교정신에 맞게 변용한 것이다. 보름달이 뜨는 날을 기준으로 매월 2회(15일, 29 또는 30일) 열리는 정기적인 집회로 자리를 잡았다. 포살에서는 계율의 조목을 읽으며, 자신의 잘못을 참회하는 것이 주된 목적이었다. 이 집회는 출가한 승려들은 물론 재가자들에게도 허용되었다.

79 자자自恣: '한곳에 편안히 자리 잡아 [집중적으로] 수행하는 기간'(安居)의 마지막 날에 자신이 저지른 잘못을 대중 앞에 스스로 드러내어 참회하는 의식이다. 팔리어로는 'pavāraṇā'이고, 산스크리트어로는 'pravāṇanā'라고 하는데, 이 개념들은 사전적으로 '비가 내리다(pa-√vṛ)'는 어원에서 비롯하는 것으로 알려져 있다. 이를 통해 자자의식이 인도에서 여름에 비가 집중적으로 내리는 우기雨期 동안에 외출을 자제하는 종교적 관습에서 비롯되었음을 알 수 있다. 곧 우기雨期에 여기저기 다닐 경우, 뭇 생명체들을 해칠 수 있기 때문에 한곳에 정착하여 수행에 전념한다는 종교의식으로 정착하게 된 것으로 보인다. 이 전통이 불교의 출가 승려들에게는 집단적으로 학습, 토론하는 기회가 되었을 것이지만, 특히 불교의 전통에서는 계율을 엄격히 준수하고 점검하는 자자의식의 실행을 중시하였다.

勝利, 如經"不住二乘, 入菩薩道"故. 四者, 得果勝利, 如經"後當滿地, 成佛菩提"故.

[H1, 647a21~b9; T34, 988b29~c10]

이 [글] 아래를 크게 구분하면, [들어가는 수단과 방법'(入之方便)의] 두 번째인 '수단과 방법의 탁월함'(方便勝利)[을 드러낸 것]이다. 여기에는 네 가지가 있으니, 첫째는 '결실을 얻는 것의 탁월함'(得果勝利)이고, 둘째는 '공양을 얻는 것의 탁월함'(得供勝利)이며, 셋째는 '근심 없음의 탁월함'(無患勝利)이고, 넷째는 '머무름 없음의 탁월함'(無住勝利)이다.

[『금강삼매경金剛三昧經』의] 이 부분은 ['수단과 방법의 탁월함을 드러냄'(顯方便勝利)의] 첫 번째인 '결실을 얻는 것의 탁월함'(得果勝利)이다. [이] 첫 번째 가운데에도 '네 가지의 탁월함'(四種勝利)이 있다. 첫째는 '치우친 견해를 벗어나는 탁월함'(離邊勝利)이니, 출가수행자(道)나 재가속인(俗)이라는 '[불변·독자의 본질/실체로 차별된] 두 가지 치우친 차이'(二邊相)에 떨어지지 않기 때문이다. 『금강삼매경』[의 본문]에서 "이와 같은 사람은 [출가와 재가에 대한] '[불변·독자의 본질/실체로 차별된] 두 가지 차이'(二相)에 머물러 있지 않으니, 비록 출가出家하지 않지만 재가在家[생활의 속박]에도 머무르지 않기 때문이다"(如是之人, 不在二相, 雖不出家, 不住在家故)라고 한 것이 그것이다. 둘째는 '자율성의 탁월함'(自在勝利)이니, '가르침 체계'(教門)의 계율에 의해 억제되지 않고 자기 마음으로써 도리를 결정하고 판단하여 고요하게 '[불변·독자의 본질/실체로 보는 생각으로 하는] 행위가 없으면서도 [사실 그대로에 입각한 이로움을 위해] 하지 못하는 행위도 없기'(無爲而無不爲) 때문이다. 『금강삼매경』[의 본문]에서 "비록 [출가자의] 법복이 없고 … 성자가 되는 결과를 얻는다"(雖無法服, 乃至而獲聖果)라고 한 것이 그것이다. 셋째는 '들어가는 수행의 탁월함'(入道勝利)이니, 『금강삼매경』[의 본문]에서 "[성문聲聞, 연각緣覺] 두 부류의 수행자에 머무르지 않고 보살의 수행에 들어간다"(不住二乘, 入菩薩道)라고 한 것이 그것이다. 넷째는 '결실을 얻는 것의 탁월함'(得果勝利)이니, 『금강삼매경』[의 본문]에서 "이후에 [성취해야 할] 경지를 완성하여 부처님의 깨달음을 성취할 것이다"(後當滿地, 成佛菩提)라고 한 것이 그것이다.

大力菩薩言, "不可思議. 如是之人, 非出家, 非不出家. 何以故, 入涅槃宅, 着如來衣, 坐菩提座. 如是之人, 乃至沙門, 宜應敬養". 佛言, "如是. 何以故? 入涅槃宅, 心起[80]三界, 着如來衣, 入法空處, 坐菩提座, 登正覺一地. 如是之人, 心超二我,[81] 何況沙門而不敬養?"

[H1, 647b10~16; T34, 988c11~16]

대력보살이 말하였다.

"생각으로 헤아리기 어렵습니다. 이와 같은 사람은 출가出家한 것이 아니지만 출가하지 않은 것도 아닙니다. 왜냐하면, [이러한 사람은] '열반의 집'(涅槃宅)에 들어가 '여래의 옷'(如來衣)을 입고 '깨달음의 자리'(菩提座)에 앉기 때문입니다. 이와 같은 사람에게는 출가수행자(沙門)라도 마땅히 존경하고 공양해야 합니다."

부처님께서 말씀하셨다.

"그렇다. 어째서인가? '열반의 집'(涅槃宅)에 들어가 마음이 [욕망세계(欲界) · 유형세계(色界) · 무형세계(無色界), 이] 세 가지 세계[의 중생을 교화하려는 생각]을 일으키고, '여래의 옷'(如來衣)을 입고 '모든 현상에 불변 · 독자의 본질/실체가 없는 곳'(法空處)에 들어가며, '깨달음의 자리'(菩提座)에 앉아 '완전한 깨달음에 들어가는 최초의 경지'(正覺一地)에 오르기 때문이다. 이와 같은 사람은 마음이 '[개인적 자아'(人我)와 '현상적 자아'(法我), 이] 두 가지 자아'(二我)를 뛰어넘었으니, 어찌 출가수행자(沙門)일지라도 [그를] 공경하고 공양하지 않겠는가?"

---

80 한불전에서는 '起'자가 '越'자로 된 판본이 있다고 교감하였다. 대정장 『금강삼매경』의 본문에는 '越'자로만 기재해 놓았다. 그러나 대정장 『금강삼매경론』에는 '起'자로 나오고 원효의 주석에서도 '起'자로 인용하고 있으므로 여기서는 '心起三界'로 번역한다. 그래야 중생 교화의 문맥을 살리는 데도 적절하다.

81 대정장 『금강삼매경』에는 '我'자가 '乘'자로 나오는 판본이 있다고 교감하였다. 여기서는 원효의 주석에 의거하여 '我'로 보고 번역하였다. 대정장 『금강삼매경론』에도 '我'로 나온다.

此下, 第二得供勝利. 得三勝德, 堪作福田, 一切道俗所應供故. 就文有
三, 先明菩薩福田, 次顯二乘不見, 後顯菩薩能見. 初中即現三種福田. "入
涅槃宅, 心起三界"者, 是三解脫存三之用. 三界空寂, 名涅槃宅, 安心栖[82]
託之淨處故. 三解脫觀, 入三界空, 而不取證, 還起俗心, 普化三界故, 言
"心起三界". 起三界心而不染着, 即是存用. "着如來衣, 入法空處", 即是守
一心如之觀, 謂涉三界普化之時, 着忍辱衣, 而不疲倦, 還入法空, 守一心
如. 如『法華經』言, "柔和忍辱衣"故. "坐菩提座, 登正覺一地"者, 是如來禪
理觀之心, 謂坐法空, 進修方便, 得登初地正覺眞觀. 如『法華經』言, "諸法
空爲座"故. 如是三位, 皆觀二空, 人我法我二執伏滅故, 言"心超二我". 超
二我故, 斷德具足, 修三觀故, 智德亦備, 故能堪作道俗福田也.

[H1, 647b17~c12; T34, 988c16~989a3]

이 [글] 아래는 ['수단과 방법의 탁월함을 드러냄'(顯方便勝利)의 네 가지 중에서]
두 번째인 '공양을 얻는 것의 탁월함'(得供勝利)이다. [십주十住·십행十行·십
회향十廻向에서] '세 가지 뛰어난 능력'(三勝德)을 얻어 '복[이 자라는] 밭'(福田)
을 일구는 일을 거뜬히 해내 모든 '구도자와 일반인'(道俗)들에게 공양받아
야 할 대상이기 때문이다.

글에는 세 가지 [단락이] 있으니, 먼저는 '보살이 복[이 자라는] 밭임을 밝힌
것'(明菩薩福田)이고, 다음은 [성문聲聞, 연각緣覺] 두 부류의 수행자는 [일지一
地와 공해空海를] 볼 수 없음을 드러낸 것'(顯二乘不見)이며, 나중은 '보살이라
야 [일지一地와 공해空海를] 볼 수 있음을 나타낸 것'(顯菩薩能見)이다. 처음[인
〈보살이 '복이 자라는 밭'(福田)임을 밝힌 것〉(明菩薩福田)]에서는 '세 가지 복[이 자
라는] 밭'(三種福田)을 밝혔다.

"'열반의 집'에 들어가 마음이 세 가지 세계[의 중생을 교화하려는 생각]을
일으킨다"(入涅槃宅, 心起三界)라는 것은 '세 가지 해탈'(三解脫)과 [이] '세 가지

---

82 한불전에서는 '栖'자 대신에 '捿'자로 되어 있는 판본이 있다고 교감하고 있다. 문맥으
로 볼 때 '栖'자로 보는 것이 자연스러우므로 '栖'자로 번역한다. 대정장 『금강삼매경
론』에도 '栖'자로 나온다.

를 간직하는 작용'(存三之用)이다. '[욕망세계(欲界) · 유형세계(色界) · 무형세계(無色界), 이] 세 가지 세계'(三界)가 '불변 · 독자의 본질/실체가 없고 [불변 · 독자의 본질/실체로 보는 분별의] 동요가 없음'(空寂)[을 아는 곳]을 '열반의 집'(涅槃宅)이라 부르니, '평안한 마음'(安心)으로 지내는 '온전한 곳'(淨處)이기 때문이다. [또] '[허공해탈虛空解脫 · 금강해탈金剛解脫 · 반야해탈般若解脫, 이] 세 가지 해탈을 성취하는 이해'(三解脫觀)로 '세 가지 세계에 불변 · 독자의 본질/실체가 없다는 것을 아는 경지'(三界空)로 들어가지만 [그 경지를 불변 · 독자의 본질/실체로서] 증득했다는 [생각을] 취하지 않고 다시 '세상을 향한 마음'(俗心)을 일으켜 '[욕망세계(欲界) · 유형세계(色界) · 무형세계(無色界), 이] 세 가지 세계'(三界)[의 중생들]을 두루 교화하기 때문에 "마음이 세 가지 세계[의 중생을 교화하려는 생각]을 일으킨다"(心起三界)라고 말하였다. '세 가지 세계[의 중생을 교화하려는] 마음을 일으키지만'(起三界心) [그 세계에] 물들거나 붙들리지 않으니, 이것이 바로 '[세 가지 해탈을] 간직해 가는 작용'([三]存用)이다.

"'여래의 옷'(如來衣)을 입고 '모든 현상에 불변 · 독자의 본질/실체가 없는 곳'(法空處)에 들어간다"(着如來衣, 入法空處)라고 한 것은 곧 〈하나처럼 통하는 마음으로 사실 그대로가 된 국면'(一心如)을 지키는 이해〉(守一心如之觀)이니, '세 가지 세계'(三界)를 돌아다니며 널리 [중생을] 교화할 때 '참아 냄의 옷'(忍辱衣)을 입어 지치지 않고 다시 '모든 현상에 불변 · 독자의 본질/실체가 없다'(法空)[는 이해]에 들어가서 〈하나처럼 통하는 마음으로 사실 그대로가 된 국면'을 지키는 것〉(守一心如)이다. 『법화경』에서 "부드러움과 참아 냄이라는 옷[을 입는다]"(柔和忍辱衣)[83]라고 말한 것과 같다.

"깨달음의 자리에 앉아 '완전한 깨달음에 들어가는 최초의 경지'에 오른다"(坐菩提座, 登正覺一地)라는 것은 '본연과 상응하는 선'(如來禪)으로 '진리대로 이해하는 마음'(理觀之心)[을 증득함]이니, '모든 현상에 불변 · 독자의 본

---

83 밑줄 친 부분이 원효가 인용한 구문이다. 『묘법연화경妙法蓮華經』 권4(T9, 32a21). "大慈悲爲室, 柔和忍辱衣."

질/실체가 없다'(法空)[는 이해]에 자리를 잡고 '수단과 방법'(方便)을 더 닦아 '[열 가지 본격적인 수행경지'(十地)의 첫 번째 경지'(初地)인 '완전한 깨달음에 대한 참다운 이해'(正覺眞觀)를 증득하는 것이다. 『법화경』에서 "'모든 현상에 불변·독자의 본질/실체가 없음'(諸法空)을 자리로 삼는다"[84]라고 말하는 것과 같다.

이와 같은 [열반의 집에 들어가 세 가지 세계의 중생을 교화하려는 마음을 얻는 십주十住, 여래의 옷을 입고 '모든 현상에 불변·독자의 본질/실체가 없다는 이해'에 들어가는 십행十行, 깨달음의 자리에 앉아 '완전한 깨달음에 들어가는 최초의 경지'에 오르는 십회향十廻向, 이] '세 가지 경지'(三位)는 모두 '두 가지의 불변·독자의 본질/실체 없음'(二空)을 이해하는 것이니, 〈'개인적 자아'(人我)와 '현상적 자아'(法我)[를 불변·독자의 본질/실체로 보는] 두 가지 집착〉(人我法我二執)을 제압하여 없애기 때문에 "마음이 ['개인적 자아'(人我)와 '현상적 자아'(法我), 이] 두 가지 자아를 뛰어넘었다"(心超二我)라고 말하였다. [마음이] '['개인적 자아'(人我)와 '현상적 자아'(法我), 이] 두 가지 자아'[를 불변·독자의 본질/실체로 보는 집착]을 뛰어넘었기에 '[집착을] 끊어 내는 능력'(斷德)이 모두 갖추어지고, '[이제관二諦觀·평등관平等觀·중도제일의제관中道第一義諦觀, 이] 세 가지 이해수행'(三觀)을 닦기 때문에 지혜능력(智德)도 갖추어지니, 그러므로 '구도자와 일반인들의 복[이 자라는] 밭'(道俗福田)을 거뜬히 일구어 낼 수 있다.

大力菩薩言, "如彼一地及與空海, 二乘之人爲不見也". 佛言, "如是. 彼二乘人, 味着三昧, 得三昧身, 於彼空海一地, 如得酒病, 惛醉不醒, 乃至數劫, 猶不得覺, 酒消始悟, 方修是行, 後得佛身.

[H1, 647c13~18; T34, 989a4~8]

대력보살이 말하였다.

"저 [완전한 깨달음에 들어가는] 최초의 경지'([正覺]一地)와 '불변·독자의

---

84 『묘법연화경』 권4(T9, 32a22). "諸法空爲座, 處此爲說法."

본질/실체가 없어 바다와 같은 경지'(空海) 같은 것을 '[성문聲聞, 연각緣覺] 두 부류의 수행자들'(二乘之人)은 보지 못하겠습니다."

부처님께서 말씀하셨다.

"그렇다. 저 '[성문聲聞, 연각緣覺] 두 부류의 수행자들'(二乘之人)은 '삼매에서 [생겨난] 맛에 집착하여'(味着三昧) '삼매[로 만드는] 몸'(三昧身)을 얻지만, 저 '불변·독자의 본질/실체가 없어 바다와 같은 경지'(空海)와 '[완전한 깨달음에 들어가는] 최초의 경지'([正覺]一地)에 대해서는 마치 '술로 생기는 병'(酒病)을 얻어 몽롱하게 취해 깨어나지 못하는 것과 같아 수많은 세월이 지나도록 여전히 깨닫지 못하다가 술기운이 없어져야 비로소 [제정신으로] 깨어나 이 수행을 닦은 후에 '부처의 몸'(佛身)을 얻는다.

此下, 第二二乘不見. 於中有二, 先問後答. 問中言"一地"者, 謂所登地, 十地卽初地, 名[85]爲"一地". "空海"者, 謂前三觀所入之空, 甚深廣大, 故名爲"海". 答中言"如是"者, 許不見也. 下釋二乘不見所由. "味着三昧"者, 樂着靜定而趣寂故. "得三昧身"者, 如所樂趣入滅心定, 因入涅槃, 灰身滅智, 智心滅處, 滅定體生, 遮心心法, 如是名爲"得三昧身"故. 樂寂熏習, 在本識中, 因是不悟空海一地, 如得酒病, 惛醉不醒. "乃至數劫, 猶不覺"者, 須陁洹人八萬劫住, 乃至羅漢二萬劫住, 辟支佛者十千劫住, 住於涅槃而不覺悟, 今摠相說, "乃至數劫". "酒消始悟, 方修是行"者, 隨其樂着熏習厚薄, 着氣消息, 得還起心, 起心之時, 廻[86]心入大, 方修如前三種觀行. 如『楞伽經』頌曰, "譬如惛醉人, 酒消然後悟, 得佛無上體, 是我眞法身", 乃至廣說.

[H1, 647c19~648a15; T34, 989a8~24]

이 [글] 아래는 '[공양을 얻는 것의 탁월함'(得供勝利)을 말한 세 부분 중에서] 두 번째인 '[성문聲聞, 연각緣覺] 두 부류의 수행자는 [일지一地와 공해空海를] 보지 못

85　'名' 앞에 '故'가 빠진 듯하다. '故名'으로 교감한다.
86　대정장 『금강삼매경론』에는 '迴'자로 나온다.

함을 드러냄'(顯二乘不見)이다. 여기에는 두 가지가 있으니, 먼저는 질문이고 나중은 대답이다. 질문 가운데 말한 "[완전한 깨달음에 들어가는] 최초의 경지"([正覺]一地)라는 것은 '올라간 경지'(所登地)를 가리키니, '열 가지 [본격적인] 수행경지'(十地)가 바로 '첫 번째 경지'(初地)[와 통하는 것]이므로 "[완전한 깨달음에 들어가는] 최초의 경지"(一地)라고 부른다.

"불변·독자의 본질/실체가 없어 바다와 같은 경지"(空海)라는 것은 앞에 [나온] '[이제관二諦觀·평등관平等觀·중도제일의제관中道第一義諦觀, 이] 세 가지 이해수행'(三觀)으로 들어간 '불변·독자의 본질/실체가 없는 경지'(空)를 가리키니, [그 경지가] 매우 깊고 넓고 크기 때문에 "바다[와 같은]"(海)이라고 하였다. 대답 가운데 "그렇다"(如是)라고 말한 것은 [성문聲聞, 연각緣覺 두 부류의 수행자들은 일지一地와 공해空海를] 볼 수 없음을 인정한 것이다. [그] 아래는 '[성문聲聞, 연각緣覺] 두 부류의 수행자들'(二乘之人)이 [일지一地와 공해空海를] 보지 못하는 이유를 설명한 것이다.

"삼매에서 [생겨난] 맛에 집착한다"(味着三昧)라는 것은, '고요한 선정'(靜定)을 즐기고 집착하여 '[아무 작용도 없는] 고요함'(寂)으로 나아가는 것이다. "삼매[로 만드는] 몸을 얻는다"(得三昧身)라는 것은, 즐기는 [고요한 맛에] 따라 '마음[작용]을 그친 선정'(滅心定)[87]에 들어가고 그에 따라 [모든 것이 그친] 열

---

87 멸심정滅心定: 이 용어는 통상의 멸진정滅盡定 혹은 상수멸정想受滅定을 지칭하는 것이 아니라 문맥상 '마음의 작용을 그친 선정'이라는 의미로 사용된 것으로 보인다. 인도의 초기 및 아비달마불교에서는 기존에 전해 오던 갖가지 선정禪定의 방법을 다각적으로 정리하는데, 이 가운데 느낌작용(受)과 '개념적 지각작용'(想)이 마음에서 그친 경지를 최상으로 자리매김하려는 하나의 해석체계도 생겨난다. 구차제정九次第定 (navānupubbavihāra-samāpatti)의 체계가 바로 그것이다. 구차제정의 체계에서는 기존의 사선정四禪定과 사무색정四無色定의 방법을 서로 결합시켜, 상수멸정想受滅定(saññāvedayitanirodha-samāpatti) 또는 멸진정滅盡定이라는 선정을 사선정과 사무색정보다 상위에 두었다. 즉, 구차제정의 체계에서는 느낌작용(受)과 '개념적 지각작용'(想)의 구속으로부터 벗어나는 것이 곧 열반의 경지에 가깝다는 해석에 따라 멸진정을 최상의 선정禪定으로 존중하였던 것이다. 그러나 여기서의 '멸심정滅心定'이라는 용어는 구차제정九次第定 체계에서의 멸진정滅盡定과는 구분하여 이해하는 것

반에 들어 '몸을 [식어 버린] 재처럼 만들고 인식작용을 없애어'(灰身滅智) '인식하는 마음작용이 사라진 곳'(智心滅處)에서 '모든 것을 그친 선정이 만들어 낸 몸'(滅定體)이 생겨나 마음(心)과 마음현상(心法)[의 발생]을 막아 버리니, 이와 같은 것을 "삼매[로 만드는] 몸을 얻는다"(得三昧身)라고 말한 것이다. '[아무 작용도 없는] 고요함을 즐기는 것을 거듭 익혀서 생긴 세력'(樂寂熏習)은 '근본이 되는 식'(本識)[인 제8아뢰야식]에 자리 잡게 되고 이 때문에 '불변·독자의 본질/실체가 없어 바다와 같은 경지'(空海)와 '[완전한 깨달음에 들어가는] 최초의 경지'([正覺]一地)를 깨닫지 못하니, 마치 술로 생기는 병을 얻어 몽롱하게 취해 있어 깨어나지 못하는 것과도 같다.

"수많은 세월이 지나도록 여전히 깨닫지 못한다"(乃至數劫, 猶不覺)라는 것은, '처음 성자의 반열에 들어가는 경지의 사람'(須陁洹人)[88]은 8만 겁의 긴 세월을 [깨닫지 못한 채 열반에] 머물러 있고, '더 이상 배울 것이 없는 경지에 도달한 수행자'(阿羅漢)가 되어도 2만 겁의 긴 세월을 [깨닫지 못한 채 열반에] 머물러 있으며, '연기의 이치로 [혼자] 깨달으려는 수행자'(辟支佛)[89]는 1만 겁의 긴 세월을 [깨닫지 못한 채 열반에] 머물러 있으니, [이들은 모두] 열반에 머물러 있으면서 깨닫지 못하기에 지금 [그] 모습을 총괄하여 "수많은 세

이 적절해 보인다.

88 수다원須陁洹: 팔리어 'sotāpanna'(산스크리트어 'śrotāpanna')의 발음을 옮긴 말이다. 어원을 분석하면 〈'sota'(강, 물결) + 'āpanna'('apajjati 들어가다/도달하다'의 과거분사형)〉가 되므로 '성자의 반열 속으로 들어간 자'라는 의미를 강물의 비유를 써서 표현한 말이다. 따라서 한역漢譯은 입류入流가 되겠지만, 전통적으로 '예류豫流'라는 번역어를 주로 쓰게 되었다. 수다원은 소승의 수행 지위를 넷으로 나눈 것 중에서 첫 번째 지위에 해당한다.

89 벽지불辟支佛: 팔리어 'pacceka-buddha'(산스크리트어 'pratyeka-buddha')의 발음을 옮긴 말이다. 'pacceka'는 접두사 'pati(-향하여)'와 수사 'eka(하나)'가 결합된 말이므로, 우리말로 뜻을 옮기면 '깨달은 경지(buddha)로 홀로(eka) 향해 가는(pati)', '스스로[의 힘으로] 부처[가 되는 길]로 향해 가는' 정도로 이해할 수 있다. 이에 근거하여 '홀로 깨달음으로 향해 가는 자'(獨覺)라는 뜻으로 풀이되거나, '연기의 이치로 [혼자] 깨달으려는 수행자'(緣覺)로 의역意譯되기도 한다.

월이 지나도록"(乃至數劫)이라고 말하였다.

"술기운이 없어져야 비로소 [제정신으로] 깨어나 이 수행을 닦는다"(酒消始悟, 方修是行)라는 것은 [다음과 같은 것이다.] 그 '[아무 작용도 없는 고요함을] 즐기고 집착하는 것을 거듭 익혀서 생긴 세력'(樂着熏習)의 두텁거나 엷음에 따르다가 '집착하는 기운'(着氣)이 소멸하여 그치면 다시 [몽롱하던] 마음을 [일깨워] 일으킬 수 있게 되고, 마음을 일으킬 때 그 마음을 돌려 대승으로 들어가 앞서의 '[이제관二諦觀·평등관平等觀·중도제일의제관中道第一義諦觀, 이] 세 가지 이해수행'(三種觀行)대로 닦게 된다. 『능가경楞伽經』의 게송에서 "비유하면 몽롱하게 취한 사람이 술기운이 사라진 후 깨어나는 것처럼 '부처님의 최고의 몸'(佛無上體)을 증득하니, 이것이 '나의 참다운 진리 몸'(我眞法身)이라네"[90]라면서 자세하게 설명한 것과 같다.

> 如彼人者, 從捨闡提, 卽入六行, 於行地所, 一念淨心, 決定明白, 金剛智力, 阿鞞跋致, 度脫衆生慈悲無盡".
>
> [H1, 648a16~18; T34, 989a25~27]
>
> 저러한 사람은 '이로운 능력이 모두 끊어진 상태'(闡提)를 버리고 곧 '[십신十信·십주十住·십행十行·십회향十廻向·십지十地·등각等覺, 이] 여섯 단계의 수행'(六行)으로 들어가며, 수행하는 곳에서 '한 생각의 온전한

---

90 원효가 인용한 이 경문은『입능가경入楞伽經』제3 '모든 부처님의 가르침을 모음[이라는 뜻의] 단원'(集一切佛法品)에 나오는 게송이다. 제3단원(品)은 총18개의 단원(品)으로 구성된 경전의 본문 가운데 가장 많은 분량을 차지하고 있어서 '세 가지 구분'(三分)으로 세분되어 있다. 원효가 인용한 이 게송은 제3단원(品)의 맨 마지막에 나오는 구절이다. 그런데 이 내용은 원효가 인용한『입능가경』뿐만 아니라『능가아발다라보경』과『대승입능가경』에도 거의 동일한 내용이 나타나고 있어서 주목할 필요가 있다. 『입능가경』권4(T16, 540b7~8). "譬如惛醉人, 酒消然後悟, 得佛無上體, 是我眞法身";『능가아발다라보경楞伽阿跋多羅寶經』권2(T16, 497c8~9). "譬如昏醉人, 酒消然後覺, 彼覺法亦然, 得佛無上身";『대승입능가경大乘入楞伽經』권3(T16, 607b13~14). "譬如昏醉人, 酒消然後悟, 聲聞亦如是, 覺後當成佛."

마음'(一念淨心)이 '확고하고도 명백해지고'(決定明白), '금강[석과 같은] 지혜의 힘'(金剛智力)으로 '물러나지 않는 경지'(阿鞞跋致)[91]에 이르며, 중생을 구제하여 해탈하게 하는 자비가 끝이 없다."

是明菩薩種性之人. 從捨闡提不信之障, 卽入六行之初十信, 於修行地之所, 卽發一念淨心, 卽是十住之初發心. "決定明白"者, 謂十行位, 衆行明淨故. "金剛智力"者, 謂十廻向, 堅固智力故. "阿鞞跋致"者, 謂初地已上, 眞證無退故. "度脫衆生慈悲無盡"者, 卽於前位利他行故, 爲別二乘不能行故.

[H1, 648a19~b3; T34, 989a27~b5]

이 글은 '보살의 자질을 갖춘 사람'(菩薩種性之人)에 대해 밝힌 것이다. '이로운 능력이 모두 끊어진 상태'(闡提)[의 사람]이 지닌 '[진리의 가르침을] 믿지 못하는 장애'(不信之障)를 버림으로써 곧 '[십신十信·십주十住·십행十行·십회향十廻向·십지十地·등각等覺, 이] 여섯 단계의 수행'(六行)의 첫 번째인 '믿음을 세우는 열 가지 단계'(十信)에 들어가고, 수행하는 곳에서 '한 생각의 온전한 마음'(一念淨心)을 내면 이것이 바로 '[믿음이 이해로] 안착하는 열 가지 단계'(十住)의 첫 번째인 '깨달음을 구하는 마음을 내는 것이 확고해지는 단계'(發心住)이다.

"확고하고도 명백해진다"(決定明白)라는 것은 '[이타적] 수행의 열 가지 단계의 경지'(十行位)를 가리키니, 갖가지 수행이 '분명하고 온전해지기'(明淨) 때문이다. "금강[석과 같은] 지혜의 힘"(金剛智力)이라는 것은 '[수행으로 성취한 모든 것을 중생들에게] 돌리는 행위의 열 가지 단계'(十廻向)를 가리키니, 견고한 지혜의 힘이기 때문이다. "물러나지 않는 경지"(阿鞞跋致)라는 것은 '[열

---

91 아비발치阿鞞跋致: '물러나지 않는 경지'(不退/不退轉)를 의미하는데, 아비발치阿毗跋致라고도 한역한다. '아비발치'라는 말은 산스크리트어 'avaivartika'의 발음을 옮긴 것이다.

가지 본격적인 수행경지'(十地)의] 첫 번째 경지'(初地) 이상을 가리키니, '참됨을 증득한 것'(眞證)에서 물러남이 없기 때문이다. [또] "중생을 구제하여 해탈하게 하는 자비가 끝이 없다"(度脫衆生慈悲無盡)라는 것은 곧 [보살의] 이전 [수행] 지위[인 십회향+廻向]에서의 [수행이] '남을 이롭게 하는 행위'(利他行)이기 때문이고, '[성문聲聞, 연각緣覺] 두 부류의 수행자'(二乘)들은 행할 수 없다는 것과 구별하려 하기 때문이다.

大力菩薩言, "如是之人, 應不持戒, 於彼沙門, 應不敬仰". 佛言, "爲說戒者, 不善慢故, 海波浪故. 如彼心地, 八識海澂,[92] 九識流淨, 風不能動, 波浪不起. 戒性等空, 持者迷倒. 如彼之人, 七六[93]不生, 諸集滅定, 不離三佛而發菩提, 三無相中, 順心玄入, 深敬三寶, 不失威儀, 於彼沙門, 不無恭敬. 菩薩! 彼仁者, 不住世間動不動法, 入三空聚, 滅三有心".

[H1, 648b4~13; T34, 989b6~13]

대력보살이 말하였다.

"이와 같은 사람은 계율(戒)을 [받아] 지니지 않겠고, 저 출가수행자들(沙門)을 우러러 공경하지도 않겠습니다."

부처님께서 말씀하셨다.

"'계율을 설해 주는 사람'(爲說戒者)[94]이 선하지 않고 교만하기 때문에

---

92 한불전에는 '澂'이 '澄'자로 된 판본이 있다고 교감하였다. 대정장 『금강삼매경』에 '澄'자로 나오는 사실을 반영한 것으로 보인다.

93 대정장 『금강삼매경』에서는 '六'자가 '八'자로 되어 있는 판본이 있다고 교감하였다. 만약 이 교감대로라면 '제7식과 제6식'으로 번역하는 대신에 '제7식과 제8식'으로 바꾸어야 할 것이다. 그러나 원효는 주석에서 이 부분을 분명히 '七六'으로 보고 있기 때문에 원효의 주석에 따라 번역한다. 대정장 『금강삼매경론』에도 '六'자로 되어 있다.

94 위설계자爲說戒者: 출가자들이 평생 동안 지켜야 할 계율을 주는 율사律師를 의미하는 것으로 보인다. 수계受戒의식은 출가 승려가 되는 데 반드시 거쳐야 될 과정이기 때문에, 이 의식을 집행하는 율사는 막중한 임무를 맡았다는 점에서 존중받는 자리이다. 그러나 한편 수계의식은 승려자격이 인증되는 필수과정이라는 점에서 율사는 계율만을 중요하다고 생각하며 스스로 권력자의 모습을 띨 수도 있다. 『금강삼매경』

바다의 물결 [같은 분별망상]이 출렁이는 것이다. [그러나] 저 ['완전한 깨달음에 들어가는 최초의 경지'(正覺—地)에 오른] 사람의 마음경지와 같은 것은 [제]8아뢰야식(八識)의 바다가 [잦아들어] 맑아져서 [근본무지에서 풀려난 온전한 마음지평인] [제]9식(九識)의 흐름이 온전해지니, [대상의] 바람이 [마음을] 동요시킬 수 없어 [분별망상의] 파도가 일어나지 않는다. '계율의 본연'(戒性)은 '불변·독자의 본질/실체가 없음과 같은 것'(等空)이니, [계율을] '불변의 본질로 여겨] 지니는 사람'(持者)은 '미혹하여 거꾸로 된 것'(迷倒)이다.

['완전한 깨달음에 들어가는 최초의 경지'(正覺—地)에 오른] 그와 같은 사람은 [왜곡된 자아의식을 일어나게 만드는 심층의식인] 제7[말나식]'(七[識])과 [그에 따른] '눈에 상응하는 인식, 귀에 상응하는 인식, 코에 상응하는 인식, 혀에 상응하는 인식, 몸에 상응하는 인식, 의식에 상응하는 인식으로 구성되는] 제6[식]'(六[識])을 '일으키지 않아'(不生), '모든 [6·7식의 분별하는 마음과 마음작용의] 모임이 없어져 안정되어'(諸集滅定) '법신法身·보신報身·화신化身, 이] 세 가지 [몸을 지닌] 부처'(三[身]佛)에서 벗어나지 않고 '깨달음[을 향한 마음]을 일으키며'(發菩提[心]), '[허공해탈虛空解脫, 금강해탈金剛解脫, 반야해탈般若解脫에] [불변·독자의 본질/실체로 차별된] 차이가 없는 세 가지 경지'(三無相) 속으로 마음을 따라 깊숙이 들어가서 '[부처(佛)·진리(法)·수행공동체(僧) 이] 세 가지 보배'(三寶)를 깊이 공경하며 '격에 맞는 행위'(威儀)를 잃지 않으니, 그러한 출가수행자(沙門)라면 공경하지 않을 [이유가] 없다. 보살이여! 그와 같은 '능력을 지닌 사람'(仁者)은 '세간의 동요하거나 동요하지 않는 현상'(世間動不動法)에 머무르지 않고, [공상역공空相亦空·공공역공空空亦空·소공역공所空亦空, 이] '불변·독자의 본질/실체가 없음을 설명하는 세 가지 방식들'(三空聚)로 들어가서 '[욕망세계(欲界)·유형세계(色界)·무형세계(無色界), 이] 세 가지 세계에 집착하는 마음'(三有心)을 없앤다."

에서 율사를 바라보는 관점은 후자인 비판적 시각에서 거론한 것이다.

此是第三離患勝利, 謂離凡夫因果患故. 於中先問"應不持戒"者, 如前說言"不具持波羅提木叉戒"故. "於彼沙門, 應不敬仰"者, 既不持戒故, 不須敬持戒者故.

[H1, 648b14~18; T34, 989b13~16]

이것은 ['수단과 방법의 탁월함을 드러냄'(顯方便勝利)의 네 가지 중에서] 세 번째인 '근심을 벗어나는 탁월함'(離患勝利)[95]이니, 범부들이 [품게 되는] '원인과 결과에 대한 근심'(因果患)으로부터 벗어나는 것을 일컫는다. 여기에서 먼저 "계율을 [받아] 지니지 않겠습니다"(應不持戒)라고 질문한 것은 앞에서 "행위단속의 규칙들을 모두 갖추어 지니지는 않는다"(不具持波羅提木叉戒)라고 말한 것과 같은 것이다. "저 출가수행자들을 우러러 공경하지도 않겠습니다"(於彼沙門, 應不敬仰)라고 [질문한] 것은 이미 계율(戒)을 [받아] 지니지 않기 때문에 '계율을 지니는 자'(持戒者)를 반드시 공경할 필요가 없기 때문이다.

答中有二, 先許前問, 次奪[96]後問. 初中言"爲說戒者"者, 所爲說戒之人, 卽是諸聲聞也. 恃自持戒懷諸破戒, 故言"不善慢故". 是人未得諸法空故, 隨眠海中, 七識浪轉, 故言"海波浪故". 是舉持戒之人過失. "如彼心地"者, 謂菩薩心, 證諸法空, 入大地故. 第八識內二執, 隨眠分別起者, 皆已滅盡, 故言"八識海澄". 澄者澄也. 無分別智, 證入本覺, 地地增長, 離諸雜染, 故言"九識流淨", 本覺正是第九識故. 心無分別, 非境所動, 故"風不能動", 不能動故, 染七不生, 故言"波浪不起". 是人既證一切法空, 七支戒性, 達皆

---

95 앞의 과문科文에서는 '근심 없음의 탁월함'(無患勝利)이라고 했는데, 여기서는 '근심을 벗어나는 탁월함'(離患勝利)이라고 표현하였다. 그러나 앞의 과문에 따라 소제목은 그대로 '근심 없음의 탁월함'(無患勝利)으로 하였다.

96 한불전에서는 '奪'자 대신에 '棄'자로 되어 있는 판본(갑본)이 있다고 교감하고 있다. 번역에는 큰 차이가 생기지 않는다. 대정장 『금강삼매경론』에는 별도의 교감 없이 '奪'자로 기재하고 있다.

空寂, 故言"戒性等空". 而聲聞人不達法空, 執有戒性, 恃自能持, 故言"持者迷倒". 是答初問, 明不持戒而非過失. "如彼"已下, 次答後問, 以明無慢. "七六不生"者, 末那四惑, 不現行故, 見惑種子已斷滅故. "諸集滅定"者, 諸生起識, 心心所集皆滅盡, 已入理定故. "不離三佛而發菩提"者, 明發心來, 普敬心生, 如來藏佛是諸衆生, 依彼發心, 不輕慢故. "三無相中, 順心玄入"者, 得行入時, 拔無明根, 如前所說, 三解脫中, 順一心法而深入故. 由是義故, 深敬三寶, 謂形像佛, 紙素等法, 四種僧等, 無所不敬. 故"於沙門,[97] 不無恭敬". 以依三佛而發心故, 拔憍慢根無明種故. 上來明其離諸因患, 自下顯其離諸果患. "不住世間動不動法"者, 欲界人天富樂之果, 名爲動法, 散善果故, 色無色界寂靜之果, 名不動法, 定善果故. 於彼不着, 故曰"不住". "入三空聚"者, 如前所說, 展轉增入, 故名爲"聚". 非直不着, 亦令不生, 以之故言"滅三有心".

[H1, 648b18~649a8; T34, 989b16~c17]

대답 가운데 두 가지가 있으니, 먼저는 앞서 [보살이] 질문한 것을 긍정함 (許)이고, 다음은 [보살이] 나중에 한 질문을 부정함(奪)이다.

처음에 말한 "계율을 설해 주는 사람"(爲說戒者)이라는 것은 계율을 설하게 되는 사람인데, 바로 '가르침을 들어서 [혼자] 깨달으려는 모든 수행자' (諸聲聞)[에 속하는 사람]이다. 자기가 계율을 [받아] 지닌다는 것에 기대어 계율을 어기는 모든 사람을 업신여기므로 "선하지 않고 교만하기 때문이다"(不善慢故)라고 말하였다. 이러한 사람은 '모든 현상에는 불변·독자의 본질/실체가 없다'(諸法空)[는 이치]를 아직 증득하지 못했기 때문에 '잠들어 있는 듯한 번뇌의 바다'(隨眠海)[인 제8식] 가운데서 '파도와 같은 일곱 가지 식'(七識浪)이 일어나 변해 가니, 그러므로 "바다의 물결 [같은 분별망상]이 출렁이는 것이다"(海波浪故)라고 말하였다. 이것은 '계율을 [받아] 지니는 사람'(持戒之人)의 허물을 거론한 것이다.

"저 ['완전한 깨달음에 들어가는 최초의 경지'(正覺一地)에 오른] 사람의 마음경지와 같은 것은"(如彼心地)이라는 것은 [십지十地의 '첫 번째 경지'(初地)에 오른] '보살의 마음'(菩薩心)을 가리키니, '모든 현상에는 불변·독자의 본질/실체가 없다'(諸法空)[는 이치]를 증득하여 '위대한 경지'(大地)로 들어갔기 때문이다. 제8아뢰야식(第八識) 안의 ['인집人執과 법집法執, 이] 두 가지 집착'(二執)과 '잠재적인 번뇌'(隨眠)에서의 '분별작용의 일어남'(分別起)[98]이 이미 모조리 없

---

98 분별기分別起: 선천적으로 갖추어진 번뇌인 '구생기俱生起'의 반대개념으로서 후천적으로 생겨난 번뇌를 가리킨다. 『불교어대사전』(中村元)의 설명에 따르면『유식대의唯識大意』등에서 [진리다운] 이해를 밝히는 수행'(見道)에서 끊어지는 번뇌라고 한다. 『성유식론』권1(T31, 2a9~24)에서는 "諸我執略有二種. 一者俱生, 二者分別. 俱生我執, 無始時來, 虛妄熏習內因力故, 恒與身俱, 不待邪教及邪分別, 任運而轉, 故名俱生. 此復二種. 一常相續, 在第七識, 緣第八識, 起自心相, 執爲實我. 二有間斷, 在第六識, 緣識所變五取蘊相, 或總或別, 起自心相, 執爲實我. 此二我執, 細故難斷, 後修道中, 數數修習, 勝生空觀, 方能除滅. 分別我執, 亦由現在外緣力故, 非與身俱, 要待邪教及邪分別, 然後方起, 故名分別, 唯在第六意識中有. 此亦二種. 一緣邪教所說蘊相, 起自心相, 分別計度, 執爲實我. 二緣邪教所說我相, 起自心相, 分別計度, 執爲實我. 此二我執, 麁故易斷, 初見道時, 觀一切法生空眞如, 即能除滅"이라고 하여 구생아집俱生我執과 분별아집分別我執의 특징에 관해 설명한다. 먼저 구생아집은 무시無始이래의 허망훈습내인력虛妄熏習內因力 때문에 항상 자신의 몸(身)에 함께하는 것이고, 사교邪教와 사분별邪分別의 의식적인 작용에 의지하지 않아도 제멋대로 바뀌어 일어나는 것이다. 구생아집에는 다시 두 가지가 있는데, 첫 번째는 늘 상속하는 것(常相續)으로서 제7식第七識에 있으면서 제8식第八識을 반연하여 자심상自心相을 일으켜 실아實我라고 집착한다. 두 번째는 간혹 단절됨이 있는 것(有間斷)으로서 제6식第六識에 있으면서 제8식第八識이 변하여 나타난 오취온상五取蘊相을 반연하여 자심상을 일으켜 실아라고 집착한다. 이 두 가지 구생아집은 미세하기 때문에 끊기가 어려워 견도見道 뒤의 수도修道에서 자주 수습하여 탁월하게 공관空觀을 일으키고 나서야 소멸시킬 수 있다. 다음으로 분별아집은 현재의 외연력外緣力에 의거하기 때문에 자신의 몸(身)과 늘 함께하는 것이 아니고 반드시 사교邪教와 사분별邪分別에 의지한 연후에야 일어나는 것으로서 오로지 제6의식第六意識에 있다. 분별아집에는 다시 두 가지가 있는데, 첫 번째는 사교에서 설해진 온상蘊相을 반연하여 자심상을 일으켜 실아라고 집착하는 것이고, 두 번째는 사교에서 설해진 아상我相을 반연하여 자심상을 일으켜 실아라고 집착하는 것이다. 이 두 가지 분별아집은 뚜렷하기 때문에 끊기가 쉬워 처음의 견도에서 일체법을 관찰하여 공진여空眞如에 대한 이해를 일으키면 곧바로 소멸시킬 수 있다.

어졌기 때문에 "[제]8아뢰야식(八識)의 바다가 [잦아들어] 맑아졌다"(八識海澄)라고 말하였다. 징澄자는 '맑다'(澄)[는 뜻]이다.

'[불변·독자의 본질/실체로 보는 생각으로] 분별함이 없는 지혜'(無分別智)로 '깨달음의 본연'(本覺)[인 '사실 그대로 앎']에 '체득적으로 들어가'(證入) '경지들을 더 향상시켜'(地地增長) 모든 '[번뇌에 의한] 갖가지 오염'(雜染)에서 벗어나기 때문에 "[제]9식의 흐름이 온전해진다"(九識流淨)라고 말하였으니, '깨달음의 본연'(本覺)[인 '사실 그대로 앎']이 바로 '[근본무지에서 풀려난 온전한 마음지평인] [제]9식'(第九識)이기 때문이다. [또] 마음에 [불변·독자의 본질/실체로 보는 생각으로] 분별함이 없어져 대상(境)에 동요되지 않기 때문에 "[대상의] 바람이 [마음을] 동요시킬 수 없다"(風不能動)라고 하였고, [마음을] 동요시킬 수 없기에 '[번뇌에] 물든 일곱 가지 [식]'(染七[識])이 생겨나지 않으므로 "파도가 일어나지 않는다"(波浪不起)라고 말하였다.

이 사람은 이미 '모든 현상에는 불변·독자의 본질/실체가 없다'(一切法空)[는 이치를 증득하여 '일곱 대중들이 지녀야 할 계율'(七支戒)[99]의 본연(性)도 모두 '불변·독자의 본질/실체가 없음'(空寂)을 통달했으니, 그러므로 "계율의 본연은 불변·독자의 본질/실체가 없음과 같다"(戒性等空)라고 말하였다. 그러나 '가르침을 들어서 [혼자] 깨달으려는 수행자'(聲聞人)는 '현상에 불변·독자의 본질/실체가 없음'(法空)을 깨닫지 못하여 '계율의 본질이 있다'(有戒性)[는 생각]에 집착하고 있어서 '자기는 [계율을 불변의 본질로] 지

---

99 칠지계七支戒: 기존의 주석에서는 불교인이 지켜야 할 10가지 계戒 중에서 7가지를 가리킨다고 한다. 곧, 몸(身)으로 지켜야 하는 불살생不殺生, 불투도不偸盜, 불사음不邪婬 세 가지와 입(口)으로 지켜야 할 불망어不妄語, 불악구不惡口, 불양설不兩舌, 불기어不綺語 네 가지를 총칭하는 개념이라는 것이다. 그러나 비구比丘, 비구니比丘尼, 우바새優婆塞, 우바이優婆夷, 사미沙彌, 사미니沙彌尼, 식차마나式叉摩那 등 불교 수행자를 총칭하는 '7가지 무리'(七衆)들이 각각 지켜야 할 7가지 계戒를 의미하는 것으로 볼 수도 있다. '일체법공一切法空'이라는 말에 이어 나온다는 점을 고려할 때 '모든 계율'이라는 의미여야 자연스러우므로 여기서는 '일곱 대중들이 지녀야 할 계율'로 번역한다.

닐 수 있다'(自能持)고 믿으니, 그러므로 "[계율을] [불변의 본질로 여겨] 지니는 사람은 미혹하여 거꾸로 된 것이다"(持者迷倒)라고 말하였다. 이것은 [보살의] 첫 번째 질문에 대답한 것이니, 계율을 [받아] 지니지 않는 것이 허물(過失)이 아님을 밝힌 것이다.

"그와 같은 사람"(如彼) 아래는 다음으로 [보살의] 나중의 질문에 대답하여 ['완전한 깨달음에 들어가는 최초의 경지'(正覺一地)에 오른 사람에게는] '교만이 없음'(無慢)을 밝힌 것이다. "'[왜곡된 자아의식을 일어나게 만드는 심층의식인] 제7[말나식]'(七[識])과 [그에 따른] '눈에 상응하는 인식, 귀에 상응하는 인식, 코에 상응하는 인식, 혀에 상응하는 인식, 몸에 상응하는 인식, 의식에 상응하는 인식으로 구성되는] 제6[식]'(六[識])을 일으키지 않는다"(七六不生)라는 것은 '제7말나식에 동반되는 네 가지 번뇌'(末那四惑)[100]들이 '현재 작용하지'(現行) 않기 때문이고 [또한] '잘못된 이해로 인한 번뇌의 종자'(見惑種子)가 이미 끊어져 사라졌기 때문이다.

"모든 [6·7식의 분별하는 마음과 마음작용의] 모임이 없어져 안정된다"(諸集滅定)라는 것은, '일어난 모든 [6·7]식'(諸生起識)의 '마음과 마음작용이 모인 것'(心心所集)이 모두 다 사라지고 이미 '진리다운 선정'(理定)에 들었기 때문이다. "'[법신法身·보신報身·화신化身, 이] 세 가지 [몸을 지닌] 부처'(三[身]佛)에서 벗어나지 않고 깨달음[을 향한 마음]을 일으킨다"(不離三佛而發菩提)라는 것은, '[깨달음을 향한] 마음을 일으킨'(發心) 때부터 '널리 공경하는 마음'(普敬心)을 일으키고 [또] '여래의 면모가 간직된 창고로서의 부처'(如來藏佛)가 [바로] 모든 중생이라고 여겨, 그와 같은 [깨달음을 향해] 일으킨 마음'(發心)에 의거하여 [타인을] 가볍게 생각하거나 업신여기지 않음을 밝힌 것이다.

"'[허공해탈虛空解脫, 금강해탈金剛解脫, 반야해탈般若解脫에] [불변·독자의 본질/실체로 차별된] 차이가 없는 세 가지 경지'(三無相) 속으로 마음을 따라 깊숙이 들어간다"(三無相中, 順心玄入)라는 것은 '수행으로써 들어감'(行入)을 얻

---

100 말나사혹末那四惑: 앞서의 말나사사末那四使 역주 참고.

을 때 '근본무지의 뿌리'(無明根)를 뽑아내는 것이니, 앞에서 말한 '[허공해탈虛空解脫·금강해탈金剛解脫·반야해탈般若解脫, 이] 세 가지 해탈'(三解脫)에서 〈'하나처럼 통하는 마음'이라는 도리〉(一心法)에 따라 깊이 들어가기 때문이다.

이러한 뜻(義)으로 말미암아 '[부처(佛)·진리(法)·수행공동체(僧), 이] 세 가지 보배'(三寶)를 깊이 공경하니, 이른바 '형상으로 만든 부처님'(形像佛)이나 종이나 하얀 명주에 쓴 부처님 가르침 및 '네 가지 [유형의] 수행자들'(四種僧)¹⁰¹ 등을 공경하지 않음이 없는 것이다. 그러므로 "그러한 출가수행자(沙門)라면 공경하지 않을 [이유가] 없다"(於[彼]沙門, 不無恭敬)라고 말하였다. '[법신法身·보신報身·화신化身, 이] 세 가지 [몸을 지닌] 부처'(三[身]佛)에 의지하여 '[깨달음을 향한] 마음을 일으키기'(發心) 때문이고, '교만의 뿌리'(憍慢根)와 '근본무지의 종자'(無明種)를 뽑아내었기 때문이다.

여기까지는 모든 '원인으로서의 허물'(因患)에서 벗어나는 것을 밝혔고, 이 아래부터는 모든 '결과로서의 허물'(果患)에서 벗어나는 것을 드러내었다. "'세간의 동요하거나 동요하지 않는 현상'(世間動不動法)에 머무르지 않는다"(不住世間動不動法)라는 것은 [다음과 같은 것이다.] '욕망세계인 인간세계와 천상세계'(欲界人天)에서의 '부유하고 즐거운 결과'(富樂之果)를 '동요하는

---

101 사종승四種僧: 여기서 네 가지 유형에 해당하는 경우의 수는 경론에 따라 여러 가지로 나타나기 때문에 확정하기가 어렵다. 몇 가지 가능성을 유추해 보면, 첫 번째는 『반니원경般泥洹經』, 『아비달마구사론阿毘達磨俱舍論』 등에서 제시하고 있는 '네 종류의 출가승려'(四沙門)를 가리키는 말로 이해하는 것이다. 여기서 네 종류는 ① 진리를 깨달은 자, ② 진리를 설명하는 자, ③ 진리에 따라 사는 자, ④ 진리를 더럽히는 자를 말한다. 두 번째는 '모든 곳에 있는 수행자'(四方僧伽)를 표현한 개념으로 보는 것이다. '방方'자를 '종種'자로 해석해야 하는 부자연스러움은 있지만, 앞서 삼보의 설명에서 불佛과 법法의 해석에서 대중적이고 일반적인 관점을 제시했다는 측면에서 이렇게 유추할 수 있다. 세 번째는 기존의 주석(은정희 역의 『금강삼매경론』)에서 보살승菩薩乘, 성문승聲聞僧, 범부승凡夫僧, 일류범부승一類凡夫僧으로 해석한 대로 이해하는 것이다. 그러나 이 해석은 몇몇 경론에서만 제한적으로 쓰이고 있다는 데 문제점이 있다.

현상'(動法)이라 부르니 '산만한 이로운 결과'(散善果)[102]이기 때문이고, 유형세계(色界)와 무형세계(無色界)에서의 '고요하고 평안한 결과'(寂靜之果)를 '동요하지 않는 현상'(不動法)이라고 부르니 [선정 수행을 통해 성취하는] 안정된 이로운 결과'(定善果)[103]이기 때문이다. [산선과散善果이든 정선과定善果이든] 그런 것들에 집착하지 않으므로 "머무르지 않는다"(不住)라고 하였다.

"[공상역공空相亦空·공공역공空空亦空·소공역공所空亦空, 이] '불변·독자의 본질/실체가 없음을 설명하는 세 가지 방식들'(三空聚)로 들어간다"(入三空聚)라는 것은, 앞에서 말한 것과 같이 계속해서 바뀌어 가며 더 높은 곳으

---

102 산선과散善果: 세속적인 수준의 '유익한 행위'(善業) 및 그 결과(果)를 가리키는 뜻으로 쓰인다. 곧, 세속적인 욕망세계의 이로움보다 높은 수준의 이로움인 [선정 수행을 통해 성취하는] 안정된 이로운 결과'(定善果)와 구별하기 위해 마련된 개념으로 보인다. 그러나 '산란한 이로움'(散善)이라는 개념에는 '비록 세속적 수준이지만 유익한 것'이라는 긍정적 시선도 반영되어 있다. 『불교어대사전』(中村元)과 『불광대사전』에서는 이 산선散善/정선定善의 대비개념은 주로 『관무량수경觀無量壽經』등의 정토계 경전에서 뚜렷하다고 설명하고 있다. 그러나 정토삼부경 등의 정토계열 경론에서는 산선/정선의 엄격한 구분이 나타나지 않는다. 정토사상의 가치를 선양한 혜원慧遠과 선도善導, 정영淨影, 지의智顗 등이 16관법觀法에 주목하면서 산선/정선의 개념을 적극적으로 쓰고 있다. 정토사상/신앙에서는 범부들도 정토에 태어날 수 있는 방법을 권장하기 위해 기존의 산선/정선 개념을 활용한 것으로 추정된다.

103 정선과定善果: 선정을 닦아 생겨나는 유익한 결과를 의미하는 개념이다. 정토계 경전의 주석서에서는 산선散善과 대비되어 나타나지만, 선정의 닦음 여부에 따른 유익함의 차이에 대한 인식은 이미 아비달마 논서에서부터 광범위하게 모색된 것으로 보인다. 아비달마 논서에 나타나는 몇 가지 관련 구절을 살펴보면 다음과 같다. 『아비달마대비바사론阿毘達磨大毘婆沙論』권39(T27, 204b24~28). "復次結加趺坐唯修定故. 謂諸散善住餘威儀皆能修習. 若修定善唯結加坐最爲隨順. 如是等種種因緣, 故但說結加趺坐. 問結加趺坐義何謂耶? 答是周圓而安坐義"; 『사리불아비담론舍利弗阿毘曇論』권30 (T28, 714c8~9). "云何正定? 若定善順不逆, 是名正定. 云何邪定? 若定不善不順逆, 是名邪定"; 『아비달마구사론阿毘達磨俱舍論』권29(T29, 151a24~29). "解脫有八種, 前三無貪性, 二二一一定, 四無色定善, 滅受想解脫, 微微無間生, 由自地淨心, 及下無漏出, 三境欲可見, 四境類品道, 自上苦集滅, 非擇滅虛空"; 『아비달마순정리론阿毘達磨順正理論』권29(T29, 508a15~19). "若未獲得二定善心, 彼成欲界初定十二, 謂除六憂, 二靜慮等, 皆如前說. 若已獲得二定善心, 於初定貪未得離者, 成二定十, 謂喜但四, 唯染污故, 捨具六種, 已獲得彼近分善故, 餘如前說."

로 들어가기 때문에 "[세 가지 방식]들"(聚)이라고 말하였다. 단지 집착하지 않을 뿐만 아니라 생겨나지도 않게 하기 때문에 "'[욕망세계(欲界)·유형세계 (色界)·무형세계(無色界), 이] '세 가지 세계에 집착하는 마음'(三有心)을 없앤 다"(滅三有心)라고 말하였다.

> 大力菩薩言, "彼仁者, 於果滿足[104]德佛·如來藏佛·形像佛, 如是佛所, 而[105]發菩提心, 入三聚戒, 不住其相, 滅三有[106]心, 不居寂地, 不捨可衆, 入不調地, 不可思議".
>
> [H1, 649a9~13; T34, 989c18~21]

대력보살이 말하였다.

"그러한 '능력을 지닌 사람'(仁者)은 '결과가 온전하게 이루어져 이로운 능력을 모두 갖춘 부처님'(果滿足德佛), '여래의 면모들이 간직된 부처님'(如來藏佛), '형상으로 만든 부처님'(形像佛) 등 이러한 부처님들이 계신 곳에서 '깨달음을 구하는 마음을 일으켜'(發菩提心) [대승의] 세 부류의 계율들'(三聚戒)[107]로 들어가지만 그 [계율들의] '특정한 내용'(相)에 머무르지

---

104 대정장『금강삼매경』에서는 '於果滿足'이 '於果足滿'이라고 되어 있고, '果滿於足' 또는 '於果滿足'으로 기재되어 있는 판본이 있다고 교감하였다. 그러나 원효의 주석에서는 '於果滿足'으로 인용하고 있고, 대정장의『금강삼매경론』에서도 동일하게 나오고 있으므로 원래대로 '於果滿足'으로 번역한다.

105 대정장『금강삼매경』에서는 '而'자가 없는 판본이 있다고 교감하고 있다. 원효의 주석에서는 이 부분이 인용되지 않았다. 한불전과 대정장의『금강삼매경론』에는 '而'자가 들어 있다.

106 대정장『금강삼매경』에서는 '三有'가 아니라 '三界'로 기재하고 '有'자로 된 판본이 있다고 교감하였다. 그러나 한불전과 대정장의『금강삼매경론』에는 '三有'로 나오고 원효도 주석에서 '三有'로 인용하고 있으므로 '三有'로 번역한다.

107 삼취정계三聚淨戒: 대승의 보살 수행자가 지켜야 할 세 가지 부류의 계율을 총칭하는 말이다. 특정한 계율의 내용을 규정하는 것이 아니라, 대승이 지향하는 가치를 드러내는 계율 정신을 가리키는 개념으로 볼 수 있다. 1) 섭율의계攝律儀戒: 기존의 계율의 체계와 내용을 망라하는 계율. 2) 섭선법계攝善法戒: 유익한 가르침을 모조리 포괄하는 계율. 3) 섭중생계攝衆生戒: 중생들에게 이로운 것을 모조리 포괄하는 계율.

않고, '[욕망세계(欲界)·유형세계(色界)·무형세계(無色界), 이] 세 가지 세계에
집착하는 마음'(三有心)을 없애지만 '고요한 경지'(寂地)에 머물지 않아서,
'교화할 수 있는 중생들'(可衆)을 버리지 않고 '순조롭지 못한 [중생의] 세
계'(不調地)로 들어가니, [이런 일은] 생각으로 헤아리기 어렵습니다."

此是第四無住勝利. 於中有二, 先領上說, 後顯無住. 領中二句, 先領不
離三佛之句. "果滿足德佛"者, 始覺究竟, 萬德圓滿故, "如來藏佛"者, 一切
衆生本來本覺故, "形像佛"者, 金銅泥木能表尊像故, 因果理事無所遺故.
"入三聚戒, 不住其相"者, 是領前"戒性等空"之句, 入戒四緣, 不着戒相故.
三聚四緣, 後品當說. 自下正顯無住勝利. 雖復入三空聚, 滅三有心而不住
寂地, 普涉六度. 多喘衆生所居之處, 名"不調地", 由所留惑, 依不繫業, 於
彼受生, 故名爲"入". 言"留惑"者, 謂不速盡如小乘人, 於三無數大劫時中,
漸次而斷, 得菩提時, 方滅盡故, 不謂金剛已還, 一向不斷故名爲"留".

[H1, 649a14~b6; T34, 989c21~990a5]

이것은 ['수단과 방법의 탁월함을 드러냄'(顯方便勝利)의 네 가지 중에서] 네 번째
인 '머무름 없음의 탁월함'(無住勝利)이다. 여기에 두 가지가 있으니, 먼저
는 '앞서의 [부처님] 가르침을 이해한 것'(領上說)이고, 나중은 '머무름 없음
[의 탁월함]을 나타낸 것'(顯無住[勝利])이다. '이해한 것'(領)에도 두 구절이 있
으니, 먼저는 [앞서 나온] "[법신法身·보신報身·화신化身, 이] 세 가지 [몸을 지닌]
부처에서 벗어나지 않음"(不離三佛)에 관한 구절을 '이해한 것'(領)이다.

"결과가 온전하게 이루어져 이로운 능력을 모두 갖춘 부처님"(果滿足德
佛)이라는 것은 '['사실 그대로'를] 비로소 깨달아 감이 완전해져서'(始覺究竟)
'온갖 이로운 능력이 온전해졌기'(萬德圓滿) 때문이고, "여래의 면모들이 간
직된 부처님"(如來藏佛)이라는 것은 '모든 중생들이 본래부터 깨달음의 본

『범망경梵網經』의 보살계본菩薩戒本을 비롯해서 『해심밀경』, 『유가사지론』 등에서
부각되고 있다.

연[인 '사실 그대로 앎'을 갖추고 있는 존재]'(一切衆生本來本覺)이기 때문이며, "형상으로 만든 부처님"(形像佛)이라는 것은 금동, 진흙, 나무로 세존의 모습을 나타낼 수 있기 때문이니, [과만족덕불果滿足德佛과 여래장불如來藏佛과 형상불形像佛을 거론한 것은] '원인과 결과'(因果) 및 '진리와 현상'(理事)에 빠진 것이 없게 한 것이다.

"'[대승의] 세 부류의 계율들'(三聚戒)로 들어가지만 그 [계율들의] '특정한 내용'(相)에 머무르지 않는다"(入三聚戒, 不住其相)라는 것은 앞에 [나온] "계율의 본연은 불변·독자의 본질/실체가 없음과 같다"(戒性等空)라고 한 구절을 이해한 것이니, '계율을 성립시키는 네 가지 조건'(戒四緣)으로 들어가지만 '계율의 특정한 내용'(戒相)에 집착하지 않기 때문이다. '세 부류의 계율을 이루는 네 가지 조건'(三聚四緣)[108]에 대해서는 다음 단원(「진성공품眞性空品」)에서 설해질 것이다.

[이] 아래부터는 '머무름 없음의 탁월함'(無住勝利)을 곧바로 드러내었다. 비록 다시 '공상역공空相亦空·공공역공空空亦空·소공역공所空亦空, 이] 불변·독자의 본질/실체가 없음을 설명하는 세 가지 방식들'(三空聚)로 들어가서 '[욕망세계'(欲界)·'유형세계'(色界)·'무형세계'(無色界), 이] 세 가지 세계에 집착

---

108 삼취사연三聚四緣: 다음 「진성공품眞性空品」의 첫 단락인 '위리근자다문광설爲利根者多文廣說'에서는 삼취계三聚戒·도품행道品行·여래교如來敎·보살위菩薩位·대반야大般若·대선정大禪定의 여섯 부분이 '참된 면모[인 '사실 그대로']'(眞性)에 따라 이루어짐을 밝히는데, 그 첫 번째 문단이 이 삼취계(섭율의계攝律儀戒·섭선법계攝善法戒·섭중생계攝衆生戒)에 관한 논의이다. 이 문단에서는 삼취계를 성립시키는 '네 가지 조건'(四緣)으로서 ① '선택하여 [번뇌를] 소멸시키는 힘을 조건으로 취하는 것'(作擇滅力取緣), ② '[깨달음의] 본연[인 '사실 그대로 앎']이 지닌 이로움의 온전한 능력이 [그것이] 일으킨 것들의 조건이 되는 것'(本利淨根力所集起緣), ③ '[깨달음의] 본연[인 '사실 그대로 앎']이 지닌 지혜의 크나큰 연민의 힘이 조건이 되는 것'(本慧大悲力緣), ④ '하나처럼 통하게 하는 깨달음과 상통하는 지혜의 힘이 조건이 되는 것'(一覺通智力緣)을 제시한다. ①·②·③은 순서대로 섭율의계·섭선법계·섭중생계를 성립시키는 조건이고, ④는 총괄적으로 삼취계가 '사실 그대로에 따라 머무르게 하는 것'(順於如住)을 성립시키는 조건이다.

하는 마음'(三有心)을 없앴지만 '고요한 경지'(寂地)에 머물러 있지 않고 '[지옥地獄·아귀餓鬼·축생畜生·아수라阿修羅·천상天上·인간人間, 이] 여섯 가지 미혹세계'(六道)를 두루 다닌다. [괴로움으로] 자주 헐떡이고 있는 중생들이 살고 있는 곳을 "순조롭지 못한 [중생의] 세계"(不調地)라 부르니, [보살은] '남겨진 번뇌'(所留惑)에 따르면서도 '[번뇌에] 얽매이지 않은 행위'(不繫業)에 의거하여 그 [순조롭지 못한 중생세계]에 태어나기 때문에 "들어간다"(入)라고 하였다. "남긴 번뇌"(留惑)라고 말한 것은 소승의 수행자처럼 [번뇌를] 속히 없애지 않음을 일컫는 것이니, '[크기를] 헤아릴 수 없는 세 번에 걸친 크나큰 오랜 세월'(三無數大劫時) 동안 차츰차츰 끊어 가다가 깨달음을 증득할 때 비로소 '완전히 없애 버리기'(滅盡) 때문이지, '금강[석 같은 굳건한] 경지'(金剛[地]) 이전에 한결같이 끊지 못하기 때문에 "남아 있다"(留)라고 말하는 것은 아니다.

3) 사리불이 핵심을 이해함(身子領解)

爾時, 舍利弗, 從座而起, 前說偈言, "具足般¹⁰⁹若海, 不住涅槃城, 如彼妙蓮華, 高原非所出. 諸佛無量劫, 不捨諸煩惱, 度世然後得, 如泥華所出. 如彼六行地, 菩薩之所修, 如彼三空聚, 菩提之直道.

[H1, 649b7~11; T34, 990a6~10]

그때 사리불이 자리에서 일어나 [부처님] 앞에서 게송으로 말하였다.

"'바다같이 [넓고 깊은] 지혜'(般若海)를 모두 갖추었지만
열반의 성에 머무르지 않으니,
마치 저 오묘한 연꽃이

---

109 대정장 『금강삼매경』에서는 '般'을 '波'로 교감하고 있지만, 한불전과 대정장의 『금강삼매경론』에서는 '般'자로 기재하였고 원효도 주석에서 '般'자로 인용하고 있으므로 '般若'로 보고 번역한다.

높은 땅으로 나오지 않는 것과 같네.

모든 부처님께서는 '헤아릴 수 없는 오랜 세월'(無量劫) 동안

온갖 번뇌를 버리지 않고

'세상을 구제하신'(度世) 뒤에야 [번뇌가 다 없어짐을] 얻으시니,

마치 진흙에서 연꽃이 솟아 나오는 것과 같구나.

저 '[십신十信·십주十住·십행十行·십회향十廻向·십지十地·등각等覺] 여섯 단계의 수행경지'(六行地)와 같은 것은

보살이 닦는 것이고,

저 '[공상역공空相亦空·공공역공空空亦空·소공역공所空亦空이라는] 불변·독자의 본질/실체가 없음을 설명하는 세 가지 방식들'(三空聚)과 같은 것은

'깨달음에 [이르는] 곧은 길'(菩提之直道)이라네.

此下, 第三身子領解, 爲令小衆, 發大心故. 於中有二, 一者領解, 二者述成. 初中亦二, 在前三頌, 頌前所說, 其後二頌, 陳自發心. 初中有三, 一前二頌, 頌無住道, 次有二句, 頌六行位, 後之二句, 頌三空聚. 初中言"具足般若海"者, 謂三解脫, 具三慧故. "不住涅槃城"者, 滅三有心, 不居寂地故. "高原非所出"者, 如彼二乘, 離煩惱泥, 八萬劫等, 不發心故. "不捨諸煩惱"者, 不如二乘, 二二生中, 速斷盡故. "如泥華所出"者, 由所留感, 入不調地, 於中具修菩薩行故, 因是能證菩提果故. 云'行三聚',[110] 在文可知.

[H1, 649b12~c2; T34, 990a10~21]

이 [글] 아래는 [크게 네 부분으로 이루어진 「입실제품入實際品」의] 세 번째인 '사리불이 핵심을 이해함'(身子領解)이니, 소승의 대중들로 하여금 '대승의 마음'(大心)을 일으킬 수 있도록 하기 위해서이다. 여기에 두 가지가 있으니,

---

110 한불전에서는 갑본甲本에 따르면 '三聚'가 아니라 '二聚'로 나온다고 교감하고 있다. 『금강삼매경』 본문의 내용을 고려하면 '六行'과 '三空聚'를 말하는 것이므로 여기서는 '行三聚'를 '六行三空聚'로 교감하여 번역한다.

첫째는 '[사리불이] 핵심을 이해함'([身子]領解)이고 둘째는 '[부처님이] 설명을 마무리함'([如來]述成)이다.

첫째에도 두 가지가 있으니, 앞에 있는 세 게송은 이전에 [부처님께서] 말씀하신 내용을 읊은 것이고, 그 뒤의 두 게송은 '[사리불] 자신이 [대승보살의] 마음을 일으키는 것'(自發心)을 말한 것이다. 처음[인 '부처님께서 말씀하신 내용을 읊은 것']에는 세 가지가 있으니, 먼저는 앞의 두 게송으로 '머무름이 없는 길'(無住道)을 읊은 것이고, 다음에 있는 두 구절은 '[십신十信·십주十住·십행十行·십회향十廻向·십지十地·등각等覺, 이] 여섯 단계의 수행경지'(六行地)를 읊은 것이며, [그] 뒤의 두 구절은 '[공상역공空相亦空·공공역공空空亦空·소공역공所空亦空이라는] 불변·독자의 본질/실체가 없음을 설명하는 세 가지 방식들'(三空聚)에 대해 읊은 것이다.

처음에 말한 "'[바다같이 넓고 깊은] 지혜'(般若海)를 모두 갖추었다"(具足般若海)라는 것은 '[허공해탈虛空解脫·금강해탈金剛解脫·반야해탈般若解脫, 이] 세 가지 해탈'(三解脫)[을 증득한 경지]를 가리키니, [문혜聞慧·사혜思慧·수혜修慧, 이] '세 가지 지혜'(三慧)를 갖추었기 때문이다. "열반의 성에 머무르지 않는다"(不住涅槃城)라는 것은, '[욕망세계(欲界)·유형세계(色界)·무형세계(無色界), 이] 세 가지 세계에 집착하는 마음'(三有心)을 없애고도 '고요한 경지'(寂地)에 머물러 있지 않기 때문이다.

"[오묘한 연꽃이] 높은 땅으로 나오지 않는 것과 같다"(高原非所出)라는 것은, 저 '[성문聲聞, 연각緣覺] 두 부류의 수행자'(二乘)와 같은 사람들은 번뇌의 진흙에서 떠나 버리기에 '팔만의 오랜 세월'(八萬劫) 동안 '[대승보살의] 마음을 내지'(發心) 못하기 때문이다. "온갖 번뇌를 버리지 않는다"(不捨諸煩惱)라는 것은, 저 '[성문聲聞, 연각緣覺] 두 부류의 수행자'(二乘)들이 '두 번에 걸친 두 번의 삶'(二二生)[111] 속에서 [번뇌를] 속히 끊어 버리는 것과는 같지 않

---

111 이이생二二生: 의미하는 바를 정확히 알기가 어렵지만 『불광대사전』의 설명에 따르면, 소승의 연각緣覺이 부처가 될 때까지 수행해야 하는 기간을 사생백겁四生百劫이

기 때문이다. "마치 진흙에서 연꽃이 솟아 나오는 것과 같다"(如泥華所出)라는 것은, '남겨진 번뇌'(留惑)에 의거하여 '순조롭지 못한 [중생의] 세계'(不調地)로 들어가 그곳에서 보살수행을 갖추어 닦기 때문이고, 이로 인해 '깨달음의 결실'(菩提果)을 증득할 수 있기 때문이다. '[십신十信 · 십주十住 · 십행十行 · 십회향十廻向 · 십지十地 · 등각等覺, 이] 여섯 단계의 수행과 [공상역공空相亦空 · 공공역공空空亦空 · 소공역공所空亦空, 이] 불변 · 독자의 본질/실체가 없음을 설명하는 세 가지 방식들'(六行三空聚)을 말한 것은 글에 [나와] 있으므로 알 수 있을 것이다.

我今住不住, 如佛之所說, 來所還復來, 具足然後出. 復令諸衆生, 如我一無二, 前來後來者, 悉令登正覺".

[H1, 649c3~5; T34, 990a22~24]

내 이제 '[고요한 경지에] 머무르지 않음'(不住)에 머무는 것을
부처님께서 설하신 것과 같게 하였으니,
떠나온 곳에 다시금 돌아가
[모든 보살행을] 다 갖춘 뒤에 [이 몸에서] 떠나가리.
다시 모든 중생들로 하여금
나[의 경지]와 똑같게 하여 다름이 없게 하리니,
이미 [자질을 성숙시켜] 온 자나 앞으로 [성숙시켜] 올 자나
모두 '완전한 깨달음'(正覺)에 오르게 하리."

此是第二陳自發心. 於中有二, 初之二句, 陳今發心之位, 後一頌半, 表其後修之行. "我今住不住"者, 今聞佛說已, 發大心, 卽住不住寂地之心故.

라고 여긴 『대지도론大智度論』의 설에서 나온 것이라 한다. 이에 따르면, '두 번에 걸친'이라는 말의 뜻은 성문聲聞과 연각緣覺의 지위에 각각 자량資糧과 가행加行의 지위를 거쳐야 하기에 총 4번의 생사를 반복하는 기간이 필요하다고 한다. 뛰어난 자질을 갖춘 수행자는 20겁, 둔한 자질의 수행자는 100겁이 걸린다고 한다.

"來所還復來"者, 無始流轉之來之處, 我先所離, 今還復來, 來入三界, 度衆生故. 邊際定力, 延所受身, 隨其所宜而示現故. "具足然後出"者, 具足菩薩一切行後, 出離此身, 得佛身故. 言"前來者", 過去善根已成熟者也, 言"後來者", 於未來世方成熟者也, 窮未來際, 不休息故.

[H1, 649c6~17; T34, 990a24~b4]

이 글은 ['핵심을 이해함'(領解)의 두 부분 중에서] 두 번째인 '자신이 [대승보살의] 마음을 일으키는 것'(自發心)에 대해 말한 것이다. 여기에 두 가지가 있으니, 처음의 두 구절은 '지금 [대승보살의] 마음을 일으키는 경지'(今發心之位)를 말한 것이고, 뒤의 한 게송과 절반은 뒤에 닦을 행위를 드러낸 것이다.

"내 이제 머무르지 않음에 머무른다"(我今住不住)라는 것은, 지금 부처님의 말씀을 듣고 나서 '대승의 마음을 일으켜'(發大心) 곧 '고요한 경지에 머무르지 않는 마음'(不住寂地之心)에 머물기 때문이다. "떠나온 곳에 다시금 돌아간다"(來所還復來)라는 것은 시작을 알 수 없는 때부터 ['근본무지에 매인 채] 흘러 바뀌어 가며 온 곳'(流轉之來之處)이 내가 전에 떠난 곳이지만 지금 다시 돌아가는 것이니, '[욕망세계·유형세계·무형세계, 이] 세 가지 세계'(三界)에 들어가서 중생들을 구제하기 때문이다. '최고단계의 선정'(邊際定)[112]의

---

112 변제정邊際定: 『아비달마구사론阿毘達磨俱舍論』 권27에서 변제정의 명칭에 관해 "邊際名, 但依第四靜慮故, 此一切地遍所隨順故, 增至究竟故, 得邊際名"(T29, 142b28~29)이라고 하는 것에 따르면, 단지 색계色界의 제4정려第四靜慮에 의거한 것이고 모든 수행의 경지가 두루 따르는 것이며 수행이 증가하여 궁극적인 경지인 멸진정滅盡定에 이르기 때문에 변제邊際라는 명칭을 얻는다고 설명한다. 같은 책 권28(T29, 147c 23~26)에서는 아래의 세 가지 정려靜慮와 변제정인 제4정려를 구별하여 "下三靜慮名 有動者, 有災患故, 第四靜慮名不動者, 無災患故. 災患有八, 其八者何? 尋伺四受入息出息, 此八災患, 第四都無"라고 설명하는데, 이에 따르면 아래의 세 가지 정려에는 심尋·사伺·사수四受(고수苦受·낙수樂受·우수憂受·희수喜受)·입식入息·출식出息의 여덟 가지 재환災患이 있어 '동요가 있는 것'(有動)이라 부르고 제4정려에는 이 여덟 가지 재환이 전혀 없기 때문에 '동요가 없는 것'(不動)이라고 부른다. 색계 사정려四靜慮 각각에 관한 자세한 설명은 뒤의 '사선四禪' 각주 참조. 같은 책 권27(T29, 142b 25~26)에서는 제4정려에서 얻는 공덕에 관해 "無諍願智四無礙解六種, 皆依邊際定得"

힘이 '[태어나] 받게 되는 몸'(所受身)을 이끌어 원하는 대로 [몸을] 나타내는 것이다.

"[모든 보살행을] 다 갖춘 뒤에 [이 몸에서] 떠나가리"(具足然後出)라는 것은, 보살의 모든 수행을 다 갖춘 다음에 이 몸에서 벗어나 '부처의 몸'(佛身)을 얻겠다는 것이다. "이미 [자질을 성숙시켜] 온 자"(前來者)라고 한 것은 과거부터 [쌓아 온] '유익한 능력'(善根)이 이미 성숙한 사람이고, "앞으로 [성숙시켜] 올 자"(後來者)라고 말한 것은 미래에 비로소 [선근善根이] 성숙하게 될 사람이니, [중생구제의 보살행을] 미래가 다하도록 쉬지 않는다는 것이다.

爾時, 佛告舍利弗言, "不可思議. 汝當於後, 成菩薩[113]道, 無量衆生, 超生死海".

[H1, 649c18~19; T34, 990b5~6]

그때 부처님께서 사리불에게 말씀하셨다.

"[이런 일은] 생각으로 헤아리기 어려운 것이다. 그대는 미래에 '보살의 수행'(菩薩道)을 이루어 헤아릴 수 없이 많은 중생들을 생사의 바다에서 벗어나게 할 것이다."

이라고 하여 무쟁無諍 · 원지願智 · 사무애해四無礙解(법무애해法無礙解 · 의무애해義無礙解 · 사무애해詞無礙解 · 변무애해辯無礙解)의 여섯 가지를 밝히기도 한다. 『대승아비달마집론大乘阿毘達磨集論』권5(T31, 683c12~13)에는 변제정이 색계 제4선정만을 가리키지 않는 용례가 나타나기도 하는데, "何等淸淨故, 謂初靜慮中邊際定, 乃至非想非非想處邊際定, 是名淸淨"이라고 하여 색계 초정려初靜慮로부터 무색계 제4선정第四禪定인 비상비비상처非想非非想處에 이르기까지 각 선정의 상품上品에 해당하는 경지를 모두 변제정이라고 부른다.

113 한불전에서는 '菩薩'이 아니라 '菩提'로 되어 있는 판본이 있다고 하였다. 대정장『금강삼매경론』에서는 '菩薩'로 기재하고 있다. 그러나 대정장『금강삼매경』에서는 별도의 교감 없이 '菩提'로 기재하고 있어서 혼선이 보인다. 원효는 주석에서 이 글을 인용하지 않고 있다. 문맥으로는 중생구제의 측면이 부각되어야 하므로 '菩薩道'로 보는 것이 적절하다고 보아 '菩薩'로 번역한다.

第二述成, 印其所說.

[H1, 649c20; T34, 990b6~7]

두 번째인 '[부처님이] 설명을 마무리함'(述成)이니, 그 [사리불이] 말한 것을 인정한 것이다.

4) 당시의 대중들이 이로움을 얻음(時衆得益)

爾時, 大衆, 皆悟菩提, 諸小衆等, 入五空海.[114]

[H1, 649c21~22; T34, 990b8]

그때 대중들은 모두 깨달음을 얻었고, 모든 소승의 수행자들은 〈바다와도 같은 '다섯 가지에 불변·독자의 본질/실체가 없는 경지'〉(五空海)[115]로 들어갔다.

此是大分第四時衆得益. 言"大衆"者, 是大乘衆, "悟菩提"者, 悟入一地菩提心故. "諸小衆"者, 謂聲聞衆, 得入三種眞如門故.

[H1, 649c23~650a3; T34, 990b9~11]

이것은 [「입실제품入實際品」의 본문을] 크게 나눈 [네 부분 가운데] 네 번째인

---

114 대정장 『금강삼매경』에서는 '海'자에 '窟'자가 추가된 판본이 있다고 교감하였으나 '窟'는 불필요한 글자로 보인다. 한불전과 대정장의 『금강삼매경론』에는 이에 대한 언급이 없다.

115 오공해五空海: 앞서의 역주에서 이미 설명한 바 있는 것처럼, '다섯 가지에 불변·독자의 실체가 없음'(五空)을 바다의 광활함에 비유한 말이다. 오공五空이라는 개념은 「입실제품入實際品」(H1, 639a21~23) 앞부분에서 등장하는데, '[욕망세계(欲界)·유형세계(色界)·무형세계(無色界), 이] 세 가지 세계는 불변·독자의 본질/실체가 없음'(三有是空), '여섯 가지 미혹한 세계에서의 그림자와 같은 과보는 불변·독자의 본질/실체가 없음'(六道影是空), '현상세계의 양상은 불변·독자의 본질/실체가 없는 것임'(法相是空), '언어가 나타내는 차이는 불변·독자의 본질/실체가 없는 것임'(名相是空), '마음과 의식의 면모는 불변·독자의 본질/실체가 없음'(心識義是空)이 그것이다.

'당시의 대중들이 이로움을 얻음'(時衆得益)이다. "대중"(大衆)이라고 말한 것은 '대승의 무리들'(大乘衆)[을 가리킨 것]이고, "깨달음을 얻었다"(悟菩提)라는 것은 '[완전한 깨달음'(正覺)에 들어가는] 최초의 경지[인 십지十地의 초지初地]를 깨닫는 마음'(一地菩提心)을 열어 [그 경지로] 들어갔기 때문이다. "모든 소승의 수행자들"(諸小衆)이라는 것은 '가르침을 들어서 [혼자] 깨달으려는 수행자들'(聲聞衆)을 가리키는데, [그들이] '세 가지 참 그대로의 측면'(三種眞如門)[116]을 '증득하여 들어갔다'(得入)는 것이다.[117]

---

116 삼종진여문三種眞如門: '사실 그대로가 온전하게 드러나는 지평에 들어감[을 주제로 하는] 단원'(入實際品)의 앞부분에 나온다. 이에 따르면(H1, 639b2~4), 첫 번째는 '흘러가며 바뀌어 가는 세계에서의 참 그대로임'(流轉眞如)이고, 두 번째는 〈사실 그대로인 '참 그대로'〉(實相眞如)이며, 세 번째는 '마음현상에서의 참 그대로임'(唯識眞如)이다.

117 이상의 단락에 해당하는 원효의 전체 과문 차례는 다음과 같다.

4. '사실 그대로가 온전하게 드러나는 지평'에 들어감[을 주제로 하는] 단원(入實際品)

  1) 핵심내용을 간략히 제시함(略標大意)

    (1) 들어가게 하는 수단과 방법을 펼침(開令入方便)

     ① 총괄적인 제시(摠標)

     ② 하나씩 펼침'(別開)

    (2) 들어가게 되는 ['사실 그대로가 온전하게 드러나는 지평'(實際)의] 도리를 제시함(示所入道理)

     ① 간략히 밝힘(略明)

     ② 거듭 해석함(重釋)

     ③ 치우친 집착의 부당함(偏執不當)

     ④ 통달한 사람이 누리는 뛰어난 이로움(達者勝利)

  2) 도리를 자세하게 나타냄(廣顯道理)

    (1) '사실 그대로가 온전하게 드러나는 지평'의 뜻을 드러냄(顯實際義)

     ① 다섯 가지에 불변·독자의 본질/실체가 없다[는 이해]를 밝힘(明五空)

      가. 질문(問)

      나. 대답(答)

     ② 불변·독자의 본질/실체가 없는 세 가지 경지[에 대한 이해]를 밝힘(明三空)

     ③ '불변·독자의 본질/실체가 없음'이 바로 '참됨'이라는 것을 밝힘(明空是眞)

      가. 질문(問)

      나. 대답(答)

가) 곧바로 대답함(正答)

나) [도리의] 심오함을 찬탄함(歎深)

④ '참됨'이 바로 '사실 그대로임'이라는 것을 밝힘(明眞是如)

　가. 질문(問)

　　가) 도리를 세움(立道理)

　　나) 의심되는 것을 질문함(問所疑)

　나. 대답(答)

　　가) 인정해 줌(與)

　　나) 인정해 주지 않음(奪)

(2) ['사실 그대로가 온전하게 드러나는 지평'(實際)으로] 들어가는 뜻을 밝힘(明趣入義)

① 총괄적으로 밝힘(總明)

② 하나씩 드러냄(別顯)

　가. 숫자를 매겨 총괄적으로 제시함(總標擧數)

　나. 질문과 대답으로 하나씩 드러냄(問答別顯)

　　가) 질문(問)

　　　(가) 질문(問)

　　　(나) 의문 제기(難)

　　나) 대답(答)

　　　(가) 대답(答)

　　　　㉮ 숫자를 표시함(牒數)

　　　　㉯ 명칭의 나열(列名)

　　　　㉰ 차례대로 특징을 구별함(次第辨相)

　　　(나) 의문을 풀어 줌(通)

③ 들어감이 허물에서 벗어나 있음(能入離過)

　가. 간략하게 밝힘(略明)

　나. 자세하게 해석함(廣釋)

　　가) [보살의] 질문(問)

　　나) [부처님의] 대답(答)

　　　(가) [주관인] 마음도 아니고 [마음에 나타난 객관인] 영상도 아니라고 한 구절[의 뜻]을 해석함(釋非心非影之句)

　　　　㉮ ['사실 그대로가 온전하게 드러나는 지평'(實際)으로] 들어가는 현상이 모든 [주관인] 마음과 [마음에 나타난 객관인] 영상에서 벗어나 있음을 밝힘(明入法離諸心影)

　　　　㉯ [주관인] 마음과 [마음에 나타난 객관인] 영상이 '사실 그대로의 도리'가

아닌 것이 없음을 밝힘(明心影無非如理)

(나) 현상 그대로가 온전하다고 한 구절[의 뜻]을 해석함(釋法爾淸淨之句)

다) [보살의] 이해함(領)

라) [부처님의] 설명(述)

④ 들어가는 것에서 치우친 견해를 벗어남(所入離邊)

가. 부처 면모는 같음과 다름에 관한 치우친 견해에서 벗어나 있음을 밝힘(明佛性離一異邊)

가) 간략히 밝힘(略明)

(가) 같음과 다름에서 벗어나 있음(離一異)

(나) 다름에서 벗어나 있음을 해석함(釋離異)

나) 자세하게 나타냄(廣顯)

나. 사실 그대로는 있음과 없음에 관한 치우친 견해에서 벗어나 있음을 나타냄(顯如如離有無邊)

(3) 들어가는 수준의 차이들(入之階位)

① 들어가는 곳[인 '사실 그대로가 온전하게 드러나는 지평'(實際)]의 깊고도 깊음에 대해 밝힘(明所入甚深)

② 들어가는 사람의 수행 단계를 열거함(擧能入位行)

③ [들어가는 사람의] 수준의 차이들을 하나씩 드러냄(別顯階位)

④ 들어가는 마음을 세세하게 밝힘(覈明入心)

(4) 들어가는 수단과 방법(入之方便)

① 들어가는 수단과 방법을 밝힘(明能入方便)

가. 간략히 밝힘(略[明])

나. 수단과 방법을 자세하게 드러냄(廣顯方便)

② 수단과 방법의 탁월함을 드러냄(顯方便勝利)

가. 결실을 얻는 것의 탁월함(得果勝利)

나. 공양을 얻는 것의 탁월함(得供勝利)

가) 보살이 복[이 자라는] 밭임을 밝힘(明菩薩福田)

나) [성문聲聞, 연각緣覺] 두 부류의 수행자는 [일지一地와 공해空海를] 보지 못함을 드러냄(顯二乘不見)

다) 보살이라야 잘 볼 수 있음을 나타냄(顯菩薩能見)

다. 근심 없음의 탁월함(無患勝利)

라. 머무름 없음의 탁월함(無住勝利)

가) 앞서의 [부처님] 가르침을 이해함(領上說)

나) 머무름 없음[의 탁월함]을 나타냄(顯無住[勝利])

3) 사리불이 핵심을 이해함(身子領解)

5. 참된 면모[인 '사실 그대로']에는 불변·독자의 본질/실체가 없다는 것 [을 주제로 하는] 단원(眞性空品)

眞如之法, 具諸功德與諸行德, 而作本性, 故言"眞性", 如是眞性, 絶諸
名相, 以之故言"眞性空"也. 又此眞性, 離相離性, 離相者離妄相, 離性者
離眞性. 離妄相故, 妄相空也, 離眞性故, 眞性亦空, 以之故言"眞性空"也.
今此品中, 顯是二義故, 依是義, 立品名也.

[H1, 650b6~13; T34, 990b18~24]

'참 그대로인 현상'(眞如之法)은 '모든 이로운 능력'(諸功德)과 '모든 작용능
력'(諸行德)을 두루 갖추어 [그] '본연의 면모'(本性)로 삼기 때문에 "참된 면
모[인 '사실 그대로']"(眞性)라고 말하고, 이와 같은 '참된 면모[인 '사실 그대로']'
(眞性)는 모든 '언어가 나타내는 차이'(諸名相)[를 불변·독자의 본질/실체로 보는
것]을 끊어 버리기 때문에 "참된 면모[인 '사실 그대로']에는 불변·독자의 본
질/실체가 없다"(眞性空)라고 말한다. 또한 이 '참된 면모[인 '사실 그대로']'(眞
性)는 '차이(相)에서 벗어나 있고 본질(性)에서도 벗어나 있으니'(離相離性),
'차이에서 벗어나 있다'(離相)는 것은 '[불변·독자의 본질/실체로 보는] 분별망
상으로 지어낸 차이에서 벗어나 있다'(離妄相)는 것이고 '본질에서 벗어나
있다'(離性)는 것은 '참된 면모[라는 불변·독자의 본질/실체]에서도 벗어나 있
다'(離眞性)는 것이다. '[불변·독자의 본질/실체로 보는] 분별망상으로 지어낸
차이에서 벗어나 있기'(離妄相) 때문에 '[불변·독자의 본질/실체로 보는] 분별망
상으로 지어낸 차이'(妄相)에는 불변·독자의 본질/실체가 없고, '참된 면
모[라는 불변·독자의 본질/실체]에서도 벗어나 있기'(離眞性) 때문에 '참된 면
모[인 '사실 그대로']'(眞性)에도 불변·독자의 본질/실체가 없으니, 그러므로

(1) [사리불이] 핵심을 이해함([身子]領解)
(2) [부처님이] 설명을 마무리함([如來]述成)
4) 당시의 대중들이 이로움을 얻음(時衆得益)

"참된 면모[인 '사실 그대로']에는 불변·독자의 본질/실체가 없다"(眞性空)라고 말하는 것이다. 지금 이 단원(品)에서는 ['분별망상으로 지어낸 차이에는 불변·독자의 본질/실체가 없다'(妄相空)는 것과 '참된 면모[인 '사실 그대로']에도 불변·독자의 본질/실체가 없다'(眞性亦空)는] 이 '두 가지 뜻'(二義)을 드러내고 있으므로, 이러한 뜻에 의거하여 [참된 면모[인 '사실 그대로']에는 불변·독자의 본질/실체가 없다'(眞性空)라고 하는] 단원의 이름을 세웠다.

1) 자세하게 설명함(廣說)

爾時, 舍利弗, 而白佛言, "尊者! 修菩薩道, 無有名相, 三戒無儀, 云何攝受, 爲衆生說? 願佛慈悲爲我宣說".

[H1, 650b14~16; T34, 990b25~27]

그때 사리불이 부처님께 말씀드렸다.

"존경받는 분이시여! '보살의 수행'(菩薩道)을 닦아 감에 '언어가 나타내는 차이'(名相)가 있지 않고 [대승의] 세 부류 계율들'(三[聚]戒)에 [지켜야 할] 형식'(儀)이 없다면 어떻게 '포섭하고 수용하여'(攝受) 중생들을 위해 설할 수 있습니까? 바라건대 부처님의 자비로써 저를 위해 말씀해 주십시오."

別明觀行, 有六分中, 第四遣虛入實分竟. 此下, 第五明諸聖行出眞性空. 就此品中, 大分有二, 一爲利根者, 多文廣說, 二爲鈍根者, 少文略攝. 前廣說中, 卽有六分, 一者明三聚戒從眞性成, 二者明道品行從眞性立, 三者明如來敎當如理說, 四者明菩薩位從本利出, 五者明大般若絶諸因緣, 六者明大禪定超諸名數. 初三戒中, 文有五分, 一問二答三請四說五者領解. 此卽初問. 言"修菩薩道, 無[118]名相"者, 通擧諸行, "三戒無儀"者, 別牒

---

118 『금강삼매경』본문은 '無有'이다.

戒行. 如前品言"入三聚戒, 不住其相", 是卽三戒無相無儀, 云何自攝受,
及爲他說耶? 此舍利弗, 旣始入大, 初發修行, 以戒爲本, 故問三學之中初
行. 又此身子, 從身而生, 今此品中, 說諸行法, 從法身生, 故寄身子而發
問也.

[H1, 650b17~c11; T34, 990b27~c13]

'[진리다운] 이해와 [이해에 의거한] 수행'(觀行)을 '하나씩 밝히는 것'(別明)에
있는 여섯 부분119 가운데 네 번째인 '[사실이 왜곡된] 허상을 없애고 [사실 그
대로인] 참됨으로 들어가는 부분'(遣虛入實分)이 끝났다. 이 아래는 다섯 번
째인 〈모든 고귀한 행위는 '불변·독자의 본질/실체가 없는 참된 면모'[인
'사실 그대로']120에서 나온다〉(諸聖行出眞性空)는 것을 밝히는 것이다.

이 단원(「진성공품眞性空品」)에 나아가 크게 나누면 둘이 있으니, 첫 번째
는 '뛰어난 자질을 지닌 이'(利根者)를 위한 것으로서 '많은 글로 자세하게
설명하는 것'(多文廣說)이고, 두 번째는 '뒤떨어진 자질을 지닌 이'(鈍根者)를
위한 것으로서 '적은 글로 간략하게 포괄[하여 설명]하는 것'(少文略攝)이다.

앞부분인 '자세하게 설명하는 것'(廣說)에는 곧 여섯 부분이 있으니, 첫
째는 '[대승의] 세 부류 계율들이 참된 면모[인 '사실 그대로']에 따라 이루어
짐'(三聚戒從眞性成)을 밝히는 것이고, 둘째는 '깨달음에 이르는 [37가지] 방법
과 실천이 참된 면모[인 '사실 그대로']에 따라 세워짐'(道品行從眞性立)을 밝힌

---

119 『금강삼매경』 본문을 구성하는 6품인 「[불변·독자의 본질/실체로 차별된] 차이가
없다는 도리[를 주제로 하는] 단원'(無相法品)」, 「[불변·독자의 본질/실체로서] 생겨
난 것이 없다는 [이해에 의거한] 수행[을 주제로 하는] 단원'(無生行品)」, 「깨달음의
본연[인 '사실 그대로 앎']이 지닌 이로움[을 주제로 하는] 단원'(本覺利品)」, 「'사실 그
대로가 온전하게 드러나는 지평에 들어감[을 주제로 하는] 단원'(入實際品)」, 「'참된
면모[인 '사실 그대로']에는 불변·독자의 본질/실체가 없다는 것[을 주제로 하는] 단
원'(眞性空品)」, 「여래의 면모가 간직된 창고[를 주제로 하는] 단원'(如來藏品)」의 여
섯을 가리킨다.
120 '眞性空'을 앞에서는 '참된 면모[인 '사실 그대로']에는 불변·독자의 본질/실체가 없
다'고 번역하였지만 여기서는 문장의 의미를 고려하여 '불변·독자의 본질/실체가 없
는 참된 면모[인 '사실 그대로']'라고 번역하였다.

것이며, 셋째는 '여래의 가르침이 [참된 면모[인 '사실 그대로']의] 이치대로 설해짐'(如來敎當如理說)을 밝힌 것이고, 넷째는 '보살의 지위는 [깨달음의] 본연[인 '사실 그대로 앎']이 지닌 이로움에 따라 출현함'(菩薩位從本利出)을 밝히는 것이며, 다섯째는 '크나큰 지혜는 갖가지 [분별이 일어나는] 원인과 조건을 끊음'(大般若絶諸因緣)을 밝힌 것이고, 여섯째는 '크나큰 선정은 모든 명칭과 숫자[로 지칭하는 현상들]을 넘어섬'(大禪定超諸名數)을 밝힌 것이다.

(1) [대승의] 세 부류 계율들이 참된 면모[인 '사실 그대로']에 따라 이루어짐을 밝힘(明三聚戒從眞性成)

[이 가운데] 처음인 '[대승의] 세 부류 계율들[이 참된 면모[인 '사실 그대로']에 따라 이루어짐을 밝힌 것]'([明]三聚戒[從眞性成])에서는 글에 다섯 부분이 있으니, 첫째는 [사리불의] 질문(問)이고 둘째는 [부처님의] 대답(答)이며, 셋째는 '[사리불이 부처님께 설법을] [거듭] 청하는 것'([重]請)이고, 넷째는 [부처님의] 설법(說)이며, 다섯째는 '[사리불이] 이해함'(領解)이다.

이 [『금강삼매경』 본문]은 [그 다섯 부분 가운데] 첫 번째인 [사리불의] 질문(問)이다. "보살의 수행을 닦아 감에 '언어가 나타내는 차이'가 없다"(修菩薩道, 無名相)라는 것은 '모든 수행'(諸行)을 '통틀어 거론한 것'(通擧)이고, "[대승의] 세 부류 계율들에 [지켜야 할] 형식이 없다"(三戒無儀)라는 것은 '계율 수행'(戒行)을 '따로 붙인 것'(別牒)이다. 만약 앞 단원(「입실제품入實際品」)에서 말한 것처럼 "'[대승의] 세 부류의 계율들'(三聚戒)로 들어가지만 그 [계율들의] '특정한 내용'(相)에 머무르지 않는다"(入三聚戒, 不住其相)[121]라고 한다면 곧 '[대승의] 세 부류 계율들'(三戒)에는 '특정한 내용'(相)이나 형식(儀)이 없는 것이니, [그렇다면] 어떻게 스스로 [대승의 세 부류 계율들을] 간직(攝受)하며 또 다른 사람들을 위해 설할 수 있겠는가? 이것은 사리불이 이미 대승(大)으

---

[121] 『금강삼매경론』(H1, 649a11).

로 들어가 '처음 [깨달음을 향한 마음을] 일으켜 수행하면서'(初發修行) 계율을 바탕으로 삼기 때문에 '[계율(戒)·선정(定)·지혜(慧), 이] 세 가지 배움'(三學) 가운데 '첫 번째 수행'(初行)[인 계율]에 대해 질문한 것이다. 또 이 사리불(身子)은 몸(身)에서 생겨났는데 지금 이 단원(品)에서는 '모든 수행'(諸行法)이 '진리의 몸'(法身)에서 생겨난다고 설하니, 이 때문에 사리불(身子)에게 맡겨 질문을 하게 한 것이다.[122]

佛言, "善男子! 汝今諦聽, 爲汝宣說. 善男子! 善不善法, 從心化生, 一切境界, 意言分別, 制之一處, 衆緣斷滅. 何以故? 善男子! 一本不起, 三用無施, 住於如理, 六道門杜, 四緣如順, 三戒具足".

[H1, 650c12~16; T34, 990c14~17]

부처님께서 말씀하셨다.

"훌륭한 이여! 지금부터 그대는 잘 들어라, 그대를 위해 설하겠노라. 훌륭한 이여! '유익한 현상'(善法)이나 '해로운 현상'(不善法)은 마음에 따라 변화하여 생겨나는 것이고 '모든 대상세계'(一切境界)는 '생각과 언어로 구분하여 나눈 것'(意言分別)인데, 그것들을 '하나처럼 통하는 자리'(一處)에서 다스리면 [선善·불선不善과 일체경계一切境界를 만드는] '모든 조건들'(衆緣)이 끊어져 없어진다. 어째서인가? 훌륭한 이여! '하나처럼 통하게 하는 [깨달음의] 본연'(一本)은 [불변·독자의 본질/실체로서] 일어나는 것이 아니어서 '['세 부류 계율들'(三聚戒)의] 세 가지 작용'(三用)도 [불변·독자의 본질/실체로서] 펼쳐짐이 없으니, [이러한] '사실 그대로의 도리'(如理)에 머무르면 '여섯 가지 미혹세계'(六道)[로 들어가는] 문이 닫히고 '계율을 성립시키는 네 가지 조건'(四緣)이 '[사실] 그대로'(如)에 따르면서 '[대승의] 세 부류 계율들'(三聚戒)이 모두 갖추어진다."

---

122 원효의 이러한 설명은 사리불의 한역漢譯인 '身子'라는 용어를 활용한 것이다.

此是第二略答. 於中有二, 先答通問. "善不善法, 從心化生"者, 三業因
行, 皆是心作故. "一切境界, 意言分別"者, 六道果境, 無非意變故. 由心亂
動, 不能制故, 變作因果, 流轉苦海. 是故欲度苦海, 修菩薩道, 制心一如,
衆緣斷滅, 所以菩薩修無名相. "何以故"下, 次答別問. 雖復摠說, 未聞別
行, 所以更問"何以故"也. "一本不起"者, 三戒之本, 是一本覺, 本來寂靜,
故曰"不起". "三用無施"者, 既依本覺, 成三戒用, 用離威儀施作相故. 無施
作故, 順住一本, 故言"住於如理". 既住如理, 消除有因, 故言"六道門杜".
於一如理, 具四緣力, 能順一如, 即具三戒, 故言"四緣如順, 三戒具足".

[H1, 650c17~651a9; T34, 990c18~991a1]

이 [구절]은 ['대승의 세 부류 계율들이 참된 면모[인 '사실 그대로']에서 이루어짐을
밝힌 것'(明三聚戒從眞性成)의 다섯 부분 가운데] 두 번째인 [부처님의] 간략한 대
답'(略答)이다. 여기에는 두 가지가 있는데, 먼저는 '전체적인 질문'(通問)에
대답한 것이다.

"유익한 현상이나 해로운 현상은 마음에 따라 변화하여 생겨나는 것이
다"(善不善法, 從心化生)라는 것은, ['유익한 현상이나 해로운 현상'(善不善法)에 대
해] [신체(身)・언어(口)・생각(意)으로 이루어지는] 세 가지 행위'(三業)라는 '원인
이 되는 행위들'(因行)은 모두 마음이 짓는 것이기 때문이다. "모든 대상세
계는 생각과 언어로 구분하여 나눈 것이다"(一切境界, 意言分別)라는 것은,
[지옥地獄・아귀餓鬼・축생畜生・아수라阿修羅・천상天上・인간人間, 이] 여섯 가
지 세계'(六道)에서의 '결과로 나타나는 대상세계'(果境)는 모두가 '생각[과
언어]'(意[言])가 변화시킨 것이기 때문이다. 마음이 어지럽게 움직이지만 다
스릴 수 없기 때문에 ['여섯 가지 미혹세계'(六道)에 태어나게 하는] '원인[인 삼업三
業]과 결과[인 육도의 삶]'(因果)을 변화시키면서 만들어 내어 '괴로움의 바다'
(苦海)를 흘러 다닌다. 그러므로 '괴로움의 바다'(苦海)에서 건너가고자 원
한다면 '보살수행'(菩薩道)을 닦아 마음을 '하나처럼 통하는 사실 그대로'(一
如)가 되게 하여 ['여섯 가지 미혹세계'(六道)를 흘러 다니게 만드는] '여러 가지 조
건들'(衆緣)을 끊어 없애야 하니, 그래서 '보살의 수행'(菩薩修)에는 '언어가

나타내는 차이'(名相)가 [불변·독자의 본질/실체로서] 없다.

"어째서인가?"(何以故) 이하는 다음으로 '각각의 질문'(別問)에 대답한 것이다. 비록 [부처님이] '총괄하여 설명'(摠說)하였지만 아직 '개별적인 수행'(別行)에 대해서는 [사리불이] 듣지 못하였기 때문에 다시 [부처님이] "어째서인가?"라고 물은 것이다.

"'하나처럼 통하게 하는 [깨달음의] 본연'은 [불변·독자의 본질/실체로서] 일어나는 것이 아니다"(一本不起)라는 것은, '[대승의] 세 부류 계율들의 바탕'(三戒之本)은 '하나처럼 통하게 하는 깨달음의 본연'(一本覺)[인 '사실 그대로 앎']이어서 '본래부터 [분별망상이] 그쳐 고요한 지평'(本來寂靜)이니 그러므로 "일어나는 것이 아니다"(不起)라고 하였다. "'[세 부류 계율들'(三聚戒)의] 세 가지 작용'도 [불변·독자의 본질/실체로서] 펼쳐짐이 없다"(三用無施)라는 것은, 이미 '깨달음의 본연'(本覺)[인 '사실 그대로 앎']에 의거하여 '[세 부류 계율들'(三聚戒)의] 세 가지 작용'(三用)을 이루었기에 [그] 작용(用)은 '형식적 행위가 [불변·독자의 본질/실체인 양] 펼쳐지는 양상'(威儀施作相)에서 벗어나기 때문이다. 펼쳐지는 [불변·독자의 본질/실체로서의 형식적 양상이] 없기 때문에 '하나처럼 통하게 하는 [깨달음의] 본연'(一本)에 따라 머무르니, 그러므로 "'사실 그대로의 도리'에 머무른다"(住於如理)라고 말하였다.

이미 '사실 그대로의 도리에 머물러'(住如理) [여섯 가지 미혹세계의] 존재가 되는 원인'(有因)을 제거하였으니, 그러므로 "여섯 가지 미혹세계[로 들어가는] 문이 닫힌다"(六道門杜)라고 말하였다. [또] '하나처럼 통하는 사실 그대로의 도리'(一如理)에서는 '[계율을 성립시키는] 네 가지 조건의 힘'(四緣力)을 갖추게 되고, '하나처럼 통하는 사실 그대로'(一如)에 따를 수 있기에 곧 '[대승의] 세 부류 계율들'(三[聚]戒)을 갖추게 되니, 그러므로 "[계율을 성립시키는] 네 가지 조건이 '[진리] 그대로'에 따르면서 '[대승의] 세 부류 계율들'이 모두 갖추어진다"(四緣如順, 三戒具足)라고 말하였다.

舍利弗言, "云何四緣如順, 三戒具足?"

[H1, 651a10; T34, 991a2]

사리불이 말하였다.

"〈[계율을 성립시키는] 네 가지 조건이 '[진리] 그대로'(如)에 따르면서 '[대승의] 세 부류 계율들'(三[聚]戒)이 모두 갖추어진다〉는 것은 어떤 것입니까?"

此是第三重請.

[H1, 651a11; T34, 991a3]

이 [구절]은 '[대승의 세 부류 계율들이 참된 면모[인 '사실 그대로']에서 이루어짐을 밝힌 것'(明三聚戒從眞性成)의 다섯 부분 가운데] 세 번째인 '[사리불이 부처님께 설법을] 거듭 청하는 것'(重請)이다.

佛言, "四緣者, 一謂作擇滅力取緣, 攝律儀戒, 二謂本利淨根力所集起緣, 攝善法戒, 三謂本慧大悲力緣, 攝衆生戒, 四謂一覺通智力緣, 順於如住. 是謂四緣. 善男子! 如是四大緣力, 不住事相, 不無功用, 離於一處, 卽不可求. 善男子! 如是一事, 通攝六行, 是佛菩提薩般若[123]海".

---

123 한불전과 대정장의 『금강삼매경론』에는 '薩般若'이지만, 대정장 『금강삼매경』에는 '薩婆若'로 되어 있다. 여기에 나오는 '살바야薩婆若' 또는 '살반야薩般若'는 산스크리트어 'sarva-jñā'(팔리어 'sabba-ñāṇa')의 소리를 옮긴 말로서, 뜻으로 풀면 '모든 [것을 사실 그대로 만나게 하는] 지혜'(一切智)이다. 원효는 『대승기신론소별기大乘起信論疏別記』에서 『인왕반야경』의 구절(始從伏忍至頂三昧, 照第一義諦不名爲見, 所謂見者, 是薩婆若故)을 인용하여 이 '모든 [것을 사실 그대로 만나게 하는] 지혜'(薩婆若)를 거론한 적이 있다. 원효는 『대승기신론』에서 "이런 까닭에 모든 중생을 '깨달았다'(覺)고 부르지 못하니, 본래부터 '[근본무지에 따라 분별하는] 생각'(念)들이 서로 꼬리를 물고 이어져 아직 그 생각에서 떠난 적이 없기 때문에 '시작을 말할 수 없는 근본무지'(無始無明)라 말한다. 만일 '분별하는 생각이 없어짐'(無念)을 체득한 자라면 곧 '[근본무지에 따라 분별하는] 마음양상'(心相)의 '생겨나고 머무르며 달라지고 사라짐'(生住異滅)을 안다. '분별하는 생각이 없는 경지'(無念)와 같아졌기 때문에 [이럴 때] 실제로는 '비로소 깨달아 감'(始覺)의 [내용들에] 차이가 없으니, '[분별망상의] 네 가지 양상'(四相)이 동시에 있어도 모두 스스로 존립할 수 없으며 본래 평등하고 동일한 깨달음(覺)이기 때문이다."〈『기신론소』(H1, 710b20~c12); 『별기』(H1, 686c5~14); 『회본』(H1, 752b18~c10). 是故一切衆生不名爲覺, 以從本來念念相續, 未曾離念故說無

부처님께서 말씀하셨다.

"[계율을 성립시키는] 네 가지 조건'(四緣)이라는 것은 [다음과 같은 것이다.] 첫 번째는 '선택하여 [번뇌를] 소멸시키는[124] 힘을 조건으로 취하는 것'(作擇滅力取緣)이니 '규범을 끌어안는 계율'(攝律儀戒)[을 성립시키는 것]이고, 두 번째는 '[깨달음의] 본연[인 '사실 그대로 앎']이 지닌 이로움의 온전한 능력이 [그것이] 일으킨 것들의 조건이 되는 것'(本利淨根力所集起緣)이니 '이로운 것들을 끌어안는 계율'(攝善法戒)[을 성립시키는 것]이며, 세 번째는 '[깨달음의] 본연[인 '사실 그대로 앎']이 지닌 지혜의 크나큰 연민의 힘이 조건이 되는 것'(本慧大悲力緣)이니 '중생을 끌어안는 계율'(攝衆生戒)[을 성립시키는 것]이고, 네 번째는 '하나처럼 통하게 하는 깨달음과 상통하는 지혜의 힘이 조건이 되는 것'(一覺通智力緣)이니 [삼취계三聚戒로 하여금] '사실 그대로에 따라 머무르게 하는 것'(順於如住)[을 성립시키는 것]이다. 이들을 가리켜 '[계율을 성립시키는] 네 가지 조건'(四緣)이라고 한다.

훌륭한 이여! 이와 같은 '네 가지 조건이 지닌 크나큰 힘'(四大緣力)은 '분별하는 양상'(事相)에 머무르지 않지만 능력(功用)이 없지 않으니, '하

始無明. 若得無念者, 則知心相生住異滅. 以無念等故, 而實無有始覺之異, 以四相俱時而有, 皆無自立, 本來平等, 同一覺故〉라고 한 구절을 설명하면서 『인왕반야경』의 구절을 인용하였다.

124 택멸擇滅: 지혜에 의해 대상을 잘 가려내어 번뇌를 소멸시킨다는 뜻이다. 아비달마 논서에서 채택한 '다섯 가지 범주로 구분되는 75가지 것들'(五位七十五法)에 따라 존재를 분류한 방식에서는 무위법無爲法에 해당하는 것이다. 팔리어로는 'patisaṅkhā-nirodha', 산스크리트어로는 'pratisaṃkhyā-nirodha'이라고 한다. 또 다른 한역漢譯으로는 수멸數滅이라고도 한다. 택멸擇滅에 대한 『아비달마구사론』(권1)의 설명에서는 "擇謂簡擇即慧差別, 各別簡擇四聖諦故, 擇力所得滅名爲擇滅"(T29, 1c17~18)라고 하여 혜차별慧差別에 의한 가려내어 선택하는 능력(揀擇力)으로 번뇌를 소멸시킨 것이 택멸擇滅이라고 한다. 수멸數滅이 택멸擇滅의 동의어임을 엿볼 수 있다. 『열반종요』에서도 "言擇滅者, 斷除爲義, 佛智能斷一切煩惱故, 名爲滅"(T38, 241b10~11)이라고 설명하고 있다.

나처럼 통하는 자리'(一處)에서 벗어나서는 구할 수가 없다.

훌륭한 이여! 이와 같은 '하나처럼 통하는 일'(一事)이 [보살의] 여섯 가지 수행과 '[모두] 통하고 [서로] 끌어안고 있으니'(通攝), 이것이 부처님의 깨달음인 '모든 [것을 사실 그대로 만나게 하는] 지혜의 바다'(薩般若海)이다."

此是第四廣說. 於中有二,[125] 一者, 正答明戒因緣, 二者, 乘顯攝一切行. 初中言"四緣"者, 謂於一心本覺利中, 具四力用, 作三戒緣, 一滅依止緣, 二生依止緣, 三攝依止緣, 四離依止緣. 滅依止者, 謂本覺中性靜功德, 與諸煩惱自性相違, 以是緣成攝律儀戒. 生依止者, 謂本覺中性善功德, 與諸善根自性相順, 以是緣成攝善法戒. 攝依止者, 謂本覺中性, 成大悲自性, 不捨一切衆生, 以是緣成攝衆生戒. 離依止者, 謂本覺中性, 成般若自性, 捨離一切事相, 以是因緣, 令三聚戒, 捨離事相, 順如而住. 前三別緣, 後一通緣. 菩薩發心, 受三戒時, 順本覺利, 而受持故, 以是四緣, 具足三戒. 大意如是. 次消其文. "一謂作擇滅力取緣"者, 本[126]覺本離煩惱繫縛, 擧體而作擇滅解脫, 有力能取別解脫戒. 如似磁石, 引取於針, 雖無作意, 而有力用, 當知此中道理亦爾. "二謂本利淨根力所集起緣"者, 謂本覺本來性淨功德, 與諸行德而作根本, 由此根力起諸善法, 爲所集起善法之緣, 卽此緣成攝善法戒. "三謂本慧大悲力緣, 攝衆生戒"者, 謂本覺中照俗之慧, 卽是大悲, 恒潤衆生, 以是緣成攝衆生戒. "四謂一覺通智力緣, 順於如住"者, 謂本覺中照通性智, 令三聚戒, 皆順如住. 如是四緣, 體遍法界, 用攝萬行, 故言"大力", 雖有大力, 而同一味, 離諸名相差別事用, 故言"不住事相". 雖無事相, 而有勝能, 能攝出世一切行德, 故言"不無功用". 由如是故, 只是本覺, 於俗法中, 無如是義, 故言"離於一處, 卽不可求". 上來別明三聚戒

---

125 한불전에 따르면, 갑본甲本에는 '二'자 대신에 '一'로 되어 있다고 교감하고 있다. 그러나 원효의 주석에서는 두 가지 내용이 곧바로 거론되고 있으므로 '二'로 번역한다. 대정장의 『금강삼매경론』에도 '二'로 나온다.

126 '本'자 앞에 '謂'가 빠진 것으로 보인다.

緣. 自下明其通攝萬行. 始從十信乃至等覺, 如是六位所有諸行, 皆是一覺
之所攝成, 故言"一事通攝六行". 非但菩薩歸此本覺, 諸佛圓智同歸此海,
故言"是佛菩提薩般若海".

[H1, 651a20~c13; T34, 991a10~b14]

이 글은 ['대승의 세 부류의 계율들이 참된 면모[인 '사실 그대로']로부터 이루어짐을
밝힌 것'(明三聚戒從眞性成)의 다섯 부분 중에서] 네 번째인 [부처님께서 사리불에게]
'자세하게 말씀한 것'(廣說)이다. 여기에는 두 가지가 있으니, 첫째는 곧바
로 대답하여 '계율[이 성립하는] 원인과 조건'(戒因緣)을 밝힌 것이고, 둘째는
이어서 '모든 수행을 포섭함'(攝一切行)을 밝힌 것이다.

처음 가운데 "[계율을 성립시키는] 네 가지 조건"(四緣)이라는 것은, 〈'하나
처럼 통하는 마음'인 '깨달음의 본연'이 지닌 이로움〉(一心本覺利) 안에는
'네 가지 힘의 작용'(四力用)을 갖추어 [대승의] 세 부류의 계율들[을 이루는 네
가지] 조건'(三[聚]戒[四]緣)을 만드는데, 첫 번째는 '[번뇌의] 소멸을 위해 의지
하는 조건'(滅依止緣)이고, 두 번째는 '[이로운 것](善法)을] 생겨나게 하기 위해
의지하는 조건'(生依止緣)이며, 세 번째는 '[중생을] 껴안기 위해 의지하는 조
건'(攝依止緣)이고, 네 번째는 '[분별하는 양상'(事相)에서] 벗어나기 위해 의지
하는 조건'(離依止緣)이 그것이다.

'[번뇌의] 소멸을 위해 의지한다'(滅依止)는 것은, '깨달음의 본연'(本覺)[인
'사실 그대로 앎']에 있는 '본연의 온전한 능력'(性靜功德)은 '모든 번뇌의 속성'
(諸煩惱自性)과는 서로 어긋나니 이러한 조건(緣)을 가지고 '규범을 끌어안
는 계율'(攝律儀戒)을 이루는 것이다. '[이로운 것](善法)을] 생겨나게 하기 위
해 의지한다'(生依止)는 것은, '깨달음의 본연'(本覺)[인 '사실 그대로 앎']에 있는
'본연의 이로운 능력'(性善功德)은 '모든 이로운 능력의 속성'(諸善根自性)과
서로 따르니 이러한 조건(緣)을 가지고 '이로운 것들을 끌어안는 계율'(攝善
法戒)을 이루는 것이다. '[중생을] 껴안기 위해 의지한다'(攝依止)는 것은, '깨
달음의 본연'(本覺)[인 '사실 그대로 앎']에 있는 속성(性)은 '크나큰 연민의 속
성'(大悲自性)을 이루어 모든 중생을 버리지 않으니 이러한 조건(緣)을 가지

고 '중생을 끌어안는 계율'(攝衆生戒)을 이루는 것이다. '['분별하는 양상'(事相)에서] 벗어나기 위해 의지한다'(離依止)는 것은, '깨달음의 본연'(本覺)[인 '사실 그대로 앎']에 있는 속성(性)은 '지혜의 속성'(般若自性)을 이루어 모든 '분별하는 양상'(事相)에서 벗어나니 이러한 '원인과 조건'(因緣)을 가지고 [대승의] 세 부류의 계율들'(三聚戒)로 하여금 '분별하는 양상'(事相)에서 벗어나 '사실 그대로에 따라'(順如) 머무르게 하는 것이다.

앞의 세 가지는 '[섭율의계攝律儀戒 · 섭선법계攝善法戒 · 섭중생계攝衆生戒 각각을 성립시키는] 개별적인 조건'(別緣)이고, 뒤의 하나는 '[세 가지 모두에 통하는] 공통적인 조건'(通緣)이다. 보살이 '[깨달음을 향해] 마음을 일으켜'(發心) '[섭율의계攝律儀戒 · 섭선법계攝善法戒 · 섭중생계攝衆生戒, 이] 세 가지 계율'(三戒)을 받을 때 '깨달음의 본연[인 '사실 그대로 앎']이 지닌 이로움'(本覺利)에 따라 '계율을 받아 간직하기'(受持) 때문에, 이 '네 가지 조건'(四緣)을 가지고 [대승의] 세 부류 계율들'(三[聚]戒)을 모두 갖춘다. [계율을 성립시키는 네 가지 조건들의] 핵심내용(大意)은 이와 같다.

다음으로는 [경전의] 그 문장들을 풀이한다. '[계율을 성립시키는 네 가지 조건'(四緣) 가운데] "첫 번째는, 선택하여 [번뇌를] 소멸시키는 힘을 조건으로 취한다"(一謂作擇滅力取緣)라는 것은, '깨달음의 본연'(本覺)[인 '사실 그대로 앎']은 본래부터 번뇌의 결박에서 벗어나 있어 [그] 본연(體)에 의거하여 '[번뇌를] 소멸시킨 해탈'(擇滅解脫)을 이루고 이 힘으로 '각각의 계율을 통해 이루는 해탈'(別解脫戒)[127]을 취할 수 있는 것을 말한다. 마치 자석이 바늘을 끌

---

127 별해탈계別解脫戒: 특정한 계戒를 지킴에 따라 특정한 잘못에서 벗어난다는 의미로 별해탈別解脫이라는 말을 쓴다. 즉, 하나씩 해탈하게 하는 '계의 내용'(戒本)을 가리킨다. 이를테면 불살생의 계를 지키면 살생하는 죄로부터 벗어나게 되므로, 불살생계를 통해서 '하나의 해탈'(別解脫)을 이루게 된다는 것이다. 별해탈율의別解脫律儀, 별해탈조복別解脫調伏, 바라제목차율의波羅提木叉律儀 등으로도 한역漢譯된다. 팔리어로는 'pāṭimokkha-saṃvara'라 하고, 산스크리트어로는 'prātimokṣa-saṃvara'라고 한다. 이때의 파티목카(pāṭimokkha)는 바라제목차波羅提木叉로 옮겨지는데, 어원에 따른 의미분석은 앞서 제시한 '바라제목차'의 역주에 있다.

어당김에 있어 비록 의도(作意)가 없어도 힘이 작용하고 있는 것과 같은 것이니, 여기서의 도리도 그와 같음을 알아야 한다.

"두 번째는, [깨달음의] 본연[인 '사실 그대로 앎']이 지닌 이로움의 온전한 능력이 [그것이] 일으킨 것들의 조건이 된다"(二謂本利淨根力所集起緣)라는 것은, '깨달음의 본연'(本覺)[인 '사실 그대로 앎']이 지닌 본래부터의 '본연의 온전한 능력'(性靜功德)이 '모든 수행의 능력'(諸行德)과 함께하면서 [그 수행능력들의] 근본을 이루는데, 이 '근본이 되는 힘'(根力)으로 말미암아 '모든 이로운 것들'(諸善法)을 일으켜 [이렇게] 일으켜진 이로운 것들의 [발생]조건이 되니, 바로 이 조건이 '이로운 것들을 끌어안는 계율'(攝善法戒)을 성립시킨다.

"세 번째는 '[깨달음의] 본연[인 '사실 그대로 앎']이 지닌 지혜의 크나큰 연민의 힘이 조건이 되는 것'이니, '중생을 끌어안는 계율'[을 성립시키는 것이]다"(三謂本慧大悲力緣, 攝衆生戒)라는 것은, '깨달음의 본연'(本覺)[인 '사실 그대로 앎']이 지닌 '세속을 [사실 그대로] 비추는 지혜'(照俗之慧)는 바로 '크나큰 연민'(大悲)이고 [이것으로] 언제나 중생들[의 갈증]을 적셔 주니, 이 조건을 가지고 '중생을 끌어안는 계율'(攝衆生戒)을 성립시키는 것이다.

"네 번째는 '하나처럼 통하게 하는 깨달음과 상통하는 지혜의 힘이 조건이 되는 것'이니, [삼취계三聚戒로 하여금] '사실 그대로에 따라 머무르게 하는 것'[을 성립시키는 것이]다"(四謂一覺通智力緣, 順於如住)라는 것은, '깨달음의 본연'(本覺)[인 '사실 그대로 앎']이 지닌 '[사실 그대로] 비추어 통하게 하는 본연의 지혜'(照通性智)가 [대승의] 세 부류의 계율들'(三聚戒)로 하여금 모두 '사실 그대로에 따라 머무르게 하는 것'(順如住)이다.

이와 같은 '[계율을 성립시키는] 네 가지 조건'(四緣)은 [그] 본연(體)이 '모든 현상세계'(法界)에 두루 통하고 [그] 작용(用)은 '온갖 수행'(萬行)을 포괄(攝)하니 그러므로 "크나큰 힘"(大力)이라고 하였고, 비록 '크나큰 힘'을 지녔지만 '한 맛[처럼 통함]'(一味)과 같아서 모든 '언어가 나타내는 차이를 [불변·독자의 본질/실체로 간주하여] 차별하는 작용'(名相差別事用)에서 벗어나 있으니 그러므로 "분별하는 양상에 머무르지 않는다"(不住事相)라고 말하였다. [또]

비록 '분별하는 양상'(事相)은 없지만 '뛰어난 능력'(勝能)이 있어서 '세속에서 풀려나는 모든 수행의 능력'(出世─切行德)을 포섭할 수 있으니, 그러므로 "능력이 없지 않다"(不無功用)라고 말하였다. 이와 같은 것이기 때문에 단지 '깨달음의 본연'(本覺)[인 '사실 그대로 앎']일 뿐이니, '세속의 도리'(俗法) 가운데서는 이와 같은 뜻이 없기 때문에 "'하나처럼 통하는 자리'에서 벗어나서는 구할 수가 없다"(離於一處, 卽不可求)라고 하였다. 이상으로 [대승의] 세 부류의 계율들[을 성립시키는] 조건'(三聚戒緣)을 하나씩 밝혔다.

이하에서는 그 [네 가지 조건이 지닌 크나큰 힘'(四大緣力)을 포괄하는 '하나처럼 통하는 일'(一事)]이 '모든 수행'(萬行)과 '통하면서 [서로] 끌어안고 있음'(通攝)을 밝힌다. '믿음을 세우는 열 가지 단계'(十信)로부터 시작하여 [차이들을] 평등하게 볼 수 있는 깨달음[의 경지]'(等覺)에 이르기까지, 이러한 [보살의] 여섯 가지 수행 지위'(六位)에 갖추어져 있는 '모든 수행'(諸行)은 다 '하나처럼 통하게 하는 깨달음'(一覺)에 포섭되어 이루어지니, 그러므로 "'하나처럼 통하는 일'이 [보살의] 여섯 가지 수행과 [모두] 통하고 [서로] 끌어안고 있다"(一事通攝六行)라고 말하였다. 단지 보살만 이 '깨달음의 본연'(本覺)[인 '사실 그대로 앎']으로 돌아가는 것이 아니라 모든 부처님들의 '온전한 지혜'(圓智)도 똑같이 이 [깨달음의 본연'(本覺)[인 '사실 그대로 앎']의] 바다로 돌아가니, 그러므로 "이것이 부처님의 깨달음인 '모든 [것을 사실 그대로 만나게 하는] 지혜의 바다'이다"(是佛菩提薩般若海)라고 말하였다.

舍利弗言, "不住事相, 不無功用, 是法眞空, 常樂我淨, 超於二我, 大般涅槃, 其心不繫, 是大力觀.

[H1, 651c14~16; T34, 991b15~17]

사리불이 말하였다.

"〈'분별하는 양상'(事相)에 머무르지 않지만 능력(功用)이 없지 않다〉는 이 도리가 '불변·독자의 본질/실체가 없는 참된 지평'(眞空)이고, '늘 제자리를 지키고'(常) '안락하며'(樂) '참된 자기이고'(我) '온전한 것'(淨)이며

> '['불변·독자의 본질/실체인 사람'(人我)과 '불변·독자의 본질/실체인 현상(法我),
> 이] 두 가지 자아'(二我)[128][라는 생각]을 뛰어넘은 위대한 열반이니, 그 마
> 음이 [그 어떤 것에도] 매이지 않는 것이 '위대한 힘이 있는 이해'(大力觀)일
> 것입니다.

　此是第五領解, 於中有二. 先領所順一如, 卽是法身, 具足四德, 超人法
相, 是大涅槃. 後領能順如心, 隨如離繫, 而無不爲大自在力.

[H1, 651c17~20; T34, 991b17~20]

　이것은 ['대승의 세 부류의 계율들이 참된 면모[인 '사실 그대로']로부터 이루어짐을
밝힌 것'(明三聚戒從眞性成)의 다섯 부분 중에서] 다섯 번째인 '[사리불이] 이해함'
(領解)인데, 여기에는 두 가지가 있다. 앞의 것은, 〈따라야 할 '하나처럼 통
하는 사실 그대로'(一如)가 바로 '진리의 몸'(法身)이고, '[상락아정常樂我淨이라
는] 네 가지 [본연의] 능력'(四德)을 갖추었으며, '사람과 현상에 대한 [불변·독
자의 본질/실체로 차별된] 차이'(人法相)를 뛰어넘은 것이고, 이것이 위대한 열
반임〉을 이해한 것이다. [그리고] 뒤의 것은, 〈'[사실] 그대로를 따르는 마
음'(能順如心)은 '[사실] 그대로를 따르기에'(隨如) [번뇌의] 속박에서 벗어나 '크
나큰 자유자재의 힘'(大自在力)을 행하지 않음이 없음〉을 이해한 것이다.

(2) 깨달음에 이르는 [37가지] 방법과 실천이 참된 면모[인 '사실 그대로']에 따라 세워짐을 밝힘(明道品行從眞性立)

> 是觀覺中, 應具三十七道品法". 佛言, "如是. 具三十七道品法. 何以
> 故? 四念處·四正勤·四如意足·五根·五力·七覺[129]·八正道等, 多

---

128 이아二我: '자아와 현상에 대한 두 가지 집착'(人法二執)을 일으키는 인아人我와 법아
　　法我를 가리킨다.
129 한불전과 대정장의 『금강삼매경론』에는 '七覺'으로 되어 있지만, 대정장 『금강삼매
　　경』에는 '七覺分'으로 나온다. '七覺分'으로 보는 것이 다른 수행체계와 어울린다.

名一義, 不一不異. 以名數故, 但名但字, 法不可得. 不得之法, 一義無文, 無文之相,[130] 眞實空性. 空性之義, 如實如如, 如如之理, 具一切法. 善男子! 住如理者, 過三苦海."

[H1, 651c21~652a5; T34, 991b21~27]

이러한 '[위대한 힘이 있는] 이해'([大力]觀)와 [그것을 통해 성취하는] '깨달음[의 본연]'(覺)인 '사실 그대로'에는 마땅히 [4념처四念處·4정근四正勤·4신족四神足·5근五根·5력五力·7각지七覺支·8성도八聖道로 구성된] 37가지 [깨달음에 이르는] 방법'(三十七道品法)이 갖추어져 있겠습니다."

부처님께서 말씀하셨다.

"그렇다. '37가지 [깨달음에 이르는] 방법'(三十七道品法)이 갖추어져 있다. 어째서인가? '네 가지를 토대로 [빠져들지 않는 마음국면'(止)과 '진리다운 이해'(觀)를 수립하여] 간직해 가는 수행'(四念處), '해로움은 끊고 이로움은 살리는 네 가지 수행'(四正勤), '선정을 이루어 번뇌를 끊게 하는 네 가지 능력의 계발'(四如意足), '[해탈을 성취하게 하는] 다섯 가지 능력의 수행'(五根), '[다섯 가지 능력의 수행'(五根)으로 얻은] 다섯 가지 힘'(五力), '깨달음을 성취하게 하는 일곱 가지 수행'(七覺分), '여덟 가지 진리다운 수행으로 이루어진 해탈의 길'(八正道) 등으로 명칭은 다양하지만 뜻(義)은 하나[처럼 통하는 것]이니, [완전히] 같은 것도 아니지만 [별개인] 다른 것도 아니다. '명칭과 숫자'(名數) 때문에 단지 이름(名)을 붙이고 글자(字)로 썼지만 [각각의] 수행법(法)은 [불변·독자의 본질/실체로서] 얻을 수가 없다. [이] '불변·독자의 본질/실체로서] 얻을 수 없는 수행법'(不得之法)은 '하나처럼 통하는 뜻'(一義)이어서 '[불변·독자의 본질/실체로 나누어 버리는] 글이 없고'(無文), '글이 나타내는 [불변·독자의 본질/실체로 차별된] 차이'(文之相)가 없는 것은 '참되어 불변·독자의 본질/실체가 없는 지평'(眞實空性)이다. '불변·독

---

130 대정장『금강삼매경』에는 '無文相義'로 되어 있지만, 원효는 '無文之相'으로 보면서 주석하고 있다. 대정장『금강삼매경론』에도 '無文之相'으로 되어 있다.

자의 본질/실체가 없는 면모'(空性之義)는 '진실과 같아져 사실 그대로 임'(如實如如)이니, [이] '사실 그대로에 관한 도리'(如如之理)는 '모든 [깨달음의] 수행법'(一切法)을 갖추고 있다. 훌륭한 이여! '사실 그대로의 도리'(如理)에 자리 잡는 사람은 '세 가지 괴로움의 바다'(三苦海)[131]를 건너간다."

此是大分第二, 明道品行從眞性立. 於中有二, 先問後答. 問中言"是觀覺中"者, 是能順觀, 所順本覺, 能所平等, 觀覺之中, 應具三十七道品行. 答中有二, 先許後釋. "何以故"下, 是第二釋, 於中有二, 直釋重顯. 初中言 "多名一義"者, 三十七品所目之義, 唯一觀覺, 無二法故. "不一不異"者, 觀覺不一而不異故, 約不異門, 故言"一義". "以名數故"已下, 重顯, 於中有四. 先遣異義, 次顯一義, 三明一義具一切法, 四明一義離諸過患. 初中言 "以名數故, 但名但字, 法不可得"者, 謂世間修道品行法, 隨名數故有三十七, 菩薩覺慧求所目義, 三十七法皆不可得故. 第二中言"不得之法, 一義

---

131 삼고해三苦海: 니까야의 설명에 따르면, '세 가지 괴로움'(三苦)이란 '환경적 조건으로 인한 괴로움'(苦苦, dukkha dukkhatā), '[근본무지에 매인] 작용 자체의 괴로움'(行苦, saṅkhāra dukkhatā), '소멸로 인한 괴로움'(壞苦, vipariṇāma dukkhatā)을 가리킨다. 따라서 삼고해三苦海란 이 세 가지 괴로움의 속성에 따라 고통을 경험하는 인간의 삶과 세상을 바다에 비유하여 표현한 것이다. 『대보적경』, 『대반열반경』의 서술에서 확인할 수 있듯이 '세 가지 괴로움'(三苦)에 대한 인식은 초기경전 및 아비달마 논서뿐만 아니라 대승경전에서도 계승되고 있음을 확인할 수 있다. 예컨대, 『대보적경大寶積經』 권101(T11, 569c21~22). "復次諸天子! 依不放逸住者得離三苦. 何等爲三? 所謂行苦·苦苦·壞苦"; 『대반열반경大般涅槃經』 권12(T12, 439c15~16). "善男子! 苦受者名爲三苦, 所謂苦苦·行苦·壞苦." 원효는 『본업경소』에서 '세 가지 괴로움'(三苦)에 대해 다음과 같이 주석하고 있다. 『본업경소本業經疏』(H1, 512a16~17). "'괴로운 느낌'(苦受)은 '환경적 조건으로 인한 괴로움'(苦苦)이라 부르고, '즐거운 느낌'(樂受)은 '소멸로 인한 괴로움'(壞苦)이라 부르며, 세 번째인 '괴롭지도 즐겁지도 않은 느낌'(捨受)은 '[근본무지에 매인] 작용 자체의 괴로움'(行苦)이라 부르는데, 통틀어서 말하면 '세 가지 느낌'(三受)이 모두 '[근본무지에 매인] 작용 자체의 괴로움'(行苦)이다. 이것은 과보(果)의 차이를 나타낸 것이다"(苦受說名苦苦, 樂受說名壞苦, 第三捨受名爲行苦, 通卽三受皆是行苦. 此是顯果差別).

無文"者, 求彼別法不得之時, 是法一味, 絶諸文言故. 第三中言"無文之相, 眞實空性"者, 不得別法之能觀心, 絶諸文言, 離差別相故. "空性之義, 如實如如"者, 此能觀心, 離諸相義, 不異實相如如之理故. 如是本覺如如之理, 卽具修成道品等法, 猶如鑄金具相好像, 故言"如如之理, 具一切法". 旣住如理, 具諸功德, 卽離一切雜染過失, 故言"住如理者, 過三苦海", 此是第四離諸過患也. 此中略明道品之義, 於中卽以四句分別. 一攝三十七以爲十法, 二攝十法以爲四法, 三攝四法以爲一義, 四明一義具三十七. 初'攝三十七以爲十法'者, 『智度論』云, "三十七品十法爲本", 乃至廣說, 當知開十立三十七. 論其法體, 唯有十法, 何等爲十? 謂戒・思・受・念・定與慧・信・勤・安・捨. 云何開十爲三十七? 開戒爲三, 正語・業・命. 思數立一, 謂正思惟. 受亦立一, 謂喜覺分. 開念爲四, 念根・念力・念覺・正念. 開定爲八, 謂四如意足・定根・定力・定覺・正定. 慧亦立八, 謂四念處・慧根・慧力・擇法覺分及與正見. 勤亦立八, 謂四正勤・精進根・精進力・精進覺分及正精進. 信中立二, 信根・信力. 安捨各一, 謂倚覺分及捨覺分. 摠而言之, 有其五例. 一者開八有三, 謂定慧勤, 彼二十四, 此三所攝. 二者開四有一, 謂念, 所以彼四一念所攝. 三者開三有一, 謂戒, 所以彼三一戒所攝. 四者開二有一, 謂信, 信攝彼二. 五者立一有四, 思・受・安・捨, 各攝自性. 如是十法, 攝三十七.

[H1, 652a6~c8; T34, 991b27~992a9]

이것은 [「진성공품眞性空品」 본문의 첫 번째인 '자세하게 설명하는 것'(廣說)을] 크게 나눈 것 가운데 두 번째 부분인 〈깨달음에 이르는 [37가지] 방법과 실천'이 참된 면모[인 '사실 그대로']에 따라 세워짐을 밝힘〉(明道品行從眞性立)이다. 여기에 두 가지가 있으니, 먼저는 [사리불의] 질문이고, 나중은 [부처님의] 대답이다.

질문에서 "이러한 [위대한 힘이 있는] 이해'와 [그것을 통해 성취하는] '깨달음[의 본연][인 '사실 그대로']에는"(是觀覺中)이라고 말한 것은, 이 '[참된 면모[인 '사실 그대로'](眞性)에] 따라가는 이해'(能順觀)와 '따르게 되는 [참된 면모'(眞性)인]

깨달음의 본연'(所順本覺)은 주체(能)[인 이해]와 대상(所)[인 '깨달음의 본연'(本覺)[으로서의 '사실 그대로']가 평등한 것이어서 [위대한 힘이 있는] 이해'([大力]觀)와 [그것을 통해 성취하는] '깨달음[의 본연]'(覺)[인 '사실 그대로 앎']에는 '[4념처四念處·4정근四正勤·4신족四神足·5근五根·5력五力·7각지七覺支·8성도八聖道로 구성된] 37가지 [깨달음에 이르는] 방법'(三十七道品法)을 모두 갖추게 된다는 것이다.

[부처님의] 대답에는 두 가지가 있으니, 먼저는 '[사리불의 질문을] 인정한 것'(許)이고 나중은 '[인정한 뜻을] 해석한 것'(釋)이다. "어째서인가?"(何以故) 이하는 두 번째인 '[인정한 뜻을] 해석한 것'(釋)인데, 여기에는 두 가지가 있으니 '곧바로 해석한 것'(直釋)과 '거듭 드러낸 것'(重顯)이다. 처음[인 '곧바로 해석한 것'(直釋)]에서 "명칭은 다양하지만 뜻은 하나[처럼 통하는 것]이다"(多名一義)라고 말한 것은, 37가지[로 분류한] 항목들의 뜻은 오직 하나[처럼 통하는 것]인 '[위대한 힘이 있는] 이해'([大力]觀)와 [그것을 통해 성취하는] '깨달음[의 본연]'(覺)[인 '사실 그대로']일 뿐이어서 [별개인] 두 가지가 없기 때문이다. "[완전히] 같은 것도 아니지만 [별개인] 다른 것도 아니다"(不一不異)라는 것은 '[위대한 힘이 있는] 이해'([大力]觀)와 [그것을 통해 성취하는] '깨달음[의 본연]'(覺)[인 '사실 그대로']가 [완전히] 같은 것은 아니지만 [별개인] 다른 것도 아니기'(不一而不異) 때문이니, '[서로] 다르지 않은 측면'(不異門)에 의거하였기 때문에 "뜻은 하나[처럼 통하는 것]이다"(一義)라고 말하였다.

"'명칭과 숫자'(名數) 때문에"(以名數故) 이하는 [질문을 인정한 뜻을 해석한 것 두 가지 중에서 두 번째인] '거듭 나타낸 것'(重顯)인데, 여기에는 네 가지가 있다. 첫째는 '[이해와 깨달음'(觀覺)이 서로] 다르다는 뜻을 없애는 것'(遣異義)이고, 둘째는 '[이해와 깨달음'(觀覺)은] 하나처럼 통하는 뜻임을 드러내는 것'(顯一義)이며, 셋째는 '[이해와 깨달음'(觀覺)이] 하나처럼 통하는 뜻은 모든 [깨달음의] 수행법을 갖추고 있음을 밝힌 것'(明一義具一切法)이고, 넷째는 '하나처럼 통하는 뜻으로 온갖 허물과 고통에서 벗어남을 밝힌 것'(明一義離諸過患)이다.

처음에 말한 "'명칭과 숫자' 때문에 단지 이름을 붙이고 글자로 썼지만 [각각의] 수행법은 [불변·독자의 본질/실체로서] 얻을 수가 없다"(以名數故, 但名但字, 法不可得)라는 것은, 세간 수행법(修道品)의 방법(行法)들은 명칭과 숫자에 따라 [분류하기] 때문에 37가지가 있지만 보살[이 성취하려는] '깨달음과 지혜'(覺慧)로 [37가지] 항목으로 분류된 것들의 뜻을 추구한다면 37가지 모두 [불변·독자의 본질/실체로서] 얻을 수가 없다는 것이다. 두 번째에서 말한 "'[불변·독자의 본질/실체로서] 얻을 수 없는 수행법'(不得之法)은 '하나처럼 통하는 뜻'(一義)이어서 '[불변·독자의 본질/실체로 나누어 버리는] 글이 없다"(不得之法, 一義無文)라는 것은, 그 '각각의 수행법들'(別法)을 구해도 [불변·독자의 본질/실체로서] 얻을 수 없을 때 이 수행법(法)들은 '한 맛[처럼 통하는 것]'(一味)이어서 '갖가지 [불변·독자의 본질/실체로 나누어 버리는] 글과 말'(諸文言)을 끊어 버리기 때문이다.

세 번째에서 말한 "'글이 나타내는 [불변·독자의 본질/실체로 차별된] 차이'(文之相)가 없는 것은 '참되어 불변·독자의 본질/실체가 없는 지평'(眞實空性)이다"(無文之相, 眞實空性)라는 것은, '각각의 수행법'(別法)들을 [불변·독자의 본질/실체로서] 얻지 않는 '이해하는 마음'(能觀心)은 '갖가지 [불변·독자의 본질/실체로 나누어 버리는] 글과 말'(諸文言)을 끊어 '[불변·독자의 본질/실체로서] 차별된 차이'(差別相)에서 벗어나기 때문이다. [또] "'불변·독자의 본질/실체가 없는 면모'(空性之義)는 '진실과 같아져 사실 그대로임'(如實如如)이다"(空性之義, 如實如如)라는 것은, 이 '이해하는 마음'(能觀心)이 '모든 [불변·독자의 본질/실체로 차별된] 차이의 뜻'(諸相義)에서 벗어나 〈'사실 그대로'(實相)를 드러내는 '있는 그대로에 관한 도리'(如如之理)〉(實相如如之理)와 다르지 않기 때문이다. 이와 같은 〈'깨달음의 본연'(本覺)[인 '사실 그대로 앎'이 갖추는] '사실 그대로에 관한 도리'(如如之理)〉(本覺如如之理)는 곧 [깨달음을 성취하는] 수행법(道品)들을 '닦아 성취하는 것'(修成)을 모두 갖추니, 마치 주조한 금이 [32가지] 부처의 모습(相好像)을 모두 갖춘 것과 같기 때문에 "사실 그대로에 관한 도리"(如如之理)는 '모든 [깨달음의] 수행법'(一切法)을 갖추고 있다"

(如如之理, 具一切法)라고 말하였다.

이미 '사실 그대로의 도리'(如理)에 자리 잡아 '모든 이로운 능력'(諸功德)을 갖추어 '온갖 [번뇌에 의한] 오염과 허물'(一切雜染過失)에서 벗어났으므로 "'사실 그대로의 도리'에 자리 잡는 사람은 '세 가지 괴로움의 바다'를 건너간다"(住如理者, 過三苦海)라고 말하였으니, 이것은 [거듭 나타낸 것'(重顯) 네 가지 중에서] 네 번째인 '온갖 허물과 고통에서 벗어남'(離諸過患)[에 해당하는 글]이다.

여기서 [깨달음을 성취하는] 수행법'(道品)의 뜻을 간략하게 밝히고 있으니, 그 [수행법'(道品)들] 속에서 '네 가지 방식'(四句)으로써 구별해 보겠다. 첫 번째는 '37가지를 총괄하여 열 가지로 설명하는 것'(攝三十七以爲十法)이고, 두 번째는 [다시] '열 가지를 총괄하여 네 가지로 설명하는 것'(攝十法以爲四法)이며, 세 번째는 [다시] '네 가지를 총괄하여 하나처럼 통하는 뜻으로 설명하는 것'(攝四法以爲一義)이고, 네 번째는 '하나처럼 통하는 뜻이 37가지를 갖추고 있음을 밝히는 것'(明一義具三十七)이다.

첫 번째인 '37가지를 총괄하여 열 가지로 설명하는 것'(攝三十七以爲十法)은 [다음과 같다.] 『대지도론大智度論』에서는 "37가지 수행방법은 열 가지를 근본으로 삼는다" 등으로 자세하게 설명하였으니,[132] '열 가지'(十[法])를 펼

---

132 『대지도론大智度論』 권19(T25, 198b5~13). "是三十七品, 衆藥和合, 足療一切衆生病, 是故不用多說. 如佛雖有無量力, 但說十力, 於度衆生事足. 是三十七品, 十法爲根本. 何等十? 信, 戒, 思惟, 精進, 念, 定, 慧, 除, 喜, 捨. 信者, 信根, 信力; 戒者, 正語, 正業, 正命; 精進者, 四正懃, 精進根, 精進力, 精進覺, 正精進; 念者, 念根, 念力, 念覺, 正念; 定者, 四如意足, 定根, 定力, 定覺, 正定; 慧者, 四念處, 慧根, 慧力, 擇法覺, 正見." 이 글에서 드러나듯이 원효가 인용한 것은 특정의 구절이 아니라 [깨달음에 이르는] 37가지 방법'(三十七品)을 '열 가지 항목'(十法)으로 정리한 『대지도론』의 핵심내용이다. 나머지 구체적인 설명 부분은 '乃至廣說'로 생략하였음을 알 수 있다. 원효는 이어지는 『금강삼매경론』의 본문에서 이 '열 가지 항목'(十法)에 대한 구체적인 설명을 펼치고 있는데, 『대지도론』의 본문에 의거하고 있으나 '확신'(信)을 첫 번째 항목으로 삼고 있는 『대지도론』과는 달리 원효는 계율(戒)로 시작하고 있고, 10법의 다른 항목들의 열거순서에도 차이가 있다. 특히, 『대지도론』의 10법 가운데 8번째, 9번째 항목인 '除'와

쳐 '37가지 [수행방법]'(三十七[道品])을 세운다는 것을 알아야 한다.

[37가지] 그 '수행방법의 바탕'(法體)을 논하면 오로지 '열 가지'(十法)가 있을 뿐이니, 어떤 것들이 10가지인가? 계율(戒), 사유(思), 느낌(受), '[빠져들지 않는 마음국면'(止)과 '진리다운 이해'(觀)를 수립하여] 간직해 감'(念), 선정(定), 지혜(慧), 믿음(信), 정진(勤), 평안(安), '치우치지 않음'(捨)이 그것이다. 어떻게 열 가지를 펼쳐 37가지를 만드는가?

['열 가지 항목'(十法)의 첫 번째인] 계율(戒)을 펼치면 ['37가지 방법'(三十七道品) 중에서] 세 가지가 되니, '말을 진리답게 하는 수행'(正語)과 '행위를 진리답게 하는 수행'(正業), '생계를 진리답게 유지하는 수행'(正命)이 그것이다. ['열 가지 항목'(十法)의 두 번째인] 사유(思數)는 하나를 세우니, '생각을 진리답게 일으키는 수행'(正思惟)이 그것이다. ['열 가지 항목'(十法)의 세 번째인] 느낌(受) 또한 하나를 세우니, '[정진각지精進覺支를 토대로 정진을] 즐기면서 하는 능력을 계발하여 깨달음으로 나아가는 수행'(喜覺分)이 그것이다.

['열 가지 항목'(十法)의 네 번째인] '[빠져들지 않는 마음국면'(止)과 '진리다운 이해'(觀)를 수립하여] 간직해 감'(念)을 펼치면 네 가지가 되니, '간직해 가는 능력'(念根), '간직해 감으로 얻은 힘'(念力), '간직해 가는 능력을 계발하여 깨달음으로 나아가는 수행'(念覺), '[빠져들지 않는 마음'(止)과 이해(觀)를] 진리답게 간직해 가는 수행'(正念)이 그것이다. ['열 가지 항목'(十法)의 다섯 번째인] 선정(定)을 펼치면 여덟 가지가 되니, '선정을 이루어 번뇌를 끊게 하는 네 가지 능력의 계발'(四如意足), '선정禪定에 드는 능력'(定根), '선정으로 얻은 힘'(定力), '[안각지安覺支를 토대로] 선정 능력을 계발하여 깨달음으로 나아가는 수행'(定覺[支]), '선정을 진리답게 행하는 수행'(正定)이 그것이다. ['열 가지 항목'(十法)의 여섯 번째인] 지혜(慧)도 여덟 가지를 세우니, '네 가지를 토대

'喜'가 원효의 주석에서는 빠져 있다. 원효가 제시한 10법에서는 『대지도론』의 10법에 없는 '受와 安'이 들어가 있어서 주목된다. 원효가 착오가 아니라, 의도적인 배치를 통해 37가지 수행방법에 대해 자신의 관점을 드러내고 있는 것이라 생각된다.

로 ['빠져들지 않는 마음국면'(止)과 '진리다운 이해'(觀)를 수립하여] 간직해 가는 수행'(四念處), '지혜의 능력'(慧根), '지혜로 얻은 힘'(慧力), ['염각지念覺支를 토대로] 지혜로운 판단능력을 계발하여 깨달음으로 나아가는 수행'(擇法覺分) 그리고 '견해를 진리답게 수립하는 수행'(正見)이 그것이다.

['열 가지 항목'(十法)의 일곱 번째인] 정진(勤)도 여덟 가지를 세우니, '해로움은 끊고 이로움은 살리는 네 가지 수행'(四正勤), '정진하는 능력'(精進根), '정진으로 얻은 힘'(精進力), ['택법각지擇法覺支를 토대로] 정진하는 능력을 계발하여 깨달음으로 나아가는 수행'(精進覺分) 그리고 '정진을 진리답게 행하는 수행'(正精進)이 그것이다. ['열 가지 항목'(十法)의 여덟 번째인] 믿음(信)에서도 두 가지를 세우니, '믿는 능력'(信根)과 '믿음으로 얻은 힘'(信力)이 그것이다. ['열 가지 항목'(十法)의 아홉 번째인] 평안(安)과 ['열 가지 항목'(十法)의 열 번째인] '치우치지 않음'(捨)은 각각 한 가지를 세우니, ['희각지喜覺支를 토대로] 흔들리지 않는 능력을 계발하여 깨달음으로 나아가는 수행'(倚覺分) 및 ['정각지定覺支를 토대로] 치우치지 않는 능력을 계발하여 깨달음으로 나아가는 수행'(捨覺分)이 그것이다.

[이 '열 가지'(十法)를 다시] 총괄하여 말하면, 그것들의 다섯 가지 유형이 있다. 첫 번째로, 여덟 가지로 펼치는 것에는 세 가지가 있으니 선정(定)·지혜(慧)·정진(勤)이 그것인데 저 24가지는 이 세 가지에 포함된다. 두 번째로, 네 가지로 펼치는 것에는 한 가지가 있는데 ['빠져들지 않는 마음국면'(止)과 '진리다운 이해'(觀)를 수립하여] 간직해 감'(念)이 그것이니, 따라서 저 [염근念根, 염력念力, 염각지念覺支, 정념正念] 네 가지는 하나의 '간직해 감'(念)에 포함된다. 세 번째로, 세 가지로 펼치는 것에는 한 가지가 있는데 계율(戒)이 그것이니, 따라서 저 [정어正語, 정업正業, 정명正命] 세 가지는 하나의 계율(戒)에 포함된다. 네 번째로, 두 가지로 펼치는 것에는 한 가지가 있는데 믿음(信)이 그것이니, 믿음(信)은 저 [신근信根과 신력信力] 두 가지를 포괄한다. 다섯 번째로, 하나를 세운 것에는 네 가지가 있는데 사유(思)·느낌(受)·평안(安)·평등(捨)이 그것이니, 각각 '자신의 특징'(自性)을 포함하고

있다. 이와 같이 열 가지가 37가지를 포괄하고 있다.

二攝十法爲四種者, 第一戒者, 色法所攝, 謂表無表. 第二思受, 遍行心
所所攝. 第三念·定·慧, 別境心所所攝. 第四信等四, 善心所所攝. 三攝
四法爲一義者, 覺慧推求如是四法, 初一色法, 有方無方, 俱無所得, 後三
心所, 有時無時, 皆不可得. 是則雖非無法, 而不得有可得之法, 平等一味,
當知四法, 直是一義. 以之故言"多名一義". 四明一義具三十七者, 能所平
等一味之義, 觀身等空, 是四念處, 離諸懈怠, 是四正勤, 散慮寂滅, 是如意
足, 離不信等, 卽是根力, 滅無明等, 卽七覺分, 離八邪法, 卽八正道. 如是
遠離一切雜染, 一義具足無量功德, 故言"是觀覺中, 應具三十七道品法",
又言"如如之理, 具一切法".

[H1, 652c8~653a1; T34, 992a9~22]

[37가지 수행법을 설명하는 '네 가지 방식'(四句) 가운데] 두 번째인 '열 가지를 총
괄하여 네 가지로 설명하는 것'(攝十法爲四種)이라는 것은 [다음과 같다.] [네 가
지 가운데] 첫 번째인 계율(戒)이라는 것은 '유형적有形的 현상'(色法)들에 포
섭되는 것이니, '모양으로 드러나는 현상'(表色)과 '모양으로 드러나지 않
는 현상'(無表色)이 그것이다. 두 번째인 사유(思)와 느낌(受)은 '보편적으로
작용하는 마음현상'(遍行心所)에 포함된다. 세 번째인 간직해 감(念), 선정
(定), 지혜(慧)는 '각각의 대상에 따라 일어나는 마음현상'(別境心所)에 포함
된다. 네 번째인 믿음(信)[과 정진(勤)·평안(安)·'치우치지 않음'(捨)] 등의 네 가
지는 '유익한 마음현상'(善心所)[133]에 포함된다.

─────

133 『유식삼십송』에 따르면 '유익한 마음현상'(善心所)에 포함되는 것은 모두 11가지이
다. 즉, 믿음(信, śraddhā), '스스로 자신을 부끄러워하는 마음'(慚, hrī), '타인에 대해
자신을 부끄러워하는 마음'(愧, apatrapā), '탐욕이 없어짐'(無貪, alobha), '분노가 없
어짐'(無瞋, adveṣa), '무지가 없어짐'(無癡, amoha), '열심히 노력함'(精進, vīrya), '[몸
과 마음이] 가볍고 편안[한 상태]'(輕安, praśrabdhi), '게을리하지 않음'(不放逸,
apramāda), '치우치지 않음'(捨, upekṣā), '해치지 않음'(不害, ahiṃsā)이 그것이다.
[10] ādyāḥ sparśādayaś chandādhimokṣasmṛtayaḥ saha l samādhidhībhyāṃ

[37가지 수행법을 설명하는 '네 가지 방식'(四句) 가운데] 세 번째인 '네 가지를 총괄하여 하나처럼 통하는 뜻으로 설명하는 것'(攝四法爲一義)이라는 것은 [다음과 같다.] 이와 같은 [색色·변행심소遍行心所·별경심소別境心所·선심소善心所, 이] 네 가지를 '깨달아 가는 지혜'(覺慧)로 추구하면, 처음의 '유형적有形的 현상'(色法) 한 가지는 장소에 있거나 없거나 모두 [불변·독자의 본질/실체로서] 얻을 것이 없고, 뒤의 마음현상(心所) 세 가지도 [지속되는] 시간이 [어느 정도로] 있거나 없거나 모두 [불변·독자의 본질/실체로서] 얻을 수 없다. 그렇다면 비록 [그러한] 현상(法)들이 없는 것은 아니지만 [불변·독자의 본질/실체로서] 얻을 수 있는 현상(法)이 있는 것도 아니어서 [그것들은] '평등한 한 맛[처럼 통하는 것]'(平等一味)이니, '네 가지'(四法)는 오로지 '하나처럼 통하는 뜻'(一義)[을 지니는 것]임을 알아야 한다. 그렇기 때문에 "명칭은 다양하지만 뜻은 하나[처럼 통하는 것]이다"(多名一義)라고 말하였다.

[37가지 수행법을 설명하는 '네 가지 방식'(四句) 가운데] 네 번째인 '하나처럼 통하는 뜻이 37가지를 갖추고 있음을 밝히는 것'(明一義具三十七)이라는 것은 [다음과 같다.] '주관과 객관대상이 [불변·독자의 본질/실체가 아니어서] 평등한 한 맛[처럼 통하는] 뜻'(能所平等一味之義)으로 '신체[·느낌(受)·마음(心)·이법(法)] 등이 불변·독자의 본질/실체가 없음을 이해하는 것'(觀身等空)이 '네 가지를 토대로 [빠져들지 않는 마음국면'(止)과 '진리다운 이해'(觀)를 수립하여] 간직해 가는 수행'(四念處)이고, [능소평등일미지의能所平等一味之義로] '갖가지 태만에서 벗어나는 것'(離諸懈怠)이 '해로움은 끊고 이로움은 살리는 네 가지 수행'(四正勤)이며, [능소평등일미지의能所平等一味之義로] '산만한 생각을 사라지게 하는 것'(散慮寂滅)이 '선정을 이루어 번뇌를 끊게 하는 [네 가지] 능력의 계발'([四]如意足)이고, [능소평등일미지의能所平等一味之義로] '믿지 못함 등에서 벗어나는 것'(離不信等)이 바로 '[신信·정진精進·염념·정定·혜慧, 이] [해탈을

niyatāḥ śraddhātha hrīrapatrapā ǀǀ; [11] alobhādi trayaṃ vīryaṃ praśrabdhiḥ sāpramādikā ǀ ahiṃsā kuśalāḥ kleśā rāgapratighamūḍhayaḥ ǀǀ.

성취하게 하는 다섯 가지] 능력의 수행'([五]根)과 '[다섯 가지 능력의 수행'(五根)으로 얻은] 다섯 가지 힘'([五]力)이며, [능소평등일미지의能所平等一味之義로] '근본무지를 사라지게 하는 것'(滅無明)[134] 등이 바로 '깨달음을 성취하게 하는 일곱 가지 수행'(七覺分)이고, [능소평등일미지의能所平等一味之義로] '여덟 가지 잘못된 수행법에서 벗어나는 것'(離八邪法)이 바로 '여덟 가지 진리다운 수행으로 이루어진 해탈의 길'(八正道)이다.

이와 같이 '온갖 [번뇌에 의한] 오염'(一切雜染)에서 멀리 벗어나는 것이니, [그리하여] '하나처럼 통하는 뜻'(一義)이 '헤아릴 수 없이 많은 이로운 능력'(無量功德)을 갖추기 때문에 [사리불이] "이러한 '[위대한 힘이 있는] 이해'([大力]觀)와 [그것을 통해 성취하는] '[본연적] 깨달음'(覺)에는 마땅히 '37가지 [깨달음에 이르는] 방법'(三十七道品法)이 갖추어져 있겠습니다"(是觀覺中, 應具三十七道品法)라고 하였고, [또한 부처님께서는] "[이] '사실 그대로에 관한 도리'(如如之理)는 '모든 [깨달음의] 수행법'(一切法)을 갖추고 있다"(如如之理, 具一切法)라고 말씀하신 것이다.

---

134 '깨달음을 성취하게 하는 일곱 가지 수행'(七覺支)에서 첫 번째인 염각지念覺支를 지칭하는 것으로 보인다. 일곱 가지를 모두 제시하면 다음과 같다. ① '[빠져들지 않는 마음국면'(止)과 '진리다운 이해'(觀)를 수립하여 간직해 가는 능력을 계발하여 깨달음으로 나아가는 수행'(念覺支, sati-sambojjhaṅga), ② '[염각지念覺支를 토대로] 지혜로운 판단능력을 계발하여 깨달음으로 나아가는 수행'(擇法覺支, dhamma-vicaya-sambojjhaṅga), ③ '[택법각지擇法覺支를 토대로] 정진하는 능력을 계발하여 깨달음으로 나아가는 수행'(精進覺支, viriya-sambojjhaṅga), ④ '[정진각지精進覺支를 토대로] 즐기면서 하는 능력을 계발하여 깨달음으로 나아가는 수행'(喜覺支, pīti- sambojjhaṅga), ⑤ '[희각지喜覺支를 토대로] 흔들리지 않는 능력을 계발하여 깨달음으로 나아가는 수행'(輕安覺支, passaddhi-sambojjhaṅga), ⑥ '[안각지安覺支를 토대로] 선정 능력을 계발하여 깨달음으로 나아가는 수행'(定覺支, samādhi-sambojjhaṅga), ⑦ '[정각지定覺支를 토대로] 치우치지 않는 능력을 계발하여 깨달음으로 나아가는 수행'(捨覺支, upekkhā-sambojjhaṅga)이다.

(3) 부처님의 가르침이 사실 그대로의 도리대로 설해짐을 밝힘(明佛言敎 稱如理說)

舍利佛言, "一切萬法, 皆悉文言, 文言[135]之相, 卽非爲義. 如實之義, 不可言說,[136] 今者如來, 云何說法?"

[H1, 653a2~4; T34, 992a23~25]

사리불이 말하였다.

"모든 현상은 다 문자와 말[에 의해 수립된 것]인데, '문자와 말이 나타내는 차이'(文言之相)는 곧 [참된] 면모(義)가 되는 것이 아닙니다. '사실 그대로의 면모'(如實之義)는 언어로 설명할 수 없는데 지금 여래께서는 어떻게 설법하십니까?"

此下大分, 第三明佛言敎稱如理說, 先問後答. 問中言"一切萬法"者, 世間言說所安立法. 如言之法, 皆無所得故, 唯文言, 卽非爲義, 諸法實義, 絶諸言說. 今佛說法, 若是文言, 卽無實義, 若有實義, 應非文言, 是故問言"云何說法?".

[H1, 653a5~11; T34, 992a25~b1]

이 아래는 '크게 구분한 것'(大分)에서 [자세하게 설명하는 것'(廣說) 여섯 부분 가운데] 세 번째인 '부처님의 가르침이 사실 그대로의 도리대로 설해짐을 밝힌 것'(明佛言敎稱如理說)[137]이니, 먼저는 질문이고 나중은 대답이다.

---

135 대정장 『금강삼매경』에는 '言文之相'으로 되어 있고, 바로 앞의 '文言'도 '言文'으로 되어 있다. 이에 반해 한불전과 대정장의 『금강삼매경론』에는 모두 '文言'으로 나온다. 원효는 주석에서 '文言'으로 인용하고 있으므로 '文言'으로 번역한다.

136 대정장 『금강삼매경』에는 '議'로 되어 있다고 한다. 원효의 경문 인용에서는 나타나지 않지만 한불전과 대정장의 『금강삼매경론』에는 모두 '說'로 되어 있다. '說'로 보는 것이 적절하다.

137 앞의 과문에서는 '여래의 가르침이 사실 그대로의 도리대로 설해짐을 밝힘'(明如來敎當如理說)이라고 하였는데 여기서는 표현이 조금 바뀌었다.

질문에서 "모든 현상"(一切萬法)이라 말한 것은 '세상의 언어'(世間言說)에 의해 '세워진 현상'(所安立法)이다. '언어에 따른 현상'(如言之法)들은 모두 [불변·독자의 본질/실체로서] 얻을 수 있는 것이 없기 때문에 오직 문자와 말일 뿐이며 곧 [참된] 면모(義)가 되는 것이 아니고, 〈모든 현상의 '사실 그대로의 면모'〉(諸法實義)는 모든 '언어적 규정'(言說)을 끊어 버린다. [그러므로] 지금의 부처님 설법이 만약 문자와 말이라면 [그 설법에] '사실 그대로의 면모'(實義)가 없을 것이고, 만약 '사실 그대로의 면모'(實義)가 있다면 문자와 말이 아니어야 할 것이니, 이런 까닭에 "어떻게 설법하십니까?"(云何說法)라고 질문한 것이다.

佛言, "我說法者, 以汝衆生, 在生說, 故說不可說, 是故說之. 我所說者, 義語非文, 衆生說者, 文語非義. 非義語者, 皆悉空無, 空無之言, 無言於義, 不言義者, 皆是妄語. 如義語者, 實空不空, 空實不實, 離於二相, 中間不中. 不中之法, 離於三相, 不見處所, 如如如說. 如無無有, 無有於無, 如無有無, 有無於有? 有無[138]不在. 說不在故,[139] 不在於如, 如不有如不無如說".

[H1, 653a12~21; T34, 992b2~9]

부처님께서 말씀하셨다.

"내가 가르침을 설하는 것은 [다음과 같은 이유에서이다.] 그대와 중생들은 ['현상의 본연'(法體)에만] 머무르면서 말하기도 하고 ['현상에 대한 차별'(法相)을] 일으키면서 말하기도 하기 때문에 말을 하여도 [사실 그대로의 면모

---

138 대정장 『금강삼매경』에는 '如有無'로 기재하고 '如'자가 없는 판본이 있다고 교감하였다. 그러나 대정장 『금강삼매경론』에는 '如'자가 없고 원효의 주석에서도 '如'자가 없으므로 '有無不在'로 보고 번역한다.

139 대정장 『금강삼매경』에는 '說不在故'를 '說不在說故'로 하여 뒤에 '說'자 하나를 추가하고, 교감에서는 '說'자가 없는 판본이 있다는 점을 밝히고 있다. 그러나 원효의 주석에서는 '說不在故'로 나오기 때문에 여기서는 원효의 주석에 따라 번역한다. 대정장 『금강삼매경론』에도 '說不在故'로 나온다.

를] 말할 수가 없으니, 그런 까닭에 [내가] 가르침을 설한다.

내가 설한 것은 '사실 그대로의 면모를 담은 말'(義語)이지 '언어적 규정에 그치는 말'(文[語])이 아니며, 중생들이 말한 것은 '언어적 규정에 그치는 말'(文語)이지 '사실 그대로의 면모를 담은 말'(義[語])이 아니다. '사실 그대로의 면모를 담은 말'(義語)이 아닌 것에는 모두 [사실 그대로의 면모가] 전혀 없는 것이고, '[사실 그대로의 면모가] 전혀 없는 말'(空無之言)은 '사실 그대로의 면모'(義)에 대해 말하는 것이 없으며, '사실 그대로의 면모'(義)를 말하지 못하는 것은 모두 '헛된 말'(妄語)이다.

'사실 그대로의 면모를 담은 말'(如義語)이라는 것은, '사실 그대로'(實)는 '불변·독자의 본질/실체가 없지만'(空) [아무것도 없는] 허망한 것도 아니고, '불변·독자의 본질/실체가 없다'(空)는 것은 '사실 그대로'(實)이지만 [그 '사실 그대로'가] [불변·독자의 본질/실체인] 사실 그대로는 아니니'(不實), [아무것도 없어 허망함'과 '불변·독자의 본질/실체', 이] 두 가지 면모(相)에서 벗어나고 [두 면모의] 중간에도 자리 잡지 않는다. '[두 면모의] 중간에도 자리 잡지 않는 도리'(不中之法)는 [중간에도 자리 잡지 않는 도리'를 포함한] '세 가지 면모'(三相)에서 벗어나기에 [분별하는 마음과 말이 머무르는] 장소를 볼 수 없으니'(不見處所), '사실 그대로[를 드러내는] 말'(如如說)에 들어맞는 것이다. '사실 그대로'(如)에서는 '[불변·독자의 본질/실체가] 있음을 없앰'(無有)이 없으니 [어떻게] '[본래 불변·독자의 본질/실체가] 없음'(無)에서 '[불변·독자의 본질/실체가] 있음'(有)을 없애겠으며, '사실 그대로'(如)에서는 '[아무것도] 없음을 있게 함'(有無)이 없으니 [어떻게] '[불변·독자의 본질/실체가] 있음'(有)에서 '[아무것도] 없음'(無)을 있게 하겠는가? [이처럼] 있음(有)과 없음(無)을 두지 않는다. '[있음과 없음을] 두지 않음'(不在)을 설하기 때문에 '사실 그대로'(如)도 [불변·독자의 본질/실체로서] 두지 않으니, '사실 그대로'(如)를 있게 하지도 않고 '사실 그대로'(如)를 없애지도 않으면서 '사실 그대로'(如) 설한다."

是第二答, 於中有二. 先是佛說之由, 後顯文義之異. 初中言"以汝衆生, 在生說故"者, 汝謂身子, 衆生卽是一切凡夫, 說於無爲, 卽在法體, 說於有爲, 卽生法相, 如是在生之說, 不可說於實義. 我異彼說, "是故說之", 是爲佛說言教之由. 次顯文義不同相中, 先標二章, 後釋二章. 標中言"義語非文"者, 語當實義故, 非直空文故. "文語非義"者, 語止空文故, 不關實義故. 第二釋中, 先釋後章. 言"皆悉空無"者, 直有空文而無實義故, 是釋文語也. "無言於義"者, 無詮談於如實之義故, 是釋非義也. 下摠結言"皆是妄語"者, 雖非違想, 而違義故, 猶如不見言見, 見言不見等語.

[H1, 653a22~b13; T34, 992b9~b22]

이것은 ['여래의 가르침이 사실 그대로의 도리대로 설해짐을 밝힌 것'(明如來教當如理說)의 두 부분 중에서] 두 번째인 [부처님의] 대답'(答)인데, 여기에는 두 가지가 있다. 먼저는 '부처님 설법의 연유'(佛說之由)이고, 나중은 〈'언어적 규정에 그치는 말'(文語)과 '사실 그대로의 면모를 담은 말'(義語)의 차이를 드러내는 것〉(顯文義之異)이다.

처음에 말한 "그대와 중생들은 ['현상의 본연'(法體)에만] 머무르면서 말하기도 하고 ['현상에 대한 차별'(法相)을] 일으키면서 말하기도 하기 때문에"(以汝衆生, 在生說故)라는 것은 [다음과 같은 의미이다.] "그대"(汝)는 사리불을 가리키고 중생은 곧 모든 범부들인데, [사리불이] '[불변·독자의 본질/실체로 보는 생각으로 하는] 행위가 없음'(無爲)을 말할 때는 곧 '현상의 본연'(法體)에만 머무르고 [중생들이] '[불변·독자의 본질/실체로 보는 생각으로 하는] 행위가 있음'(有爲)을 말할 때는 곧 '현상에 대한 차별'(法相)을 일으키니, 이와 같이 ['현상의 본연'(法體)에만] 머무르기도 하고 ['현상에 대한 차별'(法相)을] 일으키기도 하는 말'(在生之說)은 '사실 그대로의 면모'(實義)에 대해 설할 수가 없다. [부처님은] 〈나는 그들과는 달리 설한다〉[라고 생각하여] "그런 까닭에 [내가] 가르침을 설한다"(是故說之)라고 하였으니, 이것이 부처님이 '언어적 가르침'(言敎)을 설한 연유가 된다.

다음으로 〈'언어적 규정에 그치는 말'(文語)과 '사실 그대로의 면모를 담은 말'(義語)이 같지 않은 양상임을 드러냄〉(顯文義不同相)에서는 먼저 두 개의 문장을 제시하고 나중에 [그] 두 문장[의 뜻]을 해석하였다.

[두 개의 문장을] 제시하는 가운데 "'사실 그대로의 면모를 담은 말'이지 '언어적 규정에 그치는 말'이 아니다"(義語非文)라고 말한 것은, 언어가 '사실 그대로의 면모'(實義)에 들어맞기 때문이며 단지 [사실 그대로와는 무관한] 공허한 말'(空文)이 아니기 때문이다. "'언어적 규정에 그치는 말'이지 '사실 그대로의 면모를 담은 말'이 아니다"(文語非義)라는 것은, 언어가 [사실 그대로와는 무관한] 공허한 말'(空文)에 그치기 때문이며 '사실 그대로의 면모'(實義)와는 관계가 없기 때문이다.

두 번째인 [제시한 두 문장에 대한] 해석에서는 먼저 뒤의 문장을 해석하였다. "모두 [사실 그대로의 면모가] 전혀 없는 것이다"(皆悉空無)라고 말한 것은 오로지 [사실 그대로와는 무관한] 공허한 말'(空文)만 있고 '사실 그대로의 면모'(實義)는 없기 때문이니, 이것은 '언어적 규정에 그치는 말'(文語)을 해석한 것이다. "사실 그대로의 면모에 대해 말하는 것이 없다"(無言於義)라는 것은 '사실 그대로의 면모'(如實之義)에 대해 말로 설명한 것이 없기 때문이니, 이것은 '사실 그대로의 면모를 담은 말이 아니다'(非義[語])는 것을 해석한 것이다.

이하에서 총괄적으로 결론지어 "모두 헛된 말이다"(皆是妄語)라고 한 것은 [언어적 규정에 그치는 말'(文語)이] 비록 '개념적 이해'(想)를 위반하는 것은 아니라도 '사실 그대로의 면모'(義)는 위반하기 때문이니, 마치 '보지 못하고서도 보았다'고 말하고 '보고서도 보지 못했다'고 말하는 것과 같다.

"如義"已下, 次釋前章. 於中有二, 正釋重顯. 初中亦二, 先釋非文, 後釋義語. 釋非文者, 謂非空無, 非空文故, 非無義故. 釋義語者, 義合語故, 語如義故. 初釋中言"實空不空"者, 謂說眞如實相亦空, 如前說言"空相亦空", 故言"實空". 而不亡其實相之理, 故言"不空", 雖非有實而非無實故. "空實不實"者, 謂說眞空之理是實, 故言"空實". 而不存其眞空之理, 故言"不實",

雖非無空而非有空故. "離於二相, 中間不中"者, 不空之語, 離於空相, 不實之語, 離於實相, 故言"離於二相". 然空實二相之間, 不存非二之中, 故言"中間不中". 既離二邊, 亦不墮中, 故言"離於三相". 心言行處, 不過三相. 然此佛語, 遠離三相, 卽於其中, 心言路絶, 故言"不見處所". 如是妙契絶言之義, 所以不同無義之文. 此釋非文也. "如如如說"者, 是釋義語. 上一如是契當, 下二如是義理, 如前遠離三相之語, 契當如如義理而說. 所以佛說, 乃是義語, 不同凡語之非義也. "如無"已下, 第二重顯, 先顯非文, 後顯義語. 初中言"如無無有, 無有於無"者, 謂眞如理, 雖非是有, 而如本無, 令無其有, 謂令無有法於無法中. 所以然者, 如本非有, 無於何有, 而墮無耶? 是故合於"實空不空"之語也. "如無有無, 有無於有"者, 謂眞如理, 雖非是無, 而如本無, 令有其無, 謂令有無法於有法中. 所以然者, 如本非無, 有於何無, 而墮有耶? 是故合於"空實不實"之語. "有無不在"者, 如無有無故, 有不在, 如無無有故, 無不在. 二既不在, 何得有中? 卽合"離於三相"之語. 如義既爾, 合於義語, 是故佛語, 實非空文. 如是重顯非文釋也. 佛說名言, 如是當理. 故後得智帶如是名, 思惟眞如, 卽得親觀眞如理體故, 在句[140]之中俱句也. 第二重顯義語中言"說不在故, 不在於如"者, 佛語既說有無不在故, 不在有無於眞如理. "有不在"者, 不有如故, "無不在"者, 不無如故, 則當不有如不無如而說. 故言"如不有如不無如說", 是故前言"如如如說". 如是重顯義語之釋. 六分之中第三分竟.

[H1, 653b13~654a13; T34, 992b22~993a2]

다음으로 "사실 그대로의 면모[를 담은 말]"(如義[語]) 이하는 앞의 문장을 해석한 것이다. 여기에 두 가지가 있으니, '곧바로 해석한 것'(正釋)과 '거듭 드러냄'(重顯)이다. 첫 번째에도 두 가지가 있으니, 앞은 '언어적 규정에

---

140 한불전에서는 갑본甲本에 따르면 '句'자 앞에 '四'가 있다고 교감하였다. 그런데 대정장 『금강삼매경론』에서는 '四句'로 써넣고 갑본에는 '四'자가 없다고 교감하였다. '四句'로 보는 것이 문맥에 적절하므로 '四句'로 번역한다.

그치는 말이 아님을 해석한 것'(釋非文)이고, 뒤는 '사실 그대로의 면모를 담은 말을 해석한 것'(釋義語)이다. '언어적 규정에 그치는 말이 아님을 해석한다'(釋非文)는 것은 '[사실 그대로의 면모개] 전혀 없는 것이 아니다'(非空無)라는 것이니, '[사실 그대로와는 무관한] 공허한 말'(空文)이 아니기 때문이며 '[사실 그대로의] 면모가 없는 것'(無義)이 아니기 때문이다. '사실 그대로의 면모를 담은 말을 해석한다'(釋義語)는 것은, '[사실 그대로의] 면모'(義)가 말과 합치하기 때문이며 말이 '사실 그대로의 면모'(義)와 같기 때문이다.

[곧바로 해석한 것'(正釋)의] 처음[인 '언어적 규정에 그치는 말이 아님'(非文)]의 해석에서 "'사실 그대로'(實)는 '불변·독자의 본질/실체가 없지만'(空) [아무것도 없는] 허망한 것도 아니다"(實空不空)라고 말한 것은 [다음과 같은 뜻이다.] 〈참 그대로인 '사실 그대로'〉(眞如實相)라고 말하는 것도 '불변·독자의 본질/실체가 없는 것'(空)이니, 앞에서 말한 "불변·독자의 본질/실체가 없는 면모 또한 불변·독자의 본질/실체가 없다"(空相亦空)[141]라는 것과 같은 것이므로 "'사실 그대로'는 불변·독자의 본질/실체가 없다"(實空)라고 말하였다. 그러나 그 〈'사실 그대로'라는 진리〉(實相之理)를 없애지는 않기 때문에 "[아무것도 없는] 허망한 것도 아니다"(不空)라고 말하였으니, 비록 '[불변·독자의 본질/실체인] 사실 그대로가 있는 것은 아니지만'(非有實) '사실 그대로가 없는 것도 아니기'(非無實) 때문이다.

"불변·독자의 본질/실체가 없다는 것은 '사실 그대로'이지만 [그 '사실 그대로'가] '[불변·독자의 본질/실체인] 사실 그대로'는 아니다"(空實不實)라는 것

---

141 여기서 앞이란 「사실 그대로가 온전하게 드러나는 지평에 들어감[을 주제로 하는] 단원」(入實際品)의 서두에 나왔던 『금강삼매경』의 본문 내용을 가리킨다. 곧, 부처님께서 설한 '불변·독자의 본질/실체가 없는 세 가지 경지'(三空)인 '불변·독자의 본질/실체가 없는 면모 또한 불변·독자의 본질/실체가 없다'(空相亦空), 〈'불변·독자의 본질/실체가 없는 면모도 불변·독자의 본질/실체가 없다는 것' 또한 불변·독자의 본질/실체가 없다〉(空空亦空), '불변·독자의 본질/실체가 없어진 것 또한 불변·독자의 본질/실체가 없다'(所空亦空)라는 세 가지 중에서 첫 번째에 해당한다. H1, 639b24~c3 참조.

은 [다음과 같은 뜻이다.] '불변·독자의 본질/실체가 없는 참된 지평이라는 진리'(眞空之理)라고 말하는 것은 '사실 그대로'(實)이니, 그러므로 "불변·독자의 본질/실체가 없다는 것은 '사실 그대로'이다"(空實)라고 말하였다. 그러나 그 '불변·독자의 본질/실체가 없는 참된 지평이라는 진리'(眞空之理)[에 해당하는 내용]을 [불변·독자의 본질/실체로서] 인정하지는 않기 때문에 "[불변·독자의 본질/실체인] 사실 그대로는 아니다"(不實)라고 말하였으니, 비록 '불변·독자의 본질/실체가 없음을 부정하는 것은 아니지만'(非無空) '불변·독자의 본질/실체가 없는 상태를 [불변·독자의 본질/실체로서] 인정하는 것도 아니기'(非有空) 때문이다.

"['아무것도 없어 허망함'과 '불변·독자의 본질/실체', 이] 두 가지 면모(相)에서 벗어나고 [두 면모의] 중간에도 자리 잡지 않는다"(離於二相, 中間不中)라는 것은 [다음과 같은 뜻이다.] "허망하지 않다"(不空)라는 말은 '[아무것도 없는] 허망한 면모'(空相)에서 벗어나는 것이고, "[불변·독자의 본질/실체인] 사실 그대로는 아니다"(不實)라는 말은 '사실 그대로'(實相)[를 불변·독자의 본질/실체로 보는 생각]에서도 벗어나는 것이니, 그러므로 "두 가지 면모에서 벗어난다"(離於二相)라고 말하였다. 그러나 〈'[아무것도 없는] 허망함'(空)과 '[불변·독자의 본질/실체인] 사실 그대로'(實)라는 두 가지 면모〉(空實二相) 사이에 '두 가지 [면모가] 아닌 중간의 것'(非二之中)도 두지 않으니, 그러므로 "[두 면모의] 중간에도 자리 잡지 않는다"(中間不中)라고 말하였다. [그리고] 이미 '두 가지 치우침'(二邊)에서 벗어났고 또한 [그 둘의] 중간에도 떨어지지 않기 때문에, "세 가지 면모에서 벗어났다"(離於三相)라고 말하였다.

[분별하는] 마음과 말이 작용하는 곳은 [이] '세 가지 면모'(三相)를 넘어서지 않는다. 그러나 이 '부처의 말'(佛語)은 '세 가지 면모'(三相)에서 멀리 벗어나기에 곧 그 [부처의 말] 가운데서는 [분별하는] 마음과 말의 길이 끊어지니, 그러므로 "[분별하는 마음과 말이 머무르는] 장소를 볼 수 없다"(不見處所)라고 말하였다. 이와 같이 [부처의 말은] '[분별하는] 말의 길을 끊어 버리는 면모'(絶言之義)에 오묘하게 들어맞으니, 그러므로 '사실 그대로의 면모가 없

는 글'(無義之文)과는 같지 않다. 이것은 '언어적 규정에 그치는 말이 아님을 해석한 것'(釋非文)이다.

"사실 그대로[를 드러내는] 말에 들어맞는 것이다"(如如如說)라는 것은 '사실 그대로의 면모를 담은 말'(義語)을 풀이하는 것이다. 맨 앞의 '여如'자는 '들어맞는다'(契當)[는 뜻]이고 뒤의 두 '여如'자는 '사실 그대로의 면모와 [그것을 드러내는] 도리'(義理)[를 나타내는 것]이니, 앞의 '세 가지 면모에서 멀리 벗어나는 말'(遠離三相之語)과 같은 것은 '사실 그대로인 면모와 [그것을 드러내는] 도리'(如如義理)에 들어맞게 설하는 것이다. 그러므로 '부처님의 말씀'(佛說)은 바로 '사실 그대로의 면모를 담은 말'(義語)이니, 범부들의 말이 '사실 그대로의 면모를 담아내지 못함'(非義)과는 같지 않은 것이다.

"'사실 그대로'에서는 … 없다"(如無) 이하는 두 번째인 '거듭 드러냄'(重顯)이니, 앞은 '언어적 규정에 그치는 말이 아님을 드러내는 것'(顯非文)이고 뒤는 '사실 그대로의 면모를 담은 말을 드러내는 것'(顯義語)이다.

처음[인 '언어적 규정에 그치는 말이 아님을 드러내는 것'(顯非文)]에서 "'사실 그대로'에서는 [불변·독자의 본질/실체가] 있음을 없앰'이 없으니 [어떻게] [본래 불변·독자의 본질/실체가] 없음'에서 [불변·독자의 본질/실체가] 있음'을 없애겠는가?"(如無無有, 無有於無)라는 것은 [다음과 같은 뜻이다.] '참 그대로인 진리다움'(眞如理)은 비록 [불변·독자의 본질/실체로서] 있음'(有)이 아니지만 '사실 그대로'(如)에는 본래 [불변·독자의 본질/실체인 있음'(有)이] 없으니, [만약] 그 [불변·독자의 본질/실체로서] 있음'(有)을 없애는 것이라면 [불변·독자의 본질/실체가] 없는 것'(無法)에서 [불변·독자의 본질/실체가] 있는 것'(有法)을 없애는 것이다. 그 이유는 [이렇게 말할 수 있다.] 〈'사실 그대로'(如)는 본래 [불변·독자의 본질/실체가] 있음'(有)이 아니니 어떤 있음(有)을 없애어 '없는 상태'(無)가 되겠는가?〉 이 때문에 "'사실 그대로'(實)는 '불변·독자의 본질/실체가 없지만'(空) [아무것도 없는] 허망한 것도 아니다"(實空不空)라는 말과 합치하는 것이다.

"'사실 그대로'에서는 [아무것도] 없음을 있게 함'이 없으니 [어떻게] [불변·

독자의 본질/실체가 있음'에서 '[아무것도] 없음'을 있게 하겠는가?"(如無有無, 有無於有)라는 것은 [다음과 같은 뜻이다.] '참 그대로인 진리다움'(眞如理)은 비록 '[아무것도] 없음'(無)이 아니지만 '사실 그대로'(如)에는 본래 '[불변·독자의 본질/실체인 있음'(有)도 없으니, [만약] 그 '[아무것도] 없음'(無)을 있게 한다면 '[불변·독자의 본질/실체가] 있는 것'(有法)에서 '[아무것도] 없는 것'(無法)을 있게 하는 것이다. 그 이유는 [이렇게 말할 수 있다.] 〈'사실 그대로'(如)는 본래 '[아무것도] 없음'(無)이 아니니 어떤 없음(無)을 있게 하여 '있는 상태'(有)가 되겠는가?〉 이 때문에 "'불변·독자의 본질/실체가 없다'(空)는 것은 '사실 그대로'(實)이지만 [그 '사실 그대로'가] '[불변·독자의 본질/실체인] 사실 그대로는 아니다'(不實)"(空實不實)라는 말과 합치하는 것이다.

"있음과 없음을 두지 않는다"(有無不在)라는 것은, 〈'사실 그대로'에서는 '[불변·독자의 본질/실체가] 없음을 있게 함'이 없기 때문에〉(如無有無故) '있게 함'(有)을 두지 않고, 〈'사실 그대로'에서는 '[불변·독자의 본질/실체가] 있음을 없앰'이 없기 때문에〉(如無無有故) 없앰(無)을 두지 않는다. '[있게 함'(有)과 없앰(無), 이 두 가지를 이미 두지 않는데 어떻게 [그] 중간을 있게 할 수 있겠는가? [그리하여] 곧 "세 가지 면모에서 벗어난다"(離於三相)라는 말과 합치한다. '사실 그대로의 면모'(如義)가 이미 이와 같기에 '사실 그대로의 면모를 담은 말'(義語)에 합치하니, 이런 까닭에 '부처의 말'(佛語)은 참되어 '공허한 글'(空文)이 아니다. 이와 같이 '언어적 규정에 그치는 말이 아니라는 것에 대한 해석'(非文釋)을 거듭 드러내었다.

'부처님의 설법'(佛說)을 이루는 '단어와 말'(名言)은 이와 같이 '[참 그대로'(眞如)인] 진리다움'(理)에 들어맞는다. 그러므로 '[깨달은] 후에 체득되는 지혜'(後得智)는 이와 같은 언어(名)를 가지고 '참 그대로'(眞如)에 대해 사유하여 곧 '참 그대로인 진리다움'(眞如理)의 바탕(體)을 직접 이해(觀)할 수 있기에 '[옳음과 그름에 관한] 네 가지 명제'(四句) 가운데의 '[있다는 관점과 없다는 관점의] 양쪽을 모두 허용하는 구절'(俱句)[142]을 두게 된다.

두 번째로 '사실 그대로의 면모를 담은 말을 거듭 드러냄'(重顯義語)에서 말한 "'[있음과 없음을] 두지 않음'을 설하기 때문에 '사실 그대로'도 [불변·독자의 본질/실체로서] 두지 않는다"(說不在故, 不在於如)라는 것은, '부처의 말'(佛語)은 이미 '있음과 없음을 [모두] 두지 않음'(有無不在)을 설하기 때문에 '참 그대로인 진리다움'(眞如理)에 대해서도 있음(有)과 없음(無)을 두지 않는다는 것이다.

"있음을 두지 않는다"(有不在)라는 것은 '사실 그대로'(如)를 [불변·독자의 본질/실체로서] 있게 하지 않는 것이고, "없음을 두지 않는다"(無不在)라는 것은 '사실 그대로'(如)를 [아무것도 없는 것이라고] 없애지 않는 것이니, 곧 〈'사실 그대로'(如)를 있게 하지도 않고 '사실 그대로'(如)를 없애지도 않으면서 설하는 것〉(不有如不無如而說)에 들어맞는다. 따라서 "'사실 그대로'를 있게 하지도 않고 '사실 그대로'를 없애지도 않으면서 사실 그대로 설한다"(如不有如不無如說)라고 말하였고, 이런 까닭에 앞에서 "'사실 그대로[를 드러내는] 말'에 들어맞는다"(如如如說)라고 한 것이다. 이와 같이 '사실 그대로의 면모를 담은 말에 대한 해석'(義語之釋)을 거듭 드러내었다.

[이상으로] '여섯 부분'(六分)[143] 가운데 '세 번째 부분'(第三分)[144][에 관한 설명]을 마친다.

---

142 구구구句: '[옳음과 그름에 관한] 네 가지 명제'(四句) 중에서 세 번째인 '[있다는 관점과 없다는 관점의] 양쪽을 모두 긍정'(俱句)하는 형식을 가리킨다. 따라서 네 번째 구절은 '양쪽을 모두 부정'(俱非句)하는 형식이라고 부르게 된다. 다음에 제시한 『유가사지론瑜伽師地論』의 내용이 참고가 될 것이다. 『유가사지론』 권73(T30, 700a1~6). "答應作四句. 有分別相相非名相相合相依而起分別, 謂分別不了其名所有相相. 又於諸相已拔名隨眠. 有分別名相非相相合相依而起分別. 謂分別不了其事所有名相, 與上相違是俱句, 除上爾所相, 是俱非句."

143 여기서 여섯 가지란 '자세하게 설명하는 것'(廣說)을 구성하는 여섯을 가리킨다. '참된 면모[인 '사실 그대로']에는 불변·독자의 본질/실체가 없다는 것[을 주제로 하는] 단원'(眞性空品)은 크게 두 부분으로 나뉘는데, '자세하게 설명하는 것'(廣說)과 '간략하게 포괄[하여 설명]하는 것'(略攝)이다.

144 여섯 부분으로 구성된 '자세하게 설명하는 것'(廣說)의 세 번째인 '여래의 가르침이 사실 그대로의 도리대로 설해짐을 밝힘'(明如來敎當如理說)을 가리킨다.

(4) 보살의 지위는 [깨달음의] 본연[인 '사실 그대로 앎']이 지닌 이로움에 따라 출현함을 밝힘(明菩薩位從本利出)

舍利弗言, "一切衆生, 從一闡提, 闡提之心, 住何等位, 得至如來如來實相?" 佛言, "從闡提心, 乃至如來如來實相, 住五等位.

[H1, 654a14~17; T34, 993a3~5]

사리불이 말하였다.

"모든 중생[의 수준]은 '좋은 능력이 모두 끊어진 자'(一闡提)[145]에서부터 비롯하니, '좋은 능력이 모두 끊어진 자의 마음'(一闡提之心)은 어느 [수행의] 단계에 자리 잡아야 여래와 〈여래인 '사실 그대로'〉(如來實相)에 도달할 수 있겠습니까?"

부처님께서 말씀하셨다.

"'좋은 능력이 모두 끊어진 자의 마음'(一闡提心)으로부터 여래와 〈여래인 '사실 그대로'〉(如來實相)에 이르기까지 '다섯 단계'(五等位)를 거쳐야[146] 한다.

---

145 일천제一闡提: 『열반경』 권5(T12, 633c3~5)에서는 일천제一闡提를 "斷滅一切諸善根本"이라고 규정한다. "一闡提也, 何等名爲一闡提耶? 一闡提者, 斷滅一切善根本, 心不攀緣一切善法, 乃至不生一念之善"; 『대승입능가경大乘入楞伽經』 권2(T16, 597c9~12)에서는 "大慧, 此中一闡提, 何故於解脫中不生欲樂? 大慧, 以捨一切善根故, 爲無始衆生起願故. 云何捨一切善根, 謂謗菩薩藏"이라고 하여, 일천제一闡提가 해탈에 대해 원하고 즐거워하지 않는 까닭은 모든 선근善根을 버렸기 때문이고, 모든 선근을 버린다는 것은 보살장菩薩藏을 비방하는 것이라고 설명한다. 일천제와 관련하여 『열반종요涅槃宗要』(H1, 525b18~19)의 '가르침의 핵심내용을 분석함(辨教宗)' 단락에서는 『열반경』의 사종대의四種大義를 밝히는 중에 "四者, 闡提謗法執性二乘, 悉當作佛"이라고 하여, 일천제인 '진리를 비방하는 자'(謗法)와 [불변의 독자적] 본질[이 있다는 견해]에 집착하는 자'(執性)인 [성문聲聞·연각緣覺] 두 부류의 수행자'(二乘) 모두가 부처님이 되리라는 가르침을 원효는 『열반경』의 네 번째 대의大義로서 제시한다.

146 원문의 '住'를 의미맥락을 고려하여 '거쳐야 한다'라고 번역하였다. '머무른다'는 통상적 번역으로는 의미맥락에 부합하지 않기 때문이다.

此下大分, 第四明菩薩位從本利出. 於中有二, 先問次答. 答中有三, 一者舉數摠標, 二者別解, 三者摠明. 此卽摠標. "五等位"者, 等之言階. "從闡提心"者, 未發無上菩提心前, 皆名闡提, 以無大乘決定信故. 然一闡提, 略有二種. 一者發大願一闡提, 謂常不入涅槃者故. 二者無大信一闡提, 此亦有二. 一者別一闡提, 謂起大邪見斷善根者故. 二者通一闡提, 謂未發大心無大信者, 乃至二乘四果, 皆入此闡提位. 今此文中, 約此最後故, 言'從一闡提心, 乃至如來, 有五等位', 未入十信者, 皆名闡提故. 此中先明五位分齊. 第一信位, 在十信行, 雖未不退, 發大心故, 『本業經』名"信相菩薩". 第二思位, 在三十心, 思量諸法唯識道理, 齊未眞證無分別修故. 第三修位者, 在十地行, 得眞證修對治十障故. 第四行位者, 在等覺行, 因行已滿, 未至果地故. 第五捨位者, 在妙覺地, 不取寂滅, 大悲普化故. 所以建立五等位者, 謂顯退不退位差別故, 證不證位差別故, 等未等位差別故, 因滿位差別故, 果圓位差別故, 如其次第, 立五等位也. 大意如是, 次釋其文.

[H1, 654a18~b20; T34, 993a5~26]

이 아래는 '크게 구분한 것'(大分)에서 ['자세하게 설명하는 것'(廣說) 여섯 부분 가운데] 네 번째인 '보살의 지위는 [깨달음의] 본연[인 '사실 그대로 앎']이 지닌 이로움에 따라 출현함을 밝힌 것'(明菩薩位從本利出)이다. 여기에는 두 가지 가 있으니, 먼저는 질문이고 나중은 대답이다.

대답에도 세 가지가 있으니, 첫째는 '숫자를 매겨 총괄적인 내용을 제시함'(舉數摠標)이고, 둘째는 '하나씩 풀이함'(別解)이며, 셋째는 '총괄적으로 밝힌 것'(摠明)이다. 이 [경문經文]은 곧 [숫자를 매겨] 총괄적인 내용을 제시함'([舉數]摠標)[에 해당하는 것]이다.

"다섯 단계"(五等位)라고 한 것에서 '등等'은 단계(階)를 말한다. "좋은 능력이 모두 끊어진 자의 마음에서부터"(從闡提心)라는 것은, '최고의 깨달음을 구하는 마음'(無上菩提心)을 아직 일으키기 이전[의 수준]을 다 '좋은 능력이 모두 끊어진 자'(闡提)라고 부르니 '대승에 대한 확고한 믿음'(大乘決定信)이 없기 때문이다.

그런데 '좋은 능력이 모두 끊어진 자'(一闡提)에는 대략 두 가지가 있다. 첫 번째는 〈크나큰 서원을 일으킨 '좋은 능력이 모두 끊어진 자'〉(發大願一闡提)이니, '[중생 구제를 위해] 언제까지나 열반에 들어가지 않는 자'(常不入涅槃者)를 가리킨다. 두 번째는 '대승에 대한 믿음이 없어서 좋은 능력이 모두 끊어진 자'(無大信一闡提)인데, 여기에 또 두 가지가 있다. 첫째는 '좋은 능력이 모두 끊어진 자의 개별유형'(別一闡提)이니, '크게 잘못된 견해'(大邪見)를 일으켜 '이로운 능력'(善根)을 끊어 버린 자가 그것이다. 둘째는 '좋은 능력이 모두 끊어진 자의 일반유형'(通一闡提)이니, 아직 '대승의 마음'(大心)을 일으키지 못하여 '대승에 대한 믿음'(大信)이 없는 자가 그것인데, '[성문聲聞, 연각緣覺] 두 부류 수행자의 네 가지 결실'(二乘四果)[147][을 이룬 단계]까지가 모두 이 '좋은 능력이 모두 끊어진 자의 단계'([一]闡提位)에 해당한다.

지금 이 글에서는 이 [일천제의 분류 가운데] 가장 나중의 것[인 통일천제通一闡提의 뜻]에 의거하였기 때문에 〈'좋은 능력이 모두 끊어진 자의 마음'(一闡提心)으로부터 여래[와 〈여래인 '사실 그대로'〉(如來實相)에 이르기까지] 다섯 단계가 있다〉(從一闡提心, 乃至如來, 有五等位)고 말하였으니, 아직 '믿음을 세우는

---

147 사과四果: 성문聲聞과 연각緣覺 등의 소승의 수행자들이 얻는 '네 단계의 수행 결과'(四果)를 가리킨다. 첫 번째 예류과預流果(srotāpanna-phala)는 견도에서 처음으로 사성제를 알고 예류에 들어간다. 두 번째 일래과一來果(sakṛdāgāmi-phala)는 욕계 9품의 번뇌 중 처음부터 6품까지를 끊은 단계이다. 세 번째 불환과不還果(anāgāmi-phala)는 일래과를 증득한 뒤 욕계 9품의 나머지 번뇌인 3품을 다 끊은 경지이다. 이 단계에서 비로소 다시는 욕계에 태어나지 않는 경지에 이른다. 네 번째 아라한과(arhat)는 불환과에 이어 색계와 무색계의 모든 번뇌를 끊고 열반에 들어 다시는 윤회하지 않는 경지이다. 예류과·일래과·불환과에 관련되는 전거는 다음과 같다. 『아비달마구사론阿毘達磨俱舍論』 권23(T29, 122b25~c3). "言初果者, 謂預流果, 此於一切沙門果中, 必初得故. 若先已斷欲界六品或七八品, 至此位中, 名第二果向. 趣第二果故, 第二果者, 謂一來果, 遍得果中, 此第二故. 若先已離欲界九品, … 名第三果向. 趣第三果故, 第三果者, 謂不還果." 아라한과에 관련되는 전거는 다음과 같다. 같은 책 권24(T29, 126b18~21). "上界修惑中, 斷初定一品, 至有頂八品, 皆阿羅漢向. 第九無間道, 名金剛喩定. 盡得俱盡智, 成無學應果."

열 가지 단계'(十信)로 들어가지 못한 사람은 다 '좋은 능력이 모두 끊어진 자'([一]闡提)라고 부르기 때문이다. 여기서 '다섯 단계 각각의 범위'(五位分齊)를 먼저 밝히겠다.

첫 번째인 '믿음의 단계'(信位)라는 것은 '믿음을 세우는 열 가지 단계의 수행'(十信行)에 해당하는데, 비록 아직 '물러나지 않는 경지'(不退[轉])에는 [이르지] 못했지만 '대승의 마음'(大心)을 일으키기 때문이니, 『본업경本業經』에서는 "믿는 생각을 지닌 보살"(信想菩薩)¹⁴⁸이라고 부른다.

두 번째인 '사유의 단계'(思位)라는 것은 '[십주十住, 십행十行, 십회향十廻向의] 서른 가지 마음'(三十心)[의 단계]에 해당하니, '모든 현상들은 오로지 마음[에 의한 구성]일 뿐'(諸法唯識)이라는 도리를 생각하고 헤아리지만 아직은 모두 '[불변·독자의 본질/실체로 보는 생각으로] 분별함이 없는 수행'(無分別修)을 '참되게 증득'(眞證)하지 못했기 때문이다.

세 번째인 '닦음의 단계'(修位)라는 것은 '열 가지 [본격적인] 수행경지의 수행'(十地行)에 해당하니, '[[불변·독자의 본질/실체로 보는 생각으로] 분별함이 없는 수행'(無分別修)을] '참되게 증득하여'(眞證) '열 가지 장애'(十障)¹⁴⁹를 다스리

---

148 본문에서는 신상보살信相菩薩이라고 했지만, 『본업경』 원문에는 신상보살信想菩薩로 나온다. 관련되는 경문은 두 곳에 나타나고 있는데 내용을 제시하면 다음과 같다. 『보살영락본업경菩薩瓔珞本業經』 권2(T24, 1017a13~16). "佛子, 從不識始凡夫地, 値佛菩薩教法中起一念信, 便發菩提心. 是人爾時住前, 名信想菩薩, 亦名假名菩薩, 亦名名字菩薩"; 『보살영락본업경』 권2(T24, 1021b22~25). "佛子, 三世劫中一切佛常作是說, 我今在此樹下爲十四億人說, 住前信想菩薩初受戒法. 佛子, 是信想菩薩, 於十千劫行十戒法, 當入十住心." 인용문에서 보듯이 『본업경』에서는 신상보살에 관해 "住前, 名信想菩薩"이라거나 "住前信想菩薩"이라고 하여 주전住前이라는 용어를 신상보살에게 부가한다. 원효의 『본업경소本業經疏』 권하(H1, 504a6~8)에서는 이에 관해 "言住前者, 初住已前, 是時名爲信想菩薩, 以能修行十信心故"라고 하여 주전住前이라는 것은 십주十住의 첫 번째 단계인 발심주發心住 이전이고 이 시기의 보살을 신상보살이라고 부르며 이 명칭은 십신심十信心을 수행하는 단계이기 때문이라고 설명한다.

149 십장十障: 십지十地 수행을 통해 각 단계에서마다 끊어지는 열 가지 장애들을 말한다. 『성유식론成唯識論』 권9에 따르면 ① 이생성장異生性障(제1환희지歡喜地), ② 사행장邪行障(제2이구지離垢地), ③ 암둔장闇鈍障(제3발광지發光地), ④ 미세번뇌현행

기 때문이다.

네 번째인 '완성의 단계'(行位)라는 것은 '[차이들을] 평등하게 볼 수 있는 깨달음의 행위'(等覺行)[단계]에 해당하니, '[부처가 되는] 원인으로서의 행위'(因行)는 이미 완전하지만 아직 '결과[인 부처의] 단계'(果地)에 이르지는 않았기 때문이다.

다섯 번째인 '치우치지 않는 단계'(捨位)라는 것은 '[차이들을] 사실대로 함께 만날 수 있는 깨달음의 단계'(妙覺地)에 해당하니, '[분별에 의한 동요가] 그쳐 고요한 경지'(寂滅)마저 붙들지 않고 '크나큰 연민'(大悲)으로 '[중생들을] 널리 교화하기'(普化) 때문이다.

'다섯 단계'(五等位)를 세운 까닭은 [다음과 같다.] '[이전 수준으로] 퇴행하는 단계와 퇴행하지 않는 단계'(退不退位)의 차이를 드러내고, '증득하는 단계와 증득하지 못하는 단계'(證不證位)의 차이를 드러내며, '[부처의 것과] 동등한 깨달음의 단계와 아직 동등하지 못한 단계'(等未等位)의 차이를 드러내고, '[부처가 되는] 원인이 완전해진 단계[와 완전하지 못한 단계]'(因滿[不滿]位)의 차이를 드러내며, '[부처인] 결과가 완전해진 단계[와 완전하지 못한 단계]'(果圓[不圓]位)의 차이를 드러내고자 하기 때문에, 그 차례대로 '다섯 단계'(五等位)를 세운 것이다. '총괄적인 뜻'(大意)은 이와 같고, 다음으로는 그 글[의 뜻]을 [각각] 해석하겠다.

一者, 信位, 信此身中眞如種子, 爲妄所翳, 捨離妄心, 淨心淸白, 知諸境界, 意言分別.

[H1, 654b21~23; T34, 993a27~28]

장微細煩惱現行障(제4염혜지焰慧地), ⑤ 어하승반열반장於下乘般涅槃障(제5난승지難勝地), ⑥ 추상현행장麤相現行障(제6현전지現前地), ⑦ 세상현행장細相現行障(제7원행지遠行地), ⑧ 무상중작가행장無相中作加行障(제8부동지不動地), ⑨ 이타중불욕행장利他中不欲行障(제9선혜지善慧地), ⑩ 어제법중미득자재장於諸法中未得自在障(제10법운지法雲地)이다. 앞의 '십중법계十重法界'에 관한 각주 참조.

> 첫 번째는 '[십신十信을 수행하는] 믿음의 단계'(信位)이니, 이 몸에 있는 '참 그대로 볼 수 있는 잠재적 가능성'(眞如種子)이 '[분별에 의한] 망상'(妄)에 가려져 있지만 '[사실 그대로를] 잘못 분별하는 마음'(妄心)에서 빠져나오면(捨離) '온전한 마음이 환하게 된다'(淨心淸白)는 것을 믿어, '모든 대상세계'(諸境界)가 '생각과 언어로 분별한 것"(意言分別)임을 아는 것이다.

此下, 第二別釋. 初中有二, 先信後解. 初明信者, 所謂信有三種佛性. "信此身中眞如種子"者, 信住自性佛性. "眞如"正是第一義空, "種子"卽是阿耨菩提中道種子. 自性淨心本來法然故名"眞如", 與三身果而作正因, 故名"種子". 未發心住, 名住自性, 未出諸障, "爲妄所翳"也. 言"捨離妄心"者, 是信引出佛性, 從十信位乃至等覺, 漸出不信無知等障, 隨捨麁妄分別心故. 言"淨心淸白"者, 是信至得佛性, 謂至道後, 離一切垢, 自性淨心顯現淸白故. 上句信字, 貫下二句故. "知諸境界, 意言分別"者, 旣信三種佛性, 亦知唯識道理故, 知心所取一切境界, 唯是意言分別所作, 若離分別無所有故.

[H1, 654b24~c16; T34, 993a29~b12]

이 글 이하는 [세 부분으로 이루어진 부처님의 대답(答) 가운데] 두 번째인 '하나씩 풀이함'(別釋)[150]이다.

'[다섯 단계'(五等位)의] 처음[인 신위信位를 풀이하는 이 구절]에는 두 가지 [내용]이 있으니, 먼저는 믿음(信)[의 내용]이고 나중은 이해(解)[의 내용]이다. 먼저 밝힌 믿음(信)이라는 것은, [몸 안에] '세 가지의 부처 면모'(三種佛性)[151]가 있

---

150 앞의 과문科文에서는 별해別解라고 했는데 여기서는 별석別釋이라 하고 있다.

151 삼종불성三種佛性: 삼불성三佛性은 세친世親이 지은 『불성론佛性論』에 나오는 개념으로서 주자성불성住自性佛性, 인출불성引出佛性, 지득과불성至得果佛性 세 가지를 가리킨다. 첫 번째인 주자성불성은 중생이 선천적으로 갖춘 불성이고, 두 번째인 인출불성은 가르침에 따른 수행을 거치면서 발생하는 불성이며, 세 번째인 지득과불성은 불과佛果에 이르러 비로소 원만하게 발현하는 불성이다. 『불성론』 권2에서는 불성佛性의 3인三因을 논의하는 대목에 이어서 3불성三佛性에 대해 "三種佛性者, 應得

음을 믿는 것이다.

 "이 몸에 있는 '참 그대로 볼 수 있는 잠재적 가능성'(眞如種子)이 … 믿어"(信此身中眞如種子)라는 것은, '본연[의 참됨이 될 가능성]에 머물러 있는 부처 면모'(住自性佛性)를 믿는 것이다. "참 그대로"(眞如)는 바로 '불변·독자의 본질/실체가 없는 지평의 궁극적 경지'(第一義空)이고, "잠재적 가능성"(種子)은 곧 '최고의 깨달음'(阿耨菩提)이 되는 '깨달음의 잠재적 가능성'(道種子)이다. '본연의 온전한 마음'(自性淨心)은 '본래 있는 현상 그대로'(本來法然)이기 때문에 "참 그대로"(眞如)라고 부르고, '[법신法身·보신報身·화신化身이라는] 부처의 세 가지 몸으로서의 결실'(三身果)을 이루는 '올바른 원인'(正因)이 되기 때문에 "잠재적 가능성"(種子)이라 부른다. '아직 [깨달음을 향해] 마음을 일으키지 못함'(未發心)[의 상태]에 머무르는 것을 '본연[의 참됨이 될 가능성]에 머물러 있음'(住自性)이라 부르고, 아직 모든 장애(障)에서 벗어나지 못한 것이 "'[분별에 의한] 망상'(妄)에 가려져 있음"(爲妄所翳)이다.

 "'[사실 그대로를] 잘못 분별하는 마음'(妄心)에서 빠져나온다"(捨離妄心)라는 것은 '이끌어 낸 부처 면모'(引出佛性)를 믿는 것이니, '믿음을 세우는 열 가

因中具有三性. 一住自性性, 二引出性, 三至得性. 記曰, 住自性者, 謂道前凡夫位, 引出性者, 從發心以上, 窮有學聖位, 至得性者, 無學聖位"(T31, 794a21~24)라고 하여, ① 주자성성住自性性, ② 인출성引出性, ③ 지득성至得性(至得果佛性)을 제시하면서 주자성성은 범부위凡夫位이고 인출성은 초발심初發心에서 유학성위有學聖位까지이며 지득성은 무학성위無學聖位라고 한다. 말하자면 주자성성은 성정문性淨門이므로 범부위까지 포괄하고, 인출성은 수염문隨染門이므로 불도佛道 수행의 과정에 해당하며, 지득성은 수염문인 불도佛道 수행의 결과에 해당한다. 또한 불성론 권4에서는 "因引出佛性, 故說應身"(T31, 808c16) 및 "因引出佛性, 復出化身"(T31, 808c25)이라고 하여 인출불성은 응신應身과 화신化身이 의거하는 면모를 가리킨다. 본문에 인용된 『불성론』(T31, 808c1~5)의 생략된 내용에서는 "二者, 引出佛性, 從初發意, 至金剛心, 此中佛性名爲引出. 言引出者, 凡有五位. 一能出闡提位, 二能出外道位, 三出聲聞位, 四出獨覺位, 五出菩薩無明住地位"라고 하여, 인출불성은 10주十住인 초발의보살初發意菩薩로부터 묘각지妙覺地 이전 등각지等覺地의 금강심金剛心(金剛喩定)까지의 보살 수행자에게 깃든 불성佛性이라고 하면서 ① 천제闡提, ② 외도外道, ③ 성문聲聞, ④ 독각獨覺, ⑤ 보살무명주지菩薩無明住地의 오위五位를 제시한다.

지 단계'(十信位)로부터 '[차이들을] 평등하게 볼 수 있는 깨달음[의 경지]'(等覺)에 이르기까지 '믿지 못함'(不信)과 '알지 못함'(無知) 등의 장애에서 점차 벗어나 '[근본무지에 따라] 뚜렷하게 분별하는 마음'(麁妄分別心)을 버리는 것에 따르기 때문이다. "온전한 마음이 환하게 된다"(淨心淸白)라고 말한 것은 '궁극경지에 이른 부처 면모'(至得佛性)를 믿는 것이니, 깨달음(道)에 이른 후 '[번뇌의] 모든 더러움'(一切垢)에서 벗어나 '본연의 온전한 마음'(自性淨心)이 '환하게 됨'(淸白)을 드러내는 것이다.

앞 구절의 믿음(信)이라는 글자는 뒤의 두 구절과 통한다. [곧] "모든 대상세계가 마음과 언어로 분별한 것임을 안다"(知諸境界, 意言分別)라는 것은 이미 '세 가지 부처면모'(三種佛性)를 믿기에 또한 [모든 대상세계가] '오로지 분별하는 마음[에 의한 구성]일 뿐이라는 도리'(唯識道理)를 아는 것이니, 마음에 의해 취해진 '모든 대상세계'(一切境界)는 오로지 '마음과 언어에 의거한 분별'(意言分別)에 의해 만들어진 것이어서 만약 분별에서 벗어나면 [불변·독자의 본질/실체로서] 있는 것이 없음을 아는 것이다.

> 二者, 思位. 思者觀諸境界, 唯是意言, 意言分別, 隨意顯現所見境界, 非我本識. 知此本識, 非法非義, 非所取非能取.
>
> [H1, 654c17~20; T34, 993b13~15]

두 번째는 '[십주十住·십행十行·십회향十廻向을 수행하는] 사유의 단계'(思位)이다. 사유(思)라는 것은, '모든 대상세계'(諸境界)는 오로지 '마음과 언어'(意言)[에 의해 구성된 것]으로 '마음과 언어로 분별한 것'(意言分別)이라서, 마음(意)에 따라 나타나 보게 되는 대상세계(境界)는 나의 '욕망세계(欲界)·유형세계(色界)·무형세계(無色界)의] 근본이 되는 식識'(本識)이 아니라고 이해(觀)하는 것이다. 이 '[욕망세계(欲界)·유형세계(色界)·무형세계(無色界)의] 근본이 되는 식識'(本識)은 '[뜻을] 드러내는 것'(法)만도 아니고 '[드러난 뜻'(義)만도 아니며 '취해지는 대상'(所取)인 것만도 아니고 '취하는 주체'(能取)인 것만도 아님을 알아야 한다.

此明思位, 亦有二句. 先明無相尋思觀, 後顯無生如實智. 初言"觀"者,
思量觀察, "唯是意言"者, 所取外境, 無所有故. "隨意顯現"者, 似外相分,
不離見故. "非我本識"者, 離識已外所見境界, 旣非我識, 故無所有. 此中
言"本識"者, 謂第六識, 三有本故. 如提婆菩薩所說頌言, "意識三有本, 諸
塵是其因. 若見塵非有, 有種自然滅". 上來通顯無相尋思及如實智, 自下
明其無生道理. "知此本識, 非法非義"者, 非能詮法, 非所詮義, 知名與義,
互爲客故. "非所取非能取"者, 所取塵旣無, 能取不成故, 能取之義, 必待
所取, 旣無所待, 卽無能待故. 此是通顯無生尋思及如實智. 始從十解已上
乃至世第一法, 修此尋思如實智觀, 於中亦有修慧觀察, 而皆未離思察分
別, 所以通名爲思位也.

[H1, 654c21~655a16; T34, 993b15~c1]

이 [글]은 '사유의 단계'(思位)를 밝힌 것인데, 또한 두 구절이 있다. 먼저
는 '[불변·독자의 본질/실체로 차별된] 차이가 [본래] 없음을 사유하여 이해하는
것'(無相尋思觀)을 밝힌 것이고, 나중은 〈[불변·독자의 본질/실체로서] 생겨난
것이 없다는 것을 '사실 그대로 아는 지혜'〉(無生如實智)를 드러낸 것이다.

처음에 "이해"(觀)라고 말한 것은 '사유하고 성찰하는 것'(思量觀察)이고,
"오로지 마음과 언어[에 의해 구성된 것]이다"(唯是意言)라는 것은 '취해진 외
부의 대상'(所取外境)은 '[불변·독자의 본질/실체로서] 소유되는 것이 없기'(無所
有) 때문이다. [또] "마음에 따라 나타난다"(隨意顯現)라는 것은 '외부의 객
관'(外相分) 같은 것이 주관([見]分)과 분리되지 않기 때문이다. "나의 [욕망세
계(欲界)·유형세계(色界)·무형세계(無色界)]의 근본이 되는 식識이 아니다"(非我
本識)라는 것은, 식識과 분리되어 바깥[의 것]으로 '보이는 대상'(所見境界)은
이미 나의 식識이 아니기 때문에 '[나의 것으로] 소유되는 것이 없다'(無所有)
는 것이다. 여기서 말하는 "근본이 되는 식識"(本識)이라는 것은 제6식第六
識이니, '[욕망세계(欲界)·유형세계(色界)·무형세계(無色界), 이] 세 가지 세계'(三
有)의 근본이기 때문이다. [이것은] 제바提婆보살[152]이 설한 게송에서 [다음과
같이] 말한 것과 같다. "의식意識은 '세 가지 세계'(三有)의 근본이니, '모든

대상세계'(諸塵)는 그 [의식이] 원인이네. 만약 대상세계(塵)가 '[불변·독자의 본질/실체로서] 있는 것이 아님'(非有)을 알면 '[세 가지] 세계가 [전개되는] 잠재적 가능성'([三]有種)은 저절로 사라진다네."¹⁵³

이상의 내용은 '[불변·독자의 본질/실체로 차별된] 차이가 없다는 것을 사유하는 것'(無相尋思)과 '사실 그대로 아는 지혜'(如實智)를 통틀어 드러낸 것이고, 이하부터는 그 '[불변·독자의 본질/실체나 본질로서] 생겨남이 없다는 도리'(無生道理)를 밝히는 것이다.

---

152 제바提婆보살(170~270): 3세기에 활약했던 인도 대승불교의 사상가이다. 산스크리트어로는 '아리야데바(Āryadeva)'이고, 이 뜻을 옮겨 성천聖天보살이라고 한역漢譯한다. 용수의 제자로서 공空사상을 널리 전하기 위해 많은 노력을 기울였다고 전한다. 대표적인 저서로는『백론百論』,『사백론四百論』,『백자론百字論』등이 있다. 여기서 제바는 용수의 공사상으로써 타 학파 및 종교의 주장을 비판하여 반론을 펼치는 데 주안점을 두고 있다. 그의 저작 가운데『사백론』에 대한 호법護法의 해석을 현장이 번역한『대승광백론석론大乘廣百論釋論』에서 찾아볼 수 있다. 타 학파의 주장을 날카롭게 비판하다가 암살당했다는 이야기가 전한다.

153 이 인용문은 세친世親의 저작인『불성론佛性論』의 구절을 따온 것이다. 다만, 원문의 세 번째 구절인 '若見塵無體'를 '若見塵非有'로 바꾸어 인용하였다.『불성론』권4(T31, 809c3~6). "如提婆法師說偈言, 意識三有本, 諸塵是其因, 若見塵無體, 有種自然滅." 그런데『불성론』의 이 구절은 제바의『광백론廣百論』권1(T30, 185c10)에 나오는 다음과 같은 구절을 세친이 인용한 것이다. "識爲諸有種, 境是識所行. 見塵無我時, 諸有種皆滅." 이 게송의 애초 출전인『광백론』의 구절을 기준으로 본다면, 원효가 인용하고 있는 '意識三有本'(『광백론』; 識爲諸有種)에서의 '의식意識'은 대상에 대한 인간의 경험에서 의식/마음이 차지하는 근원적이고도 구성적 지위를 지시하는 것으로, 그러한 지위는 유식학의 만법유식萬法唯識에서 정점에 이른다. 원효는 이 '의식意識'의 의미와 용법을 유식학 만법유식萬法唯識의 맥락에서 다루고 있는 것으로 보인다. 그리고 "諸塵是其因"은『광백론』의 "境是識所行"에 해당하는 구절이므로 한문어법으로는 부자연스럽지만 이 게송의 의미에 맞추기 위해서 "'모든 대상세계'(諸塵)는 그 [마음이] 원인이네"라고 번역하였다. 원효는 '본식本識'을 '제6식識'이라 주석하고 있는데, 이 것은 '의식意識'이라는 용어에 해당하는 것이 통상 '제6식'이라는 점을 고려한 것으로 보인다. 그러나『금강삼매경』본문에 나오는 본식本識 관련 문구에 대한 원효의 주석내용 전체를 고려하면 원효는 여기서 '의意/제6식識/본식本識'을 모두 유식학적 '만법유식萬法唯識' 맥락에서 사용하고 있는 것으로 보인다. 이런 점들을 고려하여 여기서 등장하는 '의意'나 '의식意識' 및 '식識'은 모두 '마음'으로 번역하였다.

"이 '[욕망세계(欲界)·유형세계(色界)·무형세계(無色界)의] 근본이 되는 식識'은 '[뜻을] 드러내는 것'만도 아니고 '[드러난] 뜻'만도 아니라는 것을 안다"(知此本識, 非法非義)라는 것은, '[근본이 되는 식識'(本識)은 '[뜻을] 드러내는 것'(能詮法)도 아니고 '드러난 뜻'(所詮義)도 아니라는 것이니, 언어(名)와 뜻(義)은 서로가 [성립시켜 주는] 대상(客)이라는 것을 알기 때문이다. "'취해지는 대상'인 것만도 아니고 '취하는 주체'인 것만도 아니다"(非所取非能取)라는 것은 '취해진 대상세계'(所取塵)가 이미 없다면 '취하는 주체'(能取)도 성립하지 못하기 때문이니, '취하는 주체'(能取)라는 면모는 반드시 '취해지는 대상'(所取)을 [자신의 성립조건으로] 의지해야 하는 것인데 이미 '의지가 되는 대상'(所待)이 없다면 곧 '의지하는 주체'(能待)도 없는 것이다.

이 [경문經文]은 '[불변·독자의 본질/실체로서] 생겨난 것이 없다는 것을 사유하는 것'(無生尋思)과 '[불변·독자의 본질/실체로서 생겨난 것이 없다는 것을] 사실 그대로 아는 지혜'([無生]如實智)를 통틀어 드러낸 것이다. 처음에 '[진리에 대한 믿음이 이해로 안착하는] 이해의 열 가지 경지'(十解) 이상으로부터 '[견도 이전의 단계에서] 가장 뛰어난 수준의 수행'(世第一法)[154][155]에 이르기까지 이러한

---

154 난법煖法·정법頂法·인법忍法·세제일법世第一法의 4선근四善根: 견도見道 이전에 4제四諦를 관찰하고 16행상十六行相을 닦아 성위聖位에 도달하는 수행 계위를 말한다. 『불광대사전』, p.1767 참조. 『아비달마구사론』 권23(T29, 119b1~3)에서 4선근四善根에 관한 설명이 시작되기 직전의 논의부터 살펴보면, "居緣總雜法念住中, 總觀所緣身等四境修四行相. 所謂非常苦空非我, 修此觀已, 生何善根"이라고 하여 4념주四念住 수행의 마지막 단계인 총잡법념주總雜法念住에서 신身·수受·심心·법法의 4경四境에 대해 비상非常·고苦·공空·비아非我의 4행상四行相을 총관總觀하는 총상념주總相住의 관觀 수행에 관한 설명을 마치고 나서 곧바로 4선근이 어떻게 생겨나는지에 관해 논의하기 시작한다. 먼저 난법煖法에 관해 같은 곳에서 "從此念住後, 有順決擇分初善根生, 名爲煖法. 此法如煖立煖法名, 是能燒惑薪聖道火前相, 如火前相故名爲煖. 此煖善根分位長故, 能具觀察四聖諦境, 及能具修十六行相. 觀苦聖諦修四行相, 一非常二苦三空四非我. 觀集聖諦修四行相, 一因二集三生四緣. 觀滅聖諦修四行相, 一滅二靜三妙四離. 觀道聖諦修四行相, 一道二如三行四出"(T29, 119b11~19)이라고 하는 것에 따르면, 순해탈분順解脫分에 해당하는 4념주四念住 수행으로부터 순결택분順決擇分의 첫 번째 선근善根이 일어난 것이 난법煖法이고, 따뜻함(煖)이라는 명칭이 붙여진

〈[[불변·독자의 본질/실체로서] 생겨난 것이 없다는 것에 대한] 사유(尋思)와 '사실 그대로 아는 지혜'(如實智)에 의거한 이해〉(尋思如實智觀)를 닦는데, 그 가운데에는 '선정수행으로 얻은 지혜'(修慧)로 관찰하는 것도 있지만 모두가 아직은 '사유로 관찰하는 이해'(思察分別)에서 벗어나지 못하니, 그러므로 통틀어 '사유의 단계'(思位)라고 부른 것이다.

———

것은 번뇌라는 땔감(惑薪)을 태우는 성도聖道의 불길(聖道火)이 일어나기 이전의 양상(前相)이기 때문이다. 이 난선근煖善根의 단계는 길기 때문에 4성제四聖諦와 그에 부속하는 16행상十六行相을 구관具觀·구수具修할 수 있는데, 여기서 4제四諦 16행상十六行相이라는 것은 고성제苦聖諦의 비상非常·고苦·공空·비아非我, 집성제集聖諦의 인因·집集·생生·연緣, 멸성제滅聖諦의 멸滅·정靜·묘妙·이離, 도성제道聖諦의 도道·여如·행行·출出이다. 정법頂法에 관해서는 "此煖善根下中上品漸次增長至成滿時有善根生, 名爲頂法. 此轉勝故更立異名. 動善根中此法最勝如人頂故名爲頂法. 或由此是進退兩際如山頂故, 說名爲頂. 此亦如煖具觀四諦, 及能具修十六行相"(T29, 119b20~24)이라고 하여, 난선근이 점차 증장하여 완성된 것으로서 난선근이 바뀌어 탁월해진 것(轉勝)이기 때문에 달리 명칭을 붙인 것이 정법頂法이다. 꼭대기(頂)라는 명칭이 붙여진 것은 진퇴進退의 움직임이 있는 동선근動善根 중에 가장 탁월하여 사람의 정수리(人頂)와 같고, 앞으로 나아가거나 뒤로 물러서는 두 방향 사이에 위치하여 산의 정상(山頂)과 같기 때문이며, 그 수행의 내용은 난법煖法과 같이 4제四諦 16행상十六行相을 구관具觀·구수具修하는 것이라고 설명한다. 인법忍法에 관해서는 "頂善根下中上品漸次增長至成滿時有善根生名爲忍法. 於四諦理能忍可中此最勝故. 又此位忍無退墮故, 名爲忍法. … 然此忍法有下中上, 下中二品與頂法同. 謂具觀察四聖諦境及能具修十六行相. 上品有異, 唯觀欲苦與世第一相隣接故"(T29, 119b29~c6)라고 하여, 앞의 정선근頂善根이 점차 증장하여 완성된 것으로서 '4제의 이치'(四諦理)를 받아들이는 고통을 참아 내어 인가忍可하는 것 중에서 가장 탁월한 것이다. 앞의 난법煖法과 정법頂法까지는 진퇴進退가 있는 동선근動善根이라면 인법忍法은 퇴타退墮가 없는 부동선근不動善根이며, 인법의 하·중·상품 중에서 하·중품은 난법 및 정법에서와 같이 4제四諦 16행상十六行相을 구관具觀·구수具修하지만 상품에서는 차이가 있어서 오직 욕계欲界의 고성제苦聖諦(欲苦)만을 관찰하는데, 이것은 세제일법世第一法과 서로 인접하기 때문이라고 설명한다. 권오민에 따르면 이 인법忍法의 상품上品에서 이루어지는 수행을 "감연감행減緣減行"이라고 하는데, 기본적으로 4제四諦 16행상十六行相을 수행 대상으로 삼는 4선근四善根 수행의 과정이 인법 상품에 이르면 "더 이상 욕계와 상계(색계와 무색계: 역자 보충)의 8제 32행상을 모두 닦지 않고 그것을 점차 감소시켜 마침내 고제의 '비상'을 관찰하는 일찰나로 판단력을 응집한다"라고 한다. 『아비달마불교』, 민족사, 2003, p.245 참조. 한편 인법忍法의 범어인 kṣānti는

> 三者, 修位. 修者常起, 能起起修同時,[156] 先以智導, 排諸障難, 出離
> 蓋纏.
>
> [H1, 655a17~18; T34, 993c2~3]
>
> 세 번째는 '[십지十地를 수행하는] 닦음의 단계'(修位)이다. 닦음(修)이란
> '늘 일으키는 것'(常起)인데, '일으켜 내는 것'(能起)과 '일으킨 것을 닦음'

어떤 것을 위해 참고 기다리는 것(patient waiting for anything)의 뜻으로서(*Sanskrit-English Dictionary*, p.326 참조), 권오민은 위의 책에서 인忍의 뜻에 관해 "진리에 대한 인가는 필시 고통을 감내해야 하기 때문에 '인'이다. 진실을 인가하는 일은 세세생생 쌓아 온 '자기'와 '자기의 세계'가 파기되는 것이기에 필연적으로 고통이 따른다"(p.245)라고도 설명한다. 범부위凡夫位의 마지막 단계인 세제일법世第一法에 관해 『아비달마구사론』 권23에서는 "上品忍無間生世第一法, 如上品忍緣欲苦諦修一行相唯一刹那. 此有漏故名爲世間. 是最勝故名爲第一. 此有漏法世間中勝, 是故名爲世第一法"(T29, 119c12~16)이라고 하여, 앞에서 보았듯이 인법忍法의 상품上品이 무간無間으로 세제일법世第一法을 일으켜 욕계欲界 고성제苦聖諦(欲苦諦)라는 일행상一行相만을 한 찰나에 닦는 것으로서 유루有漏이기 때문에 세간世間이고, 가장 탁월한 것이기 때문에 제일第一이니, 결국 세간世間의 유루법有漏法 중에 가장 탁월하기 때문에 세제일법世第一法이라 한다고 설명한다. 37도품三十七道品의 앞의 5법五法과 난煖·정頂·인忍·세제일법世第一法의 4선근四善根을 직접적으로 연결하여 논의하는 대목은 『아비달마구사론』 권25에서 찾아볼 수 있다. 거기에서는 "初業位中能審照于身等四境, 慧用勝故說念住增. 煖法位中能證異品殊勝功德, 用勤勝故說正斷增. 頂法位中能持勝善根無退德, 定用勝故說神足增. 忍法位中必不退墮善根堅固, 得增上義故說根增. 第一位中非惑世法所能屈伏, 得無屈義故說力增"(T29, 132c20~26)이라고 하여, 초업위初業位에서는 신신身·수受·심心·법法의 4경四境을 이해하기에 혜용慧用이 탁월하므로 4념주四念住가 증가하고, 난법위煖法位에서는 근근勤이 탁월하므로 4정단四正斷이 증가하며, 정법위頂法位에서는 정용定用이 탁월하므로 4신족四神足이 증가하고, 인법위忍法位에서는 퇴타退墮하지 않는 선근善根으로 증상의增上義를 얻으므로 5근五根이 증가하며, 세제일법위世第一法位에서는 번뇌(惑)와 세속법(世法)에 굴복되지 않는 무굴의無屈義를 얻으므로 5력五力이 증가한다고 설명한다. 이러한 분석적 해석학이 얼마나 타당한 것인지는 별개의 문제이다. 단지 사제四諦나 사념처四念處에 관한 특정한 이해가 정밀한 체계로 표현된 것이며, 붓다 교설에 관한 이해와 해석의 한 유형일 뿐이라는 점을 동시에 고려해야 한다.

155 사선근四善根의 번역어: 견도見道 이전에 4제四諦를 관찰하고 16행상十六行相을 닦아 성위聖位에 도달하는 수행의 네 단계가 난법煖法·정법頂法·인법忍法·세제일법

(起修)을 동시에 하는 것이니, 먼저 지혜로써 이끌어 온갖 장애와 난관을 물리쳐 번뇌에서 벗어나는 것이다.

此明修位. 亦有二句, 先明修相, 後顯修因. 言修相者, 謂正體智, 止觀雙運, 更無出入, 故言"常起". 言"能起"者, 謂止能起, 能起觀故. 次言"起"者, 謂所起觀. 止觀不離, 故曰"同時", 止相觀如, 必同時故. 是明修相, 次顯其因. 所以得此雙運修者, 由先加行, 排諸障故. 言"智導"者, 謂加行智, 意言分別, 不離名言, 故名"智導". 七地已還, 一切地中, 皆有加行, 在先伏障故. "排諸障難"者, 損伏麤重故, "出離盖纏"者, 不起現纏故.

[H1, 655a19~b6; T34, 993c3~12]

이것은 '닦음의 단계'(修位)를 밝힌 것이다. [여기에도] 또한 두 구절이 있으니, 먼저 '닦음의 특징'(修相)을 밝혔고 나중에는 '[그러한 특징을 지닌] 닦음[을 발생시킨] 원인'(修因)을 드러내었다.

'닦음의 특징'(修相)이라는 것은 '본연의 온전한 지혜'(正體智)를 가리키니, '[빠져들지 않는 마음국면에 의거한] 그침과 [사실대로 보는] 이해를 동시에 운용'(止觀雙運)하여 [수행에서] 나가거나(出) [수행으로] 들어가는(入) [구분이] 아

世第一法의 4선근四善根이다. 그런데 이 사선근의 '法'은 문맥에 따라 두 가지로 번역할 필요가 있다. 하나는 '수행'이고 다른 하나는 '현상'이다. 그래서 본 번역에서는 4선근四善根의 번역어를 다음과 같은 두 가지 가운데 하나를 문맥에 따라 선택하고 있다. 즉, 난법煖法은 '[4제四諦에 관한 이해를] 착수하는 수행'/'[4제四諦에 관한 이해를] 착수하는 현상', 정법頂法은 '[4제四諦에 관한 이해가] 탁월해진 수행'/'[4제四諦에 관한 이해가] 탁월해진 현상', 인법忍法은 '[4제四諦의 도리를] 감당해 내는 수행'/'[4제四諦의 도리를] 감당해 내는 현상', 세제일법世第一法은 '[견도見道 이전의 단계에서] 가장 뛰어난 수준의 수행'/'[견도見道 이전의 단계에서] 가장 뛰어난 수준의 현상'의 어느 하나를 선택한다.

156 대정장 『금강삼매경』에서는 '起修同時'가 아니라 '起同時故'로 되어 있는 판본이 있다고 교감하였다. 원효의 주석 내용을 감안하면 '起修同時'로 보는 것이 적절해 보인다. 대정장 『금강삼매경론』에도 '起修同時'로 나온다.

예 없기 때문에 "늘 일으키는 것"(常起)이라고 말하였다. "일으켜 내는 것"(能起)이라는 것은 '그침'(止)이 일으켜 내는 것을 일컫는 것이니, [그침(止)은] '사실대로 보는 이해'(觀)를 일으킬 수 있기 때문이다. ['능기能起'에 이어] 다음에 말한 ['기수起修'에서의] "일으킴"(起)이라는 것은 '일으켜진 이해'(所起觀)를 가리킨다. 그침(止)과 이해(觀)는 분리되지 않으므로 "동시에"(同時)라고 하였으니, '[빠져드는 마음의] 분별양상을 그치는 것'(止相)과 '사실 그대로를 이해하는 것'(觀如)은 반드시 동시[에 작용하는 것]이기 때문이다. 이[상의 내용]은 '닦음의 특징'(修相)을 밝힌 것이고, 다음은 그 [그러한 특징을 지닌 닦음을 발생시킨] 원인(因)을 드러낸 것이다.

이 '[그침(止)과 이해(觀)를] 동시에 운용하는 수행'(雙運修)을 얻은 이유는 먼저 '힘을 더해 가는 수행'(加行)으로 온갖 장애(障)를 물리쳤기 때문이다. "지혜로써 이끈다"(智導)라는 것[에서 '지혜(智)'라는 것]은 '향상시켜 가는 지혜'(加行智)[157]를 말하는 것이니, '마음과 언어로 이해하여'(意言分別) [아직] 언어(名言)에서 벗어나지 않았기 때문에 "지혜로써 이끈다"(智導)라고 하였다. '[십지十地의] 일곱 번째 경지[인 원행지遠行地 보살의 단계]'(七地) 이전의 모든 경지에서는 다 '힘을 더해 가는 수행'(加行)이 있으니, 먼저 장애를 다스리[는 과정이 필요하]기 때문이다. "온갖 장애와 난관을 물리친다"(排諸障難)

---

157 가행지加行智:『이장의二障義』에서는 이 용어를 전후 맥락에 따라 '탐구와 음미의 향상'으로 번역하였다. "또한 '모든 현상에 불변·독자의 본질/실체가 없다고 하는 이해'(法空觀) 이전의 '방편에 의거하는 수행'(方便道) 중에도 '모든 현상에 불변·독자의 본질/실체가 있다고 하는 집착'(法執)이 있다. 말하자면 [예를 들면 '모든 현상에 불변·독자의 본질/실체가 없다고 하는 이해'(法空觀) 이전의 '방편에 의거하는 수행'(方便道) 중에서 분별에서 풀려나려는] '탐구와 음미의 향상'(加行智)은 아직 '모든 현상에 불변·독자의 본질/실체가 없다'(法空)는 [경지]에 도달하지 못하여 분별하면서 [현상의] 차이/특성을 취하므로 근본무지라 한다. 또한 '모든 현상에 불변·독자의 본질/실체가 있다고 하는 집착'(法執)이라고도 하니, 오직 하나의 '헤아리는 작용'(慧數)이 이해하기도 하고 집착하기도 한다"(H1, 792b23. 又復法空觀前方便道中, 亦有法執. 即加行智, 未達法空, 分別取相, 說名無明. 亦名法執, 唯一慧數, 亦解亦執).

라는 것은 '거칠고 무거운 번뇌'(麤重)를 덜어 내고 제압하기 때문이고, "번뇌에서 벗어난다"(出離盖纒)[158]라는 것은 '현재 작용하는 번뇌'(現纒)를 일으키지 않기 때문이다.

> 四者, 行位. 行者, 離諸行地, 心無取捨, 極淨根利. 不動心如, 決定實性, 大般涅槃, 唯性空大.
>
> [H1, 655b7~9; T34, 993c13~14]
>
> 네 번째는 '완성의 단계'(行位)이다. 완성(行)이라는 것은 [십지十地의] 모든 수행경지'(諸行地)에서 벗어나는 것이니, 마음에 '취함과 버림'(取捨)이 없어져 '최고로 온전하고'(極淨) 능력(根)이 고도화된다(利). '동요하지 않는 마음'(不動心)은 한결같고(如), '본래 그러한 참된 면모'(決定實性)이며, '크나큰 완전한 열반'(大般涅槃)이고, 오로지 본연(性)[인 지평]이어서 '불변·독자의 본질/실체가 없이 광대하게 열려 있다'(空大).

是等覺位. 亦有二句, 先明位狀, 後顯其行. 初中言"離諸行地"者, 行過十地故. "心無取捨"者, 解與佛同故, 故說此位, 名等覺行. 次摠結言"極淨根利"者, 謂本覺心顯, 成滿因故. 次明行中言"不動心如, 決定實性"者, 此位得入金剛三昧故, "大般涅槃, 唯性空大"者, 寂滅無爲, 一相無相故. 如『本業經』言, "入金剛三昧, 一相無相寂滅無爲, 名無垢地故".

[H1, 655b10~19; T34, 993c15~22]

이것은 '[차이들을] 평등하게 볼 수 있는 깨달음의 경지'(等覺位)[를 밝힌 것]

---

158 여기서 번뇌를 의미하는 단어로 '개盖'자와 '전纒'자가 쓰였다. '개盖'는 '개蓋'의 속자로서 '덮개'(nivaraṇa)를 뜻한다. 마치 덮개가 있으면 안에 있는 것을 제대로 볼 수가 없듯이, 마음에 동요가 일어나면 그것이 덮개가 되어 지혜를 가린다는 뜻이다. '덮개'(蓋, nivaraṇa)가 번뇌를 가리키는 용어로 쓰인 것은 니까야/아함에서 아비달마 논서에 이르기까지 광범위하다. '전纒'자 역시 번뇌를 가리키는 말이다. 곧 '밧줄에 묶여 있다'(paryavasthāna)는 뜻이니 구속되어 있는 상태를 가리킨다. 초기/부파불교의 경론뿐만 아니라 『유가사지론』 권89 등에서도 번뇌를 가리키는 개념으로 나타난다.

이다. 여기에도 두 구절이 있으니, 먼저는 '[이] 단계의 특징'(位狀)을 밝힌 것이고, 나중은 그 [단계의] 내용(行)을 드러낸 것이다.

처음에 "[십지+地의] 모든 수행경지에서 벗어난다"(離諸行地)라고 말한 것은 수행이 '열 가지 [본격적인] 수행경지'(十地)를 넘어섰기 때문이다. "마음에 취함과 버림이 없다"(心無取捨)라는 것은 [차이들에 대한] 이해(解)가 부처[의 것]과 동등하기 때문이니, 따라서 이 단계를 '[차이들을] 평등하게 볼 수 있는 깨달음의 경지'(等覺行)라고 부른다. 다음으로 총괄적으로 결론지어 "최고로 온전하고 능력이 고도화된다"(極淨根利)라고 말한 것은 '깨달음의 본연[인 '사실 그대로 앎'을 일으키는] 마음'(本覺心)이 드러난 것이니, '[깨달음의] 원인'(因)을 '완전하게 이루었기'(成滿) 때문이다.

다음으로 [이 단계의] 내용(行)을 밝히는 가운데 "'동요하지 않는 마음'은 한결같고 '본래 그러한 참된 면모'이다"(不動心如, 決定實性)라고 말한 것은 이 단계에서 '금강[석과 같이 단단한] 삼매'(金剛三昧)에 들어갔기 때문이고, "'크나큰 완전한 열반'이고, 오로지 본연[인 지평]이어서 불변·독자의 본질/실체가 없이 광대하게 열려 있다"(大般涅槃, 唯性空大)라는 것은 '불변·독자의 본질/실체가 없고 [불변·독자의 본질/실체로 보는 분별의] 동요가 없기에'(寂滅) '[분별로 나누는] 행위가 없으며'(無爲) '하나처럼 통하는 양상'(一相)이어서 '[불변·독자의 본질/실체로서 나뉘는] 양상이 없기'(無相) 때문이다. [이것은] 『본업경』에서 [다음과 같이] 말한 것과 같다. "'금강[석金剛石 같은] 삼매'(金剛三昧)에 들어가 '하나처럼 통하는 양상'(一相)이어서 '[불변·독자의 본질/실체로서 나뉘는] 양상이 없고'(無相), '불변·독자의 본질/실체가 없고 [불변·독자의 본질/실체로 보는 분별의] 동요가 없는 경지'(寂滅)이며 '[분별로 나누는] 행위가 없으니'(無爲), 그러므로 '번뇌가 없어진 경지'(無垢地)라고 부른다."[159]

---

159 『보살영락본업경菩薩瓔珞本業經』 권하 제4 「석의품釋義品」(T24, 1018b9~10). "入金剛三昧, 一相無相寂滅無爲, 故名無垢地."

五者, 捨位. 捨者, 不住性空, 正智流易, 大悲如相, 相不住如, 三藐三
菩提, 虛心不證. 心無邊際, 不見處所, 是至如來.

[H1, 655b20~23; T34, 993c23~25]

다섯 번째는 '치우치지 않는 단계'(捨位)이다. '치우치지 않음'(捨)이라
는 것은 [다음과 같은 경지이다.] '본연인 불변·독자의 본질/실체가 없음'
(性空)에도 머물러 있지 않고 [사실대로 보는] '온전한 지혜'(正智)가 [현상에
응하면서] 흘러가며, '크나큰 연민'(大悲)은 [연민의 대상들과] '같아지는 면
모'(如相)이면서도 [그] 면모(相)가 '같은 곳'(如)에 머물러 있지 않고, '완전
한 깨달음'(三藐三菩提)에 대해서도 ['완전한 깨달음'이라는 생각에 머물지 않고]
'마음을 비워 내어'(虛心) ['완전한 깨달음'을] 증득[했다는 생각도] 하지 않는
다. [이 단계에서는] 마음에 [공간이나 시간의] 한계(邊際)가 없으면서도 [공간
이나 시간의 어디에] 머무르는 곳을 볼 수 없으니, 여래[의 경지]에 이른 것
이다.

此明佛地, 亦有二句. 先明捨義, 卽以三義, 顯其捨相. "不住性空, 正智
流易"者, 不住涅槃灰身滅智, 智不滅故, 量智續流, 隨根變易, 作佛事故.
"大悲如相, 相不住如"者, 無緣大悲, 不取人法差別之相, 故曰"如相", 恒涉
六道, 未曾停息, 故言"相不住如". "三藐"曰正, "三"者云等, "菩提"言覺, 摠
而言之, 謂正等覺, 卽是圓滿無上菩提. 於中無住, "虛心不證". 此三義中,
前二不住涅槃故捨, 後一不取菩提故捨. 次明位狀. "心無邊際"者, 歸一心
源, 心體周遍, 遍十方故無邊, 周三世故無際. 雖周三世, 而無古今之殊,
雖遍十方, 而無此彼之處. 以之故言"不見處所". 如是極果, 不與他共, 唯
乘如者之所來至, 以之故言"是至如來". 上來別明五等位竟.

[H1, 655b24~c17; T34, 993c25~994a10]

이것은 '부처의 경지'(佛地)를 밝힌 것인데, 여기에도 두 구절이 있다. 먼
저는 '치우치지 않음의 뜻'(捨義)을 밝힌 것으로, 곧 '세 가지 뜻'(三義)으로
써 그 '치우치지 않는 양상'(捨相)을 드러내었다.

"본연인 '불변·독자의 본질/실체가 없음'에도 머물러 있지 않고 [사실대로 보는] '온전한 지혜'가 [현상에 응하면서] 흘러간다"(不住性空, 正智流易)라는 것은, '열반으로 몸을 [식어 버린] 재처럼 만들고 인식작용도 없애는 것'(涅槃灰身滅智)에 머물지 않아 [사실대로 보는] 지혜'(智)가 사라지지 않기 때문에 '[현상/세상사를] 사실대로 헤아리는 지혜'(量智)[160]가 끊임없이 흘러나와 [중생의] 자질(根)에 따라 변화하면서 '[중생이] 부처[가 되게 하는] 일'(佛事)을 짓는 것이다.

"'크나큰 연민'은 [연민의 대상들과] '같아지는 면모'(如相)이면서도 [그] 면모가 '같은 곳'에 머물러 있지 않는다"(大悲如相, 相不住如)라는 것은, '[제한하는] 조건이 없는 크나큰 연민'(無緣大悲)[161]은 '자아와 현상을 차별하는 면모'(人

---

160 양지量智: 여량지如量智의 줄임말이다. 현상들의 양상과 특징을 사실 그대로 아는 지혜를 의미한다. 여리지如理智는 현상의 본연적 면모를 보는 지혜라는 점에서 근본지根本智 또는 무분별지無分別智라고 부르는 데 비해, 여량지는 여리지의 작용이자 결과이다. 『불성론』에 자세한 설명이 나온다. 이에 따르면, 여리지는 깨달음을 이루는 원인으로, 여량지는 깨달음의 결과로 얻어지는 능력으로 설명되고 있다. 『불성론佛性論』 권3(T31, 802a29~b15). "如量智者, 究竟窮知一切境名如量智. 若見一切衆生乖如境智, 則成生死, 若扶從境智, 則得涅槃. 一切如來法, 以是義故, 名爲如量. 至初地菩薩得此二智, 以通達逼滿法界理故, 生死涅槃二法俱知. 又此兩智是自證智見, 由自得解, 不從他得, 但自得證知, 不令他知故, 名自證知見. 又此二智有二種相, 一者, 無著, 二者, 無礙. 言無著者, 見衆生界自性清淨, 名爲無著, 是如理智相. 無礙者, 能通達觀無量無邊界故, 是名無礙, 是如量智相. 又此二智有二義, 如理智爲因, 如量智爲果. 言如理爲因者, 能作生死及涅槃因, 如量爲果者, 由此理故, 知於如來眞俗等法具足成就. 又如理智者, 是清淨因, 如量智者, 是圓滿因. 清淨因者, 由如理, 智三惑滅盡, 圓滿因者, 由如量智三德圓滿故."

161 무연대비無緣大悲: 무연자비無緣慈悲라고도 한다. 『대지도론大智度論』의 설명에 따르면, '크나큰 연민'(大悲)에는 세 가지가 있다고 하였는데, 이 가운데 무연대비無緣大悲는 세 번째 항목으로 나온다. 여기서 '조건이 없다'(無緣)는 말의 뜻은 '현상의 본연에는 불변·독자의 본질/실체가 없다'(法性空)는 이해를 디딤돌로 하여 그 어떤 것도 불변·독자의 본질/실체로 붙들지 않기 때문에 특정한 조건에 제한되지 않는다는 것이다. 『대지도론』 권50(T25, 417b21~26). "一切衆生中具足慈悲心'者, 悲有三種, 衆生緣·法緣·無緣. 此中說無緣大悲名具足, 所謂法性空, 乃至實相亦空, 是名無緣大悲. 菩薩深入實相, 然後悲念衆生. 譬如人有一子, 得好寶物, 則深心愛念欲以與之."

法差別之相)를 취하지 않으니 따라서 "같아지는 면모"(如相)라고 말하였고, 언제나 '[지옥地獄 · 아귀餓鬼 · 축생畜生 · 아수라阿修羅 · 천상天上 · 인간人間, 이] 여섯 가지 미혹세계'(六道)를 돌아다니며 멈춘 적이 없으니 따라서 "[그] 면모가 '같은 곳'에 머물러 있지 않는다"(相不住如)라고 말하였다. "삼막三藐" 은 완전함(正)이라 하고 "삼三"은 같아짐(等)을 말하며 "보리菩提"는 깨달음을 말하니, 총괄적으로 말하면 '완전한 깨달음과 같아짐'(正等覺)¹⁶²이고 바로 '완전해진 최고의 깨달음'(圓滿無上菩提)이다. 이 [완전해진 최고의 깨달음] 가운데에서 [그것을 불변의 장소로 삼아] 머무름이 없기에 "마음을 비워 내어 ['완전한 깨달음'을] 증득[했다는 생각도] 하지 않는다"(虛心不證)[라고 한 것이다.] ['치우치지 않는 양상'(捨相)을 드러내는] 이 '세 가지 뜻'(三義) 가운데 앞의 두 가지는 '열반[의 고요한 경지]에 머무르지 않기'(不住涅槃) 때문에 '치우치지 않는다'(捨)는 것이고, 뒤의 한 가지는 '깨달음을 [불변 · 독자의 본질/실체로서] 취하지 않기'(不取菩提) 때문에 '치우치지 않는다'(捨)는 것이다.

[두 구절 가운데 두 번째 구절은] 다음으로 [이] '단계의 특징'(位狀)을 밝힌 것이다. "마음에 [시간이나 공간의] 한계가 없다"(心無邊際)라는 것은 '하나처럼 통하는 마음의 근원으로 돌아가'(歸一心源) '마음의 본연이 두루 펼쳐지는 것'(心體周遍)이니, '온 세상'(十方)에 두루 펼쳐지기 때문에 [공간적으로] '한계가 없고'(無邊) '과거 · 현재 · 미래의 [모든] 때'(三世)에 두루 펼쳐지기 때문에 [시간적으로] '[한계 짓는] 제한이 없는'(無際) 것이다. 비록 '과거 · 현재 · 미래의 [모든] 때'(三世)에 두루 펼쳐지지만 옛날과 지금의 다름이 [불변 · 독자의 본질/실체로서] 없고, 비록 '온 세상'(十方)에 두루 펼쳐지지만 이곳과 저곳[의 다름]이 [불변 · 독자의 본질/실체로서] 없으니, 그런 까닭에 "[공간이나 시간의 어디에] 머무르는 곳을 볼 수 없다"(不見處所)라고 말하였다. 이와 같은 '궁극

162 삼먁삼보리三藐三菩提: 산스크리트어 여성명사인 'samyaksambodhi'의 발음을 한역漢譯한 말이다. 뜻으로 옮기면 정등정각正等(正)覺이 된다. 깨달음을 의미하는 'bodhi(菩提)'에 접두어인 'samyak-(三藐: 올바르게, 정확하게)'과 'sam-(三: 함께, 완전히)'이 첨가되어 만들어진 단어이다.

의 결실'(極果)은 다른 이들과 함께할 수 없고 오로지 '[사실 그대로와] 같아지는 지평'(如)에 오른 자만이 '도달하는 곳'(所來至)이니, 그런 까닭에 "여래 [의 경지]에 이른 것이다"(是至如來)라고 말하였다.

이상으로 '[신위信位 · 사위思位 · 수위修位 · 행위行位 · 사위捨位의] 다섯 가지 단계'(五等位)를 '하나씩 밝힘'(別明)을 마친다.

> 善男子! 五位一覺, 從本利入, 若化衆生, 從其本處".
>
> [H1, 655c18~19; T34, 994a11~12]
>
> 훌륭한 이여! '다섯 가지 단계'(五位)는 '하나처럼 통하게 하는 깨달음' (一覺)으로서 '[깨달음의] 본연[인 '사실 그대로 앎']이 지닌 이로움'(本利)으로 부터 들어가니(入), 만약 중생을 교화하려면 그 '본연의 자리'(本處)를 따라야 한다."

此下, 第二¹⁶³摠明. 於中有二, 一者直明從本, 二者往復重顯. 此是初門. 五位諸行, 不離本覺, 莫不皆從本利而成, 成行之時, 從前入後, 故名爲 "入". "入"者, 自利, "化"者, 利他, 如是二行, 皆從本處也.

[H1, 655c20~656a1; T34, 994a12~16]

이 [글] 이하는 세 번째인 '총괄적으로 밝힘'(摠明)이다. 여기에 두 가지가 있으니, 첫째는 '[깨달음의] 본연[인 '사실 그대로 앎']을 따르는 것을 곧바로 밝히는 것'(直明從本)이고, 둘째는 '[문답을] 주고받으면서 거듭 드러내는 것'(往復重顯)이다. 이것은 '첫째 부분'(初門)이다.

'다섯 단계'(五位)의 모든 수행은 '깨달음의 본연'(本覺)[인 '사실 그대로 앎'] 에서 떠나지 않아 모두 '[깨달음의] 본연[인 '사실 그대로 앎']이 지닌 이로움'(本

---

163 앞에서 원효가 제시한 과문科文에 따르면, '총괄적으로 밝힘'(總明)은 세 번째로 보아야 할 것이다. 대정장의 『금강삼매경론』이나 한불전에는 모두 '第二'로 되어 있는데, 여기서는 '第三'으로 교감하여 번역한다.

利)으로부터 이루어지지 않음이 없는데, 수행을 이룰 때는 이전[의 단계로]
부터 이후[의 단계]로 들어가기 때문에 "들어간다"(入)라고 하였다. "들어간
다"(入)라는 것은 '자신을 이롭게 함'(自利)이고 "교화한다"(化)라는 것은 '남
을 이롭게 함'(利他)이니, 이와 같은 [자리행과 이타행] '두 가지 수행'(二行)은
모두 ['깨달음의 본연'(本覺)[인 '사실 그대로 앎']의] '본연의 자리'(本處)를 따르는
것이다.

舍利弗言, "云何從其本處?" 佛言, "本來無本處, 於無處空際, 入實發
菩提,¹⁶⁴ 而滿成聖道. 何以故? 善男子! 如手執彼空, 不得非不得".
[H1, 656a2~5; T34, 994a17~19]

사리불이 말하였다.
"무엇을 〈그 '본연의 자리'(本處)를 따른다〉고 하는 것입니까?"
부처님께서 말씀하셨다.
"본래 '본연의 자리'(本處)가 [불변·독자의 본질/실체로서 따로] 있는 것은
아니니, '[본연의] 자리가 [따로] 없는 불변·독자의 본질/실체 없는 지평'
(無處空際)에서 '사실 그대로[가 온전하게 드러나는 지평]에 들어가'(入實) '깨
달음을 구하는 마음을 일으켜'(發菩提心) '성스러운 길'(聖道)을 완전하게
이루는 것이다. 어째서인가? 훌륭한 이여! 마치 손으로 저 허공을 잡는
것과 같으니, [본연의 자리'(本處)는] '[불변·독자의 본질/실체로서] 얻을 수 없
지만'(不得) '[참됨을] 얻지 못하는 것도 아니다'(非不得)."

此是重顯. 答中有二, 先法後喩. 法中四句, 前二句明本處無處, 後二句
顯從成因果. "何以故"者, 舉疑發起, 何者? 若本無處, 應無得入, 若得入

---

164 한불전과 대정장의 『금강삼매경론』에는 '發菩提'로 되어 있지만, 대정장 『금강삼매
경』에는 '發菩提心'으로 나온다. 글의 의미를 분명하게 전달하는 데는 '發菩提心'으로
보는 것이 적절하므로 '發菩提心'으로 보고 번역한다.

者, 非無本處. 爲遣是疑, 故引喩釋. "手執彼空"者, "手執"喩能入之行, "虛空"喩所入之本. "不得"者, 虛空無形可握故, "非不得"者, 握內不無虛空故. 本利亦爾, 本來無本處性故, 不可得, 無本之本, 不無故, 非不可得也.

[H1, 656a6~16; T34, 994a19~27]

이 [글]은 '[문답을 주고받으면서] 거듭 드러내는 것'([往復]重顯)이다. [부처님의] 대답에 두 가지가 있으니, 먼저는 [뜻을 밝히는] 도리(法)이고 나중은 비유(喩)이다. 도리(法) 가운데는 '네 구절'(四句)이 있으니, 앞의 두 구절은 '본연의 자리는 [불변·독자의 본질/실체로서 따로] 있는 자리가 없음'(本處無處)을 밝힌 것이고, 뒤의 두 구절은 '[본연의 자리를] 따라 원인과 결과를 이룸'(從成因果)을 밝힌 것이다.

"어째서인가"(何以故)라는 것은 의심을 내세워 [뜻을 밝히는 도리(法)를] 일으킴이니, 어떤 [의심]인가? 만약 '본래 [따로] 있는 자리가 없는 것'(本無處)이라면 들어갈 수 있는 곳이 없어야 하고, 만약 들어갈 수 있는 것이라면 '본연의 자리'(本處)가 없지 않을 것이다[라는 의심을 내세운 것이다.] 이러한 의심을 없애 주려 하였기 때문에 비유를 들어 해석하였다.

"손으로 저 허공을 잡는다"(手執彼空)라는 것에서, "손으로 잡는다"(手執)라는 것은 ['본연의 자리'(本處)에] '들어가는 사람의 행위'(能入之行)를 비유한 것이고, "허공"(虛空)은 '들어가게 되는 본연[의 자리]'(所入之本)를 비유한 것이다. '[불변·독자의 본질/실체로서] 얻을 수 없다"(不得)라는 것은 허공에는 잡을 수 있는 형상이 없기 때문이고, "[참됨을] 얻지 못하는 것도 아니다"(非不得)라는 것은 움켜쥔 [손]안에는 허공이 없지 않기 때문이다. '[깨달음의] 본연[인 '사실 그대로 앎']이 지닌 이로움'(本利)도 그와 같아서, 본래 '본연의 자리라는 본질'(本處性)이 없기 때문에 '[깨달음의] 본연[인 '사실 그대로 앎']이 지닌 이로움'(本利)은 얻을 수가 없고, '본연[의 자리라는 본질]이 없는 본연'(無本之本)이 없는 것이 아니기 때문에 '[깨달음의] 본연[인 '사실 그대로 앎']이 지닌 이로움'(本利)을 얻을 수 없는 것도 아니다.

(5) 크나큰 지혜[로 밝히는 온갖 것들]이 ['깨달음의 본연이 지닌 이로움'(本利)과] 완
전하게 어우러져 [서로 불변·독자의 본질/실체로서] 다름이 없음을 밝힌
것(明大般若圓融無二)

舍利弗言, "如尊所說, 在事之先, 取以本利. 是念寂滅, 寂滅是如. 摠
持諸德, 該羅萬法, 圓融不二, 不可思議. 當知是法, 卽是摩訶般若波羅
蜜,[165] 是大神呪, 是大明呪, 是無上明呪, 是無等等呪".

[H1, 656a17~22; T34, 994a28~b3]

사리불이 말하였다.

"존귀한 분께서 말씀하신 것처럼, '[중생이 부처가 되게 하는] 일'(事)[을 행
하기]에 앞서 '[깨달음의] 본연[인 '사실 그대로 앎']이 지닌 이로움'(本利)을 취
해야겠습니다. [그럴 때는] 이 '[근본무지에 매여 생겼다가 사라지는] 생각'(念)이
[본래] '불변·독자의 본질/실체가 없고 [불변·독자의 본질/실체로 보는 분별
의] 동요가 없음'(寂滅)이니, [이와 같이] '불변·독자의 본질/실체가 없고
[불변·독자의 본질/실체로 보는 분별의] 동요가 없음'(寂滅)이 바로 '[사실 그대
로와] 같아짐'(如)입니다. [이러한 진리(理)에서는] '온갖 이로운 능력'(諸德)을
모두 지니고 '모든 현상'(萬法)을 남김없이 끌어안으면서 '완전하게 어우
러져 [서로 불변·독자의 본질/실체로서] 다르지 않으니'(圓融不二), 생각으로
헤아리기 어렵습니다. [그러므로] 이러한 도리(法)가 바로 '크나큰 지혜로
[고해苦海를 건너 피안彼岸에] 도달함'(摩訶般若波羅蜜)이며, '크게 탁월한 주
문'(大神呪)이며 '크게 밝은 주문'(大明呪)이고 '최고로 밝은 주문'(無上明呪)
이며 '[이와] 동등한 것이 없는 주문'(無等等呪)임을 알아야 하겠습니다."

---

[165] 한불전에는 '밀蜜'자가 아니라 '밀密'자로 되어 있는 판본이 있다고 교감하였다. 대정
장 『금강삼매경론』에도 '밀密'자로 나온다. 그러나 대정장 『금강삼매경』에는 '밀蜜'
자로 되어 있다. 이러한 차이는 산스크리트어 'pāramitā'를 '바라밀(다)波羅蜜(多)'로
음사音寫하는 과정에서 생겨난 것이기 때문에 어느 글자를 채택하든 한글 번역에는
영향을 끼치지 않는다. 여기서는 원효의 인용에 근거하여 '밀密'자로 교감하였다. 이
하에서 '밀蜜'자가 나오는 경우도 마찬가지이다.

此下, 第五明大般若圓融無二. 於中有二, 一者, 身子仰諮, 二者, 如來
述成. 初中亦二, 先領佛說本利圓融, 後顯卽是大般若度. 言"在事之先, 取
以本利"者, 是領佛言. 凡欲發言作佛事時, 每先取其本覺之利. 是生死念,
本來寂滅, 如是寂滅, 卽是如理. 理中摠攝本始諸德, 亦乃"該羅生死¹⁶⁶萬
法, 圓融不二". 是故甚深, "不可思議". 此中雖具無量功德, 其體唯是本覺
始覺平等無二, 故言"卽是摩訶般若". 如是般若, 窮源盡性, 故言"波羅密".
別而言之, 有二種到, 在等覺位, 到萬行之彼岸故, 在妙覺時, 到萬德之彼
岸故. 在等覺位, 略有二到. 一者有大神力, 降伏三魔之怨, 如經"是大神
呪"故. 二者有大明照, 遍察四眼之境, 如經"是大明呪"故. 妙覺位中, 亦有
二到. 一者四智具足, 五眼圓滿, 照窮法界, 更無可加, 如經"是無上明呪"
故. 二者三身所顯, 無上菩提, 更無與等, 諸佛無差, 如經"是無等等呪"故.
"呪"者禱也, 如世神呪, 有大威力, 誦呪禱神, 福無不招, 禍無不却. 今此摩
訶般若波羅蜜, 亦復如是, 具前四德, 有大神力, 內卽無德不備, 外卽無患
不離. 若至誠心, 誦此名句, 仰禱諸佛菩薩神人, 隨所求願, 無不成辦, 由
是義故, 說名爲呪. 如天帝釋, 誦此名句, 却修羅軍之事, 此中應說.

[H1, 656a23~c5; T34, 994b3~27]

이 아래는 ['자세하게 설명하는 것'(廣說)의 여섯 부분 가운데] 다섯 번째인 '크
나큰 지혜[로 밝히는 온갖 것들]이 ['깨달음의 본연이 지닌 이로움'(本利)과] 완전하
게 어우러져 [서로 불변·독자의 본질/실체로서] 다름이 없음을 밝힌 것'(明大般
若圓融無二)¹⁶⁷이다. 여기에는 두 가지가 있으니, 첫째는 '사리불이 우러러 여
쭙는 것'(身子仰諮)이고, 둘째는 '여래가 설명을 마무리한 것'(如來述成)이다.
첫째에도 두 가지가 있으니, 먼저는 부처님이 ['깨달음의] 본연[인 '사실 그대

---

166 『금강삼매경』 원문에는 '生死'가 없다. 원효가 뜻을 분명히 하기 위해 추가한 것으로
보인다.

167 앞의 과문科文에서는 '자세하게 설명하는 것'(廣說)의 다섯 번째를 '크나큰 지혜는 갖
가지 [분별이 일어나는] 원인과 조건을 끊음을 밝힘'(明大般若絶諸因緣)으로 서술하였
는데, 여기서는 표현이 바뀌었다.

로 앎'이 지닌 이로움이 [온갖 것들과] 완전하게 어우러짐'(本利圓融)을 설명한 것을 [사리불이] '이해한 것'(領)이고, 나중은 '['[깨달음의] 본연[인 '사실 그대로 앎']이 지닌 이로움이 온갖 것들과 완전하게 어우러짐'(本利圓融)이] 바로 '크나큰 지혜로 [고해苦海를 건너 피안彼岸에] 도달함'(大般若度)[168]이라는 것을 드러낸 것이다.

"'[중생이 부처가 되게 하는] 일'(事)[을 행하기]에 앞서 [깨달음의] 본연[인 '사실 그대로 앎']이 지닌 이로움을 취해야겠습니다"(在事之先, 取以本利)라고 말한 것은 [사리불이] 부처님의 말씀을 '이해한 것'(領)이다. 무릇 '[중생이] 부처[가 되게 하는] 일'(佛事)을 짓겠다고 말하려면 언제나 먼저 저 '깨달음의 본연[인 '사실 그대로 앎']이 지닌 이로움'(本覺之利)을 취해야 한다. [그럴 때는] 이 '[근본무지에 매여] 생겼다가 사라지는 생각'(生死念)이 본래 '불변·독자의 본질/실체가 없고 [불변·독자의 본질/실체로 보는 분별의] 동요가 없는 것'(寂滅)이니, 이와 같이 '불변·독자의 본질/실체가 없고 [불변·독자의 본질/실체로 보는 분별의] 동요가 없음'(寂滅)이 바로 '['사실 그대로'와] 같아진 진리'(如理)이다. [이러한] 진리(理)에는 〈'깨달음의 본연[인 '사실 그대로 앎']'과 '['사실 그대로'를] 비로소 깨달아 감'의 온갖 이로운 능력〉(本始諸德)을 모두 포괄하고 있기에 또한 "생겼다가 사라지는 모든 현상을 남김없이 끌어안으면서 완전하게 어우러져 [서로 불변·독자의 본질/실체로서] 다르지 않다"(該羅生死萬法, 圓融不二)[라고 하였다.] 이런 까닭에 깊고도 깊어서 "생각으로 헤아리기 어렵다"(不可思議)[라고 하였다.]

이 [진리(理)]에는 비록 '헤아릴 수 없이 많은 이로운 능력'(無量功德)이 갖추어져 있지만 그 바탕은 오직 〈'깨달음의 본연'[인 '사실 그대로 앎']'과 '['사실 그대로'를] 비로소 깨달아 감'이 평등하여 다름이 없는 것〉(本覺始覺平等無二)

---

168 반야도般若度: 이 말의 원어인 산스크리트어 'pāramitā'의 뜻을 해석하는 데는 두 가지 접근이 가능하다. 즉, ① pāram 단수, 목적격(n. 언덕, 반대편 지역, 목적지, 극한極限. a. 건너가는) + √i [2][4] 가다(여성명사, '완전, 최상') + -tā(추상명사 어미) → '저 언덕으로 건너감'(度彼岸). ② pārami(여성명사, 구경究竟, 완성, 완전) 'parama(a. 최고의, 최상의)'의 여성형 + -tā(추상명사 어미) → '완성'으로 파악하는 두 가지인데, 여기서는 전자의 해석방법을 채택하여 반야바라밀을 '지혜로 건너감'으로 옮겼다.

이니, 그러므로 "바로 크나큰 지혜이다"(卽是摩訶般若)라고 말하였다. 이와
같은 '[크나큰] 지혜'([摩訶]般若)는 '근원에 끝까지 이르고 본연을 다 드러내
니'(窮源盡性), 그러므로 "[고해苦海를] 건너감"(波羅密)이라고 말하였다.

'[건너감'(波羅密)의 뜻을] 구분하여 말하면 두 가지의 '[건너가] 도달함'(到)이
있으니, '[차이들을] 평등하게 볼 수 있는 깨달음의 경지'(等覺位)에서는 '온갖
수행을 완성한 저 [괴로움과 번뇌가 없는] 세계'(萬行之彼岸)에 도달하고, '[차이들
을] 사실대로 함께 만날 수 있는 깨달음의 경지'(妙覺[位])일 때는 '온갖 이로운
능력을 갖춘 저 [괴로움과 번뇌가 없는] 세계'(萬德之彼岸)에 도달하는 것이다.

'[차이들을] 평등하게 볼 수 있는 깨달음의 경지'(等覺位)에서는 대략 두 가
지의 '[건너가] 도달함'(到)이 있다. 첫 번째는, '크게 탁월한 능력'(大神力)이
있어서 '세 가지 [수행의] 방해물'(三魔)[169]이 [깨달음을] 미워하는 것을 제압하
는 것[에 도달하는 것]이니, 경전에서 말하는 "크게 탁월한 주문이다"(是大神
呪)라는 것이 그것이다. 두 번째는, '크나큰 밝게 비춤'(大明照)이 있어서
'[육안肉眼·천안天眼·혜안慧眼·법안法眼, 이] 네 가지 [지혜의] 눈으로 보는 경
지'(四眼之境)를 두루 살펴 아는 것[에 도달하는 것]이니, 경전에서 말하는 "크
게 밝은 주문이다"(是大明呪)라는 것이 그것이다.

'[차이들을] 사실대로 함께 만날 수 있는 깨달음의 경지'(妙覺位)에서도 두
가지의 '[건너가] 도달함'(到)이 있다. 첫 번째는, '[거울로 비추는 것처럼 [현상세
계를] 온전하게 드러내는 지혜'(大圓鏡智)·'[불변·독자의 본질/실체라는 생각으로 비
교하지 않아] 평등하게 보는 지혜'(平等性智)·'사실 그대로 이해하는 지혜'(妙觀察
智)·'[중생들이 열반에 이르도록 성숙시키는] 일을 이루어 가는 지혜'(成所作智), 이] 네
가지 지혜'(四智)가 모두 갖추어지고 '[육안肉眼·천안天眼·혜안慧眼·법안法
眼·불안佛眼, 이] 다섯 가지 눈'(五眼)[170]이 완전해져서 '모든 현상세계'(法界)

---

169 삼마三魔: 수행을 방해하는 세 가지 존재를 가리킨다. 곧 번뇌마煩惱魔, 음마陰魔(온
　　마蘊魔), 천마天魔인데, 다음 경문에 대한 원효의 주석에서 다시 거론되므로 자세한
　　설명은 뒤로 미룬다.
170 오안五眼: 대승의 길을 수행하는 사람에게 갖추어지는 다섯 가지 눈을 가리킨다. 곧

[의 본연]을 궁극적으로 이해하여 다시 추가할 것이 없음[에 도달하는 것]이니, 경전에서 말하는 "최고로 밝은 주문이다"(是無上明呪)라는 것이 그것이다. 두 번째는, '[법신法身·보신報身·화신化身, 이] 세 가지 몸'(三身)에 나타나는 '최고의 깨달음'(無上菩提)은 이것과 같은 것이 더는 없어서 모든 부처와 차이가 없음[에 도달하는 것]이니, 경전에서 말하는 "[이와] 동등한 것이 없는 주문이다"(是無等等呪)라는 것이 그것이다.

"주문"(呪)이라는 것은 기원[하는 특별한 언어]이니, 마치 '세간의 신령스런 주문'(世神呪)에 '큰 위력'(大威力)이 있어서 주문을 외워 신에게 빌면 불러오지 못하는 복福이 없고 물리치지 못하는 재앙(禍)이 없는 것과 같은 것이다. 지금 이 '크나큰 지혜로 [고해苦海를 건너 피안彼岸에] 도달함'(摩訶般若波羅蜜)도 그와 같아서 앞에서 말한 '네 가지로 [도달하여] 얻는 능력'(四德)[171]을 모두 갖추어 '크게 탁월한 능력'(大神力)이 있으니, 안으로는 갖추지 못하는 능력(德)이 없고 밖으로는 벗어나지 못하는 환난(患)이 없다. 만약 '정성을 다

육신에 갖추어진 실제의 눈인 육안肉眼(māṃsa-cakṣus), 현상의 인과관계를 볼 수 있는 능력인 천안天眼(divya-cakṣus), '모든 현상에는 불변·독자의 본질/실체가 없다'(一切空相)는 이해를 갖추고 있는 혜안慧眼(prajñā-cakṣus), 모든 중생을 깨달음의 길로 안내하는 '모든 종류의 가르침'(一切法門)을 포괄하여 볼 줄 아는 법안法眼(dharma-cakṣus), 모든 것을 사실 그대로 보게 되는 부처의 경지에서 갖추어지는 눈인 불안佛眼(buddha-cakṣus)이다. 오안五眼이라는 개념은 니까야/아함경에서도 나타나지만, 지시하는 내용은 전혀 다르다. 본문과 같은 오안五眼의 개념은 『대반야바라밀다경』을 필두로 『소품반야경』, 『광찬반야경』, 『금강경』 등의 반야계열 경전에서 중시되고 있다. 본 번역에 반영한 천안天眼의 의미는 니까야/아함경에서 확인되는 천안통天眼通의 내용을 반영하였다. 천안天眼에 대한 후대의 통념적 이해는 비非불교적이기 때문이다.

171 전사덕前四德: 앞에서 만행지피안萬行之彼岸인 등각위等覺位의 '두 가지 도달함'(二到)으로서 ① 대신주大神呪에 의해 삼마지원三魔之怨을 항복降伏하는 능력, ② 대명주大明呪에 의해 사안지경四眼之境을 변찰遍察하는 능력, 그리고 만덕지피안萬德之彼岸인 묘각위妙覺位의 '두 가지 도달함'(二到)으로서 ③ 무상명주無上明呪에 의해 갖추어지는 사지四智와 오안五眼의 능력, ④ 무등등주無等等呪에 의해 삼신三身에 나타나는 무상보리無上菩提의 능력을 가리키는 것으로 보인다.

하는 마음'(至誠心)으로 이 [주문의] 언어(名句)를 외우면서 모든 부처와 보살과 '신적 존재'(神人)들에게 우러러 기원하면 구하고 원하는 대로 이루어지지 않음이 없으니, 이러한 뜻에 의거하기 때문에 주문(呪)이라고 부른다. 마치 천상세계[의 신神] 제석帝釋이 이러한 [주문의] 언어를 외워 아수라阿修羅의 군대를 물리친 일과 같은 것이 이 [경전]에서 말하는 것에 해당하는 것이다.

> 佛言, "如是如是. 眞如空性, 性空智火, 燒滅諸結, 平等平等, 等覺三地. 妙覺三身, 於九識中, 皎然明淨, 無有諸影.
>
> [H1, 656c6~8; T34, 994b28~c1]

부처님께서 말씀하셨다.

"그렇다, 그렇다. 〈참 그대로인 '불변·독자의 본질/실체가 없는 본연'〉(眞如空性)에서는 〈'본연에는 불변·독자의 본질/실체가 없음'[을 아는] 지혜의 불〉(性空智火)이 모든 번뇌의 속박을 태워 없애어 '평등하고 또 평등하니'(平等平等), [이것이] '[차이들을] 평등하게 볼 수 있는 깨달음의 세 가지 경지'(等覺三地)이다. '[차이들을] 사실대로 함께 만날 수 있는 깨달음을 펼치는 세 가지 몸'(妙覺三身)은 제9식(九識)[172][의 지평]에서 환하게

---

172 제구식第九識: 아마라식阿摩羅識이라고도 한다. 아마라阿摩羅는 범어 'amala'의 음차로서 '먼지(mala)가 없다(a-)'에서 비롯하기 때문에 뜻으로 옮기면 무구無垢, 청정清淨이 된다. 아말라식阿末羅識·암마라식菴摩羅識·암마라식唵摩羅識·암마라식庵摩羅識이라고도 하고, 의역으로는 무구식無垢識·청정식清淨識·여래식如來識이라고 한다. 제9식으로서 진제眞諦(499~569) 계통의 섭론종攝論宗에서 건립한 개념으로 섭론종에서는 제8아뢰야식阿賴耶識의 미집迷執을 바꾸어 깨달음의 청정계위清淨階位에 귀의하는 것이 제9아마라식阿摩羅識이라고 한다. 유식학唯識學에서는 6식六識 외에 제7말나식末那識과 제8아뢰야식阿賴耶識을 건립하고, 섭론종攝論宗에서는 8식 외에 제9식인 아마라식阿摩羅識을 건립하며, 지론종地論宗과 천태종天台宗에서도 이 제9식설을 채택한다. 그런데 현장玄奘 계통의 법상종法相宗에서는 제8식이 이미 청정清淨의 일면까지 포괄하기 때문에 별도로 제9식을 건립하지 않는다고 한다. 『불광대사전』, pp.3671~3672 참조. 박태원은 섭론종攝論宗의 이론 근거인 진제眞諦의 아마라식阿摩羅識 사상에 대해, "잡염법과 청정법이 모두 아려야식阿黎耶識에 입각하

밝고 맑아 일체의 [대상으로서의] 영상이 없다.

此下, 如來述成. 於中有三, 先摠述, 次別述, 後卽摠成. 摠述成者, "如是
如是"故. 別中亦二, 先述到因滿義, 後述到果圓義. 初中卽顯等覺三地, 何
等名爲等覺三地? 一者百劫位, 二者千劫位, 三者萬劫位, 如『本業經』言,
"佛子! 摩尼瓔珞字者, 等覺性中一人, 其名金剛慧菩薩. 住頂寂定, 以大願
力, 住壽百劫, 修千三昧已, 入金剛三昧, 同一切法性, 二諦一諦一合相.
復住壽千劫, 學佛威儀, 乃至入佛行處, 坐佛道場, 超度三魔. 復住壽萬劫,
化現成佛, 乃至現同古昔諸佛, 常行中道, 大樂無爲, 而生滅爲異"故. 今此
文言"眞如空性"者, 卽是第一"同一合相", 謂同一切有無諸法, 卽二諦法同
融一諦, 一諦卽是一合相故. 如是名爲"眞如空性"也. "性空智火, 燒滅諸

여 성립한다고 하여 아려야식阿黎耶識의 진망화합眞妄和合적 성격을 분명히 하는"
법상신유식法相新唯識의 사상에 일차적으로 근거하면서도 "진제삼장眞諦三藏은 의
타기성依他起性 및 아려야식阿黎耶識의 잡염분雜染分을 소멸시키고 청정분淸淨分을
실현시킨 상태를 '아마라식阿摩羅識'이라는 표현으로써 적극적으로 부각시켰으며, 그
리하여 아려야식阿黎耶識 이외에 별도로 진여정식眞如淨識의 상태인 아마라식阿摩羅
識을 설정"하므로 결국 "신역新譯에서는 망妄이, 구역舊譯에서는 진眞이 특히 부각되
고 있는 것이다"라고 하여, 제8식에 근거하는 법상 신유식法相新唯識과 제9식에 근거
하는 섭론 구유식攝論舊唯識의 특징을 구분한다. 『대승기신론사상 연구(Ⅰ)』, 민족
사, 1994, pp.185~186 참조. 진제眞諦 역『결정장론決定藏論』권1에서는 "阿羅耶識對
治故, 證阿摩羅識. 阿羅耶識是無常, 是有漏法. 阿摩羅識是常, 是無漏法. 得眞如境道故,
證阿摩羅識. 阿羅耶識爲麁惡苦果之所追逐, 阿摩羅識無有一切麁惡苦果. 阿羅耶識而是一
切煩惱根本, 不爲聖道而作根本. 阿摩羅識亦復不爲煩惱根本, 但爲聖道得道得作根本"(T30,
1020b11~18)이라고 하여 무상無常·고苦 등 번뇌의 근본인 제8아라야식阿羅耶識과
상상·진여眞如 등 성도聖道의 근본인 제9아마라식阿摩羅識을 대비하고, 진제 역『삼
무성론三無性論』권1에서는 "唯阿摩羅識是無顚倒, 是無變異, 是眞如如也. 前唯識義中
亦應作此識說, 先以唯一亂識, 遣於外境, 次阿摩羅識, 遣於亂識故, 究竟唯一淨識也"(T31,
872a11~15)라고 하여 제8식인 난식亂識으로 외경外境을 제거하고, 다음에 제9아마
라식阿摩羅識으로 이 난식을 제거하여 무전도無顚倒·무변이無變異·진여여眞如如
인 유일정식唯一淨識이 된다고 설명하며, 진제 역『십팔공론十八空論』에서는 단적으
로 "阿摩羅識是自性淸淨心"(T31, 863b20)이라고 한다.

結"者, 即是第二"超度三魔". "滅¹⁷³諸結"者, 滅煩惱魔. 滅煩惱故, 陰魔不繫, 滅二魔故, 天魔自伏, 但有不思議變易死魔耳. "平等平等"者, 即是第三"常行中道". 不墮二邊, 故曰"平等", 爲顯常行, 故重言"平等". "等覺三地"者, 摠前三地. 此中前二, 述"大神呪", 其第三地, 述"大明呪"也.

[H1, 656c9~657a11; T34, 994c1~22]

이 아래는 '여래가 설명을 마무리한 것'(如來述成)이다. 여기에 세 가지가 있으니, 먼저는 '총괄적인 설명'(摠述)이고 다음은 '개별적인 설명'(別述)이며, 마지막은 '총괄하여 마무리함'(摠成)이다.

"총괄적인 설명의 마무리"(摠述成)는 "그렇다, 그렇다"(如是如是)[라고 부처가 대답한 부분]이다.

'개별적인 설명'(別述]에도 두 가지가 있으니, 먼저는 [부처가 되는] 원인이 완전해짐에 도달한 면모'(到因滿義)를 설명하는 것이고, 나중은 [부처가 된] 결과가 완전해짐에 도달한 면모'(到果圓義)를 설명한 것이다.

처음에서는 [차이들을] 평등하게 볼 수 있는 깨달음의 세 가지 경지'(等覺三地)를 드러내었으니, 어떤 것들을 [차이들을] 평등하게 볼 수 있는 깨달음의 세 가지 경지'(等覺三地)라고 부르는가? 첫 번째는 '백겁 동안 지속되는 경지'(百劫位)이고, 두 번째는 '천겁 동안 지속되는 경지'(千劫位)이며, 세 번째는 '만겁 동안 지속되는 경지'(萬劫位)이니, 『본업경本業經』에서 [다음과 같이] 말한 것과 같다.

"부처의 제자여! 마니영락摩尼瓔珞이라는 이름을 지닌 사람은 [차이들을] 평등하게 볼 수 있는 깨달음의 면모'(等覺性)[를 갖춘 이들] 가운데 한 사람이니, 그의 이름은 '금강[석과 같은] 지혜[가 있는] 보살'(金剛慧菩薩)이라 한다. [분별이] 그쳐 고요한 경지의 최상'(頂寂定)에 머물면서 [중생구제를 위한] 크나큰 서원의 힘'(大願力)으로 백겁의 수명에 머물며 '천 가지 삼매'(千三昧)를 닦고 나서 '금강[석金剛石과 같이 단단한] 삼매'(金剛三昧)에 들어가 '모든 현

---

173 『금강삼매경』 원문에 따라 '滅'을 '燒滅'로 고친다.

상의 본연'(一切法性)과 같아지고, [그리하여] 〈[세속적 관점과 진리적 관점, 이] 두 가지 관점'(二諦)이 '하나처럼 통하는 관점'(一諦)이면서 '하나처럼 통하여 합하는 양상'(一合相)〉[이 되는 경지]와 같아진다. [금강혜金剛慧보살은] 다시 천 겁의 수명에 머물면서 '부처의 위엄을 갖춘 몸가짐'(佛威儀)을 배우니, … '부처가 수행하던 곳'(佛行處)으로 들어가 '부처[가 되는] 자리'(佛道場)에 앉아 '[수행을 막는] 세 가지 방해물'(三魔)을 뛰어넘는다. [금강혜金剛慧보살은] 다시 만겁의 수명에 머물면서 '부처를 이루는 것'(成佛)을 [중생을 위해] 나타내어 보이는데, … 옛날에 나타났던 모든 부처와 똑같이 나타내면서 언제나 중도中道를 행하고 '[분별에 의한] 행위가 없는 경지'(無爲)를 크게 즐기면서도 [중생을 위해] '생겨나고 사라지면서'(生滅) [그 모습을] 달리한다."174

지금 이 [『금강삼매경』] 문장에서 "참 그대로인 '불변·독자의 본질/실체가 없는 본연'"(眞如空性)이라고 말하는 것은 바로 '[차이들을] 평등하게 볼 수 있는 깨달음의 세 가지 경지'(等覺三地) 가운데 [『본업경』에서 말하는] 첫 번째[인 '백겁 동안 지속되는 경지'(百劫位)]에서의 "'하나처럼 통하여 합하는 양상'(一合相)[이 되는 경지]와 같아진다"(同一合相)라는 [것에 해당하는] 것이니, '모든 있거나 없는 온갖 현상'(一切有無諸法)[의 본연]과 같아지면 '[세속적 관점과 진리적 관점, 이] 두 가지 관점으로 파악되는 현상들'(二諦法)이 '하나처럼 통하는 관점'(一諦)[으로 파악되는 현상들]과 같은 것으로 어우러지는데, [이] '하나처럼 통하는 관점'(一諦)이 바로 '하나처럼 통하여 합하는 양상'(一合相)인 것이다. 이와

---

174 이 내용에 해당하는 출전과 해당 원문은 다음과 같다. 밑줄 친 글자는 원효가 인용한 경문과 다른 것이고, 괄호 안에 넣은 경문은 원효의 주석에서 '내지乃至'로 생략한 부분이다. 『보살영락본업경菩薩瓔珞本業經』 권상(T24, 1012c27~1013a9). "佛子! 摩尼寶瓔珞菩薩字者, 等覺性中一人, 其名金剛慧幢菩薩. 住頂寂定, 以大願力住壽百劫, 修千三昧已入金剛三昧, 同一切法性, 二諦一諦一合相. 復住壽千劫學佛威儀, (象王視觀, 師子遊步, 復修佛無量不可思議神通化導之法. 是故一切佛法皆現在前,) 入佛行處, 坐佛道場, 超度三魔. 復住壽萬劫化現成佛, (入大寂定等覺諸佛, 二諦界外非有非無, 無心無色, 因果二習無有遺餘. 現同古佛但有應名, 現諸色心教化衆生.) 現同古昔諸佛常行中道, 大樂無爲而生滅爲異, (而實非佛, 現佛神通常住本境.)"

같은 것을 "참 그대로인 '불변·독자의 본질/실체가 없는 본연'"(眞如空性)이라고 부른다.

"'본연에는 불변·독자의 본질/실체가 없음'[을 아는] 지혜의 불이 모든 번뇌의 속박을 태워 없앤다"(性空智火, 燒滅諸結)라는 것은 바로 '[차이들을] 평등하게 볼 수 있는 깨달음의 세 가지 경지'(等覺三地) 가운데 『본업경』에서 말하는] 두 번째[인 '천겁 동안 지속되는 경지'(千劫位)]에서의 "[수행을 막는] 세 가지 방해물'(三魔)을 뛰어넘는다"(超度三魔)라는 [것에 해당하는] 것이다. "모든 번뇌의 속박을 태워 없앤다"(燒滅諸結)라는 것은 '[수행을 막는] 번뇌라는 방해물'(煩惱魔)[175]을 없애는 것이다. 번뇌를 없애기 때문에 '[자아를 이루고 있는 요소들의 다섯 가지] 더미라는 수행의 방해물'(陰魔)[176]에게 얽매이지 않으며, '[번뇌마煩惱魔와 음마陰魔, 이] 두 가지 수행의 방해물'(二魔)을 없애기 때문에 '[수행을 방해하는] 신적 존재들'(天魔)[177]도 스스로 항복하니, 단지 생각으로 헤아리기 어려운 〈'변화로 인한 죽음'이라는 수행의 방해물〉(變易死魔)[178]만 있을 뿐이다.

---

175 번뇌마煩惱魔: '네 가지 수행의 방해물'(四魔) 가운데 하나이다. 108번뇌를 비롯한 온갖 번뇌들이 중생의 마음을 어지럽혀 지혜를 빼앗아 가는 측면을 의미하는 말이다. 곧 이 번뇌 때문에 깨달음을 이루지 못하기 때문에 수행을 방해하는 것으로 지시된다. 산스크리트어로는 'kleśa-māra'라고 한다.

176 음마陰魔: '네 가지 수행의 방해물'(四魔) 가운데 하나이다. 본문에서 '[자아를 이루고 있는 요소들의 다섯 가지] 더미라는 수행의 방해물'(陰魔)로 옮긴 것은 수행을 방해하는 모든 것들은 결국 오온五蘊에 의거하기 때문이다. 초기불교에서 '세 가지 형태의 괴로움'(三苦)의 하나로 오음성고五陰盛苦를 제시한 것과 동일한 맥락에서 이해할 수 있다. 산스크리트 원어인 'skandha-māra'를 번역하기에 따라 온마蘊魔, 중마衆魔, 신마身魔 등의 개념으로도 제시된다.

177 천마天魔: 산스크리트 원어인 'deva-putra-māra'의 뜻을 옮긴 말이다. 여기서 천天은 욕계欲界에 해당하는 육천六天 가운데 최상위에 있는 하늘인 타화자재천他化自在天을 가리킨다. 본래 힌두교의 천신天神 가운데 하나인 'Maheśvara'를 자재천自在天으로 옮긴 것이다. 자재천은 훌륭한 일을 하는 사람이나 현인 및 성자를 미워하고 질투하여 그들이 뜻을 이루지 못하도록 방해하기 때문에 수행의 방해물로 설정한 것이다.

178 변역사마變易死魔: '네 가지 수행의 방해물'(四魔) 가운데 하나인 사마死魔(mṛtu-māra)를 다르게 표현한 말이다. 인간에게 죽음은 생존의 끝을 의미하기 때문에 수행하는 자체를 근원적으로 방해하는 것으로 파악한 개념이라고 볼 수 있다. 여기서 바뀜(變

"평등하고 또 평등하다"(平等平等)라는 것은 바로 '[차이들을] 평등하게 볼 수 있는 깨달음의 세 가지 경지'(等覺三地) 가운데 [『본업경』에서 말하는] 세 번째[인 '만겁 동안 지속되는 경지'(萬劫位)]에서의 "언제나 중도를 행한다"(常行中道)라는 [것에 해당하는] 것이다. '[있음(有)과 없음(無)에 대한] 두 가지 치우친 견해'(二邊)에 떨어지지 않기 때문에 "평등하다"(平等)라고 말하였고, '언제나 행함'(常行)을 나타내려고 하기 때문에 거듭 "평등하다"(平等)라고 말하였다.

'[차이들을] 평등하게 볼 수 있는 깨달음의 세 가지 경지"(等覺三地)라는 것은 앞[에서 인용한 『본업경』]의 [백겁위百劫位, 천겁위千劫位, 만겁위萬劫位, 이] 세 가지 경지를 총괄한 것이다. 이 가운데 앞의 두 가지[인 백겁위百劫位과 천겁위千劫位]는 "크게 탁월한 주문"(大神呪)을 설명한 것이고, 그 세 번째 경지[인 만겁위萬劫位]는 "크게 밝은 주문"(大明呪)을 설명한 것이다.

"妙覺"已下, 明到圓果. 言"三身"者, 一名法身, 二者應身, 三者化身. 一切諸佛, 三身道同, 是述"無等等呪"句也. "於九識中, 皎然明淨, 無有諸影"者, 是述"無上明呪"之句. 前等覺位, 猶有生滅, 未盡心源, 故在八識, 今到妙覺, 永離生滅, 窮歸本覺一心之源, 故入第九識中明淨. 又前因位, 有仰緣義, 所以其心, 影像相現, 今歸心源, 體彼本質, 由是諸影一切相盡, 以之故言"無有諸影". 如『本業經』言, "佛子! 水晶瓔珞, 內外明徹, 妙覺常住, 湛然明淨, 名一切智地. 常處中道, 一切法上, 越過四魔, 非有非無, 一切相盡. 頓解大覺, 窮化體神, 二身常住, 爲化有緣". 案云, 彼經立二身者, 一法性身, 二應化法身, 合餘二身, 爲一身故. 今此經中, 開此爲二, 故說三身, 三之與二, 平等平等. 上來別述到彼岸義.

[H1, 657a11~b7; T34, 994c22~995a8]

"[차이들을] 사실대로 함께 만날 수 있는 깨달음[을 펼치는 세 가지 몸]"(妙覺

易)을 강조한 것은, 생존을 가능하게 하는 조건이 달라짐에 따라 죽음을 경험하게 만든다는 점을 주목하여 '바뀜'을 수행의 근원적인 방해물로 간주한 것으로 보인다.

[三身]) 이하는 '완전한 결과에 도달한 것'(到圓果)을 밝힌 것이다. "[부처의] 세 가지 몸"(三身)이라고 말한 것은, 첫 번째는 '진리의 몸'(法身)이라 부르고 두 번째는 '[중생에] 응하여 나타나는 몸'(應身)이며 세 번째는 '[불특정하게] 나타난 부처 몸'(化身)이다. 모든 부처는 '세 가지 몸을 나타내는 도리'(三身道)에서 똑같은 경지이니, 이것은 "[이와] 동등한 것이 없는 주문"(無等等呪)이라는 구절을 설명한 것이다.

"제9식[의 지평]에서 환하게 밝고 맑아 일체의 [대상으로서의] 영상이 없다"(於九識中, 皎然明淨, 無有諸影)라는 것은 "최고로 밝은 주문"(無上明呪)이라는 구절을 설명한 것이다. [묘각위妙覺位의] 앞 [단계]인 '[차이들을] 평등하게 볼 수 있는 깨달음의 경지'(等覺位)에서는 여전히 '[근본무지에 따르는] 생멸'(生滅)이 있어 아직 '[하나처럼 통하게 하는] 마음의 근원'(心源)을 다 드러내지 못하기 때문에 제8아뢰야식(八識)[의 범주]에 있지만, 이제 '[차이들을] 사실대로 함께 만날 수 있는 깨달음'(妙覺)에 이르러 '[근본무지에 따르는] 생멸'(生滅)에서 완전히 벗어나 〈깨달음의 본연[인 '사실 그대로 앎']을 펼치는 '하나처럼 통하는 마음의 근원'〉(本覺一心之源)으로 완전하게 돌아갔기 때문에 제9식(九識)[경지]의 '밝고 온전함'(明淨)으로 들어가는 것이다. 또 이전의 '[부처가 되는] 원인[으로서의 행위를 지어 가는] 단계'(因[行]位)에서는 [대상이라는] 조건(緣)에 따라가는 면모(義)가 있기 때문에 그 마음에 '[대상으로서의] 영상의 모습'(影像相)이 나타나지만, 이제 '[하나처럼 통하게 하는] 마음의 근원'(心源)으로 돌아가 저 [영상의] 본바탕(本質)[179]을 체득하고 이에 따라 갖가지 영상

---

179 영상影像과 본질本質: 본질은 법상종法相宗의 교의로 영상과 대칭되는 개념으로서 영상이 의지하는 것이다. 심心과 심소心所를 통해 대상을 알아차릴 때, 마음에서 직접적으로 인식되는 대상을 영상이라고 한다. 이에 비해 영상의 근거 및 그것이 의지하는 바탕을 본질이라고 부른다. 이는 간접적으로 인식되는 대상이다. 그러므로 상분相分을 두 가지 종류로 나눌 수 있는데, 바로 본질상분本質相分과 영상상분影像相分이 그것이다. 마치 안식眼識이 색경色境을 반연할 때, 안식에 나타난 영상 이외에 별도로 제8아뢰야식 종자에서 생겨난 실질적 색법이 있는 것과 같은데, 이것이 본질이다. 이 본질에 영상이 의탁하는 것을 대질경帶質境이라고 한다. 반면 제육식에 '허

의 모든 모습이 다 사라지니, 이런 까닭에 "일체의 [대상으로서의] 영상이 없다"(無有諸影)라고 말하였다. 마치 『본업경』에서 [다음과 같이] 말한 것과 같다.

"부처의 제자여! 수정水晶으로 만든 영락瓔珞[과 같은 보배 구슬]이 안과 밖이 환하게 밝은 것처럼 '[차이들을] 사실대로 함께 만날 수 있는 깨달음'(妙覺)에 늘 머물러 밝고 온전한 것을 '모든 것을 사실 그대로 만나게 하는 지혜의 경지'(一切智地)라고 부른다. [이 경지에서는] 항상 중도中道에 머물러 '모든 현상'(一切法)에서 '[번뇌마煩惱魔·음마陰魔·천마天魔·사마死魔, 이] 네 가지 [수행의] 방해물'(四魔)을 뛰어넘으니, [모든 현상이] '[불변·독자의 본질/실체로서] 있는 것도 아니고 [아무것도] 없는 것도 아니어서'(非有非無) '[불변·독자의 본질/실체로서의] 모든 양상'(一切相)이 다 없어진다. [그리하여] '크나큰 깨달음'(大覺)을 '한꺼번에 이해하여'(頓解) '변화[할 수 있는 능력]을 다 성취하고'(窮化) '작용[할 수 있는 능력]을 체득하여'(體神) '[법성신法性身과 응화법신應化法身, 이] 두 가지 부처 몸'(二身)에 머물면서 인연이 있는 이를 교화한다."[180]

공의 꽃'(空花)이나 '토끼의 뿔'(兔角)과 같이 허망한 모양으로 오직 영상만 있고 의탁할 본질이 없는 것을 독영경獨影境이라고 한다. 『불광대사전』, p.1975. 이에 대해 『유가사지론』에서는 다음과 같이 설명한다. "世尊! 諸毘鉢舍那三摩地所行影像, 彼與此心當言有異, 當言無異? 善男子! 當言無異. 何以故, 由彼影像唯是識故. 善男子! 我說識所緣唯識所現故. 世尊! 若彼所行影像, 即與此心無有異者, 云何此心還見此心? 善男子! 此中無有少法能見少法. 然即此心如是生時, 即有如是影像顯現. 善男子! 如依善瑩清淨鏡面以質爲緣還見本質, 而謂我今見於影像, 及謂離質別有所行影像顯現. 如是此心生時, 相似有異, 三摩地所行影像顯現. 世尊! 若諸有情自性而住緣色等心所行影像, 彼與此心亦無異耶? 善男子! 亦無有異, 而諸愚夫由顛倒覺於諸影像, 不能如實知唯是識, 作顛倒解. 世尊! 齊何當言菩薩一向修毘鉢舍那? 善男子! 若相續作意唯思惟心相. 世尊! 齊何當言菩薩一向修奢摩他. … 遍於彼彼已善解了一切法中, 爲善證得極善解脫故, 作意思惟毘鉢舍那"(T30, 724a3~b7). 본질과 영상은 본래 다르지 않은데, 중생은 영상에 집착하여 본질과 영상이 다르다고 여긴다. 영상과 본질은 원래 식識으로 같지만, 어리석은 범부들이 영상에 대해 전도된 망상을 일으켜 '오직 식'(唯識)뿐이라는 것을 여실히 알지 못하여 영상과 본질이 다르다고 여기는 '전도된 이해'(顛倒解)를 일으킨다. 반면 불보살은 끊어짐 없는 사마타奢摩他와 비발사나毘鉢舍那를 함께 수행하여 이에서 벗어난다는 것이다.

180 인용된 『본업경』의 원문은 다음과 같다. "佛子! 水精(寶)瓔珞, 內外明(清)徹, 妙覺常性(住), 湛然明淨, 名一切智地. 常處中道一切法上, 超(越)過四魔, 非有非無, 一切相盡, 頓解

생각건대 저 『본업경本業經』에서 세우고 있는 '두 가지 부처 몸'(二身)은 첫 번째가 '진리 본연의 몸'(法性身)이고 두 번째는 '중생에 응하여 특정한 부처님의 모습으로 나타나거나 갖가지 모습으로 나타나는 진리 몸'(應化法身)이니, ['세 가지 부처 몸'(三身) 가운데 법신法身 이외의] 나머지 두 가지 몸을 합하여 하나의 몸으로 삼았기 때문이다. 지금 이 경전(『금강삼매경』)에서는 이 [두 가지를 합한 한 몸]을 나누어 두 가지로 하였기 때문에 '세 가지 몸'(三身)을 설하였으니, [『금강삼매경』에서 말하는] '세 가지 몸'(三身)과 [『본업경』에서 말하는] '두 가지 몸'(二身)은 [서로] 평등하고 또 평등한 것이다.

여기까지가 [열반의 경지인] 저쪽 언덕에 도달하는 뜻'(到彼岸義)을 '개별적으로 설명한 것'(別述)이다.

善男子! 是法, 非因非緣, 智自用故, 非動非靜, 用性空故. 義非有無,[181] 空相空[182]故. 善男子! 若化衆生, 令彼衆生, 觀入是義, 入是義者, 是見如來".

[H1, 657b8~11; T34, 995a9~11]

훌륭한 이여! 이러한 [경지에서의] 현상(法)은 '원인도 아니고 조건도 아니니'(非因非緣) 지혜 자신의 작용이기 때문이고, '동요도 아니고 평온도 아니니'(非動非靜) '본연에는 불변·독자의 본질/실체가 없음'(性空)에 의거하기 때문이다. [또한 그 면모는] '있는 것도 아니고 없는 것도 아니니'

大覺窮化體神, 二身常住爲化有緣"(T24, 1013a9~13).

181 한불전과 대정장의 『금강삼매경론』 및 『금강삼매경』에서 모두 "義非有無"로 되어 있다. 단지, 한불전과 대정장의 『금강삼매경』에서는 교감주를 통해 "義非有無"가 "非有非無"로 되어 있는 판본이 있다는 점만 밝히고 있다. 그러나 원효의 주석에서는 "非有非無"로 나오기 때문에 여기서는 "非有非無"로 교감하여 번역하였다.

182 대정장 『금강삼매경』을 비롯해서, 한불전 및 대정장의 『금강삼매경론』에서도 모두 "空相空"으로 되어 있다. 그러나 원효의 주석에 따르면 "空相亦空"으로 나온다. 이 "空相亦空"은 앞에서 '불변·독자의 본질/실체가 없는 세 가지 것들'(三空聚)의 첫 번째 항목이다.

(非有非無), '불변·독자의 본질/실체가 없는 면모 또한 불변·독자의 본질/실체가 없는 것'(空相空)이기 때문이다. 훌륭한 이여! 만약 중생을 교화하려면 그 중생들로 하여금 이러한 뜻(義)으로 '이해하여 들어가게'(觀入) 해야 하니, 이러한 뜻에 들어가는 것이 여래를 보는 것이다."

此是摠成圓融不二. 上約從淺入深之門, 以顯因滿果圓差別, 若就一法不二之門, 卽因果不二, 心境無別. 因果不二, 故言"非因", 心境無別, 故曰"非緣". 所以然者, 如前所說, 因果心境者, 唯一圓智之自用故. 旣唯自用, 何因何緣也? 又此智用, 在等覺位, 名照寂慧, 未離生滅之動相故, 至妙覺位, 名寂照慧, 已歸第九識究竟靜故. 然今就其不二之門, 非先有動, 非後有寂, 寂動之用, 用性空故. 若就此義, 性空是無, 無動靜故, 是亦不然. 故言"非有非無". "非有"可爾, 云何"非無"者? 空相亦空故. 如是述成圓融不二. "若化"已下, 勸入是義.

[H1, 657b12~c2; T34, 995a12~23]

이 경문은 '완전하게 어우러져 [서로 불변·독자의 본질/실체로서] 다르지 않음'(圓融不二)[의 뜻]을 '총괄하여 마무리한 것'(摠成)이다.

위에서는 '얕은 곳에서부터 깊은 곳으로 들어가는 측면'(從淺入深之門)에 의거하여 '원인의 완전함과 결과의 온전함[을 기준으로 한] 차이'(因滿果圓差別)를 드러내었지만, 만약 '하나처럼 통하는 현상이어서 [서로 불변·독자의 본질/실체로서] 다르지 않은 측면'(一法不二之門)에 의거하면 곧 '원인과 결과가 [서로] 다르지 않고'(因果不二) '마음과 대상이 [서로] 별개가 아니다'(心境無別). [이 '다르지 않은 측면'(不二之門)에서는] '원인과 결과가 [서로] 다르지 않기'(因果不二) 때문에 "원인이 아니다"(非因)라고 말하였고, '마음과 대상이 [서로] 별개가 아니기'(心境無別) 때문에 "조건이 아니다"(非緣)라고 말하였다. 왜냐하면 앞에서 말한 것과 같이 '원인과 결과'(因果) 및 '마음과 대상세계'(心境)라는 것은 오로지 '하나처럼 통하는 완전한 지혜'(一圓智)가 스스로 작용하는 것이기 때문이다. 이미 ['하나처럼 통하는 완전한 지혜'(一圓智)] 자신의 작용일 뿐인데 무엇이 원인(因)이고 무엇이 조건(緣)이겠는가?

또한 이 지혜의 작용은, '[차이들을] 평등하게 볼 수 있는 깨달음의 경지'(等覺位)에 있을 때는 '[사실 그대로] 이해하여 [분별의 동요를] 그치게 하는 지혜'(照寂慧)[183]라고 부르니 '[근본무지에 따라] 생겨나고 사라지는 동요 양상'(生滅之動相)에서 아직 벗어나지 못했기 때문이고, '[차이들을] 사실대로 함께 만날 수 있는 깨달음의 경지'(妙覺位)에 이를 때는 '[분별의 동요를] 그쳐 [사실 그대로] 이해하게 하는 지혜'(寂照慧)[184]라고 부르니 이미 제9식識의 '궁극적인 평온'(究竟靜)으로 돌아갔기 때문이다. 그러나 지금은 저 '[서로] 다르지 않은 측면'(不二之門)에 의거하였으므로 앞서 동요(動)가 있었던 것도 아니고 뒤에 그침(寂)이 있는 것도 아니니, 그침(寂)과 동요(動)라는 작용이 '본연에는 불변·독자의 본질/실체가 없음'(性空)에 의거하기 때문이다. 만약 이러한 뜻에 의거하여 〈'본연에는 불변·독자의 본질/실체가 없음'(性空)[이라는 말]은 없다(無)[는 의미]이고, [그것은] 동요(動)도 없고 고요함(靜)도 없기 때문〉이라고 한다면, 이 또한 그러한 것이 아니다. 그러므로 "있는 것도 아니고 없는 것도 아니다"(非有非無)라고 말하였다. [그런데] "있는 것이

---

183 조적혜照寂慧: 보살이 갖추는 '여섯 가지 지혜'(六慧)에서 다섯 번째에 해당하는 지혜를 가리킨다. 육혜六慧라는 용어는 대소승의 경론에서 폭넓게 나타나지만, 본문처럼 조적혜照寂慧와 적조혜寂照慧가 포함되는 지혜로 나타나는 것은 『본업경』에서만 확인할 수 있다. 이 점은 원측圓測의 『인왕경소仁王經疏』와 천태天台의 『인왕호국반야경소仁王護國般若經疏』, 법장法藏의 『화엄경탐현기華嚴經探玄記』 등의 몇몇 주석서에서만 거론되고 있을 뿐이어서 매우 제한적으로 다뤄지고 있음을 확인할 수 있다. 원효는 이 육혜六慧에 주목하여 『대승기신론소』와 『금강삼매경론』 등에서 경전의 본문을 해석하는 데 적극 활용하고 있다. '여섯 가지 지혜'(六慧)의 내용은 '들어서 얻는 지혜'(聞慧), '사유하여 얻는 지혜'(思慧), '닦아서 얻는 지혜'(修慧), '[불변·독자의 본질/실체로 차별된] 차이가 없음을 아는 지혜'(無相慧), '[사실 그대로] 이해하여 [분별의 동요를] 그치게 하는 지혜'(照寂慧), '[분별의 동요를] 그쳐 [사실 그대로] 이해하게 하는 지혜'(寂照慧)로 구성되어 있다. 『본업경』의 내용은 다음과 같다. 『보살영락본업경菩薩瓔珞本業經』 권상 (T24, 1012b29~c1). "復名六慧, 聞慧, 思慧, 修慧, 無相慧, 照寂慧, 寂照慧."

184 적조혜寂照慧: 보살이 갖추는 '여섯 가지 지혜'(六慧)에서 여섯 번째에 해당하는 지혜이다. 관련 설명과 출전에 대해서는 조적혜 각주 참조.

아니다"(非有)라는 것은 그럴 수 있겠지만, 어째서 "없는 것도 아니다"(非無)라고 할 수 있는가? '불변·독자의 본질/실체가 없는 면모 또한 불변·독자의 본질/실체가 없는 것'(空相亦空)이기 때문이다.

'완전하게 어우러져 [서로 불변·독자의 본질/실체로서] 다르지 않음'(圓融不二)[의 뜻에 대한] 설명을 이와 같이 마무리한다. "만약 [중생을] 교화하려면"(若化[衆生]) 이하는 이러한 [원융불이圓融不二의] 뜻으로 들어가기를 권유하는 것이다.

(6) 크나큰 선정은 모든 명칭과 숫자[로 지칭하는 현상들]을 넘어섬을 밝힘
(明大禪定超諸名數)

舍利弗言, "如來義觀, 不住諸流, 應離四禪, 而超有頂". 佛言, "如是.
何以故? 一切法名數, 四禪亦如是. 若見如來者, 如來心自在, 常在滅盡
處, 不出亦不入, 內外平等故.

[H1, 657c3~7; T34, 995a24~27]

사리불이 말하였다.

"여래[께서 말씀하신 원융무이圓融無二]의 뜻(義)을 이해(觀)하면 '[근본무지에 매여] 흘러가는 온갖 세계들'(諸流)에 머물지 않으며, '네 가지 선정'(四禪)[185]에서도 벗어나 '[선정으로 태어나는 세계 가운데] 가장 높은 곳에 있는

---

185 사선四禪: '네 가지 단계로 이루어진 선정'(四禪定, cattur-jhāna)을 가리키는 말이다. 이 네 단계의 선정을 각각 제1선第一禪(初禪, paṭhamaṁ jhānaṁ), 제2선第二禪 (dutiyaṁ-jhānaṁ), 제3선第三禪(tatiyaṁ-jhānaṁ), 제4선第四禪(catutthaṁ jhānaṁ) 이라고 부른다. 니까야/아함에 나타난 서술을 토대로 각 단계에서 발생하는 특징적 양상을 정리하면 다음과 같다. 제1선: 심尋(vitakka), 사伺(vicāra), 희喜(pīti), 낙樂(sukha), 제2선: 무심무사無尋無伺(avitakka avicāra), 심일경성心一境性(cetasoekodibhāva), 삼매에서 생겨난 희喜(samādhija pīti), 낙樂(sukha), 제3선: 사捨(upekha), 정념정지 正念正知(sato ca sampajāno), 사념낙주捨念樂住(upekho satīma sukha vihāra), 제4 선: 불고불락不苦不樂(adukkha asukha), 사념청정捨念淸淨(upekhā sati pārisudhi). 여기서 단계적으로 성취하는 내용으로 거론된 '심사尋伺, 희락喜樂, 심일경성心一境性, 염념, 사捨' 등의 개념은 초기/부파뿐만 아니라 후기 대승불교의 정학定學 및 수행론에서도 지속적으로 중시되었다. 이러한 것들을 '선정의 구성요소'라는 의미인 선지

하늘세계'(有頂天)[186]마저 넘어설 것입니다."

부처님께서 말씀하셨다.

"그렇다. 어째서인가? '모든 현상'(一切法)은 '명칭과 숫자[로 지칭한 것]'(名數)에 불과하니, '네 가지 선정'(四禪)도 이와 같다. 만약 여래[가 설하는 경지]를 이해한다면, '여래[가 설한 원융무이圓融無二한] 마음'(如來心)은 자유

禪支로 부르면서 사선의 목표로 간주하는 전통적 이해에 의문을 표시하는 견해도 있다. 박태원의 견해에 따르면, 〈사선四禪 법설도 붓다의 다른 법설들처럼 예외 없이 연기 법설이며, 따라서 '원인이 되는 조건과 그 조건에 의해 발생한 현상'에 관한 법설로 보아야 한다. 이렇게 볼 때 1선의 경우, '심尋(vitakka)과 사伺(vicāra)'는 원인조건이고 '희喜(pīti)와 낙樂(sukha)'은 발생한 현상으로 볼 수 있다. 마찬가지로 2선의 경우는 '무심무사無尋無伺(avitakka avicāra), 심일경성心一境性(cetasoekodibhāva), 삼매'가 원인조건이고 '희喜(samādhija pīti)와 낙樂(sukha)'은 발생한 현상이다. 또 3선에서는 '정념정지正念正知(sato ca sampajāno)'가 원인조건의 핵심이고 사념낙주捨念樂住(upekho satīma sukha vihāra)는 발생한 현상에 해당한다. 4선의 경우도 '정념정지正念正知(sato ca sampajāno)'가 핵심이 되는 원인조건이고 불고불락不苦不樂(adukkha asukha)이나 사념청정捨念淸淨(upekhā sati pārisudhi)은 발생한 현상에 해당하는 것으로 볼 수 있다. 특히 1선/2선에서는 '심尋(vitakka)과 사伺(vicāra)'가, 3선/4선에서는 '정념정지正念正知(sato ca sampajāno)'가 원인조건의 핵심으로 보인다. 이때 '심尋(vitakka)과 사伺(vicāra)'와 '정념정지正念正知(sato ca sampajāno)'의 내용 및 그것이 원인으로 작용한다는 것의 의미가 무엇인가를 탐구해야 그로 인해 발생하는 현상들을 지칭하는 용어의 의미도 드러나게 되며, 나아가 사선 법설을 연기 법설로 이해하는 길이 열린다. 특히 원인조건들을 주목해야 '사선 현상들도 붙들지 말아야 한다'고 하는 붓다의 말이나 원효의 관점도 이해할 수 있게 된다〉라고 한다. 사선四禪은 초기/부파불교의 경론에서부터 '[욕망세계(欲界)·유형세계(色界)·무형세계(無色界), 이] 세 가지 세계'(三界)로써 모든 세계의 구성방식을 이해하는 해석과 결합되는 양상을 보인다. 왜냐하면 이러한 해석학이 북전北傳에 속하는 갖가지 논서, 곧 『아비달마대비바사론』, 『아비달마구사론』, 『아비달마순정리론』 등에서 채택되고 있기 때문이다. 이에 따르면, 사선四禪을 수행한 사람은 그가 성취한 결과에 따라 색계色界의 여러 하늘세계 가운데 한 곳에 태어난다는 믿음의 체계가 성립한다. 즉, 색계천色界天은 사선四禪 각 단계의 성취에 따라 모두 4개의 사선천四禪天으로서 구성되어 있는 것이다. 그러나 이 사선천의 각각에 속하는 천天의 명칭과 숫자에 대해서는 경론마다 16천天, 17천天, 18천天 등으로 차이를 보이고 있다. 이를테면 『아비달마구사론』 권8(T29, 41a15~22)의 해석을 채택할 경우, 색계천은 초선(第一

자재하여 항상 '['명칭과 숫자'(名數)로 지칭하는 모든 것에 매이는 현상이] 완전히 없어진 [선정禪定의] 경지'(滅盡處)[187]에 자리 잡으니, ['명칭과 숫자'(名數)로 지칭하는 모든 현상에서] 벗어나지도 않고 들어가지도 않아 안[의 마음]과 바깥[의 대상]이 평등하기 때문이다.

靜慮處)에 셋, 제2선(第二靜慮處)에 셋, 제3선(第三靜慮處)에 셋, 제4선(第四靜慮處)에 여덟 천天이 있어 모두 17천으로 이루어져 있다는 것이다. 이를 모두 제시하면 다음과 같다. 1) 초선初禪에 속하는 하늘세계 셋은 (1) 범중천梵衆天(Brahma- pāriṣadya), (2) 범보천梵輔天(Brahma-purohita), (3) 대범천大梵天(Mahā-brahman)이다. 2) 제2선에 속하는 하늘세계 셋은 (1) 소광천少光天(Parīttābha), (2) 무량광천無量光天(Apramāṇābhā), (3) 극광정천極光淨天(Ābhāsvara)이다. 3) 제3선에 속하는 하늘세계 셋은 (1) 소정천少淨天(Parītta-śubha), (2) 무량정천無量淨天(Apramāṇa- śubha), (3) 변정천遍淨天(Śubha-kṛtsna)이다. 4) 제4선에 속하는 하늘세계 여덟은 (1) 무운천無雲天(Anabhraka), (2) 복생천福生天(Puṇya-prasava), (3) 광과천廣果天(Bṛhat-phala), (4) 무번천無煩天(Avṛha), (5) 무열천無熱天(Atapa), (6) 선현천善現天(Sudṛśa), (7) 선견천善見天(Sudarśana), (8) 색구경천色究竟天(Akaniṣṭha)이다. 이러한 해석학은 붓다 이전 인도 전통의 세계관과 수행관이 불교 내부에 들어와 자리 잡는 과정을 보여 준다고도 할 수 있다. 사선에 대한 전통 관점이나 해석학이 붓다의 법설과 그대로 상응한다고 볼 수는 없다. 전통 해석학의 의미를 성찰하는 동시에 새로운 해석의 가능성을 열어 두어야 붓다와의 대화가 진전될 수 있다.

186 유정천有頂天: 무형세계(無色界)를 구성하는 네 가지 하늘 가운데 최상위에 있는 세계를 가리킨다. 이때 네 가지 층의 하늘세계는 초기/부파불교의 선정법禪定法 가운데 하나인 사무색정四無色定과 결합되어 있다. 즉, 색계 사선천四禪天의 경우와 마찬가지로 사무색정의 각 단계를 성취한 사람이 태어나게 되는 곳을 각각 공무변처空無邊處, 식무변처識無邊處, 무소유처無所有處, 비상비비상처非想非非想處로 설정하고 있는 것이다. 유정천有頂天의 산스크리트어는 'akaniṣṭha'로서 '가장 높은 곳'이라는 뜻이므로, 유정천은 무색계천 가운데 가장 위에 있는 비상비비상처非想非非想處를 의미한다.

187 멸진처滅盡處: 초기 및 부파불교에서 구차제정九次第定의 체계로 정립된 선정 해석학에서 등장하는 '멸진정滅盡定' 개념을 의식하면서 만든 용어로 보이지만 멸진정과 같은 개념은 아닌 것으로 보인다. 구차제정九次第定은 사선정四禪定과 사무색정四無色定(합하여 8선八禪)이라는 선정禪定 구분법을 서로 결합시켜 구축한 것인데, 상수멸정想受滅定(saññāvedayitanirodha-samāpatti) 또는 멸진정滅盡定이라는 선정을 4선 및 8선의 체계보다 상위로 설정하고 있다. 본문에서 멸진처를 거론한 것은 색계천色界天과 무색계천無色界天으로 대변할 수 있는 존재방식의 다양한 층을 모조리 넘어선 경지를 가리키기 위한 것으로도 이해할 수 있다. 앞의 멸심정滅心定 각주 참고.

此下大分, 第六明大禪定超諸名數. 於中有二, 先問後答. 問中言"諸流"
者, 所謂三有, 往還流轉, 無休息故. "有頂"者, 謂非想處, 三有頂故. 答中
有二, 摠許別成. 別中亦二, 略明廣釋. 略中二句, 先明世間禪不離名數,
後顯出世禪超彼名數. "若見如來者", 如前所說, 入如來觀故. "如來心自
在",[188] 觀如來心, 離諸縛故. "常在滅盡處"者, 心心數法, 不生起故. "不出
亦不入"者, 心體如理, 無起滅故. 所以能得不出入者, 內心外境, 平等觀
故. 略明文竟.

[H1, 657c8~20; T34, 995a27~b8]

이 [구절] 아래는 '크게 구분하는 것'(大分)에서 ['자세하게 설명하는 것'(廣說)의]
여섯 번째인 '크나큰 선정은 모든 명칭과 숫자[로 지칭하는 현상들]을 넘어섬
을 밝힌 것'(明大禪定超諸名數)이다. 여기에는 두 가지가 있으니, 먼저는 질
문이고 나중은 대답이다.

질문 가운데 "[근본무지에 매여] 흘러가는 온갖 세계들"(諸流)이라고 말한
것은 '[욕망세계(欲界) · 유형세계(色界) · 무형세계(無色界), 이] 세 가지 세계'(三有)
가 그것이니, 가고 오고 흘러가며 바뀌면서 쉬지 못하기 때문이다. "가장
높은 곳[에 있는 하늘세계]"(有頂[天])라는 것은 '지각도 아니고 [지각 아닌 것도 아
닌 선정의] 경지'(非想[非非想]處)[로 성취한 세계]가 그것이니, '세 가지 세계의
가장 높은 곳'(三有頂)[이기] 때문이다.

대답에는 두 가지가 있으니, '[사리불의 말을] 모두 인정한 것'(摠許)과 '하
나씩 [설명을] 마무리한 것'(別成)이다. '하나씩 [설명을] 마무리한 것'(別成)에
도 두 가지가 있으니, '간략히 밝힘'(略明)과 '자세하게 해석함'(廣釋)이다.
'간략히 밝힘'(略明)에도 두 구절이 있으니, 먼저는 '세간의 선정은 명칭과
숫자[로 지칭하는 현상들]에서 벗어나지 못함을 밝힌 것'(明世間禪不離名數)이
고, 나중은 '세간에서 풀려나게 하는 선정은 그 명칭과 숫자[로 지칭하는 현

---

188 '者'자가 있어야 문맥이 자연스러우므로 '者'자를 넣어 교감하여 번역한다. 대정장
『금강삼매경론』에는 '者'자가 들어 있다.

상들]을 넘어섬을 드러낸 것'(顯出世禪超彼名數)이다.

"만약 여래[가 설하는 경지]를 이해한다면"(若見如來者)이라는 것은 앞에서 말한 것과 같이 '여래[가 말한 원융무이圓融無二의 경지]에 대한 이해'(如來觀)로 들어가는 것이다. "여래[가 설한 원융무이圓融無二한] 마음은 자유자재하다"(如來心自在)라는 것은, '여래[가 설한 원융무이圓融無二한] 마음'(如來心)을 이해(觀)하여 '온갖 [번뇌의] 결박'(諸縛)에서 벗어나는 것이다.

"항상 ['명칭과 숫자'(名數)로 지칭하는 모든 것에 매이는 현상이] 완전히 없어진 [선정禪定의] 경지(滅盡處)에 자리 잡는다"(常在滅盡處)라는 것은, ['명칭과 숫자'(名數)에 따라 분별하는] 마음(心)과 '마음의 현상들'(心數法)이 생겨나지 않는 것이다. "['명칭과 숫자'(名數)로 지칭하는 모든 현상에서] 벗어나지도 않고 들어가지도 않는다"(不出亦不入)라는 것은, '마음의 본연'(心體)은 '사실 그대로의 도리'(如理)[가 드러나는 것]이기에 ['명칭과 숫자'(名數)에 매이는 분별이] 일어나는 것도 없고 ['명칭과 숫자'(名數)로 지칭하는 현상이] 사라지는 것도 없는 것이다. ['명칭과 숫자'(名數)로 지칭하는 모든 현상에서] 벗어나지도 않고 들어가지도 않을 수 있는 까닭은, 안[의] 마음(心)과 바깥[의] 대상(境)을 '[불변·독자의 본질/실체로 분별하지 않고] 평등한 것으로 이해'(平等觀)하기 때문이다.

[이상으로] '간략히 밝힘'(略明)의 글을 마친다.

善男子! 如彼諸禪觀, 皆爲故想定,[189] 是如非復彼. 何以故? 以如觀如實, 不見觀如相, 諸相已[190]寂滅, 寂滅卽如義. 如彼想禪定, 是動非是禪. 何以故? 禪性離諸動, 非染非所染, 非法非影. 離諸分別, 本義義[191]故.

_____

189 한불전에는 '故想定'으로 되어 있고, 대정장 『금강삼매경론』에도 '故想定'으로 나온다. 한편 대정장 『금강삼매경』에는 '想空定'으로 나와 있어 혼선을 주는 부분이다. 그러나 원효의 주석에서는 '故想'만을 거론하고 있기 때문에 이에 따라 '故想'으로 교감하여 번역한다.

190 대정장 『금강삼매경』에는 이 부분이 '諸相相已'로 되어 있다. 뒤의 '相'이 없는 판본이 있다고 교감하고 있으나, 한불전/대정장의 『금강삼매경론』과 원효의 주석 모두 '諸相已'로 되어 있으므로 '諸相已'로 보고 번역한다.

善男子! 如是觀定, 乃名爲禪".

[H1, 657c21~658a3; T34, 995b9~13]

훌륭한 이여! 그 [사선四禪과 사무색정四無色定]과 같은 '선에 대한 온갖 이해'(諸禪觀)는 모두 '오래된 [분별하는] 생각'(故想)[에 의한 것]이니, '이러한 [원융불이圓融不二의] 같아짐'(是如)은 다시 저 [선禪에 대한 온갖 이해]와는 같지 않다. 어째서인가? '[원융불이圓融不二로] 같게 보는 이해'(如觀)로써 '사실 그대로'(實)와 같아지지만(如) [그] 〈'[같게 보는] 이해'([如]觀)와 '[사실 그대로'(實)와] 같아짐'(如[實])의 양상〉(觀如相)을 [서로 다른 불변·독자의 본질/실체로] 보지 않아, '모든 양상'(諸相)이 이미 '불변·독자의 본질/실체가 없고 [불변·독자의 본질/실체로 보는 분별에 의한] 동요가 없는 것이니'(寂滅), '불변·독자의 본질/실체가 없고 [불변·독자의 본질/실체로 보는 분별에 의한] 동요가 없음'(寂滅)이 바로 '같아짐의 뜻'(如義)이다. 그와 같은 '[불변·독자의 본질/실체로 취하여 분별하는] 생각으로 행하는 선정'(想禪定)은 동요함(動)이지 선禪이 아니다. 어째서인가? '[참된] 선의 면모'(禪性)는 '모든 동요'(諸動)에서 벗어난 것이니, '오염시키는 것도 아니고'(非染) '오염된 것도 아니며'(非所染) '[마음] 현상도 아니고'(非法) '영상도 아니기'(非影) 때문이다. [선禪은] '불변·독자의 본질/실체로 보는 모든 분별'(諸分別)에서 벗어난 것이고, '본연의 면모인 [동요가 없는] 뜻'(本義義)인 것이다. 훌륭한 이여! 이와 같이 이해(觀)하는 선정이라야 선禪이라고 부른다."

此是第二廣釋, 於中有四. 一者對相以明離相, 二者對動以顯離動, 三者結義, 四者結名. 初中先擧諸禪取相. "諸禪觀"者, 世間八禪. 言"故想"者, 不離古執, 無始妄想, 取諸相故. 下顯離相. "是如非復彼"者, 入如來觀, 能

---

191 한불전에서는 '本義義'가 아니라 '本義利義'로 되어 있는 판본이 있다고 교감하였다. 대정장 『금강삼매경』에서는 반대로 '本利義'로 적고, '本義義'로 되어 있는 판본이 있다고 교감하였다. 그러나 대정장 『금강삼매경론』에는 '本義義'로 되어 있고, 원효도 주석에서 '本義義'로 인용하고 있기 때문에 여기서는 '本義義'로 보고 번역한다.

所平等, 名爲"如"故. "以如觀如實"者, 平等之智, 達如實故, "不見觀如相"者, 不見能觀之智所觀之如, 差別之相, 平等一味故. 旣忘能所, 見相不起, 故言"諸相已寂滅". "寂滅", 無異故, 卽是"如義"也. "如彼"已下, 對動顯離動. 先擧其動, 謂世間禪, 取相心起, 卽是動念, 動念非靜故, 非眞禪也. 下顯眞禪離諸動相. 言"非染"者, 謂非能染, 非動念故, "非所染"者, 非動所染, 本來靜故. 言"非法"者, 非能緣心法故, "非影"者, 非所現影像故. 由是義故, 離諸動也. "離諸分別, 本義義故"者, 第三結義. "離分別"者, 結離相義, 由離分別, 不取相故. "本義義"者, 結離動義, 由本來靜, 不起動故. "如是觀定, 乃名爲禪"者, 第四結名. 離相離動, 乃得禪名, 禪是靜慮之稱故. 彼世間定名爲禪者, 是假號禪, 非眞禪故. 是一品內, 有二分中, 爲利根者, 多文廣說六分之文, 竟在於前.

[H1, 658a4~b6; T34, 995b14~c6]

이것은 ['하나씩 설명을 마무리한 것'(別成)의] 두 번째인 '자세하게 해석함'(廣釋)이니, 여기에는 네 가지가 있다. 첫째는 양상(相)을 대상으로 삼아 '양상[을 불변·독자의 본질/실체로 보는 것]에서 벗어나는 것'(離相)을 밝힌 것이고, 둘째는 동요함(動)을 대상으로 삼아 [그] '동요함에서 벗어나는 것'(離動)을 드러낸 것이며, 셋째는 뜻을 마무리한 것이고, 넷째는 명칭을 마무리한 것이다.

처음에는 먼저 갖가지 선禪[에 대한 이해]가 [갖가지] 양상(相)을 [불변·독자의 본질/실체로] 취하고 있음을 거론하였다. "선에 대한 온갖 이해"(諸禪觀)라는 것은 '세간[에서 말하는] 여덟 가지 선'(世間八禪)[에 대한 이해]이다. "오래된 [분별하는] 생각"(故想)이라고 말한 것은, 오래된 집착에서 벗어나지 못하여 '시작을 알 수 없는 때부터의 [불변·독자의 본질/실체로 보아 분별하는] 잘못된 생각'(無始妄想)으로 '모든 유형의 양상'(諸相)을 [불변·독자의 본질/실체로] 취하기 때문이다.

[그] 아래에서는 '양상[을 불변·독자의 본질/실체로 보는 것]에서 벗어나는 것'(離相)을 드러내었다. "'이러한 [원융불이圓融不二의] 같아짐'(是如)은 다시

저 [선禪에 대한 세간의 온갖 이해]와는 같지 않다"(是如非復彼)라는 것은, '여래
[가 말한 원융무이圓融無二의 경지]에 대한 이해'(如來觀)로 들어가 '주관과 객관
대상이 [불변·독자의 본질/실체가 아니어서] 평등해짐'(能所平等)을 "같아짐"(如)
이라 부르기 때문이다. "[원융불이圓融不二로] 같게 보는 이해로써 사실 그대
로와 같아진다"(以如觀如實)라는 것은 '평등하게 보는 지혜'(平等之智)로써
'사실 그대로'(如實)에 통달하기 때문이고, "〈'[같게 보는] 이해'([如]觀)와 '[사실
그대로'(實)와] 같아짐'(如[實])의 양상〉(觀如相)을 [서로 다른 불변·독자의 본질/실
체로] 보지 않는다"(不見觀如相)라는 것은 '[같게] 이해하는 지혜'(能觀之智)와
'[그 지혜에 의해] 이해된 '[사실 그대로'(實)와] 같아짐'(所觀之如)을 [완전히] 다른
양상'(差別之相)으로 보지 않는 것이니, [이들이] '평등한 한 맛'(平等一味)[처럼
통하는 것]이기 때문이다. 이미 [불변·독자의 본질/실체로 구별한] '주관과 대
상'(能所)을 잊어 [불변·독자의 본질/실체로 구별하는] '주관으로서의 인식과 대
상으로서의 인식'(見[分]相[分])이 일어나지 않으니, 그러므로 "'모든 양상이
이미 '불변·독자의 본질/실체가 없고 [불변·독자의 본질/실체로 보는 분별에
의한] 동요가 없다"(諸相已寂滅)라고 말하였다. '불변·독자의 본질/실체가
없고 [불변·독자의 본질/실체로 보는 분별에 의한] 동요가 없다'(寂滅)는 것은 '[불
변·독자의 본질/실체로서의] 다름'(異)이 없기 때문이니, 이것이 바로 "같아짐
의 뜻"(如義)이다.

 "그와 같은"(如彼) 이하는 '[자세하게 해석함'(廣釋)의 두 번째인] '동요함을 대
상으로 삼아 동요함에서 벗어나는 것을 드러내는 것'(對動顯離動)이다. 먼
저 그 동요함(動)을 거론하였는데 [다음과 같은 것이다.] '세간의 선'(世間禪)에
서는 '양상을 [불변·독자의 본질/실체로 보아] 붙드는 마음이 일어나니'(取相心
起) 이것이 바로 '동요하는 생각'(動念)이고, '동요하는 생각'(動念)은 '[분별이
그친] 평온'(靜)이 아니기 때문에 '참된 선'(眞禪)이 아니다. [그] 아래에서는
'참된 선'(眞禪)은 '[불변·독자의 본질/실체로 분별하여] 동요하는 모든 양상'(諸
動相)에서 벗어난 것임을 드러내었다. "오염시키는 것도 아니다"(非染)라는
것은 '[참된 선'(眞禪)은] '오염시킬 수 있는 주체'(能染)가 아니라는 것이니 [선

禪은] '[불변·독자의 본질/실체로 분별하여] 동요하는 생각'(動念)이 아니기 때문이고, "오염된 것도 아니다"(非所染)라는 것은 동요[하는 생각]에 의해 오염되는 것이 아니라는 것이니 [선禪이 드러내는 '사실 그대로'의 세계는] '본래 [불변·독자의 본질/실체로 보는 분별의 동요가] 그쳐 평온'(本來靜)하기 때문이다. "[마음] 현상도 아니다"(非法)라고 말한 것은 [선禪이] '[불변·독자의 대상을] 조건으로 삼는 마음현상'(能緣心法)이 아니기 때문이고, "영상도 아니다"(非影)라는 것은 [선禪이] '[마음현상에 의해] 나타난 영상'(所現影像)도 아니기 때문이다. 이러한 뜻 때문에 '[불변·독자의 본질/실체로 보아 분별하는] 모든 동요'(諸動)에서 벗어나는 것이다.

"'[불변·독자의 본질/실체로 보는] 모든 분별'(諸分別)에서 벗어난 것이고, '본연의 면모인 [동요가 없는] 뜻'(本義義)인 것이다"(離諸分別, 本義義故)라는 것은 ['자세하게 해석함'(廣釋)의 네 부분 가운데] 세 번째인 '뜻을 마무리한 것'(結義)이다. "[불변·독자의 본질/실체로 보는] 분별에서 벗어난다"(離分別)라는 것은 '양상[을 불변·독자의 본질/실체로 보는 것]에서 벗어나는 뜻'(離相義)을 마무리한 것이니, 분별에서 벗어나 '양상을 [불변·독자의 본질/실체로서] 붙들지 않기'(不取相) 때문이다. "본연의 면모인 [동요가 없는] 뜻이다"(本義義)라는 것은 '동요에서 벗어나는 뜻'(離動義)을 마무리한 것이니, [선禪이 드러내는 '사실 그대로'의 세계는] '본래 [불변·독자의 본질/실체로 보는 분별의 동요가] 그쳐 평온하여'(本來靜) 동요를 일으키지 않기 때문이다.

"이와 같이 이해하는 선정이라야 선이라고 부른다"(如是觀定, 乃名爲禪)라는 것은 ['자세하게 해석함'(廣釋)의 네 부분 가운데] 네 번째인 '명칭을 마무리한 것'(結名)이다. 양상(相)[을 불변·독자의 본질/실체로 보는 것]에서 벗어나고 '[불변·독자의 본질/실체로 보아 분별하는] 동요'(動)에서 벗어나야 비로소 선禪이라는 이름을 얻을 수 있으니, 선禪은 '[불변·독자의 본질/실체로 보는 분별에 의한 동요가 그친] 평온한 생각'(靜慮)에 대한 명칭이기 때문이다. 저 '세간[에서 이해하는] 선정'(世間定)을 선禪이라고 부르는 것은 '방편 삼아 부르는 선'(假號禪)이지 '참된 선'(眞禪)은 아닌 것이다.

이 [『진성공품眞性空品』] 한 단원(品)에 있는 두 부분[192] 중에서 [첫 번째 부분인] '뛰어난 자질을 지닌 이'(利根者)를 위해 많은 글로 자세하게 설명한 '여섯 부분'(六分)[193]의 글을 여기에서 마친다.

2) 간략하게 포괄[하여 설명]하는 것(略攝)

舍利弗言, "不可思議. 如來常以如實, 而化衆生, 如是實義, 多文廣義, 利根衆生, 乃可修之, 鈍根衆生, 難以措意. 云何方便, 令彼鈍根, 得入是諦?"

[H1, 658b7~10; T34, 995c7~10]

사리불이 말하였다.

"생각으로 헤아리기 어렵습니다. 여래께서는 언제나 '사실 그대로와 같아지는 [가르침]'(如實)으로써 중생들을 교화하시니, 이와 같은 '사실 그대로의 뜻'(實義)에 관한 많은 글과 자세한 뜻을 '자질이 뛰어난 중생'(利根衆生)은 곧바로 닦을 수 있겠지만 '자질이 부족한 중생'(鈍根衆生)은 [그러한 많은 글과 넓은 뜻으로는] [수행에] '뜻을 두기'(措意)가 어렵겠습니다. 어떤 '수단과 방법'(方便)으로 그 '자질이 부족한 중생'(鈍根衆生)으로 하여금 이러한 이치(諦)로 들어갈 수 있게 하겠습니까?"

此下, 第二爲鈍根者, 少文略攝. 然利鈍廣略, 有二種門. 若論探解, 利略鈍廣, 利者聞一以知十故, 鈍者聞十方解十故. 若齊言解, 利廣鈍略, 利者多聞而多解故, 鈍者誦少而摠持故. 今此文意, 約此後門. 文中有五, 一問二答三請四說, 五者大衆聞說得益. 此卽初文, 於中有二. 先領前說, 後

---

192 두 부분이란 '참된 면모[인 '사실 그대로']'에는 불변·독자의 본질/실체가 없다는 것[을 주제로 하는] 단원'(眞性空品)이 크게 '자세하게 설명하는 것'(廣說)과 '간략하게 포괄[하여 설명]하는 것'(略攝)으로 구성되어 있는 것을 말한다.

193 여섯 부분이란 '자세하게 설명하는 것'(廣說)을 구성하고 있는 여섯 부분이다.

問所疑. "措"¹⁹⁴者, 存意, 多文廣義, 鈍根狹才, 難以存意.

[H1, 658b11~20; T34, 995c10~17]

이 글 이하는 [두 부분으로 이루어진 '참된 면모[인 '사실 그대로']에는 불변·독자의 본질/실체가 없다는 것을 주제로 하는 단원'(眞性空品)의] 두 번째인 '자질이 부족한 이'(鈍根者)를 위해서 '짧은 글로 간략하게 포괄[하여 설명]하는 것'(少文略攝)이다.

그런데 '자질이 뛰어나거나 부족한 사람을 위해 자세하게 하거나 간략하게 하는 것'(利鈍廣略)에는 '두 가지 방식'(二種門)이 있다. '만약 탐구하여 이해하는 것을 거론한다면'(若論探解) 자질이 뛰어난 이에게는 간략하게 하고 자질이 부족한 이에게는 자세하게 하니, 자질이 뛰어난 이는 한 가지를 들으면 열 가지를 알기 때문이고, 자질이 부족한 이는 열 가지를 [다] 들어야 비로소 열 가지를 이해하기 때문이다. '만약 말과 이해를 같게 하는 것이라면'(若齊言解) 자질이 뛰어난 이에게는 자세하게 하고 자질이 부족한 이에게는 간략하게 하니, 자질이 뛰어난 이는 많이 들어 많이 이해하기 때문이고, 자질이 부족한 이는 적게 외워 [그것만을] '모두 간직하기'(摠持) 때문이다. 지금 이 글의 뜻은 이 뒤의 방식(門)에 의거하였다.

글에는 다섯 가지가 있으니, 첫 번째는 질문(問)이고 두 번째는 대답(答)이며 세 번째는 '[부처님께 설법을] 요청함'(請)이고 네 번째는 '[부처님이] 설법함'(說)이며 다섯 번째는 '대중들이 설법을 듣고 이로움을 얻음'(大衆聞說得益)이다.

이것은 곧 첫 번째 글[인 질문]인데, 여기에는 두 가지가 있다. 먼저는 [사리불이] 앞에서의 설명을 이해한 것이고, 나중은 의심되는 것을 질문한 것이다. "두다"(措)라는 것은 '뜻을 두는 것'(存意)이니, 많은 글과 자세한 뜻에

---

194 한불전에는 '揩'(아낄 석)자로 되어 있으나, '措'(둘 조)자로 교감하여 번역한다. 대정장『금강삼매경』과『금강삼매경론』에도 모두 '措'자로 되어 있다. 문맥을 고려해도 '措'자로 보아야 뜻이 통한다.

서는 '자질이 부족한 이'(鈍根)는 재주가 모자라서 뜻을 두기가 어려운 것이다.

> 佛言, "令彼鈍根, 受持一四句偈, 卽入實諦, 一切佛法, 攝在一偈[195]中".
>
> [H1, 658b21~22; T34, 995c18~19]
>
> 부처님께서 말씀하셨다.
> "저 '자질이 부족한 이'(鈍根)로 하여금 '네 가지 구절로 이루어진 게송 하나'(一四句偈)를 '받아 지니게'(受持) 하여 곧바로 '사실 그대로를 드러내는 진리'(實諦)로 들어가게 하리니, '모든 깨닫게 하는 가르침'(一切佛法)이 [그] '하나의 게송'(一偈) 가운데 포괄되어 있노라."

此是第二答. 如來辯才, 無㝵自在, 故說一偈, 攝諸佛法, 佛法之要, 在此四句. 令鈍根者, 誦持一偈, 常念思惟, 乃至遍知一切佛法, 是名如來善巧方便.

[H1, 658b23~c3; T34, 995c19~22]

이 글은 [다섯 부분으로 이루어진 '짧은 글로 포괄하여 설명함'(少文略攝)의] 두 번째인 대답(答)이다. 여래의 언어능력(辯才)은 걸림 없이 자유자재하기 때문에 [네 가지 구절로 이루어진] 한 게송을 설하여 모든 '깨닫게 하는 가르침'(佛法)을 포괄하니, '부처님 가르침의 핵심'(佛法之要)이 이 '네 가지 구절'(四句) [로 이루어진 한 게송]에 있다. '자질이 부족한 이'(鈍根)로 하여금 한 게송을 외워 지녀 늘 간직(念)하고 사유하게 하여 '부처님의 모든 가르침'(一切佛法)을 두루 알게 하니, 이것을 '여래의 이롭고 절묘한 수단과 방법'(如來善巧方便)이라고 부른다.

---

195 한불전에서는 이 '一偈' 부분이 '一四偈'로 되어 있는 판본이 있다고 교감하였다. 대정장 『금강삼매경』에서는 '一四偈'로 쓰고 '四'자가 없는 판본이 있다고 교감하였다. 그러나 문맥으로 볼 때 '一偈'로 쓰더라도 '四' 또는 '四句'가 내재되어 있는 것으로 볼 수 있다. 원효의 주석 내용에서도 '一偈'가 '四句'라는 것을 밝히고 있다.

舍利弗言, "云何一四句偈? 願爲說之".

[H1, 658c4; T34, 995c23]

사리불이 말하였다.

"어떤 것이 [그] '네 가지 구절로 이루어진 하나의 게송'(一四句偈)입니까? 바라오니 [저희들을] 위해 그것을 설해 주십시오."

是第三請.

[H1, 658c5; T34, 995c24]

이것은 [다섯 부분으로 이루어진 '짧은 글로 포괄하여 설명함'(少文略攝)의] 세 번째인 '[부처님께 설법을] 요청함'(請)이다.

於是尊者, 而說偈言, "因緣所生義, 是義滅非生, 滅諸生滅義, 是義生非滅".

[H1, 658c6~8; T34, 995c25~26]

이에 '존경받는 분'(尊者)께서 게송을 설하여 말씀하셨다.

"'원인과 조건에 의해 생겨나는 측면'(因緣所生義),

이 측면(義)[에서의 현상들]은 '소멸하는 것'(滅)이지 '[불변·독자의 본질/실체로서] 생겨나는 것'(生)이 아니며,

'갖가지 생멸하는 것을 소멸시키는 측면'(滅諸生滅義),

이 측면(義)[에서의 현상들]은 '[원인과 조건에 의해] 생겨나는 것'(生)이지 '[아무것도 없이] 소멸하는 것'(滅)이 아니라네."

是第四說. 此四句義, 有別有摠, 別則明二門義, 摠卽顯一心法. 如是一心二門之內, 一切佛法, 無所不攝, 是義云何? 前之二句, 融俗爲眞, 顯平等義, 下之二句, 融眞爲俗, 顯差別門. 摠而言之, 眞俗無二, 而不守一, 由無二故, 卽是一心, 不守一故, 擧體爲二, 如是名爲一心二門. 大意如是. 次釋其文. "因緣所生義"者, 是擧一切世諦諸法. "是義滅"者, 融俗爲眞, 謂所生義, 本來寂滅故. 言"非生"者, 顯其生義是滅之由, 由其生義, 卽非生故, 求其生義, 卽不成故. 是故生義卽寂滅也. "滅諸生滅義"者, 是擧眞諦寂滅之法. "是義生"者, 融眞爲俗, 謂寂滅法, 從緣生起故. 言"非滅"者, 顯其寂滅是生之由, 由其寂滅, 非寂滅故, 求寂滅義, 不可得故. 是故寂滅從緣生也. 寂滅是生者, 不生之生也, 生義是滅者, 不滅之滅也. 不滅之滅故, 滅卽爲生也, 不生之生故, 生卽寂滅也. 合而言之, 生卽寂滅而不守滅, 滅卽爲生而不住生, 生滅不二, 動寂無別. 如是名爲一心之法. 雖實不二而不守一, 擧體隨緣生動, 擧體隨緣寂滅. 由是道理, 生是寂滅, 寂滅是生, 無障無碍, 不一不異, 是謂一偈摠別之義.

[H1, 658c9~659a12; T34, 995c26~996a19]

이 글은 [다섯 부분으로 이루어진 '짧은 글로 포괄하여 설명함'(少文略攝)의] 네 번째인 '[부처님이] 설법함'(說)이다. 이 '네 가지 구절[로 이루어진 게송]'(四句[偈])의 뜻에는 '개별적인 것'(別)이 있고 '총괄적인 것'(摠)이 있으니, 개별적인 것은 바로 '[하나처럼 통하는 마음'(一心)의] 두 가지 측면의 뜻'(二門義)을 밝힌 것이고, 총괄적인 것은 바로 〈'하나처럼 통하는 마음'이라는 도리〉(一心法)를 드러낸 것이다. 이와 같은 '하나처럼 통하는 마음과 [그] 두 가지 측면'(一心二門) 안에 '모든 부처님의 가르침'(一切佛法)이 포함되지 않음이 없으니, 이 뜻은 어떤 것인가?

[사구게四句偈 가운데] 앞의 두 구절은 '세속을 녹여 [그것을] 진리[의 측면]으로 만들어'(融俗爲眞) '[모든 것이 서로] 평등한 뜻'(平等義)을 드러내었고, 뒤의 두 구절은 '진리를 녹여 [그것을] 세속[의 측면]으로 만들어'(融眞爲俗) '[모든 것이 서로] 다른 측면'(差別門)을 드러내었다. 총괄하여 말하면, '진리와 세속'(眞俗)은 '별개의 것이 아니지만'(無二) '같음을 지키지도 않으니'(不守一), '별개의 것이 아니기'(無二) 때문에 [진리(眞)와 세속(俗)이] 곧 '하나처럼 통하는 마음'(一心)이고, '같음을 지키지도 않기'(不守一) 때문에 '[진리(眞)와 세속(俗)이 별개의 것이 아닌] 본연에 의지하면서도'(擧體) '[진리(眞)와 세속(俗)이] 다른 것이 되니'(爲二), 이와 같은 것을 '하나처럼 통하는 마음과 [그] 두 가지 측

면'(一心二門)이라고 부른다. 핵심내용(大意)은 이와 같다. 다음은 그 문장을 해석하겠다.

"원인과 조건에 의해 생겨나는 측면"(因緣所生義)이라는 것은, '세속적 관점에서의 모든 현상'(一切世諦諸法)[의 측면]을 든 것이다. "이 측면(義)[에서의 현상들]은 소멸하는 것이다"(是義滅)라는 것은 '세속을 녹여 [그것을] 진리[의 측면]으로 만드는 것'(融俗爲眞)이니, '[원인과 조건에 의해] 생겨난 측면'(所生義)[에서의 현상들]이라는 것에는 '본래부터 불변·독자의 본질/실체가 없기'(本來寂滅) 때문이다. "[불변·독자의 본질/실체로서] 생겨나는 것이 아니다"(非生)라는 것은 그 '[원인과 조건에 의해] 생겨나는 측면'(生義)이 소멸(滅)의 근거(由)임을 드러낸 것이니, 그 '[원인과 조건에 의해] 생겨나는 측면'(生義)으로 말미암아 곧 '[불변·독자의 본질/실체로서] 생겨나는 것이 아니기'(非生) 때문이며, 그 '[원인과 조건에 의해] 생겨나는 측면'(生義)[에서의 현상들]을 추구해 보아도 곧 [불변·독자의 본질/실체를 얻는 것은] 성공하지 못하기 때문이다. 그러므로 '[원인과 조건에 의해] 생겨나는 측면'(生義)[에서의 현상들]이 바로 '[본래부터] 불변·독자의 본질/실체가 없는 것'(寂滅)이다.

"갖가지 생멸하는 것을 소멸시키는 측면"(滅諸生滅義)이라는 것은, 〈진리적 관점에서의 '불변·독자의 본질/실체가 없는 현상'〉(眞諦寂滅之法)[의 측면]을 든 것이다. "이 측면[에서의 현상들]은 '[원인과 조건에 의해] 생겨나는 것이다"(是義生)라는 것은 '진리를 녹여 [그것을] 세속[의 측면]으로 만드는 것'(融眞爲俗)이니, '[본래부터] 불변·독자의 본질/실체가 없는 현상'(寂滅法)이라고 부르는 것은 '조건에 따라'(從緣) 생겨나는 것이기 때문이다. "[아무것도 없이] 소멸하는 것이 아니다"(非滅)라고 말한 것은 그 '[본래부터] 불변·독자의 본질/실체가 없음'(寂滅)이 '[원인과 조건에 따라] 생겨남'(生)의 근거(由)임을 드러낸 것이니, 그 '[본래부터] 불변·독자의 본질/실체가 없음'(寂滅)으로 말미암아 '아무것도 없는 것이 아니기'(非寂滅) 때문이며, '불변·독자의 본질/실체가 없는 측면'(寂滅義)[의 현상들]을 추구해 보아도 [불변·독자의 본질/실체로서] 얻을 수 없기 때문이다. 그러므로 '[본래부터] 불변·독자의 본

질/실체가 없어서'(寂滅) '조건에 따라 생겨나는 것'(從緣生)이다. '[본래부터]
불변·독자의 본질/실체가 없는 것은 [조건에 따라] 생겨나는 것이다'(寂滅是
生)라는 것은 '[불변·독자의 본질/실체로서] 생겨나지 않는 것의 [조건에 따라]
생겨남'(不生之生)이고, '[원인과 조건에 의해] 생겨나는 측면[에서의 현상들]은 소
멸하는 것이다'(生義是滅)라는 것은 '[아무것도 없이 완전히] 소멸하지 않는 것
의 [조건에 따라] 소멸함'(不滅之滅)이다. '[아무것도 없이 완전히] 소멸하지 않는
것의 [조건에 따라] 소멸함'(不滅之滅)이기 때문에 '소멸함이 곧 생겨남이 되
고'(滅卽爲生), '[불변·독자의 본질/실체로서] 생겨나지 않는 것의 [조건에 따라]
생겨남'(不生之生)이기 때문에 〈생겨난 것이 곧 '불변·독자의 본질/실체가
없는 것'〉(生卽寂滅)이다.

합하여 말하자면, 〈생겨난 것이 곧 '불변·독자의 본질/실체가 없는 것'
이지만 '아무것도 없음'을 지키지 않고〉(生卽寂滅而不守滅) 〈소멸한 것이 곧
[조건에 따라] 생겨나는 것이 되지만 생겨남에 머무르지 않으니〉(滅卽爲生而
不住生), '생겨남과 소멸함이 [불변·독자의 본질/실체로서] 다른 것이 아니고'
(生滅不二) '움직임과 고요함에도 [불변·독자의 본질/실체로서의] 차이가 없다'
(動寂無別). 이와 같은 것을 〈'하나처럼 통하는 마음'이라는 도리〉(一心之法)
라고 부른다. 비록 '[생겨남과 소멸함'(生滅)이나 '움직임과 고요함'(動寂)이] '실제
로는 [불변·독자의 본질/실체인] 별개의 것이 아니지만 같음을 지키지도 않
으니'(實不二而不守一), '[생겨남과 소멸함'(生滅)이나 '움직임과 고요함'(動寂)이 별개
의 것이 아닌] 본연에 의지하면서도'(擧體) 조건(緣)에 따라서 '생겨나 움직이
고'(生動), '[생겨남과 소멸함'(生滅)이나 '움직임과 고요함'(動寂)이 별개의 것이 아닌]
본연에 의지하면서도'(擧體) 조건(緣)에 따라서 사라진다(寂滅). 이러한 도
리이기 때문에 〈[조건에 따라] 생겨나는 것은 '불변·독자의 본질/실체가 없
는 것'〉(生是寂滅)이고 〈'불변·독자의 본질/실체가 없는 것'은 [조건에 따라]
생겨나는 것〉(寂滅是生)이어서, '[생겨남과 소멸함'(生滅)이나 '움직임과 고요함'(動
寂)이 서로] '막힘도 없고 걸림도 없으며'(無障無碍) '같은 것도 아니고 다른
것도 아니니'(不一不異), 이것을 일컬어 '하나의 게송'(一偈)에 [담긴] '총괄적

인 뜻'(總義)과 '개별적인 뜻'(別義)이라 한다.

爾時, 大衆, 聞說是偈, 僉大歡喜, 皆得滅生, 滅生般若, 性空智海.

[H1, 659a13~14; T34, 996a20~21]

그때 대중들은 [부처님께서] 이 게송을 말씀하시는 것을 듣고 모두 크게 기뻐하면서 소멸함(滅)과 생겨남(生)[에 관한 지혜]를 다 증득하였으니, '소멸함과 생겨남에 관한 지혜'(滅生般若)와 '본연에는 불변·독자의 본질/실체가 없다는 것을 아는 바다와도 같은 지혜'(性空智海)이다.

此是第五聞說得益, 卽顯得解摠別道理. 所言"滅"者, 得上二句生義滅故, 次言"生"者, 得下二句滅義生故, 是明得二義. 滅生般若者, 是顯得二解, 是依別門而得利也. "性空智海"者, 摠而觀之. 若滅若生, 不守自性, 自性空智, 深廣無邊, 如是名爲"性空智海". 是依摠門而得益也.

[H1, 659a15~22; T34, 996a21~27]

이 글은 [다섯 부분으로 이루어진 '짧은 글로 포괄하여 설명함'(少文略攝)의] 다섯 번째인 '[대중들이] 설법을 듣고 이로움을 얻음'([大衆]聞說得益)이니, 곧 [게송에 담긴] 총괄적인 도리와 개별적인 도리를 이해했음을 나타낸 것이다.

"소멸함"(滅)이라고 말한 것은 [사구게四句偈 가운데] 앞의 두 구절에서 [드러낸] '[원인과 조건에 따라] 생겨나는 측면[에서의 현상들]은 소멸하는 것'(生義滅)[이라는 도리]를 얻었기 때문이고, 다음에 말한 "생겨남"(生)이라는 것은 [게송의] 아래 두 구절에서 [드러낸] '소멸하는 측면[에서의 현상들]은 [조건에 따라] 생겨나는 것'(滅義生)[이라는 도리]를 얻었기 때문이니, 이것은 '생의 멸生義滅과 멸의 생滅義生, 이 두 가지 뜻'(二義)을 증득하였음을 밝힌 것이다. "소멸함과 생겨남에 관한 지혜"(滅生般若)라는 것은 '[생의 멸生義滅과 멸의 생滅義生, 이] 두 가지에 대한 이해'(二解)를 증득하였음을 드러냄이니, 이것은 '개별적인 측면'(別門)에 따라 이로움(利)을 얻은 것이다.

"본연에는 불변·독자의 본질/실체가 없다는 것을 아는 바다와도 같은 지혜"(性空智海)라는 것은 총괄적으로 그것을 이해한 것이다. 소멸함(滅)이거나 생겨남(生)이거나 [모두] '자신의 본연'(自性)을 [불변·독자의 본질/실체로] 지키지 않기에 '자신의 본연에는 불변·독자의 본질/실체가 없다는 지혜'(自性空智)는 깊고 넓으며 한계가 없으니, 이와 같은 것을 "본연에는 불변·독자의 본질/실체가 없다는 것을 아는 바다와도 같은 지혜"(性空智海)라고 부른다. 이것은 '총괄하는 측면'(總門)에 따라 이로움(益)을 얻은 것이다.[196]

---

196 이상의 단락에 해당하는 원효의 전체 과문 차례는 다음과 같다.

　5. 참된 면모[인 '사실 그대로']에는 불변·독자의 본질/실체가 없다는 것[을 주제로 하는] 단원(眞性空品)

　1) 자세하게 설명함(廣說)

　(1) [대승의] 세 부류 계율들이 참된 면모[인 '사실 그대로']에 따라 이루어짐을 밝힘(明三聚戒從眞性成)

　① [사리불의] 질문(問)

　② [부처님의] 대답(答)

　③ [사리불이 부처님께 설법을] 거듭 청함(重請)

　④ [부처님께서 사리불에게] 자세하게 말씀한 것(廣說)

　가. 곧바로 대답하여 계율[이 성립하는] 원인과 조건을 밝힘(正答明戒因緣)

　나. 이어서 모든 수행을 포섭함을 밝힘(乘顯攝一切行)

　⑤ [사리불이] 이해함(領解)

　(2) 깨달음에 이르는 [37가지] 방법과 실천이 참된 면모[인 '사실 그대로']에 따라 세워짐을 밝힘(明道品行從眞性立)

　① [사리불의] 질문(問)

　② [부처님의] 대답(答)

　가. [사리불의 질문을] 인정함(許)

　나. [질문을 인정한 뜻을] 해석함(釋)

　가) 곧바로 해석함(直釋)

　나) 거듭 드러냄(重顯)

　(가) ['이해와 깨달음'(觀覺)이 서로] 다르다는 뜻을 없앰(遣異義)

　(나) ['이해와 깨달음'(觀覺)은] 하나처럼 통하는 뜻임을 드러냄(顯一義)

　(다) ['이해와 깨달음'(觀覺)이] 하나처럼 통하는 뜻은 모든 [깨달음의] 수행법을 갖추고 있음을 밝힘(明一義具一切法)

　(라) 하나처럼 통하는 뜻으로 온갖 허물과 고통에서 벗어남을 밝힘(明一義離諸過患)

(3) 부처님의 가르침이 사실 그대로의 도리대로 설해짐을 밝힘(明佛言教稱如理說)
 ① 질문(問)
 ② [부처님의] 대답(答)
　가. 부처님 설법의 연유(佛說之由)
　나. '언어적 규정에 그치는 말'과 '사실 그대로의 면모를 담은 말'의 차이를 드러
　　냄(顯文義之異)
(4) 보살의 지위는 [깨달음의] 본연[인 '사실 그대로 앎']이 지닌 이로움에 따라 출
　현함을 밝힘(明菩薩位從本利出)
 ① [사리불의] 질문(問)
 ② [부처님의] 대답(答)
　가. 숫자를 매겨 총괄적인 내용을 제시함(舉數摠標)
　나. 하나씩 풀이함(別解)
　가) 믿음의 단계(信位)[를 밝힘]
　나) 사유의 단계를 밝힘(明思位)
　　(가) [불변·독자의 본질/실체로 차별된] 차이가 [본래] 없음을 사유하여 이
　　　해하는 것을 밝힘(明無相尋思觀)
　　(나) '[불변·독자의 본질/실체로서] 생겨난 것이 없다는 것을 사실 그대로
　　　아는 지혜'를 드러냄(顯無生如實智)
　다) 닦음의 단계를 밝힘(明修位)
　　(가) 닦음의 특징을 밝힘(明修相)
　　(나) [그러한 특징을 지닌] 닦음[을 발생시킨] 원인을 드러냄(顯修因)
　라) 완성의 단계(行位)[를 밝힘]
　　(가) [이] 단계의 특징을 밝힘(明位狀)
　　(나) 그 [단계의] 내용(行)을 드러냄(顯其行)
　마) 치우치지 않는 단계[를 밝힘](捨位)
　　(가) 치우치지 않음의 뜻을 밝힘(明捨義)
　　(나) [이] 단계의 특징을 밝힘(明位狀)
　다. 총괄적으로 밝힘(摠明)
　가) [깨달음의] 본연[인 '사실 그대로 앎']을 따르는 것을 곧바로 밝힘(直明從本)
　나) [문답을] 주고받으면서 거듭 드러냄(往復重顯)
(5) 크나큰 지혜[로 밝히는 온갖 것들]이 ['깨달음의 본연이 지닌 이로움'(本利)과]
　완전하게 어우러져 [서로 불변·독자의 본질/실체로서] 다름이 없음을 밝힌
　것(明大般若圓融無二)
 ① 사리불이 우러러 여쭘(身子仰諮)
 ② 여래가 설명을 마무리함(如來述成)

6. 여래의 면모가 간직된 창고[를 주제로 하는] 단원(如來藏品)

眞俗無二一實之法, 諸佛所歸, 名如來藏. 今此品中, 明無量法及一切
行, 莫不歸入如來藏中. 故就所入以立名也.

[H1, 659a23~b3; T34, 996a28~b1]

'진리와 세속이 [불변·독자의 본질/실체가 아니기에 서로] 다르지 않아 하나
처럼 통하는 사실 그대로의 도리'(眞俗無二一實之法)는 모든 부처가 돌아가
는 곳이므로 '여래의 면모가 간직된 창고'(如來藏)라고 부른다. 이제 이 단
원에서는 '헤아릴 수 없이 많은 가르침'(無量法)과 '모든 [종류의] 수행'(一切

가. 총괄적인 설명(摠述)
나. 개별적인 설명(別述)
　가) [부처가 되는] 원인이 완전해짐에 도달한 면모를 설명함(述到因滿義)
　나) [부처가 된] 결과가 완전해짐에 도달한 면모를 설명함(述到果圓義)
다. 총괄하여 마무리함(摠成)
(6) 크나큰 선정은 모든 명칭과 숫자[로 지칭하는 현상들]을 넘어섬을 밝힘(明大禪
　　定超諸名數)
①[사리불의] 질문(問)
②[부처님의] 대답(答)
가. [사리불의 말을] 모두 인정함(摠許)
나. 하나씩 [설명을] 마무리함(別成)
　가) 간략히 밝힘(略明)
　　(가) 세간의 선정은 명칭과 숫자[로 지시하는 현상들]에서 벗어나지 못함을
　　　　밝힘(明世間禪不離名數)
　　(나) 세간에서 풀려나게 하는 선정은 그 명칭과 숫자[로 지시하는 현상들]을
　　　　넘어섬을 드러냄(顯出世禪超彼名數)
　나) 자세하게 해석함(廣釋)
2) 간략하게 포괄[하여 설명]하는 것(略攝)
(1) 질문(問)
(2) 대답(答)
(3) [부처님께 설법을] 요청함(請)
(4) [부처님이] 설법함(說)
(5) 대중들이 설법을 듣고 이로움을 얻음(大衆聞說得益)

行)이 '여래의 면모가 간직된 창고'(如來藏)로 들어가지 않는 것이 없음을 밝힌다. 그러므로 '들어가는 대상'(所入)[인 여래장如來藏]에 의거하여 [이 단원 (品)의] 명칭을 세웠다.

爾時, 梵行長者, 從本際起, 而白佛言, "尊者! 生義不滅, 滅義不生. 如是如義, 卽佛菩提. 菩提之性, 卽無分別, 無分別智, 分別無窮, 無窮之相, 唯分別滅. 如是義相, 不可思議, 不思議中, 乃無分別.

[H1, 659b4~9; T34, 996b2~6]

그때 [행위가 고결한 재가수행자인] 범행장자梵行長者가 [머무르고 있던] '본연의 지평'(本際)에서 일어나 부처님께 아뢰었다.

"존귀한 분이시여! '[갖가지 생멸하는 것을 소멸시키는 측면은 원인과 조건에 의해] 생겨나는 측면[에서의 현상들]이지 [아무것도 없이] 소멸되는 것이 아니고'(生義不滅), '[원인과 조건에 의해 생겨나는 것들은] 소멸하는 측면[에서의 현상들]이지 [불변·독자의 본질/실체로서] 생겨나는 것이 아니겠습니다'(滅義不生). [그리고] 이와 같은 '사실 그대로의 면모'(如義)가 바로 '부처님의 깨달음'(佛菩提) [경지]이겠습니다. '깨달음의 본연'(菩提之性)은 곧 '[불변·독자의 본질/실체로 보는 생각으로] 분별함이 없음'(無分別)이고, [이] '[불변·독자의 본질/실체로 보는 생각으로] 분별함이 없는 지혜'(無分別智)는 '[차이를 제대로] 구별함이 끝이 없으니'(分別無窮), '[제대로 구별함이] 끝이 없는 차이들'(無窮之相)은 오직 '[불변·독자의 본질/실체로 보는 생각으로] 분별된 것'(分別)만이 사라진 것이겠습니다. '이와 같은 면모의 양상'(如是義相)은 '생각으로 헤아리기 어려운 것'(不可思議)이고, [이] 생각으로 헤아리기 어려운 가운데서 곧 '[불변·독자의 본질/실체로 보는 생각으로] 분별함이 없는 것'(無分別)이겠습니다.

別明觀行, 有六分中, 顯一切行出眞性空, 竟在於前. 此下, 第六明無量法入如來藏. 就文有二, 一明諸法諸行同入一處, 二顯入行入智因果差別. 初中亦二, 先明諸法入一實義, 後明諸行入一佛道. 初中有四, 一問二答三

領四述. 問中有二, 先領前說, 後問所疑. 此中問者, 名梵行者. 是人形雖
俗儀, 心住一味, 以是一味, 攝一切味, 雖涉諸味之穢塵俗, 不失一味之梵
淨行. 此中顯如是義, 所以令其發問. "從本際起"者, 聞佛所說, 卽入本際,
今欲發問, 從彼而起. "生義不滅"者, 是領下半"是義生非滅"故, "滅義不生"
者, 是領上半"是義滅非生"故. "如是如義"者, 摠領一偈, 不滅不生, 無二義
故. 如是無二義, 諸佛所覺道, 故言"卽佛菩提", 覺順無二, 不分不別, 故言
"卽無分別". 由其無所分別, 乃能無不分別, 故言"無分別智, 分別無窮". 所
以'分別無窮'者, 只由滅諸分別, 故言"無窮之相, 唯分別滅". "如是義相",
離言絶慮, 故"不思議",197 "不思議中", 心言絶, 故"乃無分別". 如是領前所
說偈義.

[H1, 659b10~c10; T34, 996b6~25]

'[진리다운] 이해와 [이해에 의거한] 수행'(觀行)을 '하나씩 밝히는 것'(別明)에
있는 '여섯 부분'(六分) 가운데 〈모든 수행이 '참된 면모[인 '사실 그대로']에 불
변·독자의 본질/실체가 없다'[는 이해]에서 나온 것〉(一切行出眞性空)임을
밝히는 부분은 앞에서 마쳤다. 이 아래는 ['여섯 부분'(六分) 가운데] 여섯 번째
인 '헤아릴 수 없이 많은 가르침이 [모두] 여래의 면모가 간직된 창고로 들
어감을 밝히는 것'(明無量法入如來藏)이다. 글에 두 가지가 있으니, 첫 번째
는 '모든 가르침과 온갖 수행이 똑같이 한곳으로 들어감을 밝힌 것'(明諸法
諸行同入一處)이고, 두 번째는 〈['여래의 면모가 간직된 창고'(如來藏)로] '들어가는
수행'과 '들어가는 지혜'의 원인과 결과의 차이를 드러내는 것〉(顯入行入智
因果差別)이다.

1) 모든 가르침과 온갖 수행이 똑같이 한곳으로 들어감을 밝힘(明諸法諸
行同入一處)

첫 번째에도 두 가지가 있으니, 먼저 〈모든 가르침이 '하나처럼 통하는

---

197 『금강삼매경』 원문은 '不可思議'이다.

사실 그대로를 드러내는 뜻'으로 들어감〉(諸法入一實義)을 밝혔고, 나중에는 〈모든 수행이 '하나처럼 통하는 부처의 길'로 들어감〉(諸行入一佛道)을 밝혔다.

(1) 모든 가르침이 '하나처럼 통하는 사실 그대로를 드러내는 뜻'으로 들어감을 밝힘(明諸法入一實義)

[모든 가르침이 '하나처럼 통하는 사실 그대로를 드러내는 뜻'으로 들어감을 밝히는] 처음의 것에는 네 가지가 있으니, 첫째는 '[범행장자의] 질문'(問)이고, 둘째는 '[부처님의] 대답'(答)이며, 셋째는 '[범행장자가] 이해함'(領)이고, 넷째는 '[부처님이] 설명을 마무리함'(述[成])이다.

'[범행장자의] 질문'(問)에도 두 가지가 있으니, 먼저는 앞에서 '[부처님이] 설법한 내용을 이해한 것'(領前說)이고, 나중은 '의심되는 것을 질문한 것'(問所疑)이다.

여기서 [부처님께] 질문하는 자는 [행위가 고결하기에] 이름을 범행梵行이라고 한다. 이 사람은 외형은 비록 '세속의 모습'(俗儀)이나 마음은 '한 맛[처럼 통하는 경지]'(一味)에 머무르고 있어 이 '한 맛[처럼 통하는 경지]'(一味)로써 '모든 [서로 다른] 맛'(一切味)을 포섭하는데, 비록 '온갖 [서로 다른] 맛'(諸味)들로 더럽혀진 세속을 다니지만 '한 맛처럼 통하는 고결한 행위'(一味之梵淨行)를 잃지 않는다. 이 『여래장품』 가운데서는 이와 같은 뜻을 드러내는 것이니, 그러므로 그로 하여금 질문을 하게 한 것이다.

"[머무르고 있던] 본연의 지평에서 일어난다"(從本際起)라는 것은, 부처님께서 말씀하신 것을 듣고 [범행장자가] 곧바로 '본연의 지평'(本際)으로 들어갔지만, 이제 질문을 하고자 그 '[본연의 지평'(本際)]에서 일어난 것이다. "[갖가지 생멸하는 것을 소멸시키는 측면은 원인과 조건에 의해] 생겨나는 측면[에서의 현상들]이지 [아무것도 없이] 소멸되는 것이 아니다"(生義不滅)라는 것은 [앞의 사구게四句偈에서] 뒤쪽 [두 구절]의 반인 "이 측면[에서의 현상들]은 '[원인과 조건에 의해] 생겨나는 것'(生)이지 '[아무것도 없이] 소멸하는 것'(滅)이 아니라네"(是義生非滅)[라는 구절의 뜻]을 '이해한 것'(領)이고, "[원인과 조건에 의해 생겨나는 것들은] 소멸하는 측면[에서의 현상들]이지 [불변·독자의 본질/실체로서] 생겨나는 것이 아니겠습니다"(滅義不生)라는 것은 앞쪽 [두 구절]의 반인 "이 측면(義)[에서의 현상들]은 '소멸하는 것'(滅)이지 '[불변·독자의 본질/실체로서] 생겨나는 것'(生)이 아니다"(是義滅非生)[라는 구절의 뜻]을 '이해한 것'(領)이다. [그리고] "이와 같은 사실 그대로의 면모"(如是如義)라는 것은 [앞에서 부처님이 사구四句로 읊은] 하나의 게송을 '총괄적으로 이해한 것'(摠領)이니, '[아무것도 없이] 소멸되는 것이 아님'(不滅)과 '[불변·독자의 본질/실체로서] 생겨나는 것이 아님'(不生)이 '[서로] 다르지 않은 뜻'(無二義)이기 때문이다. 이와 같은 '[서로] 다르지 않은 뜻'(無二義)이 모든 부처님이 깨달은 진리(道)이기 때문에 "바로 부처님의 깨달음"(卽佛菩提)이라고 말하였고, [그] 깨달음은 '[서로] 다르지 않음'(無二)[의 도리]를 따르는 것이어서 [불변·독자의 본질/실체로] '나누지도 않고 차별하지도 않기'(不分不別) 때문에 "곧 [불변·독자의 본질/실체로 보는 생각으로] 분별함이 없음"(卽無分別)이라고 말하였다.

그 '[불변·독자의 본질/실체로 보는 생각으로] 분별한 것이 없음'(無所分別)으로 말미암아 '[차이를 제대로] 구별하지 않음도 없으니'(無不分別), 그러므로 "[불변·독자의 본질/실체로 보는 생각으로] 분별함이 없는 지혜는 [차이를 제대로] 구별함이 끝이 없다"(無分別智, 分別無窮)라고 말하였다. '[차이를 제대로] 구별함이 끝이 없는'(分別無窮) 까닭은 다만 모든 분별을 없애기 때문이니, 그러므로 "'[제대로 구별함이] 끝이 없는 차이들'(無窮之相)은 오직 '[불변·독자의 본질/실체로 보는 생각으로] 분별된 것'(分別)만이 사라진 것이겠습니다"(無窮之相, 唯分別滅)라고 말하였다. "이와 같은 면모의 양상"(如是義相)은 '언어적 규정에서 벗어나고 [불변·독자의 본질/실체로] 분별하는 생각을 끊은 경지'(離言絶慮)이기 때문에 "생각으로 헤아리기 어려운 것"(不可思議)이라 하였고, [이] "생각으로 헤아리기 어려운 가운데서"(不思議中) '[불변·독자의 본질/실체로 보는 생각으로 분별하는] 마음과 [불변·독자의 본질/실체로 규정하는] 언어가 끊어지기'(心言絶) 때문에 "곧 [불변·독자의 본질/실체로 보는 생각으로] 분별함이 없는 것이다"(乃無分別)라고 하였다. [부처님이] 앞에서 설한 게송의 뜻을 [범행장자가] 이와 같이 '이해한 것'(領)이다.

> 尊者! 一切法數, 無量無邊, 無邊法相, 一實義性, 唯住一性, 其事云何?"
>
> [H1, 659c11~12; T34, 996b26~27]
>
> 존경받는 분이시여! [대승의] '모든 가르침의 수량'(一切法數)은 헤아릴 수 없이 많고 끝없이 넓지만 [그] 끝없는 '가르침의 특징들'(法相)은 [모두] '하나처럼 통하는 사실 그대로를 드러내는 지평의 면모'(一實義性)[를 지니는 것]이어서 오직 '하나처럼 통하는 면모'(一性)에 머물 뿐이니, 그 일은 어떤 것입니까?"

此是正問所疑. 小乘教有八萬法蘊, 一蘊之量, 十百之數, 今大乘教, 不唯八萬, 故言"法數無量無邊". 無邊教法所詮義相, 更無異趣, 唯一實義, 教法衆多, 唯住一性, 甚難可解, "其事云何?".

[H1, 659c13~18; T34, 996b27~c2]

이 글은 의심되는 것을 곧바로 질문한 것이다. 소승의 교법教法에는 '팔만 가지 가르침의 체계'(八萬法蘊)[198]가 있고 '한 가르침 체계의 분량'(一蘊之量)도 천 가지인데, 지금 대승의 교법은 팔만 가지뿐만이 아니므로 "가르침

---

198 팔만법온八萬法蘊: 팔만대장경이라는 명칭에서 드러나듯이 '팔만'이라는 숫자는 불교에 해당하는 가르침의 체계를 총칭하는 것으로 쓰인다. 법온法蘊이라는 개념에서 온蘊(팔리어 khandha/산스크리트어 skandha)은 '더미', '집합' 등을 의미하므로, 붓다의 법설을 비롯하여 불교사상사의 전개에서 다양하게 나타난 갖가지 교학의 해석체계들을 모두 가리키는 개념으로 이해할 수 있다. 아함/니까야로 전해진 붓다의 교법체계를 '계경契經 또는 논論에 나온다'고 하면서 이들을 팔만법온이라는 명칭으로 통칭한 것은 『아비달마대비바사론阿毘達磨大毘婆沙論』 권74(T27, 385c11~386a01; 542a22~24)를 비롯해서 『아비달마구사론阿毘達磨俱舍論』 권1(T29, 6b7~16), 『아비달마순정리론阿毘達磨順正理論』 권3(T29, 346c21~347a3) 등에서 확인할 수 있다.

의 수량은 헤아릴 수 없이 많고 끝없이 넓다"(法數無量無邊)라고 말하였다. '끝 없는 가르침'(無邊敎法)이 드러낸 '뜻의 특징'(義相)에는 다시 다른 뜻이 없고 오직 '하나처럼 통하는 사실 그대로를 드러내는 뜻'(一實義)일 뿐이며, 교법이 매우 많아도 오직 '하나처럼 통하는 면모'(一性)에 머물 뿐이니, [이런 일은] 이 해하기가 매우 어려우므로 "그 일은 어떤 것입니까?"(其事云何)라고 하였다.

佛言, "長者! 不可思議. 我說諸法, 爲迷者故, 方便道[199]故. 一切法相, 一實義智, 何以故? 譬如一市, 開四大門, 是四門中, 皆歸一市, 如彼衆 庶, 隨意所入, 種種法味, 亦復如是".

[H1, 659c19~23; T34, 996c3~6]

부처님께서 말씀하셨다.

"장자여! [그대가 말한 것처럼 이 일은] 생각으로 헤아리기 어렵다. 내가 설한 모든 가르침은 미혹한 자를 위한 것이기 때문이고 '수단과 방법' (方便)으로 말한 것이기 때문이다. '모든 가르침이 지닌 특징'(一切法相)은 '하나처럼 통하는 사실 그대로를 드러내는 뜻에 관한 지혜'(一實智)이 니, 어째서인가? 비유컨대 마치 한 도시에 네 개의 대문을 열어 두면 이 네 개의 문 안은 모두 [그] 한 도시로 귀착되므로 저 많은 사람들이 [자기] 뜻에 따라 [어느 한 문으로 도시에] 들어가는 것과 같으니, '갖가지 가르침 의 [하나로 통하는] 맛'(種種法味)도 이와 같다."

是第二答. 於中有三, 謂法喩合. 初法說言 "我說諸法"者, 謂三乘敎及一 乘敎. "爲迷者故"者, 爲未達一味者說故, "方便道故"者, 皆入一味之方便 故, 入正觀時, 不須言敎故. "一切法相, 一實義智"者, 因諸敎法所入之相,

---

199 대정장『금강삼매경』에서는 '導'자로 기재하고 '道'자로 되어 있는 판본이 있다고 교감 하였고, 한불전에서는 거꾸로 '道'자로 적고, '導'자로 되어 있는 판본이 있다고 교감 하였다. 그러나 원효의 주석에서는 '方便道'로 명시되고 있고, 대정장『금강삼매경』 에서도 '道'자로 나온다.

唯一實義正觀智故. 喩中言"一市"者, 喩"一實義", "開四²⁰⁰門"者, 喩四種敎, 謂三乘敎及一乘敎. "是四門中, 皆歸一市"者, 依四敎者, 皆歸一實故, "如彼衆庶, 隨意所入"者, 隨根淺深, 隨入一敎故. 所以一市喩一實者, 爲是百姓之所入故, 爲諸衆生之所歸故. 合中言"種種法"者, 合於四門, 次言"味"者, 謂所趣味, 合於"一市".

[H1, 660a1~15; T34, 996c6~18]

이 글은 [〈모든 가르침이 '하나처럼 통하는 사실 그대로를 드러내는 뜻'으로 들어감을 밝히는 것〉(明諸法入一實義)의] 두 번째인 [부처님의] 대답이다. 여기에 세 가지가 있으니, 도리(法)와 비유(喩)와 [비유와의] 합치(合)가 그것이다.

첫 번째인 도리(法)에 대해 설하면서 "내가 설한 모든 가르침"(我說諸法)이라고 말한 것은 '[성문·연각·보살] 세 종류의 수행자를 위한 가르침'(三乘敎)과 '[대승의] 하나처럼 통하게 하는 가르침'(一乘敎)을 일컫는다. "미혹한 자를 위한 것이기 때문이다"(爲迷者故)라는 것은 '한 맛[처럼 통함]'(一味)에 아직 통달하지 못한 이들을 위해 설했기 때문이고, "수단과 방법으로 말한 것이기 때문이다"(方便道故)라는 것은 모든 가르침이 '한 맛[처럼 통함]'(一味)으로 들어가게 하는 '수단과 방법'(方便)이기 때문이니, '곧바로 사실대로 이해함'(正觀)에 들어갈 때에는 ['수단과 방법'(方便)으로서의] '언어적 가르침'(言敎)을 필요로 하지 않기 때문이다. "모든 가르침이 지닌 특징은 '하나처럼 통하는 사실 그대로를 드러내는 뜻'에 관한 지혜이다"(一切法相, 一實義智)라는 것은, '모든 가르침'(諸敎法)에 의거하여 들어간 것의 특징(相)은 오직 '하나처럼 통하는 사실 그대로를 드러내는 뜻'(一實義)을 '곧바로 사실대로 이해하는 지혜'(正觀智)이기 때문이다.

비유(喩) 가운데 "한 도시"(一市)라고 말한 것은 '하나처럼 통하는 사실 그대로를 드러내는 뜻'(一實義)을 비유한 것이고, "네 개의 대문을 열어 둔다"(開四門)라는 것은 '네 가지 가르침'(四種敎)을 비유한 것이니 '[성문·연

---

200 『금강삼매경』 본문에 따라 '大'자를 추가하여 번역한다.

각·보살] 세 종류의 수행자를 위한 가르침'(三乘敎)과 '[대승의] 하나처럼 통하게 하는 가르침'(一乘敎)을 가리킨다. "이 네 개의 문 안은 모두 한 도시로 귀착된다"(是四門中, 皆歸一市)라는 것은 '[삼승교三乘敎와 일승교一乘敎, 이] 네 가지 가르침'(四敎)에 의거하여 모두 '하나처럼 통하는 사실 그대로'(一實)에 돌아가기 때문이고, "저 많은 사람들이 [자기] 뜻에 따라 [어느 한 문으로 도시에] 들어간다"(如彼衆庶, 隨意所入)라는 것은 자질(根)의 얕음과 깊음에 따르면서 [각각의 자질에] 따라 '하나처럼 통하는 가르침'(一敎)에 들어가기 때문이다. '한 도시'(一市)를 '하나처럼 통하는 사실 그대로'(一實)에 비유한 까닭은, [한 도시는] 백성들이 들어가는 곳이기 때문이고 ['하나처럼 통하는 사실 그대로'(一實)는] 모든 중생들이 돌아가는 곳이기 때문이다.

[비유와의] 합치(合)에서 "갖가지 가르침"(種種法)이라고 말한 것은 네 개의 문에 해당하는 것이고, 다음으로 "맛"(味)이라고 말한 것은 추구한 [하나처럼 통하는] 맛을 일컫는 것인데 "한 도시"(一市)에 해당한다.

梵行長者言, "法若如是, 我住一味, 應攝一切諸味".

[H1, 660a16~17; T34, 996c19~20]

범행장자梵行長者가 말하였다.
"도리가 이와 같은 것일진대, 제가 '한 맛[처럼 통하는 경지]'(一味)에 머무른다면 '[서로 다른] 온갖 맛'(一切諸味)을 포섭할 것입니다."

此是第三領解. "攝諸味"者, 攝諸敎味, 歸一實故.

[H1, 660a18~19; T34, 996c20~21]

이 글은 [〈모든 가르침이 '하나처럼 통하는 사실 그대로를 드러내는 뜻'으로 들어감을 밝힘〉(明諸法入一實義)의] 세 번째인 [범행장자가] 이해함(領解)이다. "[서로 다른] 온갖 맛을 포섭한다"(攝諸味)라는 것은 '모든 [서로 다른] 가르침의 맛'(諸敎味)을 포섭하여 '하나처럼 [서로] 통하는 사실 그대로[를 드러내는 뜻]'(一實[義])으로 돌아가는 것이다.

佛言, "如是如是. 何以故? 一味實義, 味²⁰¹如一大海, 一切衆流, 無有不入. 長者! 一切法味, 猶彼衆流, 名數雖殊, 其水不異. 若住大海, 即括衆流, 住於一味, 即攝諸味".

[H1, 660a20~24; T34, 996c22~25]

부처님께서 말씀하셨다.

"그렇다, 그렇다. 어째서인가? '한 맛처럼 통하여 사실 그대로를 드러내는 뜻'(一味實義)[의 면모]는 마치 하나의 크나큰 바다에 모든 물줄기가 들어가지 않음이 없는 것과도 같다. 장자여! '모든 가르침의 맛'(一切法味)도 저 갖가지 물줄기가 '명칭과 숫자[로 지칭하는 것]'(名數)은 비록 다르지만 그 물은 다르지 않은 것과 같다. 만약 크나큰 바다에 머무르면 곧 갖가지 물줄기를 포괄하듯이, '한 맛[처럼 통하는 경지]'(一味)에 머무르면 곧 '모든 [서로 다른] 맛'(諸味)을 포섭한다."

此是第四述成. 於中有二, 摠述別成. 別中有三, 謂法喩合. 合中有二. 一者合彼衆流 先以法合, 後即牒喩. 二者合括衆流, 先擧其喩, 後以法合.

[H1, 660b1~5; T34, 996c25~28]

이 글은 [〈모든 가르침이 '하나처럼 통하는 사실 그대로를 드러내는 뜻'으로 들어감을 밝힘〉(明諸法入一實義)의 네 부분 중에서] 네 번째인 '[부처님이] 설명을 마무리함'(述成)이다. 여기에 두 가지가 있으니, '총괄적인 설명'(摠述)과 '하나씩 [설명을] 마무리한 것'(別成)이다. '하나씩 [설명을] 마무리한 것'(別成)에 세 가지가 있으니, 도리(法)와 비유(喩)와 [비유와의] 합치(合)가 그것이다. [비유와의] 합치(合)에도 두 가지가 있다. 첫째는 저 갖가지 물줄기[의 비유]를 [한 물이라는 도리에] 합치시키는 것이니, 먼저는 [갖가지 물줄기의 비유를 한 물이라는] 도리

---

201 한불전에는 '味'자가 누락된 판본이 있다고 교감하였다. 대정장 『금강삼매경』에도 '味'자가 없다. 원효의 주석에서는 이 부분이 직접 인용되지 않고 있는데, 문맥을 고려하면 '味'자가 없는 것이 자연스럽기 때문에 삭제하고 번역한다. 대정장 『금강삼매경론』에는 '味'자가 들어 있다.

(法)로써 합치시킨 것이고 나중은 비유(喩)를 덧붙인 것이다. 둘째는 [대해大海가] 갖가지 물줄기를 포괄하는 것을 [일미一味의 도리에] 합치시키는 것이니, 먼저는 그 비유를 제시하는 것이고 나중은 도리(法)로써 합치시키는 것이다.

(2) 모든 수행이 '하나처럼 통하는 부처의 길'로 들어감을 밝힘(明一切行入一佛道)

梵行長者言, "諸法一味, 云何三乘道, 其智有異?"

[H1, 660b6~7; T34, 996c29~997a1]

범행장자梵行長者가 말하였다.

"모든 가르침은 '하나처럼 통하는 맛'(一味)인데, 어째서 [성문·연각·보살] 세 종류의 수행자들의 길'(三乘道)은 그 지혜에 차이가 있습니까?"

此下, 第二明一切行入一佛道, 先問後答. 此是問異.

[H1, 660b8~9; T34, 997a1~2]

이 아래는 ['모든 가르침과 온갖 수행이 똑같이 한곳으로 들어감을 밝힘'(明諸法諸行同入一處)의] 두 번째인 〈모든 수행이 '하나처럼 통하는 부처의 길'로 들어감을 밝히는 것〉(明一切行入一佛道)인데, 먼저는 '질문하는 것'(問)이고 나중은 '대답하는 것'(答)이다. 이것은 [성문·연각·보살의 수행길이 보여 주는 지혜의] 차이(異)를 질문한 것이다.

佛言, "長者! 譬如江河淮海, 大小異故, 深淺殊故, 名文別故, 水在江中, 名爲江水, 水在淮中, 名爲淮水, 水在河中, 名爲河水, 俱在海中, 唯名海水. 法亦如是, 俱在眞如, 唯名佛道.

[H1, 660b10~14; T34, 997a3~6]

부처님께서 말씀하셨다.

"장자여! 비유하면 [거대한] 강江, [큰] 강(河), [강江과 하河보다는 작은] 강

> (淮), 바다가 [그] 큼과 작음이 다르기 때문에 [또] 깊음과 얕음이 다르기
> 때문에 [그리고] 명칭과 표현이 다르기 때문에, 물이 [거대한] 강江에 있으
> 면 강수江水라 부르고, 물이 [강江과 하河보다는 작은] 회수淮水에 있으면 회
> 수淮水라 부르며, 물이 [큰] 강(河)에 있으면 하수河水라 부르지만, [그 강
> 물들이] 모두 바다에 있으면 오직 바닷물(海水)이라고 부르는 것과 같다.
> [갖가지 서로 다른] 가르침(法)도 이와 같으니, 모두 '참 그대로'(眞如)에 [통
> 하고] 있으면 오직 '부처의 길'(佛道)이라고 부른다.

是第二答, 有喩有合. 初中"江河淮"者, 喩三乘行, "海"喩佛道. "大小異"
者, 喩三乘心, 寬狹不同, "深淺殊"者, 喩三乘智, 優劣有異, 隨前二義, 其
名各別. "俱在海中, 唯名海水"者, 喩其三乘, 同入十地法空眞如, 唯名佛
道, 沒三乘名. 當知, 三乘差別行者, 皆在地前方便道中, 莫不終入眞如正
觀. 所以三乘終無別歸, 如諸教法, 同入一味. 合喩之言, 在文可見.

[H1, 660b15~24; T34, 997a6~14]

이것은 [질문과 대답으로 이루어진 〈모든 수행이 '하나처럼 통하는 부처의 길'로 들
어감을 밝힘〉(明一切行入一佛道) 가운데] 두 번째인 대답(答)인데, 비유가 있고
[비유와의] 합치(合)가 있다.

처음[인 비유] 가운데 "[거대한] 강江, [큰] 강(河), [강江과 하河보다는 작은] 강
(淮)"(江河淮)이라는 것은 '[성문·연각·보살] 세 종류의 수행자들의 수행'(三
乘行)에 비유한 것이고, "바다"(海)는 '부처의 길'(佛道)에 비유한 것이다.
"큼과 작음이 다르다"(大小異)라는 것은 '[성문·연각·보살] 세 종류의 수행
자들의 마음'(三乘心)이 넓거나 좁은 것이 같지 않음에 비유한 것이고, "깊
음과 얕음이 다르다"(深淺殊)라는 것은 '[성문·연각·보살] 세 종류의 수행자
들의 지혜'(三乘智)가 뛰어나거나 모자람에 차이가 있음을 비유한 것이니,
앞의 [대소大小와 심천深淺의] '두 가지 뜻'(二義)에 따라 그 명칭이 각각 다르다.

"[그 강물들이] 모두 바다에 있으면 오직 바닷물이라고 부른다"(俱在海中,
唯名海水)라는 것은, 저 '[성문·연각·보살] 세 종류의 수행자들'(三乘)이 똑같

이 '열 가지 [본격적인] 수행단계'(十地)의 '모든 현상에 불변·독자의 본질/
실체가 없는 참 그대로의 지평'(法空眞如)으로 들어가면 [이때는] 오직 '부처
의 길'(佛道)이라 부르고 '[성문·연각·보살] 세 종류의 수행자들'(三乘)이라는
명칭은 없어진다는 것을 비유한 것이다. '[성문·연각·보살] 세 종류의 수행
자들의 [서로] 다른 수행'(三乘差別行)은 모두 '[열 가지] 본격적인 수행경지 이
전의 수단과 방법이 되는 수행'(地前方便道)에 있는 것이지만 끝내 '참 그대
로를 곧바로 사실대로 이해[하는 경지]'(眞如正觀)로 들어가지 못함이 없음을
알아야 한다. '[성문·연각·보살] 세 종류의 수행자들'(三乘)이 다른 경지로
들어감이 끝내 없는 것은 '모든 가르침'(諸敎法)이 똑같이 '한 맛[처럼 통하는
경지]'(一味)로 들어가는 것과 같다.

'비유에 합치하는 말'(合喩之言)은 [『금강삼매경』의] 본문에서 [어렵지 않게]
알 수 있을 것이다.

2) ['여래의 면모가 간직된 창고'(如來藏)로] '들어가는 수행'과 '들어가는 지혜'의
원인과 결과의 차이를 드러냄(顯入行入智因果差別)

長者! 住一佛道, 卽達三行". 梵行長者言, "云何三行?" 佛言, "一隨事
取行, 二隨識取行, 三隨如取行.

[H1, 660c1~3; T34, 997a15~17]

장자여! '하나처럼 통하는 부처의 길'(一佛道)에 자리 잡으면 곧 '세 가
지 수행'(三行)을 통달하게 된다."

범행장자梵行長者가 말하였다.

"어떤 것이 '세 가지 수행'(三行)입니까?"

부처님께서 말씀하셨다.

"첫 번째는 '[인과因果의] 현상에 따라 수행을 취하는 것'(隨事取行)이고,
두 번째는 '[오직] 분별하는 마음[이 구성한 것이라는 도리]에 따라 수행을 취
하는 것'(隨識取行)이며, 세 번째는 '[사실 그대로에] 같아짐에 따라 수행을
취하는 것'(隨如取行)이다.

此下, 大分第二入行入智因果差別. 於中有四. 一者入行差別, 二者入智差別, 三者入因事用, 四者入果常住. 初中有三, 一者摠標. "住一佛道"者, 初地已上, 名住佛道, 具三種智, 達三行故. 二者問, 三者答. 答中有二, 別明摠釋. 別明中言"隨事取行"者, 謂依四諦十二緣起, 隨因果事, 取道品行故. "隨識取行"者, 謂諸衆生, 唯一心作, 隨唯識理, 取四攝行故. "隨如取行"者, 謂一切法, 悉皆平等, 隨平等如, 取六度行故. 攝行屬心, 故名爲取, 非謂能所分別之取.

[H1, 660c4~16; T34, 997a17~27]

이 아래는 '크게 구분한 것'(大分)²⁰²의 두 번째인 〈['여래의 면모가 간직된 창고'(如來藏)로] '들어가는 수행'과 '들어가는 지혜'의 원인과 결과의 차이〉(入行入智因果差別)[를 드러낸 부분]이다. 여기에는 네 가지가 있다. 첫째는 '들어가는 수행의 차이'(入行差別)이고, 둘째는 '들어가는 지혜의 차이'(入智差別)이며, 셋째는 '들어가는 원인이 되는 일의 작용'(入因事用)이고, 넷째는 〈들어간 결과[인 '한결같은 현상'(常法)]에 늘 머무르는 것〉(入果常住[常法])²⁰³이다.

(1) 들어가는 수행의 차이(入行差別)

첫째에는 세 가지가 있는데 [그] 첫 번째는 '총괄적인 제시'(摠標)이다. "하나처럼 통하는 부처의 길에 자리 잡는다"(住一佛道)라는 것은, '[열 가지 본격적인 수행경지'(十地)의] 첫 번째 경지'(初地) 이상을 '부처의 길에 자리 잡

---

202 '여래의 면모가 간직된 창고[를 주제로 하는] 단원'(如來藏品)의 본문은 크게 〈1) 모든 가르침과 온갖 수행이 똑같이 한곳으로 들어감을 밝힘(明諸法諸行同入一處)과 2) ['여래의 면모가 간직된 창고'(如來藏)로] '들어가는 수행'과 '들어가는 지혜'의 원인과 결과의 차이를 드러냄(顯入行入智因果差別)〉의 두 부분으로 구성되어 있다.

203 원효는 아래에서는 '入果常住'를 '入果常法'으로 표현하고 있다. 따라서 '入果常住常法'을 의미하고자 하는 것으로 보인다. 『금강삼매경』의 내용도 그러하다.

는다'(住佛道)고 말하니 '세 가지 지혜'(三種智)²⁰⁴를 갖추어 '세 가지 수행'(三行)에 통달하기 때문이다. 두 번째는 [범행장자의] 질문(問)이고, 세 번째는 [부처님의] 대답(答)이다. 대답에는 두 가지가 있으니, '하나씩 밝히는 것'(別明)과 '총괄적 해석'(摠釋)이다.

'하나씩 밝히는 것'(別明)에서 "[인과因果의] 현상에 따라 수행하는 것"(隨事取行)이라고 말한 것은, '네 가지 고귀한 진리'(四諦)와 '열두 가지 조건들의 인과적 발생'(十二緣起)[이라는 도리]에 의거하여 '원인과 결과의 현상'(因果事)에 따라 [깨달음을 성취하는] 수행'(道品行)을 취하는 것이다. "[오직] 분별하는 마음[이 구성한 것이라는 도리]에 따라 수행을 취하는 것"(隨識取行)이라는 것은, 모든 중생들[의 삶]은 오직 '하나처럼 통하는 마음'(一心)이 [분별에 의해] 지어내는 것이기에 '오로지 분별하는 마음[에 의한 구성]일 뿐이라는 도리'(唯識理)에 따라 '중생을 끌어안는 네 가지 수행'(四攝行)²⁰⁵을 취하는 것이

---

204 삼종지三種智: 세 가지에 해당하는 내용은 경론에 따라 다양하게 제시되므로 문맥에 따라 결정해야 한다. 원효의 주석에 따르면, 여기서의 삼종지三種智는 '세 가지 수행'(三行)의 근거가 되는 '사성제·십이연기'와 '유식唯識의 도리', 그리고 '평등진여平等眞如'의 셋을 제대로 아는 지혜를 가리킨다.

205 사섭행四攝行: '중생을 끌어안는 네 가지 방법'(四攝法)을 가리킨다. 이 사섭법四攝法은 대승보살의 길을 가는 이가 중생들을 교화하는 대표적인 방법으로 알려져 있다. 여기서 '섭攝'에 해당하는 산스크리트 원어는 'saṃgraha'인데, 우리말로 풀면 '함께/모조리(sam-) 움켜쥠(graha)'이라는 뜻이므로 '포섭/포괄/끌어안음' 등으로 표현할 수 있다. 사섭법四攝法의 내용은 보시布施, 애어愛語, 이행利行, 동사同事의 네 가지이다. 보시섭布施攝(dāna-saṃgraha)은 '널리 베풂으로써 [중생들을] 끌어안음'을, 애어섭愛語攝(priya-vādita-saṃgraha)은 '사랑을 담은 말로써 [중생들을] 끌어안음'을, 이행섭利行攝(artha-caryā-saṃgraha)은 '이로운 행위로써 [중생들을] 끌어안음'을, 동사섭同事攝(samānārthatā-saṃgraha)은 '이로움이 되는 일(arthatā)을 함께 나눔(samāna-)으로써 [중생들을] 끌어안음'을 각각 의미한다. 특히 동사섭은, 산스크리트 원어에 따르면, '동일한 일을 하는 것'이 아니라 '이익을 함께 나누는 일'이라는 점에 주의할 필요가 있다. 동리同利, 동행同行, 등리等利, 등여等與 등의 용어로 한역되는 근거도 여기에 있다. 출전을 살펴보면, 반야경 계열의 경전에서 중요시되고 있음을 먼저 확인할 수 있다. 이를테면 『마하반야바라밀경摩訶般若波羅蜜經』 권18(T8, 353c 29~354a3)에서의 "須菩提! 菩薩摩訶薩欲得阿耨多羅三藐三菩提, 淨佛國土, 成就衆生, 當

다. "[사실 그대로에] 같아짐에 따라 수행을 취하는 것"(隨如取行)이라는 것은, '모든 현상은 다 평등한 것'(一切法, 悉皆平等)이니 [이] '평등한 사실 그대로'(平等如)에 따라 '여섯 가지 보살수행'(六度行)을 취하는 것이다. 수행을 포섭하여 마음에 귀속시키기 때문에 '취한다'(取)고 말한 것이지 '주관과 객관을 [불변·독자의 본질/실체로 보아] 분별하여 취하는 것'(能所分別之取)을 일컫는 것은 아니다.

> 長者! 如是三行, 摠攝衆門, 一切法門, 無不此入. 入是行者, 不生空相, 如是入者, 可謂入如來.²⁰⁶ 入如來者, 入入不入".²⁰⁷
>
> [H1, 660c17~20; T34, 997a28~b1]
>
> 장자여! 이와 같은 '세 가지 수행'(三行)은 [수행의] '온갖 방식'(衆門)을

學六波羅蜜, 三十七道法及四攝法攝取衆生. 何等四? 布施, 愛語, 利益, 同事" 및 『소품반야바라밀경小品般若波羅蜜經』 권8(T8, 571c5~7)에서의 "諸佛行六波羅蜜, 以四攝法, 攝取衆生. 所謂布施, 愛語, 利益, 同事, 得阿耨多羅三藐三菩提" 등의 서술에서 확인할 수 있다. 『법화경』이나 『화엄경』과 같은 대승의 주요경전에서도 지속적으로 중요시되는 것은 물론이다. 이 사섭법은 초기불교 경전에서도 나타나고 있다. 예컨대 '네 가지로 끌어안음이라는 토대'(四攝法, catūhi saṃgaha-vatthūhi)라는 용어가 『디가(Dīgha)-니까야』의 제30 「삼십이상경三十二相經(Lakkhaṇa-suttanta)」(DN.Ⅲ, p.152)과 제33 「합송경合誦經(Saṅgīti-suttanta)」(DN.Ⅲ, p.232)에서 '네 가지로 표현되는 가르침'의 항목 가운데 등장하고 있다. 『장아함경長阿含經』 권8의 제9 「중집경衆集經」(T1, 518a8~9)에서도 "復有四法, 謂四攝法: 惠施, 愛語, 利人, 等利"라는 내용을 확인할 수 있다.

206 한불전에서는 '如來' 대신에 '如來藏'으로 되어 있는 판본이 있다고 교감하였고, 대정장 『금강삼매경』에는 '如來藏'으로 되어 있다. 그리고 바로 뒤에 이어지는 '入如來者'도 '入如來藏者'로 교감하고 있다. 그러나 원효의 주석에서는 두 구절에 모두 '藏'자가 없는 '如來'만을 인용하고 있으므로 여기에서는 '如來'로 보고 번역하였다. 대정장의 『금강삼매경론』에서도 '如來'로 나온다.

207 한불전에서는 '入入不入' 대신에 '如不入故'로 되어 있는 판본이 있다고 교감하였다. 대정장 『금강삼매경』에도 '如不入故'로 나온다. 그러나 원효의 주석에서는 '入入不入'으로 인용하고 있으므로 여기에서는 '入入不入'으로 보고 번역하였다. 대정장의 『금강삼매경론』에서도 '入入不入'으로 나온다.

'모두 포괄'(摠攝)하나니, '모든 가르침'(一切法門)이 여기에 들어가지 않음이 없다. 이 수행에 들어간 이는 '불변·독자의 본질/실체가 없는 면모'(空相)[에 대한 집착]도 일으키지 않으니, 이와 같이 들어간 사람이라야 '여래[의 경지]'(如來)에 들어갔다고 말할 수 있다. '여래[의 경지]'(如來)에 들어간 이는 '들어가도 들어감이 없는 것'(入不入)에 들어가는 것이다."

此是摠釋三行. 隨事行者, 共小乘門, 隨識行者, 獨大乘門. 此二是差別門, 第三是平等門, 由是道理, "摠攝衆門". 又道品行, 不住生死門, 其四攝行, 不住涅槃門, 隨如度行, 平等無二門, 故"一切法門, 無不此入". "入是行者, 不生空相"者, 雖隨如行, 而恒隨事隨識行故, 不取空相, 而住寂滅也. "可謂入如來"者, 雖隨事識而恒隨如, 取平等行故, 可謂能入如來藏海也. "入入不入"者, 入其入心於不入故, 能入所入, 平等無別, 故曰"不入". 雖無別異, 而亦非一, 故約觀心假名入心. 如是入心, 不存入相, 故入其入於不入也.

[H1, 660c21~661a11; T34, 997b1~12]

이것은 '세 가지 수행'(三行)을 '총괄하여 해석'(摠釋)[한 부분]이다. '[인과因果의] 현상에 따르는 수행'(隨事行)이라는 것은 '소승의 방식'(小乘門)에 공통되고, '[오직] 분별하는 마음[이 구성한 것이라는 도리]에 따르는 수행'(隨識行)이라는 것은 오로지 '대승의 방식'(大乘門)[에만 해당하는 수행]이다. 이 두 가지는 '차이를 구별하는 방식'(差別門)이고, 세 번째[인 수여취행隨如取行]은 '평등하게 하는 방식'(平等門)이니, 이러한 도리이기 때문에 ['세 가지 수행'(三行)이] "온갖 방식을 모두 포괄한다"(摠攝衆門)[라고 하였다.] 또 '[깨달음을 성취하는] 수행'(道品行)은 '[근본무지에 매여] 살고 죽어 가는 [동요]에 머무르지 않는 수행국면'(不住生死門)이고 저 '중생을 끌어안는 네 가지 수행'(四攝行)은 '열반[의 성취]에 머무르지 않는 수행국면'(不住涅槃門)이며 '[사실 그대로에] 같아짐에 따르는 수행'(隨如度行)은 '평등하여 다름이 없는 수행'(平等無二門)이니, 그러므로 "모든 가르침이 여기에 들어가지 않음이 없다"(一切法門, 無不此入)

라고 하였다.

 "이 수행에 들어간 이는 '불변·독자의 본질/실체가 없는 면모'(空相)[에 대한 집착]도 일으키지 않는다"(入是行者, 不生空相)라는 것은, 비록 '[사실 그대로에] 같아짐에 따르는 수행'(隨如行)이면서도 언제나 〈'[인과因果의] 현상에 따르고'(隨事) '[오직] 분별하는 마음[이 구성한 것이라는 도리]에 따르는'(隨識) 수행〉(隨事隨識行)이기 때문에 '불변·독자의 본질/실체가 없는 면모'(空相)를 취하여 '[불변·독자의 본질/실체로 보는 분별의] 동요가 없는 경지'(寂滅)에 머무르지도 않는 것이다. [또] "여래[의 경지]에 들어갔다고 말할 수 있다"(可謂入如來)라는 것은, 비록 '[인과因果의] 현상'(事)과 '[오직] 분별하는 마음[이 구성한 것이라는 도리]'(識)에 따르면서도 언제나 '[사실 그대로에] 같아짐'(如)에 따라 '평등하게 하는 수행'(平等行)을 취하기 때문에 '바다와 같은 여래의 면모가 간직된 창고'(入如來藏海)에 들어간다고 말할 수 있다는 것이다.

 "'들어가도 들어감이 없는 것'에 들어가는 것이다"(入入不入)라는 것은, 그 '들어가는 마음'(入心)으로 하여금 '들어감이 없는 곳'(不入)으로 들어가게 하기 때문에 '들어가는 것'(能入)과 '들어가게 된 것'(所入)이 평등하여 '다름이 없으니'(無別), 그러므로 "들어감이 없다"(不入)라고 말하였다. 비록 '[들어가는 것'(能入)과 '들어가게 된 것'(所入)에 '[본질적인] 차이'(別異)는 없지만 똑같은 것도 아니니, 그러므로 '이해하는 마음'(觀心)에 의거하여 방편으로 '들어가는 마음'(入心)이라 불렀다. '이와 같이 들어가는 마음'(如是入心)은 '들어가는 양상'(入相)을 [불변·독자의 본질/실체로] 두지 않으니, 그러므로 그 들어감을 '들어감이 없는 것'(不入)에 들어가게 한다.

(2) 들어가는 지혜의 차이(入智差別)

梵行長者言, "不可思議. 入如來藏, 如苗成實, 無有入處. 本根利力, 利成得本, 得本實際, 其智幾何?"

[H1, 661a12~14; T34, 997b13~15]

범행장자가 말하였다.

"생각으로 헤아리기 어렵습니다. '여래의 면모가 간직된 창고'(如來藏)에 들어가는 것은 마치 싹이 열매를 이룰 때 들어가게 되는 곳이 [따로] 있지 않은 것과도 같습니다. '뿌리인 본연의 이로운 능력'(本根利力)으로 이로움을 이루어 본연(本)을 증득하니, 〈본연인 '사실 그대로가 온전하게 드러나는 지평'〉(本實際)을 증득하게 하는 그 지혜는 몇 가지나 됩니까?"

此下, 第二入智差別, 先問後答. 問中有二, 先領前說, 後問所疑. "如苗成實"者, 如似穀苗, 成穗實時, 無能入者, 無所入處, 入如來藏, 當知亦爾. 苗喩本利, 實喩得本, 入時平等, 無所入處故.

[H1, 661a15~20; T34, 997b15~19]

이 아래는 ['들어가는 수행과 들어가는 지혜의 원인과 결과의 차이를 드러냄'(顯入行入智因果差別)의 네 부분 가운데] 두 번째인 '[여래장에] 들어가는 지혜의 차이'(入智差別)[를 설명하는 것]이니, 먼저는 질문(問)이고 나중은 대답(答)이다. 질문에 두 가지가 있으니, 먼저는 '앞서 [부처님이] 설법한 내용을 이해한 것'(領前說)이고, 나중은 '의심되는 것을 질문하는 것'(問所疑)이다.

"마치 싹이 열매를 이루는 것과 같다"(如苗成實)라는 것은, 마치 곡식의 싹이 이삭의 알곡을 이룰 때 [그 알곡 속으로] '들어가는 것'(能入者)도 없고 '들어가게 된 곳'(所入處)도 없는 것과 같이 '여래의 면모가 간직된 창고'(如來藏)에 들어가는 것도 마찬가지임을 알아야 한다는 것이다. [여기서] 싹은 '[깨달음의] 본연[인 '사실 그대로 앎']이 지닌 이로움'(本利)을 비유한 것이고 알곡은 '[깨달음의] 본연[인 '사실 그대로 앎']이 지닌 이로움]을 증득함'(得本[利])을 비유한 것이니, 들어갈 때는 [들어가는 것과 들어가게 된 곳에 불변·독자의 본질/실체로서의 차이가 없어] 평등하고, 들어가게 된 곳[인 여래장如來藏]도 [불변·독자의 본질/실체로서] 없기 때문이다.

佛言, "其智無窮, 略而言之, 其智有四, 何者爲四? 一者定智, 所謂隨如. 二者不定智, 所謂方便摧破.²⁰⁸ 三者涅槃智, 所謂除電覺,²⁰⁹ 四者究竟智, 所謂入實具足道.²¹⁰ 長者! 如是四大事用, 過去諸佛所說, 是大橋梁, 是大津濟, 若化衆生, 應用是智.

[H1, 661a21~b3; T34, 997b20~25]

부처님께서 말씀하셨다.

"그 지혜는 끝이 없지만 간략하게 말하자면 그 지혜에는 네 가지가 있으니 어떤 것이 네 가지인가? 첫 번째는 '[평등함이] 확정된 지혜'(定智)이니 '[사실] 그대로에 따르는 것'(隨如)이 그것이다. 두 번째는 '[평등함으로만] 확정되지 않는 지혜'(不定智)이니 '수단과 방법'(方便)으로 [불변·독자의 본질/실체로 보아 분별함을] 꺾어 깨뜨리는 것이 그것이다. 세 번째는 '열반[을 나타내는] 지혜'(涅槃智)이니 '번개[처럼 빨리 생겨났다 사라지는] 분별'(電覺)을 제거하는 것이 그것이다. 네 번째는 '궁극적인 지혜'(究竟智)이니 '사실 그대로의 지평'(實)으로 들어가서 '[곧바로 사실대로 이해]'(正觀)하는 능력과 '수단과 방법'(方便)을 쓰는] 일'(道)을 모두 갖추는 것이 그것이다. 장자여! 이와 같은 '네 가지 크나큰 일을 나타내는 작용'(四大事用)은 과거의 모든 부처님께서 설하신 것으로, 이것은 '크나큰 다리'(大橋梁)이고 '크나큰 나루터'(大津濟)이니, 만약 중생을 교화하려면 이 지혜들을 써야 한다.

---

208 대정장 『금강삼매경』에서는 '破病'으로 기재하고 '摧破'로 나오는 판본이 있다고 밝히고 있다. 한불전과 대정장의 『금강삼매경론』에는 모두 '摧破'로 되어 있다. 원효의 주석에서도 '摧破'로 인용하고 있다.

209 대정장 『금강삼매경』에서는 '除電覺際'로 기재하고 '慧除電覺' 및 '除電覺'으로 나오는 판본이 있다고 밝히고 있다. 한불전과 대정장의 『금강삼매경론』에는 모두 '除電覺'으로 나오고, 원효의 주석에서도 '除電覺'으로 인용하고 있다.

210 대정장 『금강삼매경』에서는 '具足佛道'로 기재하고 '佛'자가 누락된 '具足道'로 되어 있는 판본이 있다고 밝히고 있다. 한불전과 대정장의 『금강삼매경론』에는 모두 '具足道'로 나오고, 원효의 주석에서도 '具足道'로 인용하고 있다.

是第二答. 於中有三, 所謂摠標別釋摠明. 摠標中言"其智無窮"者, 所達無邊故, 其智亦無窮, 但以義類相對, 摠略而說, 有四而已. 別顯中言"定智"者, 平等性智, 唯在正觀, 不作方便, 故名"定智". 對治末那我我所執, 隨觀平等, 故曰"隨如". "不定智"者, 妙觀察智, 在第六識, 方便進取, 故名"不定". 方便道時, 推求摧破名事等相, 故曰"摧破". 此智實通方便正觀, 但爲別定智故, 略擧方便耳. "涅槃智"者, 成所作智, 能現八相, 而作佛事, 擧最後相, 名"涅槃智". 除滅五識, 而得此智, 以是義故, 名"除電覺". "電覺"者, 謂五識, 乍起乍滅, 如電光故. "究竟智"者, 大圓鏡智, 唯究竟位, 得此智故, 於一切境, 無不窮故. 入一實義, 故名"入實", 無境不現, 名"具足道". 摠明中言"四大事用"者, 用無不周故, "諸佛所說"者, 諸佛道同故. "大橋梁"者, 以是四智, 載三乘人, 令到一乘之彼岸故, "大津濟"者, 用此四智, 遍涉六道, 示出世道, 度愛河故. 是故"化者,"²¹¹ 應用是智"也.

[H1, 661b4~c3; T34, 997b25~c14]

이것은 ['들어가는 지혜의 차이'(入智差別)를 이루는 질문과 대답 가운데] 두 번째인 대답이다. 여기에는 세 가지가 있으니, '총괄적인 제시'(摠標)와 '하나씩 풀이함'(別釋)과 '총괄적으로 밝힘'(摠明)이 그것이다.

'총괄적인 제시'(摠標) 가운데 "그 지혜는 끝이 없다"(其智無窮)라고 말한 것은 통달하게 된 것이 한계가 없기 때문에 그 [통달하는] 지혜 역시 끝이 없다는 것인데, 단지 '뜻이 비슷한 것들'(義類)끼리 서로 짝지어 총괄해서 간략하게 말하면 네 가지가 있게 된다.

'하나씩 드러냄'(別顯) 가운데 "[평등함이] 확정된 지혜"(定智)라는 것은 '[불변·독자의 본질/실체라는 생각으로 비교하지 않아] 평등하게 보는 지혜'(平等性智)²¹²이니, 오직 '곧바로 사실대로 이해함'(正觀)에 있고 [별도의] '수단과 방

---

211 『금강삼매경』본문은 '若化衆生'이다.
212 평등성지平等性智(samatā-jñāna): 유식唯識사상에서는 여덟 가지 의식에 따라 거기에 대응하는 지혜의 차이를 다른 개념으로 표현한다. 이 가운데 제7식의 번뇌는 '자아를 불변·독자의 본질/실체로 보는 생각'에 토대하고 있기 때문에 이러한 생각에

262 제4편 경문의 뜻을 자세히 풀어냄(消文義)

법'(方便)을 지어내지 않기 때문에 "[평등함이] 확정된 지혜"(定智)라고 부른다. [이 지혜는] 〈[제7]말나식末那識에 있는 '나와 나의 것이 불변·독자의 본질/실체로서 있다는 집착'(我我所執)〉²¹³을 치유하여 '평등함을 이해하는 것'(觀平等)에 따르니, 그러므로 "[사실] 그대로에 따르는 것"(隨如)이라고 말했다.

"[평등함으로만] 확정되지 않는 지혜"(不定智)라는 것은 '사실 그대로 이해하는 지혜'(妙觀察智)²¹⁴이니, 제6식識에 있으면서 '수단과 방법'(方便)으로 나아가 [수단과 방법들을] 취하기 때문에 "[평등함으로만] 확정되지 않는다"(不定)라고 말한다. [이 지혜가] '수단과 방법'을 행할 때는 '명칭과 [명칭이 지시하

따른 분별/차별에서 벗어나는 지혜가 중요시된다. 이것을 나타내는 개념이 바로 평등성지平等性智로 보인다. 따라서 '[불변·독자의 본질/실체라는 생각으로 비교하지 않아] 평등하게 보는 지혜'로 번역하였다. 후대의 주석문헌에서 평등성지를 비롯한 4지四智의 출전으로 『불설불지경佛說佛地經』 및 이에 대한 주석인 『불지경론佛地經論』을 중시하고 있으나, 『대승본생심지관경大乘本生心地觀經』에서 간결하면서도 핵심적인 설명을 찾아볼 수 있다. 『대승본생심지관경』 권2(T3, 298c16~18). "二平等性智, 轉我見識得此智慧, 是以能證自他平等二無我性, 如是名爲平等性智."

213 말나아아소집末那我我所執: [제7]말나식에 자리 잡고 있는 '나와 나의 것이 불변·독자의 본질/실체로서 있다는 집착'을 뜻하는 말이다. 유식唯識사상에서는 제7말나식에 해당하는 번뇌로 네 가지를 드는데, 이때의 네 가지는 '자아가 불변·독자의 본질/실체로서 실재한다는 견해'(ātmadṛṣṭi, 我見/我執), '자아에 대한 잘못된 견해에서 비롯되는 어리석음'(ātmamoha, 我癡), '자아에 대한 잘못된 견해에서 비롯되는 오만'(ātmamāna, 我慢), '자아에 대한 잘못된 견해로 인한 애착'(ātmasneha, 我愛)을 가리킨다. 말나아아소집末那我我所執은 '자아가 불변·독자의 본질/실체로서 실재한다는 견해'(ātmadṛṣṭi)를 〈'불변·독자의 본질/실체로서 존재하는 자아'(我)와 '불변·독자의 본질/실체로서 존재하는 나의 것'(我所)에 대한 두 가지 집착〉으로 구체화시킨 것이라고 할 수 있다.

214 묘관찰지妙觀察智(pratyavekṣaṇājñāna): 제6식의 범주에 대응시켜 성취해야 될 지혜로 나타난다. 제6식이 대상세계를 인지하고 파악하는 작용력이 있기 때문에 '사실을 사실 그대로 이해하는 능력'을 지혜로 표현한 것이라고 말할 수 있다. 따라서 '사실 그대로 이해하는 지혜'로 번역하였다. 관련 내용은 다음과 같다. 『대승본생심지관경』 권2(T3, 298c18~21). "三妙觀察智, 轉分別識得此智慧, 能觀諸法自相共相, 於衆會前說諸妙法, 能令衆生得不退轉, 以是名爲妙觀察智."

는] 현상'(名事) 등의 차이(相)[를 불변·독자의 본질/실체로 보는 것]을 꺾어 깨뜨리고자 하니, 그러므로 "꺾어 깨뜨린다"(摧破)라고 말했다. 이 지혜는 실제로는 '수단과 방법'(方便)과 '곧바로 사실대로 이해함'(正觀)에 [모두] 통하지만 단지 [평등함이] 확정된 지혜'(定智)와 구별하기 위해서 간략하게 '수단과 방법'(方便)[의 측면]만 들었을 뿐이다.

"열반[을 나타내는] 지혜"(涅槃智)라는 것은 '[중생들이 열반에 이르도록 성숙시키는] 일을 이루어 가는 지혜'(成所作智)[215]이니, [석가모니 부처님의 경우] '여덟 가지 모습'(八相)을 나타내어 '[중생이] 부처[가 되게 하는] 일'(佛事)을 지었는데 [그 여덟 가지 모습 가운데] '최후의 모습'(最後相)[216]에 의거하여 '열반[을 나타내는] 지혜'(涅槃智)라고 불렀다. '[눈·귀·코·혀·몸에 의거하여 발생하는 안식·이식·비식·설식·신식의] 다섯 가지 식'(五識)[을 토대로 발생하는 분별]을 없애어 이 지혜를 증득하니, 이러한 뜻 때문에 "번개[처럼 빨리 생겨났다 사라지는] 분별을 제거한다"(除電覺)라고 하였다. "번개[처럼 빨리 생겨났다 사라지는] 분별"(電覺)이라는 것은 '[눈·귀·코·혀·몸에 의거하여 발생하는 안식·이식·비식·설식·신식의] 다섯 가지 식'(五識)[을 토대로 발생하는 분별]을 가리키니, 잠깐 사이에 일어났다가 잠깐 사이에 사라지는 것이 마치 번갯불과 같기 때문이다.

---

215 성소작지成所作智(Kṛtyānuṣṭhāna-jñāna): 제5식의 범주에 대응시켜 이루어야 할 지혜로 묘사된다. 이것은 의식을 구성하는 다섯 가지 감각기관이 타인을 이롭게 하는 직접적인 토대라는 의미가 반영된 것이라고 말할 수 있다. 관련 문구들과 원효의 설명을 종합하여 '[중생들이 열반에 이르도록 성숙시키는] 일을 이루어 가는 지혜'로 번역하였다. 관련 내용은 다음과 같다. 『대승본생심지관경』권2(T3, 298c21~23). "四成所作智, 轉五種識得此智慧, 能現一切種種化身, 令諸衆生成熟善業, 以是因緣, 名爲成所作智."

216 최후상最後相: 석가모니 부처님의 일생을 '여덟 가지 주요한 모습/장면'(八相)으로 설명한 것을 팔상八相이라 하는데, 이것은 주로 그림으로 나타내기 때문에 팔상도八相圖라고 한다. 이 가운데 가장 마지막 그림을 쌍림열반상雙林涅槃相이라고 한다. 죽음을 앞둔 부처님이 자신의 고향인 석가족의 땅으로 향하다가 꾸시나가라(Kusinagara)의 사라(sara) 나무가 쌍으로 서 있는 곳 아래에서 죽음(涅槃)을 맞이하는 모습이다. 팔상八相에 대한 자세한 설명은 앞의 주석 참고.

"궁극적인 지혜"(究竟智)라는 것은 '거울로 비추는 것처럼 [현상세계를] 온전하게 드러내는 지혜'(大圓鏡智)[217]이니, 오직 '궁극적인 경지'(究竟位)[218]에서만 이 지혜를 증득하기 때문이며, '모든 대상들'(一切境)을 궁극적으로 이해하지 않음이 없기 때문이다. '하나처럼 통하는 사실 그대로를 드러내는 뜻'(一實義)으로 들어가기 때문에 "사실 그대로의 지평으로 들어간다"(入實)라고 하였고, 어떤 것에서라도 나타나지 않음이 없기 때문에 "[곧바로 사실대로 이해(正觀)하는 능력과 '수단과 방법'(方便)을 쓰는] 일을 모두 갖춘다"(具足道)라고 하였다.

'총괄적으로 밝힌 것'(摠明) 가운데 "네 가지 크나큰 일을 나타내는 작용"(四大事用)이라고 말한 것은 [그] 작용이 두루 미치지 않음이 없기 때문이고, "모든 부처님께서 설하신 것이다"(諸佛所說)라는 것은 '모든 부처님이 밝힌 길'(諸佛道)과 같기 때문이다. "크나큰 다리"(大橋梁)[라고 말한] 것은 이 '[확정된 지혜'(定智)·'확정되지 않는 지혜'(不定智)·'열반을 나타내는 지혜'(涅槃智)·'궁극적인 지혜'(究竟智), 이 네 가지 지혜'(四智)로써 [성문·연각·보살] 세 종류의 수행자들'(三乘人)을 실어 [삼승三乘을] 하나처럼 통하게 하는 가르침인

---

217 대원경지大圓鏡智(ādarśajñāna): 제8식의 번뇌에서 벗어남으로써 증득하는 지혜이다. 제8식에서 얻는 지혜는 마치 크고 온전한 거울이 있으면 거기에 모든 대상이 그대로 나타나는 것과 같다는 것이다. 따라서 '거울로 비추는 것처럼 [현상세계를] 온전하게 드러내는 지혜'로 번역하였다. 관련 내용은 다음과 같다. 『대승본생심지관경』 권2(T3, 298c10~16). "一大圓鏡智, 轉異熟識得此智慧, 如大圓鏡現諸色像. 如是如來鏡智之中, 能現衆生諸善惡業, 以是因緣, 此智名爲大圓鏡智. 依大悲故恒緣衆生, 依大智故常如法性, 雙觀眞俗無有間斷, 常能執持無漏根身, 一切功德爲所依止."

218 구경위究竟位: 유식唯識사상에서는 다섯 가지 수행단계를 제시하고 있는데, 자량위資糧位, 가행위加行位, 통달위通達位, 수습위修習位, 구경위究竟位가 그것이다. 대상세계는 '오로지 분별하는 마음[에 의한 구성]일 뿐'(唯識)이라는 도리에 의거하여 온갖 장애에서 벗어나는 수행단계를 가리킨다. 『유식삼십송唯識三十頌』에 따르면, 그 최후의 경지에 도달한 수행자는 다시 중생을 교화하여 유식의 도리를 깨닫게 한다고 설명하고 있다. 『유식삼십론송唯識三十論頌』 권1(T31, 61b20~23). "五究竟位, 謂住無上正等菩提, 出障圓明, 能盡未來化有情類. 其相云何? '此即無漏界, 不思議善常, 安樂解脫身, 大牟尼名法.'"

저 언덕'(一乘之彼岸)에 도달하게 하기 때문이고, "크나큰 나루터"(大津濟)[라고 말한] 것은 이 '네 가지 지혜'(四智)를 써서 '[지옥地獄 · 아귀餓鬼 · 축생畜生 · 아수라阿修羅 · 천상天上 · 인간人間, 이] 여섯 가지 미혹세계'(六道)를 두루 다니면서 '세속에서 풀려나는 길'(出世道)을 보여 주어 '애착의 강'(愛河)을 건너게 하기 때문이다. 그러므로 "[중생을] 교화하려는 자는 이 지혜들을 써야 한다"(化者, 應用是智)라고 하였다.

(3) 들어가는 원인이 되는 일의 작용(入因事用)

長者! 用是大用, 復有三大事. 一者, 於三三昧, 內外不相奪. 二者, 於大義科, 隨道擇滅. 三者, 於如慧定,[219] 以悲俱利. 如是三事, 成就菩提, 不行是事, 卽不能流入彼四智海,[220] 爲諸大魔所得其便. 長者! 汝等大衆, 乃至成佛, 常當修習, 勿令暫失".

[H1, 661c4~10; T34, 997c15~20]

장자여! 이와 같은 '크나큰 작용'(大用)을 쓰는 데는 다시 '세 가지 크나큰 일'(三大事)이 있다. 첫 번째는 '세 가지 삼매'(三三昧)[221][의 경지]에서

---

219 대정장『금강삼매경』에서는 '定'자 앞에 '如'자가 추가되어 있는 판본이 있다고 교감하였다. 원효의 주석에서는 '如慧定'으로 인용하고 있으므로 '如慧定'으로 번역한다.

220 대정장『금강삼매경』에서는 '海'자가 없는 판본이 있다고 교감하였으나 원효의 주석에서는 '四智大海'라는 표현으로 좀 더 강조하고 있으므로 '海'자가 있는 것으로 보고 번역한다.

221 삼삼매三三昧: 세 가지 삼매를 가리키는 개념으로서 니까야/아함에서부터 나타나는 말이다. 그런데 이 삼삼매는 남전南傳에서는『앙굿따라-니까야』와『디가-니까야』, 북전北傳에서는 이에 대응하는『장아함경長阿含經』과『증일아함경增一阿含經』에서만 나타나고 있기 때문에 특정 부파의 산물일 가능성이 있다. 더 큰 문제는 삼삼매三三昧의 내용을 지시하는 데 차이가 있다는 점이다. 아래 원효의 주석에서도 확인되지만, 세 가지 삼매의 내용으로서 '불변 · 독자의 본질/실체가 없음'(空)과 '[불변 · 독자의 본질/실체로서의] 양상이 없음'(無相)과 '[불변 · 독자의 본질/실체적인 것들을] 바라는 것이 없음'(無願)을 제시하는 경우가 있고, '불변 · 독자의 본질/실체가 없음'

안[의 식識]과 밖[의 대상]이 서로 '[이로운 능력'(善根)을] 빼앗지 않는 것이다. 두 번째는 '[물질현상을 네 가지로] 크게 구분한 것'([四]大)과 [모든 경험현상이 발생하는] '[오온五蘊 · 십이처十二處 · 십팔계十八界의] 면모'(義)와 '[모든 식識의 근본이 되는] 조목[인 제8아뢰야식]'(科)에서 진리(道)에 따라 '[번뇌를] 소멸시키는 것'(擇滅)이다. 세 번째는 '[사실] 그대로(如)에 따르는 지혜와 선정'(如慧定)에서 [크나큰] 연민(悲)으로써 모두를 유익하게 하는 것이다. 이와 같은 '세 가지 일'(三事)로 깨달음을 성취하니, 이 일을 행하지 않으면 저 '바다와 같은 네 가지 지혜'(四智海)로 흘러 들어갈 수 없어서 갖가지 '수행을 방해하는 크나큰 방해물들'(大魔)의 뜻대로 되게 된다. 장자여! 그대들이 '부처를 이룸'(成佛)에 이를 때까지 늘 닦고 익혀서 잠시라도 [닦아 익히려는 마음을] 잃지 않아야 한다."

─────

(空)과 '[불변 · 독자의 본질/실체로서의] 양상이 없음'(無相) 그리고 '[불변 · 독자의 본질/실체로 보는 생각에 의거한 작용을] 지어냄이 없음'(無作)으로 제시되는 경우도 있기 때문이다. 원효는 '[불변 · 독자의 본질/실체로 보는 생각에 의거한 작용을] 지어냄이 없음'(無作)과 '[불변 · 독자의 본질/실체로서의] 양상이 없음'(無相)과 '[불변 · 독자의 본질/실체가 없다는 것에도 불변 · 독자의 본질/실체가 없음'(空空)의 경우도 있음을 주석에서 설명하고 있지만, 초기불전에서 이 유형은 나타나지 않는다. 그런데 초기불전에서 이 세 가지 삼매라는 술어가 제시될 때에도 그 내용에 대해서는 구체적으로 서술하고 있지 않다. 『증일아함경』에서 유일하게 삼삼매가 엇무인지를 설명하는 부분을 찾아볼 수 있다. 『증일아함경』 권16(T2, 630b3~10). "此三三昧. 云何爲三? 空三昧, 無願三昧, 無想三昧. 彼云何名爲空三昧? 所謂空者, 觀一切諸法, 皆悉空虛, 是謂名爲空三昧. 彼云何名爲無想三昧? 所謂無想者, 於一切諸法, 都無想念, 亦不可見, 是謂名爲無想三昧. 云何名爲無願三昧? 所謂無願者, 於一切諸法, 亦不願求, 是謂名爲無願三昧." 이 경전에 대응하는 남전 니까야는 『앙굿따라-니까야』 제3집(A3:163)에서 찾아볼 수 있는데, 여기서는 북전 『증일아함』과 달리 삼삼매라는 용어만 나타날 뿐, 그 내용에 대한 설명은 발견되지 않는다. 이 때문에 삼삼매가 특정 부파의 산물일 가능성이 더 커진다. 『장아함경』 권9 「십상경十上經」(T1, 53a23~24). "云何三修法? 謂三三昧, 空三昧, 無相三昧, 無作三昧"; 『장아함경』 권9 「제이분삼취경第二分三聚經」(T1, 59c5~6). "云何三法趣向涅槃? 謂三三昧, 空三昧, 無相三昧, 無作三昧." 아비달마 문헌과 대승의 경론에서 삼삼매를 설명하는 부분에 대해서는 이하 원효의 주석에서 다시 언급될 때 설명을 추가하기로 한다.

此下, 第三入因事用. 於中有二, 長行重頌. 初中有三, 略明重顯三者領解. 初中有四, 一者摠標, 二者別解, 三者合明, 四者結勸. 摠標中言"用是大用"者, 擧前所說四智大用, 位在地上, 乃至佛果. "復有三事[222]"者, 能成四智之事有三, 此在地前四位中. 行此三事者, 初定次慧, 第三定慧俱行, 大悲爲體. 初言定者, 卽三三昧. 此有多門, 左右異說, 或言空無相無願, 或言無作無相空空, 或言空無作無相, 隨意[223]安立, 皆無障碍. 或名三解脫, 唯在無漏故, 或名三三昧, 亦通有漏故, 於中別義, 下文當說. 而言"內外不相奪"者, 內識外境, 共相現發, 取違順, 相奪諸善根, 今達皆空, 不令奪故. "於大義科, 隨道擇滅"者, 謂於四大及三法門, 隨理簡擇, 摧破諸相, 伏滅本識戲論種子. 前三三昧, 伏其現纏, 此簡擇慧, 損伏種子, 由是遂成四智之時, 能拔種子, 得轉八識故. "於如慧定, 以悲俱利"者, 前慧及定, 皆順如理, 是故說名"於如慧定", 於中亦修大悲相應, 自利利他, 故言"俱利". 所以然者, 若離大悲, 直修定慧, 墮二乘地, 障菩薩道, 設唯起悲, 不修定慧, 墮凡夫患, 非菩薩道. 故修三事, 遠離二邊, 修菩薩道, 成無上覺, 故言"如是三事, 成就菩提". 若不俱行此三事者, 卽住生死, 及着涅槃, 不能流入四智大海, 卽爲四魔所得便也. 此是合明. 下卽勸修, 爲第四門也.

[H1, 661c11~662a20; T34, 997c20~998a16]

이 글 이하는 [〈'들어가는 수행'과 '들어가는 지혜'의 원인과 결과의 차이를 드러냄〉(顯入行入智因果差別)의 네 부분 가운데] 세 번째인 [여래장如來藏에] 들어가는 원인이 되는 일의 작용'(入因事用)이다. 여기에 두 가지가 있으니, '산문[의 형식을 띤 문장]'(長行)과 '게송[의 형식]으로 거듭 읊는 것'(重頌)이다.

첫째[인 장행長行]에는 세 가지가 있으니, [첫 번째인] '간략히 밝힘'(略明)과 [두 번째인] '거듭 밝힘'(重顯), 세 번째인 [범행장자가] 이해함'(領解)이다. 첫 번

222 『금강삼매경』 원문에 따라 '三大事'로 교감하여 번역한다.
223 한불전과 대정장의 『금강삼매경론』에는 '意'가 아니라 '宜'로 되어 있는 판본이 있다고 교감하고 있지만, 문맥으로 볼 때에는 '意'자가 적절하다.

째[인 '간략히 밝힘'(略明)]에는 네 가지가 있으니, 첫째는 '총괄적인 제시'(摠標)이고 둘째는 '하나씩 풀이함'(別解)이며 셋째는 '합쳐서 밝힘'(合明)이고 넷째는 '[설명을] 마무리하고 권유함'(結勸)이다.

'총괄적인 제시'(摠標) 가운데 "이와 같은 크나큰 작용을 쓴다"(用是大用)라고 말한 것은 앞에서 [부처님이] 설명한 '네 가지 지혜의 크나큰 작용'(四智大用)을 거론한 것이니, [그] 경지는 '[열 가지] 본격적인 수행경지[의 초지初地] 이상'(地上)부터 '부처가 되는 결실'(佛果)에까지 [해당하는 것]이다. "다시 세 가지 크나큰 일이 있다"(復有三大事)라는 것은 '네 가지 지혜'(四智)를 이룰 수 있게 하는 일에는 세 가지가 있다는 것이니, 이 ['세 가지 크나큰 일'(三事大)]은 '[열 가지] 본격적인 수행경지 이전'(地前) [십신十信·십주十住·십행十行·십회향十廻向, 이] '네 가지 단계'(四位)에 있다. 이 세 가지 일을 행하는 것은, 첫 번째가 선정(定)[수행]이고 두 번째는 지혜(慧)[수행]이며 세 번째는 '선정과 지혜를 아우르는 수행'(定慧俱行)인데 [모두] '크나큰 연민'(大悲)이 [그] 토대(體)가 된다.

첫 번째로 말한 선정(定)[수행]이란 것은 곧 '세 가지 삼매'(三三昧)이다. 이 ['세 가지 삼매'(三三昧)의 내용]에 대해서는 '다양한 이해방식'(多門)이 있어 갖가지로 다르게 설명하니, 어떤 곳에서는 '불변·독자의 본질/실체가 없음'(空)과 [불변·독자의 본질/실체로서의] 양상이 없음'(無相)과 [불변·독자의 본질/실체적인 것들을] 바라는 것이 없음'(無願)이라 말하고,[224] 또 다른 곳에서

---

224 이 유형에 해당하는 경증經證은 『앙굿따라-니까야』에서 먼저 찾을 수 있는데, 제3집의 제163에서 "Suññato samādhi, animitto samādhi, appaṇihito samādhi"(AN. III, p.299)라는 구절을 통해 이러한 세 가지로 구성된 '세 가지 삼매'(三三昧)를 확인할 수 있다. 한역 『장아함경長阿含經』에서도 순서는 다르지만 내용은 동일한 '세 가지 삼매'(三三昧)를 확인할 수 있다. 『장아함경』 권8 「중집경衆集經」(T1, 50b1~2). "復有三法, 謂三三昧, 空三昧, 無願三昧, 無相三昧." 한편 『방광반야경放光般若經』에서도 '세 가지 삼매'(三三昧)를 제시하고 있는데, 순서와 내용이 모두 『앙굿따라-니까야』와 일치하는 구절이 확인된다. 『방광반야경』 권4(T8, 25b35~27). "須菩提! 復有摩訶衍, 謂三三昧是. 何謂爲三? 空三昧, 無相三昧, 無願三昧"; 『아비담심론阿毘曇心論』 권4(T28,

는 '[불변·독자의 본질/실체로 보는 생각에 의거한 작용을] 지어냄이 없음'(無作)과 '[불변·독자의 본질/실체로서의] 양상이 없음'(無相)과 '불변·독자의 본질/실체가 없다는 것에도 불변·독자의 본질/실체가 없음'(空空)이라고 말하며, 또 다른 곳에서는 '불변·독자의 본질/실체가 없음'(空)과 '[불변·독자의 본질/실체로 보는 생각에 의거한 작용을] 지어냄이 없음'(無作)과 '[불변·독자의 본질/실체로서의] 양상이 없음'(無相)이라고 말하고[225] 있는데, [이 세 가지 경우는] '[나름대로의] 뜻에 따라 선택한 것'(隨意安立)으로서 모두 [서로에게] 장애가 되는 것은 없다. 어떤 경우에는 [이 세 가지 삼매를] '세 가지 해탈'(三解脫)[226]이라고 부르는데 오직 '번뇌가 스며들지 않는 [경지]'(無漏)에 있는 [경우]이고, 어떤 경우에는 '세 가지 삼매'(三三昧)라고 부르는데 [이 경우는] '[아직] 번뇌가

857a22). "三昧者三三昧. 空無願無相."

225 『마하반야바라밀경摩訶般若波羅蜜經』 권5(T8, 254c13~18). "復次須菩提! 菩薩摩訶薩摩訶衍, 所謂三三昧. 何等三? 空, 無相, 無作三昧. 空三昧名諸法自相空, 是名空解脫門. 無相名壞諸法相不憶不念, 是名無相解脫門. 無作名諸法中不願作, 是名無作解脫門";『대반열반경大般涅槃經』 권25(T12, 511a28~b4). "所謂三三昧: 空三昧, 無相三昧, 無作三昧. 空者於二十五有不見一實, 無作者於二十五有不作願求, 無相者無有十相, 所謂色相, 聲相, 香相, 味相, 觸相, 生相, 住相, 滅相, 男相, 女相, 修習如是三三昧者, 是名菩薩繫念思惟";『대지도론大智度論』 권5(T25, 96b29~c1). "三三昧: 空, 無作, 無相." 이하에 나오는『금강삼매경』의 본문에서는 이 경우를 삼삼매三三昧로 제시하고 있다.

226 삼해탈三解脫: 앞의 "입실제품入實際品"에서 '[허공虛空, 금강金剛, 반야般若] 세 가지 해탈'(三解脫)이 나온 적이 있는데, 이때 세 가지의 내용은 '허공[과 같은] 해탈'(虛空解脫), '금강[석과 같은 삼매에 의한] 해탈'(金剛解脫), '반야[인 지혜에 의한] 해탈'(般若解脫)을 가리키는 것이었다. 그런데 여기서 말하는 삼해탈三解脫은 삼삼매三三昧의 수행에 따라 번뇌가 없어진 경지를 의미한다. 삼해탈이라는 용어는 아함경에서부터 찾아볼 수 있지만, 이때는 팔해탈八解脫의 제3번째 해탈의 경지를 가리키는 말로 나타나는 경우가 대부분이다. 본문의 의미와 부합하는 내용은 반야부 계열에 속하는 경전에서 나타나고 있다. 그러나 이 경우에도 삼삼매로 제시되는 내용은 문헌마다 차이를 보이고 있다.『대반야바라밀다경大般若波羅蜜多經』 권3(T5, 12a3~6). "諸菩薩摩訶薩安住般若波羅蜜多, 以無所得而爲方便, 應圓滿空解脫門, 無相解脫門, 無願解脫門, 三解脫門不可得故";『소품반야바라밀경小品般若波羅蜜經』 권7(T8, 567b27~29). "爾時, 舍利弗語須菩提: 若菩薩夢中修三解脫門, 空, 無相, 無作. 增益般若波羅蜜不?"

스며드는 [경지]'(有漏)에도 해당하는 것이니, 이 가운데 '구별되는 뜻'(別義)에 대해서는 이하의 글에서 설명할 것이다.

"안[의 식識]과 밖[의 대상]이 서로 ['이로운 능력'(善根)을] 빼앗지 않는다"(內外不相奪)라고 말한 것은, '안의 식識'(內識)과 '밖의 대상'(外境)이 함께 서로를 나타나게 하면서 거스름(違)이나 따름(順)을 취하여 온갖 '이로운 능력'(善根)을 서로 빼앗다가 이제 [식識과 대상에] 모두 '불변·독자의 본질/실체가 없음'(空)을 깨달아 ['이로운 능력'(善根)을] 빼앗게 하지 않기 때문이다.

"'[물질현상을 네 가지로] 크게 구분한 것'([四]大)과 [모든 경험현상이 발생하는] '[오온五蘊·십이처十二處·십팔계十八界의] 면모'(義)와 '[모든 식識의 근본이 되는] 조목[인 제8아뢰야식]'(科)에서 진리(道)에 따라 [번뇌를] 소멸시키는 것'(擇滅)이다"(於大義科, 隨道擇滅)라는 것은, '[지地·수水·화火·풍風, 이] 네 가지 물질적 속성'(四大) 및 [모든 경험현상이 발생하는] '[오온五蘊·십이처十二處·십팔계十八界, 이] 세 가지 측면'(三法門)에서 진리(理)에 따라 판단(簡擇)하여 '모든 유형의 [불변·독자의 본질/실체로 차별된] 차이'(諸相)를 꺾어 깨뜨려서 '근본이 되는 식[인 제8아뢰야식]'(本識)이 지닌 '분별을 일으켜 확산시키는 종자'(戱論種子)를 '제압하여 없애는 것'(伏滅)이다.

앞의 '세 가지 삼매'(三三昧)로는 그 '나타나 있는 번뇌'(現纏)를 제압하고, 이 '[진리에 따라] 판단하는 지혜'(簡擇慧)로는 [번뇌를 일으키는] 종자를 덜어내고 제압하니, 이에 따라 마침내 '[거울로 비추는 것처럼 [현상세계를] 온전하게 드러내는 지혜'(大圓鏡智)·'[불변·독자의 본질/실체라는 생각으로 비교하지 않아] 평등하게 보는 지혜'(平等性智)·'사실 그대로 이해하는 지혜'(妙觀察智)·'[중생들이 열반에 이르도록 성숙시키는] 일을 이루어 가는 지혜'(成所作智), 이] 네 가지 지혜'(四智)를 이룰 때에는 [번뇌를 일으키는] 종자를 뿌리 뽑아 '여덟 가지 식'(八識)을 '[네 가지 지혜'(四智)로] 바꿀 수 있는 것이다.

"'[사실] 그대로(如)에 따르는 지혜와 선정'(如慧定)에서 [크나큰] 연민(悲)으로써 모두를 유익하게 한다"(於如慧定, 以悲俱利)라는 것은, 앞의 지혜와 선정이 모두 '사실 그대로의 도리'(如理)를 따르기 때문에 "[사실] 그대로에 따르는 지혜와 선정에서"(於如慧定)라고 하였고, 그 가운데 또한 '크나큰 연민'(大悲)과 서로 응하는 것을 수행하여 자신을 이롭게 하고 타인도 이롭게 하기 때문에 "모두를 유익하게 한다"(俱利)라고 말하였다. 왜냐하면, 만약 '크나큰 연민'(大悲)에서는 멀어진 채 단지 '선정과 지혜'(定慧)만을 닦는다면 [성문聲聞, 연각緣覺] 두 부류의 수행자의 지위'(二乘地)로 떨어져 '보살의 수행'(菩薩道)을 가로막을 것이고, [또] 만약 연민(悲)[의 마음]만 일으키고 '선정과 지혜'(定慧)를 닦지 않는다면 '범부의 근심'(凡夫患)에 떨어져 '보살의 수행'(菩薩道)이 아니기 때문이다. 그러므로 '세 가지 일'(三事)을 닦아 [범부凡夫와 이승二乘의 수준으로 떨어지는] '두 가지 치우친 견해'(二邊)에서 멀리 벗어나고 '보살의 수행'(菩薩道)을 닦아 '가장 높은 깨달음'(無上覺)을 이루니, 그러므로 "이와 같은 세 가지 일로 깨달음을 성취한다"(如是三事, 成就菩提)라고 말하였다. 만약 이 세 가지 일을 함께 행하지 않는 사람이라면 곧 '[근본무지에 매여] 살고 죽어 가는 [동요]에 머물러 있거나'(住生死) '열반[의 고요함]에 집착하여'(着涅槃) '크나큰 바다와 같은 네 가지 지혜'(四智大海)로 흘러 들어가지 못하고 '수행을 방해하는 네 가지 방해물'(四魔)²²⁷의 뜻대로 되게 된다.

이 [구절]은 '합쳐서 밝힌 것'(合明)이다. [그] 아래 [구절]은 '수행을 권유함'(勸修)이니 네 번째 부분이 된다.

---

227 『금강삼매경』 본문에서 '수행을 방해하는 갖가지 크나큰 방해물들'(諸大魔)이라고 한 것을 원효는 여기서 '[수행의] 네 가지 방해물'(四魔)로 바꾸었다. 원효는 이 사마四魔의 개념에 대해 「진성공품眞性空品」에서 상세하게 설명한 바 있다. '[수행의] 네 가지 방해물'(四魔)에서 네 가지는 '[수행을 막는] 번뇌라는 방해물'(煩惱魔), '[자아를 이루고 있는 요소들의 다섯 가지] 더미라는 수행의 방해물'(陰魔), '죽음[이라는 수행의 방해물]'(死魔), '[수행을 방해하는] 신적 존재들'(天魔)을 가리킨다.

梵行長者言, "云何三三昧?" 佛言, "三三昧者, 所謂空三昧, 無作[228]三昧, 無相[229]三昧, 如是三昧."

[H1, 662a21~23; T34, 998a17~18]

범행장자가 말하였다.

"어떤 것이 '세 가지 삼매'(三三昧)입니까?"

부처님께서 말씀하셨다.

"'세 가지 삼매'(三三昧)라는 것은 '불변·독자의 본질/실체가 없는 경지의 삼매'(空三昧)와 '[불변·독자의 본질/실체로 보는 생각에 의거한 작용을] 지어냄이 없는 삼매'(無作三昧)와 '[불변·독자의 본질/실체로서의] 양상이 없는 삼매'(無相三昧)가 그것이니, 이와 같은 삼매이다."

此是第二重顯, 有二問答. 顯前二門, 此顯初門. 是三差別, 略有三義, 一體用相故, 二心因果故, 三識見相故. 體用相者, 凡一切法, 莫過此三, 法體空故, 立空三昧, 無作用故, 無作三昧, 無相狀故, 無相三昧. 心因果者, 因果所起, 興於心行, 心行空故, 立空三昧, 諸因無所有故, 立無作三昧, 諸果不可得故, 立無相三昧. 識見相者, 諸識自體空故, 立空三昧, 遣見分故, 立無作三昧, 遣相分故, 立無相三昧. 是第三門, 順前"內外不相奪"文.

[H1, 662a24~b12; T34, 998a19~28]

이것은 [세 부분으로 이루어진 '산문의 형식을 띤 문장'(長行) 가운데] 두 번째인 '거듭 밝힘'(重顯)이니, 두 가지 질문(問)과 대답(答)이 있다. 앞에서 ['세 가지 크나큰 일'(三大事)을 행하는] '두 가지 방식'(二門)[인 선정(定)수행과 지혜(慧)수행]

---

228 대정장 『금강삼매경』에는 '無相'으로 되어 있다. 그러나 한불전과 대정장의 『금강삼매경론』에서는 '無作'으로 되어 있다.

229 대정장 『금강삼매경』에는 '無作'으로 나온다. 한불전과 대정장의 『금강삼매경론』에서 '無相'으로 나오는 것과는 대조적인 부분이다. 그러나 대정장 『금강삼매경』에서도 한불전과 동일하게 '무작無作, 무상無相'의 순서로 나오는 판본이 있다고 교감에서 밝히고 있다. 원효의 주석에서도 '무작無作, 무상無相'의 순서에 따라 설명하고 있으므로 한불전과 『금강삼매경론』의 기술에 따른다.

을 드러내었는데, 이 글은 [그 가운데] '첫 번째 방식'(初門)[인 선정(定)수행]을 나타낸 것이다.

이 '세 가지 [삼매의] 차이'(三差別)[를 구분하는 기준]에는 대략 세 가지 뜻(義)이 있으니, 첫 번째는 본연(體)과 작용(用)과 특성(相)[에 의거하는 것]이고, 두 번째는 마음(心)에서 일어나는 원인(因)과 결과(果)[에 의거하는 것]이며, 세 번째는 의식(識)의 '주관으로서의 인식'(見[分])과 '대상으로서의 인식'(相[分])[에 의거하는 것]이다.

본연(體)과 작용(用)과 특성(相)[에 의거하는 것]이라는 것은 [다음과 같다.] 무릇 '모든 현상'(一切法)은 [본연(體)과 작용(用)과 특성(相)] 이 세 가지를 벗어나지 않으니, '[모든] 현상의 본연에는 불변·독자의 본질/실체가 없기'(法體空) 때문에 '불변·독자의 본질/실체가 없는 경지의 삼매'(空三昧)를 세우고, [모든 현상에는] [불변·독자의 본질/실체에 의한] 작용이 없기 때문에 '[불변·독자의 본질/실체로 보는 생각에 의거한 작용을] 지어냄이 없는 삼매'(無作三昧)이며, [모든 현상에는] '[불변·독자의 본질/실체로서의] 차이 양상'(相狀)이 없기 때문에 '[불변·독자의 본질/실체로서의] 양상이 없는 삼매'(無相三昧)이다.

마음(心)에서 일어나는 원인(因)과 결과(果)[에 의거하는 것]이라는 것은 [다음과 같다.] '원인과 결과'(因果)의 일어남은 '마음의 작용'(心行)에서 일어나는 것이니, '마음의 작용에는 불변·독자의 본질/실체가 없기'(心行空) 때문에 '불변·독자의 본질/실체가 없는 경지의 삼매'(空三昧)를 세우고, [마음에서 일어나는] '모든 원인'(諸因)은 '[불변·독자의 본질/실체로서] 있는 것이 없기'(無所有) 때문에 '[불변·독자의 본질/실체로 보는 생각에 의거한 작용을] 지어냄이 없는 삼매'(無作三昧)를 세우며, [마음에서 생겨난] '모든 결과'(諸果)는 '[불변·독자의 본질/실체로서] 얻을 수 없기'(不可得) 때문에 '[불변·독자의 본질/실체로서의] 양상이 없는 삼매'(無相三昧)를 세운다.

의식(識)의 '주관으로서의 인식'(見[分])과 '대상으로서의 인식'(相[分])[에 의거하는 것]이라는 것은 [다음과 같다.] '모든 의식'(諸識)은 '자신의 본연'(自體)이 '불변·독자의 본질/실체가 없는 것'(空)이기 때문에 '불변·독자의 본질/

실체가 없는 경지의 삼매'(空三昧)를 세우고, [삼매에서는] [불변·독자의 본질/실체로 간주하는] '주관적 인식'(見分)을 없애기 때문에 '[불변·독자의 본질/실체로 보는 생각에 의거한 작용을] 지어냄이 없는 삼매'(無作三昧)를 세우며, [삼매에서는] [불변·독자의 본질/실체로 간주하는] '대상으로서의 인식'(相分)을 없애기 때문에 '[불변·독자의 본질/실체로서의] 양상이 없는 삼매'(無相三昧)를 세운다. [세 가지 삼매의 차이를 구분하는] 이 세 번째 방식(門)은 앞에서 말한 "안[의 식識]과 밖[의 대상]이 서로 ['이로운 능력'(善根)을] 빼앗지 않는다"(內外不相奪)라는 문장에 따른 것이다.

梵行長者言, "云何於大義科?" 佛言, "大謂四大, 義謂陰界入等, 科謂本識, 是爲[230]於大義科".

[H1, 662b13~15; T34, 998a29~b1]

범행장자가 말하였다.

"어떤 것이 [물질현상을] '크게 구분한 것'(大)과 [모든 경험현상이 발생하는] [오온五蘊·십이처十二處·십팔계十八界의] 면모'(義)와 '[모든 식識의 근본이 되는] 조목[인 제8아뢰야식]'(科)입니까?"

부처님께서 말씀하셨다.

"'[물질현상을] 크게 구분한 것'(大)이란 '[물질적 속성을 대표하는] 네 가지'(四大)가 그것이고, '[모든 경험현상이 발생하는] 면모'(義)란 [오온五蘊이라는] 무더기(陰)와 [십팔계十八界라는] 경험세계(界), [십이입十二入이라는] '기반이 되는 통로'(入) 등이 그것이며, 조목(科)이란 '근본이 되는 식[인 제8아뢰야식]'(本識)이 그것이니, 이것이 '[물질현상을] 크게 구분한 것'(大)과 면모(義)와 조목(科)이다."

---

230 대정장 『금강삼매경』에는 '謂'자로 기재하고 교감에서 '爲'자로 되어 있는 판본이 있다는 것을 밝히고 있다. 여기서는 한불전과 대정장 『금강삼매경론』처럼 '爲'자로 보고 번역한다.

是顯第二門. 所以四大而別立者, 爲顯初修先擇麁境. 謂諸法中, 色法最麁, 內支體等, 外山河等. 觀是等法, 不離四大, 觀是四大, 皆不可得, 有方無方, 俱不成故. 如是簡擇已, 次觀微細義, 謂陰界入, 略廣中故. 略攝觀五, 廣觀十八, 略廣中間, 觀十二入, 觀察一切皆不可得. 次言"等"者, 謂餘法門十二支等. 如是簡擇觀察力故, 卽能損伏本識之內無始戲論名言種子, 始時損伏, 乃至斷滅. 所以前言"隨道擇滅".

[H1, 662b16~c3; T34, 998b2~11]

이것은 ['세 가지 크나큰 일'(三大事)을 행하는 '두 가지 방식'(二門)인 선정(定)수행과 지혜(慧)수행 가운데] 두 번째 방식(門)[인 대의과大義科로 지혜를 밝히는 수행에 관한 것]이다.

'[지地·수水·화火·풍風, 이] 네 가지 물질적 속성'(四大)을 따로 세운 까닭은 처음 수행을 할 때에는 먼저 '뚜렷한 대상'(麁境)을 판별함(擇)을 나타내기 위해서이다. 이를테면 '모든 현상들'(諸法) 가운데서 '유형적有形的 현상'(色法)이 가장 뚜렷하니, 안으로는 신체 등이고 밖으로는 산과 강 등이 그것이다. 이와 같은 현상들은 [지地·수水·화火·풍風, 이] 네 가지 물질적 속성'(四大)에서 벗어나지 않음을 '살펴 이해'(觀)하고, [또] 이 [지地·수水·화火·풍風] 네 가지 물질적 속성'(四大)은 모두 [불변·독자의 본질/실체로서] 얻을 수 없음을 '살펴 이해'(觀)하니, [점유하고 있는] 공간(方)이 있거나 없거나 모두 [불변·독자의 본질/실체로서] 성립될 수 없기 때문이다.

이와 같이 판단(簡擇)해 마치고 다음에는 [모든 경험현상이 발생하는] '미세한 측면'(微細義)을 '살펴 이해'(觀)하니, [자아의 경험세계를 이루고 있는 요소들의 다섯 가지] 더미(陰)와 [6가지 감관능력과 6가지 감관대상, 그리고 이 둘의 결합으로 생겨난 6가지 의식현상을 모두 합한 18가지] 경험세계(界)와 [경험세계를 발생시키는 6가지 감관능력과 6가지 대상이라는] '기반이 되는 통로'(入)[를 '살펴 이해함'(觀)]에는 [그 '살펴 이해하는'(觀) 대상에 따라] '간략한 것'(略)과 '광범위한 것'(廣)과 '중간 정도의 것'(中)이 있다. '간략하게 포괄한 것'(略攝)은 [자아를 이루고 있는 요소들의] 다섯 가지 [더미](五[陰])를 '살펴 이해하는 것'(觀)이고, '광범위한 것'(廣)은 '[6가지 감관능력과 6가지 감관대상, 그리고 이 둘의 결합으로 생겨난 6가지 의식현상을 모두 합한] 열여덟 가지'(十八)[경험세계]를 '살펴 이해하는 것'(觀)이며, '간략한 것과 광범위한 것의 중간 정도의 것'(略廣中間)은 '[경험세계를 발생시키는 6가지 감관능력과 6가지 대상이라는] 열두 가지 기반이 되는 통로'(十二入)를 '살펴 이해하는 것'(觀)인데, [이] 모든 것이 다 '[불변·독자의 본질/실체로서] 얻을 수 없음'(不可得)을 '살펴 이해하는 것'(觀察)이다.

다음으로 "등等"이라고 말한 것은, [부처님의] 다른 가르침들인 '열두 가지 조건[들의 인과적 발생]'(十二支[緣起]) 등을 말한다. 이와 같이 판단(簡擇)하고 '살펴 이해하는 힘'(觀察力) 때문에 곧 '근본이 되는 식[인 제8아뢰야식]'(本識) 안에 있는 '시작을 알 수 없는 때부터 분별을 일으켜 확산시키는'(無始戲論) '언어적 종자'(名言種子)²³¹를 줄이고 제압할 수 있으니, 처음에는 '줄이고 제압해 나가다가'(損伏) [나중에는] '끊어서 사라지게 함'(斷滅)에 이르는 것이다. 그러므로 앞[의 경문經文]에서 "진리에 따라 [번뇌를] 소멸시키는 것이다"(隨道擇滅)라고 말하였다.

梵行長者言, "不可思議. 如是智事, 自利利人, 過三界地, 不住涅槃,

---

231 명언종자名言種子: 명칭과 개념 등의 언어적 요인에 의거하여 거듭되는 영향력이 형성되는데, 이러한 영향력이 알라야식/아뢰야식을 훈습熏習하게 되므로 종자라고 표현한 것이다. 명언습기名言習氣, 명언훈습名言薰習, 등류습기等流習氣라고도 지칭한다. 원효는 『이장의』에서 분별의 토대(所依)와 조건(所緣)에 대해 논하면서 이 명언종자를 언급하고 있다. 『이장의二障義』(H1, 800a21~23). "여기서 〈앞의 ['본질[이 있다고 보아] 분별[하는 것]'(自性分別), '[완전히 다른 것이라고] 차별하는 분별'(差別分別), '[많은 것들이 모인 것을] 총괄하여 [단일하다고 여겨] 집착하면서 분별하는 것'(總執分別), 이] 세 가지 분별이 ['분별확산'(分別戲論)의] '토대와 조건이 되는 것'(所依所緣事)을 생겨나게 할 수 있다〉는 것은, '[현상 구성의] 언어적 요인'(名種子)을 거듭 익히고 수립하여 그로 인해 '[6가지 감관능력과 6가지 대상의 결합으로 생겨난] 모든 경험현상'(十二處法)을 분명하게 생겨나게 하는 것을 밝히는 것이다"(此中前三分別能生所依所緣事者, 是明薰成名言種子, 由是辨生十二處法).

入菩薩道. 如是法[232]相, 是生滅法, 以分別故. 若離分別, 法應不滅".

[H1, 662c4~7; T34, 998b12~14]

범행장자가 말하였다.

"생각으로 헤아리기 어렵습니다. 이와 같이 '지혜[를 이루는] 일'(智事)은 자신을 이롭게 하고 남도 이롭게 하면서 '[욕망세계(欲界)·유형세계(色界)·무형세계(無色界), 이] 세 가지 세계의 영역을 벗어나지만'(過三界地) '열반[의 고요한 경지]에 머무르지 않고'(不住涅槃) '보살의 길'(菩薩道)로 들어가게 합니다. [선정과 지혜의 수행대상들인] '이와 같은 현상들의 양상'(如是法相)은 '[근본무지와 분별에 따라] 생겨나고 사라지는 현상'(生滅法)이니, '[불변·독자의 본질/실체로 보는 생각으로] 분별함'(分別)[에 의한 것]이기 때문입니다. 만약 '[불변·독자의 본질/실체로 보는 생각으로] 분별함'(分別)에서 벗어난다면 [이런] 현상들은 '[근본무지와 분별에 따라 생겨나고] 사라지는 것이 아니겠습니다'(法應不滅)."

此是第三領解. 於中有二, 先領觀行, 後解境界. "如是智事"者, 如是三種, 能成四智之事用故. "自利利人"者, 前二自利, 第三利人故. "過三界地"者, 前二定慧, 異凡夫故, "不住涅槃"者, 第三大悲, 異二乘故, 離彼二邊, 入菩薩道也. "如是"已下, 解彼境界, 謂初定境, 諸識見相, 次智境界, 大義科法. 如是法相, 皆生滅法, 所以然者, 由妄分別, 動心海故. 本來靜門, 若離分別, 無其所因, 何由生滅? 以之故言"法應不滅".

[H1, 662c8~19; T34, 998b15~23]

이것은 [세 부분으로 이루어진 '산문의 형식을 띤 문장'(長行) 가운데] 세 번째인 '[범행장자가] 이해함'(領解)이다. 여기에는 두 가지가 있으니, 먼저는 '[진리다

---

232 대정장 『금강삼매경』에는 '諸'자로 되어 있는 판본이 있다고 교감하였다. 그러나 한불전과 대정장의 『금강삼매경론』에는 '法'자로 나오고 원효도 주석에서 '如是法相'으로 주석하고 있으므로 여기서는 '法相'으로 보고 번역한다.

윈] 이해와 [이해에 의거한] 수행을 알아들은 것'(領觀行)이고, 나중은 '대상을 이해한 것'(解境界)이다.

"이와 같이 지혜[를 이루는] 일"(如是智事)이라는 것은, 이와 같은 ['세 가지 크나큰 일'(三大事)을 행하는] 세 가지로써 '['거울로 비추는 것처럼 [현상세계를] 온전하게 드러내는 지혜'(大圓鏡智) · '[불변 · 독자의 본질/실체라는 생각으로 비교하지 않아] 평등하게 보는 지혜'(平等性智) · '사실 그대로 이해하는 지혜'(妙觀察智) · '[중생들이 열반에 이르도록 성숙시키는] 일을 이루어 가는 지혜'(成所作智), 이] 네 가지 지혜의 작용'(四智之事用)을 이룰 수 있기 때문이다.

"자신을 이롭게 하고 남도 이롭게 한다"(自利利人)라는 것은 ['세 가지 크나큰 일'(三事大) 가운데] 앞의 두 가지는 '자신을 이롭게 하는 것'(自利)이고, 세 번째는 '남을 이롭게 하는 것'(利人)이기 때문이다. "[욕망세계(欲界) · 유형세계(色界) · 무형세계(無色界), 이] 세 가지 세계의 영역을 벗어난다"(過三界地)라는 것은 앞의 두 가지인 선정(定)과 지혜(慧)[의 세계]가 범부[의 세계]와는 다르기 때문이고, "열반[의 고요한 경지]에 머무르지 않는다"(不住涅槃)라는 것은 세 번째인 '크나큰 연민'(大悲)이 [성문聲聞, 연각緣覺] 두 부류 수행자'(二乘)[의 경우]와는 다르기 때문이니, 저 '[범부凡夫와 이승二乘의] 두 가지 치우침'(二邊)에서 벗어나서 '보살의 길'(菩薩道)로 들어가는 것이다.

"이와 같은"(如是) 이하는 그 대상(境界)을 이해한 것이니, 먼저 '선정의 대상'(定境)은 '온갖 의식들'(諸識)의 '주관으로서의 인식과 대상으로서의 인식'(見[分]相[分])이고, 다음으로 '지혜의 대상'(智境界)은 [물질현상을] 크게 구분한 것'(大)과 [모든 경험현상이 발생하는] [오온五蘊 · 십이처十二處 · 십팔계十八界의] 면모'(義)와 [모든 식識의 근본이 되는] 조목[인 제8아뢰야식]'(科)의 현상(法)이다. '이와 같은 현상들의 양상'(如是法相)은 모두 [근본무지와 분별에 따라] 생겨나고 사라지는 현상'(生滅法)이니, 왜냐하면 '사실과 다르게 [불변 · 독자의 본질/실체로서] 분별함'(妄分別)으로 말미암아 '바다와 같은 마음'(心海)을 동요시키기 때문이다. [그러나] '본래부터 [근본무지에 따른 분별에] 동요하지 않는 측면'(本來靜門)으로 '[사실과 다르게] 분별함'(分別)에서 벗어난다면 그 [동요하게 만드는] 원인 되는 것이 없어지니 무엇에 따라 생멸하겠는가? 그렇기 때문에 "[이런] 현상들은 '[근본무지와 분별에 따라 생겨나고] 사라지는 것이 아니겠습니다"(法應不滅)라고 말하였다.

爾時, 如來, 欲宣此義, 而說偈言. "法從分別生, 還從分別滅, 滅諸分別法, 是法非生滅".

[H1, 662c20~22; T34, 998b24~25]

그때 여래께서는 [범행장자가 말한] 이 뜻을 [거듭] 펼치려고 게송으로 말씀하셨다.

"[이러한] 현상(法)들은 '[불변·독자의 본질/실체로 보는 생각으로 하는] 분별' (分別)에 따라 생겨났다가

다시 분별에 따라 사라지지만,

'모든 분별에 따르는 현상들'(諸分別法)을 없애 버리면

이 [분별에 따르지 않는] 현상들은 [근본무지와 분별에 따라] 생겨나고 사라지는 것이 아니라네."

此下, 第二以偈重頌. 於中有二, 一者如來略宣, 二者長者廣演. 今此頌中, 所言"法"者, 謂一心法. 若妄分別, 動心海故, 若生若滅, 一切諸相, 莫不皆從分別所作. 若就本覺本來靜門, 離諸分別故, 是法非生滅, 謂從本來滅諸分別, 無生滅因. 故"非生滅". 若使生之與滅, 皆從分別之所作者, 『瑜伽』所說, 云何而通? 如彼「思所成地」中云, "無滅他用, 無自滅用. 問, 如衆緣有故生, 亦衆緣有故滅耶? 答, 衆緣有故生, 生已自然滅". 如是相違, 云何和會? 解云, 因緣道理, 如彼論說, 唯識道理, 如此經說, 所以二說, 皆有道理.

[H1, 662c23~663a13; T34, 998b26~c8]

이 글 이하는 [장행長行과 중송重頌으로 이루어진 '들어가는 원인이 되는 일의 작용'(入因事用) 가운데] 두 번째인 '게송[의 형식]으로써 거듭 읊는 것'(以偈重頌)

이다. 여기에는 두 가지가 있으니, 첫째는 '여래가 간략하게 [뜻을] 펼치는 것'(如來略宣)이고, 둘째는 '[범행梵行]장자가 [여래가 펼친 뜻을] 자세하게 부연하는 것'(長者廣演)이다.

지금 이 게송에서 "현상"(法)이라고 말한 것은 '하나처럼 통하는 마음[과 관련된] 현상'(一心法)을 일컫는다. 만약 '사실과 다르게 [불변·독자의 본질/실체로서] 분별한다면'(妄分別) '바다와도 같은 마음'(心海)을 동요시키기 때문에 생겨나거나 사라지는 '모든 유형의 양상'(一切諸相)이 다 분별에 따라 지어지지 않는 것이 없다. [그러나] 만약 '깨달음의 본연[인 '사실 그대로 앎']의 본래부터 ['사실과 다르게 분별함'(妄分別)이 없어] 동요하지 않는 측면'(本覺本來靜門)에 의거한다면 '[불변·독자의 본질/실체로 보는 생각으로 하는] 모든 분별'(諸分別)에서 벗어나기 때문에 이 [측면에서의] 현상(法)들은 '[분별에 따라] 생겨나거나 사라지는 것'(生滅)이 아니니, [이것은] '본래[부터 '사실과 다르게 분별함'(妄分別)이 없어 '동요하지 않는 측면']'(本來[靜門])에 따라 모든 분별을 없애어 '생겨나거나 사라지는 [불변·독자의 본질/실체로서의] 원인'(生滅因)이 없다는 것을 일컫는 것이다. 그러므로 "[근본무지와 분별에 따라] 생겨났다가 사라지는 것이 아니다"(非生滅)라고 하였다.

[그런데] 만약 [현상들의] '생겨남과 사라짐'(生滅)을 모두 분별에 따라 지어낸 것이라고 한다면 『유가사지론瑜伽師地論』에서 말한 것은 어떻게 [뜻을] 통하게 하겠는가? 저 [『유가사지론』의] '사유로 이루어지는 경지'(思所成地)[라는 단원(品)]에서는 [다음과 같이 말하였다.]

"'다른 것을 사라지게 하는 [독자적] 작용'(滅他用)도 없고, '자기가 사라지는 [독자적] 작용'(自滅用)도 없다. 묻는다. 만약 '갖가지 조건'(衆緣)이 있기 때문에 생겨나는 것이라면, 또한 '갖가지 조건'(衆緣)이 있기 때문에 사라지는 것인가? 답한다. '갖가지 조건'(衆緣)이 있기 때문에 생겨나고, 생겨난 후에는 저절로 사라지는 것이다."233

---

233 『유가사지론』의 「사유로 이루어지는 경지'라는 단원(思所成地品)」에서는, '모든 현

["생겨나고 사라지는 것이 아니다"(非生滅)라는 말에 대해 『금강삼매경』과 『유가사지론』의 말이] 이와 같이 서로 어긋나니 어떻게 [서로] '통하여 만나게'(和會) 하겠는가? 해설하자면, [현상이 생겨나고 사라지는] '원인과 조건'(因緣)의 도리는 저 『유가사지론』에서 말한 것과 같고, '오로지 분별하는 마음[에 의한 구성]일 뿐이라는 도리'(唯識道理)는 이 『금강삼매경』에서 말하는 것과 같으니, 따라서 두 가지 설명에 모두 [타당한] 도리가 있다.

> 爾時, 梵行長者, 聞說是偈, 心大欣懌, 欲宣其義, 而說偈言. "諸法本寂滅, 寂滅亦無生. 是諸生滅法, 是法非無生. 彼卽不共此, 爲有斷常故. 此卽離於二, 亦不在一住.
>
> [H1, 663a14~19; T34, 998c9~12]

> 그때 범행장자는 이 게송을 듣고 마음이 매우 기뻐서, 그 뜻을 펼치고자 게송으로 말하였다.
>
> "모든 현상은 '본래 불변·독자의 본질/실체가 없고 [불변·독자의 본질/실체로 보는 분별에 의한] 동요가 없으며'(本寂滅),
>
> '불변·독자의 본질/실체가 없고 [불변·독자의 본질/실체로 보는 분별에 의한] 동요가 없다'(寂滅)는 것도 [불변·독자의 본질/실체로서] 생겨남이 없습니다.
>
> [그런데] [분별에 따라] 생겨나고 사라지는 이 모든 현상,
>
> 이런 현상들이 생겨남이 없는 것은 아닙니다.

상에는 [불변·독자의 본질/실체로서의] 작용이 없다'(諸法無用)는 도리를 설명하기 위해 7가지 경우를 드는 대목이 등장한다. 원효가 인용한 내용은 이 가운데 여섯 번째와 일곱 번째의 경우를 든 것이다. 관련 내용은 다음과 같다. 원문 아래에 밑줄 친 부분이 원효가 인용한 부분이다. 『유가사지론』 권16(T30, 364b22~c2). "如前所說諸法無用. 此顯無用略有七種. 一無作用用, 謂眼不能見色等. 二無隨轉用, 謂於此亦無能任持驅役者, 如其次第宰主作者俱無所有故, 無有能隨轉作用. 三無生他用, 謂法不能生他. 四無自生用, 謂亦不能自生. 五無移轉用, 謂衆緣有故生, 非故新新有. 六無滅他用, 謂法不能滅他. 七無自滅用, 謂亦不能自滅. 問, 如衆緣有故生, 亦衆緣有故滅耶? 答, 衆緣有故生, 生已自然滅."

> [분별에 의한 동요가 없는 현상인] 저것은 곧 [분별에 따라 생겨나고 사라지는 현상인] 이것과는 동시에 성립하지 않으니,
>
> [만약 동시에 성립한다면] '완전히 없어진다[는 치우침]'(斷[邊])과 '항상 있다[는 치우침]'(常[邊])[234]이 되기 때문입니다.
>
> [그러나] [부처님이 설하신] 이것은 곧 ['완전히 없어짐'(斷)과 '항상 있음'(常), 이] 두 가지에서 벗어나며,
>
> 또한 동일함(一)에도 머물러 있지 않습니다.

此下, 長者廣頌, 有八行偈, 卽爲五分. 一者二頌, 正演前義, 二者二頌, 破諸邪解, 三者一頌, 申己[235]正取, 四者二頌, 禮正說者, 五者一頌, 請說未聞. 此卽第一正演前偈. 於中有三, 一者二句, 演彼下半, 二者二句, 演彼上半, 三者一頌, 摠演二義. 初言"諸法本寂滅"者, 謂陰界等法, 本來寂滅故. "寂滅亦無生"者, 非但諸法本來寂滅, 寂滅之理, 亦無生故. 第二中言 "是諸生滅法"者, 謂陰界等, 世俗法故. "是法非無生"者, 從分別動, 有生起故, 是就眞俗非一之門, 以顯動靜不雜亂義. 第三中言"彼卽不共此"者, 謂彼寂滅無生之法, 不與此生滅法共並故. "爲有斷常故"者, 若彼與此共並有者, 此法生滅, 卽有斷邊, 彼法常寂, 卽有常邊, 同二乘過, 乖中道故. 然佛所說一偈之義, 不墮斷常, 故"此卽離於二", 不無動靜, 故"亦不在一住". "不在一住"者, 不守一實一心性故. "離於二"者, 擧體動靜, 非二法故. 當知是事不可思議.

[H1, 663a20~b18; T34, 998c12~999a1]

---

234 '斷'과 '常'은 '無'와 '有'와 더불어 현상에 대한 잘못된 '치우친 견해'(邊見)를 나타내는 짝 개념들이다. 모두 '없음'과 '있음'에 관한 치우친 오해인데, '無/有'가 공간 범주에서의 '없음/있음'에 관한 오해라면 '斷/常'은 시간 범주에서의 '없음/있음'에 관한 오해를 지칭하는 것으로 보인다. 이런 이해를 반영하여 '斷'은 '완전히 없어짐', '常'은 '항상 있음'으로 번역하였다.

235 한불전에는 '己'가 '已'로 된 판본이 있다고 교감하고 있는데, 문맥으로 볼 때 '己'자가 적절하다. 대정장 『금강삼매경론』에도 '己'로 나온다.

이 아래는 [두 부분으로 이루어진 중송重頌의 두 번째인] '[범행梵行]장자가 [여래가 펼친 뜻을] 자세하게 부연하는 것'(長者廣頌)인데, 8행의 게송236이 '다섯 부분'(五分)을 이루고 있다. 첫 부분[에 해당하는] 게송 둘237은 '앞[에서 여래가 펼친] 뜻을 곧바로 부연한 것'(正演前義)이고, 두 번째 부분[에 해당하는] 게송 둘238은 '갖가지 잘못된 견해를 깨뜨리는 것'(破諸邪解)이며, 세 번째 부분[에 해당하는] 게송 하나239는 '[범행장자] 자신이 제대로 취했음을 밝힌 것'(申己正取)이고, 네 번째 부분[에 해당하는] 게송 둘240은 '바르게 설한 분께 예를 올린 것'(禮正說者)이고, 다섯 번째 부분[에 해당하는] 게송 하나241는 '아직 듣지 못한 [가르침을 여래께서] 설해 주실 것을 청하는 것'(請說未聞)이다.

이 [글]은 [8행의 게송으로 이루어진 '다섯 부분'(五分) 가운데] 첫 번째인 '앞[에서 여래가 펼친] 게송을 곧바로 부연한 것'(正演前偈)이다. 여기에는 세 가지가 있으니, 처음 두 구절242은 그 [앞에서 여래가 설한 것의] 아래 [부분의] 반을 설명한 것이고, 두 번째 두 구절243은 그 [앞에서 여래가 설한 것의] 윗[부분의] 반

---

236 팔행八行: 여기서 행행은 한 구절을 가리키는 말이 아니라, 오언절구五言絶句의 형식으로 짜여진 스무 글자가 형성한 네 구절을 의미한다. 대정장『금강삼매경론』의 수록방식에 따르면 10자를 세로의 한 줄에 배치하고 있으므로, 총 16줄이 범행장자가 읊은 8행의 게송이다.

237 여기서 게송 둘에 해당하는 경문이란 바로 위에 나온 게송을 가리킨다. 대정장『금 강삼매경』의 편집방식에 따르면 모두 세로 4줄에 걸쳐 수록된 40글자가 여기에 해당한다. "諸法本寂滅, 寂滅亦無生. 是諸生滅法, 是法非無生. 彼卽不共此, 爲有斷常故. 此卽 離於二, 亦不在一住"(T9, 372b2~5).

238 여기에 해당하는 게송 둘은 바로 다음에 이어지는 경문의 내용을 가리킨다. "若說法 有一, 是相如毛輪. 如焰水迷倒, 爲諸虛妄故. 若見於法無, 是法同於空. 如盲無日倒, 說法 如龜毛"(T9, 372b2~5).

239 세 번째 부분에 해당하는 게송은 "我今聞佛說, 知法非二見. 亦不依中住, 故從無住 取"(T9, 372b10~11)이다.

240 네 번째 게송 둘에 해당하는 내용은 다음과 같다. "如來所說法, 悉從於無住, 我從無住 處, 是處禮如來. 敬禮如來相, 等空不動智, 不着無處所, 敬禮無住身"(T9, 372b12~16).

241 다섯 번째 부분에 해당하는 게송은 "我於一切處, 常見諸如來. 唯願諸如來, 爲我說常 法"(T9, 372b16~17)이다.

242 여기서 처음 두 구절이란 "諸法本寂滅, 寂滅亦無生"(T9, 372b2)을 가리킨다.

을 설명한 것이며, 세 번째 한 게송²⁴⁴은 [분별에 따르는 생멸生滅'과 '분별에 따르지 않는 비생멸非生滅', 이] 두 가지 뜻을 '총괄하여 부연한 것'(摠演)이다.

처음에 말한 "모든 현상은 '본래 불변·독자의 본질/실체가 없고 [불변·독자의 본질/실체로 보는 분별에 의한] 동요가 없다"(諸法本寂滅)라는 것은, '[자아를 이루고 있는 요소들의 다섯 가지] 더미'(陰)와 '[6가지 감관능력과 6가지 감관대상, 그리고 이 둘의 결합으로 생겨난 6가지 의식현상을 모두 합한 18가지] 경험세계'(界) 등의 현상(法)이 '본래 불변·독자의 본질/실체가 없고 [불변·독자의 본질/실체로 보는 분별에 의한] 동요가 없다'(本來寂滅)는 것을 말하는 것이다. "'불변·독자의 본질/실체가 없고 [불변·독자의 본질/실체로 보는 분별에 의한] 동요가 없다'(寂滅)는 것도 [불변·독자의 본질/실체로서] 생겨남이 없다네"(寂滅亦無生)라는 것은, 단지 모든 현상이 '본래 불변·독자의 본질/실체가 없고 [불변·독자의 본질/실체로 보는 분별에 의한] 동요가 없는 것'(本來寂滅)일 뿐만 아니라 '불변·독자의 본질/실체가 없고 [불변·독자의 본질/실체로 보는 분별에 의한] 동요가 없다는 도리'(寂滅之理) 또한 '[불변·독자의 본질/실체로서] 생겨남이 없기'(無生) 때문이다.

두 번째 [두 구절]에서 말한 "[분별에 따라] 생겨나고 사라지는 이 모든 현상"(是諸生滅法)이라는 것은 '[자아를 이루고 있는 요소들의 다섯 가지] 더미'(陰)와 '[6가지 감관능력과 6가지 감관대상, 그리고 이 둘의 결합으로 생겨난 6가지 의식현상을 모두 합한 18가지] 경험세계'(界) 등 '[분별에 따르는] 세속 현상'(世俗法)을 일컫는 것이다. "이런 현상들이 생겨남이 없는 것은 아니라네"(是法非無生)라는 것은 분별에 따라 동요하여 생겨난 것이기 때문이니, 이것은 '진리와 세속이 같지 않은 측면'(眞俗非一之門)에 의거하여 '동요와 평온이 뒤섞여 혼란스럽지 않은 뜻'(動靜不雜亂義)을 드러낸 것이다.

---

243 두 번째 두 구절이란 "是諸生滅法, 是法非無生"(T9, 372b3)을 가리킨다.
244 여기서 세 번째 한 게송이란 "彼卽不共此, 爲有斷常故. 此卽離於二, 亦不在一住"(T9, 372b24~6)이다.

세 번째 [한 게송]에서 말한 "[분별에 의한 동요가 없는 현상인] 저것은 곧 [분별에 따라 생겨나고 사라지는 현상인] 이것과는 동시에 성립하지 않는다"(彼即不共此)라는 것은, 저 '불변·독자의 본질/실체가 없고 [불변·독자의 본질/실체로 보는 분별에 의한] 동요가 없으며 [불변·독자의 본질/실체로서] 생겨난 것이 없는 현상'(寂滅無生之法)은 이 '[불변·독자의 본질/실체로 보는 분별에 따라] 생겨나고 사라지는 현상'(生滅法)과 함께 존재하지 않는다는 것을 말하는 것이다. "'완전히 없어진다[는 치우침]'과 '항상 있다[는 치우침]'이 되기 때문이네"(爲有斷常故)라는 것은, 만약 [분별에 의한 동요가 없는 현상인] 저것이 [분별에 따라 생겨나고 사라지는 현상인] 이것과 동시에 [성립]하는 것이라면, [분별에 따라 생겨나고 사라지는] 이 현상(法)은 [오로지] 생겨났다가 사라질 뿐이어서 곧 '완전히 없어진다는 치우침'(斷邊)이 있게 되고, [분별에 의한 동요가 없는] 저 현상(法)은 '언제나 [분별에 의한 동요가 없이] 고요하여'(常寂) 곧 '항상 있다는 치우침'(常邊)이 있게 되니, 모두 '[성문聲聞, 연각緣覺] 두 부류의 수행자의 허물'(二乘過)이 되어 중도中道와 어긋나게 된다는 것이다.

그런데 부처님께서 말씀하신 한 게송의 뜻은 '완전히 없어진다[는 치우침]'(斷[邊])과 '항상 있다[는 치우침]'(常[邊])에 떨어지지 않으니 그러므로 "이것은 곧 ['완전히 없어짐'(斷)과 '항상 있음'(常), 이] 두 가지에서 벗어난다"(此即離於二)라고 하였고, [또한] 움직임(動)과 고요함(靜)이 없지 않으니 그러므로 "동일함에도 머물러 있지 않는다"(亦不在一住)라고 하였다. "동일함에도 머물러 있지 않는다"(不在一住)라는 것은 '동일한 사실'(一實)이나 '동일한 마음 면모'(一心性)를 [붙들어] 지키지 않기 때문이다. [그리고] "['완전히 없어짐'(斷)과 '항상 있음'(常), 이] 두 가지에서 벗어난다"(離於二)라는 것은, 〈본연(體)에 의거하여 움직이거나(動) 고요한 것(靜)〉(擧體動靜)은 [불변·독자의 본질/실체로서의] 다른 현상'(二法)이 아니기 때문이다. 이러한 일은 생각으로 헤아리기 어려운 것임을 알아야 한다.

若說法有一, 是相如毛輪, 如馠²⁴⁵水迷倒, 爲諸虛妄故. 若見於法無,是法同於空, 如盲無日²⁴⁶倒, 說法如龜毛.

[H1, 663b19~22; T34, 999a2~4]

만약 현상(法)에는 '동일함만이 있을 뿐'(有一)이라고 말한다면

이 [동일한 현상이라는] 면모(相)는 마치 [눈병이 든 사람에게 보이는] 눈썹 [사이에 떠 있는 것 같은] 수레바퀴와 같고,

마치 아지랑이와 물을 미혹 때문에 거꾸로 아는 것과 같으니,

모두 사실이 아니기 때문입니다.

[또] 만약 ['하나처럼 통하는 마음'(一心)이라는] 현상은 없고

이러한 현상은 [아무것도 없는] 허공과도 같다고 본다면,

마치 눈먼 이가 해가 없다고 거꾸로 생각하는 것처럼

['하나처럼 통하는 마음'(一心)이라는] 현상(法)을 마치 거북이의 털[처럼 없는 것]이라고 말하는 것입니다.

此是第二破諸邪解. 邪解雖多, 大邪有二, 依甚深敎, 如言取義, 自謂究竟, 難可化故. 一者, 聞佛所說動靜無二, 便謂是一, 一實一心, 由是誹撥二諦道理. 二者, 聞佛所說空有二門, 計有二法, 而無一實, 由此誹撥無二中道. 是二邪解, 服藥成病, 甚難可治. 今顯彼過, 此二頌中, 次第顯之. 初言"若說法有一"者, 謂如前說, 計有一實, 如自所計, 說有一法故. "是相如毛輪"者, 謂彼所計一實法相, 如目瞖者所見毛輪故. "如焰水迷倒"者, 謂如渴鹿, 見焰謂水, 馳走而求, 直是迷倒. 計有一心, 亦如是故. "爲諸虛妄故"者, 渴鹿見水, 瞖者見輪, 學士計一, 如是諸計, 齊虛妄故. 次破無見. "若

---

245 한불전의 본문에는 '焰'자로 되어 있으나, 대정장의 『금강삼매경』과 『금강삼매경론』에서는 모두 '焰'자로 나온다. 그러나 이 둘은 동일한 글자이므로 한불전에 따라 '焰'자로 둔다.

246 대정장 『금강삼매경』에는 '目'자로 기재하고 '日'자로 되어 있는 판본이 있다고 교감하였다. 문맥을 고려하거나 원효가 인용한 경문에 의거하면 '日'이 적절하다. 대정장 『금강삼매경론』에도 '日'로 되어 있다.

見於法無"者, 謂如前說, 計有二諦, 無一心法故. "是法同於空"者, 彼計一
心同於空理, 空理之外, 本無一實故. "如盲無日倒"者, 謂如生盲貧窮乞兒,
本未曾見日輪光明, 其有目者, 爲說有日, 盲者謂無, 不信有日, 直是顚倒.
彼計亦爾, 由彼本來唯學空有, 而未曾聞無二中道, 雖有說者, 不信受故.
所以日輪喻於中道者, 日輪圓滿, 有大光明, 唯除盲者, 無不見故. 一心亦
爾, 周圓無缺, 有本始覺大光明照, 除不信者, 無不入故. "說法如龜毛"者,
彼無見者, 說一心法, 但名無體, 猶如龜毛, 不異盲人謂無日輪也.

[H1, 663b23~664a6; T34, 999a4~28]

이 글은 [8행의 게송으로 이루어진 '다섯 부분'(五分) 가운데] 두 번째인 '갖가지
잘못된 견해를 깨뜨리는 것'(破諸邪解)이다. '잘못된 견해'(諸邪解)가 많기는
하지만 크게 잘못된 것에는 두 가지가 있으니, '매우 심오한 가르침'(甚深
敎)에 의거하여 말 그대로 뜻을 취하고는 스스로 '궁극적 경지'(究竟)라 말
하여 교화하기가 어렵기 때문이다.

첫째는, 부처님께서 말씀하신 '움직임과 고요함이 [서로] 다르지 않다'(動
靜無二)는 [가르침]을 듣고서 〈이것은 '같은 것'(一)이니, [움직임과 고요함은] '동
일한 사실'(一實)이고 [움직임과 고요함은] '동일한 마음'(一心)이다〉라고 하고
는 이[러한 생각]으로 말미암아 '두 가지 관점에 대한 도리'(二諦道理)를 비방
하는 것이다. 둘째는, 부처님께서 말씀하신 '없음과 있음의 두 가지 측면'
(空有二門)[에 대한 가르침]을 듣고서 〈[공空과 유有] '두 가지 현상'(二法)은 있지
만 [공空과 유有가] 동일한 사실'(一實)은 없다〉고 하고는 이[러한 생각]으로 말
미암아 '둘[로 나뉨]이 없는 중도'(無二中道)를 비방하는 것이다. 이 '두 가지
잘못된 이해'(二邪解)는 약을 먹다가 [도리에] 병이 난 것이니 치료하기가 매
우 어렵다. 지금 그 허물을 드러내어 이 두 게송에서 차례대로 [그 '두 가지
잘못된 견해'(二邪解)를] 나타낸 것이다.

처음 게송에서 말한 "만약 현상에는 '동일함만이 있을 뿐'이라고 말한다
면"(若說法有一)이라는 것은, 앞에서 설명한 것과 같이 '동일한 사실'(一實)만
있다고 여기고 자기가 생각한 대로 '동일한 현상'(一法)만이 있다고 말하는

것이다. "이 [동일한 현상이라는] 면모(相)는 마치 [눈병이 든 사람에게 보이는] 눈썹 [사이에 떠 있는 것 같은] 수레바퀴와 같다"(是相如毛輪)라는 것은, 그가 헤아리는 '동일한 사실인 현상의 면모'(一實法相)가 마치 눈에 병이 든 사람이 보는 눈썹 [사이에 떠 있는 것 같은] 수레바퀴와 같다는 것이다. "마치 아지랑이와 물을 미혹 때문에 거꾸로 아는 것과 같다"(如燄水迷倒)라는 것은, 목마른 사슴이 아지랑이를 보고 물로 여겨 달려가 마시려 하지만 [이것은] 단지 '미혹 때문에 거꾸로 안 것'(迷倒)임과 같다는 것이다. '동일한 마음'(一心)이 있다고 생각하는 것 또한 이와 같은 것이다. "모두 사실이 아니기 때문이다"(爲諸虛妄故)라는 것은, 목마른 사슴은 [아지랑이를] 물로 보고, 눈병 난 사람은 [본래 없는] 수레바퀴를 [눈썹 사이에서] 보며, 학인學人들은 '동일한 것'(一)이라 여기지만, 이와 같은 갖가지 헤아림은 모두 사실이 아니라는 것이다.

다음은 '없다는 견해'(無見)를 깨뜨리는 것이다. "만약 ['하나처럼 통하는 마음'(一心)이라는] 현상을 없다고 본다면"(若見於法無)이라는 것은, 앞에서 설명한 것과 같이 '두 가지 관점'(二諦)만 있고 '하나처럼 통하는 마음현상'(一心法)은 없다고 생각하는 것이다. "이러한 현상은 [아무것도 없는] 허공과도 같다"(是法同於空)라는 것은, 그가 〈'하나처럼 통하는 마음'(一心)은 '아무것도 없음'(空理)과 같으며 '아무것도 없음'(空理) 이외에 본래 '하나처럼 통하는 사실'(一實)²⁴⁷은 없다〉고 여기는 것이다. "마치 눈먼 이가 해가 없다고 거꾸로 생각한다"(如盲無日倒)라는 것은, 마치 태어날 때부터 눈이 먼 가난한 거지 아이가 본래 해의 빛을 본 적이 없어서 눈 있는 사람이 그를 위해 해가 있다고 말해 주어도 [그] 눈먼 아이는 '없다'고 말하면서 해가 있음을 믿지 않지만, [이것은] 단지 [사실과는] '거꾸로 된 것'(顚倒)이라는 것이다. [잘못

---

247 '一實'을 '동일성이 있다'는 생각을 비판하는 앞 구절 맥락에서는 그 맥락을 반영하여 '동일한 사실'이라 번역하였지만, 여기서는 '一心'의 번역어인 '하나처럼 통하는 마음'과 의미를 상응시키기 위해 '하나처럼 통하는 사실'이라 번역하였다.

된 견해를 지닌] 저들이 생각하는 것도 그러하니, 저들은 본래 오로지 '없음과 있음'(空有)[에 관한 도리]만을 배우고 '둘[로 나뉨]이 없는 중도'(無二中道)[에 관한 도리]를 들어 본 적이 없기 때문에 비록 [무이중도無二中道에 대해] 설명해주는 사람이 있어도 믿고 받아들이려 하지 않기 때문이다. 해를 중도에 비유한 이유는, 해에는 완전하고 크나큰 빛이 있어서 오직 눈먼 사람을 제외하고는 보지 못하는 사람이 없기 때문이다. '하나처럼 통하는 마음'(一心)도 그와 같으니, 두루 완전하고 결함이 없으며 '깨달음의 본연'(本覺)[인 '사실 그대로 앎']과 '['사실 그대로'를] 비로소 깨달아 감'(始覺)의 〈'크나큰 광명'(大光明)으로 [사실대로] 비추어 냄(照)〉(大光明照)이 있어 믿지 않는 사람을 제외하고는 [그 일심一心으로] 들어가지 못하는 사람이 없기 때문이다. "['하나처럼 통하는 마음'(一心)이라는] 현상(法)을 마치 거북이의 털[처럼 없는 것]이라고 말한다"(說法如龜毛)라는 것은, 저 보지 못하는 사람들이 '하나처럼 통하는 마음현상'(一心法)에 대해 〈다만 이름(名)일 뿐 실체(體)가 없는 것이 마치 [본래 없는] 거북이 털과도 같다〉고 말하는 것이, 눈먼 사람이 태양이 없다고 말하는 것과 다르지 않다는 것이다.

> 我今聞佛說, 知法非二見. 亦不依中住, 故從無住取.
>
> [H1, 664a7~8; T34, 999a29~b1]
>
> 저는 이제 부처님 말씀을 듣고
>
> ['하나처럼 통하는 마음'(一心)이라는] 현상(法)은 [있음(有)과 없음(無)이라는] 두 가지 견해[로 이해할 수 있는 것]이 아니라는 것을 알았습니다.
>
> 또한 [있음(有)과 없음(無)의] '중간에 머무름'(中住)에도 의존하지 않으니, 그러므로 '머무름이 없음'(無住)에 따르면서 취합니다.

此是第三自申正取. "知法非二見"者, 知中道法非有無解之所見故, 卽離第二無日之倒. "亦不依中住"者, 雖離二邊, 不存中道一實而住, 卽離第一輪水之妄. 如是離彼二邊過失故, 從佛敎無住之詮, 領解所詮無住之旨, 故言"故從無住取"也.

[H1, 664a9~15; T34, 999b2~6]

이것은 [8행의 게송으로 이루어진 '다섯 부분'(五分) 가운데] 세 번째인 '[범행장자] 스스로 제대로 취했음을 밝힌 것'(自申正取)[248]이다.

"['하나처럼 통하는 마음'(一心)이라는] 현상(法)은 [있음(有)과 없음(無)이라는] 두 가지 견해[로 이해할 수 있는 것]이 아니라는 것을 알았습니다"(知法非二見)라는 것은, '중도인 현상'(中道法)은 '있다거나 없다는 이해'(有無解)에 의해 보여지는 것이 아니라는 것을 알았기 때문에, 곧 [아무것도 없는 것이라는] 두 번째 견해의 '[마치] 해가 없다고 하는 거꾸로 된 생각'(無日之倒)에서 벗어났다는 것이다. "또한 [있음(有)과 없음(無)의] '중간에 머무름'에도 의존하지 않는다"(亦不依中住)라는 것은, 비록 '[있음(有)과 없음(無)이라는] 두 가지 치우친 견해'(二邊)에서 벗어났지만 '중도인 동일한 사실'(中道一實)[이라는 생각]을 두고 [거기에] 머무르지도 않아, 곧 [동일하다고 생각하는] 첫 번째 견해의 '[눈병 때문에 보이는] 수레바퀴나 [아지랑이를 착각하여] 물로 보는 [것과 같은] 망상'(輪水之妄)에서 벗어났다는 것이다. 이와 같이 저 '[있음(有)과 없음(無)에 대한] 두 가지 치우친 견해의 허물'(二邊過失)에서 벗어났기 때문에 부처님이 가르치신 '[어떤 것에도] 머무르지 말라는 언설'(無住之詮)에 따라 '설해진 언설에도 머무르지 않는 뜻'(所詮無住之旨)을 이해하였으니, 따라서 "그러므로 '머무름이 없음'에 따르면서 취합니다"(故從無住取)라고 말하였다.

> 如來所說法, 悉從於無住, 我從無住處, 是處禮如來. 敬禮如來相, 等空不動智, 不着無處所, 敬禮無住身.
>
> [H1, 664a16~19; T34, 999b7~9]
>
> 여래께서 설하신 가르침(法)은

---

248 앞에서는 이 세 번째 부분을 '[범행장자] 자신이 제대로 취했음을 밝힌 것'(申己正取) 이라고 하였는데, 여기서는 용어 표현이 조금 바뀌었다.

모두 '[어떤 것에도] 머무름이 없는 [경지]'(無住)를 따른 것이니,

저도 '[어떤 것에도] 머무름이 없는 경지'(無住處)를 따라

이 경지에서 여래에게 예를 올립니다.

여래의 면모(相)가 [지닌] '허공과도 같아 움직이지 않는 지혜'(等空不動智)에 대해 예를 올리며,

'[있다'(有)고 보거나 '없다'(無)고 보는 치우친 견해에] 집착하지 않고 '[있다'(有)고 보는 관점과 '없다'(無)고 보는 관점의 중간에도] 머무르는 곳이 없으니,

[그처럼] '머무름이 없는 [여래의] 몸'(無住身)에 예를 올립니다.

此是第四禮能說者. 於中有三, 一者一頌, 禮能說者, 二者二句, 禮能說智, 三者二句, 禮能說身. 初中言"如來所說法, 悉從於無住"者, 謂佛教法, 順從無住故. "我從無住處, 是處禮如來"者, 依教得從於無住處, 彌知如來最可尊重, 於是處禮能說者. 此中言"無住"者, 不住二諦, 亦不在中. 雖不在中, 而離二邊, 如是名爲無住處也. 第二中言"如來相"者, 不以相好爲如來相, 以不動智爲如來相. 言"等空"者, 謂如來智, 無量無邊, 等虛空界, 無所不遍故. 言"不動"者, 遍達一切無邊三世, 世有遷流, 智用不移故. 第三中言"不着"者, 法身離二邊故, "無處所"者, 中間無所住故, 故言"敬禮無住身"也.

[H1, 664a20~b12; T34, 999b9~22]

이것은 [8행의 계송으로 이루어진 '다섯 부분'(五分) 가운데] 네 번째인 '[진리를] 설하는 이에게 예를 올리는 것'(禮能說者)이다. 여기에 세 가지가 있으니, 첫째인 [첫 부분의] 한 구절의 계송은 '[진리를] 설하는 이에게 예를 올리는 것'(禮能說者)이고, 둘째인 [그 다음] 두 구절의 계송은 '[진리를] 설하는 이의 지혜에 예를 올리는 것'(禮能說智)이며, 셋째인 두 구절의 계송은 '[진리를] 설하는 이의 몸에 예를 올리는 것'(禮能說身)이다.

'[진리를 설하는 이에게 예를 올리는 것'(禮能說者)의 세 가지 가운데] 첫째 부분에서 "여래께서 설하신 가르침은 모두 [어떤 것에도] 머무름이 없는 [경지]를 따

른 것이다"(如來所說法, 悉從於無住)라고 말한 것은, '부처님이 가르치신 도리'(佛敎法)는 [어떤 것에도] 머무름이 없는 [경지]'(無住)를 따르기 때문이다. "저도 '[어떤 것에도] 머무름이 없는 경지'(無住處)를 따라 이 경지에서 여래에게 예를 올립니다"(我從無住處, 是處禮如來)라는 것은, [여래의] 가르침에 의지하여 '[어떤 것에도] 머무름이 없는 경지'(無住處)를 따르게 될수록 더욱더 여래가 가장 존중할 수 있는 분임을 알게 되기 때문에 이 [어떤 것에도 머무름이 없는] 경지에서 가르침을 설한 분께 예를 올린다는 것이다. 여기서 말한 "[어떤 것에도] 머무름이 없다"(無住)라는 것은 '[있다'(有)고 보는 관점과 '없다'(無)고 보는 관점, 이] 두 가지 관점'(二諦)에 머무르지 않고 [그] 중간에도 머무르지 않는 것이다. [그러나] 비록 '[있다'(有)고 보는 관점과 '없다'(無)고 보는 관점의] 중간에도 머무르지 않지만 '[있다'(有)고 보거나 '없다'(無)고 보는] 두 가지 치우친 견해'(二邊)에서도 벗어나니, 이와 같은 것을 '[어떤 것에도] 머무름이 없는 경지'(無住處)라고 부른다.

둘째 부분에서 말한 "여래의 면모"(如來相)라는 것은 '[32가지] 부처의 모습'(相好)으로써 '여래의 면모'(如來相)를 삼은 것이 아니라 '움직이지 않는 지혜'(不動智)로써 '여래의 면모'(如來相)를 삼은 것이다. "허공과도 같다"(等空)라고 말한 것은, '여래의 지혜'(如來智)가 [분량에] 제한이 없고 [범위에] 한계가 없어'(無量無邊) 허공세계(虛空界)와도 같이 '두루 펼쳐지지 않은 곳이 없기'(無所不遍) 때문이다. "움직이지 않는다"(不動)라고 말한 것은, '끝없는 과거·현재·미래'(一切無邊三世)[의 모든 것]에 두루 통달하였기에 시간에는 '바뀌어 흘러감'(遷流)이 있어도 지혜의 작용은 달라지지 않기 때문이다.

셋째 부분에서 말한 "집착하지 않는다"(不着)라는 것은 '진리의 몸'(法身)이 '[있다'(有)고 보거나 '없다'(無)고 보는] '두 가지 치우친 견해'(二邊)에서 벗어났기 때문이고, "머무르는 곳이 없다"(無處所)라는 것은 '[있다'(有)고 보는 관점과 '없다'(無)고 보는 관점의] 중간에도 머무르는 바가 없기 때문이니, 그러므로 "머무름이 없는 [여래의] 몸에 예를 올립니다"(敬禮無住身)라고 말하였다.

我於一切處, 常見諸如來, 唯願諸如來, 爲我說常法".

[H1, 664b13~14; T34, 999b23~24]

저는 모든 곳에서
언제나 모든 여래를 뵈오니,
오직 모든 여래께서
저를 위하여 '[사실대로여서] 한결같은 현상'(常法)[에 대한 가르침]을 설해 주시길 원하옵나이다."

此是第五問所未聞. 於中上半, 自申常對, 下之二句, 請說常法. 自申意者, 我離諸邊, 得無住智故, 能一一微塵之中, 常見十方無量諸佛, 十方世界諸微塵中, 無處不見無量諸佛. 故言"一切處常見諸如來". 如『華嚴經』言, "於一微塵中, 普見無量佛, 如一微塵中, 一切塵亦然"故. 有如是力, 堪聞常法, 所以願聞說常法也.

[H1, 664b15~23; T34, 999b24~c2]

이것은 [8행의 게송으로 이루어진 '다섯 부분'(五分) 가운데] 다섯 번째인 '아직 듣지 못한 것을 물은 것'(問所未聞)이다. 이 가운데 절반인 윗부분 [두 구절]은 '스스로 언제나 [여래를] 대면하고 있다는 것을 말한 것'(自申常對)이고, 아래의 두 구절은 '[사실대로여서] 한결같은 현상[에 대한 가르침]을 설해 주기를 요청하는 것'(請說常法)이다.

스스로 말한 뜻은 [다음과 같은 것이다.] 〈저는 '갖가지 치우친 견해'(諸邊)에서 벗어나 '[어떤 것에도] 머무름이 없는 지혜'(無住智)를 얻었기 때문에 작은 티끌 하나하나에서도 언제나 '모든 곳에 있는 헤아릴 수 없이 많은 모든 부처들'(十方無量諸佛)을 볼 수 있으며, '모든 세계'(十方世界)의 모든 작은 티끌들에서도 '헤아릴 수 없이 많은 모든 부처들'(無量諸佛)을 보지 못하는 곳이 없습니다.〉 그러므로 "모든 곳에서 언제나 모든 여래를 봅니다"(一切處常見諸如來)라고 말하였다. 마치 『화엄경』에서 "작은 티끌 하나에서도 '헤아릴 수 없이 많은 부처'(無量佛)를 두루 보고, 작은 티끌 하나에서 그런 것처럼 모든 티끌들에서도 마찬가지이다"[249]라고 말한 것과 같다. [자신에게] 이와 같은 힘이 있기에 '[사실대로여서] 한결같은 현상'(常法)[에 대한 가르침]을 듣는 것을 감당할 수 있으니, 그러므로 [여래가] '[사실대로여서] 한결같은 현상'(常法)을 설하는 것을 듣고자 원하는 것이다.

(4) 들어간 결과인 '[사실대로여서] 한결같은 현상[에 늘 머무르는 것]'(入果[常住]常法)

爾時, 如來, 而作是言. "諸善男子! 汝等諦聽. 爲汝衆等, 說於常法.

[H1, 664b24~c1; T34, 999c3~4]

그때 여래께서 이렇게 말씀하셨다.
"모든 훌륭한 이들이여! 그대들은 잘 들어라. 너희 대중들을 위해 '[사실대로여서] 한결같은 현상'(常法)에 대해 설하겠노라.

此下, 第四入果常法. 於中有三, 一如來說, 二長者演, 其第三者大衆得益. 初中有二, 許說正說, 此即許說.

[H1, 664c2~4; T34, 999c4~7]

이 글 이하는 [〈'들어가는 수행'과 '들어가는 지혜'의 원인과 결과의 차이를 드러냄〉(顯入行入智因果差別)의 네 부분 가운데] 네 번째인 〈[[여래장如來藏에] 들어간 결과인 '[사실대로여서] 한결같은 현상[에 늘 머무르는 것]'〉(入果[常住]常法)[250]이

---

249 이 구절은 『화엄경』에 있는 구절을 그대로 인용한 것이 아니다. 원효는 『화엄경』에 나오는 다음의 구절들을 원뜻이 훼손되지 않는 범위에서 발췌하여 인용하였다. 원효의 인용문과 근접한 경증인 60화엄 및 유사한 내용을 담고 있는 80화엄의 관련 구절은 다음과 같다. 『대방광불화엄경大方廣佛華嚴經』(60권본) 권33(T9, 609a10~13). "於一微塵中, 悉內一切刹, 見彼無量佛, 具聞演說法. 如一微塵中, 一切塵亦然, 見刹及諸佛, 是不思議智";『대방광불화엄경』(80권본) 권49(T10, 259c20~25). "如於一微塵, 一切塵亦然, 世界悉入中, 如是不思議. 一一塵中有, 十方三世法, 趣刹皆無量, 悉能分別知. 一一塵中有, 無量種佛刹, 種種皆無量, 於一靡不知."

다. 여기에는 세 가지가 있으니, 첫째는 '여래께서 설하시는 것'(如來說)이고, 둘째는 '[범행梵行]장자가 부연[하여 설명함]'(長者演)이며, 그 셋째는 '대중들이 [설법을 듣고] 이로움을 얻음'(大衆得益)이다.

첫째에는 두 가지가 있으니, '설법[요청]을 받아들이는 것'(許說)과 '곧바로 설하는 것'(正說)인데, 이 글은 '설법[요청]을 받아들이는 것'(許說)이다.

善男子! 常法非常法, 非說亦非字, 非諦非解脫, 非無非境界, 離諸妄斷際. 是法非無常, 離諸常斷見. 了見識爲常, 是識常寂滅, 寂滅亦寂滅.
[H1, 664c5~8; T34, 999c8~11]

훌륭한 이여! '[사실대로여서] 한결같은 현상'(常法)은 '머물러 있는 현상'(常法)이 아니고, [한정된 뜻을 확정하여 드러내는] '말도 아니고 문자도 아니며'(非說亦非字), [말과 문자로 확정한] '[진리에 대한] 관점도 아니고 해탈도 아니고'(非諦非解脫), '[아무것도] 없음'(無)도 아니고 '[항상 있는] 대상'(境界)도 아니어서, 망상인 '완전히 없어짐'(斷)과 '[항상 있는] 대상'(際)에서 모두 벗어났다. 이러한 현상(法)은 '덧없는 [허망한] 것'(無常)이 아니니, 일체의 '항상 있다는 견해'(常見)와 '완전히 없어진다는 견해'(斷見)에서 벗어난 것이다. [이러한 '한결같은 현상'(常法)을] '분명하게 보면'(了見) 식識이 한결같아지니, 이 식識은 늘 고요하지만(寂滅) 고요함(寂滅) 또한 '[불변·독자의 본질/실체가 없어] 고요하다'(寂滅).

此下, 第二正說. 於中有二, 先說常果, 後示常因. 初中二句, 法常佛常. 初中言"常法非常法"者, 謂佛所師, 法身之體, 離生滅相, 故曰"常法", 離常住性, 故"非常法". "非說亦非字"者, 絕能詮名言故, "非諦非解脫"者, 超所

---

250 '入果常法'을 앞서의 과문에서는 '入果常住'라 하였다. '入果常住'를 '들어간 결과[인 '한결같은 현상'(常法)]에 늘 머무르는 것'이라 번역하였기에 '入果常法'은 '들어간 결과인 한결같은 현상[에 늘 머무르는 것]'이라 번역하였다.

詮實義故. "非無非境界, 離諸妄斷際"者, 非畢竟無, 亦非有境, 非有境故, 離妄執境, 而非無故, 離斷見境. "際"者, 境界之異名也. "是法非無常, 離諸常斷見"者, "非無常"故, 離諸斷見, 而"是法"故, 離諸常見, 常見所取非是法故. 已明法常, 次顯佛常. "了見識爲常"者, 於彼常法, 究竟了見, 了見之時, 諸識爲常. 所以然者, 前隨無明, 動本靜心, 今隨了見, 歸本靜故. "是識常寂滅"者, 諸識本來無生無滅, 無生滅故, 性常寂滅. 今了見時, 永滅如是寂滅之識, 故言"寂滅亦寂滅"也. 所以然者, 彼寂滅識, 是無常法, 所以滅彼, 乃得常故. 至下摠持品, 是義當顯, 又此本來寂滅之性, 不守常性, 故言"亦寂滅".

[H1, 664c9~665a7; T34, 999c11~28]

이 아래는 ['여래께서 설하시는 것'(如來說)의] 두 번째인 '곧바로 설하는 것'(正說)이다. 여기에는 두 가지가 있으니, 먼저는 '한결같은 결과'(常果)를 설한 것이고, 나중은 '한결같은 원인'(常因)을 나타낸 것이다. 처음[인 '한결같은 결과'(常果)를 설하는 것]에는 두 구절이 있으니, [하나는] '현상의 한결같음'(法常)이고 [다른 하나는] '부처의 한결같음'(佛常)이다.

['현상의 한결같음'(法常)을 밝히는] 처음 [구절]에서 "'[사실대로여서] 한결같은 현상'은 '머물러 있는 현상'이 아니다"(常法非常法)라는 것은 [다음과 같은 뜻이다.] 부처의 스승이 되는 '진리 몸의 본연'(法身之體)은 '[근본무지에 따라] 생겨나고 사라지는 양상'(生滅相)에서 벗어났기 때문에 "[사실대로여서] 한결같은 현상"(常法)이라고 말하였고, '언제나 머물러 있는 성질'(常住性)에서 벗어났기 때문에 "머물러 있는 현상이 아니다"(非常法)라고 말하였다.

"말도 아니고 문자도 아니다"(非說亦非字)라는 것은 ['한결같은 현상'(常法)은] '[한정된 뜻을 확정하여] 드러내는 문자와 말'(能詮名言)을 끊어 버리기 때문이고, "[진리에 대한] 관점도 아니고 해탈도 아니다"(非諦非解脫)라는 것은 ['한결같은 현상'(常法)은] '[말과 문자로 확정되어] 드러난 진실의 뜻'(所詮實義)을 넘어서기 때문이다.

"'[아무것도] 없음'(無)도 아니고 '[항상 있는] 대상'(境界)도 아니어서, 망상인

'완전히 없어짐'(斷)과 '[항상 있는] 대상'(際)에서 모두 벗어났다"(非無非境界, 離諸妄斷際)라는 것은 [다음과 같은 뜻이다.] '[한결같은 현상'(常法)은 '끝내 아무것도 없음'(畢竟無)도 아니고 '항상 있는 대상'(有境)도 아니니, '항상 있는 대상'(有境)이 아니기 때문에 '사실과 다르게 보고 집착하는 대상'(妄執境)에서 벗어나고, '[아무것도] 없음'(無)이 아니기 때문에 '완전히 없어진다고 보는 대상'(斷見境)에서도 벗어난다. "대상"(際)이라는 것은 '객관세계'(境界)의 다른 이름이다.

"이러한 현상'(法)은 '덧없는 [허망한] 것'(無常)이 아니니, 일체의 '항상 있다는 견해'(常見)와 '완전히 없어진다는 견해'(斷見)에서 벗어난 것이다"(是法非無常, 離諸常斷見)라는 것은 [다음과 같은 뜻이다.] "덧없는 [허망한] 것이 아니기"(非無常) 때문에 온갖 '완전히 없어진다는 견해'(斷見)에서 벗어나고, 그러나 "이러한 현상"(是法)이기 때문에 온갖 '항상 있다는 견해'(常見)에서 벗어나니 '항상 있다는 견해'(常見)로써 취한 것은 '이러한 현상'(是法)이 아니기 때문이다. 이미 '현상의 한결같음'(法常)에 대해서는 밝혔으니 다음으로 '부처의 한결같음'(佛常)을 드러낸다.

"[이러한 '한결같은 현상'(常法)을] '분명하게 보면'(了見) 식識이 한결같아진다"(了見識爲常)라는 것은 [다음과 같은 뜻이다.] 저 '[사실대로여서] 한결같은 현상'(常法)을 '궁극적으로 분명하게 보면'(究竟了見), 분명하게 볼 때에 모든 식識이 한결같아진다. 왜냐하면 ['한결같은 현상'(常法)을 분명하게 보기] 이전에는 근본무지(無明)에 따라 '본연의 평온한 마음'(本靜心)을 동요시켰지만 이제는 '분명하게 봄'(了見)에 따라 '본연의 평온'(本靜)으로 돌아가기 때문이다.

"이 식은 늘 고요하다"(是識常寂滅)라는 것은, 모든 식識은 본래 '[불변·독자의 본질/실체로서] 생겨남도 없고 [불변·독자의 본질/실체로서] 사라짐도 없으니'(無生無滅) [불변·독자의 본질/실체로서] '생겨남과 사라짐'(生滅)이 없기 때문에 본연(性)은 언제나 고요한 것이다. 이제 ['한결같은 현상'(常法)을] '분명하게 볼'(了見) 때에는 이와 같은 '고요한 식'(寂滅之識)[을 불변·독자의 본질/실체로 보는 생각]마저 완전히 없애니, 그러므로 "고요함(寂滅) 또한 '[불변·독자의 본질/실체가 없어] 고요하다'(寂滅)"(寂滅亦寂滅)라고 말하였다. 왜냐하면 저 '고요한 식'(寂滅識)은 '머무름이 없는 현상'(無常法)이니, 그러므로 저 [고요함을 불변·독자의 본질/실체로 보는 생각]을 없애야 [식識이] 한결같음(常)을 얻기 때문이다. 아래의 '[육품六品의 핵심을] 모두 지니게 하는 단원'(摠持品)에서도 이 뜻이 드러날 것이다. 또한 이 '본래 고요한 면모'(本來寂滅之性)는 '변하지 않는 면모'(常性)를 지키지 않으니, 그러므로 "또한 '[불변·독자의 본질/실체가 없어] 고요하다'(寂滅)"(亦寂滅)라고 말하였다.

> 善男子! 知法寂滅者, 不寂滅心, 心常寂滅. 得寂滅者, 心常眞觀.
>
> [H1, 665a8~9; T34, 999c29~1000a1]
>
> 훌륭한 이여! '현상은 고요하다'(法寂滅)는 것을 아는 이는 [새삼] '마음을 고요하게 하지 않으니'(不寂滅心), 마음이 '늘 고요하기'(常寂滅) 때문이다. [이처럼] 고요함(寂滅)을 얻은 이는 마음이 '늘 사실 그대로 이해한다'(常眞觀).

此下, 第二示其常因. 於中有二, 別明摠結. 別中亦二, 先眞證觀, 後方便觀. 初中言"知法寂滅者"者, 初地已上, 知一切法本來寂滅故. 旣知無起故, 不滅心, 不滅心者, 常寂滅故. 是顯所知之寂滅也. "得寂滅者, 心常眞觀"者, 是明能證之心, 常住隨所證理, 離生滅相, 而恆[251]不失眞照觀故.

[H1, 665a10~17; T34, 1000a1~7]

이 아래는 '[곧바로 설하는 것'(正說)의 두 부분 가운데] 두 번째인 '[여래장如來藏에 들어가는] 그 한결같은 원인을 제시함'(示其常因)이다. 여기에는 두 가지가 있으니, '하나씩 밝히는 것'(別明)과 '총괄적인 결론'(摠結)이다. '하나씩 밝히는 것'(別明)에도 두 가지가 있으니, 먼저는 '참되게 증득하는 이해'(眞證觀)이고, 나중은 '수단과 방법을 통한 이해'(方便觀)이다.

---

251 대정장 『금강삼매경론』에는 '恆'자가 '恒'자로 되어 있다.

처음에 말한 "'현상은 고요하다'는 것을 아는 이"(知法寂滅者)라는 것은, '['열 가지 본격적인 수행경지'(十地)의] 첫 번째 경지'(初地) 이상[의 수행자]는 모든 현상이 '본래 불변·독자의 본질/실체가 없고 [불변·독자의 본질/실체로 보는 분별에 의한] 동요가 없는 것'(本來寂滅)임을 알기 때문이다.

이미 '[모든 현상이 불변·독자의 본질/실체로서] 일어남이 없음'(無起)을 알기 때문에 '마음을 고요하게 하지 않으니'(不[寂]滅心), '마음을 고요하게 하지 않음'(不[寂]滅心)은 [그 마음이] '늘 고요하기'(常寂滅) 때문이다. 이것은 알게 된 고요함(寂滅)을 나타낸 것이다.

"고요함을 얻은 이는 마음이 늘 사실 그대로 이해한다"(得寂滅者, 心常眞觀)라는 것은 [고요함(寂滅)을] '증득하는 마음'(能證之心)을 밝힌 것이니, [그 마음이] 증득된 도리를 따르는 것에 '늘 자리 잡아'(常住) [불변·독자의 본질/실체로서] 생겨나고 사라지는 양상'(生滅相)에서 벗어나면서도 늘 '사실대로 비추는 이해'(眞照觀)를 잃지 않기 때문이다.

> 知諸名色, 唯是癡心, 癡心分別, 分別諸法, 更無異事, 出於名色. 知法如是, 不隨文²⁵²語, 心心於義, 不分別我.
>
> [H1, 665a18~20; T34, 1000a8~10]

갖가지 '정신과 육체'(名色)[현상]은 오로지 '무지에 매인 마음'(癡心)[이 지어낸 현상]일 뿐이어서 '무지에 매인 마음'(癡心)에 의한 분별이 모든 현상을 분별한 것이며 정신과 육체에서 벗어난 또 다른 현상은 없다고 알아야 한다. [모든] 현상이 이와 같다는 것을 알아 글자와 말을 뒤쫓아 가지 않으며, [주관에 대한] 마음과 [대상에 대한] 마음이 [주관과 대상의] 면모(義)에 대해서 [불변·독자의 본질/실체로 보는 생각으로] 자아를 분별해 내지 않는다.

---

252 대정장 『금강삼매경』에는 '文'자가 '說'자와 같다고 교감하고 있다. 대정장 『금강삼매경론』과 한불전에는 모두 '文'자로 나온다. 원효가 인용한 글에도 '文'자로 되어 있다.

是第二明其方便觀. 於中有二, 先明唯識尋思, 後顯其如實智. 初中言
"更無異事, 出於名色"者, 名謂四蘊, 色是色蘊, 諸不相應, 皆假建立, 離此
名色, 更無別體. 故諸有爲之事, 皆爲名色所攝. 如是諸法, 唯心所作, 離
心無境, 離境無心. 如是名爲唯識尋思. 如『華嚴經』言, "心如工畫師, 畫種
種五陰, 一切世間中, 無法而不造. 如心佛亦爾, 如佛衆生然, 心佛及衆生,
是三無差別"故. 已明尋思, 次顯如實智. "知法如是, 不隨文語"者, 是名尋
思所引如實智故. "心心於義, 不分別我"者, 是義尋思所引如實智故, 人法
二我, 皆無有義, 所以於中, 不分別故.

[H1, 665a21~b12; T34, 1000a10~22]

이것은 ['하나씩 밝히는 것'(別明) 두 가지 가운데] 두 번째인 그 '수단과 방법을
통한 이해'(方便觀)를 밝힌 것이다. 여기에는 두 가지가 있으니, 먼저 '오로
지 분별하는 마음[에 의한 구성]일 뿐이라고 사유하는 것'(唯識尋思)253을 밝혔

---

253 유식심사唯識尋思: 심사尋思는 대상에 대해 사유하고 관찰한다는 의미로 산스크리트
어 'eṣaṇā' 또는 'paryeṣaṇā'의 뜻을 옮긴 말이다. 산스크리트 사전에서는 'eṣaṇā'의
뜻을 '[어떤 대상을] 구하는(seeking), 바라는(wishing), 욕망(desire), 요구(request)'
(*Sanskrit-English Dictionary*, p.233) 등으로 제시하고 있다. 이러한 해석은 인도의
종교/철학/문학에서 나타나는 일반적인 의미를 고려한 것으로 보인다. 그런데『별역
잡아함경』을 비롯해서 이후의 아비달마 논서,『대반야경』등에서 등장하는 심사尋
思의 개념을 살펴보면, '[대상에 대한] 사유'의 뜻을 크게 벗어나지 않는 것으로 파악
된다. '사유의 대상이 우리들에게 어떻게 인식되는가?'의 문제를 설명하는 데 심사尋
思 개념이 활용된 것은 유식학과의 문헌에서 본격화된다고 할 수 있다. 대소승의 경
론에서 '사유'의 의미로 나타나던 이 개념은, 본문의 경우처럼 유식唯識불교에서는
특히 '네 가지 대상에 대한 사유/관찰'(四尋思觀)의 체계에 따라 심사尋思의 중요성을
거론하고 있다. 유식불교에서는 사심사四尋思를 제시함으로써 인식주관과 인식대상
의 문제를 정면으로 다루고 있는 것이다. 사심사에서 네 가지란 ① '명칭에 대한 사
유'(名尋思, nāma-paryeṣaṇā), ② '[현상의] 면모에 대한 사유'(義尋思/事尋思, vastu-
paryeṣaṇā), ③ '불변·독자의 본질/실체로서 존재하는 근거가 실재하는 [것처럼 보
이는] 대상에 대한 사유'(自性假立尋思, svabhāva-prajñapti-paryeṣaṇā), ④ '불변·독
자의 본질/실체로서 존재하는 독특한 특징이 실재하는 [것처럼 보이는] 대상에 대한
사유'(差別假立尋思, viśeṣa-prajñapti-paryeṣaṇā)를 가리킨다. 이 사심사에 대한 설명
은『유가사지론』에서 자세하게 나타난다.『유가사지론瑜伽師地論』권36(T30, 490b

고, 나중에는 그 '사실 그대로 아는 지혜'(如實智)를 드러내었다.

처음에 말한 "정신과 육체에서 벗어난 또 다른 현상은 없다"(更無異事, 出於名色)라는 것은 [다음과 같은 뜻이다.] 정신(名)은 '[수受·상想·행行·식識, 이] 네 가지 무더기'(四蘊)를 가리킨 것이고, 육체(色)는 '색깔이나 모양이 있는

3~13). "云何名爲四種尋思? 一者名尋思, 二者事尋思, 三者自性假立尋思, 四者差別假立尋思. 名尋思者, 謂諸菩薩於名唯見名, 是名名尋思. 事尋思者, 謂諸菩薩於事唯見事, 是名事尋思. 自性假立尋思者, 謂諸菩薩於自性假立唯見自性假立, 是名自性假立尋思. 差別假立尋思者, 謂諸菩薩於差別假立唯見差別假立, 是名差別假立尋思. 此諸菩薩於彼名事, 或離相觀或合相觀, 依止名事合相觀故, 通達二種自性假立差別假立." 인용문에서 드러나듯이, '[어떤 대상을 사실 그대로] 오로지 볼 뿐'(唯見)이라는 방식이 이 네 가지 대상에 대해 사유하고 살펴서 이해하는 수행의 핵심이다. 이것은 인식의 대상에서 명칭(名)과 '현상의 면모'(義), 실체/본질(自性)과 그 '독특한 특징'(差別)으로 보이는 것이 모두 마음과 관련되어서만 잠시 성립 가능하므로, 이 네 가지 대상을 '오로지 분별하는 마음[에 의한 구성]일 뿐이라는 도리'(唯識道理)를 사실 그대로 이해(觀)하는 계기로 삼아야 한다는 것이다. 그리하여 사심사관四尋思觀은 '사실 그대로 아는 지혜'(如實智)를 성취하는 수행법이 되는데, 이하에 나오는 원효의 설명에서 나타나듯이 '명칭/면모/실체/특징에 대한 사유로 이끌어 낸 사실 그대로 아는 지혜'(名/義/自性假立/差別假立尋思所引如實智)라는 측면이 강조된다. 이 심사소인여실지尋思所引如實智와 관련된 원문은 다음과 같다. 『유가사지론瑜伽師地論』권36(T30, 490b13~c16). "云何名爲四如實智? 一者名尋思所引如實智, 二者事尋思所引如實智, 三者自性假立尋思所引如實智, 四者差別假立尋思所引如實智. 云何名尋思所引如實智? 謂諸菩薩於名尋思唯有名已, 即於此名如實了知. 謂如是名爲如是義於事假立, 爲令世間起想起見起言說故. 若於一切色等想事不假建立色等名者, 無有能於色等想事起色等想. 若無有想則無有能起增益執. 若無有執則無言說. 若能如是如實了知, 是名名尋思所引如實智. 云何事尋思所引如實智? 謂諸菩薩於事尋思唯有事已, 觀見一切色等想事, 性離言說不可言說. 若能如是如實了知, 是名事尋思所引如實智. 云何自性假立尋思所引如實智? 謂諸菩薩於自性假立尋思, 唯有自性假立已. 如實通達了知色等想事中所有自性假立, 非彼事自性而似彼事自性顯現. 又能了知彼事自性猶如變化影像, 嚮應光影, 水月焰水夢幻, 相似顯現而非彼體. 若能如是如實了知最甚深義所行境界. 是名自性假立尋思所引如實智. 云何差別假立尋思所引如實智? 謂諸菩薩於差別假立尋思, 唯有差別假立已. 如實通達了知色等想事中差別假立不二之義. 謂彼諸事非有性非無性, 可言說性不成實故非有性, 離言說性實成立故非無性. 如是由勝義諦故非有色, 於中無有諸色法故由世俗諦故非無色, 於中說有諸色法故. 如有性無性有色無色, 如是有見無見等差別假立門. 由如是道理一切皆應了知. 若能如是如實了知差別假立不二之義. 是名差別假立尋思所引如實智."

것들의 무더기'(色蘊)이며, 모든 '[마음과] 상응하지 않는 현상'(不相應[法])²⁵⁴
은 다 '[필요에 따라] 임시로 건립된 것'(假建立)이니, 이 '정신과 육체'(名色)에
서 벗어난 또 [다른] '별개의 실체'(別體)는 없다. 그러므로 '[조건들에 의존하여]
만들어진 모든 현상'(諸有爲之事)은 다 '정신과 육체'(名色)에 포함된다. 이러
한 '모든 현상'(諸法)은 '오로지 마음에 의해 지어진 것'(唯心所作)이니, 마음
(心)을 벗어나서는 대상(境)이 없고 대상(境)을 벗어나서는 마음(心)도 없다.
이와 같은 것을 '오로지 분별하는 마음[에 의한 구성]일 뿐이라고 사유하는 것'
(唯識尋思)이라고 말한다. 마치 『화엄경』에서 [다음과 같이] 말하는 것과 같다.

"마음은 화가와도 같이 갖가지 '자아를 이루고 있는 요소들인 [색色·수
受·상想·행行·식識의] 다섯 가지 더미'(五陰)를 그려내니, 모든 세상의 어
떤 것도 만들어 내지 않는 것이 없다네. 마음처럼 부처도 그러하고, 부처
처럼 중생도 그러하니, 마음과 부처와 중생 이 세 가지에는 [모든 것을 지어
냄에] 차별이 없다네."²⁵⁵

이미 '[오로지 분별하는 마음에 의한 구성일 뿐이라고] 사유하는 것'([唯識]尋思)을
밝혔으니, 다음으로는 '사실 그대로 아는 지혜'(如實智)를 드러내었다. "[모
든] 현상이 이와 같다는 것을 알아 글자와 말을 뒤쫓아 가지 않는다"(知法如
是, 不隨文語)라는 것은 〈명칭에 대한 사유로 이끌어 낸 '사실 그대로 아는
지혜'〉(名尋思所引如實智) 때문이다. [그리고] "[주관에 대한] 마음과 [대상에 대한]
마음이 [주관과 대상의] 면모(義)에 대해서 [불변·독자의 본질/실체로 보는 생각으
로] 자아를 분별해 내지 않는다"(心心於義, 不分別我)라는 것은 〈면모에 대한
사유로 이끌어 낸 '사실 그대로 아는 지혜'〉(義尋思所引如實智) 때문이니, '불

---

254 불상응법不相應法: 앞의 심불상응행법心不相應行法 각주 참고.
255 이 글은 총34품으로 이루어진 60권본 『화엄경』(권10) 가운데 제16단원(品)인 「야마
천궁보살설게夜摩天宮菩薩說偈」(T9, 465c26~29)에 나온다. 원효는 경전 본래의 뜻
을 해치지 않는 범위 안에서 원문을 부분 발췌하거나 내용을 재구성해서 인용하는
경우가 자주 보이지만, 여기에서는 『화엄경』 원문에 수록된 게송의 내용을 그대로
인용한 것이다.

변·독자의 개인적 자아'(人[我])와 '불변·독자의 현상적 자아'(法[我]) [이] '두 가지 자아'(二我)에는 모두 '[불변·독자의 본질/실체로서의] 면모'(義)가 있지 않기에 그것들에 대해 '[불변·독자의 본질/실체로 보는 생각으로] 분별'(分別)하지 않기 때문이다.

> 知我假名, 卽得寂滅, 若得寂滅, 卽得阿耨多羅三藐三菩提".
>
> [H1, 665b13~14; T34, 1000a23~24]
>
> 나라는 것이 '불변·독자의 본질/실체가 없는 명칭'(假名)임을 알면 곧 '[불변·독자의 본질/실체로 보는 분별의 동요가] 그쳐 고요함'(寂滅)을 얻을 것이고, 만약 '[불변·독자의 본질/실체로 보는 분별의 동요가] 그쳐 고요함'(寂滅)을 얻는다면 곧 '최고의 깨달음'(阿耨多羅三藐三菩提)을 증득하게 된다."

此是第二摠結. 前二結前方便,[256] 而得眞觀, 又結眞觀,[257] 得菩提果.

[H1, 665b15~16; T34, 1000a24~25]

이것은 [두 부분으로 이루어진 '[여래장如來藏에 들어가는] 한결같은 원인을 제시함'(示常因)의] 두 번째인 '총괄적인 결론'(摠結)이다. 앞의 두 구절[258]은 앞서의 '수단과 방법을 통한 이해'(方便觀)를 마무리한 것이니 ['수단과 방법을 통한 이해'(方便觀)로] '참된 이해'(眞觀)를 얻는 것이고, 또한 [그 다음 두 구절[259]은] '참되게 증득하는 이해'(眞證觀)를 마무리한 것이니 '깨달음이라는 결실'(菩提果)을 증득하는 것이다.

---

256 원효가 앞서 제시한 과문科文에 따르면 '方便觀'이어야 한다. '觀'이 빠진 오기로 보인다. '方便觀'으로 교감하여 번역한다.
257 원효가 앞서 제시한 과문科文에 따르면 '眞證觀'이어야 한다. '證'이 빠진 오기로 보인다. '眞證觀'으로 교감하여 번역한다.
258 "知我假名, 卽得寂滅"을 가리킨다.
259 "若得寂滅, 卽得阿耨多羅三藐三菩提"를 가리킨다.

爾時, 長者梵行, 聞說是語, 而說偈言. "名相分別事及法名爲三, 眞如正妙智及彼成於五. 我今知, 是法斷常之所繫, 入於生滅道, 是斷非是常. 如來說空法, 遠離於斷常.

[H1, 665b17~21; T34, 1000a26~29]

그때 장자 범행梵行은 [부처님께서] 이러한 말씀을 설하는 것을 듣고 [다음과 같이] 게송으로 말하였다.

"'언어가 나타내는 차이'(名相)와 '[불변·독자의 본질/실체로 보는 생각으로] 분별하는 현상'(分別事) 및 '[기타의] 현상들'(法)을 셋이라 하고,

'참 그대로'(眞如)와 '온전하고 오묘한 지혜'(正妙智) 및 저 [앞의 세 가지]가 [합쳐져] 다섯 가지를 이룹니다.

제가 지금 알기로는,

이 [다섯 가지] 현상(法)이 '완전히 없어진다'(斷)[는 치우침]과 '항상 있다'(常)[는 치우침]에 얽매여 있어

'[근본무지에 따라] 생겨나고 사라지는 길'(生滅道)로 들어가니,

[이 길에서는] '[다섯 가지 현상'(五事) 중에서 명상名相·분별사分別事·법法·정묘지正妙智의 네 가지는] '완전히 없어짐'(斷)이고 [진여眞如처럼] '항상 있음'(常)이 아닌 것입니다.

[그런데] 여래께서 설한 '불변·독자의 본질/실체가 없는 현상'(空法)은 '완전히 없어짐'(斷)과 '항상 있음'(常)에서 멀리 벗어나 있습니다.

此下, 第二長者演說. 於中八頌, 即有三意. 初二頌半, 判佛敎意, 次有五頌, 破二邊執, 最後二句, 亦無二觀. 初中有二, 前二頌, 明墮二邊敎, 後二句, 顯離二邊敎. 初中言"名相"者, 謂名句字. 句是名所成, 字是名所資, 皆能表名, 合爲名相也. "分別事"者, 謂諸有漏心心法事. 言"及法"者, 謂除前二, 所有法相. 名句所詮, 分別所緣, 謂十色處及法處中色不相應等諸法相也. 是三一類, 明雜染相, 所以別說"名爲三"也. 言"眞如"者, 謂正智境, "正妙智"者, 本後二智. 言"及彼"者, 及彼前三, 此二及彼三, 合成於五事.

是擧三乘教門法相. "我今知, 是法斷常之所繫"者, 明彼教門所說五事, 不離斷常二見所着. 所以然者, 彼四種法, 帶生滅相, 不離斷見所着之境, 其眞如法, 是常住性, 不離常見所取之境故. "入於生滅道, 是斷非是常"者, 別明前三及正智法, 皆帶四相, 入生滅道, 直是斷邊, 異於常邊, 卽顯眞如入常有道, 直是常邊, 異斷邊也. "如來說空法, 遠離於斷常"者, 明一乘教說三空法, 遠離斷常二邊過失. 所以然者, 如前所說, 空相亦空, 空空亦空, 所空亦空. 如是三空, 不壞眞俗, 不存眞俗, 雖離動靜, 不住中間, 所以遠離斷常邊也.

[H1, 665b22~666a2; T34, 1000a29~b23]

이 아래는 [세 부분으로 이루어진 '들어간 결과[인 '한결같은 현상'(常法)]에 늘 머무르는 것'(入果常住[常法])의] 두 번째인 '장자가 부연하여 설명함'(長者演說)이다. 여기에서의 '여덟 게송'(八頌)에 '세 가지 뜻'(三意)이 있다. 처음의 게송 둘과 절반260은 부처님 가르침의 의미를 판별한 것이고, 다음에 나오는 '게송 다섯'(五頌)261은 ['완전히 없어짐'(斷)과 '항상 있음'(常)이라는] 두 가지 치우친 견해의 집착'(二邊執)을 깨뜨린 것이며, 마지막 두 구절262은 또한 '둘로 나누지 않는 이해'(無二觀)[를 드러낸 것]이다.

처음[인 게송 둘과 절반]에는 두 가지가 있으니, 앞의 게송 둘은 '두 가지 치우친 견해에 떨어지는 것'(墮二邊)에 대한 가르침을 밝혔고, 뒤의 두 구

---

260 처음의 게송 둘과 절반이란 위에 나오는 경문의 게송 전체를 가리킨다. 즉, "名相分別事, 及法名爲三, 眞如正妙智, 及彼成於五. 我今知是法, 斷常之所繫, 入於生滅道. 是斷非是常"까지가 게송 둘에 해당하는 내용이고, 다음의 "如來說空法, 遠離於斷常"은 절반의 게송에 해당한다.

261 게송 다섯이란 이 경문에 이어서 차례로 등장하는 게송들을 가리킨다. 이에 해당하는 게송을 먼저 살펴보면 다음과 같다. "因緣無不生, 不生故不滅, 因緣執爲有, 如探空中華, 猶取石女子, 畢竟不可得. 離諸因緣取, 亦不從他滅, 及於己義大, 依如故得實. 是故眞如法, 常自在如如, 一切諸萬法, 非如識所化, 離識法卽空, 故從空處說. 滅諸生滅法, 而住於涅槃, 大悲之所奪, 涅槃滅不住"(T9, 372c5~14).

262 여기서 두 구절이란 여덟 번째 게송의 후반부 두 구절인 "轉所取能取, 入於如來藏"을 가리킨다.

절은 '두 가지 치우친 견해에서 벗어나는 것'(離二邊)에 대한 가르침을 나타내었다.

처음[인 게송 둘]에서 말한 "언어가 나타내는 차이"(名相)라는 것은 명칭(名)과 문장(句)과 글자(字)[로써 나타내는 차이(相)]를 일컫는다. 문장(句)은 명칭(名)에 의해 이루어지는 것이고 글자(字)는 명칭(名)이 의지하는 것이어서 [문장(句)과 글자(字)는] 모두 '명칭을 나타내는 것'(能表名)이니, 합쳐서 '언어가 나타내는 차이'(名相)가 되는 것이다. "[불변·독자의 본질/실체로 보는 생각으로] 분별하는 현상"(分別事)이라는 것은 모든 '번뇌가 스며드는 마음과 마음현상'(有漏心心法事)을 일컫는다.

"및 [기타의] 현상들"(及法)이라는 것은 앞의 ['언어가 나타내는 차이'(名相)와 '분별하는 현상'(分別事), 이] 두 가지를 제외한 '모든 현상들'(所有法相)을 가리킨다. '명칭과 문장에 의해 드러난 것'(名句所詮)과 '분별의 대상이 되는 것들'(分別所緣)이 그것이니, '물질적 유형성을 지닌 열 가지 현상범주'(十色處)²⁶³와 '개념적 현상의 범주 가운데 유형적 현상'(法處中色)²⁶⁴ 및 '마음과

---

263 십색처十色處: 안眼·이耳·비鼻·설舌·신身의 오근五根과 색色·성聲·향香·미味·촉觸의 오경五境을 합친 '물질적 유형성을 지닌 현상들의 10가지 범주'를 십색처十色處라고 부른다. 그런데 유식唯識에서 채택하고 있는 모든 현상의 분류 방식인 '5위位100법法'에 따르면, 색법色法에 속하는 것은 모두 11법이고 이 가운데 11번째가 법처法處이다. 따라서 법처는 '물질적 유형성을 지닌 현상들의 10가지 범주'(十色處)에 의거하여 생겨나는 '유형성과 관련된 개념적 현상의 범주'라 할 수 있다. 이것을 『유가사지론瑜伽師地論』등의 논서에서는 법처소섭색法處所攝色이라고 부른다.

264 법처중색法處中色: 유식唯識의 '5위位100법法' 분류에 따르면 법처法處는 색법色法에 속하는 11가지 가운데 제11번째의 항목으로서 '유형성과 관련된 개념적 현상의 범주'에 해당하며 법처소섭색法處所攝色이라고 부른다. 여기서 원효가 언급하는 '법처중색法處中色'은 이 법처소섭색을 가리키는 것으로 보인다. 법처소섭색이라는 명칭은 유식학파의 논서에서만 제한적으로 채택하고 있는 개념이 아니라 부파불교의 초기 논서인 『아비달마집이문족론阿毘達磨集異門足論』권6(T26, 391b23~24)에서 "身念住云何? 答十有色處及法處所攝. 是名身念住"라고 서술된 사례에서 알 수 있듯이, 사념처四念處 중에서 신념처身念處를 설명하고 있는 부분에서 '10가지 색처色處와 법처소섭색法處所攝色'이라는 개념이 나타나고 있는 것이다. 이와 같은 서술이 유식 100법

상응하지 않는 현상들'(不相應[法])[265] 등의 '특징적 차이를 지닌 모든 현상'

의 분류체계에서의 색법11과 일치하는 내용은 아니지만 적어도 법처소섭색이라는
개념이 등장하는 맥락을 가늠할 수 있는 대목이다. 색온色蘊의 분류법에서 법처소섭
색을 제시하고 있는 경우도 있다.『아비달마대비바사론阿毘達磨大毘婆沙論』권74
(T27, 383a29~b1).『云何色蘊? 謂十色處及法處所攝色是名色蘊."한편『유가사지론』
권3(T30, 293c6~7)에서는 "法處所攝色有二種. 謂律儀不律儀所攝色, 三摩地所行色"이
라고 하여 율의불율의소섭색律儀不律儀所攝色과 삼마지소행색三摩地所行色 두 가지
법처소섭색을 제시하고 있다. 특히『대승아비달마잡집론大乘阿毘達磨雜集論』권1
(T31, 696b27~c3)에서는 다섯 가지의 법처소섭색을 제시하고 있어 주목된다. "法處
所攝色者, 略有五種. 謂極略色, 極逈色, 受所引色, 遍計所起色, 自在所生色. 極略色者, 謂
極微色. 極逈色者, 謂卽此離餘礙觸色. 受所引色者, 謂無表色. 遍計所起色者, 謂影像色.
自在所生色者, 謂解脫靜慮所行境色."이에 따르면 법처소섭색은 ① 극략색極略色, ② 극
형색極逈色, ③ 수소인색受所引色, ④ 변계소기색遍計所起色, ⑤ 자재소생색自在所生
色 다섯 가지로 세분된다.『불광대사전』(p.3389)의 설명을 참조하면 극략색과 극형
색은 둘 다 '극미極微'로 이해할 수 있는 개념인데 ① 극략색은 사대四大, 오근五根 등
실제로 공간을 차지하고 있는 경우에 해당하는 극미이고, ② 극형색은 빛과 그림자
처럼 공간을 차지하는 성질이 없는 극미를 가리킨다. ③ 수소인색은 설일체유부의
무표색無表色과 유사한 개념인데, 다만 스승 또는 계율의 가르침을 받음(受)에 의해
생겨나는 선善한 의지 등에 관련되는 무표색의 경우를 의미한다. ④ 변계소기색은
거북의 털, 토끼의 뿔과 같이 실제로는 없는 대상에 대한 착각 또는 환상과 연관되는
물질성을 가리킨다. ⑤ 자재소생색은 보살이 중생을 교화할 때에 선정의 힘으로써
중생을 위해 필요한 먹거리를 만들어 낼 때의 색을 가리킨다.

265 불상응법不相應法: 불상응행법不相應行法은 심불상응행법心不相應行法으로『구사론』
권4에서 일체법一切法을 5가지로 구분할 때 사용되는 개념이다. 즉 다섯 가지 부류
는 색色, 심心, 심소心所, 심불상응행心不相應行, 무위無爲이다. "一切法略有五品, 一
色, 二心, 三心所, 四心不相應行, 五無爲"(T29, 18b16~18). 이 가운데 심불상응행법에
대하여 득得 · 비득非得 등의 심불상응행법에 속하는 것들(諸法)은 마음과 상응하지
않고(心不相應) 색 등의 면모도 아닌(非色等性) 것이므로 행온行蘊에 포함된다고 설
명한다. "心不相應行何者是耶? 頌曰. 心不相應行, 得非得同分. 論曰. 如是諸法心, 不相
應非色等性, 行蘊所攝, 是故名心不相應行"(T29, 22a4~9). 권오민에 따르면 아비달마
에서 말하는 심불상응행법은 "존재양태에 관한 생각을 추상화시켜 얻은 개념"으로
득得 · 비득非得 · 동분同分 · 무상과無想果 · 무상정無想定 · 멸진정滅盡定 · 명근命
根 · 생生 · 주住 · 이異 · 멸滅 · 명신名身 · 구신句身 · 문신文身의 14가지가 있다.『아
비달마의 철학』, 2003, p.82 참조. 한편 대승경론인『유가사지론』권3에서는 "不相應
行有二十四種, 謂得, 無想定, 滅盡定, 無想異熟, 命根, 衆同分, 異生性, 生老住無常, 名身,

(諸法相)²⁶⁶을 말한다. ['언어가 나타내는 차이'(名相)와 '[불변·독자의 본질/실체로 보는 생각으로] 분별하는 현상'(分別事)과 '기타의 현상들'(法)] 이 세 가지는 같은 부류로서 '[분별에 의한] 갖가지 오염의 양상'(雜染相)을 밝히는 것이니, 그러므로 "셋이라 한다"(名爲三)라고 별도로 말하였다.

"참 그대로"(眞如)라는 것은 '[사실대로 보는] 온전한 지혜의 대상'(正智境)을 가리키고, "온전하고 오묘한 지혜"(正妙智)라는 것은 '근본적인 지혜'(根本智)와 '[근본적인 지혜'(根本智)에 의거하여 대상에 대해] 뒤이어 얻어지는 지혜'(後得智) [이] '두 가지 지혜'(二智)[를 아울러 가리킨 것이]다.

"저것들"(及彼)이라는 것은 저 앞서의 '[언어가 나타내는 차이'(名相)와 '[불변·독자의 본질/실체로 보는 생각으로] 분별하는 현상'(分別事)과 '기타의 현상들'(法), 이] 세 가지이니, 이 '[참 그대로'(眞如)와 '온전하고 오묘한 지혜'(正妙智)] 두 가지와 저 세 가지가 합하여 '다섯 가지 현상'(五事)²⁶⁷을 이룬다. 이것은 '[성문·연

句身, 文身, 流轉, 定異相應, 勢速, 次第, 時, 方, 數, 和合, 不和合"(T30, 293c7~11)이라고 하여 득득·무상정無想定·멸진정滅盡定·무상이숙無想異熟·명근命根·중동분衆同分·생生·노老·주住·무상無常·명신名身·구신句身·문신文身·이생성異生性·유전流轉·정이定異·상응相應·세속勢速·차제次第·시時·방方·수數·화합和合·불화합不和合의 24가지를 거론한다.

266 제법상諸法相: '법法'은 '진리·도리·이치·법칙·가르침'이나 '현상' 혹은 '존재'의 의미로 사용되는 경우가 대부분이다. 그리고 '상相'은 '특징적 차이'라는 의미를 공통된 기반으로 삼고 있는데, 우리말로 번역할 때는 문맥에 따라 '차이·특징·특성·양상·모습·면모' 등의 어느 하나를 선택하는 것이 적절하다. 그런데 복수의 한자들이 결합되어 하나의 개념을 이루고 있는 복합어의 경우, 우리말로 번역할 때 한자의 배열순서대로 풀이하는 것이 일반적이다. 그러나 경우에 따라서는 순서를 바꾸어 번역하는 것이 더 적절하다. '제법상諸法相'은 '모든'(諸)·'현상'(法)·'특징적 차이'(相)라는 세 가지 개념을 결합시켜 하나의 개념단위로 만든 복합어로서 문맥상 개념의 중심은 '현상'(法)에 있다. 그런데 일반적 방식에 따라 '모든 현상의 차이'라고 번역하면 개념의 중심이 '차이'가 되어 버려 문맥과 맞지 않게 된다. 이런 문제를 해결하기 위해 '제법상諸法相'을 '특징적 차이를 지닌 모든 현상'으로 번역하였다. 이렇게 한자 배열의 순서를 바꾸어 번역해야 하는 복합어는 빈번하게 등장한다.

267 오사五事: '언어가 나타내는 차이'(名相), '[불변·독자의 본질/실체로 보는 생각으로] 분별하는 현상'(分別事), '기타의 현상들'(法), '참 그대로'(眞如), '온전하고 오묘한 지

각·보살] 세 종류의 수행자들[에게 공통되는] 가르침의 체계와 그 특징'(三乘
教門法相)을 거론한 것이다.

"제가 지금 알기로는, 이 [다섯 가지] 현상(法)이 '완전히 없어진다'[는 치우
침]과 '항상 있다'[는 치우침]에 얽매여 있습니다"(我今知, 是法斷常之所繫)라는
것은, 저 [성문·연각·보살의] '가르침의 체계'(教門)에서 말하는 '다섯 가지
현상'(五事)은 '완전히 없어진다는 견해'(斷見)와 '항상 있다는 견해'(常見)
[이] '두 가지 견해'(二見)에 의한 집착에서 벗어나지 못함을 밝힌 것이다.
왜냐하면, 저들 [성문·연각·보살의 가르침에서 말하는] '['명칭으로 나타내는 특징'
(名相), '[불변·독자의 본질/실체로 보는 생각으로] 분별하는 현상'(分別事), '기타의 현
상들'(法), '온전하고 오묘한 지혜'(正妙智)] 네 가지 현상'(四種法)²⁶⁸은 [근본무지에
따라] 생겨나고 사라지는 양상'(生滅相)을 띠고 있어서 '완전히 없어진다는
견해로 집착하는 경지'(斷見所着之境)에서 벗어나지 못하고, 그 [성문·연각·
보살의 가르침에서 말하는] '참 그대로인 현상'(眞如法)은 [불변·독자의 본질/실체
로서] '변함없이 머무는 것'(常住性)이어서 '항상 있다는 견해로 취하는 경
지'(常見所取之境)에서 벗어나지 못하기 때문이다.

혜'(正妙智)를 말한다. 유식불교에서는 '존재에서 발견되는 다섯 가지 현상'을 오사五
事라고 부른다. 명칭(名, nāman), '특징적인 차이'(相, nimitta), 분별작용(vikalpa),
'참 그대로'(眞如, tathatā), '올바른 지혜'(正智, samyag-jñāna)가 그것이다. '깨달음의
본연[인 '사실 그대로 앎']이 지닌 이로움[을 주제로 하는] 단원'(本覺利品)(H1, 635b9)
에서 이미 거론된 바 있다.
268 사종법四種法: '네 가지 현상'(四種法)에 해당하는 내용은 이 개념을 제시하고 있는 대
소승의 경론마다 매우 다양하게 활용하고 있다. 그러나 『유가사지론』 등에서 오사五
事 또는 오상五相의 내용으로 제시된 항목 중에서 명名과 상相을 하나의 개념으로 묶
고 여기에 '기타의 현상들'(法)을 추가하여 '명칭으로 나타내는 특징'(名相), '[불변·
독자의 본질/실체로 보는 생각으로] 분별하는 현상'(分別事), '기타의 현상들'(法), '온
전하고 오묘한 깨달음의 지혜'(正妙智)를 '네 가지 현상'(四種法)의 내용으로 제시하고
있는 사례는 이 『금강삼매경론』이 유일하게 보인다. 이 '네 가지 현상'(四種法)을 구
성하고 있는 항목에는 오사五事의 항목 가운데 '참 그대로'(眞如)가 빠져 있는데, 이
것은 바로 뒤에 이어지는 원효의 주석에서 진여眞如를 따로 언급하고 있는 점에 근거
하여 진여를 제외한 네 가지를 '네 가지 현상'(四種法)으로 파악한 것으로 보인다.

"[근본무지에 따라] 생겨나고 사라지는 길로 들어가니, [이 길에서는] ['다섯 가지 현상'(五事) 중에서 명상名相·분별사分別事·법法·정묘지正妙智의 네 가지는] '완전히 없어짐'(斷)이고 [진여眞如처럼] '항상 있음'(常)이 아닌 것입니다"(入於生滅道, 是斷非是常)라는 것은, [성문·연각·보살의 가르침에서는] 앞의 ['명칭으로 나타내는 특징'(名相)·'[불변·독자의 본질/실체로 보는 생각으로] 분별하는 현상'(分別事)·'기타의 현상들'(法)] 세 가지와 [사실대로 보는] 온전한 지혜현상'(正智法)²⁶⁹이 모두 [근본무지에 따라 생기고(生) 머무르며(住) 변이되고(異) 사라지는(滅)] '[분별의] 네 가지 양상'(四相)을 지니고 있어서 [근본무지에 따라] 생겨나고 사라지는 길'(生滅道)로 들어가므로 단지 '완전히 없어진다는 치우침'(斷邊)이어서 '항상 있다는 치우침'(常邊)과는 다르다는 것을 따로 밝힌 것인데, [또한 이것은] 곧 [성문·연각·보살의 가르침에서 말하는] '참 그대로'(眞如)는 [불변·독자의 본질/실체로서] 항상 있음의 길'(常有道)로 들어가므로 단지 '항상 있다는 치우침'(常邊)이어서 '완전히 없어진다는 치우침'(斷邊)과는 다르다는 것을 드러내는 것이기도 하다.

---

269 정지법正智法: '온전하고 오묘한 지혜'(正妙智) 혹은 '온전한 지혜'(正智)를 지칭한다. 정지正智에 대한 이해는 니까야에서 말하고 있는 '온전한 지혜'(sammā-ñāṇa)에서부터 『아비달마구사론阿毘達磨俱舍論』에서 제시한 '아라한의 지위에서 성취하는 무루지無漏智'에 이르기까지 경론에 따라 매우 다양하게 나타난다. 그런데 『금강삼매경론』에서 원효가 제시하고 있는 '온전한 지혜'(正智)는 『유가사지론』에서 자세하게 설명하고 있는 것처럼 오사五事의 항목으로 나오는 정지正智에 해당한다. 즉, 이때의 정지는 무루無漏의 근본지根本智 및 후득지後得智를 포괄하는 개념이다. 관련 구절은 다음과 같다. 『유가사지론瑜伽師地論』권72(T30, 696a1~17). "云何五事? 一相, 二名, 三分別, 四眞如, 五正智. 何等爲相? 謂若略說所有言談安足處事. 何等爲名? 謂即於相所有增語. 何等爲分別? 謂三界行中所有心心所. 何等爲眞如? 謂法無我所顯聖智所行非一切言談安足處事. 何等爲正智? 謂略有二種, 一唯出世間正智, 二世間出世間正智. 何等名爲唯出世間正智? 謂由此故聲聞獨覺諸菩薩等通達眞如. 又由此故彼諸菩薩於五明處善修方便, 多住於是一切遍行眞如智故, 速證圓滿所知障淨. 何等名爲世間出世間正智? 謂聲聞獨覺以初正智通達眞如已. 由此後所得世間出世間正智, 於諸安立諦中, 令心厭怖三界過患愛味三界寂靜. 又由多分安住此故, 速證圓滿煩惱障淨. 又即此智未曾得義名出世間, 緣言說相爲境界義亦名世間. 是故說爲世間出世間."

"여래께서 설한 '불변·독자의 본질/실체가 없는 현상'(空法)은 '완전히 없어짐'(斷)과 '항상 있음'(常)에서 멀리 벗어나 있습니다"(如來說空法, 遠離於 斷常)라는 것은, [삼승三乘을] 하나처럼 통하게 하는 가르침'(一乘敎)이 설하는 '불변·독자의 본질/실체가 없는 세 가지 경지에서의 현상'(三空法)은 '완전히 없어짐'(斷)과 '항상 있음'(常) [이] '두 가지 치우침의 허물'(二邊過失)에서 멀리 벗어났음을 밝힌 것이다. 왜냐하면 [이와 같은 현상은] 앞에서 설한 것처럼270 〈'불변·독자의 본질/실체가 없는 면모' 또한 불변·독자의 본질/실체가 없고〉(空相亦空) 〈'불변·독자의 본질/실체가 없는 면모도 불변·독자의 본질/실체가 없다는 것' 또한 불변·독자의 본질/실체가 없으며〉(空空亦空) 〈'불변·독자의 본질/실체가 없어진 것' 또한 불변·독자의 본질/실체가 없는〉(所空亦空) 경지[에서의 현상]이기 때문이다. 이와 같은 '불변·독자의 본질/실체가 없는 세 가지 경지'(三空)[에서의 현상]은 〈'진리와 세속'(眞俗)[의 현상적 차이]를 없애지 않지만 '진리와 세속'(眞俗)[의 현상적 차이]를 [불변·독자의 본질/실체로서] 남겨 두지도 않으며〉(不壞眞俗, 不存眞俗), 〈비록 [불변·독자의 본질/실체로서의] '움직임과 고요함'(動靜)에서 벗어나지만 [움직임과 고요함의] 중간에 자리 잡는 것도 아니니〉(雖離動靜, 不住中間), 그러므로 '완전히 없어짐'(斷)과 '항상 있음'(常)이라는 '두 가지 치우침'(二邊)에서 멀리 벗어난다.

因緣無不生, 不生故不滅. 因緣執爲有, 如採空中華, 猶取271石女子, 畢竟不可得.

[H1, 666a3~4; T34, 1000b24~25]

'원인이 되는 조건'(因緣)은 [불변·독자의 본질/실체가] 없으며 [불변·독자

---

270 삼공법三空法은 '사실 그대로가 온전하게 드러나는 지평에 들어감[을 주제로 하는] 단원'(入實際品)에서 나왔던 내용이다(H1, 639c1 참조).
271 대정장 『금강삼매경』에는 '取'자가 '如'자와 같다고 교감하였다. 그러나 원효의 주석에 의거해서 '取'자로 보고 번역한다.

의 본질/실체로서] 생겨나는 것이 아니니,

[불변·독자의 본질/실체로서] 생겨나는 것이 아니므로 [완전히] 소멸하는 것도 아닙니다.

'원인이 되는 조건'(因緣)에 집착하여 [불변·독자의 본질/실체로서] 있는 것이라고 여기는 것은,

마치 [눈병이 생겨 보게 되는] '허공 속의 꽃'(空中華)을 따려는 것과 같고,

'임신하지 못하는 여인이 낳은 [있을 수가 없는] 자식'(石女子)을 얻으려는 것과도 같으니,

끝내 얻을 수 없는 것입니다.

此下, 第二破二邊執. 於中有二, 一者四頌, 破有邊執, 二者一頌, 奪空邊著. 初中有二, 前二頌半, 破其有執, 後一頌半, 示彼眞空. 初中亦二. 初一頌半, 破因緣執, 次有一頌, 破餘三緣. 初中言"因緣無不生"者, 謂本識中一切種子與異熟識, 若卽若離, 皆不可得, 卽如異熟, 離猶兎角. 不卽不離, 亦無所有, 如瓶舍等, 但有名故. 由是道理, 無生無滅, 而依三乘言教學者, 定執實有因緣種子, 不異愚者欲採空華, 亦如欲取石女之子. 同彼, 因緣永不可得. 此中"空華", 喩於染種, 爲採滅故, 石女兒者, 喩於淨種, 爲取養故.

[H1, 666a5~19; T34, 1000b25~c8]

이 아래는 ['세 가지 뜻'(三意)으로 구성된 '여덟 게송'(八頌)의] 두 번째 [부분을 이루는 '다섯 게송'(五頌)]인 '[있음(有)과 없음(無)에 대한] 두 가지 치우친 견해의 집착을 깨뜨리는 것'(破二邊執)이다. 여기에는 두 가지가 있으니, 첫째인 '네 게송'(四頌)[272]은 '[불변·독자의 본질/실체로서] 있다는 치우친 견해에 대한 집착'(有邊執)을 깨뜨리는 것이고, 둘째인 '한 게송'(一頌)[273]은 '[아무것도] 없다

---

272 첫째인 '네 게송'(四頌)은 다음과 같다. "因緣無不生, 不生故不滅, 因緣執爲有, 如採空中華. 猶取石女子, 畢竟不可得. 離諸因緣取, 亦不從他滅. 及於己義大, 依如故得實. 是故眞如法, 常自在如如. 一切諸萬法, 非如識所化, 離識法卽空, 故從空處說"(T9, 372c5~12).

273 둘째인 '한 게송'(一頌)은 다음과 같다. "滅諸生滅法, 而住於涅槃, 大悲之所奪, 涅槃滅不

는 치우친 견해에 대한 집착'(空邊着)을 빼앗는 것이다.

처음[의 '네 게송'(四頌)]에는 두 가지가 있으니, 앞의 게송 둘과 절반²⁷⁴은 그 '[불변·독자의 본질/실체로서] 있다는 집착'(有執)을 깨뜨리는 것이고, 뒤의 한 게송과 절반²⁷⁵은 저 '불변·독자의 본질/실체가 없는 참된 지평'(眞空)을 제시하는 것이다. ['네 게송'(四頌) 가운데] 처음[인 게송 둘과 절반]에도 두 가지가 있다. 첫 부분인 한 게송과 절반²⁷⁶은 '원인이 되는 조건에 대한 집착'(因緣執)을 깨뜨린 것이고, 다음에 있는 한 게송²⁷⁷은 나머지 '세 가지 조건'(三緣)²⁷⁸[인 증상연增上緣·소연연所緣緣·등무간연等無間緣]에 대한 집착을 깨

住"(T9, 372c13~14).

274 앞의 게송 둘과 절반은 다음과 같다. "因緣無不生, 不生故不滅, 因緣執爲有, 如採空中華. 猶取石女子, 畢竟不可得, 離諸因緣取, 亦不從他滅. 及於己義大, 依如故得實"(T9, 372c 5~9).

275 뒤의 한 게송과 절반은 다음과 같다. "是故眞如法, 常自在如如. 一切諸萬法, 非如識所化, 離識法卽空, 故從空處說"(T9, 372c10~12).

276 첫 부분인 한 게송과 절반은 다음과 같다. "因緣無不生, 不生故不滅, 因緣執爲有, 如採空中華. 猶取石女子, 畢竟不可得"(T9, 372c5~7).

277 다음에 있는 한 게송은 다음과 같다. "離諸因緣取, 亦不從他滅. 及於己義大, 依如故得實"(T9, 372c8~9).

278 나머지 세 가지 조건(緣): 사연四緣 중에서 본문의 앞에 나온 '원인이 되는 조건'(因緣)을 제외한 '끊어지는 순간 없이 앞의 마음이 뒤의 마음을 발생시키는 조건'(等無間緣), '관계 맺는 대상이 되는 조건'(所緣緣), '증폭시키는 조건들'(增上緣)의 셋을 가리킨다. 유부 아비달마에서는 '모든 존재들'(諸法)을 분류하는 갖가지 설명체계를 정립하는데, 이 중에서 원인, 조건, 결과를 기준으로 정립한 이론체계가 '여섯 가지 원인'(六因), '네 가지 조건'(四緣), '다섯 가지 결과'(五果)이다. 여기서 '네 가지 조건'(四緣)이란 모든 [조건들에 의존하여] 만들어진 존재'(有爲法)들의 관계를 설명하기 위해 조건(緣)의 유형을 파악한 것이다. ① '원인이 되는 조건'(因緣, hetu-pratyaya)이란 모든 [조건들에 의존하여] 만들어진 존재'(有爲法)들이 만들어지는 직접적인 원인을 가리킨다. ② '끊어지는 순간 없이 앞의 마음이 뒤의 마음을 발생시키는 조건'(等無間緣, samanantara-pratyaya)이란 앞 순간의 마음이 다른 것의 개입이 없이 뒤 순간의 마음을 발생시키는 조건이 되는 것을 가리킨다. ③ '관계 맺는 대상이 되는 조건'(所緣緣, ālambana-pratyaya)이란 '마음이 생겨나는 데 조건이 되는 대상'을 의미한다. ④ '증폭시키는 조건들'(增上緣, adhipati-pratyaya)이란 앞의 세 가지 조건 이외의 모든 간접적인 원인을 가리킨다. 이 개념은 초기 아비달마 논서에서 이미 나타나지만,

뜨린 것이다.

첫 부분[인 한 게송과 절반]에서 말한 "'원인이 되는 조건'(因緣)은 [불변·독자의 본질/실체가] 없으며 [불변·독자의 본질/실체로서] 생겨나는 것이 아니다"(因緣無不生)라는 것은, '근본이 되는 식[인 제8아뢰야식]'(本識) 안에 있는 모든 '씨앗이 되는 것들'(種子)과 '다르게 무르익어 가는 식'(異熟識)은 붙어 있거나 떨어져 있거나 모두 [불변·독자의 본질/실체로서] 얻을 수 없다는 것이니, [종자種子와 이숙식異熟識이] 붙어 있다면 [종자種子는] '다르게 무르익어 가는 식'(異熟識)과 같은 것이고 [그리하여 종자種子가 따로 있지 않으며,] [종자種子와 이숙식異熟識이] 떨어져 있다면 [종자種子와 이숙식異熟識은 별개로 있을 수 없기에] '[존재하지 않는] 토끼의 뿔'(兎角)과 같은 것이다. [그리고] 붙어 있지도 않고 떨어져 있지도 않아도 또한 [불변·독자의 본질/실체로서] 있는 것이 없으니, 마치 병이나 집 등과 같이 단지 [해당하는 실체는 없고] 명칭만이 있을 뿐이기 때문이다.

이러한 도리로 말미암아 [원인이 되는 조건'(因緣)은] '[불변·독자의 본질/실체로서] 생겨남도 없고 [완전히] 사라짐도 없지만'(無生無滅) '[성문·연각·보살] 세 종류의 수행자들'(三乘)이 말하는 교학에 의거하는 자는 〈불변·독자의 본질/실체로서 존재하는 '원인이 되는 조건인 종자'〉(實有因緣種子)에 확고

『대비바사론』에서 자세하게 논의되고 있다. 『아비달마식신족론阿毘達磨識身足論』 권3(T26, 547b22~c4). "有六識身, 謂眼識耳鼻舌身意識. 眼識有四緣, 一因緣, 二等無間緣, 三所緣緣, 四增上緣. 何等因緣? 謂此俱有相應法等. 何等等無間緣? 謂若從彼諸心心法平等無間, 如是眼識已生正生. 何等所緣緣? 謂一切色. 何等增上緣? 謂除自性餘一切法. 是名眼識所有四緣, 謂因緣等無間緣所緣緣增上緣. 如是眼識是誰因緣, 謂此俱有相應法等. 是誰等無間緣, 謂從眼識平等無間, 已生正生. 諸心心法. 是誰所緣緣, 謂能緣此諸心心法. 是誰增上緣, 謂除自性餘一切法. 如眼識耳鼻舌身意識亦爾";『대비바사론大毘婆沙論』 권3 (T27, 11a5~16). "問世第一法有幾緣? 答爲四緣, 謂因等無間所緣增上緣. 爲因緣者, 謂與彼相應倶有同類等法爲因緣. 爲等無間緣者, 謂與苦法智忍爲等無間緣. 爲所緣緣者, 謂與能緣此心心所法爲所緣緣. 爲增上緣者, 謂除自性與餘一切有爲法爲增上緣. 問世第一法有幾緣? 答有四緣. 有因緣者, 謂此相應倶有同類等法. 有等無間緣者, 謂已生增上忍. 有所緣緣者, 謂欲界五蘊. 有增上緣者, 謂除自性餘一切法."

하게 집착하니, 어리석은 자가 [눈병이 생겨 보게 되는] '허공 속의 꽃'(空華)을 따려고 하는 것과 다르지 않고, 또한 '임신하지 못하는 여인이 낳은 [있을 수가 없는] 자식'(石女子)을 얻으려는 것과도 같다. 저 ['허공 속의 꽃'(空華)이나 '임신하지 못하는 여인이 낳은 자식'(石女子)]과도 같이 '원인이 되는 조건'(因緣)은 [불변·독자의 본질/실체로서] 끝내 얻을 수 없는 것이다. 여기서 "허공 속의 꽃"(空華)은 '오염된 종자'(染種)에 비유한 것이니 따서 없애려 하기 때문이고, '임신하지 못하는 여인이 낳은 자식'(石女兒)이란 '청정한 종자'(淨種)에 비유한 것이니 얻어서 기르려 하기 때문이다.

離諸因緣取, 亦不從他滅, 及於己義大, 依如故得實.

[H1, 666a20~21; T34, 1000c9~10]

모든 '원인이 되는 조건'(因緣)에 대한 집착에서 벗어나고,
또한 '다른 것'(他)과 '사라진 것'(滅) 및 자기의 '[모든 경험현상이 발생하는] 면모'(義)와 '[물질현상을] 크게 구분한 것'(大)도 좇아가지 않으면,
'[사실] 그대로'(如)에 의거하기 때문에 참됨(實)을 얻을 수 있습니다.

此是破餘三緣. 若有離諸種子因緣, 取餘三緣, 計從彼生, 作如是執, 亦不應理, 如經"亦不從他滅"故. 此言"他"者, 謂增上緣及所緣緣. 如眼識生, 依眼緣色, 如是眼色與識俱時, 而非識性, 故名爲"他". 等無間緣, 雖是識類, 而體已滅, 故名爲"滅". 若他若滅, 皆無自性, 是故識生, 亦不從彼. 次言"及於己義大"者, 復有計言, 蘊界等法, 未來世中, 各有己體, 而未生現, 從此己體, 而生現在. 爲遮此計, 故言"亦不從及於己義大". 上句"不從"之言, 貫於此下句故. 此言"義"者, 謂陰界入, "大"者, 四大, 如前說故. 計此等法本有自體, 以之故言"己義大"也. "依如故得實"者, 謂我能破諸有執者, 依如理破, 故得實義.

[H1, 666a22~b14; T34, 1000c10~23]

이것은 나머지 세 가지 조건[인 증상연增上緣·소연연所緣緣·등무간연等無間

緣에 대한 집착]을 깨뜨리는 것이다.

만약 [본식本識인 제8아뢰야식 안에 있는] 모든 '종자로서 원인이 되는 조건' (種子因緣)[에 대한 집착]에서 벗어났어도 '나머지 세 가지 조건'(餘三緣)[인 증상 연增上緣·소연연所緣緣·등무간연等無間緣]을 취하여 그들 [각각]으로부터 [현상이] 생겨난다고 생각한다면, 이와 같은 집착을 지어내는 것 또한 도리에 맞지 않으니 『금강삼매경』에서 "다른 것과 사라진 것을 좇아가지 않는다"(亦不從他滅)[라고 말한 것과] 같다.

여기서 말한 "다른 것"(他)이란 '증폭시키는 조건들'(增上緣) 및 '관계 맺는 대상이 되는 조건들'(所緣緣)을 일컫는다. 만일 '시각 인식'(眼識)이 생겨나려면 눈(眼)에 의거하고 '모양과 색깔이 있는 것'(色)을 조건으로 삼아야 하는데, 이와 같이 눈(眼)과 '모양과 색깔이 있는 것'(色)과 식識이 때를 함께할지라도 [그 어떤 것도] '식의 본질'(識性)은 아니니, 그러므로 "다른 것" (他)이라 말한 것이다.

'끊어지는 순간 없이 앞의 마음이 뒤의 마음을 발생시키는 조건'(等無間 緣)은 비록 식識의 부류이지만 [그] 토대(體)는 이미 사라졌기 때문에 '사라진 것'(滅)이라고 부른다. '다른 것'(他)이든 '사라진 것'(滅)이든 모두 '자기만의 변치 않는 본질이 없으니'(無自性), 그러므로 식識이 생겨나도 또한 저 ['증폭시키는 조건들'(增上緣)·'관계 맺는 대상이 되는 조건들'(所緣緣)·끊어지는 순간 없이 앞의 마음이 뒤의 마음을 발생시키는 조건들'(等無間緣)]을 따르지 않는 것이다.

다음 [구절]에서 말한 "및 자기의 [모든 경험현상이 발생하는] 면모와 [물질현상을] 크게 구분한 것"(及於己義大)이라는 것은 다시 [다음과 같이] 생각하여 말하는 것이다. 〈[자아를 이루고 있는 요소들인 색色·수受·상想·행行·식識의 다섯 가지] 더미'([五]蘊)와 '[6가지 감관능력과 6가지 감관대상, 그리고 이 둘의 결합으로 생겨난 6가지 의식현상을 모두 합한 열여덟 가지] 경험세계'([十八]界) 등의 현상(法) 들은 미래에도 각각 '자기만의 실체'(己體)가 있으니, 아직 현재에 나타나지 않았더라도 이 '자기만의 실체'(己體)로부터 현재에 생겨나는 것이다.〉 이러한 생각을 막기 위하여 "자기의 '[모든 경험현상이 발생하는] 면모'와 '[물질현상을] 크게 구분한 것'도 좇아가지 않는다"(亦不從及於己義大)라고 말한 것이다. 위 구절에서의 "좇아가지 않는다"(不從)라는 말은 이 아래의 구절까지 통하는 것이다.

여기서 말한 "[모든 경험현상이 발생하는] 면모"(義)라는 것은 '[자아를 이루고 있는 요소들인 색色·수受·상想·행行·식識의 다섯 가지] 더미'([五]陰)와 '[6가지 감관능력과 6가지 감관대상, 그리고 이 둘의 결합으로 생겨난 6가지 의식현상을 모두 합한 열여덟 가지] 경험세계'([十八]界)와 '[경험세계를 발생시키는 6가지 감관능력과 6가지 대상이라는 열두 가지] 기반이 되는 통로'([十二]入)를 일컫는 것이고, "[물질현상을] 크게 구분한 것"(大)이란 '[지地·수水·화火·풍風, 이] 네 가지 물질적 속성'(四大)이니, 앞에서 설명한 것과 같다. 이 현상들에 본래 '자기만의 실체'(自體)가 있다고 생각하는 것이니, 그러므로 "자기의 '[모든 경험현상이 발생하는] 면모'와 '[물질현상을] 크게 구분한 것'"(己義大)[도 좇아가지 않는다]라고 말하였다.

"[사실] 그대로에 의거하기 때문에 참됨을 얻을 수 있습니다"(依如故得實)라는 것은, 〈내가 [독자적 실체가] 있다는 모든 집착을 깨뜨릴 수 있는 것은 '[사실] 그대로를 드러내는 도리'(如理)에 의거하여 깨뜨리는 것이니, 그러므로 '참된 면모'(實義)를 얻었습니다〉라는 것이다.

是故眞如法, 常自在如如, 一切諸萬法, 不如[279]識所化. 離識法卽空, 故從空處說.

[H1, 666b15~17; T34, 1000c24~25]

이 때문에 '참 그대로인 현상'(眞如法)은
언제나 '자신으로 존재하면서'(自在) '사실 그대로'(如如)이니,

---

279 한불전에는 '不如'로 기재하고 '非如'로 되어 있는 판본이 있다고 교감하였다. 대정장 『금강삼매경론』에 수록된 경문에도 '不如'로 표기하였다. 원효의 주석에서는 '非如'로 나오므로 이에 따른다. 대정장 『금강삼매경』에도 '非如'로 되어 있다.

'모든 현상'(一切諸萬法)이

[분별하는] 식識에 의해 바뀐 것과는 같지 않습니다.

식識[에 의해 바뀐] 현상(法)에서 벗어나면 곧 '불변·독자의 본질/실체
가 없는 경지'(空)이니,

그러므로 [저는] '불변·독자의 본질/실체가 없는 경지'(空處)에 따라
['사실 그대로'(如)를] 말하는 것입니다.

此是第二示眞空法. 言"是故"者, 是前執有皆是虛妄, 其能破者, 得實之
故, 眞如不動, 妄法不成也. "識所化"者, 謂識所計, 彼所計相, 理無所有,
直從情有, 故名"所化". 諸法非如識所化故, 離識之法, 空無所有, 是故我
從空處說如.

[H1, 666b18~24; T34, 1000c25~1001a1]

이것은 [두 부분으로 이루어진 '네 게송'(四頌)에서 뒤의 한 게송과 절반에 해당하는]
두 번째인 '불변·독자의 본질/실체가 없는 참된 현상을 드러내는 것'(示眞
空法)이다.

"이 때문에"(是故)라고 말한 것은 앞에서 집착한 [독자적 실체가] 있다는
것'(有)이 모두 '사실이 아니어서'(虛妄) 그 [집착]을 깨뜨릴 수 있는 사람은
참됨(實)을 얻기 때문이니, [그럴 때는] '참 그대로'(眞如)[인 지평]에서 움직이
지 않아 '사실이 아닌 현상'(妄法)을 이루지 않는다.

"식에 의해 바뀐 것"(識所化)이라는 것은 '식에 의해 분별된 것'(識所計)을
말하니, 저 '분별된 양상'(所計相)은 [사실 그대로의] 진리'(理)에는 있지 않고
단지 [분별하는] 생각'(情)을 따라서 있는 것이니, 그러므로 "바뀐 것"(所化)
이라고 하였다.

'모든 [참 그대로인] 현상'(諸[眞如]法)은 [분별하는] 식識에 의해 바뀐 것과는
같지 않기 때문에 식識[의 분별]에서 벗어난 현상(法)은 '불변·독자의 본질/
실체가 없어 [불변·독자의 본질/실체로서] 있는 것이 아니니'(空無所有), 그러
므로 〈저는 '불변·독자의 본질/실체가 없는 경지'(空處)에 따라 '사실 그

대로'(如)를 말하는 것입니다〉[라고 말한 것이다.]

滅諸生滅法, 而住於涅槃, 大悲之所奪, 涅槃滅不住.

[H1, 666c1~2; T34, 1001a2~3]

'생겨나고 사라지는 모든 현상'(諸生滅法)[을 불변·독자의 본질/실체로 보
는 생각]을 없애어
열반[의 경지]에 머무르더라도,
[중생에 대한] '크나큰 연민'(大悲)에 의해 [열반에 머무르려는 마음을] 빼앗겨
'열반의 고요함'(涅槃滅)에도 머무르지 않습니다.

上文, 已破凡夫執有, 此頌, 亦奪二乘住空. 謂二乘人, 滅諸身智生滅之
法, 入於涅槃, 於中八萬劫住, 乃至十千劫住, 而由諸佛同體大悲, 奪彼涅
槃, 令還起心. 起心之時, 涅槃卽滅, 如大商主, 滅其化城, 是故, 於中不復
住也. 彼無心時, 不得正破, 直顯諸佛奪彼涅槃, 因是遮彼未入者志. 上來
已破有無二邊.

[H1, 666c3~11; T34, 1001a3~10]

위의 글에서는 이미 범부들의 '[불변·독자의 본질/실체로서] 있다는 집착'
(執有)을 깨뜨렸으니, 이 게송에서는 또한 '[성문聲聞, 연각緣覺] 두 부류의 수
행자들'(二乘)의 '불변·독자의 본질/실체가 없음에 [집착하여] 머무름'(住空)
도 빼앗는 것이다. [그 뜻은 다음과 같다.] '[성문聲聞, 연각緣覺] 두 부류의 수행
자들'(二乘人)은 육체와 정신의 모든 '생멸하는 현상'(生滅之法)[을 불변·독자
의 본질/실체로 보는 생각]을 없애고 열반에 들어가 거기에서 '팔만 겁의 오랜
세월'(八萬劫) [동안]에 머무르거나 '일만 겁의 오랜 세월'(十千劫) [동안]에 머
무르지만, 모든 부처의 '한 몸으로 여기는 크나큰 연민'(同體大悲)에 의하여
저 [이승二乘의] 열반을 빼앗고 [이승二乘으로 하여금] 다시 [중생을 향한] 마음을
일으키게 한다. [그러한] 마음을 일으킬 때 열반[에 머무르려는 마음]은 곧 사
라지니, 마치 큰 상단商團의 우두머리가 저 '[방편 삼아 신통력으로] 나타낸

성'(化城)을 [다시] 없애어²⁸⁰ 이 때문에 [상인들이] 성에 다시 머무르지 않는 것과도 같다.

저 [이승二乘들]에 [중생을 향한] 마음[을 일으킴]이 없을 때는 [열반에 머무르려는 이승二乘의 치우침을] 온전히 깨뜨릴 수가 없기에 모든 부처가 저 [이승二乘들의] 열반을 빼앗음을 곧바로 드러낸 것이니, 이로 인해 아직 저 ['여래의 면모가 간직된 창고'(如來藏)에] 들어가지 못한 자의 [열반에 머무르려는] 뜻을 막은 것이다. 이상으로 ['불변·독자의 본질/실체로서 항상] 있다[는 견해]와 [아무것도] 없다[는 견해]의 두 가지 치우침'(有無二邊)을 깨뜨려 마쳤다.

> 轉所取能取, 入於如來藏".
>
> [H1, 666c12; T34, 1001a11]
>
> '취해지는 대상'(所取)과 '취하는 주체'(能取)[를 별개의 불변·독자의 본질/실체로 나누는 이해]를 바꾸어서,
>
> '여래의 면모가 간직된 창고'(如來藏)에 들어갑니다."

此是第三示無二觀. 已破凡聖二邊之執故, 今轉彼凡聖二衆, 令入能所平等之觀. 上來八頌, 長者演也.

[H1, 666c13~15; T34, 1001a11~14]

이것은 ['세 가지 뜻'(三意)으로 구성된 '여덟 게송'(八頌)의] 세 번째인 [별개인] 둘로 나누지 않는 이해를 제시함'(示無二觀)이다.

---

280 화성化成의 비유: 이 비유는 『묘법연화경』 제7단원인 「화성비유품」에서 큰 상단을 이끄는 우두머리가 신통력으로 성을 만들어 피곤에 지쳐 더 나아가지 않으려는 무리들에게 그 성안에 보물이 있다고 말하는 장면을 끌어온 것이다. 상단의 우두머리가 신통력으로 만든 성곽을 다시 없앤 뒤에 대중들에게 그 이유를 설명하는 내용은 다음과 같다. 『묘법연화경妙法蓮華經』권3(T9, 26a6~13). "〈汝等勿怖, 莫得退還. 今此大城, 可於中止, 隨意所作. 若入是城, 快得安隱. 若能前至寶所, 亦可得去.〉是時疲極之衆, 心大歡喜, 歎未曾有:〈我等今者免斯惡道, 快得安隱. 於是衆人, 前入化城, 生已度想, 生安隱想.〉爾時導師, 知此人衆旣得止息, 無復疲惓. 卽滅化城, 語衆人言:〈汝等去來, 寶處在近. 向者大城, 我所化作, 爲止息耳.〉"

이미 '범부와 [성문聲聞·연각緣覺의] 성인이 지닌 두 가지 치우침에 대한 집착'(凡聖二邊之執)을 깨뜨렸기 때문에, 이제는 저 범부와 [성문聲聞·연각緣覺의] 성인 두 대중들[의 이해]를 바꾸어서 '주관과 객관대상을 [불변·독자의 본질/실체로 구분하지 않고] 평등하게 보는 이해'(能所平等之觀)로 들어가게 하는 것이다.

이상의 '여덟 게송'(八頌)은 [범행梵行]장자가 부연[하여 설명한 것]'(長者演)이다.

> 爾時, 大衆, 聞說是義, 皆得正命, 入於如來如來藏海.
>
> [H1, 666c16~17; T34, 1001a15~16]
>
> 그때 대중들은 [범행梵行장자가] 이러한 뜻을 설하는 것을 듣고 모두 '올바른 [지혜를 성취한 수행자의] 생명력'(正命)²⁸¹을 얻어 여래[의 지혜 경지]와 '바다와 같은 여래의 면모가 간직된 창고'(如來藏海)로 들어갔다.

此是第三大衆得益. "得正命"者, 離有無邊, 而得中道正慧命故. "入如來"者, 已入如來智之分故, "入如來藏海"者, 入於本覺深廣義故.

[H1, 666c18~21; T34, 1001a16~19]

---

281 정명正命: 경의 본문이 전하고자 하는 맥락에 따르면, 정명正命은 팔정도八正道의 '올바른 생계활동'을 가리키는 말이 아니라 '올바른 지혜[를 성취한 수행자]의 생명력'(正慧命)으로 보는 것이 적절하다. 이러한 관점은 초기불전에서부터 쓰이고 있던 '장로長老'(=구수具壽, 구수명具壽命) 개념에서 그 연원을 찾을 수 있다. 장로長老(āyasmant)란, 어원적으로는 출가수행한 지 오래된 수행자를 뜻하는 말이지만, 『십주비바사론十住毘婆沙論』 권8(T26, 62a22~23)의 "在家放逸爲死, 出家有智慧命"이라는 서술에서 확인할 수 있는 것처럼 출가수행자의 면모를 '지혜의 성취'로 보는 관점이 차츰 추가되어 간 것으로 보인다. 이것은 "問. 何故名魔? 答. 斷慧命故"라고 하는 『대비바사론大毘婆沙論』 권52(T27, 272b9)의 글에서도 확인된다. 한편 『유가사지론』 권5(T30, 299c2)의 "聖慧命者, 受用正法"이라는 구절에서 본문의 '正命'과 유사한 발상을 엿볼 수는 있지만, 원효의 주석에 보이는 "中道正慧命"이라는 표현은 다른 경론에서는 나타나지 않는 독특한 것이다.

이것은 [세 부분으로 이루어진 '들어간 결과인 ['한결같은 현상'(常法)에] 늘 머무르는 것'(入果常住[常法])의] 세 번째인 '대중들이 [설법을 듣고] 이로움을 얻음'(大衆得益)이다.

"올바른 [지혜를 성취한 수행자의] 생명력을 얻었다"(得正命)라는 것은, '[불변·독자의 본질/실체로서 항상] 있다[는 견해]와 [아무것도] 없다[는 견해]의 치우침'(有無邊)에서 벗어나 중도中道인 '올바른 지혜[를 성취한 수행자]의 생명력'(正慧命)을 얻었기 때문이다. [또] "여래[의 지혜 경지]로 들어갔다"(入如來)라는 것은 이미 '여래가 성취한 지혜'(如來智)의 영역(分)으로 들어갔기 때문이고, "바다와 같은 여래의 면모가 간직된 창고로 들어갔다"(入如來藏海)라는 것은 〈깨달음의 본연'(本覺)[인 '사실 그대로 앎']이 지닌 '깊고 넓은 면모'(深廣義)〉(本覺深廣義)로 들어갔기 때문이다.[282]

---

282 이상의 단락에 해당하는 원효의 전체 과문 차례는 다음과 같다.
    6. 여래의 면모가 간직된 창고[를 주제로 하는] 단원(如來藏品)
      1) 모든 가르침과 온갖 수행이 똑같이 한곳으로 들어감을 밝힘(明諸法諸行同入一處)
      (1) 모든 가르침이 '하나처럼 통하는 사실 그대로를 드러내는 뜻'으로 들어감을 밝힘(明諸法入一實義)
      ① [범행장자의] 질문(問)
        가. [부처님이] 설법한 내용을 이해함(領前說)
        나. 의심되는 것을 질문함(問所疑)
      ② [부처님의] 대답(答)
      ③ [범행장자가] 이해함(領)
      ④ [부처님이] 설명을 마무리함(述成)
      (2) 모든 수행이 '하나처럼 통하는 부처의 길'로 들어감을 밝힘(明一切行入一佛道)
      2) ['여래의 면모가 간직된 창고'(如來藏)로] '들어가는 수행'과 '들어가는 지혜'의 원인과 결과의 차이를 드러냄(顯入行入智因果差別)
      (1) 들어가는 수행의 차이(入行差別)
      ① 총괄적인 제시(摠標)
      ② [범행장자의] 질문(問)
      ③ [부처님의] 대답(答)
        가. 하나씩 밝힘(別明)
        나. 총괄적 해석(摠釋)

(2) 들어가는 지혜의 차이(入智差別)
　① 질문(問)
　　가. 앞서 [부처님이] 설법한 내용을 이해함(領前說)
　　나. 의심되는 것을 질문함(問所疑)
　② 대답(答)
　　가. 총괄적인 제시(摠標)
　　나. 하나씩 풀이함(別釋)
　　다. 총괄적으로 밝힘(摠明)
(3) 들어가는 원인이 되는 일의 작용(入因事用)
　① 산문[의 형식을 띤 문장](長行)
　　가. 간략히 밝힘(略明)
　　　가) 총괄적인 제시(摠標)
　　　나) 하나씩 풀이함(別解)
　　　다) 합쳐서 밝힘(合明)
　　　라) [설명을] 마무리하고 권유함(結勸)
　　나. 거듭 밝힘(重顯)
　　　가) 첫 번째 문답([第一]問答)
　　　나) 두 번째 문답([第二]問答)
　　다. [범행장자가] 이해함(領解)
　② 계송[의 형식]으로 거듭 읊음(重頌)
　　가. 여래가 간략하게 [뜻을] 펼침(如來略宣)
　　나. [범행梵行]장자가 [여래가 펼친 뜻을] 자세하게 부연함(長者廣演)
　　　가) 앞[에서 여래가 펼친] 뜻을 곧바로 부연함(正演前義)
　　　나) 갖가지 잘못된 견해를 깨뜨림(破諸邪解)
　　　다) [범행장자] 자신이 제대로 취했음을 밝힘(申己正取)
　　　라) 바르게 설한 분께 예를 올림(禮正說者)
　　　마) 아직 듣지 못한 [가르침을 여래께서] 설해 주실 것을 청함(請說未聞)
(4) 들어간 결과인 '[사실대로여서] 한결같은 현상[에 늘 머무르는 것]'(入果[常住]常法)
　① 여래께서 설함(如來說)
　　가. 설법[요청]을 받아들임(許說)
　　나. 곧바로 설함(正說)
　　　가) 한결같은 결과를 설함(說常果)
　　　나) 한결같은 원인을 나타냄(示常因)
　　　　(가) 하나씩 밝힘(別明)
　　　　　㉮ 참되게 증득하는 이해(眞證觀)

7. [육품六品의 핵심을] 모두 지니게 하는 단원(摠持品)

此中, 決前諸品中疑, 摠持要義, 而不忘失, 故從所爲, 名曰"摠持". 又地藏菩薩, 已得文義陁羅尼故, 摠持諸品所有文義, 及憶大衆起疑之處, 次第發問, 善決諸疑, 故從能問名曰"摠持".

[H1, 666c23~667a5; T34, 1001a20~24]

여기에서는 앞의 '[여섯 가지] 모든 단원'(諸品)에서의 의문들을 풀어 주고 '핵심적인 뜻'(要義)을 '빠뜨림 없이 지녀서'(摠持) 잊지 않게 하였으니, 그러므로 [그] 행한 내용에 따라 [이 단원의 명칭을] "[육품六品의 핵심을] 빠뜨림 없이 지니게 함"(摠持)이라고 부른 것이다. 또한 지장보살이 이미 '글과 [그 글의] 뜻을 빠뜨림 없이 지니는 능력'(文義陁羅尼)283을 얻었기 때문에 [육품六品의]

           (Ⅼ) 수단과 방법을 통한 이해(方便觀)

          (나) 총괄적인 결론(摠結)

      ② [범행梵行]장자가 부연[하여 설명함](長者演)

     가. 부처님 가르침의 의미를 판별함(判佛敎意)

     가) '두 가지 치우친 견해'에 떨어지는 것에 대한 가르침을 밝힘(明墮二邊敎)

     나) '두 가지 치우친 견해'에서 벗어나는 것에 대한 가르침을 나타냄(顯離二邊敎)

     나. '두 가지 치우친 견해'의 집착을 깨뜨림(破二邊執)

     가) '[불변·독자의 본질/실체로서] 있다는 치우친 견해에 대한 집착'을 깨뜨림

        (破有邊執)

      (가) '불변·독자의 본질/실체로서] 있다는 집착'을 깨뜨림(破其有執)

        ㉮ '원인이 되는 조건'에 대한 집착을 깨뜨림(破因緣執)

        (Ⅼ) 세 가지 조건에 대한 집착을 깨뜨림(破餘三緣)

      (나) '불변·독자의 본질/실체가 없는 참된 지평'을 제시함(示彼眞空)

     나) '[아무것도] 없다는 치우친 견해에 대한 집착'을 빼앗음(奪空邊着)

     다. '[별개인] 둘로 나누지 않는 이해'를 제시함(示無二觀)

     ③ 대중들이 [설법을 듣고] 이로움을 얻음(大衆得益)

283 문의다라니文義陁羅尼: 다라니陁羅尼는 산스크리트어인 'dhāraṇī'의 소리를 옮긴 말이고, 총지總持·능지能持·능차能遮 등은 그 뜻을 한역漢譯한 말이다. 'dhāraṇī'는 동사어근 'dhṛ'(간직하다, 유지하다)에서 파생했으므로 '능력'을 의미하는 말로 쓰이는데, 한역된 말을 살펴보면 '부처님의 가르침을 기억하는 능력', '중생을 이롭게 하는 능력을 지님' 등의 뜻에 주목하고 있음을 알 수 있다. 『대지도론』 권5에서, 들은 것을

모든 단원에 있는 '글과 [그 글의] 뜻'(文義)을 '빠뜨림 없이 지니고'(摠持) 또 대중들이 의심을 일으키는 곳을 기억하여 차례대로 질문하여 모든 의심을 잘 풀어 주니, 그러므로 질문하는 주체[인 지장보살의 능력]에 따라서 [이 단원의 명칭을] "[육품六品의 핵심을] 빠뜨림 없이 지니게 함"(摠持)이라고 부른 것이다.

爾時, 地藏菩薩, 從衆中起, 至于佛前, 合掌胡跪, 而白佛言. "尊者! 我觀大衆, 心有疑事, 猶未得決. 今者如來欲爲除疑, 我今爲衆, 隨疑所問. 願佛慈悲, 垂哀聽許". 佛言, "菩薩摩訶薩! 汝能如是救度衆生, 是大悲愍,[284] 不可思議. 汝當廣問. 爲汝宣說".

[H1, 667a6~12; T34, 1001a25~b1]

그때 지장보살이 대중들 가운데서 일어나 부처님 앞에 이르러 '두 손

잘 기억하여 잊지 않는 문지다라니聞持陀羅尼, 유익함과 해로움을 구별하는 분별지다라니分別智陀羅尼, 모든 종류의 말과 음성에 환희하는 입음성다라니入音聲陀羅尼로써 다라니의 종류를 설명하고 있는 것도 다라니에 대한 이러한 이해를 확인시켜 준다. 그런데 다라니는 불교 출현 이전에 이미 베다(Veda)의 문헌들에서 중시되었는데, 그것은 특별한 능력을 지닌 주문인 다라니를 암송함으로써 복을 얻거나 특별한 능력을 발휘할 수 있다는 믿음과 연결된 것이다. 그리고 후대의 밀교密敎에서 다라니의 중요성이 크게 강조된 이유도 이러한 믿음과 무관하지 않을 것이다. 『금강삼매경』 마지막 단원의 제목을 '[육품六品의 핵심을] 모두 지니게 하는 단원'(總持品)으로 채택한 것은 이처럼 대승불교의 전개 속에서 다라니가 확보한 각별한 위상을 반영한 것으로 보인다. 원효의 주석에 등장하는 문의다라니文義陀羅尼는 하나의 술어로서는 나타나지 않는 개념이다. 『유가사지론』 권45에서 자세하게 설명하고 있는 다라니의 네 가지 분류(법다라니法多羅尼, 의다라니義陀羅尼, 주다라니呪陀羅尼, 능득보살인다라니能得菩薩忍陀羅尼) 가운데, 경전의 글귀를 듣고서 한결같은 지혜로써 잘 기억하는 것을 뜻하는 '법다라니法多羅尼'와, 그 글귀에 담긴 헤아릴 수 없이 많은 뜻을 잘 구별해 내는 '의다라니義陀羅尼'를 하나로 묶은 개념으로 보인다. 원효의 주석에서는 『금강삼매경』 본문에 해당하는 육품六品의 경문과 거기에 담긴 뜻을 모두 갖추고 있다는 의미에서 '문의다라니文義陀羅尼'라는 개념을 사용하고 있기 때문이다. 이 4종의 다라니에 대한 자세한 설명은 『유가사지론』(T30, 542c19~543b1)에 있다.

284 대정장 『금강삼매경』에는 '愍'자가 '敏'자로 되어 있는 판본이 있다고 교감하였다. 원효의 주석에서는 이 부분을 직접 인용하고 있지 않는데, 문맥으로는 '愍'자가 적절하다. 한불전과 대정장 『금강삼매경론』 모두 '愍'자로 되어 있다.

을 모으고 허리를 세워 무릎 꿇어 앉아서'(合掌胡跪) 부처님께 아뢰어 말하였다.

"존귀한 분이시여! 제가 대중들을 살펴보니, [그들의] 마음에 의문 나는 것이 있지만 아직 해결하지 못하고 있습니다. 지금 여래께서 [대중들을] 위해 의문을 없애 주려 하시니, 제가 지금 대중들을 위해 [그들의] 의문에 따라 질문을 드리겠습니다. 원컨대 부처님께서는 자비로써 [중생을] 애처롭게 여기시어 [저의 질문을] 듣는 것을 허락하여 주십시오."

부처님께서 말씀하셨다.

"'위대한 보살'(菩薩摩訶薩)이여! 그대는 이와 같이 [하여] 중생을 구하고 제도할 수 있으니, 이것은 '크나큰 연민'(大悲愍)이고 '생각으로 헤아리기 어려운 일'(不可思議)이다. 그대는 자세하게 질문하라. 그대를 위해 [뜻을] 펼쳐 말할 것이다."

正說之內, 大分有二, 別明觀行, 竟在於前. 此下, 第二摠決諸疑. 就文有四, 初請, 次許, 三決, 四領. 此問與答, 是請及許, 此能請者, 名地藏者. 是人已得同體大悲, 生長一切衆生善根, 猶如大地生諸草木. 以陁羅尼持諸功德, 惠施一切, 而無窮盡, 如大寶藏, 珍寶無盡. 由是二義, 名爲地藏. 今此品中, 決諸疑惑, 生諸信解, 出諸決斷之寶, 以施求法之衆, 義當其名, 故能請問.

[H1, 667a13~23; T34, 1001b1~9]

'[경의 내용을] 본격적으로 설한 부분'(正說[分]) 안에는 크게 나누어 두 가지가 있는데, '[진리다운] 이해와 [이해에 의거한] 수행을 하나씩 밝히는 것'(別明觀行)은 앞에서 마쳤다. 이 아래는 두 번째인 '모든 의문을 다 해결함'(摠決諸疑)이다. 글에는 네 가지가 있으니, 첫 번째는 '[질문을 받아 주기를] 요청함'(請)이고, 두 번째는 '[질문을] 허락함'(許)이며, 세 번째는 '[대중들의 의문을] 해결하는 것'(決)이고, 네 번째는 '[지장보살이] 이해함'(領)이다.

1) [질문을 받아 주기를] 요청함(請) / 2) [질문을] 허락함(許)

　[지장보살과 부처님 사이의] 이 질문과 대답은 [질문을 받아 주기를] 요청함(請)
과 [질문을] 허락함(許)이니, [질문을 받아 주기를] 요청한 이는 지장地藏이라고
부르는 [보살]이다. 이 사람은 이미 '한 몸으로 여기는 크나큰 연민'(同體大
悲)을 얻어 모든 중생들의 '이로운 능력'(善根)을 자라게 하니, 마치 대지가
모든 풀과 나무를 자라게 하는 것과 같다. [또] '특별한 능력'(陁羅尼)에 의해
갖가지 '이롭게 할 수 있는 능력'(功德)을 지녀 [그 이로운 능력을] 모든 이들에
게 베풀어도 없어지지가 않으니, 마치 '크나큰 보물 창고'(大寶藏)에 값진
보물이 끝이 없는 것과 같다.

　이 [대지와 같은 동체대비同體大悲와 보물창고와 같은 다라니陀羅尼를 지녀 중생들
을 이롭게 하는, 이] '두 가지 뜻'(二義)에 의해 지장地藏이라고 부른 것이다.
지금 이 단원(品)에서 모든 의혹을 해결하고 모든 믿음(信)과 이해(解)를 생
기게 하며, 모든 '[의문을] 풀고 끊어 버리는 보물'(決斷之寶)을 꺼내어 진리
(法)를 구하는 대중들에게 베풀어 주니, 뜻이 그 [지장보살의] 이름에 합당하
므로 [부처님께 중생의 의문을] 질문하는 것을 요청할 수 있는 것이다.

3) [대중들의] 모든 의문들을 곧바로 해결함(正決諸疑)

　地藏菩薩言, "一切諸法, 云何不緣生?" 爾時, 如來欲宣此義, 而說偈
言, "若法緣所生, 離緣可無法. 云何法性無, 而緣可生法?"

[H1, 667a24~b3; T34, 1001b10~12]

　지장보살이 말하였다.
　"'모든 현상'(一切諸法)을 어째서 조건들(緣)이 생겨나게 하는 것이 아
니라고 하는 것입니까?"
　그때 여래께서는 이 뜻을 펼치시고자 게송을 설하여 말씀하셨다.
　"만약 현상(法)이 조건들(緣)에 의해 생겨나는 것이라면,

> 조건들(緣)에서 벗어나서는 현상(法)이 없게 된다.
> [그런데] '현상들의 본질'(法性)이 없는데
> 어떻게 [불변·독자의 본질/실체로서의] 조건들(緣)이 현상(法)을 생겨나게
> 할 수 있는가?"

此下, 第三正決諸疑. 於中有二, 一者, 六品六疑却次而決, 二者, 一品三疑順次而遣. 初中亦二,[285] 一者別決, 二者摠定. 初別決中, 別決六疑, 從後向前, 漸却而決. 今此問答, 決如來藏品中起疑. 彼言"因緣無不生, 不生故不滅", 於中執有能生因緣, 而疑其果何不緣生. 故乘彼疑, 以問緣生, 如來一頌, 正決是疑. 於中上半, 定彼本執, 下半, 乘彼破其緣. 此意正立. 〈緣不生法. 望無法故. 如望兎角.〉 由是比量, 彼疑決矣.

[H1, 667b4~15; T34, 1001b12~21]

이 아래는 [네 부분으로 이루어진 '모든 의문을 다 해결함'(摠決諸疑)의] 세 번째 인 '[대중들의] 모든 의문들을 곧바로 해결하는 것'(正決諸疑)이다. 여기에는 두 가지가 있으니, 첫째는 '여섯 단원[에 나오는] 여섯 가지 의문을 역순으로 해결하는 것'(六品六疑却次而決)이고, 둘째는 '한 단원[에 나오는] 세 가지 의문 을 차례대로 없애는 것'(一品三疑順次而遣)이다.

(1) 여섯 단원[에 나오는] 여섯 가지 의문을 역순으로 해결함(六品六疑却次 而決)

① 하나씩 해결함(別決)

첫째에 또한 두 가지가 있으니, 첫 번째는 '하나씩 해결하는 것'(別決)이고 두 번째는 '총괄하여 [해결을] 마무리하는 것'(摠定)이다. 첫 번째인 '하나

---

285 한불전에는 '二'자가 '一'자로 되어 있는 판본이 있다고 교감하고 있는데, '一'은 문맥 에 맞지 않는다. 대정장『금강삼매경론』에도 '二'로 되어 있다.

씩 해결하는 것'(別決)에서는 '여섯 가지 의문'(六疑)을 '하나씩 해결'(別決)하
는데, 뒤에서부터 앞으로 향하여 차츰 거슬러 올라가며 [의문을] 해결하
였다.

가. 「여래의 면모가 간직된 창고[를 주제로 하는] 단원」에서 일어난 의문을 해결함
(決如來藏品中起疑)

지금 이 [경문에 나오는] 문답은 〈「여래의 면모가 간직된 창고[를 주제로 하
는] 단원」에서 일어난 의문을 해결하는 것〉(決如來藏品中起疑)이다. 그 단원
에서 [범행장자가 게송으로] 말하길 "'원인이 되는 조건'(因緣)은 [불변·독자의
본질/실체가] 없으며 [불변·독자의 본질/실체로서] 생겨나는 것이 아니니, [불
변·독자의 본질/실체로서] 생겨나는 것이 아니므로 [완전히] 소멸하는 것도 아
닙니다"(因緣無不生, 不生故不滅)[286]라고 하였는데, [어떤 중생은] 여기에서 〈'생
겨나게 하는 주체인 원인이 되는 조건'(能生因緣)이 [불변·독자의 본질/실체로
서] 있다〉고 집착하여 〈그 결과(果)를 어찌 [이 불변·독자의 본질/실체인] 조건
(緣)이 생겨나게 하는 것이 아니겠는가?〉라고 의심한다. 따라서 그러한 의
문(疑)에 따라 〈조건들이 생겨나게 한다〉는 것에 대해 [지장보살이 대신] 질
문하였고, 여래께서는 한 게송으로 이 의문을 '곧바로 해결해 준 것'(正決)
이다.

[한 게송] 가운데 위의 절반[287]은 그 [의문이 지닌] '근본 집착'(本執)을 확인한
것이고, 아래의 절반[288]은 그 [집착]에 따라 저 조건(緣)[을 불변·독자의 본질/
실체로 보는 생각]을 깨뜨린 것이다. 이 [집착을 깨뜨려 주는] 뜻[의 논리]를 바로
수립하면 [다음과 같다.] 〈조건들(緣)은 현상(法)을 생겨나게 하지 않는다.
'있을 수 없는 현상'(無法)을 바라는 것이기 때문이다. 마치 토끼의 뿔을 바

---

286 H1, 666a3.
287 경 본문의 게송에서 "若法緣所生, 離緣可無法"을 가리킨다.
288 "云何法性無而緣可生法?"이 여기에 해당한다.

라는 것과 같다.〉 이러한 추론(比量)[289]에 따라서 저 의문이 해결된다.

나. 「참된 면모[인 '사실 그대로']에는 불변·독자의 본질/실체가 없다는 것[을 주제로
하는] 단원」에서 일어난 의문을 해결함(決眞性空品中起疑)

爾時, 地藏菩薩言, "法若無生, 云何說法? 法從心生". 於是尊者, 而說
偈言, "是心所生法, 是法能所取, 如醉眼空華. 是法然非彼".

[H1, 667b16~19; T34, 1001b22~24]

그때 지장보살이 말하였다.

"현상(法)이 만약 생겨남이 없는 것이라면 어떻게 [현상인] 가르침(法)을
설하십니까? [부처님께서 설하시는] 가르침(法)은 마음에 따라 생겨납니다."

이에 존경받는 분께서는 게송을 설하여 말씀하셨다.

"이 마음에 의해 생겨난 현상(法)

이 현상(法)은 [['사실 그대로'를] 잘못 분별하는 마음'(妄心)으로] 취하는 주관
과 객관이니,

마치 술 취한 [사람의] 눈에 [보이는] '허공 속의 꽃'(空華)과도 같은 것이다.

[그대가 말하는] 이 [부처가 설하는] 가르침(法)도 그처럼 [['사실 그대로'를] 잘
못 분별하는 마음'(妄心)으로] 헤아린 것이니 저 [사실 그대로에 대해 설하는 부처의
가르침]이 아니다."

---

289 비량比量: 주어진 전제로부터 결론을 추론하거나 이끌어 내는 행위(*Sanskrit-English
Dictionary*, p.37)를 뜻하는데, 산스크리트어 'anumāna'에서 유래한 것이다. 'anu-
māna'는 동사어근 '√mā(재다, 헤아리다)'에서 파생한 명사에 접두어 'anu(-를 따라)'
가 부가되어 만들어진 단어이기에, 한역漢譯으로는 추리推理, 추론推論, 유추類推로
풀이되었다. 대승불교 후기에 이르면 인식논리학이 발달하게 되는데, 여기서 이
'anumāna'는 '비량'으로 한역되면서 인식수단의 하나를 의미하는 개념으로 자리 잡
는다. 즉, 기존의 앎을 근거로 해서 아직 알지 못하는 사실에 대한 주장(宗)을 비교하
여 이유/근거에 해당하는 인(因)과 비유/사례에 해당하는 유(喩)를 통해 입증하여 새
로운 앎을 이끌어 내는 방식을 가리킨다. 이에 반해 직접지각에 해당하는 인식은 현
량現量(pratyakṣa)이라고 부른다.

此下, 第二決眞性空品中起疑. 彼言, "我說法者, 以汝衆生, 在生說故, 是故說之".[290] 依此疑云. 〈若依彼文, 佛有說法. 其所說法, 從佛心生, 云何而言法無生耶?〉爲遣此疑, 卽有二重, 一者直遣, 二者重決, 此卽直遣. 言"是心所生法, 是法能所取"者, 今汝所計心所生法, 直是妄心能取所取, 如醉酒眼所見空華. "是法然非彼"者, 是汝所計心所生法, 如彼空華, 是法亦然, 非彼所說法, 同汝所計生. 此意正明, 汝所計法, 空無所有, 是所取故, 猶如空華. 我所說法, 離言絶慮, 所取能取, 皆不可言.

[H1, 667b20~c9; T34, 1001b24~c6]

이 아래는 두 번째로 〈「참된 면모[인 '사실 그대로']에는 불변·독자의 본질/실체가 없다는 것[을 주제로 하는] 단원」에서 일어난 의문을 해결하는 것〉(決眞性空品中起疑)이다. 그 「진성공품眞性空品」에서 부처님은 다음과 같이] 말하였다. "내가 가르침을 설하는 것은 [다음과 같은 이유에서이다.] 그대와 중생들은 ['현상의 본연'(法體)에만] 머무르면서 말하기도 하고 ['현상에 대한 차별'(法相)을] 일으키면서 말하기도 하기 때문에 말을 하여도 [사실 그대로의 면모를] 말할 수가 없으니, 그런 까닭에 [내가] 가르침을 설한다"(我說法者, 以汝衆生, 在生說故, 說不可說, 是故說之). 이 [부처님 말씀]에 의거하여 [어떤 중생은 다음과 같이] 의문을 일으켜 말한다. 〈만약 그 글에 의거한다면, 부처님은 가르침을 설한 것이 있다. [그리고 현상인] 그 설해진 가르침은 부처님의 마음에 따라 생겨난 것인데, 어째서 '현상에는 생겨남이 없다'(法無生)고 말씀하시는가?〉이러한 의문을 없애 주기 위해 두 가지를 함께 두었으니, 첫 번째는 '곧바로 [의문을] 없애는 것'(直遣)이고 두 번째는 '거듭 [의문을] 해결하는 것'(重決)인데 이 글은 [첫 번째인] '곧바로 [의문을] 없애는 것'(直遣)이다.

---

290 이 내용은 '참된 면모[인 '사실 그대로']에는 불변·독자의 본질/실체가 없다는 것[을 주제로 하는] 단원'(眞性空品)의 앞부분(H1, 653a12~13)에 나오는 경의 본문이다. 그런데, 여기서 인용한 진성공품眞性空品의 내용은 "我說法者, 以汝衆生, 在生說故, <u>說不可說</u>, 是故說之" 가운데 밑줄 친 "說不可說"이 누락되었다. 대정장의 『금강삼매경론』에도 누락된 것으로 나오지만, 여기서는 원문 그대로 "說不可說"을 넣어서 번역하였다.

"이 마음에 의해 생겨난 현상, 이 현상은 '[사실 그대로를] 잘못 분별하는 마음'(妄心)으로] 취하는 주관과 객관이다"(是心所生法, 是法能所取)라는 것은, 〈지금 그대가 생각한 '마음에 의해 생겨난 현상'(心所生法)은 단지 '[사실 그대로를] 잘못 분별하는 마음'(妄心)으로 취하는 주관과 객관[의 현상]일 뿐이어서 마치 술 취한 [사람의] 눈에 [보이는] '허공 속의 꽃'(空華)과 같다〉라는 것이다. [그리고] "[그대가 말하는] 이 [부처가 설하는] 가르침도 그처럼 '[사실 그대로를] 잘못 분별하는 마음'(妄心)으로 헤아린 것이니, 저 [사실 그대로에 대해 설하는 부처의 가르침]이 아니다"(是法然非彼)라는 것은, 〈그대가 생각한 '마음에 의해 생겨난 현상'(心所生法)은 마치 저 [술 취한 사람의 눈에 보이는] '허공 속의 꽃'(空華)과 같으니, [그대가 말하는] 이 [부처가 설하는] 가르침(法)도 또한 그러하여 저 [부처에 의해] 설해진 [사실 그대로에 대한] 가르침이 아니라 그대가 '[사실 그대로를] 잘못 분별하는 마음'(妄心)으로] 헤아려 생겨나게 한 것과 같다〉는 것이다.

이 뜻은 [다음과 같은 도리를] '곧바로 밝힌 것'(正明)이다. 〈그대가 생각하는 현상(法)은 '불변·독자의 본질/실체가 없어 [불변·독자의 본질/실체로서] 있는 것이 아니니'(空無所有), [단지 '[사실 그대로를] 잘못 분별하는 마음'(妄心)으로] 취한 것이기 때문에 [술 취한 사람의 눈에 보이는] '허공 속의 꽃'(空華)과 같은 것이다. [그러나] 내가 설하는 가르침(法)은 '언어적 규정에서 벗어나고 [불변·독자의 본질/실체로] 분별하는 생각을 끊은'(離言絶慮) [경지에서 설해진] 것이어서 [내 가르침(法)에 대해서는 [망심妄心에 의해] '취해진 대상'(所取)과 [망심妄心인] '취하는 주관'(能取)을 모두 말할 수 없다.〉

爾時, 地藏菩薩言, "法若如是, 法卽無待, 無待之法, 法應自成". 於是尊者, 而說偈言, "法本無有無, 自他亦復爾, 不始亦不終, 成敗卽不住".

[H1, 667c10~14; T34, 1001c7~9]

그때 지장보살이 말하였다.
"[부처님의] 가르침(法)이 만약 이와 같은 것이라면 가르침(法)[이 이루어

짐]에는 곧 의지함이 없고, '의지함이 없는 가르침'(無待之法)은 [그] 가르
침(法)이 '저절로 이루어져야 할 것'(自成)입니다."

이에 존경받는 분께서는 게송을 설하여 말씀하셨다.

"[부처의] 가르침(法)에는 본래부터 있음(有)이나 없음(無)이 없으며,

자기(自)와 타인(他)도 역시 그러하고,

'시작하지도 않고'(不始) '끝나지도 않으며'(不終),

이루어짐(成)이나 무너짐(敗)에도 머무르지 않는다."

此是第二重決. 於中有二, 先難後決. 是難意云,〈若佛所說言教之法,
非所取故, 不如空華畢竟無者, 是卽此法, 應自然成. 以無待故. 猶如眞
如.〉為決此難, 故說是偈, 是偈意言.〈我所說法, 絶名言故, 本無有無 ·
自他 · 始終, 若成若敗, 卽不得住, 云何得言自然成耶?〉是顯彼因有相違
過. 謂〈法無成敗. 以無待故. 如無所取, 又如眞如.〉由是道理, 彼難不成,
難不成故, 所疑決矣.

[H1, 667c15~668a2; T34, 1001c10~18]

이것은 [「진성공품眞性空品」에서 일어난 의문을 해결하기 위해 마련한 두 가지 가
운데] 두 번째인 '거듭 [의문을] 해결하는 것'(重決)이다.

여기에는 두 가지가 있으니, 먼저는 '[지장보살이 제기한] 의문'(難)이고
나중은 '[그 의문을] 해결하는 것'(決)이다. 이 [지장보살이 제기하는] 의문의 뜻은
[다음과 같이] 말하는 것이다.〈만약 부처님에 의해 설해진 '언어적 가르침'
(言教之法)은 '[사실 그대로를] 잘못 분별하는 마음'(妄心)으로] 취해지는 것이 아니
기 때문에 '허공 속의 꽃'(空華)이 끝내 아무것도 없는 것과는 같지 않다면,
그렇다면 이 가르침은 '저절로 이루어지는 것'(自然成)이어야 한다. 왜냐하
면 '의지하는 것'(待)이 없기 때문이다. 마치 '참 그대로'(眞如)와도 같이.〉[291]

---

[291] 이 의문을 인명논리학의 입론 형식에 따라 구성하면 다음과 같다. 주장(宗): "이 가르
침은 저절로 성립하는 것이다." 이유(因): "왜냐하면 의지하는 것이 없기 때문이다."

이러한 의문을 해결해 주기 위하여 이 게송을 설한 것이니, 이 게송의 뜻은 다음과 같이 말하는 것이다. 〈내가 설한 가르침은 '[분별에 의거한] 언어적 설명'(名言)을 끊은 것이기 때문에 본래부터 있음(有)이나 없음(無), 자기(自)와 타인(他), 시작(始)과 끝(終)이 [불변·독자의 본질/실체로서] 없고, 이루어지거나(成) 무너지거나(敗) [거기에] 머무르지 않는데, 어찌 '저절로 이루어진다'(自然成)고 말할 수 있겠는가?〉

이것은 저 [의문을 제기하는 주장의] 이유(因)에 '서로 어긋나는 오류'(相違過)[292]가 있음을 밝혀 주는 것이니 [다음과 같이 말하는 것이다.] 〈[부처님의] 가

비유(喩): "마치 '참 그대로'(眞如)와 같은 것이다."

292 상위과相違過: 여기서 상위과란 인명논리학因明論理學의 논증형식 구성에서 제기하는 결정상위과실決定相違過失을 가리킨다. 이지수에 따르면 인명논리因明論理에서는 크게 자오自悟의 방법과 오타悟他의 방법으로 나누어 자오의 방법에서는 현량現量과 비량比量을 다루고 오타의 방법에서는 능립能立과 사능립似能立 및 능파能破와 사능파似能破를 다룬다고 한다. 자기가 안 것을 타인에게 전달하는 오타悟他의 방법은 넓은 의미에서 비량比量에 속하는데, 여기서 능립能立은 종宗·인因·유喩의 삼지작법에 의해 구성되는 비량의 올바른 논증 형식이고 사능립似能立은 그릇된 논증 또는 오류추리를 말하며, 능파能破와 사능파似能破는 능립과 사능립의 응용이라고 한다. 능립能立의 종宗·인因·유喩에 대비하여 사능립似能立에는 사종似宗·사인似因·사유似喩가 있는데, 본문의 결정상위과실決定相違過失은 사능립의 사인似因에서 불성과不成過, 부정과不定過, 상위과相違過의 세 가지 중 두 번째인 부정과에 속하고, 이 부정과의 여섯 가지 중 여섯 번째 과실이다(「인명입정리론의 변증적 방법」, 『불교학보』 36, 1999 참조). 『인명입정리론因明入正理論』 권1에서 결정상위과실決定相違過失에 대해 "相違決定者, 如立宗言聲是無常, 所作性故. 譬如瓶等, 有立聲常. 所聞性故, 譬如聲性. 此二皆是猶豫因, 故俱名不定"(T32, 12a12~14)이라고 하는 것에 따르면, 소리는 무상하다는 주장과 소리는 영원하다는 상반된 주장에 대해 그 이유 및 사례로서 각각 '만들어진 성질'(所作性)이기 때문이라는 것과 '들음이라는 성질'(聞性)이기 때문이라는 것 및 물병과 소리의 성질(聲性)이 제시되어 모두 논증되지만, 이 두 가지는 모두 '의심스러운 이유'(豫因)가 되는 것이어서 '올바른 것으로 확정되지 않는 오류'(不定過)라 불린다고 설명한다. 말하자면 상반된 주장이 같은 이유와 사례에 의해 각각 논증될 때 양자는 동시에 성립하는 것이 아니라 동시에 부정과不定過에 빠진다고 추리하는 것이 결정상위과실決定相違過失이라고 하겠다. 원효의 주석에 따르면, 지장보살의 의문제기에서는 부처님이 설한 가르침을 '저절로 성립한 것이다'라는 주장(宗)의 이유(因)를 '의지하는 것이 없기 때문이다'라고 제시하였지만, 부처님의

르침에는 이루어짐(成)이나 무너짐(敗)이 없다. 왜냐하면 '의지하는 것'(待)이 없기 때문이다. 마치 취하는 것이 없는 것과 같고, 또한 '참 그대로'(眞如)와도 같다.〉293 이러한 도리에 따라 저 '[지장보살이 제기한] 의문'(難)은 성립하지 않고, 의문(難)이 성립하지 않기 때문에 의심한 것이 해결된다.

다. 「사실 그대로가 온전하게 드러나는 지평에 들어감[을 주제로 하는] 단원」에서 일어난 의문을 해결함(決入實際品中起疑)

> 爾時, 地藏菩薩言, "一切諸法相, 卽本涅槃, 涅槃及空相, 亦如是, 無是等法, 是法應如". 佛言, "無如是法, 是法是如".
>
> [H1, 668a3~5; T34, 1001c19~21]

대답에서는 '의지하는 것이 없기 때문이다'라는 동일한 이유(因)가 '가르침에 이루어짐과 무너짐이 없다'라는 주장의 이유(因)로 제시되고 있다. 따라서 상반된 주장을 같은 이유/근거에 입각하여 논증하는 오류가 발생한다.

293 이것을 인명논리학의 입론 형식에 따라 구성하면 다음과 같다. 주장(宗): "이 가르침은 이루어짐이나 무너짐이 없다." 이유(因): "왜냐하면 의지하는 것이 없기 때문이다." 비유(喩): "마치 취하는 것이 없는 것과 같고, 또한 '참 그대로'(眞如)와 같은 것이다." 그런데 원효의 이러한 주석이, 상반된 주장이 같은 이유와 사례에 의해 각각 논증된다면 양자가 동시에 '올바른 것으로 확정될 수 없는 오류'(不定過)에 빠진다고 보는 결정상위과실決定相違過失의 논증오류를 확인시키는 것에 그치는 것이라면, 지장보살이 제기한 의문을 해소하기에는 충분치 않다. 〈가르침은 저절로 이루어지는 것이어야 한다. 왜냐하면 '의지하는 것'(待)이 없기 때문이다. 마치 '참 그대로'(眞如)와도 같이〉라는 논증과 〈가르침에는 이루어짐(成)이나 무너짐(敗)이 없다. 왜냐하면 '의지하는 것'(待)이 없기 때문이다. 마치 취하는 것이 없는 것과 같고, 또한 '참 그대로'(眞如)와도 같다〉라는 논증이 모두 '올바른 것으로 확정될 수 없는 오류'(不定過)에 빠지는 것이기 때문이다. 따라서 〈주장의 이유(因)에 '서로 어긋나는 오류'(相違過)가 있음을 밝혀 주는 것이다〉라는 원효의 주석이 말하려는 것은, 〈'의지하는 것이 없기 때문이다'라는 '같은 이유'에서라도 '가르침은 저절로 이루어진다'는 주장을 하는 것은 틀리고 '가르침에는 이루어짐(成)이나 무너짐(敗)이 없다'는 주장을 하는 것은 올바르다는 것을 알아야 한다〉는 것이라고 할 수 있다. 인명논리학이 거론하는 논증오류의 형식을 통해 어떤 판단으로 나아가려는 것인지를 주목해야 한다. 그래야 인명논리학을 소화하는 원효의 태도를 포착할 수 있다.

그때 지장보살이 말하였다.

"'현상의 모든 양상'(一切諸法相)이 곧 '본래[부터의 온전한] 열반'(本[來淸淨] 涅槃)이고, 열반과 '불변·독자의 본질/실체가 없는 면모'(空相) 또한 이 와 같으니, '[열반과 '불변·독자의 본질/실체가 없는 면모'(空相) 같은] 이러한 현 상들'(是等法)이 [별개의 실체로서] 없다면 이러한 현상(法)들은 '사실 그대 로'(如)일 것입니다."

부처님께서 말씀하셨다.

"[그대가 말한 대로] '[열반과 '불변·독자의 본질/실체가 없는 면모'(空相) 등] 이 와 같은 현상들'(如是法)이 [별개의 실체로서] 없다면 이러한 현상들(法)은 '사실 그대로'(如)인 것이다."

此下, 第三決入實際品中起疑. 彼言, "大力菩薩言, 〈衆生心相, 相亦如 來, 衆生之心, 應無別境.〉佛言. 〈如是. 衆生之心, 實無別境. 何以故? 心 本淨故, 理無穢故.〉" 有依是文, 作是念言, 〈本淨之心, 正是如理, 本來淸 淨自性涅槃, 若使涅槃亦空無者, 應是邪無, 不爲如理.〉 爲遣是疑, 故說皆 如. 就文有四, 先問, 次許, 三領, 四述. 初問意言, 〈若以空義, 一切諸法 相, 卽是本來淸淨涅槃, 復融涅槃及其空相, 卽無涅槃及空差別, 是一味 法, 是法應如.〉 反彼所執, 故作是問. 第二答中, 許如所問.

[H1, 668a6~19; T34, 1001c21~1002a3]

이 아래는 '[하나씩 해결하는 것'(別決)의 여섯 가지 가운데] 세 번째인 「「사실 그대로가 온전하게 드러나는 지평에 들어감[을 주제로 하는] 단원」에서 일어 난 의문을 해결하는 것〉(決入實際品中起疑)이다. 그 단원에서 말하기를, "대 력보살이 말하였다. 〈[그렇다면] '중생 마음에서의 차이'(衆生心相)에서 [그] 차이(相)도 여래이니, 중생의 마음에는 '[불변·독자의 본질/실체라고] 분별된 대상'(別境)이 없겠습니다.〉 부처님께서 말씀하셨다. 〈그렇다. 중생의 마 음에는 실로 '[불변·독자의 본질/실체라고] 분별된 대상이 없다'(無別境). 어째 서인가? 마음은 본래 온전하기 때문이고, '[깨달음의 본연'(本覺)[인 '사실 그대로 앎'을 드러내는] 진리에는 [본래] 더러움이 없기 때문이다〉"²⁹⁴라고 하였다.

이 글에 의거하여 [어떤 중생은] 이러한 생각을 일으켜 말하는 경우가 있다. 〈'본연의 온전한 마음'(本淨之心)은 바로 '사실 그대로의 도리'(如理)이고 '본래부터의 온전한 본연으로서의 열반'(本來淸淨自性涅槃)이라면서도 만약 열반 또한 '공하여 없는 것'(空無)이라고 한다면, 이것은 '잘못된 없음'(邪無)일 것이고 '사실 그대로의 도리'(如理)가 되지 않는다.〉 이러한 의문을 없애 주려 하였기 때문에 [부처님은] 〈모두가 사실 그대로이다〉(皆如)라고 말한 것이다.

[「입실제품」에서 일어난 의문을 해결하는 것'(決入實際品中起疑)인 이] 글에는 네 가지가 있으니, 먼저는 [지장보살의] 질문'(問)이고 다음은 '[질문의 뜻을] 인정함'(許)이며 세 번째는 '[지장보살이] 이해한 것'(領)이고 네 번째는 '[부처님이] 설명[을 마무리함]'(述[成])이다.

첫 번째인 [지장보살이] 질문한 뜻은 [이렇게] 말하는 것이다. 〈만약 '불변·독자의 본질/실체가 없다는 뜻'(空義)으로써 [말]한다면 '현상의 모든 양상'(一切諸法相)이 바로 '본래부터의 온전한 열반'(本來淸淨涅槃)인데, 다시 열반과 그 '불변·독자의 본질/실체가 없는 면모'(空相)를 [하나로] 융합하면 곧 열반과 '불변·독자의 본질/실체가 없는 [면모]'(空[相])의 차이가 없어지니, 이것이 '한 맛[처럼 서로 통하는] 현상들'(一味法)이고, 이러한 현상들(法)은 '사실 그대로'(如)일 것입니다.〉 저 ['사실 그대로의 도리'(如理)가 되지 않는다고] 집착하는 것을 반박하[려고 했]기 때문에 [지장보살이] 이러한 질문을 한 것이다.

---

294 이 내용은 '사실 그대로가 온전하게 드러나는 지평에 들어감[을 주제로 하는] 단원'(入實際品)에 나오는 두 경문을 축약시켜 인용한 것이다. 곧 원효의 주석에서 대력보살이 말한 내용은 "大力菩薩言, 如是名義, 眞實如如, 如來如相. 如不住如, 如無如相, 相無如故, 非不如來. 衆生心相, 相亦如來, 衆生之心, 應無別境"(H1, 640b20~23)에서 밑줄 친 부분을 인용한 것이다. 또 부처님이 말씀한 내용은 "佛言, 如是, 衆生之心, 實無別境, 何以故? 心本淨故, 理無穢故. 以染塵故, 名爲三界, 三界之心, 名爲別境. 是境虛妄, 從心化生, 心若無妄, 卽無別境"(H1, 641a2~5)에서 밑줄 친 부분을 인용한 것이다.

두 번째인 '[부처님의] 대답'(答)에서는 [부처님의 뜻이 지장보살의] 질문 내용과 같다는 것을 인정하였다.

地藏菩薩言, "不可思議. 如是如相, 非共不共, 意取業取, 卽皆空寂, 空寂心法, 俱不俱²⁹⁵取, 亦應寂滅".

[H1, 668a20~22; T34, 1002a4~6]

지장보살이 말하였다.

"[이루] 생각으로 헤아리기 어려운 [도리]입니다. 이와 같은 '사실 그대로인 양상'(如相)은 [열반과 '불변·독자의 본질/실체가 없는 면모'(空相)가] '함께 있는 것'(共)도 아니고 '함께 있지 않는 것'(不共)도 아니며, '생각으로 취한 것'(意取)과 '행위로 취한 것'(業取)이 모두 '불변·독자의 본질/실체가 없고 [불변·독자의 본질/실체로 보는 분별에 의한] 동요가 없는 것'(空寂)이고, '불변·독자의 본질/실체가 없고 [불변·독자의 본질/실체로 보는 분별에 의한] 동요가 없는'(空寂) 마음(心)과 현상(法)을 '함께 취하는 것'(俱取)이나 '함께 취하지 않는 것'(不俱取)도 역시 '불변·독자의 본질/실체가 없고 [불변·독자의 본질/실체로 보는 분별에 의한] 동요가 없는 것'(寂滅)²⁹⁶이겠습니다."

此是第三領解, 爲遣伏難. 有聞前說, 作是難言. 〈本來涅槃, 旣是一如, 若融涅槃及其空相, 是第二如. 如是二如, 爲共不共? 若言共者, 卽非如理, 有二並故. 若不共者, 卽不更空, 唯一如故.〉爲遣是難, 故言"非共不共". "非共"者, 無二如故, "非不共"者, 有雙遣故. 所遣雖雙, 遣處無二, 故彼所難, 皆不應理. "意取業取, 卽皆空寂"者, 是顯雙遣, 遣處無二. 言"意取"者,

---

295 한불전과 대정장의 『금강삼매경』에는 '可'자로 되어 있는 판본이 있다고 교감하였다. 그러나 원효는 주석에서 경문을 "俱不俱取"로 인용하고 있으므로 "俱不俱取"로 보고 번역한다. 대정장 『금강삼매경론』에도 "俱不俱取"로 되어 있다.

296 원효는 '空寂'과 '寂滅'을 같은 의미로 사용하기도 하기 때문에 여기서는 의미맥락을 고려하여 둘을 동일하게 번역하였다.

所謂涅槃, 緣寂滅心之所取故, 言"業取"者, 卽是生死, 諸煩惱業之所取故.
此二皆空, 空寂無二. "空寂心法, 俱不俱取, 亦應寂滅"者, 明一心法亦不
守一. 生死涅槃, 空寂無二, 無二之處, 是一心法, 依一心法, 有二種門. 然
俱取二門, 卽不得心, 二非一故, 若廢二門, 不俱而取, 亦不得心, 無非心
故. 由是義故, 無二心法, 俱不俱取, 亦應寂滅.

[H1, 668a23~b18; T34, 1002a6~21]

이것은 [네 부분으로 이루어진 '「입실제품」에서 일어난 의문을 해결하는 것'(決入實
際品中起疑)의] 세 번째인 '[지장보살이] 이해함'(領解)이니, '남아 있는 의문'(伏
難)을 없애기 위함이다. [남아 있는 의문은 다음과 같은 것이다.] 앞서의 설명을
듣고 [다시] 이러한 의문을 일으켜 말하는 경우가 있다. 〈'본래부터의 [온전
한] 열반'(本來[淸淨]涅槃)은 이미 '하나의 사실 그대로'(一如)인데, 만약 열반
과 그 '불변·독자의 본질/실체가 없는 면모'(空相)를 융합한다면 이것은
'또 하나의 사실 그대로'(第二如)이다. [그렇다면] 이와 같은 '두 가지 사실 그
대로'(二如)는 '함께 있는 것'(共)인가 '함께 있지 않는 것'(不共)인가? 만약
'함께 있는 것'(共)이라고 말한다면 곧 '사실 그대로의 도리'(如理)가 아니
니, 두 가지[의 '사실 그대로'(如)]가 동시에 존재하기 때문이다. 만약 '함께 있
지 않는 것'(不共)이라면 [열반은] 곧 다시 '불변·독자의 본질/실체가 없는
[면모]'(空[相])가 되지 못하니 오직 ['불변·독자의 본질/실체가 없는 면모'(空相)가
배제된] '하나의 사실 그대로'(一如)일 뿐이기 때문이다.〉 이러한 의문을 없
애 주려 하였기 때문에 [지장보살은] "[열반과 '불변·독자의 본질/실체가 없는 면
모'(空相)가] '함께 있는 것'도 아니고 '함께 있지 않는 것'도 아니다"(非共不共)
라고 말한 것이다.

"함께 있는 것도 아니다"(非共)라는 것은 '두 가지 사실 그대로'(二如)가
없기 때문이고, "함께 있지 않는 것도 아니다"(非不共)라는 것은 [열반과 '불
변·독자의 본질/실체가 없는 면모'(空相), 이] 둘을 모두 없애기 때문이다. 없앤
것은 비록 [열반과 '불변·독자의 본질/실체가 없는 면모'(空相)라는] 둘이지만, '없
애는 자리'(遣處)[인 '하나처럼 통하는 마음'(一心)의 지평]에는 [불변·독자의 본질/

실체로서의] 둘[로 나뉨]이 없으니'(無二), 따라서 [다시 의문을 품는] 그가 제기한 의문은 모두 도리(理)에 들어맞지 않는다.

"'생각으로 취한 것'(意取)과 '행위로 취한 것'(業取)이 모두 '불변·독자의 본질/실체가 없고 [불변·독자의 본질/실체로 보는 분별에 의한] 동요가 없는 것'(空寂)이다"(意取業取, 卽皆空寂)라는 것은, '둘을 모두 없애지만'(雙遣) '없애는 자리[인 '하나처럼 통하는 마음'(一心)의 지평]'에는 '[불변·독자의 본질/실체로서의] 둘[로 나뉨]이 없음'(遣處無二)을 나타내는 것이다. "생각으로 취한 것"(意取)이라는 것은 열반을 가리키니 '[불변·독자의 본질/실체로 보는 분별의] 동요가 없는 마음'(寂滅心)에 의거하여 취해지는 것이기 때문이고, "행위로 취한 것"(業取)이라는 것은 바로 '[근본무지에 매여] 태어나고 죽는 [윤회하는] 삶'(生死)이니 '온갖 번뇌[에 얽매여 있는] 행위'(諸煩惱業)에 의해 취해지는 것이기 때문이다. ['생각으로 취한 것'(意取)과 '행위로 취한 것'(業取)] 이 두 가지는 모두 '불변·독자의 본질/실체가 없는 것'(空)이니, '불변·독자의 본질/실체가 없고 [불변·독자의 본질/실체로 보는 분별에 의한] 동요가 없어서 둘[로 나뉨]이 없다'(空寂無二).

"'불변·독자의 본질/실체가 없고 [불변·독자의 본질/실체로 보는 분별에 의한] 동요가 없는'(空寂) 마음(心)과 현상(法)을 '함께 취하는 것'(俱取)이나 '함께 취하지 않는 것'(不俱取)도 역시 '불변·독자의 본질/실체가 없고 [불변·독자의 본질/실체로 보는 분별에 의한] 동요가 없는 것'(寂滅)이겠습니다"(空寂心法, 俱不俱取, 亦應寂滅)라는 것은, 〈'하나처럼 통하는 마음'이라는 도리〉(一心法)는 '하나[라는 것]도 지키지 않는다'(不守一)는 것을 밝힌 것이다. [근본무지에 매여] 태어나고 죽는 [윤회하는] 삶'(生死)과 열반涅槃은 [본래] '불변·독자의 본질/실체가 없고 [불변·독자의 본질/실체로 보는 분별에 의한] 동요가 없어서 둘[로 나뉨]이 없으니'(空寂無二), '[불변·독자의 본질/실체로서] 둘로 나뉨이 없는 지평'(無二之處)은 〈'하나처럼 통하는 마음'이라는 도리〉(一心法)[가 드러내는 것이고 [또한] 〈'하나처럼 통하는 마음'이라는 도리〉(一心法)에 의거하여 [생사生死와 열반涅槃, 이] '두 가지 측면'(二種門)이 있는 것이다.

그런데 [생사生死와 열반涅槃, 이] '두 가지 측면'(二門)을 둘 다 취하면 '[하나처럼 통하는] 마음'([一]心)을 얻을 수 없으니 두 가지가 동일한 것은 아니기 때문이고, 만약 [생사生死와 열반涅槃, 이] '두 가지 측면'(二門)을 버려 모두 취하지 않아도 '[하나처럼 통하는] 마음'([一]心)을 얻을 수 없으니 [생사生死와 열반涅槃 모두] '[하나처럼 통하는] 마음'([一]心) 아닌 것이 없기 때문이다. 이러한 뜻이기 때문에 '[불변·독자의 본질/실체로서] 둘로 나뉨이 없는 마음과 현상'(無二心法)을 '함께 취하는 것'(俱取)이나 '함께 취하지 않는 것'(不俱取)도 역시 '불변·독자의 본질/실체가 없고 [불변·독자의 본질/실체로 보는 분별에 의한] 동요가 없는 것'(寂滅)이어야 한다.

於是尊者, 而說偈言, "一切空寂法, 是法寂不空. 彼心不空時, 是得心不有".

[H1, 668b19~21; T34, 1002a22~23]

이에 존경받는 분께서는 게송을 설하여 말씀하셨다.

"불변·독자의 본질/실체가 없고 [불변·독자의 본질/실체로 보는 분별에 의한] 동요가 없는 모든 현상들'(一切空寂法),

이 현상(法)들은 '[불변·독자의 본질/실체로 보는 분별에 의한] 동요가 없지만 [아무것도 없는] 허망한 것은 아니라네'(寂不空).

그 마음이 '[아무것도 없는] 허망한 것이 아닌 것'(不空)일 때,

마음이 '[불변·독자의 본질/실체로서] 있는 것이 아님'(不有)을 증득한다네."

此是第四如來述成. "一切空寂法"者, 生死涅槃, 一切空寂之法. "是法寂不空"者, 無二之心法, 非都無法故, 雖非無法, 而不是有. 是故解心不空之時, 是時得知心之不有. 所以前說"俱不俱取, 皆[297]應寂滅"者, 不違道理也.

[H1, 668b22~c3; T34, 1002a23~28]

---

297 『금강삼매경』 본문은 '亦'이다.

이것은 [네 부분으로 이루어진 '「입실제품」에서 일어난 의문을 해결하는 것'(決入實際品中起疑)의] 네 번째인 '여래가 설명을 마무리한 것'(如來述成)이다.

"[불변·독자의 본질/실체로 보는 분별에 의한] 동요가 없는 모든 현상들"(一切空寂法)이라는 것은, 생사生死와 열반涅槃이 '불변·독자의 본질/실체가 없고 [불변·독자의 본질/실체로 보는 분별에 의한] 동요가 없는 모든 현상들'(一切空寂之法)[이라는 것]이다. "이 현상들은 불변·독자의 본질/실체가 없고 [불변·독자의 본질/실체로 보는 분별에 의한] 동요가 없지만 [아무것도 없는] 허망한 것은 아니다"(是法寂不空)라는 것은 '[불변·독자의 본질/실체로서] 둘로 나뉨이 없는 마음과 현상'(無二之心法)은 '전혀 [아무것도] 없는 것'(都無法)이 아니기 때문이니, [그렇지만] 비록 '[아무것도] 없는 것'(無法)은 아니지만 '[불변·독자의 본질/실체로서] 있는 것'(有)도 아니다. 그러므로 '마음은 [아무것도 없는] 허망한 것이 아님'(心不空)을 이해할 때에는 바로 이때에 '마음이 [불변·독자의 본질/실체로서] 있는 것이 아님'(心不有)도 알 수 있다. 그래서 앞에서 말한 "'[불변·독자의 본질/실체가 없고 [불변·독자의 본질/실체로 보는 분별에 의한] 동요가 없는'(空寂) 마음(心)과 현상(法)을] '함께 취하는 것'이나 '함께 취하지 않는 것'도 모두 '불변·독자의 본질/실체가 없고 [불변·독자의 본질/실체로 보는 분별에 의한] 동요가 없는 것'이겠습니다"(俱不俱取, 皆應寂滅)라는 것이 도리에 어긋나지 않는다.

라. 「깨달음의 본연[인 '사실 그대로 앎']이 지닌 이로움[을 주제로 하는] 단원」에서 일어난 의문을 해결함(決本覺利品中起疑)

爾時, 地藏菩薩言, "是法非三諦, 色空心亦滅. 是法本滅[298]時, 是法應

---

298 대정장 『금강삼매경』에는 '本滅'이 아니라, '本空'으로 되어 있는 판본이 있다고 교감하였다. 원효의 주석에서는 이 부분을 인용하고 있지 않은데, 문맥상 '本空'이 더 적절해 보이므로 '本空'으로 교감하여 번역한다. "色空心亦滅 是法本空時 是法應是滅"로 볼 때 '空-滅-空-滅'이라는 문장 구성의 패턴이 성립하기 때문이다.

是滅". 於是尊者. 而說偈言, "法本無自性, 由彼之所生, 不於如是處, 而有彼如是".

[H1, 668c4~8; T34, 1002a29~b3]

그때 지장보살이 말하였다.

"['하나처럼 통하는 마음'(一心)이라는] 이 현상(法)은 [색제色諦 · 심제心諦 · 제일의제第一義諦, 이] '세 가지 관점'(三諦)[299][에 해당하는 것]이 아니니, 신체

---

299 삼제三諦: 모든 현상을 사실 그대로 보기 위한 '세 가지 관점/진리'(三諦)를 말한다. 천태종天台宗에서는 모든 현상의 '사실 그대로의 모습'을 제법실상諸法實相이라고 부르는데, 이것을 제대로 이해하기 위해서 거쳐야 될 단계적인 과정을 세 가지 관점으로 설정하고 있다. 첫 번째는 공제空諦이니, 현상에 불변 · 독자의 본질/실체가 없음을 이해하는 관점을 확보하는 단계이다. '없다'는 측면을 이해하는 것이므로 무제無諦라고도 한다. 두 번째는 가제假諦이니, 모든 현상들에는 불변 · 독자의 본질/실체가 없지만 그 현상은 여러 조건(因緣)들이 결합되어 일정한 기간 동안 존속하는 현상이기도 하다는 것이다. 이것은 '있다'는 측면을 이해하는 것이므로 유제有諦라고도 한다. 세 번째는 중제中諦이니, 본연적 측면에 치우쳐 불변 · 독자의 본질/실체가 없다고 보는 관점에만 빠지거나, 눈에 보이는 현상적 측면에 치우쳐 조건에 따라 있다고 보는 관점에만 빠지는 경우가 없도록, 균형 잡힌 관점을 유지하는 단계를 의미한다. 이것은 상대적 측면에 치우치지 않는다는 점에서 중中이지만, 사실을 사실 그대로 이해할 수 있는 궁극적인 단계라는 점에서 제일의제第一義諦라고도 부른다. 따라서 이 '세 가지 관점'(三諦)은 '세 가지 이해'(三觀)와 밀접한 연관성을 띠게 되므로 천태종에서는 이를 합쳐 '삼제삼관三諦三觀'이라 부른다. 그런데 삼제의 제일의제第一義諦는 중도中道적 관점을 그 본연으로 하기 때문에 치우치지 않아야 될 '상대'에 해당하는 것은 매우 많다. 곧, 유무有無뿐만 아니라, 같음(一)과 다름(異)의 문제, 헛됨(虛)과 참됨(實) 등 다양한 상대적 관점을 다룰 수 있다. 원효의 주석에 나오는 것처럼, 유무有無뿐만 아니라 '신체와 마음현상'(色心)에 대해서도 삼제의 논법을 적용시킬 수 있는 것이다. 원효는 여기서 세 종류의 삼제三諦를 거론하고 있는데, 『본업경소本業經疏』에서는 삼제를 이렇게 해석하고 있다. 〈"세간적 관점"(世諦)이라고 말한 것은 '다른 것에 의존하는 면모'(依他性)와 '[근본무지의 망상에 의해] 분별된 면모'(分別性)를 말한다. '항상 있다는 견해'(有諦)와 '아무것도 없다는 견해'(無諦)를 여기서는 합하여 [모두] '세간적 관점'(世諦)으로 삼는다. '다른 것에 의존하는 면모'(依他性) 중에 '근본무지의 망상에 의해] 분별된 면모'가 나타나지 않은 '참 그대로'(眞如)를 '궁극적 관점'(第一義諦)이라 부른다. 여래는 '하나처럼 통하는 마음'(一心)으로 돌아갔기에, '있는 것도 아니고'(非有) '없는 것도 아니며'(非無), '텅 빈 것도 아니고'(非虛) '가

(色)는 '불변·독자의 본질/실체가 없는 것'(空)이고 마음(心) 또한 '불변·독자의 본질/실체가 없고 [불변·독자의 본질/실체로 보는 분별의] 동요가 없는 것'([寂]滅)입니다. 이 [신체(色)와 마음(心)이라는] 현상(法)이 '본래 불변·독자의 본질/실체가 없는 것'(本空)일 때는 이 ['하나처럼 통하는 마음'(一心)이라는] 현상(法)도 '불변·독자의 본질/실체가 없고 [불변·독자의 본질/실체로 보는 분별의] 동요가 없는 것'([寂]滅)이어야 하겠습니다."

이에 존경받는 분께서 게송으로 설하여 말씀하셨다.

"현상(法)에는 본래 '자기만의 변치 않는 본질'(自性)이 없으며

[이 현상들은] 저 ['깨달음의 본연[인 '사실 그대로 앎'을 일으키는] 마음'(本覺之心)]으로 말미암아 생겨난 것이니,

'[불변·독자의 본질/실체로 차별하는] 이와 같은 자리'(如是處)에 있지 않아야

'[[불변·독자의 본질/실체로서의] 양상에서 벗어나 하나처럼 통하게 하는 깨달음'(離相一覺)인] 저와 같은 것'(彼如是)이 있게 된다."

此是第四決本覺利品中起疑. 彼言, "無住菩薩言, 〈一切境空, 一切身空, 一切識空, 覺亦應空.〉佛言, 〈可一覺者, 不毀不壞決定性, 非空非不空, 無空不空.〉" 依此述文, 於彼生疑云, 〈若是一心亦不是有, 故寂滅者, 何故前說, 一覺不壞故, 不同彼色心之空.〉今乘是疑, 故作是問. "是法非三諦"者, 卽前頌說, 是一心法, 非色心空, 故非三諦. 然三諦門, 略有三種.

득 찬 것도 아니며'(非實), '행함이 있는 것도 아니고'(非有爲), '행함이 없는 것도 아니며'(非無爲), '차별인 것도 아니고 평등한 것도 아니니'(非差別非平等), 그렇기 때문에 "['세간적 관점'(俗諦)과 '진리적 관점'(眞諦), 이] '두 가지 관점'(二諦)을 넘어"(二諦之外)라고 한 것이다. ['세간적 관점'(俗諦)과 '진리적 관점'(眞諦)을 넘어선] 이 '세 번째 관점'(三諦)은 견줄 것도 없고 상대될 것도 없어 '두 가지가 없는 관점'(無二諦)이라 부르기도 하고 '무한한 관점'(無盡諦)이라 부르기도 하니, 이 때문에 "오직 두 가지로 나누는 것이 없는 경지에 있다"(獨在無二)라고 한 것이다. 예를 들어 『화엄경』에서 "'믿고 이해하는 힘'(信解力) 때문에 ['여래의 지혜'(如來智)를] 알고 [또한] '무한한 관점의 지혜'(無盡諦智)를 얻은 것이 아님을 안다"라고 말한 것과 같다〉(H1, 500c14~21).

一者, 色諦心諦第一義諦, 二者, 有諦無諦中道第一義諦, 三者, 如此品中, 後文所說. 今此問意, 且依初門. "色空心亦滅"者, 是法旣非三諦攝故, 色相本空, 心亦寂滅. 〈是色心法, 本寂滅時, 是一心法, 應同寂滅, 卽前偈言 "心不有"故. 是卽前說"不同空"者, 徒爲虛談.〉如是疑也. 頌中對此明其不同. "法本無自性"者, 色心之法, 本無自性. "由彼³⁰⁰之所生"者, 由彼本覺之心所生. 所生色心, 是差別相, 彼本覺心, 離相離性, 不於如是差別之處而有如彼離相一覺. 是故空此色心差別相時, 不得同遣離相一覺. 由是道理, 前非虛說.

[H1, 668c9~669a9; T34, 1002b3~22]

이것은 ['하나씩 해결하는 것'(別決)의 여섯 가지 가운데] 네 번째인 〈「깨달음의 본연[인 '사실 그대로 앎']이 지닌 이로움[을 주제로 하는] 단원」에서 일어난 의문을 해결하는 것〉(決本覺利品中起疑)이다. 그 단원에서는 [다음과 같이] 말하였다. "무주보살이 말하였다. 〈'모든 대상은 불변·독자의 본질/실체가 없는 것'(一切境空)이고 '모든 신체도 불변·독자의 본질/실체가 없는 것'(一切身空)이며 '모든 식도 불변·독자의 본질/실체가 없는 것'(一切識空)이니, 깨달음도 마땅히 '불변·독자의 본질/실체가 없는 것'(空)이어야 하겠습니다.〉 부처님께서 말씀하셨다. 〈모든 깨달음은 '본래 사실 그대로인 본연'(決定性)을 훼손하지도 않고 파괴하지도 않는 것이니, '불변·독자의 본질/실체가 없음도 아니고'(非空) '불변·독자의 본질/실체가 없음이 아닌 것도 아니어서'(非不空) '불변·독자의 본질/실체 없음'(空)과 '불변·독자의 본질/실체 없음이 아님'(不空)이 [모두] 없다.〉"³⁰¹

이렇게 기술한 문장에 의거하여 [어떤 중생은] 그 [뜻]에 대해 의문을 일으

---

300 한불전과 대정장의 『금강삼매경론』에는 '由彼'가 아니라 '由所彼'로 되어 있는 판본이 있다고 교감하였지만, 다섯 글자로 이루어진 경문에 들어맞지 않고 문맥에도 적절하지 않으므로 『금강삼매경』 본문대로 '由彼'로 번역한다.

301 이 내용은 「깨달음의 본연[인 '사실 그대로 앎']이 지닌 이로움[을 주제로 하는] 단원 (本覺利品)」에 나온 경문(H1, 631b24~c3)을 원효가 그대로 인용한 것이다.

켜 [다음과 같이] 말하기도 한다. 〈만약 '하나처럼 통하는 마음'(一心) 또한 '[불변·독자의 본질/실체로서] 있는 것'(有)이 아니기 때문에 '[불변·독자의 본질/실체로 보는 분별의 동요가] 그쳐 고요한 것'(寂滅)이라면, 어찌하여 앞에서는 '하나처럼 통하게 하는 깨달음'(一覺)은 파괴되지 않는 것이기에 저 '신체와 마음이 불변·독자의 본질/실체가 없는 것'(色心之空)과는 같지 않다고 말하였는가?〉 지금 [지장보살은] 이런 의문에 의거하기 때문에 이런 질문을 하였다.

"['하나처럼 통하는 마음'(一心)이라는] 이 현상은 '세 가지 관점'[에 해당하는 것]이 아니다"(是法非三諦)라는 것은, 곧 앞의 게송에서 말한 것처럼, 이 '하나처럼 통하는 마음'(一心)이라는 현상(法)은 '신체[에 관한 관점]'(色[諦]), '마음[에 관한 관점]'(心[諦]), '불변·독자의 본질/실체가 없음[에 관한 관점]'(空[諦]) [그 어느 것에도 속하는 것]이 아니기 때문에 '세 가지 관점'(三諦)[에 해당하는 것]이 아니라는 것이다. 그런데 '세 가지 관점의 종류'(三諦門)에는 대략 세 가지가 있다. 첫 번째는 '물질/신체가 있다는 관점'(色諦)과 '마음이 있다는 관점'(心諦)과 '[물질/신체와 마음은 모두 '불변·독자의 본질/실체가 없다'(空)는] 궁극적 관점'(第一義諦)이고, 두 번째는 '있다는 관점'(有諦)과 '없다는 관점'(無諦)과 '[있는 것도 아니고 없는 것도 아니다'(非有非無)라는] 중도인 궁극적 관점'(中道第一義諦)이며, 세 번째는 이 단원(品)의 뒤[에 나오는] 글에서 설명한 것과 같다. 지금 이 질문의 뜻은 ['세 가지 관점'(三諦)의 세 가지 종류 가운데] '첫 번째 종류'(初門)에 의거한 것이다.

"신체(色)는 '불변·독자의 본질/실체가 없는 것'(空)이고 마음(心) 또한 '불변·독자의 본질/실체가 없고 [불변·독자의 본질/실체로 보는 분별의] 동요가 없는 것'([寂]滅)입니다"(色空心亦滅)라는 것은, ['하나처럼 통하는 마음'(一心)이라는] 이 현상(法)은 이미 ['물질/신체가 있다는 관점'(色諦)과 '마음이 있다는 관점'(心諦)과 '[물질/신체와 마음은 모두 '불변·독자의 본질/실체가 없다'(空)는] 궁극적 관점'(第一義諦), 이] '세 가지 관점'(三諦)에 포함되는 것이 아니기 때문에 '신체적 양상'(色相)은 '본래부터 불변·독자의 본질/실체가 없는 것'(本空)이고, 마음 또한 '불변·독자의 본질/실체가 없고 [불변·독자의 본질/실체로 보는 분별의] 동요가 없는 것'(寂滅)이라는 것이다.

[지장보살이 대변하는 의심은,] 〈이 '신체와 마음의 현상'(色心法)이 '본래 불변·독자의 본질/실체가 없고 [불변·독자의 본질/실체로 보는 분별에 의한] 동요가 없는 것'(本寂滅)일 때는 이 '하나처럼 통하는 마음'(一心)이라는 현상(法)도 똑같이 '불변·독자의 본질/실체가 없고 [불변·독자의 본질/실체로 보는 분별의] 동요가 없는 것'(寂滅)이어야 할 것이니, 앞의 게송³⁰²에서 "마음은 [불변·독자의 본질/실체로서] 있는 것이 아니다"(心不有)라고 말한 것과 같은 것이다. 그렇다면 앞에서 설한 "[마음은] [아무것도 없는] 허망한 것과는 같지 않다"(不同空)³⁰³라는 것은 그저 헛된 말이 될 뿐이다.〉이와 같은 [내용의] 의심이다.

[지금 이 경문에 나오는] 게송에서는 이 [의심]에 대응하여 그 [마음이] '[허망한 것과는] 같지 않다'(不同)[는 뜻]을 밝혔다. "현상(法)에는 본래 '자기만의 변치 않는 본질'(自性)이 없다"(法本無自性)라는 것은 '신체와 마음의 현상들'(色心之法)에 본래 '자기만의 변치 않는 본질'(自性)이 없다는 것이다. "[이 현상들은] 저것으로 말미암아 생겨난 것이다"(由彼之所生)라는 것은 [이 현상들이] 저 '깨달음의 본연[인 '사실 그대로 앎'을 일으키는] 마음'(本覺之心)에 의하여 생겨난 것[이라는 말]이다. [깨달음의 본연[인 '사실 그대로 앎'을 일으키는] 마음'(本覺之心)에 의하여] 생겨난 '신체와 마음'(色心)[이라는 현상들]이 [중생에게는] '불변·독자의 본질/실체로 간주되어] 차별된 양상'(差別相)이지만, 저 '깨달음의 본연[인 '사실 그대로 앎'을 일으키는] 마음'(本覺心)은 '[불변·독자의 본질/실체로서의] 양상'(相)에서 벗어나 있고 '불변·독자의 본질'(性)에서도 벗어나 있으니, 이와 같은 '[불변·독자의 본질/실체라고] 차별하는 자리'(差別之處)에 있지 않아야

---

302 바로 앞에 나왔던 게송인 "一切空寂法, 是法寂不空. 彼心不空時, 是得心不有"(H1, 668b 20~21) 가운데 밑줄 친 구절이다.
303 같은 게송인 "一切空寂法, 是法寂不空. 彼心不空時, 是得心不有"(H1, 668b20~21)에서 밑줄 친 세 번째 구절에 해당한다.

저 '[불변·독자의 본질/실체로서의] 양상에서 벗어나 하나처럼 통하게 하는 깨달음'(離相—覺)과 같은 것이 있게 된다. 그러므로 이 신체(色)와 마음(心)의 '[불변·독자의 본질/실체로 간주되어] 차별된 양상'(差別相)을 '불변·독자의 본질/실체가 없는 것'(空)으로 볼 때라도 '[불변·독자의 본질/실체로서의] 양상에서 벗어나 하나처럼 통하게 하는 깨달음'(離相—覺)마저 함께 없앨 수는 없다. 이러한 도리로 말미암아 앞[에서 마음은 '아무것도 없이 허망한 것과는 같지 않다'(不同空)고 말한 설명]이 헛된 말이 아닌 것이다.

마. 「[불변·독자의 본질/실체로서] 생겨난 것이 없다는 [이해에 의거한] 수행[을 주제로 하는] 단원」에서 일어난 의문을 해결함(決無生行品中起疑)

爾時, 地藏菩薩言, "一切諸法, 無生無滅, 云何不一?" 於是尊者, 而說偈言, "法住處無在, 相數空故無. 名說二與法, 是卽能所取".

[H1, 669a10~13; T34, 1002b23~25]

그때 지장보살이 말하였다.

"'모든 현상'(一切諸法)에는 '[불변·독자의 본질/실체로서] 생겨남도 없고 [불변·독자의 본질/실체가] 사라짐도 없는데'(無生無滅) 어째서 [신체와 마음의 현상들이] 하나[로 같은 것]이 아니라고 하십니까?"

이에 존경받는 분께서 게송으로 설하여 말씀하셨다.

"현상(法)들이 머무르는 자리는 [별개의 불변·독자의 본질/실체로서] 있는 것이 아니니,

[신체/물질과 마음현상의] 양상과 숫자는 '불변·독자의 본질/실체가 없는 것'(空)이기 때문에 [양상과 숫자가 불변·독자의 본질/실체로서] 없다. [그러니 어찌 하나[로 같은 것]이 있겠는가?]

개념(名)과 말(說) [이] 두 가지와 '[개념과 말에 의해 나타난] 현상들'(法), 이것은 곧 '[분별하는 마음'(妄念)으로서의] 주관이 취한 것이다."

此是第五決無生行品中起疑. 彼言, "緣起非生, 緣謝非滅, 在無有處, 不見所住, 決定性故. 是決定性, 不一不異". 有依彼文, 而起疑云, 〈色心等法, 無生無滅, 卽是平等決定實性. 是卽橫無色心之差, 縱無生滅之別. 無差無別, 應是一味, 不異可爾, 云何不一?〉頌中對此顯不一義. "法住處無在"者, 諸法之住及所住處, 皆無所有故, "相數空故無"者, 色心等相, 一異等數, 悉空故無也. 相數旣無, 那得有一? 又無色故, 卽無心相, 旣非異者, 如何是一? 而有名說之二及有所說法者, 是卽能取妄心所取, 非如實義有一二等. 言"名說"者, 名是詮用, 意識所取, 說是語聲, 耳識所了. 若言是一, 卽有此二, 於中亦有所詮之法. 如是等數, 妄心所取, 非彼實義有如是數, 云何於中, 存一味耶?

[H1, 669a14~b8; T34, 1002b25~c11]

이것은 ['하나씩 해결하는 것'(別決)의 여섯 가지 가운데] 다섯 번째인 〈「[불변·독자의 본질/실체로서] 생겨난 것이 없다는 [이해에 의거한] 수행[을 주제로 하는] 단원」에서 일어난 의문을 해결하는 것〉(決無生行品中起疑)이다. 그 단원에서는 [다음과 같이] 말하였다. "['마음의 본연과 양상'(心性相)이 생겨나는] [특정한] 조건(緣)이 일어나도 [불변·독자의 본질/실체로서] 생겨나는 것이 아니고, [특정한] 조건(緣)이 없어져도 [불변·독자의 본질/실체가] 사라지는 것이 아니다. 존재하여도 [불변·독자의] 처소가 없어 [그] 머물러 있는 곳을 볼 수 없으니, '본래 그러한 것'(決定性)이기 때문이다. 이 '본래 그러한 것'(決定性)은 '같은 것도 아니고 다른 것도 아니다'(不一不異)."304

저 글에 의거하여 [어떤 중생은] 의문을 일으켜 [다음과 같이] 말하는 경우가 있다. 〈신체와 마음 등의 현상에 '[불변·독자의 본질/실체로서] 생겨남도 없

---

304 여기서 원효가 인용한 글은 「무생행품」의 연속하는 두 경문을 축약하여 옮긴 것이다. "何以故? 緣代謝故, 緣起非生, 緣謝非滅. 隱顯無相, 根理寂滅, 在無有處, 不見所住, 決定性故"(H1, 625a5~7)에서의 밑줄 친 부분, 또 바로 다음에 이어지는 "是決定性, 亦不一不異, 不斷不常, 不入不出, 不生不滅, 離諸四謗, 言語道斷. 無生心性, 亦復如是, 云何說生不生, 有忍無忍?"(H1, 625b11~14)에서의 밑줄 친 부분을 종합한 것이다.

고 [불변·독자의 본질/실체로서] 사라짐도 없다면'(無生無滅) [그 현상들은 모두]
바로 '평등한 본래 그러한 참된 면모'(平等決定實性)이다. 그렇다면 공간적
(橫)으로는 '신체와 마음의 차이'(色心之差)가 없고 시간적(縱)으로는 '생겨
남과 사라짐의 구별'(生滅之別)이 없다. [이처럼] 차이도 없고 구별도 없다면
[똑같은] '한 맛'(一味)일 것이니 '다르지 않다'(不異)는 것은 그럴 수 있겠지
만, 어째서 [신체와 마음의 현상들이] '같지도 않다'(不一)고 말하는가?〉 게송에
서는 이 [의심]에 대응하여 [신체와 마음의 현상들이] 같지도 않다는 뜻'(不一義)
을 드러내었다.

"현상들이 머무르는 자리는 [별개의 불변·독자의 본질/실체로서] 있는 것이
아니다"(法住處無在)라는 것은 모든 현상들의 '자리 잡음'(住)과 '자리 잡은
곳'(所住處)이 모두 [불변·독자의 본질/실체로서] 존재하는 것이 없기'(無所有)
때문이고, "[신체/물질과 마음현상의] 양상과 숫자는 '불변·독자의 본질/실체
가 없는 것'(空)이기 때문에 [양상과 숫자가 불변·독자의 본질/실체로서] 없다"(相
數空故無)라는 것은 '신체와 마음 등의 양상'(色心等相)과 [하나로] 같거나(一)
[여럿으로] 다르다(異)는 등의 숫자(數)가 모두 '불변·독자의 본질/실체가
없는 것'(空)이기 때문에 [양상과 숫자가 불변·독자의 본질/실체로서] 없다는 것
이다. '[신체/물질과 마음현상의] 양상과 숫자'(相數)가 이미 [불변·독자의 본질/
실체로서] 없는데 어떻게 '하나[로 같음]'(一)이 있을 수 있겠는가? 또한 [불변·
독자의 본질/실체로서의] 신체(色)가 없으므로 곧 [불변·독자의 본질/실체로서의]
'마음 양상'(心相)도 없으니, [신체와 마음 양상이] 이미 [불변·독자의 본질/실체로
서] 다른 것이 아닌데 어떻게 [다시] '하나[로 같음]'(一)이겠는가? 그런데도 개
념(名)과 말(說)이라는 두 가지가 [불변·독자의 본질/실체로서] 있다는 것과
'[개념(名)과 말(說)로] 설해진 것'(所說法)이 [불변·독자의 본질/실체로서] 있다는
것은, 바로 [근본무지(無明)에 따르는] 주관(能取)인 '[사실 그대로를] 잘못 분별하
는 마음'(妄心)에 의해 취해진 것이지 '사실 그대로의 면모'(如實義)에 하나
(一)나 둘(二) 등이 [불변·독자의 본질/실체로서] 있는 것이 아니다.

"개념과 말"(名說)이라고 한 것은, 개념(名)은 '[뜻을] 드러내는 작용'(詮用)

이니 '의식으로 취하는 것'(意識所取)이고, 말(說)이라는 것은 말소리(語聲)이니 '청각[에 상응하여 일어나는] 인식으로 식별되는 것'(耳識所了)이다. 만약 〈[개념(名)과 말(說)이] 하나(一)[로 같은 것이다]〉라고 말한다면 곧 이 두 가지가 [각각 불변·독자의 본질/실체로서] 있는 것이고 그 [개념(名)과 말(說)] 가운데 '[개념(名)과 말(說)에 의해] 드러난 것'(所詮之法)도 [각각 불변·독자의 본질/실체로서] 있는 것이다. 이와 같은 [불변·독자의 본질/실체로 구분하는 하나(一)나 '두 가지'(二)라는] 숫자(數)는 '[사실 그대로를] 잘못 분별하는 마음'(妄心)으로 취한 것이고 저 '사실 그대로의 면모'(實義)에는 이와 같은 [불변·독자의 본질/실체로 구분하는] 숫자(數)가 있는 것이 아니니, 어찌 그 '[사실 그대로의 면모'(實義)] 가운데 '한 맛'(一味)[이라는 숫자]를 두겠는가?

바. 「[불변·독자의 본질/실체로 차별된] 차이가 없다는 도리[를 주제로 하는] 단원」에서 일어난 의문을 해결함(決無相法品中起疑)

爾時, 地藏菩薩言, "一切諸法相, 不住於二岸, 亦不住中流. 心識亦如是, 云何諸境界從識之所生? 若識能有生, 是識亦從生, 云何無生識能生有所生?" 於是尊者, 而說偈言, "所生能生二, 是二能所緣, 俱本名自無, 取有空華幻. 識生於未時, 境不是時生, 於境生未時, 是時識亦滅. 彼卽本俱無, 亦不有無有. 無生識亦無, 云何境從有?"

[H1, 669b9~18; T34, 1002c12~19]

그때 지장보살이 말하였다.

"'모든 현상들의 양상'(一切諸法相)은 '[생겨남과 사라짐, 이] 두 가지 언덕'(二岸)에 머무르지 않고, 또한 [두 언덕 사이에] 흐르는 물 가운데에도 머물지 않습니다. '마음과 식識'(心識) 또한 이와 같다면, 어떻게 '모든 대상세계'(諸境界)가 식識에 따라 생겨나게 되는 것입니까? [또] 만약 식識이 [대상세계(境界)를] 생겨나게 할 수 있다면, 이 식識 또한 [그 대상세계(境界)에] 따라 생겨난 것인데 어떻게 '[불변·독자의 본질/실체로서] 생겨남이 없는 식識'(無生識)이 생겨남이 있는 것[인 대상세계(境界)]를 생겨나 있게 할 수 있습니까?"

이에 '존경받는 분'(尊者)께서 게송으로 설하여 말씀하셨다.

"'생겨난 것'(所生)과 '생겨나게 하는 것'(能生) [이] 두 가지

이 두 가지는 '주관이 되는 조건'(能緣)과 '대상이 되는 조건'(所緣)일 뿐이니,

둘 다 본래 명칭(名)일 뿐 [독자적] 자기 [실체]'(自)가 없어

[만약] [그런 것을] 있다(有)고 취한다면 [그것은] '허공 속의 꽃'(空華)이나 환상[과 같은 것]이라네.

식識[305]이 아직 생겨나지 않을 때

대상(境)도 이때 일어나지 않으며,

대상(境)이 아직 생겨나지 않을 때

이때는 식識 또한 없도다.

저 [식識과 대상들]은 곧 본래 둘 다 [독자적 실체가] 없는 것이며,

또한 '있게 하지도 않기에'(不有) [생겨남이] '있음도 없다'(無有).

'[불변·독자의 본질/실체로서] 생겨남이 없는 식識'(無生識) 또한 [독자적으로] 없는 것인데,

어떻게 대상(境)이 [그 식識에] 따라서 있겠는가?"

此是第六決無相法品中起疑. 彼言, "〈云何生滅慮知相?〉 佛言, 〈理無可不, 若有可不卽生諸念, 千思萬慮, 是生滅相.〉" 今依後說, 還疑彼文.

---

305 여기서의 '識'은 유식학에서 말하는 '모든 현상은 오직 식識에 의한 구성'(萬法唯識)이라는 명제에서의 '識'이지 제6의식意識만을 지칭하는 것이 아니다. 그런데 '識'이라는 말을 번역할 때 그저 '식'이라 하는 것도 통상의 언어 관념으로는 의미 전달이 불명확하고, 흔히 채택되는 '알음알이'라는 말도 현재어로서는 일반적으로 통용되지 않는 것이라 역시 부적절하다. 이런 점을 감안하여 '識'이 유식학의 '만법유식萬法唯識' 맥락에서 채택되는 경우에 그저 한글로 '식'이라고 하지 않고 한자를 병기하여 '식識'으로 번역한다.

〈若識能生可不之境, 境相還生諸念之識, 卽是心識有生有滅, 云何而言'不住二岸'? 若諸心識, 無生無滅, 云何諸識能生境界?〉乘如是疑, 發如是問. "不住二岸"者, 無生無滅故, "不住中流"者, 而不是一故. 〈心識既爾, 無生無滅, 云何可不境界, 從識之所生耶? 若識能生境, 識亦從境生, 云何無生識, 能生有所生?〉爲遣此疑, 故說三頌. 三頌之文, 卽判爲二, 初之一頌, 示其道理, 後之二頌, 破相生執. 初中言"是二能所緣"者, 謂汝所計識是能生, 境是所生, 直是妄取能緣所緣. 俱是本來但名無自, 若取爲有, 如取空華及取幻象以爲實有, 是故不異無生無滅. 破中言"識生於未時, 境不是時生"者, 明識能生未有之時, 所生境界于時不生也. "於境生未時, 是時識亦滅"者, 明境能生未有之時, 其所生識于時亦滅. "滅"者, 寂滅, 謂本來無也. "彼卽本俱無, 亦不有無有"者, 彼二能生, 本來俱無, 既無能生, 亦不令有, 故曰"不有", 不令有故, 後時無生, 故言"無有"也. "無生識亦無"者, 既無生義, 何得有識. 識無有故, 境不從有. 此中卽有二種比量. 一〈識不生. 無能生故. 如望燋種.〉二〈境不起. 無所從故. 如從龜毛.〉上來六分, 別決疑竟.

[H1, 669b19~670a4; T34, 1002c19~1003a15]

이것은 ['하나씩 해결하는 것'(別決)의 여섯 가지 가운데] 여섯 번째인 〈「[불변·독자의 본질/실체로 차별된] 차이가 없다는 도리[를 주제로 하는] 단원」에서 일어난 의문을 해결하는 것〉(決無相法品中起疑)이다. 그 단원에서는 [다음과 같이] 말하였다. "[해탈보살이 부처님께 아뢰었다.] 〈무엇을 '[근본무지에 매여] 생멸하면서 [망상분별로] 헤아려 이해하는 양상'(生滅慮知相)이라고 합니까?〉 부처님께서 말씀하셨다. 〈진리(理)에는 옳음이나 그름이 없다. 만약 옳음이나 그름이 [불변·독자의 본질/실체로] 있다[고 생각하]면 곧바로 '갖가지 [분별하는] 생각'(諸念)이 생겨나니, [분별하면서] 천 가지로 생각하고 만 가지로 헤아림이 바로 '[근본무지와 분별에 따라] 생겨나고 사라지는 양상'(生滅相)이다.〉"[306]

---

306 여기서 원효가 인용한 글은 「무상법품」에 나오는 연속하는 두 경문을 옮긴 것이다. 곧 "解脫菩薩, 而白佛言,〈尊者, 云何生滅慮知相?〉"(H1, 617b13~14)에서 밑줄 친 부분과, 이어지는 경문인 "佛言.〈菩薩! 理無可不. 若有可不, 卽生諸念, 千思萬慮, 是生滅

지금 [『무상법품』 경문의] 뒷부분의 설명에 의거해서 다시 [『무상법품』의] 저 글에 대해서 [다음과 같이] 의심한다. 〈만약 식식(識識)이 옳거나 그른 대상을 생겨나게 하고 [그] '대상의 양상'(境相)이 다시 '갖가지 분별하는 생각의 식식'(諸念之識)을 일으킨다면, 곧 이 '마음과 [갖가지] 식식'(心識)에는 생겨나고 사라지는 것이 있는데 어찌하여 '[생겨남과 사라짐, 이] 두 가지 언덕에 머무르지 않는다'(不住二岸)고 말하는가? [또] 만약 '온갖 마음과 식식'(諸心識)이 '[불변·독자의 본질/실체로서] 생겨남도 없고 [불변·독자의 본질/실체로서] 사라짐도 없다'(無生無滅)고 한다면, 어떻게 '온갖 식식'(諸識)이 대상세계(境界)를 일으킬 수 있는가?〉 이와 같은 의문에 의거하여 [지장보살이] 이러한 물음을 일으킨 것이다.

"[생겨남과 사라짐, 이] 두 가지 언덕에 머무르지 않는다"(不住二岸)라는 것은 '[불변·독자의 본질/실체로서] 생겨남도 없고 [불변·독자의 본질/실체로서] 사라짐도 없기'(無生無滅) 때문이고, "[두 언덕 사이에] 흐르는 물 가운데에도 머물지 않는다"(不住中流)라는 것은 [생겨남과 사라짐이] '하나[인 같은 것]'(一)도 아니기 때문이다. [이와 관련하여 지장보살은 다음과 같은 의문을 대변하고 있다.] 〈'마음과 식식'(心識)도 이미 이와 같아서 '[불변·독자의 본질/실체로서] 생겨남도 없고 [불변·독자의 본질/실체로서] 사라짐도 없다면'(無生無滅) 어떻게 '옳거나 그른 대상세계'(可不境界)가 [그러한] 식식에 따라 생겨나게 되겠는가? [또] 만약 식식이 대상(境)을 일으킬 수 있다면, [그] 식식은 또한 대상(境)에 따라서 생겨나는데 어떻게 '[불변·독자의 본질/실체로서] 생겨남이 없는 식식'(無生識)이 생겨나는 것[인 대상세계(境界)]를 생겨나 있게 할 수 있습니까?〉 이러한 의문을 없애 주기 위해 [부처님께서] '게송 셋'(三頌)을 설한 것이다.

'게송 셋'(三頌)[을 이루는] 글은 곧 두 가지로 구분되니, 첫 번째 한 게송[307]

相)"(H1, 617b18~19)에서 밑줄 친 부분을 포함한 것이다. 따라서 두 경문의 내용을 축약하여 인용한 것이 아니라 해탈보살의 질문과 부처님이 대답한 내용을 그대로 옮긴 것이다.

307 위 경문에서 "所生能生二, 是二能所緣, 俱本名自無, 取有空華幻"이 여기에 해당한다.

은 '그 [의문을 없애 주는] 도리를 제시한 것'(示其道理)이고, 뒤의 두 게송308은 '[능생能生과 소생所生이라는] 양상이 [불변·독자의 본질/실체로서] 생겨난다는 집착을 깨뜨리는 것'(破相生執)이다.

첫 번째[인 한 게송] 가운데서 말한 "이 두 가지는 '주관이 되는 조건'(能緣)과 '대상이 되는 조건'(所緣)일 뿐이다"(是二能所緣)라는 것은, [지장보살] 그대가 〈식識은 '생겨나게 하는 것'(能生)이고 대상(境)은 '생겨난 것'(所生)이라고 생각한 것〉은 단지 '주관이 되는 조건'(能緣)과 '대상이 되는 조건'(所緣)을 '분별하여 취한 것'(妄取)이라는 말이다. 모두가 본래 명칭(名)일 뿐 '[독자적] 자기 [실체]'(自)가 없기에, 만약 [그런 것을] 붙들어 있다(有)고 여긴다면 마치 '허공 속의 꽃'(空華)이나 환상幻象을 붙들어 '실제로 있는 것'(實有)이라 여기는 것과 같으니, 그러므로 '[불변·독자의 본질/실체로서] 생겨남도 없고 [불변·독자의 본질/실체로서] 사라짐도 없다'(無生無滅)[는 말의 뜻]과 다르지 않다는 것이다.

[게송 셋](三頌)에서 뒤의 두 게송인] '[능생能生과 소생所生이라는] 양상이 [불변·독자의 본질/실체로서] 생겨난다는 집착을] 깨뜨리는 것'(破)에서 말한 "식識이 아직 생겨나지 않을 때, 대상도 이때 일어나지 않는다"(識生於未時, 境不是時生)라는 것은, 식識의 '생겨나게 함'(能生)이 아직 있지 않을 때에는 '생겨나는 대상'(所生境界)도 그때에는 생겨나지 않는다는 것을 밝힌 것이다. "대상이 아직 생겨나지 않을 때, 이때는 식識 또한 없도다"(於境生未時, 是時識亦滅)라는 것은, 대상(境)의 '생겨나게 함'(能生)이 아직 있지 않을 때에는 그 [대상에 따라] 생겨나는 식識'(所生識)도 그때에 역시 없다(滅)는 것을 밝힌 것이다. "없다"(滅)라는 것은 '완전히 없음'(寂滅)이니 '본래부터 없음'(本來無)을 가리킨다.

"저 [식識과 대상들]은 곧 본래 둘 다 [독자적 실체가] 없는 것이며, 또한 '있게 하지도 않기에'(不有) [생겨남이] '있음도 없다'(無有)"(彼卽本俱無, 亦不有無

---

308 위 경문에서 부처님이 설한 게송 가운데 나머지 구절인 "識生於未時, 境不是時生, 於境生未時, 是時識亦滅, 彼卽本俱無亦不有無有, 無生識亦無, 云何境從有?"가 여기에 해당한다.

有)라는 것은, 저 '[식識과 대상(境), 이] 두 가지의 '생겨나게 함'(能生)은 본래 모두 [독자적으로는] '없는 것'(無)이니, 이미 [독자적으로] '생겨나게 함'(能生)이 없어 또한 [독자적으로] 있게 하지도 않기 때문에 "있게 하지 않는다"(不有) 라고 말하였고, [독자적으로] 있게 하지 않기에 나중에 [그에 의해] 생겨남도 없으니 그러므로 "있음도 없다"(無有)라고 하였다.

"'[불변·독자의 본질/실체로서] 생겨남이 없는 식識' 또한 [독자적으로] 없는 것이다"(無生識亦無)라는 것은, 이미 [식識에] '[불변·독자의 본질/실체로서] 생겨나는 면모'(生義)가 없는데 어찌 식識이 [독자적으로] 있을 수 있겠느냐는 것이다. [그리고] 식識이 [독자적으로] 있지 않기 때문에 대상(境)도 [그 독자적 식識에] 따라 있지 않다는 것이다.

여기에는 곧 '두 가지 추론'(二種比量)이 있다. 첫 번째는, 〈식識은 생겨나게 하지 않는다. '생겨나게 함'(能生)이 없기 때문이다. ['식識이 생겨나게 한다' 는 주장은] 마치 타 버린 씨앗[에서 싹이 나기를] 바라는 것과 같다〉[라는 것이 그것이다.] 두 번째는, 〈대상(境)은 일어나지 않는다. '[일어나기 위해] 따라야 할 것'(所從)이 없기 때문이다. ['대상이 일어난다'는 주장은] 마치 거북이의 털[과 같이 존재하지 않는 것]을 따라 [일어난다고 말하는 것과 같다〉[라는 것이 그것이다.]

이상의 '여섯 부분'(六分)으로 '의심을 하나씩 해결하는 것'(別決疑)[309]을 마친다.

② 총괄하여 마무리함(摠定)

爾時, 地藏菩薩言, "法相如是, 內外俱空, 境智二衆, 本來寂滅. 如來 所說實相眞空, 如是之法, 卽非集也".

[H1, 670a5~7; T34, 1003a16~18]

---

309 이로써 '여섯 단원[에 나오는] 여섯 가지 의문을 반대의 순서대로 해결하는 것'(六品六 疑却次而決) 가운데 '하나씩 해결하는 것'(別決) 부분이 마무리되고, 이하부터 두 번째 인 '총괄하여 마무리하는 것'(摠定)이 시작된다.

그때 지장보살이 말하였다.

"'현상들의 양상'(法相)은 이와 같이 안[의 식識과] 밖[의 대상(境)]이 모두 '불변·독자의 본질/실체가 없는 것'(空)이고, 대상(境)과 [그에 대한] 앎(智)의 '두 가지 더미들'(二衆)은 '본래 불변·독자의 본질/실체가 없고 [불변·독자의 본질/실체로 보는 분별에 의한] 동요가 없는 것'(本來寂滅)입니다. 여래께서 설하신 '사실 그대로'(實相)의 '불변·독자의 본질/실체가 없는 참된 지평'(眞空)은 이와 같은 현상(法)들이라서 곧 [오염과 우환을] '모으는 것'(集)이 아니겠습니다."

此下, 第二摠定所說, 摠定六決非病是藥. 於中有二, 先定非病, 後定是藥. 初中亦二, 審問定許. 問中言"法相如是"者, 摠領前說六分法相. 言"內外"者, 識內境外故, 言"二衆"者, 境智衆多故. 言"非集"者, 非集生死雜染患故, 非如惡取空還集諸患故.

[H1, 670a8~14; T34, 1003a18~23]

이 아래는 ['여섯 단원[에 나오는] 여섯 가지 의문을 역순으로 해결하는 것'(六品六疑却次而決)의 두 부분 가운데] 두 번째인 '설해진 것을 총괄하여 마무리함'(摠定所說)이니, '여섯 가지 [의문의] 해결'(六決)은 병이 아니라 약이라는 것을 '총괄하여 마무리하는 것'(摠定)이다. 여기에는 두 가지가 있으니, 먼저는 '[여섯 가지 의문을 해결하는 것이] 병이 아님을 [총괄하여] 마무리하는 것'(定非病)이고 나중은 '[여섯 가지 의문을 해결하는 것이] 약임을 [총괄하여] 마무리하는 것'(定是藥)이다. 첫 번째에 또한 두 가지가 있으니 '자세하게 질문함'(審問)과 '인정하는 것을 마무리함'(定許)이다.

[자세하게] 질문하는 가운데 말한 "현상의 양상은 이와 같이"(法相如是)라는 것은 앞에서 말한 '여섯 부분[에 대한 의문에서 제시한] 현상의 양상'(六分法相)을 '총괄적으로 이해한 것'(摠領)이다. "안과 밖"(內外)이라고 말한 것은 식識은 안이고 대상(境)은 밖이기 때문이며, '두 가지 더미'(二衆)라고 말한 것은 대상(境)과 [그에 대한] 앎(智)이 매우 많기 때문이다. "모으는 것이 아

니다"(非集)라고 말한 것은 '삶과 죽음의 갖가지 오염과 우환'(生死雜染患)을 모으는 것이 아니기 때문이고, [또] '[아무것도 없는 것이라는] 허무주의'(惡取空)와 같은 '갖가지 우환'(諸患)을 다시 모으는 것이 아니기 때문이다.

佛言, "如是. 如實之法, 無色無住, 非所集非能集, 非義非大.[310] 一本科[311]法, 深功德聚".

[H1, 670a15~17; T34, 1003a24~25]

부처님께서 말씀하셨다.

"그렇다. '사실 그대로의 현상'(如實之法)은 '[불변·독자의 본질/실체로서의] 색깔이나 모양 있는 것이 없고'(無色), '[아무것도 없음에] 머무르지 않으며'(無住) '[고통이] 모인 것'(所集)도 아니고 '[고통의 원인을] 모으는 것'(能集)도 아니며, '[차별된] 면모'(義)도 아니고, '[물질현상의] 기본요소[들이 만든 양상]'(大)도 아니다. [사실 그대로의 현상'(如實之法)은] '하나처럼 통하는 본연범주의 현상'(一本科法)이어서, '심오한 이로운 능력의 [무수한] 더미'(深功德聚)이다."

此是如來定許. 言"無色"者, 不生着有之病故, "無住"者, 亦離惡取空患故. "非所集"者, 苦諦空故, "非能集"者, 集諦空故. "非義"者, 離陰界等差別義故, "非大"者, 離地水等能造相故. "一本科法"者, 是一本覺, 以是爲根, 能生諸行及諸功德故. 然科有二種, 一者, 雜染之科, 謂諸本識, 義如上說. 二者, 純淨之科, 謂一本覺, 如此文說. 彼本識中, 積集一切雜染種

---

310 대정장 『금강삼매경』에는 '大'가 아니라 '文'자로 되어 있는 판본이 있다고 교감하고 있으나, 원효의 주석에는 '大'로 나온다. 대정장과 한불전의 『금강삼매경론』에도 '大'자로 나온다.

311 대정장 『금강삼매경』에는 '科'가 아니라 '利'자로 되어 있는 판본이 있다고 교감하였다. 한불전에도 동일한 교감주가 있지만, 대정장 『금강삼매경론』에는 교감주 없이 '科'로 나온다. 원효의 주석에서도 '科'로 되어 있다.

子, 此本覺中, 唯有甚深性功德聚, 離相離性, 故名爲"深", 過恒沙數, 故名
爲"聚".

[H1, 670a18~b5; T34, 1003a25~b6]

이것은 '[[여섯 가지 의문을 해결하는 것이] 병이 아님을 [총괄하여] 마무리하는 것'
(定非病)의 두 부분 가운데 두 번째인] '여래께서 인정하는 것을 마무리함'(如來定
許)이다.

"[불변·독자의 본질/실체로서의] 색깔이나 모양 있는 것이 없다"(無色)라고
말한 것은 '[불변·독자의 본질/실체라고 생각하는] 존재에 집착하는 병'(着有之病)
을 일으키지 않기 때문이고, "머무르지 않는다"(無住)라는 것은 '[아무것도 없
는 것이라는] 허무주의[가 불러오는] 우환'(惡取空患)에서도 또한 벗어났기 때문
이다. "[고통이] 모인 것도 아니다"(非所集)라는 것은 '괴로움에 관한 진리'(苦
諦)[가 말하는 괴로움들이] '불변·독자의 본질/실체가 없는 것'(空)이기 때문
이고, "[고통의 원인을] 모으는 것도 아니다"(非能集)라는 것은 '괴로움의 원인
에 관한 진리'(集諦)[가 말하는 원인들]도 '불변·독자의 본질/실체가 없는 것'
(空)이기 때문이다.

"[차별된] 면모도 아니다"(非義)라는 것은 '[자아를 이루고 있는 요소들의 다섯
가지] 더미'(陰)와 '[6가지 감관능력과 6가지 감관대상, 그리고 이 둘의 결합으로 생겨
난 6가지 의식현상을 모두 합한 18가지] 경험세계'(界) 등이 '[분별에 의해] 차별된
면모'(差別義)에서 벗어났기 때문이고, "[물질현상의] 기본요소[들이 만든 양상]
도 아니다"(非大)라는 것은 땅(地)이나 물(水)[과 같은 물질현상의 기본요소들]이
지어내는 양상에서도 벗어났기 때문이다.

"하나처럼 통하는 본연 범주의 현상"(一本科法)이라는 것은 '하나처럼 통
하게 하는 깨달음의 본연'(一本覺)[인 '사실 그대로 앎']이니, 이것을 근본으로
삼아 '온갖 작용'(諸行)과 '갖가지 이롭게 할 수 있는 능력'(諸功德)을 생겨나
게 할 수 있기 때문이다. 그런데 '[현상의] 범주'(科)에는 두 가지가 있으니
첫 번째는 '갖가지로 오염된 범주'(雜染之科)로서 '[욕망세계(欲界)·유형세계(色
界)·무형세계(無色界)의] 바탕이 되는 갖가지 마음'(諸本識)을 가리키는데 [그]

뜻(義)은 위에서 설명한 것과 같다. 두 번째는 '온전한 범주'(純淨之科)로서 '하나처럼 통하게 하는 깨달음의 본연'(一本覺)[인 '사실 그대로 앎']을 가리키는데, 이 글에서 설명한 것과 같다.

저 '[욕망세계(欲界)·유형세계(色界)·무형세계(無色界)의] 바탕이 되는 마음'(本識)에는 '[근본무지에 따른 분별에 의해] 물들어 있는 모든 종자'(一切雜染種子)가 쌓여 있지만, 이 '깨달음의 본연'(本覺)[인 '사실 그대로 앎']에는 '본연이 지닌 매우 심오한 이로운 능력의 [무수한] 더미'(甚深性功德聚)만이 있으니, [이 '본연이 지닌 이로운 능력'(性功德)은 〈'[불변·독자의] 양상'(相)에서도 벗어나 있고 '[불변·독자의] 본질'(性)에서도 벗어나 있기〉(離相離性) 때문에 "심오하다"(深)라고 하였고, '갠지스강 모래알 숫자'(恒沙數)보다 많기 때문에 "[무수한] 더미"(聚)라고 말한 것이다.

地藏菩薩言, "不可思議. 不思議聚. 七五不生, 八六寂滅, 九相空無. 有空無有, 無空無有. 如尊者所說法義, 皆空. 入空無行, 不失諸業. 無我我所能所身見, 內外結使, 悉皆寂靜, 故諸願亦息. 如是理觀, 慧定眞如. 尊者常說, 寔如空法, 卽良藥也".

[H1, 670b6~12; T34, 1003b7~12]

지장보살이 말하였다.

"생각으로 헤아리기 어렵습니다. 생각으로 헤아리기 어려운 [이로운 능력의 무수한] 더미입니다. '제7말나식과 [제6식 이하의] 다섯 가지 식이 [불변·독자의 본질/실체로서] 생겨나지 않고'(七五不生), '제8아뢰야식과 제6의식은 불변·독자의 본질/실체가 없고 [불변·독자의 본질/실체로 보는 분별의] 동요가 없으며'(八六寂滅), '제9식의 양상도 불변·독자의 본질/실체가 없습니다'(九相空無). [그러므로] '[제8식에 불변·독자의 본질/실체로 분별하는 양상이] 있는 것도 불변·독자의 본질/실체가 없어서 [제8식에 불변·독자의 본질/실체로 분별하는 양상이] 있음도 [불변·독자의 본질/실체로서] 없으며'(有空無有), '[제9식에 불변·독자의 본질/실체로 보아 분별하는 양상이] 없는 것도 불변·독자의 본질/실체가 없어서 [제9식에 불변·독자의 본질/실체로 보아 분별하는 양상이 없는 것이] 있음도 [불변·독자의 본질/실체로] 있지 않습니다'(無空無有). 존경받는 분께서 설하신 '[모든] 현상의 면모'(法義)는 다 '불변·독자의 본질/실체가 없는 것'(空)입니다. [그런데] '불변·독자의 본질/실체가 없는 경지'(空)로 들어가 '[불변·독자의 본질/실체가 있다는 생각으로 하는] 행위가 없지만'(無行) '[자신과 타인을 이롭게 하는] 온갖 행위'(諸業)를 잃지도 않습니다. 〈나와 '나의 것'과 '주관과 객관'이 불변·독자의 본질/실체로서 있다는 견해〉(我我所能所身見)가 없고, 〈'내면의 것에 묶임'과 '외면의 것에 속박됨'〉(內外結使)이 모두 그쳐 평온하니, 그러므로 '모든 [불변·독자의 본질/실체적인 것들을] 바라는 것'(諸願) 또한 그치게 됩니다. 이와 같은 '진리대로 이해함'(理觀)에서는 지혜(慧)와 선정(定)이 '참 그대로'(眞如)[를 밝히는 것]이겠습니다. 존경받는 분께서 항상 설하신 이와 같은 '불변·독자의 본질/실체가 없다는 도리'(空法)는 곧 좋은 약이겠습니다."

此下, 第二審³¹²定是藥. 於中亦二, 先菩薩審問. 問中有三, 一者, 領前深功德聚, 二者, 乘顯深入理觀, 三者, 審問良藥勝德. 初中亦三, 摠標別顯, 後還摠結. "不思議聚"者, 摠標離相離性功德. 別顯之中, 先明離相, 後顯離性. 初中言"七五不生"者, 合明二種末識之空, 恒行識中, 第七是末, 不恒行中, 五識爲末故. "八六寂滅"者, 合明二種本識之寂, 恒行識中, 第八是本, 不恒行中, 第六爲本故. 次顯離性, "九相空無"者, 第九識相亦不守性故. "有空無有"者, 重成離相, 八識有相之法, 空無所有故. "無空無有"者, 重成離性, 九識無相之性, 空無所有故. 一心如是離相離性, 即是無量

---

312 한불전에는 '審'자 대신에 '番'자로 되어 있는 판본이 있다고 교감하였다. 대정장『금 강삼매경론』에도 '番'자로 나오는데, 이에 따르면 '두 번째'로 해석할 수 있다. 그러나 지금까지 '番'자를 써서 서수사로 쓴 사례가 없었고, 이하에 나오는 원효의 과문에 따르면 '審'자로 보고 번역하는 것이 적절하게 보이므로 그대로 두었다.

功德之聚. "如尊所說法義皆空"者, 第三摠結離相離性也.

[H1, 670b13~c7; T34, 1003b12~26]

이 아래는 ['총괄하여 마무리하는 것'(摠定)의 두 부분 가운데] 두 번째인 '[여섯 가지 의문을 해결하는 것이] 약임을 자세하게 마무리하는 것'(審定是藥)이다. 여기에도 또한 두 가지가 있으니, 먼저는 '[지장]보살이 자세하게 질문하는 것'(菩薩審問)이다. 질문에는 세 가지가 있으니, 첫 번째는 〈앞에서 [말한] '심오한 이로운 능력의 [무수한] 더미'를 이해하는 것〉(領前深功德聚)이고, 두 번째는 〈밝힌 것에 의거하여 '진리대로 이해함'에 깊이 들어가는 것〉(乘顯深入理觀)이며, 세 번째는 〈'좋은 약의 탁월한 능력'에 대해 자세하게 질문하는 것〉(審問良藥勝德)이다. 첫 번째에도 세 가지가 있으니, [첫째는] '총괄적인 제시'(摠標)이고, [둘째는] '하나씩 드러냄'(別顯)이며, [셋째인] 나중은 '다시 총괄하여 결론지음'(還摠結)이다.

"생각으로 헤아리기 어려운 [이로운 능력의 무수한] 더미입니다"(不思議聚)라는 것은 〈'[불변·독자의] 양상'(相)에서도 벗어나 있고 '[불변·독자의] 본질'(性)에서도 벗어나 있는 이로운 능력〉(離相離性功德)을 '총괄적으로 제시한 것'(摠標)이다.

'하나씩 드러냄'(別顯)에서는 먼저 '[불변·독자의] 양상에서 벗어났음'(離相)을 밝혔고, 나중에는 '[불변·독자의] 본질에서도 벗어났음'(離性)을 나타내었다.

첫 번째[인 '[불변·독자의] 양상에서 벗어났음을 밝힌 것'(明離相)]에서 말한 "제7말나식과 [제6식 이하의] 다섯 가지 식이 [불변·독자의 본질/실체로서] 생겨나지 않는다"(七五不生)라는 것은 '두 가지 부차적인 의식이 불변·독자의 본질/실체가 없음'(二種末識之空)을 합쳐서 밝힌 것이니, '항상 작용하는 의식'(恒行識) 가운데서는 제7말나식이 '부차적인 것'(末)이고 '항상 작용하지는 않는 의식'(不恒行[識]) 가운데서는 [제6식 이하의] 다섯 가지 식이 '부차적인 것'(末)이 되기 때문이다. "제8아뢰야식과 제6의식은 불변·독자의 본질/실체가 없고 [불변·독자의 본질/실체로 보는 분별의] 동요가 없다"(八六寂滅)라는

것은 '두 가지 근본이 되는 의식이 [분별의 동요가 없어] 고요함'(二種本識之寂)
을 합쳐서 밝힌 것이니, '항상 작용하는 의식'(恒行識) 가운데서는 제8아뢰
야식이 근본(本)이고 '항상 작용하지는 않는 의식'(不恒行[識]) 가운데서는
제6식이 근본(本)이 되기 때문이다.[313]

다음으로 ['하나씩 드러냄'(別顯)의 두 부분 가운데 두 번째인] '[불변·독자의] 본

---

[313] 항행식恒行識과 불항행식不恒行識: 이 개념들은 유식 관련 문헌에서 나타나지 않는
다. 주석의 설명에 나오는 것처럼, '항상 작용하는 의식'(恒行識)에서는 제7식이 부차
적이고, '항상 작용하지는 않는 의식'(不恒行[識])에서는 전오식前五識이 부차적인 것
이 되는 측면을 논의의 초점으로 삼아 〈'[불변·독자의] 양상'(相)에서도 벗어나 있고
'[불변·독자의] 본질'(性)에서도 벗어나 있음〉(離相離性)을 논증하는 서술은 다른 경론
에서 찾아보기 어렵다. 다만 『석마하연론』에서는 『금강삼매경』의 이 대목을 그대로
인용하여 소개하고 있어 주목된다. 『석마하연론釋摩訶衍論』 권4(T32, 630a15~17).
"金剛三昧契經中作如是說. 地藏菩薩言, 不可思議. 不思議聚. 七五不生, 八六寂滅, 九相空
無, 有空無有, 無空無有乃至上文言." 『석마하연론』은 인도의 용수龍樹가 저술하고 벌
제마다筏提摩多가 401년에 번역했다고 기록되어 있지만, 『석마하연론』에 인용되어
있는 『대승기신론』 본문이 150년 후에 진제眞諦가 번역한 내용이라는 점이나 주요
경록經錄에서 보이지 않는다는 점 등을 근거로 저자와 역자에 대한 의혹이 제기된
다. 또한 일본 엔닌(圓仁, 794~864)은 당나라 유학 당시의 스승이었던 신라승 진총珍
聰으로부터 『석마하연론』이 신라승 월충月忠의 저술이라는 말을 듣고 귀국 후 제자
안넨(安然)에게 전하였고 안넨은 그 내용을 그의 저술 『실담장悉曇藏』에 기록하고
있다. 이것을 근거로 『석마하연론』의 저자를 신라승 월충으로 보는 견해가 대두되었
고, 현재 불교학계에서는 『석마하연론』과 신라 화엄계의 상관성을 주목하면서 저자
가 신라인일 가능성이 거론되고 있다. 이시이 코세이(石井公成)는 『석마하연론』이
『금강삼매경』과 원효의 『금강삼매경론』을 사상적 배경으로 저술되었을 것이라고
추정하기도 한다. 김지연은 박사논문(「「釋摩訶衍論」의 註釋的 硏究: 「海東疏」와 「賢
首義記」의 비교를 중심으로」, 동국대, 2014)에서 『석마하연론』에 인용된 경론 가운
데 성립시기가 가장 늦은 것은 7세기 중엽에 현장이 번역한 『연기경』이고 7세기 말
에 저술된 법장의 『대승기신론의기』를 참고하고 있다는 점을 근거로 『석마하연론』
의 저술시기는 적어도 7세기 말 이후일 것으로 추정한다. 『석마하연론』의 주석서인
당나라 법민法敏(579~645)의 『석마하연론소釋摩訶衍論疏』 4권이 있다고 하지만, 이
런 사정들을 감안할 때 법민의 저술기록에 대해 의문이 제기된다. 이런 논의를 종합
적으로 고려할 때, 『석마하연론』은 원효의 저술과 『금강삼매경』을 읽었던 7세기 말
이후 신라승 월충에 의해 저술되었을 가능성이 높아 보인다.

질에서도 벗어났음'(離性)을 나타내었으니, "제9식의 양상도 불변·독자의 본질/실체가 없다"(九相空無)라는 것은 '제9식의 양상'(第九識相) 또한 '[불변·독자의] 본질'(性)을 지키지 않기 때문이다.

"[제8식에 불변·독자의 본질/실체로 분별하는 양상이] 있는 것도 불변·독자의 본질/실체가 없어서 [제8식에 불변·독자의 본질/실체로 분별하는 양상이] 있음도 [불변·독자의 본질/실체로서] 없다"(有空無有)라는 것은 '[불변·독자의] 양상에서 벗어났음'(離相)을 거듭 설명한 것이니, 제8식(八識)의 '[불변·독자의 본질/실체로 분별하는] 양상이 있는 현상'(有相之法)도 '불변·독자의 본질/실체가 없어'(空) '[불변·독자의 본질/실체로서] 존재하는 것이 없기'(無所有) 때문이다.

"[제9식에 불변·독자의 본질/실체로 보아 분별하는 양상이] 없는 것도 불변·독자의 본질/실체가 없어서 [제9식에 불변·독자의 본질/실체로 보아 분별하는 양상이 없는 것이] 있음도 [불변·독자의 본질/실체로] 있지 않습니다"(無空無有)라는 것은 '[불변·독자의] 본질에서도 벗어났음'(離性)을 거듭 설명한 것이니, 제9식(九識)의 '[불변·독자의 본질/실체로 보아 분별하는] 양상이 없는 면모'(無相之性)도 '불변·독자의 본질/실체가 없어'(空) '불변·독자의 본질/실체로서 존재하는 것이 없기'(無所有) 때문이다.

'하나처럼 통하는 마음'(一心)은 이와 같이 〈[불변·독자의] 양상'(相)에서도 벗어나 있고 '[불변·독자의] 본질'(性)에서도 벗어나 있기에〉(離相離性), 곧 '헤아릴 수 없이 많은 이로운 능력의 [무수한] 더미'(無量功德之聚)인 것이다.

"존경받는 분께서 설하신 '[모든] 현상의 면모'(法義)는 다 '불변·독자의 본질/실체가 없는 것'(空)입니다"(如尊所說法義, 皆空)라는 것은 '[앞에서 말한] 심오한 이로운 능력의 [무수한] 더미를 이해하는 것'(領前深功德聚)의 세 부분 가운데 세 번째인 〈[불변·독자의] 양상'(相)에서도 벗어나 있고 '[불변·독자의] 본질'(性)에서도 벗어나 있음을 [다시] 총괄하여 결론지음〉([遺]摠結離相離性)이다.

次明理觀. 於中有二, 別明摠結. 別明之中, 卽有三句. "入空無行, 不失諸業"者, 是空三昧, 謂理觀入空而無能所之行, 雖無能所, 不失六度等業

故. 次明無相三昧. "無我我所能所身見"者, 是離屬見諸煩惱相, 離我我所
相能見所見相故. "內外結使, 悉皆寂靜"者, 是離屬愛諸結使相, 內門諸結,
外門諸使, 三界煩惱, 諸相空故. 如是名爲無相三昧. "故願亦息"者, 是明
無願三昧. 由三界法皆寂靜故, 願求之心, 自然永息, 如是名爲無願三昧
也. "如是理觀, 慧定眞如"者, 是摠結句. 如前三種, 皆是理觀, 止觀無偏,
能所無二故. "尊者常說, 寔如空法, 卽良藥也"者, 第三審問. 如是空法, 具
諸功德, 治諸結使, 是故應卽爲良藥耶.

[H1, 670c7~671a1; T34, 1003b26~c11]

다음으로 '진리대로 이해함'(理觀)을 밝혔다. 여기에는 두 가지가 있으
니, '하나씩 밝힌 것'(別明)과 '총괄적인 결론'(摠結)이다. '하나씩 밝힌 것'(別
明)에는 곧 세 구절이 있다.

"'불변·독자의 본질/실체가 없는 경지'(空)로 들어가 [불변·독자의 본질/
실체가 있다는 생각으로 하는] 행위가 없지만'(無行) [자신과 타인을 이롭게 하는]
온갖 행위'(諸業)를 잃지도 않습니다"(入空無行, 不失諸業)라는 것은 '불변·
독자의 본질/실체가 없는 경지의 삼매'(空三昧)[의 뜻을 밝힌 것]이니, '진리대
로 이해'(理觀)하여 '불변·독자의 본질/실체가 없는 경지'(空)로 들어가서
'주관과 대상[을 불변·독자의 본질/실체로 분별하는] 행위'(能所之行)가 없어지지
만 '주관과 대상'(能所)[을 불변·독자의 본질/실체라고 분별함]이 없으면서도 '여
섯 가지 보살수행'(六度) 등의 행위(業)를 잃지 않는 것을 말한다.

다음은 [불변·독자의 본질/실체로서의] 양상이 없는 삼매'(無相三昧)[의 경지]
를 밝힌 것이다. "〈나와 '나의 것'과 '주관과 객관'이 불변·독자의 본질/실
체로서 있다는 견해〉가 없다"(無我我所能所身見)라는 것은 '온갖 번뇌의 양
상'(諸煩惱相)에 견해(見)를 묶어 놓는 것에서 벗어나는 것이니, 〈나와 '나의
것'[을 불변·독자의 본질/실체로 보는] 양상〉(我我所相)과 '주관과 객관[을 불변·
독자의 본질/실체로 보는] 양상'(能見所見相)에서 벗어났기 때문이다.

"'내면의 것에 묶임'과 '외면의 것에 속박됨'이 모두 그쳐 평온하다"(內外
結使, 悉皆寂靜)라는 것은 '[번뇌에 의한] 갖가지 [내면의 것에] 묶임과 [외면의 것

에] 속박되는 양상'(諸結使相)에 애착(愛)을 묶어 놓는 것에서 벗어나는 것이니, '내면의 것에 갖가지로 묶이는 것'(內門諸結)이건 '외면의 것에 갖가지로 속박되는 것'(外門諸使)이건 '[욕망세계(欲界)·유형세계(色界)·무형세계(無色界), 이] 세 가지 세계'(三界)의 '모든 유형의 번뇌 양상'(煩惱諸相)이 '불변·독자의 본질/실체가 없는 것'(空)이기 때문이다. 이와 같은 것을 '[불변·독자의 본질/실체로서의] 양상이 없는 삼매'(無相三昧)라고 부른다.

"그러므로 [불변·독자의 본질/실체적인 것들을] 바라는 것 또한 그치게 된다"(故願亦息)라는 것은, '[불변·독자의 본질/실체적인 것들을] 바라는 것이 없는 경지의 삼매'(無願三昧)를 밝힌 것이다. '[욕망세계(欲界)·유형세계(色界)·무형세계(無色界), 이] 세 가지 세계의 현상들'(三界法)이 모두 [불변·독자의 본질/실체로 보는 분별에 의한 동요가] '그쳐 평온해지기'(寂靜) 때문에 [불변·독자의 본질/실체적인 것들을] 바라고 구하는 마음이 저절로 완전하게 그치니, 이와 같은 것을 '[불변·독자의 본질/실체적인 것들을] 바라는 것이 없는 경지의 삼매'(無願三昧)라고 부른다.

"이와 같은 '진리대로 이해함'에서는 지혜와 선정이 '참 그대로'[를 밝히는 것]이겠습니다"(如是理觀, 慧定眞如)라는 것은 '총괄하여 결론 맺는 구절'(摠結句)이다. 앞에 나온 [공삼매空三昧·무상삼매無相三昧·무원삼매無願三昧, 이] 세 가지는 모두 '진리대로 이해함'(理觀)이니, [이 '진리대로 이해함'(理觀)에서는] '[빠져들지 않는 마음국면에 의거한] 그침과 [사실대로 보는] 이해'(止觀)[수행 가운데 어느 한쪽]에 치우침이 없고 '주관과 객관이 [불변·독자의 본질/실체로 보는 분별에 의해] 둘로 나뉨이 없기'(能所無二) 때문이다.

"존경받는 분께서 항상 설하신 이와 같은 '불변·독자의 본질/실체가 없다는 도리'(空法)는 곧 좋은 약이겠습니다"(尊者常說, 寔如空法, 卽良藥也)라는 것은 '[지장보살이 자세하게 질문하는 것'(菩薩審問)의 세 부분 가운데] 세 번째인 '[좋은 약의 탁월한 능력에 대해] 자세하게 질문하는 것'(審問[良藥勝德])이다. 이와 같은 '불변·독자의 본질/실체가 없다는 도리'(空法)는 '온갖 이로운 능력'(諸功德)을 갖추어 '[번뇌에 의한] 갖가지 묶임과 속박들'(諸結使)을 치유하니, 그러므로 마땅히 좋은 약이 되는 것이다.

佛言, "如是. 何以故? 空故.[314] 空性無生, 心常無生. 空性無滅, 心常無滅. 空性無住, 心亦無住, 空性無爲, 心亦無爲. 空無出入, 離諸得失, 陰界入[315]等, 皆悉亦無. 心如不著, 亦復如是. 菩薩! 我說諸空, 破諸有故".

[H1, 671a2~7; T34, 1003c12~16]

부처님께서 말씀하셨다.

"그렇다. 어째서인가? '불변·독자의 본질/실체가 없는 것'(空)이기 때문이다. '불변·독자의 본질/실체가 없는 본연'(空性)은 [불변·독자의 본질/실체가] 생겨남이 없기에'(無生), '마음에도 항상 [불변·독자의 본질/실체라는 생각을] 일으킴이 없다'(心常無生). [또] '불변·독자의 본질/실체가 없는 본연'(空性)은 [불변·독자의 본질/실체로서] 사라짐이 없기에'(無滅) 마음에도 항상 [불변·독자의 본질/실체로서] 사라짐이 없다'(無滅). [또] '불변·독자의 본질/실체가 없는 본연'(空性)은 '[어떤 것에도] 머무름이 없기에'(無住) 마음도 또한 '[어떤 것에도] 머무름이 없으며'(無住), '불변·독자의 본질/실체가 없는 본연'(空性)은 '[불변·독자의 본질/실체로 보는 생각으로 하는] 행위가 없기에'(無爲) 마음도 또한 '[불변·독자의 본질/실체로 보는 생각으로 하는] 행위가 없다'(無爲).

---

314 대정장 『금강삼매경』에는 본문의 '空故' 앞에 '法性'이 부가된 '法性空故'로 적혀 있다. '현상의 본연'(法性)이라는 말이 부가되면 경문의 뜻이 더욱 분명해지겠지만, 원효의 주석에서는 '空故'로 인용되고 있으므로 여기서는 '空故'로 보고 번역한다. 한불전과 대정장의 『금강삼매경론』에서도 모두 '空故'로 되어 있고, 대정장 『금강삼매경』에도 '法性'이 없는 판본이 있다고 교감하고 있다.

315 대정장 『금강삼매경』에는 본문의 '陰界入'과는 달리 '界陰入'의 순서로 기록해 놓고 '陰界入'으로 된 판본이 있다는 교감주를 달았다. 그러나 원효는 '陰界入'의 순서대로 주석을 달고 있으므로 그에 따른다. 한불전과 대정장의 『금강삼매경론』에도 모두 '陰界入'의 순서로 나온다.

'불변·독자의 본질/실체가 없는 경지'(空)는 '나감과 들어옴이 없고'
(無出入), 모든 '[불변·독자의 본질/실체를] 얻거나 잃음'(得失)에서도 벗어났
으니, '[자아를 이루고 있는 요소들의 다섯 가지] 더미'(陰), '[6가지 감관능력과 6가
지 감관대상, 그리고 이 둘의 결합으로 생겨난 6가지 의식현상을 모두 합한 18가지]
경험세계'(界), '[경험세계를 발생시키는 6가지 감관능력과 6가지 대상이라는 열두
가지] 기반이 되는 통로'(入) 등[의 현상들(法)]도 다 [불변·독자의 본질/실체로
서는] 없는 것이다. 마음이 [사실 그대로와] 같아져서'(如) '[불변·독자의 본질
/실체'가 있다는 생각에] 집착하지 않는 것도 이와 같다. 보살이여! 내가 갖
가지 '불변·독자의 본질/실체가 없다는 도리'(諸空)를 설한 것은 '모든
유형의 [불변·독자의 본질/실체가] 있다'(諸有)[는 생각]을 깨뜨리려 함이다."

此是如來定許. 於中有三, 一者摠許. 言"空故"者, 所以爲良藥者, 只由
空故, 有卽生病故. "空性"已下, 第二別許. 於中有二, 先明服空藥故, 離流
轉之果患, 後顯服空藥故, 治取着之因病. 初中言"空性無生, 心常無生"者,
入空之心, 同空無生故. 又隨無滅, 心常無滅. 生滅, 正是無常之義, 故翻
彼二名爲"常"也. "心亦無住"者, 非但無初後相, 亦無中間住相, 此是別明
離三相也. "心亦無爲"者, 摠顯離彼三有爲相, 是明服空, 離無常病. 次明
亦離取着之病. "無出入"者, 無有出觀入觀之異, "離得失"者, 亦離得新失
古之相. "心如不着, 亦如是³¹⁶"者, 能觀之心, 亦如空理, 不取出入得失之
相, 不着陰界入等之法, 是明服空, 離取着病也. "我說諸空, 破諸有故"者,
第三結定. 就實而言, 空理無二, 而說五三等諸空者, 爲破諸人着有病故.
隨病衆多, 說空亦爾. 又復理實非空不空, 但爲破有, 强說爲空, 非空言下
存空性也. 以是二意, 結諸空敎.

[H1, 671a8~b6; T34, 1003c16~1004a5]

이것은 '여래가 인정하는 것을 마무리함'(如來定許)이다. 여기에는 세 가

---

316 『금강삼매경』 원문은 '亦復如是'이다.

지가 있으니,

첫 번째는 '총괄하여 인정함'(總許)이다. "불변·독자의 본질/실체가 없는 것이기 때문이다"(空故)라고 말한 것은, 좋은 약이 되는 이유는 오직 '불변·독자의 본질/실체가 없다'(空)[는 진리를 밝혀 주는 것]이기 때문이니, '[불변·독자의 본질/실체가 있다'(有)[는 생각이 있다]면 바로 병을 일으키기 때문이다.

"불변·독자의 본질/실체가 없는 본연"(空性) 이하는 ['여래가 인정하는 것을 마무리함'(如來定許)의] 두 번째인 '하나씩 인정함'(別許)이다. 여기에는 두 가지가 있으니, 먼저 〈'불변·독자의 본질/실체가 없다는 도리라는 약'(空藥)을 먹기 때문에 '[근본무지(無明)에 매여] [고통의 세계에] 표류하는 과보의 고통'(流轉之果患)에서 벗어남〉을 밝혔고, 나중에는 〈'불변·독자의 본질/실체가 없다는 도리라는 약'(空藥)을 먹기 때문에 '붙들어 집착함이라는 원인이 되는 병'(取着之因病)을 치유하는 것〉을 드러내었다.

['하나씩 인정함'(別許)의 두 부분 가운데] 첫 번째에서 말한 "'불변·독자의 본질/실체가 없는 본연'은 [불변·독자의 본질/실체가] 생겨남이 없기에, 마음에도 항상 [불변·독자의 본질/실체라는 생각을] 일으킴이 없다"(空性無生, 心常無生)라는 것은, '불변·독자의 본질/실체가 없는 경지로 들어간 마음'(入空之心)은 '불변·독자의 본질/실체가 없는 [본연]'(空[性])과 같아져서 '[불변·독자의 본질/실체라는 생각을] 일으킴이 없기'(無生) 때문이다. 또한 '[불변·독자의 본질/실체가 없는 본연'(空性)에는 불변·독자의 본질/실체로서] 사라짐도 없음'(無滅)에 따라 마음에도 항상 '[불변·독자의 본질/실체로서] 사라짐이 없다'(無滅). '생겨나고 사라진다'(生滅)는 것은 바로 '한결같음이 없다'(無常)는 뜻이니, 그러므로 저 [생겨남(生)과 사라짐(滅)이라는] 두 명칭[의 뜻]을 뒤집어서 "[마음에는] 항상(常)"이라고 한 것이다.

"마음도 또한 [어떤 것에도] 머무름이 없다"(心亦無住)라는 것은, '처음과 나중이라는 양상'(初後相)이 [불변·독자의 본질/실체로서] 없을 뿐만 아니라 '중간에 머무는 양상'(中間住相) 또한 [불변·독자의 본질/실체로서] 없다는 것이니, 이것은 '[생겨남(生)·머무름(住)·사라짐(滅), 이] 세 가지 [불변·독자의 본질/

실체로서의] 양상에서 벗어남'(離三相)을 '하나씩 밝힌 것'(別明)이다. "마음도 또한 [불변·독자의 본질/실체로 보는 생각으로 하는] 행위가 없다"(心亦無爲)라는 것은, 저 [처음, 나중, 중간에서의] 세 가지 [불변·독자의 본질/실체로 보는 생각으로 하는] 행위의 양상'(三有爲相)에서 벗어남을 총괄하여 드러낸 것이니, 이 것은 '불변·독자의 본질/실체가 없다는 도리[라는 약]'(空[藥])을 먹고서 '[근 본무지(無明)에 매여] 덧없이 [고통의 세계에 표류하는] 병'(無常病)에서 벗어남을 밝힌 것이다.

다음은 '붙들어 집착하는 병'(取着之病)에서도 벗어남을 밝혔다. "나감과 들어옴이 없다"(無出入)라는 것은 '[진리대로] 이해하는 수행에서 나오는 것' (出[理]觀)과 '[진리대로] 이해하는 수행으로 들어가는 것'(入[理]觀)의 차이가 [불변·독자의 본질/실체로서] 있지 않다는 것이고, "'[불변·독자의 본질/실체를] 얻거나 잃음'(諸得失)에서도 벗어났다"(離得失)라는 것은 '새로운 것을 [불 변·독자의 본질/실체로서] 얻고 옛것을 [불변·독자의 본질/실체로서] 잃어버리는 양상'(得新失古之相)에서도 벗어난다는 것이다. "마음이 [사실 그대로와] 같아 져서 '[불변·독자의 본질/실체'가 있다는 생각에] 집착하지 않는 것도 이와 같 다"(心如不着, 亦如是)라는 것은, [주관인] '이해하는 마음'(能觀之心) 또한 '불 변·독자의 본질/실체가 없다는 도리'(空理)와 같아져서 '[이해수행(觀)에서] 나가거나 들어오는 양상'(出入之相)이나 '[새것을] 얻거나 [옛것을] 잃어버리는 양상'(得失之相)을 [불변·독자의 본질/실체로서] 붙들지 않고 '[자아를 이루고 있는 요소들의 다섯 가지] 더미'(陰), '[6가지 감관능력과 6가지 감관대상, 그리고 이 둘의 결 합으로 생겨난 6가지 의식현상을 모두 합한 18가지] 경험세계'(界), '[경험세계를 발생 시키는 6가지 감관능력과 6가지 대상이라는 열두 가지] 기반이 되는 통로'(入) 등의 현상(法)에 집착하지 않으니, 이것은 '불변·독자의 본질/실체가 없다는 도리[라는 약]'(空[藥])을 먹고서 '붙들어 집착하는 병'(取着病)에서 벗어남을 밝힌 것이다.

"내가 갖가지 '불변·독자의 본질/실체가 없다는 도리'(諸空)를 설한 것 은 '모든 유형의 [불변·독자의 본질/실체가] 있다'(諸有)[는 생각]을 깨뜨리려 함이다"(我說諸空, 破諸有故)라는 것은 [인정하는 것을 마무리함'(定許)의 세 부분 가운데] 세 번째인 '결론지어 마무리함'(結定)이다.

사실에 의거해서 말하면 '불변·독자의 본질/실체가 없다는 도리'(空理)에서는 [불변·독자의 본질/실체에 의해] 둘로 나뉨이 없지만'(無二), 다섯 가지나 세 가지317 등의 갖가지 '불변·독자의 본질/실체가 없음'(空)을 말하는 것은 사람들의 '[불변·독자의 본질/실체가] 있다[는 생각]에 집착하는 병'(着有病)을 깨뜨리기 위해서이다. 병이 여러 가지로 많음에 따라서, '불변·독자의 본질/실체가 없음'(空)을 설하는 [방식]도 그와 같[이 많은 것이]다. 또한 '[불변·독자의 본질/실체가 없다는] 도리'([空]理)에서는 사실상 '불변·독자의 본질/실체가 없다'(空)거나 '[아무것도 없는] 허망한 것이 아니다'(不空)라는 말이 다 맞지 않지만, 단지 '[불변·독자의 본질/실체가] 있다'(有)[는 생각]을 깨뜨리기 위하여 억지로 '불변·독자의 본질/실체가 없다'(空)고 말한 것이지 '불변·독자의 본질/실체가 없다는 말'(空言) 이면에 '불변·독자의 본질/실체가 없다는 본질'(空性)을 설정하는 것은 아니다. 이 '두 가지 뜻'(二意)으로써 온갖 유형의 '불변·독자의 본질/실체가 없다는 가르침'(空敎)들을 마무리하였다.

---

317 오공五空과 삼공三空: 여기서 '다섯 가지'나 '세 가지'라고 한 것은 '사실 그대로가 온전하게 드러나는 지평에 들어감[을 주제로 하는] 단원'(入實際品)에서 제기되었던 '불변·독자의 본질/실체가 없는 세 가지 경지'(三空)와 '다섯 가지에 불변·독자의 본질/실체가 없음'(五空)을 각각 가리킨다. 삼공三空은 '불변·독자의 본질/실체가 없는 면모 또한 불변·독자의 본질/실체가 없다'(空相亦空), 〈'불변·독자의 본질/실체가 없는 면모도 불변·독자의 본질/실체가 없다는 것' 또한 불변·독자의 본질/실체가 없다〉(空空亦空), '불변·독자의 본질/실체가 없어진 것 또한 불변·독자의 본질/실체가 없다'(所空亦空)는 세 가지를 가리킨다. 또 오공五空은 〈'[욕망세계(欲界)·유형세계(色界)·무형세계(無色界), 이] 세 가지 세계는 불변·독자의 본질/실체가 없음'(三有是空), '여섯 가지 미혹한 세계에서의 그림자와 같은 과보는 불변·독자의 본질/실체가 없음'(六道影是空), '현상세계의 양상은 불변·독자의 본질/실체가 없는 것임'(法相是空), '언어가 나타내는 차이는 불변·독자의 본질/실체가 없는 것임'(名相是空), '마음과 의식의 면모는 불변·독자의 본질/실체가 없음'(心識義是空)〉을 가리킨다.

(2) 한 단원[에 나오는] 세 가지 의문을 차례대로 없앰(一品三疑順次而遺)

地藏菩薩言, "尊者! 知有非實, 如陽燄水, 知實非無, 如火性王,[318] 如是觀者, 是人智耶?"

[H1, 671b7~9; T34, 1004a6~7]

지장보살이 말하였다.

"존경받는 분이시여! '[불변·독자의 본질/실체로서] 있음'(有)이 '사실 [그대로인 것]'(實)이 아님이 마치 아지랑이가 물[이 아닌 것]과 같음을 알고, '사실 [그대로인 것]'(實)이 없지 않음이 마치 '왕과도 같은 불의 성질'(火性王)[이 있는 것]과 같음을 아니, 이와 같이 이해(觀)하는 자라면 이 사람은 지혜롭습니까?"

六品六疑却次而决, 別決摠定, 竟在於前. 此下, 第二, 一品三疑順次而遺. 於中有三, 謂如來藏一品之中, 復起三疑, 次第遺故. 第一疑者. 謂彼梵行長者頌言, "若說法有一, 如燄水迷倒", 又言"若見於法無, 如盲無日倒". 有依彼說而生疑云, 〈長者俗人, 如是判說, 爲妄見耶, 爲眞智耶?〉作如是疑, 不肯信受, 爲遺彼疑, 擧彼事問. 燄水之喩, 如前已說. "知實非無"者, 能知一實義性非無. 彼說〈計無實者, 如盲無日倒〉故, 是知長者, 知實非無. 非無之義, "如火性王", 謂如木中有火大性, 分析求之, 不得火相, 而實不無木中火性, 鑽而求之, 火必現故. 一心亦爾. 分析諸相, 不得心性, 而實不無, 諸法中心, 修道求之, 一心顯故. 如是火性, 相隱勢大, 如似國主, 故名王也. 長者, 如是離二邊觀, "是人智耶?", 如是問也.

[H1, 671b10~c5; T34, 1004a8~23]

---

318 대정장 『금강삼매경』에는 '王'자 대신에 '生'자로 나와 있다. 한불전에서도 '生'자로 되어 있는 판본이 있다고 교감하고 있지만, 대정장 『금강삼매경론』에는 '王'자로 나오고 원효의 주석에서는 '王'자로 인용하고 있으므로 '王'자로 보고 번역한다.

'여섯 단원[에 나오는] 여섯 가지 의문을 역순으로 해결하는 것'(六品六疑却次而決)에서 '하나씩 해결하는 것'(別決)과 '총괄하여 마무리하는 것'(摠定)을 이상으로 [모두] 마친다. 이 아래는 ['대중들의 의문을 해결하는 것'(決)의 두 부분 가운데] 두 번째인 '한 단원[에 나오는] 세 가지 의문을 순서대로 없애는 것'(一品三疑順次而遺)이다. 여기에는 세 가지가 있으니, '여래의 면모가 간직된 창고[를 주제로 하는] 한 단원'(如來藏一品) 안에서 다시 '세 가지 의문'(三疑)을 제기하고는 차례대로 없애는 것이다.

① [여래장품如來藏品에서 일으킨] 첫 번째 의문(第一疑)

첫 번째 의문이라는 것은 [다음과 같다.] [여래장품如來藏品에서] 저 범행장자는 게송으로 말하기를 "만약 현상(法)에는 '동일함만이 있을 뿐'(有一)이라고 말한다면, 마치 아지랑이와 물을 미혹 때문에 거꾸로 아는 것과 같다"(若說法有一, 如餤水迷倒)[319]라고 하였고, 또 말하기를 "만약 ['하나처럼 통하는 마음'(一心)이라는] 현상은 없다고 본다면, 마치 눈먼 이가 해가 없다고 거꾸로 생각하는 것과 같다"(若見於法無, 如盲無日倒)[320]라고 하였다. [그런데] 저 [「여래장품」의] 설명에 의거하여 의문을 일으켜 [다음과 같이] 말하는 경우가 있다.

---

[319] 여기서 인용한 구절은 「여래장품」의 경문에서 일부를 생략하고 옮겼다. 전문을 모두 옮기면 다음과 같다. "만약 현상(法)에는 '동일함만이 있을 뿐'(有一)이라고 말한다면, 이 [동일한 현상이라는] 면모(相)는 마치 [눈병이 든 사람에게 보이는] 눈썹 [사이에 떠 있는 것 같은] 수레바퀴와 같고 마치 아지랑이와 물을 미혹 때문에 거꾸로 아는 것과 같으니, 모두 사실이 아니기 때문입니다"(H1, 663b19~20. 若說法有一, 是相如毛輪, 如餤水迷倒, 爲諸虛妄故).

[320] 이 구절 역시 「여래장품」의 경문에서 일부를 생략하고 옮긴 것이다. 전문을 모두 옮기면 다음과 같다. "만약 ['하나처럼 통하는 마음'(一心)이라는] 현상은 없고 이러한 현상은 [아무것도 없는] 허공과도 같다고 본다면, 마치 눈먼 이가 해가 없다고 거꾸로 생각하는 것처럼, ['하나처럼 통하는 마음'(一心)이라는] 현상(法)을 마치 거북이의 털[처럼 없는 것]이라고 말하는 것입니다"(H1, 663b21~22. 若見於法無, 是法同於空, 如盲無日倒, 說法如龜毛).

〈장자는 세속에서 사는 사람인데 이와 같이 판단하여 말하였으니, 잘못된 견해일까 참된 지혜일까?〉 이러한 의문을 내어 믿고 받아들이려 하지 않으니, 그 의문을 없애 주기 위하여 [여래장품의] 저 내용을 거론하여 질문한 것이다.

'아지랑이를 물로 [거꾸로] 아는 비유'(㷠水之喩)는 앞에서 이미 설명한 것과 같다. [여기서 지장보살이 말한] "'사실 [그대로인 것]'이 없지 않음을 안다"(知實非無)라는 것은, '하나처럼 통하는 사실 그대로의 면모'(一實義性)가 없지 않음을 알 수 있다는 것이다. [그런데 「여래장품」에서] 그 [범행장자]가 〈'사실 [그대로인 것]'(實)이 없다고 생각하는 것은 마치 눈먼 이가 해가 없다[고 거꾸로 생각하]는 것과 같다〉라고 말하였기 때문에, 장자는 '사실 [그대로인 것]이 없지 않음'(實非無)을 알고 있다는 것을 알 수 있다.

'[사실 [그대로인 것]'(實)이] 없지 않은 면모'(非無之義)는 "마치 '왕과도 같은 불의 성질'[이 있는 것]과 같다"(如火性王)라는 것은 [다음과 같은 뜻이다.] 마치 나무 안에는 〈'불이라는 물질적 요소'에 해당하는 성질〉(火大性)이 있지만 [나무를] 쪼개어 찾아보아도 '불의 면모'(火相)를 얻을 수 없으며, 그러나 나무 안의 '불의 성질'(火性)이 실제로 없는 것은 아니니, [나무에] 구멍을 뚫고 비벼서 구하면 불은 반드시 나타나기 때문이다.

'하나처럼 통하는 마음'(一心)도 그와 같은 것이다. [마음의] '온갖 양상'(諸相)을 분석해 보아도 '마음의 본질'(心性)을 얻을 수 없지만 ['하나처럼 통하는 마음'(一心)이] 실제로 없는 것은 아니니, '모든 현상'(諸法)에서의 마음을 도를 닦아 구하면 '하나처럼 통하는 마음'(一心)이 나타나기 때문이다. 이와 같이 '불에 타는 성질'(火性)은, [그] 면모(相)는 숨어 있지만 세력은 큰 것이 마치 나라의 주인과 같기 때문에 왕이라고 부른 것이다. 장자도 이처럼 ['있다'(有)고 보거나 '없다'(無)고 보는] 두 가지 치우친 이해'(二邊觀)에서 벗어나 있으니, [그러기에 지장보살이] "이 사람은 지혜롭습니까?"(是人智耶?)라고 질문한 것이다.

佛言, "如是. 何以故? 是人眞觀, 觀一寂滅, 相與不相, 等以空取. 以³²¹修空故, 不失見佛, 以見佛故, 不順三流.

[H1, 671c6~8; T34, 1004a24~26]

부처님께서 말씀하셨다.

"그렇다. 어째서인가? 이 사람은 '사실 그대로 이해하였으니'(眞觀), '하나처럼 통하는 [마음]'(一[心])은 '불변·독자의 본질/실체가 없고 [불변·독자의 본질/실체로 보는 분별의] 동요가 없는 것임'(寂滅)을 이해(觀)하여 '[불변·독자의 본질/실체로서의] 양상'(相)[을 두는 세속]과 '[불변·독자의 본질/실체로서의] 양상이 아님'(不相)[을 두는 진리]를 똑같이 '불변·독자의 본질/실체가 없는 것'(空)으로 간주하기 때문이다. [그는] '불변·독자의 본질/실체 없음'(空)을 익히기 때문에 '부처를 보는 것'(見佛)을 잃지 않고, 부처를 보기 때문에 '세 가지[로 번뇌를 일으키는] 거센 물결'(三流)³²²을 따르지 않는다.

---

321 대정장 『금강삼매경』에는 '以'자 앞에 '空'자를 추가하여 '空以修空故'로 되어 있지만, 문맥을 고려하여 '以修空故'로 보고 번역한다. 한불전과 대정의 『금강삼매경론』에도 '以修空故'로 나온다.

322 삼류三流: 유류流는 산스크리트어인 'ogha'의 뜻을 옮긴 말로서 '거센 물결'을 의미하므로 주로 폭류暴流로 한역漢譯되었다. 거센 물결이 순식간에 사람과 집을 휩쓸어 가는 것처럼 사람들의 마음을 휩쓸어 가는 것을 가리키므로 번뇌의 별명이 되는 것이다. 삼류三流로 제시되는 경우는 경론에서 거의 나타나지 않는데, 『아비달마구사석론阿毘達磨俱舍釋論』에서 동일한 사례가 보인다. 『아비달마구사석론』 권15(T29, 261a4~5). "是隨眠惑於經中世尊說爲三流, 謂欲流有流無明流." 『아비달마대비바사론阿毘達磨大毘婆沙論』의 경우처럼, 삼류三流 대신 사폭류四暴流라는 술어가 좀 더 일반화된 용법이다. 여기서는 원효의 주석에서 나타난 욕류欲流, 유류有流, 무명류無明流 다음에 견류見流를 추가하여 사폭류라고 부르고 있다(T27, 446c15~28 참조). 『유가사지론』에서도 사폭류가 나타나고 있는데, "復次欲貪瞋等欲界所繫煩惱. 行者欲界所繫上品煩惱未斷未知, 名欲暴流. 有見無明三種暴流. 如其所應當知亦爾, 謂於欲界未得離欲, 除諸外道名欲暴流, 已得離欲名有暴流. 若諸外道從多論門. 當知有餘二種暴流, 謂諸惡見略攝爲一, 名見暴流. 惡見因緣略攝爲一, 說名第四無明暴流"(T30, 803b12~19)라고 하여 순서에서 차이를 보이고 있다.

此下, 如來決疑. 於中有二, 直決釋決. 言"如是"者, 決是人智, "何以故"
下, 釋其是智. 於中有二, 略釋廣演. 初中言"觀一寂滅"者, 觀一心法寂滅
義故. "相與不相, 等以空取"者, 觀有相俗與無相眞, 等不存故, 融爲一故.
如是修空, 正順佛心故, 常見佛身, 未曾失時, 故言"不失見佛". 以常見佛,
彌增空觀, 空觀增進, 違逆諸有, 故言"不順三流". 三流具攝三界煩惱, 謂
欲流有流及無明流. 是謂三流, 義如常說.

[H1, 671c9~20; T34, 1004a26~b6]

이 아래는 '여래가 의문을 해결해 주는 것'(如來決疑)[323]이다. 여기에는 두
가지가 있으니 '곧바로 [의문을] 해결해 주는 것'(直決)과 '해석하여 [의문을]
해결해 주는 것'(釋決)이다. "그렇다"(如是)라고 말한 것은 이 사람의 지혜
를 확인해 준 것이고, "어째서인가?"(何以故) 이하는 그 사람이 지혜로움을
해석해 준 것이다. 여기에는 두 가지가 있으니, '간략하게 해석한 것'(略釋)
과 '자세하게 설명한 것'(廣演)이다.

첫 번째[인 '간략하게 해석한 것'(略釋)]에서 말한 "하나처럼 통하는 [마음은]
'불변·독자의 본질/실체가 없고 [불변·독자의 본질/실체로 보는 분별의] 동요
가 없는 것임'을 이해한다"(觀一寂滅)라는 것은, 〈'하나처럼 통하는 마음'이
라는 현상〉(一心法)의 '불변·독자의 본질/실체가 없고 [불변·독자의 본질/실
체로 보는 분별의] 동요가 없는 면모'(寂滅義)를 이해한 것이다. "[불변·독자의
본질/실체로서의] 양상'(相)[을 두는 세속]과 '[불변·독자의 본질/실체로서의] 양상이
아님'(不相)[을 두는 진리]를 똑같이 '불변·독자의 본질/실체가 없는 것'(空)
으로 간주한다"(相與不相, 等以空取)라는 것은, '[불변·독자의 본질/실체로서의]
양상을 두는 세속'(有相俗)과 '[불변·독자의 본질/실체로서의] 양상을 두지 않는
진리'(無相眞)를 똑같이 [불변·독자의 본질/실체로서] 두지 않는 것을 이해(觀)

---

323 여래가 의문을 해결해 주는 것(如來決疑): 앞의 경문에서는 「여래장품」 안에서 제기
된 세 가지 의문 가운데 첫 번째 의문에 대해서 지장보살이 질문하였는데, 여래가 그
질문에 답함으로써 의문을 풀어 주는 대목에 해당한다.

하는 것이고, [세속과 진리를] 녹여서 하나로 [통하게] 하는 것이다. 이와 같이 '불변·독자의 본질/실체가 없음'(空)을 익히면 곧바로 '부처의 마음'(佛心) 을 따르는 것이기 때문에 언제나 '부처 몸'(佛身)을 보면서 잃어버리는 때 가 없으니, 그러므로 "부처를 보는 것을 잃지 않는다"(不失見佛)라고 말한 것이다.

[또] 언제나 '부처를 봄'(見佛)으로써 '불변·독자의 본질/실체가 없다는 이해'(空觀)를 더욱 늘리고, '불변·독자의 본질/실체가 없다는 이해'(空觀) 가 증진되면 '온갖 유형의 [불변·독자의 본질/실체로서] 있다'(諸有)[는 생각]을 거스르게 되니, 그러므로 "세 가지[로 번뇌를 일으키는] 거센 물결을 따르지 않는다"(不順三流)라고 말하였다. '세 가지[로 번뇌를 일으키는] 거센 물결'(三流)은 '[욕망세계(欲界)·유형세계(色界)·무형세계(無色界), 이] 세 가지 세계의 번뇌'(三界煩惱)를 모두 포괄하니, '[근본무지에 매인] 욕망의 거센 물결'(欲流), '[근본무지에 매인] 존재의 거센 물결'(有流), '근본무지의 거센 물결'(無明流)이 그것이다. 이것을 '세 가지[로 번뇌를 일으키는] 거센 물결'(三流)이라 일컫는 것은 [그] 뜻이 통상적으로 설명하는 것과 같다.

於大乘中, 三解脫道, 一體無性, 以其無性故, 空. 空故, 無相, 無相故, 無作, 無作故, 無求, 無求故, 無願. 以是[324]業故, 淨心,[325] 以心淨故, 見佛,[326] 以見佛故, 當生淨土. 菩薩! 於是深法, 三化勤修, 慧定圓成, 卽超三界."

[H1, 671c21~672a2; T34, 1004b7~11]

---

[324] 대정장 『금강삼매경』에는 '以是' 앞에 '無願故'를 부가하고 있지만, 원효의 주석에서 는 '以是'로 인용하고 있기 때문에 '以是'로 본다. 한불전과 대정장의 『금강삼매경론』 에도 '以是'로 되어 있다.

[325] 대정장 『금강삼매경』에는 '淨心' 앞에 '須'자가 삽입되어 있지만, 원효의 주석에 따라 '須'자를 넣지 않고 번역한다. 한불전과 대정장의 『금강삼매경론』에도 '淨心' 앞에 '須' 자가 없다.

[326] 대정장 『금강삼매경』에는 '見佛' 앞에 '便'자가 있다.

대승의 가르침 가운데 '해탈에 이르는 세 가지 수행 길'(三解脫道)[327]은 [그 본연이] '하나처럼 통하는 본연'(一體)이어서 '[불변의] 본질이 [따로] 없으니'(無性), 그 '[불변의] 본질이 [따로] 없다'(無性)[는 점] 때문에 '불변·독자의 본질/실체가 없는 것'(空)이다. [그리고] '불변·독자의 본질/실체가 없기'(空) 때문에 '[불변·독자의 본질/실체로서의] 양상이 없고'(無相), '[불변·독자의 본질/실체로서의] 양상이 없기'(無相) 때문에 '[불변·독자의 본질/실체로 보는 생각에 의거한 작용을] 지어냄이 없으며'(無作), '[불변·독자의 본질/실체로 보는 생각에 의거한 작용을] 지어냄이 없기'(無作) 때문에 '[불변·독자의 본질/실체로 보는 생각의 작용을] 추구함이 없고'(無求), '[불변·독자의 본질/실체로 보는 생각의 작용을] 추구함이 없기'(無求) 때문에 '[불변·독자의 본질/실체적인 것들을] 바라는 것이 없다'(無願). 이 '[삼해탈도三解脫道를 닦는] 행위'(業) 때문에 '마음을 온전하게 하고'(淨心), '마음이 온전하기'(心淨) 때문에 '[보신불報身佛인 아미타] 부처님을 보며'(見佛), '[보신불報身佛인 아미타] 부처님을 보기'(見佛) 때문에 [진리성취의 결실인 아미타 부처를 보게 되는] '온전한 세상'(淨土)에서 태어난다.

보살이여! 이 '심오한 도리'(深法)에서 '[불변·독자의 본질/실체가 없는 경지로] 나아가는 세 단계'(三化)를 부지런히 익히면 지혜(慧)와 선정(定)이 '완전하게 이루어져'(圓成) 곧 '[욕망세계(欲界)·유형세계(色界)·무형세계(無色界), 이] 세 가지 세계'(三界)를 넘어선다."

---

327 삼해탈도三解脫道: '세 가지 삼매'(三三昧)를 가리키는 말이다. 대승의 경론에서 삼해탈도三解脫道라는 명칭은『금강삼매경론』및 관련 주석서에서 제한적으로 나타나고 대부분의 경우 삼해탈문三解脫門이라는 술어가 더 일반적으로 나타나고 있다. 대승의 경론에서 삼해탈문은 세 가지 삼매의 내용으로서, 문헌에 따라 '불변·독자의 본질/실체가 없음'(空)과 '[불변·독자의 본질/실체로서의] 양상이 없음'(無相)과 '[불변·독자의 본질/실체적인 것들을] 바라는 것이 없는 것'(無願)을 제시하는 경우가 있고, '불변·독자의 본질/실체가 없음'(空)과 '[불변·독자의 본질/실체로서의] 양상이 없음'(無相) 그리고 '[불변·독자의 본질/실체로 보는 생각에 의거한 작용을] 지어냄이 없음'(無作)으로 제시되는 경우도 있다.

此是第二廣演. 於中有二, 先明三解脫道勝利, 後顯三化勤修勝利. 初中
言"一體無性"者, 對彼小乘三解脫門, 別體有性故, 顯大乘菩薩觀行一體.
觀心證無性時, 隨義假說, 立三解脫. 約其忘體性義, 立空解脫, 忘卽體相
義門, 立無相解脫, 忘卽體用義門, 立無作解脫, 亦名無願解脫. 爲顯唯一
無分別觀, 於一切法體性相用, 無所不遣, 無所不融, 是故建立三解脫門.
"以是業故, 淨心"者, 以忘一切體相用故, 能淨出觀涉俗之心. 離諸染着,
離染著心, 能見報佛, 見報佛故, 得生淨土. 是爲三解脫道勝利也. "於是深
法, 三化勤修"者, 謂於空法, 勤修三空, 何者? 空相亦空, 是一化修, 空空
亦空, 是二化修, 所空亦空, 是三化修. 義如前說, 故不別論. 三化勤修, 卽
達一心, 達一心故, 慧定圓成. 圓成之地, 卽超三界, 是爲三化勤修勝利也.

[H1, 672a3~23; T34, 1004b11~27]

이것은 ['해석하여 [의문을] 해결해 주는 것'(釋決)의 두 부분 가운데] 두 번째인
'자세하게 설명한 것'(廣演)이다. 여기에는 두 가지가 있으니, 먼저 '해탈에
이르는 세 가지 수행 길이 지닌 수승한 이로움'(三解脫道勝利)을 밝혔고, 나
중에는 ['불변·독자의 본질/실체가 없는 경지로] 나아가는 세 단계를 부지런히
익힘이 지닌 수승한 이로움'(三化勤修勝利)을 드러내었다.

첫 번째에서 말한 "[그 본연이] '하나처럼 통하는 본연'이어서 [불변의] 본질
이 [따로] 없다"(一體無性)라는 것은, 저 〈소승에서 말하는 '해탈에 이르는 세
가지 수행과정'〉(小乘三解脫門)[328]에는 '각각의 본연'(別體)마다 [불변의] 본
질'(性)이 있다는 것에 대비시켜 〈대승보살이 행하는 '이해와 [이해에 의거한]
수행'〉(大乘菩薩觀行)에서는 [그 본연이] '하나처럼 통하는 본연'(一體)임을 드

---

328 소승小乘의 삼해탈문三解脫門: 『아비달마구사론』 권28에서는 다음과 같이 공空, 무
원無願, 무상無相의 삼해탈문三解脫門을 거론하고 있다. "無漏者, 名三解脫門, 能與涅
槃爲入門故. 契經復說三重等持, 一空空, 二無願無願, 三無相無相"(T29, 149c28~150a1).
비록 같은 용어를 사용하고 있지만 소승에서 구사하는 용어들은 기본적으로 이면에
'불변의 본질'(性)을 설정하는 본질/실체론적 사유가 토대로 자리 잡고 있다는 것이
원효의 관점으로 보인다.

러낸 것이다. [또한 대승에서는] '이해하는 마음'(觀心)이 [불변의] 본질'(性)[에 해당하는 것]이 없음을 증득한 때에, 뜻(義)에 따라 말을 빌려 '세 가지 해탈'(三解脫)을 세운다. [곧] 그 〈본연에 있는 [불변의] 본질(體性)[에 대한 생각]을 지우는 측면〉(忘體性義)에 의거하여 '불변·독자의 본질/실체가 없어서 성취하는 해탈'(空解脫)을 세우고, 〈본연의 양상'(卽體相)[에 불변의 본질이 있다는 생각]을 지우는 측면〉(忘卽體相義門)에 의거하여 '[불변·독자의 본질/실체로서의] 양상이 없어서 성취하는 해탈'(無相解脫)을 세우며, 〈본연의 작용'(卽體用)[에 불변의 본질이 있다는 생각]을 지우는 측면〉(忘卽體用義門)에 의거하여 '[불변·독자의 본질/실체로 보는 생각에 의거한 작용을] 지어냄이 없어서 성취하는 해탈'(無作解脫)을 세우니, [이 무작해탈無作解脫은] '[불변·독자의 본질/실체적인 것들을] 바라는 것이 없어서 성취하는 해탈'(無願解脫)이라고도 부른다. '오직 하나로 통하게 하고 [불변·독자의 본질/실체로] 나누지 않는 이해'(唯一無分別觀)를 드러내기 위해 '모든 현상'(一切法)의 본연(體性)과 양상(相)과 작용(用)에서 [불변·독자의 본질/실체로 보는 생각을] 없애지 않는 것이 없고 녹여내지 않음이 없으니, 이 때문에 '해탈에 이르는 세 가지 길'(三解脫門)을 세운 것이다.

"이 '[삼해탈도三解脫道를 닦는] 행위'(業) 때문에 마음을 온전하게 한다"(以是業故, 淨心)라는 것은, '모든 [현상의] 본연과 양상과 작용'(一切[法]體相用)[에 불변·독자의 본질/실체가 있다는 생각]을 지우기 때문에 '[사실 그대로의] 이해에서 벗어나 세속과 만나는 마음'(出觀涉俗之心)을 [불변·독자의 본질/실체가 있다는 생각에 오염되지 않게] 맑게 할 수 있는 것이다. [그리하여] '갖가지 오염과 집착'(諸染着)에서 벗어나고, '오염되고 집착하는 마음'(染著心)에서 벗어나기에 '[진리성취의] 결실인 부처 [몸]'(報[身]佛)을 볼 수 있으며, '[진리성취의] 결실인 부처 [몸]'(報[身]佛)을 보기 때문에 [진리성취의 결실인 아미타 부처를 보게 되는] '온전한 세상'(淨土)에서 태어나게 된다. 이것이 '해탈에 이르는 세 가지 수행 길이 지닌 수승한 이로움'(三解脫道勝利)이다.

"이 심오한 도리에서 '[불변·독자의 본질/실체가 없는 경지로] 나아가는 세

단계'를 부지런히 익힌다"(於是深法, 三化勤修)라는 것은 '불변·독자의 본질
/실체가 없다는 도리'(空法)에서 '세 가지에 불변·독자의 본질/실체가 없
음'(三空)을 부지런히 익히는 것이니, 어떤 것인가? '불변·독자의 본질/실
체가 없는 면모 또한 불변·독자의 본질/실체가 없다'(空相亦空)[는 도리를
익히는 것]이 '[불변·독자의 본질/실체가 없는 경지로] 나아가는 첫 번째 단계의
익힘'(一化修)이고, 〈'불변·독자의 본질/실체가 없는 면모도 불변·독자
의 본질/실체가 없다는 것' 또한 불변·독자의 본질/실체가 없다〉(空空亦
空)[는 도리를 익히는 것]이 '[불변·독자의 본질/실체가 없는 경지로] 나아가는 두
번째 단계의 익힘'(二化修)이며, '불변·독자의 본질/실체가 없어진 것 또
한 불변·독자의 본질/실체가 없다'(所空亦空)[는 도리를 익히는 것]이 '[불변·
독자의 본질/실체가 없는 경지로] 나아가는 세 번째 단계의 익힘'(三化修)이다.
[이] 뜻은 앞에서 설명한 것과 같기 때문에 따로 논하지 않는다.

'[불변·독자의 본질/실체가 없는 경지로] 나아가는 세 단계'(三化)를 '부지런히
익히면'(勤修) 곧 '하나처럼 통하는 마음'(一心)[의 도리]를 통달하게 되고, '하
나처럼 통하는 마음'(一心)[의 도리]를 통달하기 때문에 지혜(慧)와 선정(定)
이 '완전하게 이루어진다'(圓成). [이] '완전하게 이루어진 경지'(圓成之地)는
곧 '[욕망세계(欲界)·유형세계(色界)·무형세계(無色界), 이] 세 가지 세계'(三界)를
넘어서니, 이것이 '[불변·독자의 본질/실체가 없는 경지로] 나아가는 세 단계를
부지런히 익힘이 지닌 수승한 이로움'(三化勤修勝利)이다.

② [여래장품如來藏品에서 일으킨] 두 번째 의문(第二疑)

地藏菩薩言, "如來所說, 無生無滅, 卽是無常. 滅是生滅, 生滅滅已,
寂滅爲常, 常故不斷. 是不斷法, 離諸三界動不動法. 於有爲法, 如避火
坑, 依何等法, 而自呵責, 入彼一門?"

[H1, 672a24~b4; T34, 1004b28~c2]

지장보살이 말하였다.

"여래께서 설하신 바로는, '생겨남도 없고 사라짐도 없음'(無生無滅)은 바로 '한결같음이 없음'(無常)입니다. 이 '생겨남과 사라짐'을 없애어 '생겨남과 사라짐'이 다 없어지면, 고요함(寂滅)이 한결같아지고(常), 한결같기(常) 때문에 끊어지지 않습니다. 이 '끊어지지 않는 도리'(不斷法)는 '[욕망세계(欲界)·유형세계(色界)·무형세계(無色界), 이] 세 가지 세계'(三界)에서의 갖가지로 '동요하는 것'(動法)과 '동요하지 않는 것'(不動法)에서 벗어나 있습니다. '[불변·독자의 본질/실체가 있다는 생각으로 하는] 행위가 있는 현상'(有爲法)에서 만약 [번뇌의] 불구덩이를 피하려면 어떤 도리(法)에 의거하여 스스로 꾸짖어서 저 '하나처럼 통하는 문'(一門)으로 들어가겠습니까?"

此下, 遣其如來藏品之第二疑. 彼言, "了見識爲常, 是識常寂滅, 寂滅亦寂滅", 有依彼文而生疑云, 〈如是常住之寂滅法, 雖可欣樂而是希夷. 衆生之心, 廆淺難調, 如何調心, 得趣彼門?〉 乘如是疑, 作如是問. 問中有二, 初擧果遠, 後問入因. 初中言"無生無滅, 卽是無常"者, 卽領前言"是識常寂滅". 本來寂滅故, 是無生無滅而本非常, 故"是無常"也. "滅是生滅, 生滅滅已, 寂滅爲常"者, 卽領前言"寂滅亦寂滅", 又言"了見識爲常". "於有爲法"已下, 第二正問趣入彼門方便. 前雖有說方便正觀, 而略說故, 更請廣說.

[H1, 672b5~19; T34, 1004c2~14]

이 아래는 저 '여래의 면모가 간직된 창고[를 주제로 하는] 단원의 [내용에 대해 품는] 두 번째 의문'(如來藏品之第二疑)을 없애는 것이다. 그 [「여래장품如來藏品」]에서는 "[이러한 '한결같은 현상'(常法)을] '분명하게 보면'(了見) 식識이 한결같아지니, 이 식識은 늘 고요하지만(寂滅) 고요함(寂滅) 또한 [불변·독자의 본질/실체가 없어] 고요하다'(寂滅)"(了見識爲常, 是識常寂滅, 寂滅亦寂滅)[329]라

---

329 이 내용은 「여래장품」에 나오는 경문인 "善男子! 常法非常法, 非說亦非字, 非諦非解脫, 非無非境界, 離諸妄斷際. 是法非無常, 離諸常斷見. 了見識爲常, 是識常寂滅, 寂滅亦寂

고 말했는데, 그 [여래장품의] 설명에 의거하여 의문을 일으켜 [다음과 같이] 말하는 경우가 있다. 〈이와 같이 '한결같이 유지되는 고요한 현상'(常住之 寂滅法)은 비록 기쁘고 즐거워할 만한 것이기는 하지만 '흔치 않은 평온한 경지'(希夷)이다. [그런데] 중생의 마음은 거칠고 천박하여 길들이기가 어려우니, [중생들은] 어떻게 마음을 길들여야 저 [경지로 들어가는] 문門으로 나아갈 수 있을까?〉 이와 같은 의문에 의거하여 [지장보살이 여래에게] 이와 같은 질문을 한 것이다.

질문에는 두 가지가 있으니, 먼저 '결실의 심원함'(果遠)을 거론하였고 나중에는 '[심원한 결실을 성취하는 길에] 들어가는 원인'(入因)을 물었다.

처음에 말한 "'생겨남도 없고 사라짐도 없음'(無生無滅)은 바로 '한결같음이 없음'(無常)입니다"(無生無滅, 卽是無常)라는 것은, 곧 앞에서 말한 "이 식 識은 늘 고요하다"(是識常寂滅)[라는 뜻]을 '이해한 것'(領)이다. '본래부터 [불변·독자의 본질/실체가 없고 [불변·독자의 본질/실체로 보는 분별의] 동요가 없어] 고요한 것'(本來寂滅)이기 때문에, 이 '생겨남도 없고 사라짐도 없음'(無生無滅)은 근본적으로는 한결같음(常)이 아니니, 그러므로 "'한결같음이 없음'(無常)입니다"(是無常)라고 하였다.

"이 '생겨남과 사라짐'을 없애어 '생겨남과 사라짐'이 다 없어지면, 고요함(寂滅)이 한결같아진다"(滅是生滅, 生滅滅已, 寂滅爲常)라는 것은, 앞[의 「여래장품如來藏品」]에서 "고요함(寂滅) 또한 [불변·독자의 본질/실체가 없어] 고요하다'(寂滅)"(寂滅亦寂滅)라고 말한 것과 또 [이러한 '한결같은 현상'(常法)을] '분명하게 보면'(了見) 식識이 한결같아진다"(了見識爲常)라고 말한 것을 '이해한 것'(領)이다.

"'[불변·독자의 본질/실체가 있다는 생각으로 하는] 행위가 있는 현상'(有爲法)에서"(於有爲法) 이하는 [두 가지 질문 가운데] 두 번째인 '그 [경지로 나아가는] 문으로 들어가는 수단과 방법을 [지장보살이] 곧바로 물은 것'(正問趣入彼門方便)

滅"(H1, 664c5~8)에서 후반부의 밑줄 친 구절을 인용한 것이다.

이다. 앞에서 비록 '수단과 방법[을 통한 이해]'(方便[觀])와 '곧바로 사실대로 이해함'(正觀)에 대해 설명하였지만 간략하게 설명하였기 때문에 [지금] 다시 '자세한 설명'(廣說)을 [부처님께] 요청한 것이다.

佛言, "菩薩! 於三大事, 呵責其心, 於三大諦而入其行". 地藏菩薩言, "云何三事而責其心, 云何三諦而入一行?" 佛言, "三³³⁰事者, 一謂因, 二謂果, 三謂識. 如是三事, 從本空無, 非我眞我, 云何於是而生愛染? 觀是三事爲繫所飄,³³¹ 飄流苦³³²海, 以如是事, 常自呵責. 三諦³³³者, 一謂菩提之道, 是平等諦, 非不等諦. 二謂大覺正智得諦, 非邪智得諦. 三謂慧定無異行入諦, 非雜行入諦. 以是三諦, 而修佛道, 是人於是法, 無不得正覺, 得正覺智, 流大極慈, 己他俱利, 成佛菩提".

[H1, 672b20~c8; T34, 1004c15~24]

부처님께서 말씀하셨다.

"보살이여! '세 가지 중대한 현상'(三大事)[에 대한 애착과 오염]에서 자기의 마음을 꾸짖어 나무라고, '세 가지 위대한 진리'(三大諦)에서 저 [하나

---

330 대정장 『금강삼매경』에는 '事' 앞에 '大'자가 붙어 있다. 원효의 주석에서는 이 부분을 인용하고 있지 않지만, 해당 문장의 앞뒤 구성을 감안할 때 굳이 '大'를 추가할 필요는 없어 보인다.

331 대정장 『금강삼매경』에는 '飄'자 대신에 '縛'자로 되어 있고 교감한 각주에서 '飄'자로 되어 있는 판본을 밝히고 있다. 그런데 원효의 주석에서는 이 부분의 경문을 '觀是三事爲繫所飄'로 인용하고 있기 때문에 여기서는 '飄'자로 보고 번역한다. 대정장 『금강삼매경론』에도 '飄'자로 나온다.

332 대정장 『금강삼매경』에는 '苦'자가 아니라 '若'자로 나온다. 그러나 문맥에 맞지 않으므로 '苦'자로 보고 번역한다. 한불전과 대정장 『금강삼매경론』에는 모두 '苦'자로 되어 있다.

333 대정장 『금강삼매경』에는 '三諦'가 아니라 '三大諦'로 되어 있다. 아울러 교감주를 통해 '大'자가 없는 판본(【宋】【元】【明】【宮】)이 있음을 밝히고 있다. 여기서는 원효의 주석에 의거하여 '三諦'로 보고 번역한다. 한불전과 대정장의 『금강삼매경론』에도 '三諦'로 나온다.

처럼 통하게 하는] 수행으로 들어간다.”

지장보살이 말하였다.

“어떤 것이 ‘세 가지 현상’(三事)[에 대한 애착과 오염]에서 자기의 마음을 꾸짖어 나무라는 것이고, [또] 어떤 것이 ‘세 가지 진리’(三諦)에서 저 ‘하나처럼 통하게 하는 수행’(一行)으로 들어가는 것입니까?”

부처님께서 말씀하셨다.

“‘세 가지 현상’(三事)이라는 것은 첫 번째는 원인(因)을 일컫는 것이고, 두 번째는 결과(果)를 일컫는 것이며, 세 번째는 식識을 일컫는 것이다. [애착과 오염의 대상이 되는] 이와 같은 ‘세 가지 현상’(三事)은 본래부터 ‘불변·독자의 본질/실체나 본질이 없는 것’(空無)이기에 ‘[불변·독자의] 자아가 아니어야’(非我) ‘참된 자기’(眞我)이니, 어찌 이것에 대해 ‘애착과 오염’(愛染)[의 마음]을 내겠는가? 이 세 가지 현상이 [네 가지로 번뇌에] 얽매임에 의해 표류하게 되어 ‘괴로움의 바다’(苦海)를 떠돌아다니게 된다는 것을 이해하여, 이와 같은 [애착과 오염의 대상이 된 세 가지] 현상으로써 언제나 자신을 꾸짖고 나무라야 하는 것이다.

‘세 가지 진리’(三諦)란, 첫 번째는 ‘깨달음의 길’(菩提之道)이니, ‘[불변·독자의 본질/실체로 보는 생각에 의거한 차별이 없는] 평등한 진리’(平等諦)[의 길]이지 ‘[불변·독자의 본질/실체로 보는 생각에 의거해 차별하는] 평등하지 않은 진리’(不等諦)[의 길]이 아니다. 두 번째는 ‘위대한 깨달음의 온전한 지혜로써 얻은 진리’(大覺正智得諦)이니, ‘잘못된 이해로써 얻은 진리’(邪智得諦)가 아니다. 세 번째는 ‘지혜와 선정이 [서로] 다름이 없는 수행으로써 들어가는 진리’(慧定無異行入諦)이니, ‘[지혜와 선정을] 별개의 것으로 나누어 섞는 수행으로써 들어가는 진리’(雜行入諦)가 아니다. 이러한 ‘세 가지 진리’(三諦)로써 ‘부처가 되는 길’(佛道)을 닦으면, 이 사람은 이러한 도리(法)에서 ‘완전한 깨달음’(正覺)을 증득하지 못함이 없고, ‘완전한 깨달음에서 생긴 지혜’(正覺智)를 얻고서는 ‘위대한 궁극적 자애’(大極慈)를 흘려보내어 자기와 남을 모두 이롭게 하여 ‘부처의 깨달음’(佛菩提)을 이룬다.”

是文有四, 初問, 次答, 三請, 四說. 說中有二, 先說呵厭方便, 後示趣入方便. 初中言"因"者, 五戒十善之因, "果"者, 人天富樂之果, "識"者, 能持因果, 卽是本識. 衆生計此爲自內我, 而是性空故, 非是我. 無我之理, 方便眞我, 故於非我, 不應愛染. "觀是三事爲繫所飄"者, 謂由四繫, 障理定心, 令是三事, 飄流苦海故. 何等名爲四繫? 如『對法論』「諦品」中云, "繫有四種, 謂貪欲身繫 · 瞋恚身繫 · 戒禁取身繫 · 此實執取身繫. 以能障礙定意性身, 故名爲繫. 所以者何? 由此能障定心自性之身, 故名爲'繫', 非障色身. 何以故? 能爲四種心亂因故, 謂由貪愛財物等爲因令心散亂, 於鬪諍事不正行爲因令心散亂, 於難行戒禁苦惱爲因令心散亂, 不如正理推求境界爲因令心散亂. 由彼依止各別見故, 於所知境, 不如正理, 種種推度, 妄生執着, 謂唯此眞, 餘並愚妄, 由此爲因令心散動. 於何散動, 謂於定心如實智見故". "以如是事, 常自呵責"者, 呵責能飄四繫, 而厭所流三事故. 已說呵厭方便.

[H1, 672c9~673a10; T34, 1004c24~1005a15]

이 글에는 네 부분이 있으니, 첫 번째는 [지장보살의] 질문(問)이고, 두 번째는 [부처님의] 대답(答)이며, 세 번째는 [부처님께 설법을] 요청함(請)이고, 네 번째는 [부처님의] 설명(說)이다. 설명에는 두 가지가 있으니, 먼저는 '[자신의 마음을] 꾸짖어 [허물에서] 벗어나는 방법을 설명하는 것'(說呵厭方便)이고, 나중은 '[부처가 되는 길'(佛道)로] 나아가 들어가는 방법을 제시하는 것'(示趣入方便)이다.

[두 가지 설명 가운데] 첫 번째에서 말한 "원인"(因)이라는 것은 〈'다섯 가지 계율'(五戒)[334]과 '열 가지 이로운 [행위]'(十善[業])[335]라는 원인〉(五戒十善之因)

---

334 오계五戒: 재가在家 수행자가 지켜야 할 다섯 가지 행위규범이다. (1) 불살생계不殺生戒: 살아 있는 것을 의도적으로 죽이지 말라. (2) 불투도계不偸盜戒: 정당하게 주어진 것이 아닌 것을 차지하여 타인에게 해를 끼치지 말라. (3) 불사음계不邪婬戒: 음란한 짓으로 성욕의 노예가 되어 자신과 타인을 해롭게 하지 말라. (4) 불망어계不妄語戒: 거짓말로 사실을 왜곡하여 자신과 타인을 해롭게 하지 말라. (5) 불음주계不飮酒

이고, "결과"(果)라는 것은 [그 원인들에 의해] '인간세상과 하늘세상에서 누리는 풍요와 즐거움이라는 결과'(人天富樂之果)이며, "식"(識)이라는 것은 [이러한] '원인과 결과'(因果)를 간직하는 주체이니 바로 '근본이 되는 식'(本識)[인 제8아뢰야식]이다. 중생들은 ['근본이 되는 식[인 제8아뢰야식]'(本識)] 이것을 '자기 안에 있는 [불변·독자의] 자아'(自內我)라고 생각하지만 이것의 본연(性)은 '불변·독자의 본질/실체가 없는 것'(性空)이기 때문에 '[불변·독자의] 자아'(我)가 아닌 것이다. [또한] '[불변·독자의] 자아는 없다는 도리'(無我之理)를 [나타내기 위해] 방편으로 '참된 자기'(眞我)[336]라고 하는 것이니, 그러므로 '[불변·독자의] 자아가 아닌 것'(非我)에 대해 애착과 오염[의 마음]을 일으키지 말아야 한다.

"이 세 가지 현상이 [네 가지로 번뇌에] 얽매임에 의해 표류하게 된다는 것을 이해한다"(觀是三事爲繫所飄)라는 것은, '네 가지로 [번뇌에] 얽매임'(四繫)[337]

戒: 음주로 몸과 마음을 훼손하여 자신과 타인을 해롭게 하지 말라.

335 십선+善: 십선업+善業 또는 십선업도+善業道를 가리키는 말로, 십악+惡 또는 십악업+惡業의 반대가 되는 말이다. 이 십선+善과 십악+惡의 개념은 『아함경』으로부터 대승의 경론에 이르기까지 폭넓게 나타나고 있다. 십악은 살생殺生, 투도偸盜, 사음邪淫, 망어妄語, 양설兩舌, 악구惡口, 기어綺語, 탐욕貪欲, 진에瞋恚, 사견邪見을 가리킨다. 따라서 십선은 이 10가지 악을 행하지 않는 것으로 제시되는데, 경론에 따라서는 이들 십악 앞에 '不'자를 붙여서 십선을 나타내는가 하면 '離'자 또는 '斷'자 등을 첨가하기도 한다. 이것은 그 원류가 되는 『중아함경』의 경우처럼 이 세 글자가 혼용되고 있는 사례에서 잘 나타나고 있다. 『중아함경中阿含經』권3 제17 「가미니경伽彌尼經」(T1, 440b3~5). "離殺, 斷殺, 不與取, 邪婬, 妄言, 乃至離邪見, 斷邪見, 得正見." 한편 당唐나라 때 실차난타實叉難陀가 번역한 『십선업도경十善業道經』이라는 문헌도 나타나고 있어서 흥미롭다. 여기서 제시하고 있는 10가지 항목은 다음과 같다. 『십선업도경』권1(T15, 158a2~6). "言善法者, 謂人天身, 聲聞菩提, 獨覺菩提, 無上菩提, 皆依此法以爲根本而得成就, 故名善法. 此法即是十善業道. 何等爲十? 謂能永離殺生, 偸盜, 邪行, 妄語, 兩舌, 惡口, 綺語, 貪欲, 瞋恚, 邪見."

336 본 번역에서는 '我'를 두 가지로 번역한다. 하나는 '불변·독자의 본질/실체로 잘못 이해하는 존재'를 가리킬 때는 '자아'로 번역하는데, '불변·독자의 본질/실체적 자아'라는 번역이 그 사례이다. 다른 하나는 '사실 그대로 이해하는 현상적 자아'를 가리킬 때는 '자기'로 번역하는데, '참된 자기'(眞我) 등으로 번역한다.

때문에 '진리다운 선정[에 들려는] 마음'(理定心)을 방해하여 이 '세 가지 현상' (三事)으로 하여금 '괴로움의 바다'(苦海)를 떠돌아다니게 하기 때문이다.

어떤 것들을 '네 가지로 [번뇌에] 얽매임'(四繫)이라 부르는가? 『대승아비 달마잡집론大乘阿毘達磨雜集論』「관점에 대한 단원'(諦品)」에서는 [다음과 같 이] 말한다. "얽매임(繫)에는 네 가지가 있으니, '탐욕으로 몸을 얽어맴'(貪 欲身繫)과 '분노로 몸을 얽어맴'(瞋恚身繫)과 [무조건] 지키거나 [무조건] 금해 야 한다는 견해로 몸을 얽어맴'(戒禁取身繫)과 '이것만이 진실이라는 집착 으로 몸을 얽어맴'(此實執取身繫)이 그것이다. '선정의 힘으로 [중생구제를 위

---

337 사계四繫: 사계는 '네 가지로 [번뇌에] 얽매인다'는 뜻이다. 여기서 얽매임을 의미하는 '계繫'는 초기불교 경전에서부터 쓰이던 용어로서 '결結, 전纏, 박縛' 등의 개념과 더불 어 번뇌의 별칭으로 쓰였다. 그러나 사계四繫라는 명칭으로 나타나는 경우는 『아비 달마집이문족론』에서 처음으로 나타난다. 사계의 내용 가운데 탐욕貪欲, 분노(瞋恚), [무조건] 지키거나 [무조건] 금해야 한다는 견해(戒禁取見)의 세 항목은 초기불전에 서부터 번뇌의 하나로 제시되었지만, 네 번째 항목인 '이것만이 진실이라는 집착으로 몸을 얽어맴'(此實執取身繫)은 『아비달마집이문족론』에서야 처음으로 나타나고 있는 개념이다. 『아비달마집이문족론阿毘達磨集異門足論』권8(T26, 399c23~400a4). "云 何貪身繫? 答. 貪者, 謂於欲境諸貪等貪. 廣說乃至貪類貪生, 是名爲貪. 身繫者, 謂此貪未 斷未遍知, 於彼彼有情彼彼身, 彼彼聚彼彼所得, 自體爲因爲緣繫等. 繫各別繫相連相續方 得久住, 如巧鬘師或彼弟子聚花置前. 以長縷結作種種鬘. 此花用縷爲因爲緣結等. 結各別 結相連相續方得成鬘. 此貪亦爾未斷未遍知, 於彼彼有情彼彼身彼彼聚彼彼所得. 自體爲因 爲緣繫等. 繫各別繫相連相續乃得久住, 是名身繫." 한편, 『아비달마발지론』에서는 사신 계四身繫라는 술어로 제시되었는데, 여기에 해당하는 네 가지 항목은 원효의 주석에 나오는 사계四繫와 동일하다. 『아비달마발지론阿毘達磨發智論』권3(T26, 929b18~19). "四身繫, 謂貪欲身繫, 瞋恚身繫, 戒禁取身繫, 此實執取身繫." 이 사신계四身繫에 대한 구 체적인 설명은 『아비달마대비바사론』에 나타난다. 여기에 따르면, 사신계는 28가지 현상으로 그 특성을 이루고 있다. 곧 탐욕신계貪欲身繫와 진에신계瞋恚身繫는 각각 욕계欲界에 속하는 5가지 항목에 10가지 현상이 있고, 계금취신계戒禁取身繫는 삼계 三界의 각각에 2가지 항목이 있어 모두 6가지 현상으로 이루어지며, 차실집신계此實 執身繫는 삼계三界의 각각에 4가지 항목이 있어 모두 12가지 현상으로 이루어진다고 설명하고 있다. 『아비달마대비바사론阿毘達磨大毘婆沙論』권48(T27, 248c8~13). "有 四身繫, 謂貪欲身繫, 瞋恚身繫, 戒禁取身繫, 此實執身繫. 問. 此四身繫以何爲自性? 答. 以二十八事爲自性. 謂貪欲瞋恚身繫各欲界五部爲十事. 戒禁取身繫三界各二部爲六事. 此 實執身繫三界各四部爲十二事. 由此四身繫以二十八事爲自性."

해] 뜻으로써 나타내는 몸'(定意性身)³³⁸을 방해할 수 있기 때문에 얽매임(繫)이라고 말한 것이다. 어째서인가? 이 ['네 가지로 번뇌에 얽매임'(四繫)]이 '선정에 든 마음을 본연으로 삼는 몸'(定心自性之身)을 방해할 수 있기 때문에 얽매임(繫)이라고 부르는 것이지 '육체의 몸'(色身)을 방해하기 때문이 아니다. 어째서인가? '마음을 산란하게 하는 네 가지 원인'(四種心亂因)이 될 수 있기 때문이니, '재물 등을 탐하고 애착하는 것이 원인이 되어 마음을 산란케 하는 것'(由貪愛財物等爲因令心散亂) · '다투는 일에서 행하는 올바르지 못한 행위가 원인이 되어 마음을 산란케 하는 것'(於鬪諍事不正行爲因令心散亂) · '실천하기 어려운 계율이나 금기에 대한 고뇌가 원인이 되어 마음을 산란케 하는 것'(於難行戒禁苦惱爲因令心散亂) · [사실 그대로를 드러내는] 바른 이치에 따라 대상을 추구하지 못하는 것이 원인이 되어 마음을 산란케 하는 것'(不如正理推求境界爲因令心散亂)이 그것이다. [이 가운데 마지막 경우는] 그가 '각각 [불변 · 독자의 본질/실체로서] 다르다는 견해'(各別見)에 의지하기 때

---

338 의성신意性身: 의생신意生身, 의성신意成身, 의성색신意成色身이라고도 하는데, 부모가 낳은 몸이 아니라 깨달은 보살이 중생을 구제하기 위해 의意에 의거하여 화생化生한 몸이라고 일반적으로 설명된다(『불광대사전』, p.5445 참조). 『능가아발다라보경楞伽阿跋多羅寶經』 권2에서 "意生身者, 譬如意去, 迅疾無礙, 故名意生. 譬如意去, 石壁無礙, 於彼異方無量由延, 因先所見, 憶念不忘, 自心流注不絕, 於身無障礙生. 大慧! 如是意生身, 得一時俱. 菩薩摩訶薩意生身, 如幻三昧力自在神通, 妙相莊嚴, 聖種類身, 一時俱生. 猶如意生, 無有障礙, 隨所憶念本願境界, 爲成熟衆生, 得自覺聖智善樂"(T16, 489c19~26)이라고 하는 것에 따르면, 몸에서 일어나는 생각(意)이 빠르고 걸림이 없어서 석벽石壁에도 걸림 없이 무량한 거리를 움직이는 것처럼 보살의 의생신意生身은 일체법을 무상한 것으로 보는 여환삼매如幻三昧의 자재신통自在神通으로 묘상장엄妙相莊嚴된 성종류신聖種類身으로서 일시에 구생俱生하며, 본원경계本願境界에 대한 억념憶念에 따라 중생을 성숙시키기 위해 성지聖智의 선락善樂을 얻은 것이라고 설명한다. 『대보적경大寶積經』 권87에서는 "隨意生身, 於一切衆生平等示現"(T11, 498c3~4)이라고 하여, 모든 중생에게 평등하게 나타내 보여 주는 것이라고 설명하기도 한다. 또한 『승만경』 권1에서는 "無明住地緣無漏業因. 生阿羅漢辟支佛大力菩薩三種意生身"(T12, 220a16~18)이라고 하여 의생신意生身의 사례로 아라한阿羅漢 · 벽지불辟支佛 · 대력보살大力菩薩의 세 가지를 제시하고, 이 3종 의생신은 무명주지無明住地가 무루업인無漏業因을 조건으로 삼아 태어난다고도 설명한다.

문에 '아는 대상'(所知境)에 대해서 [사실 그대로를 드러내는] 바른 이치'(正理) 대로 알지 못하여 갖가지로 [잘못] 헤아리고 [그 잘못 헤아린 것에 대해] 허망하게 집착을 일으키면서 〈오직 이것만이 참이고 나머지는 모두 '어리석고 잘못된 것'(愚妄)이다〉라고 말하니, 이것이 원인이 되어서 마음을 산란하게 동요시키는 것이다. 어떤 것에 대해 [마음을] 산란하게 동요시키는가 하면, '선정에 든 마음으로 사실 그대로 이해하는 지혜'(定心如實智見)가 그것이다."³³⁹

"이와 같은 [애착과 오염의 대상이 된 세 가지] 현상으로써 언제나 자신을 꾸짖고 나무란다"(以如是事, 常自呵責)라는 것은, [마음을] 표류시키는 '네 가지로 [번뇌에] 얽매임'(四繫)을 꾸짖고 나무라서 표류하게 되는 '세 가지 현상'(三事)에서 벗어나려 하는 것이다. [자신의 마음을] 꾸짖어 [허물에서] 벗어나는 방법'(呵厭方便)을 설명하는 것이 [여기서] 끝난다.

云何趣入方便? 所謂審諦於三諦故. "一謂菩提之道, 是平等諦, 非不等諦"者, 謂佛所證性淨菩提. 無不通泰, 故名爲"道", 一切有情, 皆同此性, 無一不歸是究竟道, 故言"平等[諦], 非不平等[諦]". 是卽對治二乘別趣也. "二謂大覺正智得諦, 非邪智得諦"者, 謂一切智大覺之果. 唯證平等正智所得, 非緣冥諦大有等境邪智所得. 是卽對治諸外道執也. "三謂慧定無異行入諦, 非雜行入諦"者, 謂得正智入平等時, 慧定圓融, 無別行相, 方是眞入

339 여기서 인용한 내용은 『대승아비달마잡집론』의 권제7 「제품諦品」인데, 전문을 그대로 옮긴 것이다. 『대승아비달마잡집론大乘阿毘達磨雜集論』(T31, 724c16~26). "繫有四種, 謂貪欲身繫・瞋恚身繫・戒禁取身繫・此實執取身繫. 以能障礙定意性身, 故名爲繫. 所以者何? 由此能障定心自性之身, 故名繫, 非障色身. 何以故? 能爲四種心亂因故, 謂由貪愛財物等因令心散亂, 於鬥諍事不正行爲因令心散亂, 於難依戒禁苦惱爲因令心散亂, 不如正理推求境界爲因令心散亂. 由彼依止各別見故, 於所知境, 不如正理, 種種推度, 妄生執著, 謂唯此眞, 餘並愚妄, 由此爲因令心散動. 於何散動, 謂於定心如實智見." 원문에서 밑줄을 그은 글자는 원효가 인용한 내용과 다른 것이다. 원문에서의 '名'자를 '名爲'로, '因'자를 '爲因'으로, '如實智見'은 '如實智見故'로 옮기고 있다.

於平等諦. 非如世間分別之心王數別體, 定慧異行, 如是雜行, 非眞入故.
是卽對治世間觀行未證謂證增上慢者. 如是三種通名諦者, 審諦之觀, 所
觀境故. 遍治如是三種異執, 乃能正修於一佛道, 故言"以是三諦而修佛
道". 次顯修道所得之果. "是人於是法, 無不得正覺"者, 是顯自利智德之
果. 於是三法而修佛道, 無有不獲正覺果故. "得正覺智, 流大極慈"者, 是
顯利他恩德之果. 普流大極無緣之慈, 遍周法界, 無不利故. "己他俱利, 成
佛菩提"者, 摠結前二. 二利圓滿, 成等覺故.

[H1, 673a11~b12; T34, 1005a15~b6]

어떤 것이 '[부처가 되는 길'(佛道)로] 나아가 들어가는 방법'(趣入方便)인가?
이른 바 '세 가지 진리'(三諦)에 대해 '[그] 도리를 자세히 성찰하는 것'(審諦)
이다.

['세 가지 진리'(三諦)에 대해,] "첫 번째는 '깨달음의 길'(菩提之道)이니, '[불변·
독자의 본질/실체로 보는 생각에 의거한 차별이 없는] 평등한 진리'(平等諦)[의 길]이
지 '[불변·독자의 본질/실체로 보는 생각에 의거해 차별하는] 평등하지 않은 진리'
(不等諦)[의 길]이 아니다"(一謂菩提之道, 是平等諦, 非不等諦)라는 것은, 부처님
이 증득한 '본연을 온전하게 하는 깨달음'(性淨菩提)[을 성취하는 길]을 일컫는
것이다. [이 길(道)은] '크게 열린 지평'(泰)에 통하지 않음이 없으니 그러므
로 "길"(道)이라 부르고, '모든 [종류의] 의식이 있는 존재'(一切有情)가 모두
이 [온전한] 본연(性)과 같아져서 하나라도 이러한 '궁극의 진리로 나아가게
하는 길'(究竟道)로 돌아가지 못함이 없으니 그러므로 "'[불변·독자의 본질/실
체로 보는 생각에 의거한 차별이 없는] 평등한 진리'(平等諦)[의 길]이지 '[불변·독자
의 본질/실체로 보는 생각에 의거해 차별하는] 평등하지 않은 진리'(不等諦)[의 길]
이 아니다"(平等[諦], 非不平等[諦])라고 말하였다. 이는 곧 '[성문聲聞, 연각緣覺]
두 부류의 수행자'(二乘)의 '[불변·독자의 본질/실체로] 나누는 [길]에 나아감'
(別趣)을 치유(對治)하는 것이다.

"두 번째는 '위대한 깨달음의 온전한 지혜로써 얻은 진리'(大覺正智得諦)
이니, '잘못된 이해로써 얻은 진리'(邪智得諦)가 아니다"(二謂大覺正智得諦, 非

邪智得諦)라는 것은, 〈'모든 [것을 통하게 하는] 지혜'(一切智)로 얻은 '위대한 깨달음의 결실'(大覺之果)〉(一切智大覺之果)을 일컫는다. 오직 '[불변·독자의 본질/실체로 보는 생각에 의거한 차별이 없이 현상을] 평등하게 보는 온전한 지혜'(平等正智)를 증득하여 얻는 것이지, [모든 존재의 근원적 실체인] '깊숙한 곳에 있는 진리'(冥諦)³⁴⁰나 '보편적 존재[범주]'(大有)³⁴¹ 등의 대상과 관계 맺는 '잘못

---

340 명제冥諦: 고대 인도의 육파철학의 하나인 상키야(Sāṃkhya, 數論) 철학에서 주장하는 25가지 존재 원리 가운데 첫 번째를 가리키는 말이다. 상키야 철학에서는 세계의 존재를 이원론에 의거하여 설명한다. 곧, 물질적 요소의 근원인 프라크리티(prakṛti)와 정신적 요소의 근원인 푸루샤(puruṣa)가 그것이다. 이 학파의 주장에 따르면, 푸루샤의 빛을 받아 프라크리티는 자기 전개를 시작하게 되는데, 모두 23가지의 존재로 분화한다는 설명이다. 『불광대사전』(p.4056c)의 설명에 따르면, 본문에 나오는 명제冥諦는 25제諦 가운데 첫 번째 존재이기 때문에 명성冥性, 명초冥初라고 하며, 존재의 근원이라는 점에서 보통 '자성제自性諦, 자성自性'으로 부른다고 한다. 『시공불교사전』(곽신환)에서는 명제冥諦가 바로 물질의 근원인 자성自性(prakṛti)이라 하였고, 『불교어대사전』(中村元, p.1310a)의 명제冥諦 항목에서도 상키야 학파가 주장하는 근본물질(prakṛti)이라고 명시하고 있다. 그런데 『불교·인도사상사전』(高崎直道), 『총합불교대사전』(法藏館) 등에서는 명제冥諦의 뜻을 찾아보기 어렵고, 『梵和大辭典』(p.819)에서 드러나듯이 프라크리티(prakṛti)의 뜻을 풀이하면서 '性, 本性, 自性' 등의 한자어 22개를 제시하고 있지만 정작 명제冥諦라는 말은 나오지 않기 때문에 프라크리티(prakṛti)와 명제冥諦를 동일시할 수 있는지에 대해서는 의문이 생긴다. 그러나 중요한 것은 원효의 주석에 등장하는 명제冥諦라는 말이 거론된 문맥일 것이다. 원효는 '세 가지 진리'(三諦) 가운데 두 번째 진리로서 평등지平等智를 제시하면서 외도들의 집착을 치유하는 것이라고 명시하고 있다. 원효는 명제冥諦를 외도들이 불변·독자의 본질/실체가 있다는 생각에 따라 대상을 분별하는 잘못된 이해의 사례로 보고 있는 것이다. 상키야 학파의 명제冥諦에 대한 불교적인 입장은 『수능엄의소주경』에서 참고할 만한 이해를 살펴볼 수 있다. 여기서는 현상의 배후에 있는 원인이 되는 실체가 항상 존재한다는 주장을 비판하고 있다. 『수능엄의소주경首楞嚴義疏注經』권2(T39, 847b20~26). "言冥諦者, 或云冥性或云自性. 梵云僧佉奢薩咀羅, 此云數論, 立二十五諦, 最初一諦名爲冥性, 計以爲常. 第二十五名爲神我, 亦計爲常, 我思勝境. 冥性即變二十三諦爲我受用, 我旣受用, 爲境纏縛不得解脫. 我若不思冥諦不變, 旣無纏縛我即解脫, 名爲涅槃." 또한 『주대승입능가경』의 서술에서도 드러나듯이, 명제冥諦는 만물의 성립근거로서 최초의 근원이 되는 것을 가리킨다. 외도에서는 의식이 존재하는 제1원인으로서 명제冥諦를 그 근거로서 지목하고 있지만, 부처님의 가르침에 따르면 최초의 의식 따위의 실체를 상정하지 않는다는 점을 분명히 하고 있다. 『주

된 이해'(邪智)로 얻는 것이 아니다. 이는 곧 '온갖 [불법佛法과는] 다른 가르침을 따르는 사람들의 [잘못된] 집착'(諸外道執)을 치유(對治)하는 것이다.

　"세 번째는 '지혜와 선정이 [서로] 다름이 없는 수행으로써 들어가는 진리'(慧定無異行入諦)이니, '[지혜와 선정을] 별개의 것으로 나누어 섞는 수행으로써 들어가는 진리'(雜行入諦)가 아니다"(三謂慧定無異行入諦, 非雜行入諦)라는 것은, '[불변·독자의 본질/실체로 보는 생각에 의거한 차별이 없이 현상을 평등하게 보는] 온전한 지혜'([平等]正智)를 얻어 '평등[하게 보는 경지]'(平等)로 들어갈 때

대승입능가경주大乘入楞伽經注』권3(T39, 455b6~10). "云何無有因建立因? (至)是名無有因建立因. 外道建立初識有因從冥諦而生. 佛言此識初不從冥諦因生. 其初識本無生, 後眼色明念等爲因. 如幻生, 一念不住故. 生已有, 有還滅."

341　대유大有: 고대 인도의 육파철학의 하나인 바이셰시카(Vaiśeṣika, 勝論) 철학에서 주장하는 여섯 가지 특수한 범주 가운데 네 번째에 해당하는 것이다. 산스크리트어 'sāmānya'의 뜻을 옮긴 말로서 '동일한, 보편적인' 정도의 뜻이다. 바이셰시카(Vaiśeṣika)라는 말의 뜻이 '특수한 것'에서 유래하므로 이 학파는 세계의 존재를 특별한 범주로써 설명하려는 체계임을 알 수 있다. 그런데 앞서 상키야(Sāṃkhya, 數論) 철학에서는 갖가지 존재원리인 23가지가 이미 제1원인인 프라크리티에서 비롯한다고 주장하고 있으므로, 근본원인이 다양한 모습으로 자기를 전개한 것이라는 전변설轉變說 또는 인중유과론因中有果論으로 그 성격을 규정할 수 있다. 이에 비해 바이셰시카(Vaiśeṣika, 勝論) 철학이 제시하는 여섯 가지 존재의 특별한 범주는 제1원인이 본래부터 있는 것이 아니라 갖가지 구체적인 현상의 모습에 따라 직접적인 원인(實體), 간접적인 원인(屬性), 동력이 되는 원인(運動) 등으로 서로 다르다. 여기에 보편普遍, 특수特殊, 내속內屬이라는 특수성을 더하여 존재를 설명하는 방식을 채택하고 있는 것이다. 따라서 바이셰시카(Vaiśeṣika, 勝論) 철학은 적취설積聚說이자 인중무과론因中無果論으로 분류할 수 있다. 존재를 존재하게 할 수 있게 만드는 이 특수한 범주는 '파다르타(padārtha, 句義)'라고 부르는데, '말의 의미/대상/목적'이라는 뜻이므로 '언어에 의해 알려질 수 있는 존재'를 가리키는 개념이 된다. 바이셰시카 철학에서 제시하는 특수한 존재범주는 일반적으로 6가지로 제시되는데, 육구의六句義라고 한다. ① 실체(dravya-padārtha, 實句義), ② 속성(guṇa-padārtha, 德句義), ③ 운동(karma-padārtha, 業句義), ④ 보편(sāmānya-padārtha, 同句義), ⑤ 특수(viśeṣa-padārtha, 異句義), ⑥ 내속(samavāya-padārtha, 和合句義)이 그것이다. 여기에 유능有能, 무능無能, 구분俱分, 무설無說의 네 가지를 추가하여 십구의十句義로 제시하기도 한다. 『불광대사전』(p.409, p.781, p.1254 설명) 및 권오민의 『인도철학과 불교』(pp.113~115) 참고.

에 지혜(慧)와 선정(定)이 '완전하게 어우러져'(圓融) [본질이나 실체가 다른] 별개의 수행양상'(別行相)이 없어 바야흐로 '[불변·독자의 본질/실체로 보는 생각에 의거한 차별이 없이 현상을] 평등하게 보는 진리'(平等諦)로 '참되게 들어감'(眞入)이 된다는 것이다. [이것은] '[불변·독자의 본질/실체로 보는 생각으로] 분별하는 세간 사람들의 마음과 [그] 마음의 작용'(世間分別之心王數)이 [선정과 지혜의] 실체(體)를 구별하여 선정(定)과 지혜(慧)를 달리 행하는 것과는 같지 않으니, 이와 같은 '[지혜와 선정을] 별개의 것으로 나누어 섞는 수행'(雜行)은 '[평등하게 보는 진리'(平等諦)로 '참되게 들어가는 것'(眞入)이 아니기 때문이다. 이것은 곧 〈[불변·독자의 본질/실체로 보는 생각으로 분별하는] 세간 사람들의 이해와 [그런 이해에 의거한] 수행'(世間觀行)으로써 '아직 [평등하게 보는 진리'(平等諦)를] 증득하지 못했으면서도 증득했다고 말하는 교만한 자들'(未證謂證增上慢者)을 치유하는 것〉이다.

이와 같은 세 가지를 통틀어 '진리(諦)'라고 부른 것은, '[그] 도리를 자세히 성찰한 이해'(審諦之觀)가 '이해되어야 하는 [진리의] 경지'(所觀境)이기 때문이다. 이러한 세 가지 [진리를] '[서로] 다르게 보는 집착'(異執)을 모두 치유하여야 〈하나처럼 통하게 하는 '부처가 되는 길'〉(一佛道)을 온전하게 닦을 수 있으니, 그러므로 "이러한 세 가지 진리로써 부처가 되는 길을 닦는다"(以是三諦而修佛道)라고 말하였다.

다음은 '거듭 익혀 가는 수행으로 증득한 결실'(修道所得之果)을 드러낸다. "이 사람은 이러한 도리(法)에서 '완전한 깨달음'(正覺)을 증득하지 못함이 없다"(是人於是法, 無不得正覺)라는 것은, '자기를 이롭게 하는 지혜능력이라는 결실'(自利智德之果)을 드러낸 것이다. 이 '세 가지 도리'(三法)에서 '부처가 되는 길'(佛道)을 닦으면 '완전한 깨달음'(正覺)이라는 결실(果)을 얻지 못함이 없기 때문이다.

"'완전한 깨달음에서 생긴 지혜'(正覺智)를 얻고서는 '위대한 궁극적 자애'(大極慈)를 흘려보낸다"(得正覺智, 流大極慈)라는 것은, '남을 이롭게 하는 자애능력이라는 결실'(利他恩德之果)을 드러낸 것이다. '[불변·독자의 본질/실체로 보는 생각으로] 차별함이 없는 크나큰 궁극적 자애'(大極無緣之慈)를 널리 흘러보내 '모든 현상세계'(法界)에 두루 미치게 하여 [중생을] 이롭게 하지 못함이 없기 때문이다.

"자기와 남을 모두 이롭게 하여 '부처의 깨달음'(佛菩提)을 이룬다"(己他俱利, 成佛菩提)라는 것은 앞의 두 가지를 '총괄하여 묶은 것'(摠結)이다. '[자기를 이롭게 함'(自利)과 '타인을 이롭게 해 줌'(利他), 이] 두 가지 이롭게 함'(二利)이 완전해져 [차이들을] 평등하게 볼 수 있는 깨달음'(等覺)을 이루기 때문이다.

③ [여래장품如來藏品에서 일으킨] 세 번째 의문(第三疑)

> 地藏菩薩言, "尊者! 如是之法, 卽無因緣. 若無緣法, 因卽不起, 云何
> 不動法, 入³⁴²如來?"
>
> [H1, 673b13~15; T34, 1005b7~8]
>
> 지장보살이 말하였다.
>
> "존경받는 분이시여! 이와 같은 도리(法)에는 곧 '원인과 조건'(因緣)이 없겠습니다. 만약 '조건이라는 것'(緣法)이 없다면 원인(因)도 생겨나지 않을 것인데, '[원인과 조건'(因緣)에 따라] 움직이지 않는 도리'(不動法)로써 어떻게 '여래의 면모[가 간직된 창고]'(如來[藏])로 들어갈 수 있겠습니까?"

此下, 遣彼如來藏品第三之疑. 如彼品頌末言, "轉所取能取, 入於如來藏", 有依此說而疑彼云, 〈此中菩提之道, 平等之諦, 卽是如來藏不待因緣力, 云何彼轉能所之因而能得入如來藏法?〉有作是疑, 故乘彼問. "卽無因緣"者, 由平等故, 不從因緣, 又平等故, 卽無餘緣. 餘緣無故, 因不能起, 云

---

342 대정장 『금강삼매경』에는 '得入'으로 나오는 판본(【宋】【元】【明】)이 있다고 교감하였고, 한불전에도 동일하게 교감하였다. 그러나 대정장 『금강삼매경론』에는 '入'으로 되어 있다. 원효는 이 경문을 직접 인용하고 있지 않은데, 주석의 설명에서 '得入如來'라는 표현이 나오기 때문에 '得入'으로 보고 번역한다.

何於彼無起動法, 而用因緣, 得入如來? 若用因力之所入者, 即待因緣, 非不動故.

[H1, 673b16~c2; T34, 1005b9~17]

이 아래는 저 '여래의 면모가 간직된 창고[를 주제로 하는] 단원'(如來藏品)의 [내용에 대해 품는] 세 번째 의문을 제거하는 것이다. 그 단원[에 나오는] 게송의 끝부분에서, "'취해지는 대상'(所取)과 '취하는 주체'(能取)[를 별개의 불변·독자의 본질/실체로 나누는 이해]를 바꾸어서, '여래의 면모가 간직된 창고'(如來藏)에 들어갑니다"(轉所取能取, 入於如來藏)[343]라고 말했는데, 이 [여래장품의] 설명에 의거하여 그 [게송의 내용]에 대해 의문을 일으켜 [다음과 같이] 말하는 경우가 있다. 〈여기서 [말하는] '깨달음의 길'(菩提之道)은 '[불변·독자의 본질/실체로 보는 생각에 의거한 차별이 없는] 평등한 진리'(平等之諦)[의 길]이고, 이것은 곧 '여래의 면모가 간직된 창고'(如來藏)가 [차별적인] '원인과 조건의 힘'(因緣力)에 기대지 않는다는 것이니, [그렇다면] 어떻게 그 ['깨달음의 길'(菩提之道)]이 '주관과 대상[을 별개의 불변·독자의 본질/실체로 나누는 인식]을 바꾸는 원인'(轉能所之因)이 되어 '여래의 면모가 간직된 창고가 지닌 진리'(如來藏法)에 들어갈 수 있을까?〉 이러한 의문을 품는 경우가 있기 때문에 그 [의문]에 의거하여 [지장보살이] 질문을 한 것이다.

"곧 원인과 조건이 없겠습니다"(即無因緣)라는 것은 [다음과 같은 의문을 나타내는 것이다.] 〈['깨달음의 길'(菩提之道)은] 평등함에 의거하는 것이기 때문에 '원인과 조건'(因緣)을 따르지 않고, 또 평등하기 때문에 곧 '여러 다른 조건들'(餘緣)도 없는 것이다. [그리고] '여러 다른 조건들'(餘緣)이 없기 때문에 원인(因)이 일어날 수 없으니, [그렇다면] 어떻게 저 [평등하여 '원인과 조건'(因緣)을 따르지 않아] '움직임을 일으킴이 없는 도리'(無起動法)에서 '원인과 조건'

---

343 「여래장품」에 나오는 게송들 가운데 맨 마지막에 있는 것(H1, 666c12; T34, 1001a11)이다. '세 가지 뜻'(三意)으로 구성된 '여덟 게송'(八頌)의 세 번째인 [별개인] 둘로 나누지 않는 이해를 제시함'(示無二觀)에 해당한다.

(因緣)을 써서 '여래의 면모[가 간직된 창고]'(如來[藏])로 들어갈 수 있겠는가? 만약 '원인의 힘'(因力)을 써서 들어가는 것이라면 곧 '원인과 조건'(因緣)에 의지하는 것이니, [그렇다면] [평등하여 '원인과 조건'(因緣)을 따르지 않아] '움직이지 않음'(不動)이 아닌 것이다.〉

爾時, 如來欲宣此義, 而說偈言, "一切諸法相, 性空無不動. 是法於是時, 不於是時起. 法無有異時, 不於異時起. 法無動不動, 性空故寂滅. 性空寂滅時, 是法是時現. 離相故寂住, 寂住故不緣.

[H1, 673c3~7; T34, 1005b18~22]

그때 여래께서는 이 뜻을 펼치고자 게송으로 설하여 말씀하셨다.

"'모든 현상의 갖가지 양상'(一切諸法相)은

[그] 본연(性)이 '불변·독자의 본질/실체가 없는 것이어서'(空無) '움직이지 않는다네'(不動).

이 현상들은 이때[인 현재]에 있지만,

이때[인 현재]에 [불변·독자의 본질/실체로서] 일어나는 것도 아니라네.

[또한] 현상들은 [현재가 아닌] 다른 때에 있는 것이 아니며,

[현재가 아닌] 다른 때에 일어나는 것도 아니라네.

현상들에는 움직임과 움직이지 않음이 [불변·독자의 본질/실체로서] 없으니,

[그] '본연은 불변·독자의 본질/실체가 없기 때문에 [불변·독자의 본질/실체로 보는 분별의 동요가] 그쳐 고요하다네'(性空故寂滅).

'본연이 불변·독자의 본질/실체가 없어 [불변·독자의 본질/실체로 보는 분별의 동요가] 그쳐 고요할 때'(性空寂滅時),

이 ['원인과 조건'(因緣)에 따라 움직이지 않는] 도리(法)가 이때에 드러나네.

'양상[을 불변·독자의 본질/실체로 보는 것]에서 벗어났기'(離相) 때문에 '[분별에 의한 동요가 없어] 고요하게 머무르며'(寂住),

고요함에 머무르기 때문에 [불변·독자의 본질/실체라고 생각하는] 조건

此下, 如來正決所疑, 宣其平等不動而有得入之義. 八行頌中, 卽有二分, 前三略說, 後五廣宣. 略中有二, 前三[344]頌, 明不動之義, 後一頌, 顯得入之義. 初中有三, 謂標釋結. 謂初二句, 標不動義, 次有四句, 釋不動義. "是法於是時, 不於是時起"者, "是時"者, 謂此世, 此世者, 是現在. 現在之時, 永無暫住, 細除已未, 卽無中間. 如除光陰, 無中間處. 故於是時, 不得有起. "法無有異時, 不於異時起"者, 言"異時"者, 所謂過未, 未來未有故, 無起義, 過去已無, 亦無起義. 由是道理, 法無起動, 旣無生起之動, 亦無恒住不動, 故言"法無動不動, 性空故寂滅". 是二句者, 結不動義. 次有一頌, 明得入義. "性空寂滅時"者, 了見性空寂滅之時, 不動之法, 是時顯現, 顯現於心, 故言'得入'. 如是上半, 明得入義. 然此顯法離一切相, 離諸相故, 寂靜而住, 住寂靜故, 恒不從緣. 是故, 雖有入, 不廢離緣義. 如是下半, 顯離緣義也.

[H1, 673c8~674a8; T34, 1005b22~c11]

이 아래는 '여래께서 의문을 곧바로 해결하는 것'(如來正決所疑)이니, 그 [현상의 '원인과 조건'(因緣)들]이 [불변·독자의 본질/실체가 없어] 평등하여 [불변·독자의 본질/실체인 '원인과 조건'(因緣)들에 따라] 움직이지 않으면서도 ['원인과 조건'(因緣)들에 따라 '여래의 면모가 간직된 창고'(如來藏)에] 들어감이 있다는 뜻을 펼친 것이다.

8행의 게송[345] 가운데 곧 '두 부분'(二分)이 있으니, 앞의 3행은 '간략히

설하는 것'(略說)이고, 뒤의 5행은 '자세하게 펼치는 것'(廣宣)이다. '간략히 설하는 것'(略說)에도 두 가지가 있으니, [3행 가운데] 앞의 게송 둘³⁴⁶은 ['원인과 조건'(因緣)에 따라] '움직이지 않는 뜻'(不動義)을 밝힌 것이고 뒤의 게송 하나³⁴⁷는 ['움직이지 않는 뜻'(不動義)에 따라 '여래의 면모가 간직된 창고'(如來藏)에] '들어갈 수 있는 뜻'(得入之義)을 드러낸 것이다. 처음[인 '움직이지 않는 뜻'(不動之義)을 밝힌 것]에도 세 가지가 있으니, 이른바 [핵심의] 제시'(標)와 [그에 대한] 해석'(釋) 그리고 결론(結)이다. [3행 가운데 앞의 게송 둘에서] 처음의 두 구절³⁴⁸은 ['원인과 조건'(因緣)에 따라] '움직이지 않는 뜻을 제시한 것'(標不動義)이고, 그 다음의 네 구절³⁴⁹은 '움직이지 않는 뜻을 해석한 것'(釋不動義)이다.

"이 현상들은 이때[인 현재]에 있지만, 이때[인 현재]에 [불변·독자의 본질/실체로서] 일어나는 것도 아니다"(是法於是時, 不於是時起)라는 것에서 "이때"(是時)라는 것은 '이 세상'(此世)이니, '이 세상'이란 현재現在이다. 현재의 시간은 잠깐이라도 머무는 것이 전혀 없고, 세세하게 따져 '이미 [지나간 것]'(已)과 '아직 [오지 않은 것]'(未)을 제거해 버리면 곧 [그] 중간[에 해당하는 현재도] 없는 것이다. 마치 빛과 그늘을 [모두] 제거해 버리면 [빛과 그늘의] 중간[에 해당하는] 곳이 없는 것과도 같다. 그러므로 이때[인 현재]에도 '일어나는 [현상들]'(有起)을 [불변·독자의 본질/실체로서] 얻을 수 없는 것이다.

"현상들은 [현재가 아닌] 다른 때에 있는 것이 아니며, [현재가 아닌] 다른 때에 일어나는 것도 아니다"(法無有異時, 不於異時起)라는 것에서 "다른 때"(異時)라는 것은 이른바 과거와 미래이니, 미래[현상]은 아직 있지 않기 때문에 '일어난다는 뜻'(起義)이 있을 수가 없고 과거[의 현상]은 이미 없으므로 역

---

346 "一切諸法相, 性空無不動. 是法於是時, 不於是時起. 法無有異時, 不於異時起. 法無動不動, 性空故寂滅" 부분을 가리킨다.

347 "性空寂滅時, 是法是時現. 離相故寂住, 寂住故不緣" 부분을 가리킨다.

348 "一切諸法相, 性空無不動" 부분을 가리킨다.

349 "是法於是時, 不於是時起. 法無有異時, 不於異時起" 부분이다.

시 '일어난다는 뜻'(起義)이 있을 수가 없다.

이러한 도리로 인해 현상(法)들에는 '움직임을 일으킴'(起動)이 없고, 이미 '일어난 움직임'(生起之動)이 없기에 또한 '항상 머무르며 움직이지 않음'(恒住不動)도 없으니, 그러므로 "현상들에는 움직임과 움직이지 않음이 [불변·독자의 본질/실체로서] 없으니, [그] '본연은 불변·독자의 본질/실체가 없기 때문에 [불변·독자의 본질/실체로 보는 분별의 동요가] 그쳐 고요하다"(法無動不動, 性空故寂滅)라고 말하였다. 이 두 구절은 '움직이지 않는 뜻'(不動義)을 마무리한 것이다.

다음의 '한 게송'(一頌)³⁵⁰은 ['여래의 면모가 간직된 창고'(如來藏)에] '들어갈 수 있다는 뜻'(得入義)을 밝힌다. "본연이 불변·독자의 본질/실체가 없어 [불변·독자의 본질/실체로 보는 분별의 동요가] 그쳐 고요할 때"(性空寂滅時)라는 것은, [현상의] 본연이 불변·독자의 본질/실체가 없어 [불변·독자의 본질/실체로 보는 분별의 동요가] 그쳐 고요함'(性空寂滅)을 '분명하게 이해할 때'(了見時) [불변·독자의 본질/실체인 '원인과 조건'(因緣)에 따라] '움직이지 않는 도리'(不動之法)가 이때에 드러나 마음에 나타나니, 그러므로 ['여래의 면모가 간직된 창고'(如來藏)에] '들어갈 수 있다'(得入)고 말하는 것이다. 이와 같이 ['한 게송'(一頌)에서] 앞의 절반이 되는 구절'(上半)³⁵¹은 ['여래의 면모가 간직된 창고'(如來藏)에] 들어갈 수 있다는 뜻을 밝히는 것'(明得入義)이다.

그런데 이것은 〈['원인과 조건'(因緣)이 되는] 현상(法)이 [불변·독자의 본질/실체로 간주하는] 모든 양상에서 벗어났음'(離一切相)〉을 드러낸 것이니, '[불변·독자의 본질/실체로 간주하는] 모든 양상'(諸相)에서 벗어났기에 '[불변·독자의 본질/실체가 움직인다는 생각이 없어] 고요하여'(寂靜) [그 고요한 국면에] 머무르며, [이러한] 고요함(寂靜)에 머무르기 때문에 언제나 [불변·독자의 본질/실체

---

350 "性空寂滅時, 是法是時現. 離相故寂住, 寂住故不緣"을 가리킨다.
351 여기서 '앞의 절반이 되는 구절'(上半)이란 "性空寂滅時, 是法是時現. 離相故寂住, 寂住故不緣" 가운데 "性空寂滅時, 是法是時現"을 가리킨다.

라고 생각하는] 조건(緣)을 따라가지 않는 것이다. 그러므로 비록 ['여래의 면모가 간직된 창고'(如來藏)]에 들어감이 있어도 '조건에서 벗어난다는 뜻'(離緣義)을 없애지는 않는다. 이와 같이 ['한 게송'(一頌)에서] '뒤의 절반이 되는 구절'(下半)³⁵²은 '조건에서 벗어난다는 뜻'(離緣義)을 드러낸 것이다.

是諸緣起法, 是法緣不生, 因緣生滅無, 生滅性空寂. 緣性能所緣, 是緣本緣起, 故法起非緣, 緣無起亦爾. 因緣所生法, 是法是因緣, 因緣生滅相, 彼卽無生滅.

[H1, 674a9~12; T34, 1005c12~15]

이 '조건에 따라 생겨나는 모든 현상들'(諸緣起法),

'이 현상들[을 생겨나게 하는] 조건들'(是法緣)은 [불변·독자의 본질/실체로서] 생겨나는 것이 아니어서'(不生),

'원인과 조건은 생겨남과 사라짐이 없으니'(因緣生滅無),

'['원인과 조건'(因緣)]들의] 생겨남과 사라짐은 [그] 본연에 불변·독자의 본질/실체가 없다네'(生滅性空寂).

'본성으로서의 조건'(緣性)과 '주체로서의 조건'(能緣) 및 '대상으로서의 조건'(所緣),

이 조건들은 [현상 발생의] 근본이 되는 조건'(本緣)이 일어난 것이니,

그러므로 '현상의 일어남은 [불변·독자의 본질/실체로서의] 조건[에 의해서]가 아니고'(法起非緣),

'조건이 일어남이 없음'(緣無起)도 그러하다네.

'원인과 조건에 의해 생겨난 현상'(因緣所生法),

이 현상은 [또 다른 현상의] 원인과 조건(是法是因緣)이니,

'원인과 조건의 생겨나고 사라지는 양상'(因緣生滅相),

---

352 '뒤의 절반이 되는 구절'(下半)이란 "性空寂滅時, 是法是時現. 離相故寂住, 寂住故不緣" 가운데 "離相故寂住, 寂住故不緣"을 가리킨다.

그것에는 생겨남과 사라짐이 [불변·독자의 본질/실체로서] 없는 것이네.

此下, 第二廣宣. 於中有二, 是前三頌, 廣不動義, 其後二頌, 宣得入義.
初中亦二, 謂前二頌, 推本無得, 以顯不動, 後之一頌, 逐末無得, 以顯不
動. 初中有三, 謂標釋結. 初言"是諸緣起法, 是法緣不生"者, 標諸果法, 其
緣不生. 次有四句, 釋不生義. "因緣生滅無"者, 明諸因緣生滅不住故, 無
生果之功能也. "生滅性空寂"者, 以不住故, 卽無生滅, 性空寂故, 亦不生
果. "緣性能所緣"者, 因緣種子冥伏, 名"性", 增上緣根, 能對境界故, 名"能
緣", 所緣境界, 根所對故, 名爲"所緣". 次第緣法, 滅故不論. 如是種子性
緣, 幷其能所二緣, 皆是本緣之所起故, 故言"是緣本緣起". 是卽, 其本諸
緣, 亦同前說, 生滅性空, 故無生用. 由是三義, 緣無生義. "故法起非緣"
者, 結果法起非緣所生, "緣無起亦爾"者, 結緣無起亦同其果. 次有一頌,
逐末無得, 以顯不動. "因緣所生法, 是法是因緣"者, 明諸果法亦爲因緣,
望後生法而作緣故. 是諸果法, 旣爲因緣, 卽同前說, 生滅性空. 故言"因緣
生滅相, 彼卽無[353]生滅". 前略說時, 直顯果空故, 今廣時, 就因緣說, 欲顯
諸法因果不動, 卽是平等菩提之道. 非此法外, 別求菩提, 是謂此偈之大意
也. 如肇法師言, "道遠乎哉? 觸事而眞. 聖遠乎哉? 體之卽神矣".

[H1, 674a13~b19; T34, 1005c15~1006a10]

이 아래는 [8행의 게송으로 구성된 '여래께서 의문을 곧바로 해결하는 것'(如來正決
所疑)의 두 부분 가운데] 두 번째인 '자세하게 [뜻을] 펼치는 것'(廣宣)이다. 여기
에는 두 가지가 있으니, 이 앞의 '게송 셋'(三頌)[354]은 '움직이지 않는 뜻'(不
動義)을 자세하게 설명한 것이고, 그 뒤의 '게송 둘'(二頌)[355]은 '들어갈 수 있

---

353 한불전에는 '爲'로 나오는데, '無'의 오자이므로 교감하여 번역한다. 대정장 『금강삼
매경론』에도 '無'자로 되어 있다.
354 본 경문의 게송인 "是諸緣起法, 是法緣不生, 因緣生滅無, 生滅性空寂. 緣性能所緣, 是緣
本緣起, 故法起非緣, 緣無起亦爾. 因緣所生法, 是法是因緣, 因緣生滅相, 彼卽無生滅"(T9,
373c23~28)을 가리킨다.

다는 뜻'(得入義)을 펼치는 것이다. 첫 번째[인 앞에 있는 '게송 셋'(三頌)]에도 두 가지가 있으니, 앞의 '게송 둘'(二頌)[356]은 '근본을 추구해도 [불변·독자의 본질/실체로서] 얻는 것이 없다[는 도리로써 움직이지 않음[의 뜻]을 드러낸 것'(推本無得, 以顯不動)이고, 뒤의 '게송 하나'(一頌)[357]는 '지말을 좇아도 [불변·독자의 본질/실체로서] 얻는 것이 없다[는 도리로써 움직이지 않음[의 뜻]을 드러낸 것'(逐末無得, 以顯不動)이다. 첫째[인 앞의 '게송 둘'(二頌)]에는 세 가지가 있으니, '[핵심의] 제시'(標)와 '[그에 대한] 해석'(標)과 마무리(結)가 그것이다.

처음에서 말한 "이 '조건에 따라 생겨나는 모든 현상들'(諸緣起法), '이 현상들[을 생겨나게 하는] 조건들'(是法緣)은 [불변·독자의 본질/실체로서] 생겨나는 것이 아니다"(是諸緣起法, 是法緣不生)라는 것은, '결과로서의 모든 현상'(諸果法)은 그 [결과를 생겨나게 하는] 조건(緣)들이 [불변·독자의 본질/실체로서] 생겨나지 않았다는 [도리의 핵심]을 제시한 것이다.

다음에 있는 '네 구절'(四句)은 '[불변·독자의 본질/실체로서] 생겨나지 않는 뜻'(不生義)을 해석한 것이다. "원인과 조건은 생겨남과 사라짐이 없다"(因緣生滅無)라는 것은, 모든 '원인과 조건들의 생겨남과 사라짐'(因緣生滅)은 [잠깐이라도] 머무르지 않기 때문에 '결과를 생겨나게 하는 능력'(生果之功能) [을 지닌 불변·독자의 본질/실체]가 없음을 밝힌 것이다.

"['원인과 조건'(因緣)들의] 생겨남과 사라짐은 [그] 본연에 불변·독자의 본질/실체가 없다"(生滅性空寂)라는 것은, ['원인과 조건'(因緣)들의 생겨남과 사라짐은 잠깐이라도] 머무르지 않기 때문에 곧 '[불변·독자의 본질/실체로서] 생겨남과 사라짐이 없고'(無生滅) [따라서] ['원인과 조건'(因緣)들의 생겨남과 사라짐은 그]

---

355 뒤에 이어지는 게송인 "彼如眞實相, 本不於出沒, 諸法於是時, 自生於出沒. 是故極淨本, 本不因衆力, 卽於後得處, 得得於本得"(T9, 373c29~374a) 부분을 가리킨다.

356 "是諸緣起法, 是法緣不生, 因緣生滅無, 生滅性空寂. 緣性能所緣, 是緣本緣起, 故法起非緣, 緣無起亦爾"(T9, 373c23~26)를 가리킨다.

357 "因緣所生法, 是法是因緣, 因緣生滅相, 彼卽無生滅"(T9, 373c27~28)을 가리킨다.

본연(性)이 '불변·독자의 본질/실체가 없는 것'(空寂)이기 때문에 결과 또한 [불변·독자의 본질/실체로서] 일으키지 않는다는 것이다.

"'본성으로서의 조건'과 '주체로서의 조건' 및 '대상으로서의 조건'"(緣性能所緣)이라는 것은, '원인과 조건이 되는 종자'(因緣種子)는 깊숙이 숨어 있기에 "본성"(性)이라 부르고, '증폭시키는 조건들인 감각기관'(增上緣根)은 대상(境界)을 대하는 주체이기 때문에 "주체로서의 조건"(能緣)이라 부르며, '관계 맺는 대상'(所緣境界)은 감각기관(根)에 대응하게 되는 것이므로 "대상으로서의 조건"(所緣)이라고 부른다. ['네 가지 조건'(四緣) 가운데 마지막 하나인] '틈새 없이 앞의 마음이 뒤의 마음을 발생시키는 것'(次第緣法/等無間緣法)[358]은 사라지는 것이기 때문에 논하지 않았다.

이와 같은 '종자인 본성으로서의 조건'(種子性緣)과 저 '주체로서의 조건'(能緣) 및 '대상으로서의 조건'(所緣) 두 가지는 모두 '[현상을 발생시키는] 근본이 되는 조건'(本緣)이 일어난 것이니, 따라서 "이 조건들은 '[현상 발생의] 근본이 되는 조건'이 일어난 것이다"(是緣本緣起)라고 말하였다. 그렇다면 그

---

358 차제연次第緣: 차제연은 유부 아비달마에서 제시하는 '네 가지 조건'(四緣) 가운데 등무간연等無間緣을 가리키는 개념이다. 앞에서 살펴보았듯이, 등무간연의 뜻은 '틈새 없이 앞의 마음이 뒤의 마음을 발생시키는 것'(等無間緣, samanantara-pratyaya)이므로, 앞 순간의 마음이 다른 것의 개입이 없이 뒤 순간의 마음을 발생시키는 조건이 되는 것을 가리키는 개념이다. 『아비달마구사석론阿毘達磨俱舍釋論』권5(T29, 193c29~194a10). "於經中說, 經云有四緣類, 一因緣類, 二次第緣類, 三緣緣類, 四增上緣類. 此中類者, 是緣自性, 此中因緣者, 偈曰, 因緣是五因. 釋曰, 除一隨造因, 所餘五因說名因緣. 偈曰, 心心法非後, 已生次第緣. 釋曰, 除阿羅漢最後心心法, 已生餘心心法, 名次第緣. 云何名次第緣? 此法等無間緣故, 名次第緣. 是故色非次第緣, 生不等故. 何以故? 從欲界色, 後時次第欲界色界無教色生. 後時欲界色無流色生, 後時三種色生, 是色現前亂過因生, 次第緣無過亂." 원효는 이 '네 가지 조건'(四緣)의 설명체계를 도입하여, 현상의 원인과 조건에서 근본적인 성질에 해당하는 것을 인연因緣緣, 주체인 조건을 증상연增上緣, 관계 맺는 대상을 소연연所緣緣에 각각 배당하여 설명하고 있다. 그러나 등무간연等無間緣인 차제연次第緣은 틈새 없이 앞의 마음이 곧 뒤의 마음을 발생시키고 사라지는 조건이므로 '[현상을 발생시키는] 근본이 되는 조건'(本緣)으로는 논의하지 않겠다고 말하는 것으로 보인다.

'근본이 되는 모든 조건들'(本諸緣)도, 앞에서 말한 것처럼, 〈'생겨남과 사라짐은 [그] 본연이 불변·독자의 본질/실체가 없고'(生滅性空), 따라서 '[결과를] 생겨나게 하는 작용'(生用)[을 지닌 불변·독자의 본질/실체]도 없는 것〉이다. 이러한 '세 가지 뜻'(三義) 때문에 [현상들을 생겨나게 하는] 조건(緣)에는 '[불변·독자의 본질/실체로서] 생겨나는 뜻'(生義)이 없다.

"그러므로 현상의 일어남은 [불변·독자의 본질/실체로서의] 조건[에 의해서가] 아니다"(故法起非緣)라는 것은 '결과로서의 현상의 일어남'(果法起)이 [불변·독자의 본질/실체로서의] 조건에 의해 생긴 것이 아니라는 것을 마무리한 것이고, "'조건이 일어남이 없음'(緣無起)도 그러하다"(緣無起亦爾)라는 것은 '조건이 일어남이 없음'(緣無起) 또한 그 결과[로서의 현상]과 마찬가지[로 불변·독자의 본질/실체로서 일어난 것이 없다]라는 것을 마무리한 것이다.

다음의 '한 게송'(一頌)[359]은 '지말을 좇아도 [불변·독자의 본질/실체로서] 얻는 것이 없다[는 도리]로써 움직이지 않음[의 뜻]을 드러낸 것'(逐末無得, 以顯不動)이다. "'원인과 조건에 의해 생겨난 현상'(因緣所生法), 이 현상은 [또 다른 현상의] 원인과 조건(是法是因緣)이다"(因緣所生法, 是法是因緣)라는 것은 '결과로서의 모든 현상'(諸果法) 또한 '원인과 조건'(因緣)이 됨을 밝힌 것이니, '나중에 생겨나는 현상'(後生法)에 의거해 본다면 [결과로서의 모든 현상'(諸果法)이 다시 나중의 현상들을 생겨나게 하는] 조건(緣)이 되기 때문이다. 이 [다시 나중의 현상들을 생겨나게 하는 조건이 되는] '결과로서의 모든 현상'(諸果法)은 이미 [또 다른 현상의] '원인과 조건'(因緣)이 되기에 곧 앞에서 말한 것처럼 〈['원인과 조건'(因緣)들의] 생겨남과 사라짐은 [그] 본연에 불변·독자의 본질/실체가 없다〉(生滅性空).[360] 그러므로 "'원인과 조건의 생겨나고 사라지는 양상'(因緣生滅相), 그것에는 생겨남과 사라짐이 [불변·독자의 본질/실체로서] 없는

---

359 "因緣所生法, 是法是因緣, 因緣生滅相, 彼卽無生滅"을 가리킨다.

360 해당하는 『금강삼매경』 원문은 "生滅性空寂"인데 원효는 '生滅性空'으로 인용하면서 주석하고 있다. 따라서 이것은 원효가 '空寂'과 '空'을 같은 의미로 보는 사례이다.

것이다"(因緣生滅相, 彼卽無生滅)라고 말하였다.

앞에서 간략히 설명할 때에는 단지 〈결과[로서의 현상]이 불변·독자의 본질/실체가 없다〉(果空)는 것을 나타냈기 때문에, 지금 자세하게 설명할 때는 '원인과 조건에 관한 설명'(因緣說)에 의거하여 〈모든 현상의 원인과 결과가 [불변·독자의 본질/실체로서] 움직이지 않는다〉(諸法因果不動)는 것을 나타내고자 하였으니, 이것이 바로 '평등한 깨달음의 길'(平等菩提之道)이다. 이 도리(法) 이외에 따로 깨달음(菩提)을 추구함이 아니니, 이것이 이 게송의 '핵심이 되는 뜻'(大意)이다. 마치 승조僧肇[361]법사가 "진리가 멀리 있을까? 만나는 현상이 바로 진리로다. 성스러움이 멀리 있을까? [만나는 현상이 바로 진리라는] 그것을 터득하면 바로 신묘한 경지네"[362]라고 말한 것과 같다.

彼如眞實相, 本不於出沒, 諸法於是時, 自生於出沒. 是故極淨本, 本

---

361 승조僧肇(384~414): 고대 중국의 동진東晉에서 활약한 승려로 장안長安 출신이다. 어린 시절에는 가난하여 서적을 베껴 쓰는 일로 생계를 꾸려 나갔다고 한다. 이 일을 통해 자연스럽게 고전 읽기에 몰입한 것으로 보이는데, 특히 노장사상老莊思想을 좋아하였다. 그러다가 『유마경維摩經』을 읽고 크게 고무되어 불교에 귀의하게 되는데, 20세 무렵에 이미 장안에 그의 이름이 알려질 만큼 불교학에 뛰어난 자질을 갖추고 있었다. 구마라집鳩摩羅什이 감숙성甘肅省의 고장姑藏에 도착했다는 소문을 듣고 곧바로 찾아가 그의 제자가 되면서 대승불교의 공空사상을 깊이 탐구한다. 구마라집이 401년부터 왕의 명령에 따라 국가적인 대장경 번역사업을 시작하자 승조는 승예僧叡 등과 함께 소요원逍遙園에서 구마라집의 역경譯經 작업을 돕게 된다. 그는 31세의 젊은 나이로 세상을 하직하지만 「물불천론物不遷論」, 「부진공론不眞空論」, 「반야무지론般若無知論」, 「열반무명론涅槃無名論」 등의 글을 남겼는데 그의 후예들이 이 글을 묶어 『조론肇論』이라 하였다. 이를 통해 대승의 공空사상에 대한 승조의 깊은 이해를 살펴볼 수 있는데, 이후 중국불교의 발전에 커다란 영향을 끼치게 된다.

362 이 문장은 승조의 저서인 『조론肇論』의 두 번째 부분인 「부진공론不眞空論」의 맨 마지막에 나온다. 원효가 인용한 글의 맥락을 파악하기 위해 앞에 나오는 문장을 포함하여 해당문구를 소개한다. 『조론』(T45, 153a3~5). "故經云, 〈甚奇, 世尊! 不動眞際爲諸法立處.〉 非離眞而立處, 立處卽眞也. 然則道遠乎哉? 觸事而眞! 聖遠乎哉? 體之卽神!"

不因衆力, 卽於後得處, 得得³⁶³於本得".

[H1, 674b20~22; T34, 1006a11~13]

저 ['원인과 조건'(因緣)의] 〈참과 같아진 '사실 그대로'〉(如眞實相)는

본래 [불변·독자의 본질/실체로서] 나타나거나 사라지는 것이 아니니,

'모든 현상'(諸法)은 [〈참과 같아진 '사실 그대로'〉(如眞實相)인] 이때에

'나타나거나 사라짐'(出沒)에서 자신을 드러낸다네.

그러므로 '궁극적으로 온전한 본연'(極淨本)은

본래 갖가지 [조건들의] 힘에서 비롯하는 것이 아니니,

[불변·독자의 본질/실체라고 생각하는 조건(緣)들에서 벗어나 나중에 얻는 곳'(後得處) 바로 거기서

〈'본연적으로 얻어진 것'(本得)[인 '깨달음의 본연'(本覺)[으로서의 '사실 그대로 앎']에서 얻음〉(得於本得)을 증득한다네."

此二頌, 是宣得入義. 於中有三. 一者一頌, 對諸有動, 顯如不動. 二者二句, 明不動本不待衆緣. 三者二句, 明離緣法有得入義. "後得處"者, 謂道後處, 前略說中言"寂滅時", 卽是此言"後得之處". 旣是寂滅, 何有處時? 但離時處故, 寄之時處耳. "得得於本得"者, 始覺究竟, 故名爲"得". 是能得故, 始覺究竟, 還同本覺, 以之故言"得於本得". 上來, 第三決疑分竟.

[H1, 674b23~c8; T34, 1006a13~21]

이 '게송 둘'(二頌)은 ['여래의 면모가 간직된 창고'(如來藏)에] 들어갈 수 있다는 뜻을 펼치는 것'(宣得入義)이다. 여기에는 세 가지가 있다. 첫 번째인 '게송 하나'(一頌)³⁶⁴는 '온갖 유형의 [불변·독자의 본질/실체들의] 움직임이 있다'(諸有動)[는 생각]에 대하여 〈'사실 그대로'(如)는 [불변·독자의 본질/실체로서]

---

363 대정장 『금강삼매경』에는 '得'자가 '彼'자로 되어 있고, 교감주에서 '得'자로 된 판본이 있다고 밝혔다. 그러나 원효의 주석에서는 '得得'으로 인용되고 있으므로 '得得'으로 보고 번역한다. 대정장 『금강삼매경론』에도 '得得'으로 나온다.

364 "彼如眞實相, 本不於出沒, 諸法於是時, 自生於出沒"에 해당한다.

408 제4편 경문의 뜻을 자세히 풀어냄(消文義)

움직이지 않는다〉(如不動)는 것을 드러낸 것이다. 두 번째인 '두 구절'(二句)[365]은 〈['사실 그대로'(如)인] 움직이지 않는 본연(不動本)은 갖가지 조건들에 의거하지 않음〉(不動本不待衆緣)을 밝히는 것이다. 세 번째인 '두 구절'(二句)[366]은 〈[불변·독자의 본질/실체라고 생각하는] 조건(緣)들에서 벗어나는 도리'(離緣法)에 ['여래의 면모가 간직된 창고'(如來藏)에] 들어갈 수 있다는 뜻이 있다〉(離緣法有得入義)는 것을 밝히는 것이다.

"[불변·독자의 본질/실체라고 생각하는 조건(緣)들에서 벗어나] 나중에 얻는 곳"(後得處)이라는 것은 '깨달음(道)[을 증득한] 나중의 곳'(道後處)을 일컫는 것이니, 앞에서 간략히 설명하는 가운데서 말한 "[불변·독자의 본질/실체로 보는 분별의 동요가] 그쳐 고요할 때"(寂滅時)라는 것이 바로 여기서 말하는 "나중에 얻는 곳"(後得之處)이다. 이미 [불변·독자의 본질/실체로 보는 분별의 동요가] 그쳐 고요함'(寂滅)인데 [깨달음을 얻는] 곳과 때'(處時)가 어찌 [별도로] 있겠는가? 단지 [별개의] 시간(時)과 장소(處)[라는 생각]에서 벗어났기 때문에 [편의상] 빌려서 [말하는] 시간(時)과 장소(處)일 뿐이다.

"〈'본연적으로 얻어진 것'(本得)[인 '깨달음의 본연'(本覺)[으로서의 '사실 그대로 앎']]에서 얻음〉(得於本得)을 증득한다"(得得於本得)라는 것은 '[사실 그대로'를] 비로소 깨달아 감'(始覺)이 궁극에 이른 것이니, 그러므로 "증득한다"(得)라고 말하였다. '얻을 수 있는 것'(能得)이기 때문에 '[사실 그대로'를] 비로소 깨달아 감'(始覺)이 궁극에 이르러 다시금 '깨달음의 본연'(本覺)[인 '사실 그대로 앎']과 같아지니, 그렇기 때문에 "〈'본연적으로 얻어진 것'(本得)[인 '깨달음의 본연'(本覺)[으로서의 '사실 그대로 앎']]에서 얻는다"(得於本得)라고 말하였다. 이상으로 [「총지품」의 네 부분 가운데] 세 번째인 '의문을 해결하는 부분'(決疑分)이 끝난다.

---

365 "是故極淨本, 本不因衆力"에 해당한다.
366 "卽於後得處, 得得於本得"에 해당한다.

4) [부처님의 설법을] 이해함(領解)

爾時, 地藏菩薩, 聞佛所說, 心地快然. 時諸衆等, 無有疑者, 知衆心
已, 而說偈言. "我知衆心疑, 所以慇固問. 如來大慈善, 分別無有餘, 是
諸二衆等, 皆悉得明了. 我今於了處, 普化諸衆生, 如佛³⁶⁷之大悲, 不捨
於本願. 故於一子地, 而住於煩惱".

[H1, 674c9~15; T34, 1006a22~27]

그때 지장보살은 부처님께서 설하신 것을 듣고 마음이 기쁨으로 가
득하였다. 그때 [함께 있던] 모든 대중들 가운데 의문을 지닌 자가 없게
되었으니, [지장보살이 그러한] 대중들의 마음을 알고 나서 게송으로 설하
여 말하였다.

"제가 대중들이 마음에 품은 의심을 알기에,
간절하게 여쭈었나이다.
여래께서는 '크나큰 자애로 베푸는 이로움'(大慈善)으로,
잘 분석하여 남아 있는 의문을 없게 하시니,
[세속에 사는 사람들과 출가 수행자] 이 모든 '두 부류의 사람들'(二衆)들이,
모두 다 분명하게 이해하게 되었나이다.
저는 이제 [제가] '깨달은 곳'(了處)에서,
모든 중생들을 널리 교화하고자,
부처님의 '크나큰 연민'(大悲)처럼,
'[중생구제를 위한] 근본적인 다짐과 바람'(本願)을 버리지 않고자 합니다.
그러므로 '하나뿐인 자식처럼 여기는 경지'(一子地)에서,
[중생을 구제하려는] 번뇌에 머무르겠습니다."

---

367 대정장 『금강삼매경』에는 '來'자로 나온다. 원효는 주석에서 이 경문을 직접 인용하
고 있지 않지만, 지장보살이 부처님의 자비정신을 계승하여 자신도 그렇게 하겠다는
것이 문장의 맥락이므로 '佛'자로 보는 것이 적절해 보인다. 대정장 『금강삼매경론』
에도 '佛'자로 나온다.

此是第四領解. 此三頌中, 即有二分, 前一頌半, 結前決疑之利, 後一頌半, 申後普化之行. "一子地"者, 初地已上, 已證一切衆生平等, 視諸衆生如視一子. 是名清淨增上意樂, 寄喩表心, 名"一子地". "而住於煩惱"者, 菩薩雖得諸法平等, 而以方便力, 不捨煩惱, 若捨一切煩惱隨眠, 便入涅槃, 違本願故. 如『瑜伽論』「三摩呬多決擇」中云, "滅盡等至, 當言無漏, 由與煩惱不相應故. 非相應故, 無所緣故, 非諸煩惱之所生故. 是出世間, 一切異生, 不能行故. 唯除已入遠地菩薩, 菩薩雖能起出世法, 令現在前, 然由方便善巧力故, 不捨煩惱". 案云, 此中言"不捨"者, 非究竟捨如羅漢等, 故曰"不捨", 非全不捨故言"不捨". 於中委悉, 如『二障章』說. 由不捨故, 言"住煩惱", 由是不入涅槃, 普化十方界故. 此一卷經有三分中, 第二正說, 竟在於前也.

[H1, 674c16~675a12; T34, 1006a27~b14]

이것은 ['모든 의문을 다 해결함'(摠決諸疑)의 네 부분 가운데] 네 번째인 '[부처님의 설법을] 이해함'(領解)이다.[368] 이 '게송 셋'(三頌)에는 곧 '두 부분'(二分)이 있는데, 앞[에 있는] '게송 하나'(一頌)와 절반[369]은 '앞서 의문을 해결한 이로움'(前決疑之利)을 마무리하는 것이고, 뒤[에 있는] '게송 하나'(一頌)와 절반[370]은 [깨달음을 얻은] '이후 [중생들을] 널리 교화하는 행위'(後普化之行)를 밝히는

---

368 이상으로써 '[육품六品의 핵심을] 모두 지니게 하는 단원'(摠持品)의 주요 내용인 '모든 의문을 다 해결함'(摠決諸疑)을 구성하고 있는 네 가지가 모두 등장하였다. 총지품의 앞부분에서 1) '[질문을 받아 주기를] 요청함'(請), 2) '[질문을] 허락함'(許), 3) '[대중들의 의문을] 해결하는 것'(決)이 차례로 나왔는데, 3)의 내용은 다시 (1) '여섯 단원[에 나오는] 여섯 가지 의문을 역순으로 해결하는 것'(六品六疑却次而決)과 (2) '한 단원[에 나오는] 세 가지 의문을 차례대로 없애는 것'(一品三疑順次而遣)으로 자세하게 논의를 진행하다가 바로 앞에서 마무리하고 지금부터 총지품 본문의 마지막 내용인 4) '[부처님의 설법을] 이해함'(領解)으로 넘어간 것이다.

369 "我知衆心疑, 所以殷固問. 如來大慈善, 分別無有餘, 是諸二衆等, 皆悉得明了"에 해당하는 것으로 보인다.

370 "我今於了處, 普化諸衆生, 如佛之大悲, 不捨於本願. 故於一子地, 而住於煩惱"에 해당하는 것으로 보인다.

것이다.

"하나뿐인 자식처럼 여기는 경지"(一子地)라는 것은 [다음과 같은 것이다.] '[열 가지 본격적인 수행경지'(十地)의] 첫 번째 경지'(初地) 이상에서는 '모든 중생이 평등하다'(一切衆生平等)는 것을 이미 증득하여 모든 중생들을 마치 하나뿐인 자식을 보듯이 본다. 이것을 '마음의 즐거움을 청정하게 늘리는 것'(淸淨增上意樂)이라고 부르니, 비유에 의거하여 [그러한] 마음을 나타내어 "하나뿐인 자식처럼 여기는 경지"(一子地)라고 부른 것이다.

"[중생을 구제하려고] 번뇌에 머무른다"(而住於煩惱)라는 것은, 보살이 비록 '모든 현상들은 평등하다'(諸法平等)는 것을 증득하였지만 '수단과 방법을 쓰는 힘'(方便力)으로써 번뇌를 버리지 않으니, 만약 모든 번뇌와 '잠재적인 번뇌'(隨眠)를 버리고 곧바로 열반에 든다면 [중생구제를 위한] 근본적인 다짐과 바람'(本願)을 어기는 것이기 때문이다. 예컨대 『유가사지론瑜伽師地論』의 「삼마희다결택三摩呬多決擇」에서 [다음과 같이] 말한 것과 같다.

"'[느낌작용(受)과 '개념적 지각작용'(想)이] 모두 그친 삼매'(滅盡等至)는 '번뇌가 스며들지 않는 [경지]'(無漏)라고 말해야 하니, 번뇌와 서로 응하지 않기 때문이다. [번뇌와] 서로 응하는 것이 아니기 때문에 '관계 맺는 대상'(所緣)도 없는 것이니, [관계 맺는] 모든 번뇌에 의해 생겨나는 것이 아니기 때문이다. 이것은 '세속에서 풀려난 [경지]'(出世間)이니, 모든 중생(異生)[371]이 행할

---

371 이생異生: 범부凡夫의 신역新譯에 해당하는 말이다. 따라서 『해심밀경解深密經』 권5 (T16, 710b14)처럼 '범부이생凡夫異生'으로 불러도 된다. 산스크리트어는 'pṛthag-jana'인데, 산스크리트어 사전(*Sanskrit-English Dictionary*, p.10, p.645)과 어근사전 (*The Roots, Verb-Forms*, William Dwight Whitney, p.1, p.102)에 따르면 'pṛthag'는 불변화사로서 동사어근 '√pṛth(넓히다, to extend)'에서 또는 '√prath(펼치다, spread) + añc(휘다/기울이다/움직이다, to bend/incline/move)'에서 파생한 것으로 보고 있다. 이에 따르면, 'pṛthag'는 '널리 떨어진(widely apart), 따로 떨어져(separately), 다르게(differently), 개별적으로(singly), 제각기(severally), 하나씩(one by one)' 등의 뜻으로 해석하고 있는 것이다. 따라서 'pṛthag-jana'는, 서로 멀리 떨어져 분리된 채 갖가지 서로 다른 윤회의 길로 향하게 되는 생명체/사람(jana)들을 의미하는 말로 이해할 수 있다.

수 없기 때문이다. [그러나] 오직 이미 '[중생구제를 위해 더] 멀리 나아갈 수 있는 경지'(遠地)³⁷²로 들어간 보살을 제외하니, [이] 보살은 비록 '세속에서 풀려난 현상'(出世法)을 일으켜 현재에 나타낼 수 있지만 '수단과 방법을 잘 구사하는 힘'(方便善巧力)이 있기 때문에 번뇌를 버리지 않는다."³⁷³

생각건대, 여기서 말한 "버리지 않는다"(不捨)라는 것은, 아라한들처럼 '완전히 버리는 것'(究竟捨)이 아니기 때문에 "버리지 않는다"(不捨)라고 말한 것이지, '전부 버리지 못하기'(全不捨) 때문에 "버리지 않는다"(不捨)라고 말한 것이 아니다. 이에 대한 '자세한 내용'(委悉)은 『이장의二障義』³⁷⁴에서

---

372 원지遠地: 이 '원지'에 대해서는 두 가지 이해가 가능하다. 하나는, 〈'대상과의 관계에서 발생하는 느낌과 지각'을 모두 버릴 수 있고, 또 느낌과 지각들이 완전히 버려진 경지가 바로 최고의 깨달음이 구현된 열반이다〉라는 관점에 의거하여 모든 '대상과의 관계 맺음'을 폐기해 버리려는 소승 아라한의 관점과, 이와는 달리 '대상과의 관계 맺음'은 불가피하며 또 그 '대상과의 관계 맺음'에서 깨달음의 최고수준이 구현된다는 관점을 지닌 대승의 관점이 대비되는 것에 초점을 두는 이해이다. 본 번역에서는 이런 이해에 무게를 두어 '원지'를 '[중생구제를 위해 더] 멀리 나아갈 수 있는 경지'로 번역하였다. 또 하나 가능한 이해는 '원지'가 십지十地의 일곱 번째인 '원행지遠行地'를 지칭하는 것으로 보는 것이다. 지금 원효가 해설하고 있는 『금강삼매경』의 해당 구절과 원효 관점의 전체맥락을 고려할 때 전자의 이해가 더 적절하다고 판단하였다.

373 인용한 경문은 「섭결택분攝決擇分」의 「삼마희다지三摩呬多地」①에 나오는 내용인데, 생략하거나 발췌하지 않고 전문을 그대로 인용한 것이다. 『유가사지론』 권제62 「섭결택분」(T30, 646b16~21). "滅盡等至, 當言無漏, 由與煩惱不相應故. 非相應故, 無所緣故, 非諸煩惱之所生故. 是出世間, 一切異生, 不能行故. 唯除已入遠地菩薩, 菩薩雖能起出世法令現在前, 然由方便善巧力故, 不捨煩惱."

374 이 내용은 '[욕망세계와 유형세계, 무형세계, 이] 세 종류의 세계'(三界)에서 벗어나는 네 가지 경우를 설명하고 있는 부분에서 나온다. 『이장의二障義』의 본문에서는 경증經證을 통한 자세한 논증이 나오지만 간략하게 핵심내용만 소개하면 다음과 같다. ① '고요한 [열반의 경지]에 나아간 [성문聲聞, 연각緣覺] 두 부류의 수행자'(趣寂二乘)가 '[욕망세계와 유형세계, 무형세계, 이] 세 종류의 세계'(三界)에서 벗어나고 나서 '['모태에서 태어나지'(胎生) 않고 뜻으로 태어난 몸'(意生身)을 받는 것(H1, 811c16~18). ② '[이승二乘의 수행을 거치지 않고 대승의 십지 수행으로] 곧바로 나아가는 보살'(直往菩薩)이 '[믿음이 이해로] 안착하는 열 가지 단계'(十住, 十解) 가운데 '네 번째 단계'(第四住)[인 생귀주生貴住]에서 '[욕망세계와 유형세계, 무형세계, 이] 세 종류의 세계'(三界)에서 벗어나고 나서 '번뇌에 묶이지 않는 몸'(不繫身)을 받는 것(H1, 811c

설명한 것과 같다. [완전히] 버리지 않기 때문에 "번뇌에 머무르겠습니다"(住煩惱)라고 말하였으니, 이로 말미암아 [혼자만의] 열반에 들어가지 않고 '모든 세계'(十方界)[의 중생들]을 '널리 교화하는 것'(普化)이다. 이 한 권의 『금강삼매경』에 있는 '세 부분'(三分)³⁷⁵ 가운데 두 번째인 '[경의 내용을] 본격적으로 설한 부분'(正說[分])이 여기서 끝난다.³⁷⁶

18~21). ③ [『유가사지론』의 보살 13住를 재편성한] '일곱 가지 경지'(七地) 가운데 '세 번째 경지[인 정승의락지淨勝意樂地]의 보살[이자 십지十地의 초지初地인 환희지보살歡喜地菩薩]'(三地菩薩)이 '[중생을 구제하려는] 서원의 힘'(願力)으로 인해 번뇌를 덜어 내고 억제하여 '[욕망세계와 유형세계, 무형세계, 이] 세 종류의 세계'(三界)에서 벗어나 '청정한 세계의 몸'(淨土身)을 받는 것(H1, 811c21~23). ④ '열 가지 본격적인 수행경지'(十地) 가운데 '일곱 번째 경지의 보살'(七地菩薩)[인 원행지보살遠行地菩薩]이 수행의 힘으로 인해 [번뇌의] 종자種子를 억눌러 끊어 이 [삼계三界의] 몸을 버리고 나서 '뜻으로 태어난 몸'(意生身)을 얻는 것(H1, 812a3~4).

375 삼분三分: 『금강삼매경』의 전체 내용을 크게 나눈 것으로 '서론 부분'(序分), '[경의 내용을] 본격적으로 설한 부분'(正說分), '[세상에] 널리 퍼뜨리게 하는 부분'(流通分)을 가리킨다.

376 이상의 단락에 해당하는 원효의 전체 과문 차례는 다음과 같다.
7. [육품六品의 핵심을] 모두 지니게 하는 단원(摠持品)
1) [질문을 받아 주기를] 요청함(請)
2) [질문을] 허락함(許)
3) [대중들의] 모든 의문들을 곧바로 해결함(正決諸疑)
(1) 여섯 단원[에 나오는] 여섯 가지 의문을 역순으로 해결함(六品六疑却次而決)
① 하나씩 해결함(別決)
가. 「여래의 면모가 간직된 창고[를 주제로 하는] 단원」에서 일어난 의문을 해결함(決如來藏品中起疑)
나. 「참된 면모[인 '사실 그대로']에는 불변·독자의 본질/실체가 없다는 것[을 주제로 하는] 단원」에서 일어난 의문을 해결함(決眞性空品中起疑)
가) 곧바로 [의문을] 없앰(直遣)
나) 거듭 [의문을] 해결함(重決)
(가) [지장보살이 제기한] 의문(難)
(나) [그 의문을] 해결함(決)
다. 「사실 그대로가 온전하게 드러나는 지평에 들어감[을 주제로 하는] 단원」에서 일어난 의문을 해결함(決入實際品中起疑)
가) [지장보살의] 질문(問)

나) [질문의 뜻을] 인정함(許)

다) [지장보살이] 이해함(領解)

라) 여래가 설명을 마무리함(如來述成)

라. 「깨달음의 본연[인 '사실 그대로 앎']이 지닌 이로움[을 주제로 하는] 단원」
에서 일어난 의문을 해결함(決本覺利品中起疑)

마. 「[불변·독자의 본질/실체로서] 생겨난 것이 없다는 [이해에 의거한] 수행
[을 주제로 하는] 단원」에서 일어난 의문을 해결함(決無生行品中起疑)

바. 「[불변·독자의 본질/실체로 차별된] 차이가 없다는 도리[를 주제로 하는]
단원」에서 일어난 의문을 해결함(決無相法品中起疑)

② 총괄하여 마무리함(摠定)

가. [여섯 가지 의문을 해결하는 것이] 병이 아님을 [총괄하여] 마무리함(定非病)

가) 자세하게 질문함(審問)

나) 인정하는 것을 마무리함(定許)

나. [여섯 가지 의문을 해결하는 것이] 약임을 [총괄하여] 마무리함(定是藥)

가) [지장]보살이 자세하게 질문함(菩薩審問)

(가) 앞에서 [말한] 심오한 이로운 능력의 [무수한] 더미를 이해함(領前深功德聚)

㉮ 총괄적인 제시(摠標)

㉯ 하나씩 드러냄(別顯)

㉰ 다시 총괄하여 결론지음(還摠結)

(나) 밝힌 것에 의거하여 '진리대로 이해함'에 깊이 들어감(乘顯深入理觀)

㉮ 하나씩 밝힘(別明)

㉯ 총괄적인 결론(摠結)

(다) 좋은 약의 탁월한 능력에 대해 자세하게 질문함(審問良藥勝德)

나) 인정하는 것을 마무리함(定許)

(가) 총괄하여 인정함(摠許)

(나) 하나씩 인정함(別許)

㉮ 불변·독자의 본질/실체가 없다는 도리라는 약을 먹기 때문에 [근본무
지(無明)에 매여] [고통의 세계에] 표류하는 과보의 고통에서 벗어남을
밝힘(明服空藥故離流轉之果患)

㉯ 불변·독자의 본질/실체가 없다는 도리라는 약을 먹기 때문에 붙들어
집착함이라는 원인이 되는 병을 치유하는 것을 드러냄(顯服空藥故治取
着之因病)

(다) 결론지어 마무리함(結定)

(2) 한 단원[에 나오는] 세 가지 의문을 차례대로 없앰(一品三疑順次而遣)

① [여래장품如來藏品에서 일으킨] 첫 번째 의문(第一疑)

가. [지장보살의] 질문(問)

나. 여래가 의문을 해결해 줌(如來決疑)

　가) 곧바로 [의문을] 해결해 줌(直決)

　나) 해석하여 [의문을] 해결해 줌(釋決)

　　(가) 간략하게 해석함(略釋)

　　(나) 자세하게 설명함(廣演)

　　　㉮ 해탈에 이르는 세 가지 수행 길이 지닌 수승한 이로움을 밝힘(明三解脫道勝利)

　　　㉯ [불변·독자의 본질/실체가 없는 경지로] 나아가는 세 단계를 부지런히 익힘이 지닌 수승한 이로움을 드러냄(顯三化勤修勝利)

② [여래장품如來藏品에서 일으킨] 두 번째 의문(第二疑)

　가. [지장보살의] 질문(問)

　　가) 결실의 심원함을 거론함(擧果遠)

　　나) [심원한 결실을 성취하는 길에] 들어가는 원인을 물음(問入因)

　나. [부처님의] 대답(答)

　다. [부처님께 설법을] 요청(請)

　라. [부처님의] 설명(說)

　　가) [자신의 마음을] 꾸짖어 [허물에서] 벗어나는 방법을 설명함(說呵厭方便)

　　나) ['부처가 되는 길'(佛道)로] 나아가 들어가는 방법을 제시함(示趣入方便)

③ [여래장품如來藏品에서 일으킨] 세 번째 의문(第三疑)

　가. [지장보살의] 질문(問)

　나. 여래께서 의문을 곧바로 해결함(如來正決所疑)

　　가) 간략히 설함(略說)

　　　(가) 움직이지 않는 뜻을 밝힘(明不動之義)

　　　　㉮ [핵심의] 제시(標)

　　　　㉯ [그에 대한] 해석(釋)

　　　　㉰ 결론(結)

　　　(나) 들어갈 수 있는 뜻을 드러냄(顯得入之義)

　　나) 자세하게 [뜻을] 펼침(廣宣)

　　　(가) 움직이지 않는 뜻을 자세하게 설명함(廣不動義)

　　　　㉮ 근본을 추구해도 [불변·독자의 본질/실체로서] 얻는 것이 없다[는 도리로써 움직이지 않음[의 뜻]을 드러냄(推本無得, 以顯不動)

　　　　　ㄱ. [핵심의] 제시(標)

　　　　　ㄴ. [그에 대한] 해석(標)

　　　　　ㄷ. 마무리(結)

㉽ 지말을 좇아도 [불변·독자의 본질/실체로서] 얻는 것이 없다[는 도리]
　　　로써 움직이지 않음[의 뜻]을 드러냄(逐末無得, 以顯不動)
　　(나) 들어갈 수 있다는 뜻을 펼침(宣得入義)
4) [부처님의 설법을] 이해함(領解)

III. [세상에] 널리 퍼뜨리게 하는 부분

(流通分)

爾時如來, 而告衆言, "是菩薩者, 不可思議. 恒以大悲,[1] 拔衆生苦. 若有衆生, 持是經法, 持是菩薩名,[2] 卽不墮於惡趣, 一切障難, 皆悉除滅. 若有衆生,[3] 無餘雜念, 專念是經, 如法修習, 爾時菩薩, 常作化身, 而爲說法, 擁護是人, 終不暫捨, 令是人等, 速得阿耨多羅三藐三菩提".

[H1, 675a13~20; T34, 1006b15~20]

그때 여래께서 대중들에게 [다음과 같이] 말씀하셨다.

"이 [지장地藏]보살[이 말하는 것]은 생각으로 헤아릴 수 없는 경지이다. 항상 '크나큰 연민'(大悲)으로 중생들의 괴로움을 없애 주려 하는구나. 만약 어떤 중생이 이 '경전의 가르침'(經法)을 간직하고 이 [지장地藏]보살의 이름도 간직한다면 곧 '[지옥地獄·아귀餓鬼·축생畜生처럼 살아가는, 환경이] 나쁜 세계'(惡趣)에 떨어지지 않고, 온갖 장애와 환난이 모두 다 사라

---

1 대정장 『금강삼매경』에는 '悲'가 '慈'로 되어 있다. 한불전에도 '慈'로 되어 있는 판본이 있다는 교감주가 있다. 그러나 원효의 주석에서는 지장보살의 네 가지 능력을 설명하면서 '크나큰 연민으로 [중생들을] 널리 교화하는 것'(大悲普化)을 첫 번째로 들고 있기 때문에 '悲'로 보고 번역한다. 대정장 『금강삼매경론』에도 '悲'로 나온다.

2 대정장 『금강삼매경』에는 '名' 뒤에 '者'가 추가되어 있다. 대정장 『금강삼매경론』에는 '名'자만 나온다.

3 한불전과 대정장의 『금강삼매경』에는 '衆生' 뒤에 '持此經者'의 네 글자가 추가되어 있는 판본([宋][元][明][宮])이 있다는 교감주가 있다. 원효의 주석에는 이 경문이 인용되고 있지 않지만 문맥으로 볼 때 '持此經者'가 없는 것이 더 적절해 보인다.

질 것이다. 만약 어떤 중생이 불필요한 잡념이 없이 오로지 이 경전만을 생각하면서 '[이 경전의] 가르침대로 닦아 익힌다면'(如法修習), 그때 [지장地藏]보살은 언제나 '[중생의 바람에 응하여 갖가지 모습으로] 나타나는 [부처] 몸'(化身)을 보여 [그를] 위해 가르침을 설하고 이 사람을 보호하되 끝까지 잠시도 버리지 않으며, 이러한 사람들로 하여금 속히 '최고의 깨달음'(阿耨多羅三藐三菩提)을 얻게 할 것이다."

此下, 第三, 名流通分. 於中有六, 一者, 讚人流通, 二者, 勸衆流通, 三者, 立名流通, 四者, 受持流通, 五者, 懺悔流通, 六者, 奉行流通. 此卽第一讚人流通, 讚能流通是經菩薩四種勝德. 一者, 大悲普化一切功德, 二者, 別益持是經者功德, 三者, 化身說法功德, 四者, 令得極果功德.

[H1, 675a21~b4; T34, 1006b20~27]

이 아래는 [세 부분으로 이루어진 『금강삼매경』의 전체 내용 가운데] 세 번째로서, '[세상에] 널리 퍼뜨리게 하는 부분'(流通分)이라 부르는 것이다. 여기에는 여섯 가지가 있으니, 첫 번째는 '사람을 찬탄하여 널리 퍼뜨리게 함'(讚人流通), 두 번째는 '대중들에게 권유하여 널리 퍼뜨리게 함'(勸衆流通), 세 번째는 '명칭[의 뜻]을 세워 널리 퍼뜨리게 함'(立名流通), 네 번째는 '받아 지녀서 널리 퍼뜨리게 함'(受持流通), 다섯 번째는 '참회로써 널리 퍼뜨리게 함'(懺悔流通), 여섯 번째는 '[뜻을] 받들어 행하며 널리 퍼뜨리게 함'(奉行流通)이다.

1. 사람을 찬탄하여 널리 퍼뜨리게 함(讚人流通)

이 [경문]은 곧 '[세상에 널리 퍼뜨리게 하는 부분'(流通分)의 여섯 대목 가운데] 첫 번째인 '사람을 찬탄하여 널리 퍼뜨리게 함'(讚人流通)이니, 이 경전을 널리 퍼뜨릴 수 있는 보살의 '네 가지 뛰어난 능력'(四種勝德)을 찬탄하는 것이다. [네 가지 능력의] 첫 번째는 '크나큰 연민으로 [중생들을] 널리 교화하는 모든 이로운 능력'(大悲普化一切功德)이고, 두 번째는 '이 경전을 간직하는 사람을 개별적으로 이롭게 하는 능력'(別益持是經者功德)이며, 세 번째는 '[중생의 바람에 응하여 갖가지 모습으로] 나타나는 [부처] 몸'(化身)으로 가르침을 설하는 이로운 능력'(化身說法功德)이고, 네 번째는 [중생들로 하여금] '궁극적인 결실을 얻게 하는 이로운 능력'(令得極果功德)이다.

2. 대중들에게 권유하여 널리 퍼뜨리게 함(勸衆流通)

"汝等菩薩,⁴ 若化衆生, 皆令修習如是大乘決定了義."

[H1, 675b5~6; T34, 1006b28~29]

"너희 보살들이 만약 중생들을 교화하려면, [중생들로 하여금] 모두 이와 같은 대승의 '확실하고 완전한 뜻'(決定了義)을 닦아 익히게 해야 한다."

此是第二勸衆流通. "決定了義"者, 爲顯最深最極不可以加矣.

[H1, 675b7~8; T34, 1006b29~c1]

이것은 ['세상에 널리 퍼뜨리게 하는 부분'(流通分)의 여섯 대목 가운데] 두 번째인 '대중들에게 권유하여 널리 퍼뜨리게 함'(勸衆流通)이다. "확실하고 완전한 뜻"(決定了義)이라는 것은, 가장 심오하고도 가장 궁극적이라서 더 보탤 수 없는 [뜻]이라는 것을 드러내기 위한 것이다.

---

4 대정장 『금강삼매경』에는 '菩薩' 대신에 '大衆'으로 되어 있는 판본이 있다고 교감하였다. 원효의 주석에서 이 부분을 직접 인용하고 있지 않지만, 바로 뒤에 "중생을 교화한다"라는 구절이 나오므로 '菩薩'이 더 적절해 보인다. 한불전과 대정장의 『금강삼매경론』에서는 모두 '菩薩'로 나온다.

3. 명칭[의 뜻]을 세워 널리 퍼뜨리게 함(立名流通)

爾時, 阿難, 從座而起, 前白佛言, "如來所說, 大乘福聚, 決定斷結, 無生覺利, 不可思議. 如是之法, 名爲何經, 受持是經, 得幾所福? 願佛慈悲, 爲我宣說".

[H1, 675b9~12; T34, 1006c2~5]

그때 아난이 자리에서 일어나 부처님의 앞으로 나와서 [다음과 같이] 여쭈었다.

"여래께서 설하신 것은 '대승의 이로움을 모으는 것'(大乘福聚)이고 '완전하게 번뇌를 끊는 것'(決定斷結)이며 〈[불변·독자의 본질/실체로서] 생겨난 것이 없는 '깨달음[의 본연인 '사실 그대로 앎']의 이로움'〉(無生覺利)이고 '생각으로 이루 헤아릴 수 없는 것'(不可思議)입니다. 이와 같은 가르침(法)은 무슨 경이라고 불러야 하고, 이 경전을 '받아 지니면'(受持) 얼마나 이롭게 됩니까? 바라옵건대 부처님의 자비로 저희들을 위해 말씀해 주십시오."

此下, 第三立名流通. 先問後答. 問中亦二, 先領後問. 領中即顯是經四種勝能. 一能, 令持者得無量福, 如經"大乘福聚"故. 二能, 令持者永斷諸結, 如經"決定斷結"故. 三者, 所詮之旨是本覺利, 如經"無生覺利"故. 四者, 能詮之敎, 難可思量, 如經"不可思議"故. 次問中, 問二事. 先問經名, 爲知經要故, 後問持福, 求福持經故.

[H1, 675b13~22; T34, 1006c5~12]

이 아래는 ['세상에 널리 퍼뜨리게 하는 부분'(流通分)의 여섯 대목 가운데] 세 번째인 '명칭[의 뜻]을 세워 널리 퍼뜨리게 함'(立名流通)이다. [여기에는 두 부분이 있으니,] 먼저는 '[아난의] 질문'(問)이고, 나중은 '[부처님의] 대답'(答)이다. '[아난의] 질문'(問)에도 두 가지가 있으니, 먼저는 '[아난의] 이해'(領)이고 나중은 '[아난의] 질문'(問)이다. '[아난의] 이해'(領)에서는 이 경전의 '네 가지 뛰어난 능력'(四種勝能)을 드러내었다.

첫 번째 능력(能)은 〈['『금강삼매경金剛三昧經』을] 지니는 사람으로 하여금 '헤아릴 수 없이 많은 이로움'(無量福)을 얻게 하는 것〉이니, 경[의 본문]에서 "대승의 이로움을 모으는 것이다"(大乘福聚)[라고 말한 것]과 같은 것이다. 두 번째 능력은 〈['『금강삼매경』을] 지니는 사람으로 하여금 '온갖 번뇌'(諸結)를 완전히 끊어 버리게 하는 것〉이니, 경[의 본문]에서 "완전하게 번뇌를 끊는 것이다"(決定斷結)[라고 말한 것]과 같은 것이다. 세 번째 [능력]은 〈['『금강삼매경』이] '[가르침으로] 드러낸 뜻'(所詮之旨)은 '깨달음의 본연[인 '사실 그대로 앎']이 지닌 이로움'(本覺利)이다〉라는 것이니, 경[의 본문]에서 "[불변·독자의 본질/실체로서] 생겨난 것이 없는 '깨달음[의 본연인 '사실 그대로 앎']의 이로움'이다"(無生覺利)[라고 말한 것]과 같은 것이다. 네 번째 [능력]은 〈['『금강삼매경』의] '[도리를] 드러내는 가르침'(能詮之教)[이 지닌 능력]은 생각으로 헤아리기 어려운 것이다〉라는 것이니, 경[의 본문]에서 "생각으로 이루 헤아릴 수 없는 것이다"(不可思議)[라고 말한 것]과 같은 것이다.

다음으로 '[아난의] 질문'(問)에서는 '두 가지 일'(二事)을 물었다. 먼저 '경전의 명칭'(經名)을 물었으니 '경전의 핵심'(經要)을 알기 위해서이고, 나중에는 '[경전을 받아] 지니는 이로움'(持福)을 물었으니 이로움(福)을 구하려고 '[경전을 받아] 지니기'(持經) 때문이다.

佛言, "善男子! 是經名者, 不可思議, 過去諸佛之所護念, 能入如來一切智海. 若有衆生, 持是經者, 卽於一切經中, 無所希⁵求, 是經典法, 摠持衆法, 攝諸經要, 是諸經法, 法之繫宗. 是經名者, 名攝大乘經, 又名金剛三昧, 又名無量義宗.

[H1, 675b23~c5; T34, 1006c13~17]

---

5 대정장 『금강삼매경』에는 '悕'자로 되어 있지만 문맥에 맞지 않으므로 '希'자로 본다. 한불전과 대정장의 『금강삼매경론』에는 모두 '希'자로 되어 있다.

부처님께서 말씀하셨다.

"훌륭한 이여! 이 '경전의 명칭'(經名)[으로 나타내려는 뜻]은 생각으로는 이루 헤아릴 수 없고, 과거의 모든 부처님들이 '보호하고 기억한 것'(所護念)이니, '여래가 지닌 모든 [것을 통하게 하는] 지혜의 바다'(如來一切智海)로 들어갈 수 있는 것이다.

만약 어떤 중생이 이 경을 지니는 경우에는 곧 '모든 경전들'(一切經)에서 [더 이상] 바라고 구하는 것이 없으니, 이 경전의 도리(法)는 '갖가지 도리들'(衆法)을 '총괄하여 지니고 있고'(摠持) '모든 경전[에서 설하는 가르침]의 핵심'(諸經要)을 포섭(攝)하고 있어서 '모든 경전들[이 설하는] 도리'(諸經法)이며 '[모든] 도리를 매달고 있는 근본'(法之繫宗)이다.

이 경전의 명칭은 '대승을 포섭하는 경'(攝大乘經)이라 부르고, 또 '금강[석金剛石과 같이 단단한] 삼매'(金剛三昧)[를 설하는 경]이라고 부르며, 또한 '헤아릴 수 없이 많은 뜻의 근본'(無量義宗)[을 설하는 경]이라고 부를지어다.

此下, 答, 中有二, 如其次第, 答二問故. 初中亦二, 先讚名義, 後正立名. 初中亦二, 先摠歎名, 後別顯義. "能入"已下, 是別顯義, 卽顯三義. "能入如來智海,[6] 乃至無所希求"者, 是顯金剛三昧之名之義. 無法不壞, 無理不窮, 由是令入如來智海, 過是更無所希望故. "是經典法, 摠持衆法, 攝諸經要"者, 是顯攝大乘經之名之義, "是諸經法, 法之繫宗"者, 是顯無量義宗之名之義. 是二名義, 有何差別者? 前明廣攝衆經之義, 後顯衆經所宗之極. 次立三名, 於中委悉者, 文前二門中, 已廣說也.

[H1, 675c6~19; T34, 1006c18~28]

이 아래는 [부처님의] 대답(答)으로 [그] 가운데 두 가지가 있으니, 저 [아난이 질문한] 순서대로 두 가지 질문에 대답한 것이다. 첫 번째 [대답]에도 두 가지가 있으니, 먼저는 '[경전의] 명칭이 지닌 뜻을 찬탄함'(讚名義)이고, 나

---

6 『금강삼매경』 원문은 "能入如來一切智海"이다. 『소』의 인용문에는 '一切'가 빠져 있다.

중은 '곧바로 명칭을 세움'(正立名)이다. 첫째[인 '명칭이 지닌 뜻을 찬탄함'(讚名義)]에도 두 가지가 있으니, 먼저 '명칭을 찬탄하는 것'(歎名)을 총괄하였고, 나중에는 뜻(義)을 하나씩 드러내었다. "들어갈 수 있다"(能入) 이하는 '뜻을 하나씩 드러낸 것'(別顯義)이니 곧 '세 가지 뜻'(三義)을 드러내었다.

"'여래가 지닌 [모든 것을 통하게 하는] 지혜의 바다'로 들어갈 수 있는 것이다. [만약 어떤 중생이 이 경을 지니는 경우에는 곧 '모든 경전들'(一切經)에서] [더 이상] 바라고 구하는 것이 없다"(能入如來[一切]智海, 乃至無所希求)라는 것은, '금강[석金剛石과 같이 단단한] 삼매'(金剛三昧)라는 명칭의 뜻(義)을 드러낸 것이다. '깨뜨리지 않는 것이 없고'(無法不壞) '다하지 못하는 이치가 없어'(無理不窮)이로 말미암아 '여래가 지닌 지혜의 바다'(如來智海)로 들어가게 하니, 이를 넘어 다시 바라는 것이 없기 때문이다.

"이 경전의 도리는 갖가지 도리들을 총괄하여 지니고 있고 '모든 경전[에서 설하는 가르침]의 핵심'을 포섭하고 있다"(是經典法, 摠持衆法, 攝諸經要)라는 것은 '대승을 포섭하는 경'(攝大乘經)이라는 명칭의 뜻을 드러낸 것이고, "'모든 경전들[이 설하는] 도리'이며 [모든] 도리를 매달고 있는 근본'이다"(是諸經法, 法之繫宗)라는 것은 '헤아릴 수 없이 많은 뜻의 근본'(無量義宗)이라는 명칭의 뜻을 드러낸 것이다. ['대승을 포섭하는 경'(攝大乘經)과 '헤아릴 수 없이 많은 뜻의 근본'(無量義宗)이라는] 이 두 가지 명칭의 뜻에는 어떤 차이가 있는가? ['대승을 포섭하는 경'(攝大乘經)이라는] 앞[의 명칭]은 '갖가지 경전들을 널리 포섭한다는 뜻'(廣攝衆經之義)을 밝히는 것이고, [헤아릴 수 없이 많은 뜻의 근본'(無量義宗)이라는] 뒤[의 명칭]은 '갖가지 경전들의 근본이 되는 것의 궁극'(顯衆經所宗之極)임을 드러내는 것이다.

다음으로 '세 가지 명칭'(三名)을 세우니, 이에 대한 자세한 내용은 [『금강삼매경』] 경문의 [『금강삼매경론』이라는 명칭을 해석함'(釋題名)의 부분과 '본격적으로 설한 부분'(正說分)의 서두 부분, 이] '앞의 두 부분'(前二門)에서 이미 자세하게 설명하였다.[7]

若有人, 受持是經典者, 卽名受持百千諸佛, 如是功德, 譬如虛空, 無有邊際, 不可思議. 我所囑累, 唯是經典".

[H1, 675c20~22; T34, 1006c29~1007a2]

만약 어떤 이가 이 경전을 '받아 지닌다면'(受持) 곧 '수많은 모든 부처님[의 가르침]을 받아 지님'(受持百千諸佛)이라 부르니, [이 경전을 받아 지님으로써 생기는] 이와 같은 '이로운 능력'(功德)은 비유컨대 허공과도 같아서 끝이 없고 생각으로 이루 헤아릴 수 없다. 내가 [받아 지니길] 권하는 것은 오직 이 경전뿐이다."

此是答第二問, 於中卽顯四種勝德. 一者, 持佛勝德, 是經能攝諸佛心故. 如經"受持百千諸佛"故. 二者, 廣大勝德, 如經"無有邊際"故. 三者, 甚深勝德, 如經"不可思議"故. 四者, 無比勝德, 如經"唯是經典"故.

[H1, 675c23~676a5; T34, 1007a2~7]

이것은 [아난의] 두 번째 질문[8]에 대답한 것이니, 여기서는 '네 가지 뛰어난 능력'(四種勝德)을 드러내었다. 첫 번째는 '부처님[의 가르침]을 지니게 되는 뛰어난 능력'(持佛勝德)이니, 이 경전은 모든 부처님의 마음을 포섭하기 때문이다. 경에서 "수많은 모든 부처님[의 가르침]을 받아 지닌다"(受持百千諸佛)[라고 말한 것]과 같은 것이다. 두 번째는 '넓고도 큰 뛰어난 능력'(廣大勝

---

7 '앞의 두 부분'(前二分)이라 한 것의 첫 번째는 세 가지 명칭 가운데 '금강삼매金剛三昧'의 명칭에 대해 자세하게 설명한 부분인데, H1, 605b4~606b24 부분에 해당하는 『금강삼매경론』이라는 명칭을 해석함'(釋題名)에서 자세하게 거론되고 있다. 두 번째는 '섭대승攝大乘'과 '무량의無量義'의 명칭에 대한 풀이인데, 정설분正說分의 서두에서 전체 내용을 설명하면서 '섭대승'과 '무량의'의 뜻을 설명한 부분이다. '섭대승'의 명칭에 대해서는 H1, 608c4~609a19, '무량의'에 대해서는 H1, 609a19~b3에서 자세히 거론하고 있다.

8 앞의 경문에서 "이와 같은 가르침은 무슨 경이라고 불러야 하고, 이 경전을 받아 지니면 얼마나 이롭게 됩니까?"(如是之法, 名爲何經, 受持是經, 得幾所福?)라고 말한 구절이 아난의 질문 내용이다. 따라서 두 번째 질문의 주제는 '경전을 받아 지니는 이로움'이 된다.

德)이니, 경에서 "끝이 없다"(無有邊際)[라고 말한 것]과 같은 것이다. 세 번째는 '깊고도 깊은 뛰어난 능력'(甚深勝德)이니, 경에서 "생각으로 이루 헤아릴 수 없다"(不可思議)[라고 말한 것]과 같은 것이다. 네 번째는 '비교할 것이 없는 뛰어난 능력'(無比勝德)이니, 경에서 "오직 이 경전뿐이다"(唯是經典)[라고 말한 것]과 같은 것이다.

4. 받아 지녀서 널리 퍼뜨리게 함(受持流通)

阿難言, "云何心行, 云何人者受持是經?" 佛言, "善男子! 受持是經者, 是人心無得失, 常修梵行. 若於戲論, 常樂淨⁹心, 入於聚落, 心常在定, 若處居家, 不着三有.

[H1, 676a6~10; T34, 1007a8~11]

아난이 말하였다.

"[이 경전을 받아 지니는 사람이 행하는] '마음의 실천'(心行)이란 어떤 것이며, 사람이 이 경을 받아 지닌다는 것은 무엇을 말하는 것입니까?"

부처님께서 말씀하셨다.

"훌륭한 이여! 이 경을 받아 지니는 사람이라면, 이 사람의 마음에는 '얻음과 잃음'(得失)이 없고, 언제나 '고결한 행위'(梵行)를 닦는다. 만약 '분별로 따지는 일'(戲論)에 처하더라도 언제나 [분별에 들뜨지 않는] 고요한 마음'(靜心)을 즐기고, 마을에 들어가더라도 마음은 항상 선정[의 경지]에 있으며, 만약 [세속의] 집에서 지내더라도 '[욕망세계(欲界)·유형세계(色界)·무형세계(無色界), 이] 세 가지 세계'(三有)에 집착하지 않는다.

---

9 한불전과 대정장의 『금강삼매경론』에는 '淨'으로 나오지만, 원효의 주석에서는 '靜'으로 인용하고 있다. 앞에 희론戱論이 나오는 문맥을 고려해도 '靜'으로 보는 것이 적절하다. 대정장 『금강삼매경』에도 '靜'으로 되어 있다.

此下, 第四受持流通. 於中有二, 一者, 正明受持, 二者, 往復重顯. 初中亦二, 先問後答. 問中有二, 先問受持經者心行, 後問受持經者福利. 答中, 次第答此二問. 初中卽明五種心行. 一"心無得失"者, 不觀他人之長短故. 二"常修梵行"者, 內修離相之淨行故. 三"常樂靜心"者, 在動不動故. 四"心常在定"者, 入散不散故. 五"不著三有"者, 居染不染故.

[H1, 676a11~20; T34, 1007a11~19]

이 아래는 네 번째인 '받아 지녀서 널리 퍼뜨리게 함'(受持流通)이다. 여기에는 두 가지가 있으니, 첫 번째는 '받아 지님[의 의미]를 곧바로 밝힌 것'(正明受持)이고, 두 번째는 '[문답을] 주고받으면서 [받아 지님의 의미를] 거듭 드러내는 것'(往復重顯)이다. 첫 번째[인 '받아 지님[의 의미]를 곧바로 밝힌 것'(正明受持)]에도 두 가지가 있으니, 먼저는 '[아난의] 질문'(問)이고 나중은 '[부처님의] 대답'(答)이다. '[아난의] 질문'(問)에도 두 가지가 있으니, 먼저는 경전을 받아 지니는 사람의 '마음의 실천'(心行)에 대해 질문하는 것이고, 나중은 경전을 받아 지니는 사람[이 얻게 되는] 이로움(福利)에 대해 질문하는 것이다.

대답에서는 이 '두 가지 질문'(二問)에 차례대로 답하였다. 처음[인 〈경전을 받아 지니는 사람의 '마음의 실천'〉에 대한 대답]에서는 곧 '마음의 다섯 가지 실천'(五種心行)을 밝혔다. 첫 번째인 "마음에는 얻음과 잃음이 없다"(心無得失)라는 것은 [밖으로] 다른 사람의 장점과 단점을 [불변·독자의 본질/실체로] 보지 않는 것이다. 두 번째인 "언제나 고결한 행위를 닦는다"(常修梵行)라는 것은 안으로 '[불변·독자의 본질/실체로 간주하는] 양상에서 벗어난 온전한 행위'(離相之淨行)를 익히는 것이다. 세 번째인 "언제나 [분별에 들뜨지 않는] 고요한 마음'을 즐긴다"(常樂靜心)라는 것은 '움직이는 곳에 있으면서도 움직이지 않는 것'(在動不動)이다. 네 번째인 "마음은 항상 선정[의 경지]에 있다"(心常在定)라는 것은 '어지러운 곳에 들어가면서도 어지럽지 않은 것'(入散不散)이다. 다섯 번째인 "[욕망세계(欲界)·유형세계(色界)·무형세계(無色界), 이] 세 가지 세계에 집착하지 않는다"(不著三有)라는 것은 '오염된 곳에 살면서도 오염되지 않는 것'(居染不染)이다.

> 是人, 現世有五種福, 一者, 衆所尊敬, 二者, 身不橫夭, 三者, 辯答邪
> 論, 四者, 樂度衆生, 五者, 能入聖道. 如是人者, 受持是經".
>
> [H1, 676a21~24; T34, 1007a20~22]
>
> 이 사람에게는 현재의 세상에서 '다섯 가지 이로움'(五種福)이 있을 것
> 이니, 첫 번째는 '많은 사람들에게 존경받고'(衆所尊敬), 두 번째는 '자신
> 이 뜻밖의 재난으로 죽지 않고 이른 나이에 죽지도 않으며'(身不橫夭), 세
> 번째는 '잘못된 이론에 대해 타당한 이론으로 답할 수 있고'(辯答邪論),
> 네 번째는 '중생들을 기꺼이 구제하며'(樂度衆生), 다섯 번째는 '성스러워
> 지는 길로 들어갈 수 있는 것이다'(能入聖道). 이와 같은 사람은 이 경전
> 을 받아 지닌 것이다."

　　此是答第二問, 隨前五行, 得此五福. "衆所尊敬"者, 由其不觀衆之長短
故. "身不橫夭"者, 由其常修離相行故. "辯答邪論"者, 樂靜心故. "樂度衆
生"者, 入散常定故. "能入聖道"者, 不着三有故.

[H1, 676b1~6; T34, 1007a22~27]

　　이것은 '[아난의] 두 번째 질문'(第二問)[인 '받아 지니는 사람이 얻게 되는 이로
움'(受持經者福利)]에 답한 것이니, 앞의 '다섯 가지 [마음의] 실천'(五[心]行)에
따라 이 '다섯 가지 이로움'(五福)을 얻는다.

　　"많은 사람들에게 존경받는다"(衆所尊敬)라는 것은 그가 다른 사람들의
장점과 단점을 [불변·독자의 본질/실체로] 보지 않기 때문이다. "자신이 뜻밖
의 재난으로 죽지 않고 이른 나이에 죽지도 않는다"(身不橫夭)라는 것은 그
가 언제나 [불변·독자의 본질/실체로 간주하는] 양상에서 벗어난 행위'(離相行)
를 닦기 때문이다. "잘못된 이론에 대해 타당한 이론으로 답할 수 있다"(辯
答邪論)라는 것은 '[분별에 들뜨지 않는] 고요한 마음'(靜心)을 즐기기 때문이
다. "중생들을 기꺼이 구제한다"(樂度衆生)라는 것은 '어지러운 곳에 들어
가면서도 언제나 안정되기'(入散常定) 때문이다. "성스러워지는 길로 들어
갈 수 있다"(能入聖道)라는 것은 '[욕망세계(欲界)·유형세계(色界)·무형세계(無色

界), 이] 세 가지 세계'(三有)에 집착하지 않기 때문이다.

> 　阿難言, "如彼人者, 度諸衆生, 得受供[10]不?" 佛言, "如是人者, 能爲衆
> 生, 作大福田, 常行大智, 權實俱演, 是四依僧. 於諸供養, 乃至頭目髓
> 腦, 亦皆得受, 何況衣食而不得受? 善男子! 如是人者, 是汝知識, 是汝
> 橋梁, 何況凡夫而不供養?"
>
> [H1, 676b7~13; T34, 1007a28~b3]

아난이 말하였다.

"그와 같은 사람이 중생들을 구제하면 공양을 받을 수 있습니까?"

부처님께서 말씀하셨다.

"이와 같은 사람은 중생들을 위해 '크나큰 이로움[이 자라는] 밭'(大福田)
을 만들 수 있고, 언제나 '크나큰 지혜'(大智)를 행하여 '수단과 실제'(權實)
를 함께 베푸니, 이것은 바로 '네 부류의 의지할 만한 수행자'(四依僧)[11]이

10　대정장 『금강삼매경』에는 '供' 다음에 '養'자가 붙어 있는 판본이 있다고 교감하고 있
다. 대정장 『금강삼매경론』에는 '供'자만 나온다.

11　사의승四依僧: 네 부류의 수행자를 가리키는데 의依는 의지처(pratisaraṇa)를 의미하
므로 '네 부류의 의지할 만한 수행자'를 일컫는다. 경론에 따라서 다양한 사의四依를
제시할 수 있겠으나 원효의 주석에 의거하면 이때 '네 부류의 의지할 만한 수행자'(四
依)는 『열반경』의 설명에 기초한 것이다. 곧 『열반경』의 제8 '네 부류의 의지[할 만한
수행자]에 대한 단원'(四依品)에서 말하고 있듯이, 부처님의 '올바른 진리'(正法)를 지
키고 세우고 기억하여 수많은 이로움을 가져오고 세상에 대한 연민으로 세상의 의지
처가 되고 온 세상을 안락하게 만드는 자를 가리킨다. 네 부류 가운데 제1의依는 출
가했으나 아직 번뇌의 면모가 남아 있는 수행자이고, 제2의依는 수다원須陀洹과 사
다함斯多含의 경지에 이른 수행자이며, 제3의依는 아나함阿那含의 경지에 이른 자이
고, 제4의依는 아라한이다. 소승의 수행자들이 성취하는 '네 단계의 결실'(四果)이 바
로 사의四依의 토대인 셈이다. 『대반열반경大般涅槃經』 권6(T12, 637a20~27). "佛復
告迦葉: 善男子! 是大涅槃微妙經中, 有四種人能護正法, 建立正法, 憶念正法, 能多利益,
憐愍世間, 爲世間依, 安樂人天. 何等爲四? 有人出世具煩惱性, 是名第一; 須陀洹人, 斯陀
含人, 是名第二; 阿那含人, 是名第三; 阿羅漢人, 是名第四. 是四種人出現於世, 能多利益,
憐愍世間, 爲世間依, 安樂人天." 그런데 이 사의四依를 소승의 수행계위가 아니라 대
승보살의 수행단계와 연결시킬 경우에는 문헌마다 해석이 다르다. 『열반론涅槃論』

다. [그러므로] '모든 [종류의] 공양물'(諸供養) 및 [심지어] 머리, 눈, 뇌와 골수까지도¹² 받을 수 있거늘 어찌 옷과 음식을 받을 수 없겠느냐? 훌륭한 이여! 이와 같은 사람은 그대의 '이로운 스승'([善]知識)이고 그대[를 건네줄] 다리이니, 어찌 하물며 범부凡夫들이 공양하지 않겠는가?"

此下, 往復重顯. 於中有二, 先明福田之體, 後顯生福之能, 此即初也. "四依僧"者, 第一依, 是具煩惱性, 位在地前, 其餘三依, 位在地上, 如『涅槃經』之所廣說.

[H1, 676b14~18; T34, 1007b4~7]

이 아래는 '[문답을] 주고받으면서 [받아 지님의 의미를] 거듭 드러내는 것'(往復重顯)이다. 여기에는 두 가지가 있으니, 먼저 '이로움[이 자라는] 밭의 주체'(福田之體)를 밝혔고 나중에는 '이로움을 생겨나게 하는 능력'(生福之能)을 드러내었는데, 이 글은 곧 처음[인 '이로움[이 자라는] 밭의 주체를 밝히는 것'](明福田之體)]이다.

"네 부류의 의지할 만한 수행자"(四依僧)라는 것은, [그 가운데] '첫 번째 의지할 만한 [수행자]'(第一依)는 '번뇌 면모'(煩惱性)도 함께 지니고 있는 것이므로 [그] 지위가 '[열 가지] 본격적인 수행경지 이전'(地前)에 해당하고, 그 나머지 '세 부류의 의지할 만한 [수행자]'(三依)는 [그] 지위가 '[열 가지] 본격적인 수행경지[의 초지初地] 이상'(地上)에 해당하니, 『열반경涅槃經』에서 자세하

권1의 설명을 예로 들면, "四依, 歡喜地爲初依, 六地爲二依, 八地爲三依, 法雲地爲四依"(T26, 278b5~6)라고 하여 초지初地를 제1의依, 육지六地를 제2의依, 팔지八地를 제3의依, 십지十地를 제4의依에 배속하고 있다. 이러한 시선은 『금강반야경찬술金剛般若經贊述』권2(T33, 143c18~21. 又涅槃說. 初依菩薩達五恒沙佛, 第二依六恒沙乃至第四依菩薩達八恒沙佛. 其第四依者即第十地菩薩) 등에도 보인다.

12 최고의 가치에 대한 믿음과 의지를 표현하기 위한 극적인 수사修辭이다. 구도의 의지를 다지기 위해 신체 일부를 스스로 훼손하거나(단지斷指 등) 몸 자체를 던지는 경우(소신燒身 등)들이 구도의 길에서 실제로 목격되기도 하는데, 이것들도 일종의 공양供養으로 평가받는다.

게 설명한 것¹³과 같다.

阿難言, "於彼人所¹⁴受持是經, 供養是人, 得幾所福?" 佛言, "若復有
人, 持以滿城金銀, 而以布施, 不如於是人, 所受持是經一四句偈, 供養
是人.¹⁵

[H1, 676b19~23; T34, 1007b8~11]

아난이 말하였다.

"그 사람이 이 경전을 받아 지니기에 그 사람을 공양한다면, [공양한 사
람은] 얼마나 많은 이로움을 얻습니까?"

부처님께서 말씀하셨다.

"만약 어떤 사람이 성을 가득 채우는 금은을 가지고 베풀며 나눌지라
도, 이 사람이 이 경전의 '네 가지 구절로 이루어진 한 게송'(一四句偈)을
받아 지니는 것에 대해 이 사람을 공양하는 것만 못한 것이다.

此是第二, 明持經者能生多福. 以滿城金銀, 施不持經者, 所得之福, 不
如一餐一衣供養持此一四句偈之所得福故.

[H1, 676b24~c3; T34, 1007b11~13]

이것은 ['문답을 주고받으면서 [받아 지님의 의미를] 거듭 드러내는 것'(往復重顯)의
두 가지 가운데] 두 번째로, '경전을 지니는 사람이 많은 이로움을 생겨나게
할 수 있음'(持經者能生多福)을 밝힌 것이다. 도성을 가득 채우는 금은을 가
지고 '[이] 경전을 지니지 않는 사람'(不持經者)에게 보시하는 사람이 [그로써]

---

13 『열반경』 권6의 제8 '네 부류의 의지[할 만한 수행자]에 대한 단원'(四依品)(T12, 637a
    28~c4).

14 대정장 『금강삼매경』에는 '所'자가 없는 판본이 있다고 교감하였다. 한불전과 대정장
    의 『금강삼매경론』에는 '所'자가 있다.

15 대정장 『금강삼매경』에는 '供養是人'이 '不可思議'로 대체되어 있는 판본이 있다고 하
    였으나 문맥상 적절하지 않다. 대정장 『금강삼매경론』에는 '供養是人'으로 되어 있다.

얻는 이로움(福)은, 이 [경전의] '네 가지 구절로 이루어진 한 게송'(一四句偈)
을 [받아] 지니는 사람에게 한 끼 밥과 한 벌의 옷을 공양하여 얻는 이로움
(福)보다 못한 것이다.

5. 참회로써 널리 퍼뜨리게 함(懺悔流通)

> 善男子! 令諸衆生, 持是經者, 心常在定, 不失本心. 若失本心, 卽當[16]
> 懺悔, 懺悔之法, 是爲淸涼".
>
> [H1, 676c4~6; T34, 1007b14~16]
>
> 훌륭한 이여! 모든 중생들로 하여금 이 경을 지니게 하는 자는 마음
> 이 언제나 선정[의 경지]에 있어 ['참 그대로'(眞如)와 만나는] 본연의 마음'(本
> 心)을 잃지 않아야 한다. 만약 '[참 그대로'(眞如)와 만나는] 본연의 마음'(本
> 心)을 놓치면 곧 참회해야 하니, 참회하는 도리(法)는 '맑고도 시원한
> 것'(淸涼)이다."

此下, 第五懺悔流通. 於中有二, 先讚懺悔功德, 二者, 往復重顯. 初中
言"淸涼"者, 滅不善因沈濁, 故"淸", 離生死果熱惱, 故"涼".

[H1, 676c7~10; T34, 1007b16~18]

이 아래는 다섯 번째인 '참회로써 널리 퍼뜨리게 함'(懺悔流通)이다. 여기
에는 두 가지가 있으니, 먼저는 '참회의 이로운 능력을 찬탄함'(讚懺悔功德)
이고, 두 번째는 '[문답을] 주고받으면서 [참회의 의미를] 거듭 드러냄'(往復重
顯)이다.

처음에 말한 "맑고도 시원한 것"(淸涼)이라는 것은 '해로운 원인'(不善因)

---

16 대정장 『금강삼매경』에는 '卽當'이 아니라 '當卽'으로 되어 있는 판본이 있다고 교감
하고 있지만, '卽當'이 적절하다. 한불전과 대정장의 『금강삼매경론』에는 모두 '卽當'
으로 나온다.

에 빠져 오염되는 것을 없애기 때문에 "맑다"(淸)라고 하고, '[근본무지에 매여] 태어나고 죽는 과보'(生死果)의 불에 타는 듯한 괴로움에서 벗어나게 하기 때문에 "시원하다"(凉)라고 하는 것이다.

阿難言, "懺悔先罪, 不入於過去也". 佛言, "如是. 猶如暗室, 若遇明燈, 暗卽滅矣. 善男子! 無說悔先所有諸罪, 而以爲說入於過去."

[H1, 676c11~14; T34, 1007b19~21]

아난이 말하였다.
"이전[에 저지른] 죄를 참회한다는 것은 [이전의 죄들이] 과거로 들어가 버리는 것이 아니겠습니다."
부처님께서 말씀하셨다.
"그렇다. 마치 어두운 방에서 밝은 등불을 만나면 [그] 어둠은 곧바로 사라지는 것과 같다. 훌륭한 이여! 이미 지니고 있던 모든 죄들을 참회한다고 말하지 않아야 하니, [그렇게 말하면] [참회로써 이전의 죄들을] 과거로 들어가게 했다고 말하는 것이 되기 때문이다."

此下, 第二往復重顯. 於中, 卽有二番問答. 初番顯其懺悔道理, 後番顯其懺悔行法. 此中問意, 言懺悔先罪名懺悔者, 先罪不入於過去耶? 若先非今故, 入過去者, 云何於無罪, 而有懺悔耶? 答中言"如是"者, 如是先罪, 不入過去故, 不於無而有懺悔. 所以然者, 先所作罪, 熏於本識種子, 恒流在於現在, 由是道理, 未入過去. 且今懺悔, 能治生時, 令彼罪種, 不流現在, 如燈生時, 室暗方滅, 罪種不至於今現故. 是時方說令入過去. 而"無說悔先所有罪"者, 先所有者, 非悔所及, 不能令彼非先有故. 但其先有, 令不至現, 不至現者, 由悔所爲. 此與斷結之義異者, 彼約生滅道故, 令未生者, 不至現在, 此就相續道故, 令先有者, 不至現在. 又斷結者, 永斷種子, 悔先罪者, 損伏種子, 增強之用, 不至現在故. 約此義, 說入過去也.

[H1, 676c15~677a11; T34, 1007b21~c9]

이 아래는 [두 부분으로 이루어진 '참회로써 널리 퍼뜨리게 함'(懺悔流通)의] 두 번째인 '[문답을] 주고받으면서 [참회의 의미를] 거듭 드러냄'(往復重顯)이다. 여기에는 곧 두 번의 문답이 있다. 처음[의 문답]은 그 '참회의 도리'(懺悔道理)를 드러내었고, 나중[의 문답]은 그 '참회의 수행방법'(懺悔行法)을 드러내었다.

여기서 질문한 뜻은 [다음과 같은 것이다.] 〈이전[에 저지른] 죄를 참회하는 것을 참회라고 부른다면, [참회하고 나서는] 이전[에 저지른] 죄가 과거로 들어가지 않는 것인가? [또] 만약 이전(先)은 지금(今)이 아니기 때문에 [이전의 죄는] 과거로 들어가는 것이라면, 어떻게 [지금] 죄가 없는 것에 대해서 참회한다고 하겠는가?〉

대답에서 "그렇다"(如是)라고 말한 것은, 이와 같은 이전의 죄는 과거로 들어가지 않기 때문에 [지금] 없는 것에 대해서 참회하는 것은 아니라는 것이다. 왜냐하면 이전에 저지른 죄는 '근본이 되는 식[인 제8아뢰야식]'(本識)의 종자에 배어들어 항상 흘러 현재에 있으니, 이러한 도리 때문에 [이전에 저지른 죄는] 과거로 들어간 적이 없는 것이다. 그리고 지금 참회하여 [이전의 죄를] 치유하는 일이 생겨날 때는 그 죄의 종자로 하여금 현재로 흘러들지 못하게 하는 것이니, 마치 등불이 생겨날 때 방 안의 어두움이 비로소 없어지는 것과 같이 [참회하면] 죄의 종자가 현재에 이르지 못하는 것이다. 이때라야 비로소 〈[이전에 저지른 죄를] 과거로 들어가게 했다〉고 말할 수 있다.

그런데 "이미 지니고 있던 모든 죄들을 참회한다고 말하지 않아야 한다"(無說悔先所有罪)라는 것은, 이전에 가지고 있던 것은 [지금의] 참회가 미치는 곳이 아니어서 그들로 하여금 '이전에 있던 것'(先有)이 아니게 할 수는 없기 때문이다. 다만 저 이전에 있던 것을 현재에 이르지 않게 하는 것이니, [이전에 있던 죄가] 현재에 이르지 않는 것은 참회함에 따라서 이루어지는 것이다.

이것이 '번뇌를 끊는 뜻'(斷結之義)과 다른 것은 [다음과 같은 이유 때문이다.] 저 ['번뇌를 끊는 뜻']은 '[근본무지에 따라] 생겨나고 사라지는 길'(生滅道)에 의거하기 때문에 아직 생겨나지 않은 것을 현재에 이르지 못하게 하는 것이고, 이 [참회의 도리]는 '서로 이어져 가는 길'(相續道)에 의거하기 때문에 이전에 있던 것들로 하여금 현재에 이르지 못하게 하는 것이다. 또 '번뇌를 끊는 것'(斷結)은 [번뇌의] 종자를 완전히 끊어 버리는 것이고, '이전의 죄를 참회하는 것'(悔先罪)은 종자[가 지닌 힘]을 '줄이고 제압하여'(損伏) [종자의 영향력이] '늘어나고 강해지는 작용'이 현재에 이르게 하지 않는 것이다. 이러한 뜻에 의거하여야 [이전에 저지른 죄가] 〈과거로 들어간다〉고 말할 수 있는 것이다.

阿難言, "云何名爲懺悔?" 佛言, "依此經敎, 入眞實觀, 一入觀時, 諸罪悉滅, 離諸惡趣, 當生淨土, 速成阿耨多羅三藐三菩提".

[H1, 677a12~15; T34, 1007c10~12]

아난이 말하였다.

"어떤 것을 참회라 부릅니까?"

부처님께서 말씀하셨다.

"이 경전의 가르침에 의거하여 '사실 그대로 보는 이해'(眞實觀)로 들어가는 것이니, 한번 '사실 그대로 보는 이해'(眞實觀)로 들어갈 때에 '모든 죄'(諸罪)가 다 없어지고 모든 '해로운 세계'(惡趣)에서 벗어나 [번뇌의 오염이 없는] 온전한 세상'(淨土)에 태어나서 '최고의 깨달음'(阿耨多羅三藐三菩提)을 속히 이룰 것이다."

此是第二懺悔行法. 答中有二, 先明行法, 後示勝利. 初中言"依此經敎, 入眞實觀"者, 謂依金剛三昧敎旨, 破諸法相, 名入眞實, 此是地前相似眞觀. "一入觀時, 諸罪悉滅"者, 一切罪障, 從妄想生, 今破諸相, 入眞實觀, 頓破一切妄想境界, 所以諸罪一時悉滅. 次顯勝利, 即有二句. "離諸惡趣, 當生淨土"者, 是明華報, "速成阿耨多羅三藐三菩提"者, 是示果報.

[H1, 677a16~b1; T34, 1007c12~20]

이것은 「문답을 주고받으면서 [참회의 의미를] 거듭 드러내는 것'(往復重顯)의 두 부분 가운데] 두 번째인 '참회의 수행방법'(懺悔行法)이다. 대답에는 두 가지가 있으니, 먼저 '[참회의] 수행방법'(行法)을 밝혔고, 나중에는 '[참회의] 뛰어난 이로움'(勝利)을 제시하였다.

처음에 말한 "이 경전의 가르침에 의거하여 '사실 그대로 보는 이해'로 들어간다"(依此經敎, 入眞實觀)라는 것은, '금강삼매金剛三昧에 대한 가르침의 취지'(金剛三昧敎旨)에 의거하여 '[불변·독자의 본질/실체로 간주하는] 모든 현상의 양상'(諸法相)을 깨뜨리는 것을 '사실 그대로 [보는 이해로] 들어감'(入眞實[觀])이라 부르니, 이것은 '[열 가지] 본격적인 수행경지 이전'(地前)의 '비슷하게 사실 그대로 보는 이해'(相似眞觀)이다.

"한번 '사실 그대로 보는 이해'로 들어갈 때에 모든 죄가 다 없어진다"(一入觀時, 諸罪悉滅)라는 것은 [다음과 같은 뜻이다.] '죄업으로 인한 모든 장애'(一切罪障)는 '[불변·독자의 본질/실체로 보아 분별하는] 잘못된 생각'(妄想)에 따라 생기는데, 이제 '[불변·독자의 본질/실체로 간주하는] 모든 양상'(諸相)을 깨뜨려 '사실 그대로 보는 이해'(眞實觀)로 들어가 '[불변·독자의 본질/실체로 보아 분별하는] 잘못된 생각이 지어낸 모든 세계'(一切妄想境界)를 한꺼번에 깨뜨리니, 따라서 '모든 죄'(一切罪)가 동시에 다 사라지는 것이다.

다음은 '[참회의] 뛰어난 이로움'(勝利)을 나타낸 것이니, 곧 두 구절이 있다. "모든 '해로운 세계'(諸惡趣)에서 벗어나 '[번뇌의 오염이 없는] 온전한 세상'(淨土)에 태어난다"(離諸惡趣, 當生淨土)라는 것은 '결실을 얻을 수 있는 좋은 환경을 받는 것'(華報)[17]을 밝힌 것이고, "'최고의 깨달음'을 속히 이룰 것

---

17 화보華報: 사전에서는, 행위의 결과를 미래에 받는 것을 과보果報라고 하는 데 대해서, 그 비슷한 결과를 현재에 받게 되는 것을 화보華報라고 한다. 마치 어떤 사람이 과일을 수확하기 위해 나무를 심으면 그 꽃도 함께 얻을 수 있는 경우와 같은 것을 화보라고 부른다는 것이다(『불교어대사전』 p.300a, 『불광대사전』 p.5233中 참조). 그런데 지금 이 용어가 사용되는 맥락을 고려한다면, 화보는 '결실을 얻을 수 있는 좋은 환경을 받는 것'이다. 이러한 개념은 『십송률十誦律』 권12(T23, 88a23~24)에서도 확인된다. "佛言: '但取, 必得生忉利天上. 今是華報, 果報在後.'" 따라서 여기서는 화보

이다"(速成阿耨多羅三藐三菩提)라는 것은 '[좋은 환경에서] 성취하는 결실'(果報)을 나타낸 것이다.

6. [뜻을] 받들어 행하며 널리 퍼뜨리게 함(奉行流通)

佛說是經已, 爾時, 阿難及諸菩薩, 四部大[18]衆, 皆大歡喜, 心得決定, 頂禮佛足, 歡喜奉行.

[H1, 677b2~4; T34, 1007c21~22]

부처님께서 이 경을 설하시고 나니, 그때 아난과 모든 보살 및 '[비구·비구니·우바새·우바이, 이] 네 부류의 대중'(四部大衆)들이 모두 크게 기뻐하면서 [모든 의혹을 떨쳐] 마음이 결정되어 머리를 부처님의 발에 조아려 예를 올리고 기쁘게 [부처님 뜻을] 받들어 행하였다.

此是第六奉行流通, 於中四句. "皆大歡喜"者, 聞法歡喜故, "心得決定"者, 離諸疑惑故, "頂禮佛足"者, 重法敬人故, "歡喜奉行"者, 行時轉喜故.

[H1, 677b5~8; T34, 1007c23~26]

이것은 여섯 번째인 '[뜻을] 받들어 행하며 널리 퍼뜨리게 함'(奉行流通)이니, 여기에는 네 구절이 있다.

"모두 크게 기뻐했다"(皆大歡喜)라는 것은 진리(法)를 들어 기뻐한 것이고, "마음이 결정되었다"(心得決定)라는 것은 '모든 의혹'(諸疑惑)에서 벗어난 것이며, "머리를 부처님의 발에 조아려 예를 올렸다"(頂禮佛足)라는 것은 진리(法)를 존중하여 [그 진리를 설하는] 사람을 존경하는 것이고, "기쁘게

華報를 '결실을 얻을 수 있는 좋은 환경을 받는 것'으로 번역한다. 아울러 이에 대응하는 '과보果報'는 '[좋은 환경에서] 성취하는 결실'로 번역한다.

18 대정장 『금강삼매경』에는 '大'가 '之'로 되어 있는 판본이 있다고 교감하였다. 한불전과 대정장의 『금강삼매경론』에는 모두 '四部大衆'으로 나온다.

[부처님 뜻을] 받들어 행하였다"(歡喜奉行)라는 것은 실천하면서 더욱 기뻐하는 것이다.

甚深且微金剛教, 今承仰信略記述, 願此善根遍法界, 普利一切無遺缺.

[H1, 677b9~10; T34, 1007c27~28]

깊고 깊으며 세밀한 '금강[삼매에 관한] 가르침'(金剛教)을

이제 받들어 우러러 믿으며 간략히 적으니,

원하옵건대 이 [가르침을 배워 얻는] '이로운 능력'(善根)이 모든 세계에 두루 퍼져

모든 것을 널리 이롭게 하면서 [하나라도] 빠짐이 없게 하소서.[19]

---

19 이상의 단락에 해당하는 원효의 전체 과문 차례는 다음과 같다.

　Ⅲ. [세상에] 널리 퍼뜨리게 하는 부분(流通分)

　　1. 사람을 찬탄하여 널리 퍼뜨리게 함(讚人流通)

　　2. 대중들에게 권유하여 널리 퍼뜨리게 함(勸衆流通)

　　3. 명칭[의 뜻]을 세워 널리 퍼뜨리게 함(立名流通)

　　　1) [아난의] 질문(問)

　　　　(1) [아난의] 이해(領)

　　　　(2) [아난의] 질문(問)

　　　2) [부처님의] 대답(答)

　　　　(1) [첫 번째 질문에] 답함(答[第一]問)

　　　　　① [경전의] 명칭이 지닌 뜻을 찬탄함(讚名義)

　　　　　　가. 명칭을 찬탄하는 것을 총괄함(摠歎名)

　　　　　　나. 뜻을 하나씩 드러냄(別顯義)

　　　　　② 곧바로 명칭을 세움(正立名)

　　　　(2) [두 번째 질문에] 답함(答[第二]問)

　　4. 받아 지녀서 널리 퍼뜨리게 함(受持流通)

　　　1) 받아 지님[의 의미]를 곧바로 밝힘(正明受持)

　　　　(1) [아난의] 질문(問)

　　　　　① 경전을 받아 지니는 사람의 마음의 실천에 대해 질문함(問受持經者心行)

　　　　　② 경전을 받아 지니는 사람[이 얻게 되는] 이로움에 대해 질문(問受持經者福利)

　　　　(2) [부처님의] 대답(答)

　　　　　① [첫 번째 질문에] 답함(答[第一]問)

② [두 번째 질문에] 답함(答[第二]問)
  2) [문답을] 주고받으면서 [받아 지님의 의미를] 거듭 드러냄(往復重顯)
   (1) 이로움[이 자라는] 밭의 주체를 밝힘(明福田之體)
   (2) 이로움을 생겨나게 하는 능력을 드러냄(顯生福之能)
5. 참회로써 널리 퍼뜨리게 함(懺悔流通)
  1) 참회의 이로운 능력을 찬탄함(讚懺悔功德)
  2) [문답을] 주고받으면서 [참회의 의미를] 거듭 드러냄(往復重顯)
   (1) 그 참회의 도리를 드러냄(顯其懺悔道理)
   (2) 그 참회의 수행방법을 드러냄(顯其懺悔行法)
    ① [참회의] 수행방법을 밝힘(明行法)
    ② [참회의] 뛰어난 이로움을 제시함(示勝利)
6. [뜻을] 받들어 행하며 널리 퍼뜨리게 함(奉行流通)

1. 전체 과문표(대략)

제1편 述大意			
제2편 辨經宗	I. 合: 一味觀行		
	II. 開: 十重法門		
제3편 釋題目	I. 釋金剛	1. 釋	
		2. 簡別	1) 簡定慧
			2) 別餘定
	II. 釋三昧	1. 釋	
		2. 簡別	1) 別諸名
			2) 明通局
제4편 消文義	I. 序品	1. 通序: 六事	
		2. 別序	
	II. 正說分	1. 無相法品	
		2. 無生行品	
		3. 本覺利品	
		4. 入實際品	
		5. 眞性空品	
		6. 如來藏品	
		7. 摠持品	
	III. 流通分	1. 讚人流通	
		2. 勸衆流通	
		3. 立名流通	
		4. 受持流通	
		5. 懺悔流通	
		6. 奉行流通	

2. 상세 과문표

1) 제4편 'Ⅰ. 序品'의 과문표

Ⅰ. 序品	1. 通序: 六事	1) 明親承之傳			
		2) 證大師之說			
	2. 別序	1) 威儀分			
		2) 說經分			
		3) 入定分			
		4) 重頌分	(1) 序		
			(2) 頌: 八行頌	① 前七頌: 頌說經	가. 三頌: 三頌摠明
					나. 四頌: 四頌別顯
				② 後一頌: 頌入定	

2) 제4편 'Ⅱ. 正說分', '1. 無相法品'의 과문표

1) 出定分												
1. 無相法品	2) 起說分	(1) 長行	① 略標分	가. 標無相觀	가) 標如來自入無相觀							
					나) 標令他入無相觀							
				나. 標所觀法	가) 直標所觀法深							
					나) 爲他說是深法							
			② 廣說分	가. 請	가) 序人儀	(가) 依時表人						
						(나) 序禮儀						
					나) 發言而請	(가) 擧所爲時節						
						(나) 請爲彼宣說						
				나. 說	가) 讚問許說							
					나) 對請宣說	(가) 明無相觀	㉮ 直說觀行之相	ㄱ. 方便觀				
								ㄴ. 明正觀				
							㉯ 住復決諸疑難	ㄱ. 摠明破有相門				
								ㄴ. 別顯離二縛門	ㄱ) 治人執	(ㄱ) 摠治		
										(ㄴ) 別治	㉠ 況治	
											㉡ 逐治	
									ㄴ) 治法執	(ㄱ) 正治		
										(ㄴ) 重釋		
								ㄷ. 顯能滅之見之藥				
								ㄹ. 顯妄解不離生住	ㄱ) [問]無生			
									ㄴ) [答]無生	(ㄱ) 略答		
										(ㄴ) 重詳		
						(나) 顯一覺心	㉮ 正廣一覺如來藏義	ㄱ. 明始覺不異本覺如來藏性				
								ㄴ. 正顯如來藏性隱藏不動				
							㉯ 遣諸疑難	ㄱ. 明其能隱應知之相				
								ㄴ. 明無止息				
								ㄷ. 顯無生觀				
								ㄹ. 遣增減見				
								ㅁ. 重遣疑情	ㄱ) 正答			
									ㄴ) 重顯	(ㄱ) 顯遠離諸相, 周遍三世		
										(ㄴ) 顯隨順法界, 具修六度		
								ㅂ. 重顯出世六度之義	ㄱ) 略標			
									ㄴ) 廣釋	(ㄱ) 別釋		
										(ㄴ) 摠明	㉠ 明六度同一解脫	
											㉡ 顯解脫卽是涅槃	a. 明解脫
												b. 卽涅槃
		(2) 重頌	① 別頌	가. 頌前略標								
				나. 頌後廣釋	가) 廣無相觀							
					나) 廣一覺義							
			② 摠頌									
3) 得益分												

442

3) 제4편 'Ⅱ. 正說分', '2. 無生行品'의 과문표

2. 無生行品	1) 正說	(1) 往復問答	① 問			
			② 答			
			③ 難			
			④ 拒			
			⑤ 請			
			⑥ 釋	가. 開無得道理		
				나. 示無生道理		
				다. 擧非		
				라. 明是		
		(2) 反徵問答	① 擧行難理			
			② 反詰有證			
			③ 仰報無證			
			④ 反詰有得			
			⑤ 仰報無得			
			⑥ 述無證得	가. 正術	가) 摠述	
					나) 別述	(가) 述無生
						(나) 述寂滅 ㉮ 例前 ㉯ 廣釋
						(다) 後還結成
				나. 擧非		
				다. 顯示		
			⑦ 更陳所疑			
			⑧ 決其所疑			
		(3) 領解				
		(4) 如來述成				
	2) 以偈讚說					
	3) 明聞說得益					

4) 제4편 'Ⅱ. 正說分', '3. 本覺利品'의 과문표

3. 本覺利品	1) 廣明本覺利益							
		(1) 因動明靜, 略標本利之宗	① 寄身移動, 以標本利					
			② 因言往復	가. 問				
				나. 答				
				다. [如來]述成				
			③ 放光讚頌本利					
		(2) 廣演本利之義	① 直廣					
			② 重演	가. 演始覺	가) 演諸識空寂	(가) 正明		
						(나) 明不同相		
						(다) 明不異相		
					나) 明諸識不生	(가) 略標		
						(나) 廣釋		
				나. 演本覺義	가) 正明	(가) 明本覺無二之理		
						(나) 示其除障入證之門		
					나) 遣著	(가) 遣有住之著	㉮ 問	
							㉯ 答	ㄱ. 略破執
								ㄴ. 廣顯理
						(나) 遣有得執	㉮ 正明無得	ㄱ. 問
								ㄴ. 答
							㉯ 重遣疑情	
							㉰ 領解	
							㉱ 述成	
	2) 以偈讚頌							
	3) 時衆得益							

5) 제4편 'Ⅱ. 正說分', '4. 入實際品'의 과문표

4. 入實際品	1) 略標大意	(1) 開令入方便	① 總標				
			② 別開				
		(2) 示所入道理	① 略明				
			② 重釋				
			③ 偏執不當				
			④ 達者勝利				
	2) 廣顯道理	(1) 顯實際義	① 明五空	가. 問			
				나. 答			
			② 明三空				
			③ 明空是眞	가. 問			
				나. 答	가) 正答		
					나) 歎深		
			④ 明眞是如	가. 問	가) 立道理		
					나) 問所疑		
				나. 答	가) 與		
					나) 奪		
		(2) 明趣入義	① 總明				
			② 別顯	가. 總標擧數			
				나. 問答別顯	가) 問	(가) 問	
						(나) 難	
					나) 答	(가) 答	㉮ 牒數
							㉯ 列名
							㉰ 次第辨相
						(나) 通	
			③ 能入離過	가. 略明			
				나. 廣釋	가) 問		
					나) 答	(가) 釋非心非影之句	㉮ 明入法離諸心影
							㉯ 明心影無非如理
						(나) 釋法爾淸淨之句	
					다) 領		
					라) 述		
			④ 所入離邊	가. 明佛性離一異邊	가) 略明	(가) 離一異	
						(나) 釋離異	
					나) 廣顯		
				나. 顯如如離有無邊			
		(3) 入之階位	① 明所入甚深				
			② 擧能入位行				
			③ 別顯階位				
			④ 歎明入心				
		(4) 入之方便	① 明能入方便	가. 略[明]			
				나. 廣顯方便			
			② 顯方便勝利	가. 得果勝利			
				나. 得供勝利	가) 明菩薩福田		
					나) 顯二乘不見		
					다) 顯菩薩能見		
				다. 無患勝利			
				라. 無住勝利	가) 領上說		
					나) 顯無住[勝利]		
	3) 身子領解	(1) [身子]領解					
		(2) [如來]述成					
	4) 時衆得益						

6) 제4편 'Ⅱ. 正說分', '5. 眞性空品'의 과문표

5. 眞 性 空 品	1) 廣 說	(1) 明三聚戒從眞性成	① 問			
			② 答			
			③ 重請			
			④ 廣說	가. 正答明戒因緣		
				나. 乘顯攝一切行		
			⑤ 領解			
		(2) 明道品行從眞性立	① 問			
			② 答	가. 許		
				나. 釋	가) 直釋	
					나) 重顯	(가) 遣異義
						(나) 顯一義
						(다) 明一義具一切法
						(라) 明一義離諸過患
		(3) 明佛言教稱如理說	① 問			
			② 答	가. 佛說之由		
				나. 顯文義之異		
		(4) 明菩薩位從本利出	① 問			
			② 答	가. 擧數摠標		
				나. 別解	가) 明信位	
					나) 明明思位	(가) 明無相尋思觀
						(나) 顯無生如實智
					다) 明修位	(가) 明修相
						(나) 顯修因
					라) 明行位	(가) 明位狀
						(나) 顯其行
					마) 明捨位	(가) 明捨義
						(나) 明位狀
				다. 摠明	가) 直明從本	
					나) 往復重顯	
		(5) 明大般若圓融無二	① 身子仰諮			
			② 如來述成	가. 摠述		
				나. 別述	가) 述到因滿義	
					나) 述到果圓義	
				다. 摠成		
		(6) 明大禪定超諸名數	① 問			
			② 答	가. 摠許		
				나. 別成	가) 略明	(가) 明世間禪不離名數
						(나) 顯出世禪超彼名數
					나) 廣釋	
	2) 略 攝	(1) 問				
		(2) 答				
		(3) 請				
		(4) 說				
		(5) 大衆聞說得益				

446

7) 제4편 'Ⅱ. 正說分', '6. 如來藏品'의 과문표

6. 如來藏品	1) 明諸法諸行同入一處	(1) 明諸法入一實義	① 問	가. 領前說			
				나. 問所疑			
			② 答				
			③ 領				
			④ 述成				
		(2) 明一切行入一佛道					
	2) 顯入行入智因果差別	(1) 入行差別	① 摠標				
			② 問				
			③ 答	가. 別明			
				나. 摠釋			
		(2) 入智差別	① 問	가. 領前說			
				나. 問所疑			
			② 答	가. 摠標			
				나. 別釋			
				다. 摠明			
		(3) 入因事用	① 長行	가. 略明	가) 摠標		
					나) 別解		
					다) 合明		
					라) 結勸		
				나. 重顯	가) [第一]問答		
					나) [第二]問答		
				다. 領解			
			② 重頌	가. 如來略宣			
				나. 長者廣演	가) 正演前義		
					나) 破諸邪解		
					다) 申己正取		
					라) 禮正說者		
					마) 請說未聞		
		(4) 入果[常住]常法	① 如來說	가. 許說			
				나. 正說	가) 說常果		
					나) 示常因	(가) 別明	㉮ 眞證觀
							㉯ 方便觀
						(나) 摠結	
			② 長者演	가. 判佛教意	가) 明墮二邊教		
					나) 顯離二邊教		
				나. 破二邊執	가) 破有邊執	(가) 破其有執	㉮ 破因緣執
							㉯ 破餘三緣
						(나) 示彼眞空	
					나) 奪空邊着		
				다. 示無二觀			
			③ 大衆得益				

8) 제4편 'Ⅱ. 正說分', '7. 摠持品'의 과문표

7. 摠持品	1) 請							
	2) 許							
	3) 正決諸疑	(1) 六品六疑 却次而決	① 別決	가. 決如來藏品中起疑				
				나. 決眞性空品中起疑	가) 直遣			
					나) 重決	(가) 難		
						(나) 決		
				다. 決入實際品中起疑	가) 問			
					나) 許			
					다) 領解			
					라) 如來遂成			
				라. 決本覺利品中起疑				
				마. 決無生行品中起疑				
				바. 決無相法品中起疑				
			② 摠定	가. 定非病	가) 審問			
					나) 定許			
				나. 定是藥	가) 菩薩審問	(가) 領前深功德聚	㉮ 摠標	
							㉯ 別顯	
							㉰ 還摠結	
						(나) 乘顯深入理觀	㉮ 別明	
							㉯ 摠結	
						(다) 審問良藥勝德		
					나) 定許	(가) 摠許		
						(나) 別許	㉮ 明服空藥故離流轉之果患	
							㉯ 顯服空藥故治取着之因病	
						(다) 結定		
		(2) 一品三疑 順次而遣	① 第一疑	가. 問				
				나. 如來決疑	가) 直決			
					나) 釋決	(가) 略釋		
						(나) 廣演	㉮ 明三解脫道勝利	
							㉯ 顯三化勤修勝利	
			② 第二疑	가. 問	가) 擧果遠			
					나) 問入因			
				나. 答				
				다. 請				
				라. 說	가) 說呵厭方便			
					나) 示趣入方便			
			③ 第三疑	가. 問				
				나. 如來正決所疑	가) 略說	(가) 明不動之義	㉮ 標	
							㉯ 釋	
							㉰ 結	
						(나) 顯得入之義		
					나) 廣宣	(가) 廣不動義	㉮ 推本無得, 以顯不動	ㄱ. 標
								ㄴ. 釋
								ㄷ. 結
							㉯ 逐末無得, 以顯不動	
						(나) 宣得入義		
	4) 領解							

448

9) 제4편 'Ⅲ. 流通分'의 과문표

Ⅲ. 流通分	1. 讚人流通				
	2. 勸衆流通				
	3. 立名流通	1) 問	(1) 領		
			(2) 問		
		2) 答	(1) 答[第一]問	① 讚名義	가. 摠歎名
					나. 別顯義
				② 正立名	
			(2) 答[第二]問		
	4. 受持流通	1) 正明受持	(1) 問	① 問受持經者心行	
				② 問受持經者福利	
			(2) 答	① 答[第一]問	
				② 答[第二]問	
		2) 往復重顯	(1) 明福田之體		
			(2) 顯生福之能		
	5. 懺悔流通	1) 讚懺悔功德			
		2) 往復重顯	(1) 顯其懺悔道理		
			(2) 顯其懺悔行法	① 明行法	
				② 示勝利	
	6. 奉行流通				

원효의 삶을 증언하는 기록들(三大傳記)

1. 서당화상비誓幢和上碑(9세기 초)

　음리화音里火 삼천당주三千幢主인 급찬級湌 고금□高金□이 [이 비문을] 새긴다.

　… [화상은] 처음부터 [홀로] 적막하게 살지 않았으니, 부처의 자비로움이 마치 그림자가 형상을 따르는 것과 같았다. [그의 삶은] 진실로 [중생과] 공감할 수 있는 마음에서 비롯하였기 때문에 [중생들에] 응하는 이치가 반드시 있었다. 위대하도다! 설사 법계法界를 당겨 [만물의 본래 모습을] 총괄하고자 한들, 법계에 불변의 실체가 없음을 아는 경지(法空座)에 올라 진리를 전하는 [불빛을] 밝혀 다시 진리의 수레바퀴를 굴리는 일을 누가 능히 할 수 있겠는가? 바로 우리 서당화상誓幢和上이 그 사람이다. … 이에 의거하여 [화상의] 마을 이름을 '깨달음의 땅'(佛地)이라 하였다. … 사람들은 '깨달음의 땅'(佛地)으로 알았지만 나는 구릉으로 보았다. … [화상의] 어머니가 처음에 별이 떨어져 품속으로 들어오는 꿈을 꾸고서 임신하였다. … 달이 차기를 기다려 해산하려 할 때 갑자기 오색구름이 특별히 어머니의 거처를 덮었다. … 문무대왕의 나라 다스림이 일찍이 천명天命에 부응하여 이루어져 나라가 평안하였고 임금이 되어 큰 정치를 여니, 그 공이 이루 말할 수 없었고, 꿈틀거리는 미물에 이르기까지 그의 덕화가 미치지 않은 곳이 없었다. … 대사의 덕은 숙세宿世로부터 심은 것이기에 실로 태어나면서부터 도道를 알았다. 자신의 마음으로 스스로 깨달았고, 배울 때에 정해진 스승

을 좇지 않았다. 성품은 고고하면서 자애로웠다. … 중생들의 고통을 제거하여 재앙에서 구제하고자 큰 서원을 발하였고, 미세한 도리를 연구하고 이치를 분석하여 일체의 지혜로운 마음을 … 하였다.

왕성 서북쪽에 작은 절 하나가 있었다. … 비결서(讖記)와 (?)外書 등은 세상의 배척을 받았다. [화상의 저술] 가운데 『십문화쟁론十門和諍論』은, 여래가 세상에 계실 적에는 '온전한 가르침'(圓音)에 의지하였지만, 중생들이 … 빗방울처럼 흩뿌리고 헛된 주장들이 구름처럼 내달리며, 나는 맞고 다른 사람은 틀리다고 말하기도 하고, 나는 타당한데 다른 사람은 타당하지 않다고 주장하여, [그 상이한 견해들의 배타적 주장이] 황하黃河와 한수漢水처럼 큰 강물을 이루었다. … [공空을 싫어하고 유有를 좋아하는 것은 마치] 산을 [버리고] 골짜기를 돌아가는 것과 같고, 유有를 싫어하고 공空을 좋아하는 것은 나무를 버리고 큰 숲으로 달려가는 것과 같다. 비유하자면, 청색과 남색은 바탕을 같이하고, 얼음과 물은 근원을 같이하며, 거울은 모든 형상을 받아들이고, 물이 [수천 갈래로] 나누어지는 것과 같다. … [유有와 공空에 관한 주장들을] '통하게 하고 화합하게 하여'(通融) 서술하고는 『십문화쟁론』이라고 이름하였다. 수많은 사람들이 (이 책에) 동의하며 모두 '훌륭하다!'고 칭송하였다. 또 『화엄종요華嚴宗要』는 진리는 비록 근본적으로 하나이지만 … [당나라에 왔던 진나陳那 Dignāga의 문도가 『십문화쟁론』을 읽고는] 찬탄하여 덩실덩실 춤을 추었다. [『십문화쟁론』을] 범어로 번역하여 곧 (?)사람에게 부쳐 보냈으니, 이것은 [바로] 그 나라(천축) 삼장三藏법사가 [『십문화쟁론』을] 보배처럼 귀하게 여기었던 까닭에서였음을 말하는 것이다. 산승山僧이 술을 휴대했다. … 토지의 신을 서서 기다리며 다시 [자리를] 옮기지 않았으니, 이는 마음으로 그윽이 [토지의 신을 만나] 움직이지 않았음을 보여 주는 것이다. 어떤 여인이 세 번 절하자 천신이 그 여인을 가로막았으니, [이것은] 또한 [원효대사가] 애욕에 빠지지 않았음을 나타낸 것이다. … 강의를 하다가 문득 물병을 찾아서 서쪽을 [향해 뿜으면서] 말하기를, "내가 보니, 당나라의 성선사聖善寺가 [화재를] 당했구나"라고 했다. … 물을 부은 곳이 이로부터

못이 되었으니, 고선사高仙寺의 대사가 있던 방 앞의 작은 못이 바로 이것이다. 남쪽으로 법을 강연하고 봉우리에 (?)하여 허공에 올랐다. … 대사가 신비하게 아는 것은 헤아릴 수가 없고, 조짐을 아는 것은 더욱 아득하였다. (?) 돌아와 혈사穴寺로 옮겨 살았다. 사당(神廟)이 멀지 않았는데 [그 사당의] 신神이 기뻐하지 않음을 보고, 자신의 능력을 감추고자 하였다. 그리하여 대낮에 … 다른 곳을 교화하였다.

수공垂供 2년(686) 3월 30일, 혈사穴寺에서 입적하니 70세였다. 곧 절의 서쪽 봉우리에 임시로 감실龕室을 만들었다. 채 며칠 지나지도 않아 말 탄 무리가 떼를 지어 몰려와 유골을 가져가려 하였다. … 만선화상萬善和上이 기록한 글에 이르기를 "불법에 능한 사람이 9인 있어 모두 대(?)로 불렸다"고 했다. 대사가 초개사初盖寺에 있을 때 현풍玄風을 도운 대장大匠들이다. 대사가 말하길 ….

대력大曆 연간(766~780)의 어느 봄에 대사의 후손인 한림翰林 설중업薛仲業이 사행使行으로 바다를 건너 일본으로 갔다. 그 나라의 재상(上宰)이 [그와] 이야기를 하다가 그가 대사의 어진 후손임을 알고서 서로 크게 기뻐하였다. … 많은 사람들이 정토왕생을 기약하면서 대사의 '영험한 글들'(靈章)을 머리에 이고 잠시도 내려놓지 않았는데, 대사의 [어진] 후손을 보고는 … 3일 전에 와서 글을 지어 [대사를] '찬탄하는 글'(頌文)을 얻게 되었다. 1년이 지나서는 비록 직접 만나 예를 다하지는 않았지만 친히 (?) 받들어 ….

봉덕사奉德寺의 대덕大德인 삼장三藏법사 신장神將이 있었는데, (?) 자화慈和와 함께 마음이 공적空寂한 줄 알았고 모든 것에 실체의 생겨남이 없음을 보았다. 수행자와 속인(道俗)이 모두 '승려 가운데의 용이고 진리의 (?)'라 부르며 받들었다. … 성인을 만나 깃발로 삼아 의지하여 쓰러짐이 없었는데, 보고 싶어도 그럴 수가 없다. 더욱이 [일본 사람이 지은] 대사를 '찬탄하는 글'(頌文)을 보고 그에 의거하여 (?)을 찾아 기미라도 보나니, 어찌 (?)을 알아 다시 (?) 얻음이 있을 것인가? 이로써 정원貞元 연중(785~804)에 몸소 … 상심하여 괴롭고 (?)는 두 배나 더하니, 곧 몸과 마음을 채찍질하여 '누추한 집'(泥堂葺居)을 … 대사의 거사居士 형상을 만들었다. 3월에 이르러 … 산에 폭주하고 옆의 들로 구름처럼 달려가서 [대사의] 거사 형상을 바라보고 정성스러운 마음으로 절을 한 후에 대사를 찬탄하는 강연을 하였다. … 각간角干 김언승金彦昇께서는 바다와 산악의 정기와 하늘과 땅의 수승한 기운을 이었다. 친히 … 그 산에 있는 대덕大德을 보고 (?)을 받들어 바야흐로 글을 새김에 (?) 마음은 목숨에 맡기고 뜻은 경건하게 하여 불법을 존경하고 사람을 귀중히 여겨 … 대사의 신령한 자취는 문자가 아니고서는 그 일을 진술할 수가 없고, 기록이 없으면 어찌 그 연유를 드러낼 수 있으리오. 그리하여 스님으로 하여금 비문을 짓게 하고 … 스스로 헤아려 보니 무능하고 학문도 익지 않아 마침내 사양하였으나 (?) 면하지 못하여 함부로 … 이르렀으니, 티끌같이 무수한 세월이 흘러도 스러지지 않고 겨자씨처럼 많은 세월이 흐르도록 오래 있으리라.

그 '고하는 말'(詞)은 다음과 같다.

위대하구나, '진리 바탕'(法體)이여! 드러나지 않는 곳이 없도다. 시방세계에 … '세 가지 신통'(三明, 숙명통·천안통·누진통)을 (?). 고선高仙대사는 불지촌에서 [태어나] 일생동안 말을 (?) 바른 이치를 깊이 탐구했다. 이 세상과 저 (?) … 붉은 활이 그를 겨누었고(죽일 것 같은 비판이 그에게 쏟아졌고) 모래알처럼 많은 분별없는 비난들(狂言)이 … 환속하여 거사가 되었다. 국가를 구제하고 문무를 겸하였다. (?) 그 할아버지를 (?)하였다. (?) 이기지 못하여 손으로는 춤을 추며 슬피 … 장엄한 법문은 성스러움을 (?) 명쾌한 설법은 신이함에 통하였다. 다시 혈사穴寺에서 수행하였으니, (?) 끝내 왕궁을 멀리하며 (?)토굴 생활을 끊지 않고 걸으면서 도를 즐겼다. … 자취와 글을 남겨 모두 큰 은혜를 입었다. 대사가 (?)을 당하니, (?) 울음을 머금었고 (?)월에 (?) 매번 (?)이 되면 모여들어 펼쳐 읽으며 … (?)를 새겼다. 혈사穴寺의 법당 동쪽 가까운 산에 (?).

서당화상비|誓幢和上碑 판독 원문[1]

音里火 三千幢主 級湌 高金□鐫

… 初無適莫 慈迦如影隨形 良由能感之心故 所應之理必然 大矣哉 設欲
抽法界 括 … 相印 登法空座 作傳燈之□ 再轉法輪者 誰其能之 則我 誓
幢和上 其人也 俗 … 佛地聖體 高仙據此 村名佛地 □是一途 他將佛地
我見丘陵 何者 只如驟 … □ 母初得夢 流星入懷 便□有□ 待其月滿 分
解之時 忽有五色雲 □特覆母居 … 文武大王之理國也 早應天成 家邦□
晏 恩開大造 功莫能宣 爲蠢動之乾坤 作黔 … □啓 □獨勝歡 大師 德惟
宿植 道實生知 因心自悟 學□從師 性復孤誕 □情 … 昏衢 拔苦濟厄 旣
發僧那之願 研微析理 □□薩云之心矣 王城西北 有一小寺 … □識記□
□外書等 見斥於世□ 就中 十門論者 如來在世 已賴圓音 衆生等 … 雨
驟 空空之論雲奔 或言我是 言他不是 或說我然 說他不然 遂成河漢矣
大 … 山而投廻谷 憎有愛空 猶捨樹以赴長林 譬如靑藍共體 氷水同源 鏡
納萬形 水分 … 通融 聊爲序述 名曰十門和諍論 衆莫不允 僉曰善哉 華
嚴宗要者 理雖元一 隨 … □□□□ 讚歎婆娑 翻爲梵語 便附□人 此□言
其三藏寶重之由也 山僧提酒 … □ 后土立待 更不曾移 此顯冥心之倦也
女人三禮 天神遮之 又表非入愛法 來□□□ 村主 … 心法未曾 □悉□觀
□□□□□下之言 □□正講 忽索瓶水 □西□之言曰 我見 大唐聖善寺
被 … □□□□□□□□灌水之處 從此池成 此□高仙寺 大師房前 小
池是也 倭南演法 □峰騰空 … □而□□ 大師神測未形 知機復遠 □□□
歸 移居穴寺 緣以神廟非遙 見神不喜 意欲和光 故白日 … 通化他方 以
垂拱二年 三月卅日 終於穴寺 春秋七十也 卽於寺之西峰 權宜龕室 未經
數日 馬騎成群 取將髑體 … □萬善和上 識中傳□ 佛法能者 有九人 皆

---

1 김상현의 판독문(『원효연구』, 민족사, 2000). 생전에 김상현 교수가 제공한 자료를
   그대로 게재한다.

稱大□ 大師在初盖 是毗讚玄風之大匠也 大師曰 我 … □ 大曆之春 大
師之孫 翰林 字仲業 □使滄溟□□日本 彼國上宰 因□語知如是 大師賢
孫 相歡之甚傾 … 諸人□□期淨刹 頂戴 大師靈章 曾無□捨 及見□孫□
瞻□□論 三昨來造 得頌文 已經一紀 雖不躬申頂禮 親奉 … 知神□有□
□聲者 有奉德寺 大德法師 三藏神將 理□□ 與慈和 知心空寂 見法無生
道俗咸稱 僧龍法□ 奉尋 … 行遇聖人 攀旃靡絶 追戀無從 尤見□人頌文
據尋□□□見幾焉 寧知日□ 更有□叔哉 以此貞元年中 躬 … □□□□
是傷心乃苦 □□倍增 便策身心 泥堂葺屋 二□□□□□池之□□造 大
師居士之形 至于三月 □…□山輻湊 傍野雲趍 覩像觀形 誠心頂禮 然後
講讚 □□□□□□□□□ 角干 金彦昇公 海岳精乾坤秀 承親 … 三
千 心超六月 德義資□ □光□物 見彼山中 大德奉□ □□□□□□□
方銘 □心委命 志在虔誠 尊法重人 … 之靈跡 非文無以陳其事 無記安可
表其由 所以令僧作□ □□□□ □求自揆 無能學不經 遂辭不□免 輒諟
… □趣矣 塵年不朽 芥劫長在
其詞曰 偉哉法體 無處不形 十方 … 三明 高仙大師 佛地而□ 一代□言
深窮正理 此界他□ □□□□□□□□□□ 赤弓向彼 恒沙狂言 … □□
□ 還爲居士 淡海之□ 溟東相府 匡國匡家 允文允武 □□□□ 其祖父□
□□欲 不勝手舞 惆悵 … 海□ □□□身 莊談□聖 快說通身 再修穴□
□□□□ 長辭帝闕 不斷□窟 經行樂道 寂 … 覺 遺跡遺文 盡蒙盡渥 大
師□當 □□□□□含啼□月□ 每至□□成臻 啓讀日 … 銘□□穴寺堂
東 近山慈改□□恒□

2. 신라국新羅國 황룡사黃龍寺 원효전元曉傳(찬녕贊寧, 918~999, 『송고승전宋高僧傳』권4)

원효의 성은 설薛씨로 해동 상주湘州 사람이다. 관채지년丱䯒之年(15세)

에 홀연히 불문佛門에 들어갔다. 스승을 따라 배우고 돌아다님에 일정함이 없었다. 온갖 이론들을 용감하게 공격하고 글쓰기를 종횡무진하여 우뚝하고 굳세었으니, 앞으로 나아갈 뿐 물러서는 일이 없었다. 삼학三學(계학·정학·혜학 혹은 유·불·도 삼학)에 널리 통하여 그 나라에서는 일만 사람을 대적할 사람이라고 했다. 도리에 정통하고 입신入神의 경지에 도달함이 이와 같았다.

일찍이 의상 법사와 함께 당나라에 들어가고자 했다. 삼장법사 현장玄奘 자은慈恩의 문하를 사모해서였다. 그러나 입당入唐의 인연이 어긋났기에 푸근한 마음으로 여러 곳을 돌아다녔다. 얼마 아니 되어, 말을 미친 듯이 하고 상식에 어긋나는 행위를 보였는데, 거사居士와 함께 술집이나 기생집에도 드나들고, [양나라 때의 신이한 승려였던] 지공誌公 화상처럼 금 칼과 쇠 지팡이를 지니는가 하면, 혹은 소疏를 지어 『화엄경』을 강의하기도 하였고, 혹은 사당祠堂에서 거문고를 뜯기도 하며, 혹은 여염집에서 잠자며, 혹은 산속이나 물가에서 좌선坐禪하는 등, 계기를 따라 마음대로 하되 도무지 일정한 규범이 없었다. 그때 국왕이 '백고좌 인왕경 대법회'(百座仁王大會)를 마련하여 두루 덕이 높은 승려들을 찾았다. 본주本州에서 명망이 높아 그를 천거했는데, 여러 승려들이 그 [원효의] 사람 됨됨이를 미워하여 왕에게 나쁘게 말하여 받아들여지지 않았다.

얼마 아니 되어, 왕의 부인이 머리에 악성 종창을 앓았는데, 의원의 치료가 효험이 없었다. 왕과 왕자, 그리고 신하들이 산천의 영험 있는 사당에 기도하여 이르지 않은 곳이 없었다. 무당이 말하기를, 〈타국으로 사람을 보내어 약을 구해야만 이 병이 곧 나을 것입니다〉라고 했다. 이에 왕이 사인使人을 당나라에 보내어 의술을 찾도록 했다. 파도 높은 바다 가운데에 이르렀을 때, 한 노인이 홀연히 나타나 파도로부터 배 위로 뛰어올라 사신을 맞아 바다로 들어갔다. 바라보니 궁전이 장엄하고 화려했다. 금해鈐海라는 용왕이 있어서 사인에게 말했다. 〈그대 나라의 부인은 청제靑帝의 셋째 딸이다. 우리 궁중에는 전부터 『금강삼매경』이 있는데, 이각

二覺이 원통圓通하여 보살행을 보여 준다. 지금 부인의 병을 의탁해 좋은 인연으로 삼아 이 경을 부촉하여, 그 나라에 내어 놓아 유포하고자 한다.〉이에 30장 정도의 순서가 뒤섞인 흩어진 경을 가져다가 사인에게 주면서, 〈이 경이 바다를 건너는 중에 좋지 못한 일이 있을까 두렵다〉고 했다. 용왕은 사람을 시켜 사인의 장딴지를 찢고 그 속에 경을 넣어 봉하고 약을 바르도록 하니 전과 다름없이 되었다. 용왕이 말했다. 〈대안성자大安聖者로 하여금 경을 차례로 엮어서 꿰매게 하고, 원효법사에게 소疏를 지어 강석講釋하기를 청하면, 부인의 병은 틀림없이 나을 것이다. 가령 설산 아가타약의 효력이라도 이보다 더하지는 못할 것이다.〉그러고는 용왕이 바다 표면으로 보내 주어 마침내 배를 타고 귀국했다.

그때 왕이 이 소식을 듣고 환희하였다. 이에 대안성자를 불러 경의 차례를 맞추게 하라고 했다. 대안은 이해하기 어려운 사람으로 모습도 복장도 특이하였고, 항상 거리에 있으면서 구리로 만든 발우를 두드리면서 '크게 평안하라! 크게 평안하라!'(大安大安)라며 노래를 했기에 대안大安이라고 불리었다. 왕이 대안에게 명령하니 대안이 말하기를, 〈다만 그 경을 가지고 오시오. 왕의 궁전에 들어가기를 원하지 않소이다〉라고 했다. 대안이 경을 받아 배열하여 8품品을 이루니, 모두 부처님 뜻에 맞아떨어졌다. 대안이 말했다. 〈속히 원효가 강의하게 하시오. 다른 사람은 안 됩니다.〉

원효가 이 경을 받은 것은 바로 그의 고향인 상주湘州에서였다. 그는 사인에게 말했다. 〈이 경은 본각本覺과 시각始覺의 이각二覺으로써 핵심(宗)을 삼습니다. 나를 위해 '소가 끄는 수레'(角乘)를 준비하고, 책상을 두 뿔 사이에 두고 붓과 벼루도 준비하시오.〉그리고 그는 처음부터 끝까지 소가 끄는 수레에서 소疏를 지어 5권을 만들었다. 왕이 날짜를 택하여 황룡사에서 강연하도록 했다. 그때 박덕한 무리가 새로 지은 소를 훔쳐 갔다. 이 사실을 왕에게 아뢰어 3일을 연기하고 다시 3권을 만들었는데 이를 약소略疏라고 한다. 경전을 강의하는 날이 되어 왕과 신하, 그리고 도 닦는 사람들과 속인 등 많은 사람이 구름처럼 법당을 가득 에워싼 속에서 원효의 강론이 시작되었다. 그의 강론에는 위풍이 있었고, 논쟁이 모두 해결될 수 있었다. 그를 찬양하는 박수소리가 법당을 가득 채웠다. 원효는 다시 말했다. 〈지난 날 백 개의 서까래를 구할 때에는 내 비록 참여하지 못했지만, 오늘 아침 대들보를 놓을 때에는 오직 나만이 가능하구나.〉이때 모든 명성 있는 승려들이 고개를 숙이고 부끄러워하며 가슴 깊이 참회했다.

처음 원효는 그 행적에 일정함이 없고, 교화함에도 고정되지 않았는데, 혹은 쟁반을 던져 대중을 구하고, 혹은 물을 뿜어 불을 끄며, 혹은 여러 곳에 몸을 나타내고, 혹은 여섯 곳에서 입멸入滅을 알렸으니, 또한 [대접을 타고 물을 건너며 신통이 자재했던 진나라 때의 승려인] 배도盃渡나 [검술을 익히고 칼을 매단 석장을 짚고 다니며 일정한 거처 없이 맨발로 떠돌아다니던 양나라 때의 신이한 승려인] 지공誌公과 같은 사람인가? 그 이해에는 본연(性)을 보는 것이 밝지 않음이 없었다. 소疏에는 광약廣略 이본二本이 있어 본토本土에서는 다 유통되었는데, 중국에는 약본略本이 유입되었다. 뒷날 경전을 번역하는 삼장법사가 [소疏를] 바꾸어 논論으로 하였다. 덧붙여 말한다. "바다 용의 궁전은 어디로부터 『금강삼매경』의 원본을 가지게 되었는가?" [의문을] 통하게 말한다. "경에서는 [이렇게] 말한다. 〈용왕의 궁전 안에 칠보탑이 있는데, 모든 부처님께서 설하신 온갖 깊은 뜻들이 따로 있는 칠보로 장식된 상자에 가득 담겨 있으니, 12인연, 총지, 삼매 등이 그것이다.〉진실로이 경을 합하여 세간에 유통시키고 다시 대안과 원효의 신이함을 드러내었으니, 그리하여 왕비의 병으로 하여금 가르침을 일으키는 큰 실마리가되게 하였다."

新羅國黃龍寺元曉傳

釋元曉 姓薛氏 東海湘州人也 丱髮之年惠然入法 隨師稟業遊處無恒 勇擊義圍雄橫文陣 仡仡然桓桓然 進無前却 蓋三學之淹通 彼土謂爲萬人之敵 精義入神爲若此也 嘗與湘法師入唐 慕奘三藏慈恩之門 厥緣旣差

息心遊往 無何發言狂悖 示跡乖疎 同居士入酒肆倡家 若誌公持金刀鐵
錫 或製疏以講雜華 或撫琴以樂祠宇 或閭閻寓宿 或山水坐禪 任意隨機
都無定檢 時國王置百座仁王經大會 遍搜碩德 本州以名望舉進之 諸德
惡其爲人 譖王不納 居無何 王之夫人腦嬰癰腫 醫工絶驗 王及王子臣屬
禱請山川靈祠無所不至 有巫覡言曰 苟遣人往他國求藥 是疾方瘳 王乃
發使泛海入唐募其醫術 溟漲之中忽見一翁 由波濤躍出登舟 邀使人入海
覩宮殿嚴麗 見龍王王名鈐海 謂使者曰 汝國夫人是靑帝第三女也 我宮
中先有金剛三昧經 乃二覺圓通示菩薩行也 今託仗夫人之病爲增上緣 欲
附此經出彼國流布耳 於是將三十來紙 重沓散經付授使人 復曰 此經渡
海中恐罹魔事 王令持刀裂使人腨腸而內于中 用蠟紙纏縢以藥傅之 其腨
如故 龍王言 可令大安聖者銓次綴縫 請元曉法師造疏講釋之 夫人疾愈
無疑 假使雪山阿伽陀藥力亦不過是 龍王送出海面 遂登舟歸國 時王聞
而歡喜 乃先召大安聖者黏次焉 大安者不測之人也 形服特異恒在塵 擊
銅鉢唱言大安大安之聲 故號之也 王命安 安云 但將經來不願入王宮閫
安得經排來成八品 皆合佛意 安曰 速將付元曉講 餘人則否 曉受斯經正
在本生湘州也 謂使人曰 此經以本始二覺爲宗 爲我備角乘將案几 在兩
角之間 置其筆硯 始終於牛車造疏成五卷 王請剋日於黃龍寺敷演 時有
薄徒竊盜新疏 以事白王 延于三日 重錄成三卷 號爲略疏 泊乎王臣道俗
雲擁法堂 曉乃宣吐有儀解紛可則 稱揚彈指聲沸于空 曉復唱言曰 昔日
採百椽時雖不預會 今朝橫一棟處唯我獨能 時諸名德俯顔慚色伏膺懺悔
焉 初曉示跡無恒化人不定 或擲盤而救衆 或噀水而撲焚 或數處現形 或
六方告滅 亦盃渡誌公之倫歟 其於解性覽無不明矣 疏有廣略二本 俱行
本土 略本流入中華 後有飜經三藏 改之爲論焉

系曰 海龍之宮自何而有經本耶 通曰 經云 龍王宮殿中有七寶塔 諸佛所
說 諸深義別有七寶篋滿中盛之 謂十二因緣總持三昧等 良以此經合行世
間 復顯大安曉公神異 乃使夫人之疾爲起敎之大端者也

(贊寧,『宋高僧傳』卷四)

3. 굴레를 벗은 원효(元曉不羈, 일연一然, 1206~1289, 『삼국유사三國遺事』 권4)

'성스러운 스승'(聖師) 원효의 속성은 설薛씨다. 할아버지는 잉피공仍皮公인데 또는 적대공赤大公이라고도 하며, 지금 적대연赤大淵 옆에 잉피공의 사당이 있다. 아버지는 담날내말談捺乃末이다.

처음에 압량군押梁郡 남쪽(지금의 장산군章山郡이다), 불지촌佛地村 북쪽 율곡栗谷 사라수娑羅樹 아래에서 태어났다. 마을 이름이 불지佛地인데, 혹은 발지촌發智村이라고도 한다(속어로 불등을촌弗等乙村이라고 한다).

사라수에 관해서는 민간에 이런 이야기가 있다. [담날의] 집은 밤나무골 서남쪽에 있었는데, [원효의] 어머니가 만삭이 되어 마침 이 골짜기 밤나무 밑을 지나다가 홀연히 분만하고, 창황 중에 집으로 돌아가지 못하고, 우선 남편의 옷을 나무에 걸어 놓고 그 가운데를 자리로 하였다. 따라서 그 나무를 사라수라고 했다. 그 나무의 밤도 보통 나무와는 달랐으므로 지금도 사라밤이라고 한다.

예부터 전하기를, [사라사의] 주지가 절의 종 한 사람에게 하루저녁의 끼니로 밤 두 개씩을 주었다. 종은 관가에 소송을 제기하였다. 이상하게 생각한 관리가 그 밤을 가져다가 조사해 보았더니 한 개가 발우 하나에 가득 찼다. 이에 도리어 한 개씩만 주라는 결정을 내렸다. 이 때문에 율곡이라고 부르게 되었다. 성사는 출가하고 나서 그의 집을 희사하여 절을 삼아 초개사初開寺라고 하고, 밤나무 옆에도 절을 짓고 사라사娑羅寺라고 했다.

성사의 『행장行狀』에는 서울 사람이라고 했으나 이것은 할아버지를 따른 것이고, 『당승전唐僧傳』에서는 본래 하상주下湘州 사람이라고 했다.

살펴보면 이렇다.

인덕麟德 2년(665) 중에 문무왕이 상주上州와 하주下州의 땅을 나누어 삽량주歃良州를 두었는데, 곧 하주는 지금의 창녕군昌寧郡이고, 압량군은 본래 하주의 속현이다. 상주는 지금의 상주尙州로 혹은 상주湘州라고도 쓴다. 불지촌은 지금의 자인현慈仁縣에 속해 있으니, 곧 압량군에서 나뉜 곳이다.

성사의 아명은 서당誓幢이다(당幢은 속어로 털이다). 처음에 어머니가 유성이 품속으로 들어오는 꿈을 꾸고 이로 인하여 태기가 있었는데, 해산하려고 할 때에는 오색구름이 땅을 덮었다. 진평왕 39년 대업大業 13년 정축(617)이었다.

태어날 때부터 총명이 남달라 스승을 따라서 배우지 않았다. 그가 '사방으로 다니며 수행한 시말'(遊方始末)과 '널리 교화를 펼쳤던 크나큰 업적'(弘通茂跡)은 『당전唐傳』과 『행장行狀』에 자세히 실려 있다. 여기서는 자세히 기록하지 않고, 다만 『향전鄉傳』에 실린 한두 가지 특이한 일을 쓴다.

[원효가] 어느 날 상례에서 벗어나 거리에서 노래를 불렀다. "누가 자루 빠진 도끼를 허락하려는가. 나는 하늘 받칠 기둥을 다듬고자 한다." 사람들이 모두 그 뜻을 알지 못했는데, 태종太宗이 그것을 듣고서 말했다. "이 스님께서 아마도 귀부인을 얻어 훌륭한 아들을 낳고 싶어 하는구나. 나라에 큰 현인이 있으면, 그보다 더한 이익이 없을 것이다." 그때 요석궁(지금의 학원學院)에 홀로 사는 공주가 있었다. 궁중의 관리를 시켜 원효를 찾아서 궁중으로 맞아들이게 했다. 궁리가 칙명을 받들어 원효를 찾으려 하는데, 벌써 남산으로부터 내려와 문천교蚊川橋(사천沙川인데, 민간에서는 모천牟川 또는 문천蚊川이라 한다. 또 다리 이름은 유교楡橋라고 한다)를 지나가다가 만났다. [원효는] 일부러 물에 떨어져 옷을 적셨다. 궁리가 스님을 요석궁으로 인도하여 옷을 말리게 하니, 그곳에서 유숙하게 되었는데, 공주가 과연 태기가 있어 설총을 낳았다. 설총은 나면서부터 명민하여 경서와 역사서에 두루 통달했다. 그는 신라 십현新羅十賢 중의 한 분이다. 우리말로써 중국 및 주변 나라들의 각 지방 풍속과 물건이름 등에 통달하고 육경문학六經文學을 훈해訓解하였으므로, 지금까지 우리나라에서 경학을 공부하는 이들이 전수하여 끊이지 않는다.

원효가 이미 파계하여 설총을 낳은 이후로는 속복俗服으로 바꾸어 입고, 스스로 소성거사小性居士라고 했다. 우연히 광대들이 놀리는 큰 박을 얻었는데 그 모양이 괴이했다. 원효는 그 모양대로 도구를 만들어 『화엄경』의 "일체에 걸림이 없는 사람은 하나처럼 통하는 길에서 삶과 죽음의 속박으로부터 벗어난다"라는 문구에서 따서 무애無碍라고 이름 짓고, 노래를 지어 세상에 퍼뜨렸다. 일찍이 이것을 가지고 천촌만락千村萬落에서 노래하고 춤추면서 교화하고, 읊조리며 돌아다녔으므로, 가난하고 무지몽매한 무리들까지도 모두 부처의 이름을 알게 되었고, 모두 '나무南無'(나무아미타불)를 부르게 되었으니, 원효의 법화가 컸던 것이다.

그가 탄생한 마을 이름을 불지촌佛地村이라고 하고, 절 이름을 초개사初開寺라고 하며, 스스로 원효元曉라 일컬은 것은 모두 '깨달음의 해가 처음 빛을 비추다'(佛日初輝)라는 뜻이다. 원효란 말도 또한 방언이니, 당시의 사람들은 모두 향언鄕言으로 시단始旦이라 했다.

일찍이 분황사芬皇寺에 살면서 『화엄소華嚴疏』를 짓다가 「제40회향품第四十廻向品」에 이르자 마침내 붓을 놓았으며, 또 일찍이 송사로 인해서 몸을 백송百松으로 나누었으므로 모두 그의 경지(位階)를 [화엄의 십지十地 가운데] 초지初地라고 한다.

해룡海龍의 권유에 따라 길에서 조서를 받아 『금강삼매경』의 소疏를 지으면서 붓과 벼루를 소의 두 뿔 위에 놓아두었으므로 이를 각승角乘이라 했는데, 또한 본각本覺과 시각始覺의 숨은 뜻을 나타낸 것이다. 대안법사大安法師가 배열하여 종이를 붙인 것은 음音을 안 것이고, [원효가 소를 지은 것은 그 음에 따라] 노래를 부른 것이다.

성사께서 입적하자 설총이 유해를 부수어 소상塑像의 진용眞容을 조성하여 분황사에 봉안하고, 공경·사모하여 지극한 슬픔의 뜻을 표했다. 설총이 그때 옆에서 절을 하니 소상이 홀연히 돌아보았는데, 지금도 여전히 돌아본 채로 있다. 원효가 살던 혈사穴寺 옆에 설총의 집터가 있다고 한다.

그의 행적을 기리노라(贊).

각승角乘은 처음으로 『금강삼매경』을 열었고
표주박 가지고 춤추며 온갖 거리 교화했네.

달 밝은 요석궁에 봄 잠 깊더니
문 단힌 분황사엔 돌아보는 모습만 허허롭네.

元曉不羈

聖師元曉 俗姓薛氏 祖仍皮公 亦云赤大公 今赤大淵側有仍皮公廟 父談
捺乃末 初示生于押梁郡南(今章山郡) 佛地村北 栗谷娑羅樹下 村名佛地 或
作發智村(俚云 弗等乙村) 娑羅樹者 諺云 師之家本住此谷西南 母旣娠而月
滿 適過此谷栗樹下 忽分産 而倉皇不能歸家 且以夫衣掛樹 而寢處其中
因號樹曰娑羅樹 其樹之實亦異於常 至今稱娑羅栗 古傳 昔有主寺者 給寺
奴一人 一夕饌栗二枚 奴訟于官 官吏怪之 取栗檢之 一枚盈一鉢 乃反自
判給一枚 故因名栗谷 師旣出家 捨其宅爲寺 名初開 樹之旁置寺曰娑羅
師之行狀云 是京師人 從祖考也 唐僧傳云 本下湘州之人 按麟德二年間
文武王割上州下州之地 置歃良州 則下州乃今之昌寧郡也 押梁郡本下州
之屬縣 上州則今尙州 亦作湘州也 佛地村今屬慈仁縣 則乃押梁之所分開
也 師生小名誓幢 第名新幢(幢者俗云毛也) 初母夢流星入懷 因而有娠 及將
産 有五色雲覆地 眞平王三十九年 大業十三年丁丑歲也 生而穎異 學不從
師 其遊方始末 弘通茂跡 具載唐傳與行狀 不可具載 唯鄕傳所記有一二段
異事 師嘗一日風顚唱街云 誰許沒柯斧 我斫支天柱 人皆未喩 時太宗聞之
曰 此師殆欲得貴婦 産賢子之謂也 國有大賢 利莫大焉 時瑤石宮(今學院是
也)有寡公主 勅宮吏覓曉引入 宮吏奉勅將求之 已自南山來過蚊川橋(沙川
俗云牟川 又蚊川 又橋名楡橋也)遇之 佯墮水中濕衣袴 吏引師於宮 褫衣曬眼
因留宿焉 公主果有娠 生薛聰 聰生而睿敏 博通經史 新羅十賢中一也 以
方音通會華夷方俗物名 訓解六經文學 至今海東業明經者 傳受不絶 曉旣
失戒生聰 已後易俗服 自號小姓居士 偶得優人舞弄大瓠 其狀瑰奇 因其形
製爲道具 以『華嚴經』一切無㝵人 一道出生死 命名曰無㝵 仍作歌流于世
嘗持此 千村萬落且歌且舞 化詠而歸 使桑樞瓮牖玃猴之輩 皆識佛陀之號

咸作南無之稱 曉之化大矣哉 其生緣之村名佛地 寺名初開 自稱元曉者 蓋
初輝佛日之意爾 元曉亦是方言也 當時人皆以鄕言稱之始旦也 曾住芬皇
寺 纂『華嚴疏』至「第四十廻向品」終乃絶筆 又嘗因訟 分軀於百松 故皆
謂位階初地矣 亦因海龍之誘 承詔於路上 撰『三昧經疏』置筆硯於牛之兩
角上 因謂之角乘 亦表本始二覺之微旨也 大安法師排來而粘紙 亦知音唱
和也 旣入寂 聰碎遺骸 塑眞容 安芬皇寺 以表敬慕終天之志 聰時旁禮 像
忽廻顧 至今猶顧矣 曉嘗所居穴寺旁 有聰家之墟云 讚曰 角乘初開三昧軸
舞壺終掛萬街風 月明瑤石春眠去 門掩芬皇顧影空

（一然,『三國遺事』卷四）

원효의 생애 연보年譜

불기 佛紀	서기 西紀	왕력	원효 나이	원효 행장	주변 및 관련 사항
1161	617	진평왕39	1	압량군 불지촌(현 경북 경산)에서 출생. 속성은 설薛씨, 어릴 적 이름은 서당誓幢. 할아버지는 잉피공仍皮公, 아버지는 담날내말談捺乃末	
1162	618	진평왕40	2		수나라 멸망 당나라 건국
1169	625	진평왕47	9		의상 출생
1171	627	진평왕49	11		원측이 당나라에 유학
1176	632	선덕여왕1	16	출가함. 출가 이후 사미승 시절에 낭지朗智에게 배우고, 이후 보덕普德, 혜공惠空 등으로부터 배우며 수행함	
1178	634	선덕여왕3	18		경주 분황사芬皇寺 창건. 백제 흥왕사興王寺 창건
1180	636	선덕여왕5	20		자장이 당나라에 유학(혹은 638년)
1184	640	선덕여왕9	24		중국 화엄종 초조 두순이 입적
1186	642	선덕여왕11	26		백제가 신라성 40여 곳을 공략. 대야성 공략. 고구려 연개소문이 영류왕을 죽이고 보장왕을 세움. 김춘추가 고구려에 가서 도움을 구하였으나 실패함
1187	643	선덕여왕12	27		선덕여왕의 요청에 따라 자장이 1700여 권의 경론을 가지고 급히 귀국. 불경과 함께 가지고 온 불두골佛頭骨, 불치佛齒 등 불사리 백개를 황룡사黃龍寺, 태화사太和寺, 통도사通度寺에 나누어 봉안. 의상이 경주 황복사에서 19세에 출가
1189	645	선덕여왕14	29		자장의 건의에 따라 황룡사9층목탑 조성. 당나라 현장이 17년간의 인도 유학을 마치고 장안으로 귀국
1191	647	선덕여왕16/ 진덕여왕1	31		자장이 통도사에 계단戒壇 설치. 비담의 반란. 선덕여왕 임종

불기 佛紀	서기 西紀	신라	원효 나이	원효 행장	주변 및 관련 사항
1194	650	진덕여왕4	34	현장에 의해 주도되고 있는 새로운 불교학풍(신유식)을 접하기 위해 의상과 함께 육로를 통해 당나라에 가려다가 요동에서 고구려 수비군에게 체포되어 실패하고 겨우 탈출함. 이 무렵 원효와 의상이 보덕스님에게서 『유마경』, 『열반경』을 배웠을 것으로 추정됨. 포항 항사사恒沙寺에 주석하고 있던 혜공惠空과 교류하며 배웠던 것도 이 무렵의 일로 추정됨	고구려의 고승 보덕普德이 완산주(현 전주) 고대산(현 고덕산)으로 이주함
1204	660	태종무열왕7	44		백제가 멸망함
1205	661	문무왕1	45	의상과 함께 제2차 당나라 유학을 떠남. 남양만 당항성으로 가는 중도인 직산(현 성환과 천안 사이)의 무덤(土龕)에서 자다가 깨달음을 얻어 당나라 유학을 포기함	의상은 원효와 헤어진 후 당나라로 들어가 화엄종 지엄의 제자가 됨
1206	662	문무왕2	46	소정방이 김유신에게 보낸 철군 암호를 해독해 줌	
1212	668	문무왕8	52		나당연합군에 의해 고구려 멸망. 삼국 통일. 중국 화엄종 지엄 입적
1215	671	문무왕11	55	행명사에서 『판비량론』저술	의상 귀국
1220	676	문무왕16	60		의상이 부석사를 창건. 중국 선종 6조 혜능이 광주 법성사法性寺에 감
1226	682	신문왕2	66		중국 법상종 규기가 자은사에서 입적
1230	686	신문왕6	70	혈사에서 입적. 설총이 유해로 원효상을 조성하여 분황사에 봉안	
1323	779	혜공왕15			손자 설중업이 신라 사신의 일원으로 일본에 감. 일본의 상재上宰가 설중업이 원효의 손자임을 알고는 기뻐하며 원효를 찬탄하는 시를 써 줌
1645	1101	고려 숙종6		대국국사 의천의 건의로 원효에게 '화쟁국사和諍國師' 시호諡號를 추증	

ㄴ

480

ㅅ

金剛三昧經論